KB194507

東洋古典百選 · 17

朴 昞 大 譯解

一信書籍出版社

# 目　次

原本小學 卷之四



原本小學 卷之五



原本小學 卷之六

# 御製小學序

小學은 何爲而作也아 古之人이 生甫八歲에 必受是書하나니 即三代教人之法也니라.

自嬴秦坑焚以來로 經籍이 蕩하여 残存者幾希니라. 此에 新安朱夫子之所以慨然乎인저. 世教之陵弛하여 輯舊聞而牖 來學者也니라. 嗚呼라. 是書也여 規模節次粲然備具하여 有內外之分하고 有本末之序하되, 曰立教며 曰明倫이며 曰敬身이니 玆三者는 內也며 本也니라. 次言稽古는 所以摭往行而證之也니라.曰嘉言이며 曰善行이니 玆二者는 外也며 末也니라. 果於斯三者는 沈潛反覆하여 驗之于身, 則二者는 不過推廣, 而實之而已니 譬如綱擧則目張하고 根培則支達하나니 此는 正小子入 道之初程이오 蒙養之聖功이니 豈易言哉아.

若夫敬身一篇이 儘覺緊切이면 蓋嘗論之하고 敬者聖學之하여 所以成始成終하고 徹上徹下. 而敬怠之間엔 吉凶立判이라.

是以로 武王은 踐阼之初에 師尚을 父之하니라.

所以惓惓陳戒者는 不越乎인저 是學者는 誠有味于斯하여 動靜에 必於敬하고 造次에 必於敬하여 收吾出入之心하고 立吾正大之本하며 今日下一功하고 明日做一事하여 於不知不覺之中에 靈臺泰然하고 表裏洞徹, 則進乎大學하여 所謂修身齊家治國平天下之道를 特一擧而措之矣니라. 其於風化에 烏可少補云爾오.

歲在甲戌春正月哉生魄에 序하노라.

通政大夫兵曹參知 臣 李德成奉教書.

〖解說〗「소학」은 무엇을 위해 지었는가? 옛날에는 사람이 태어나서 겨우 여덟 살에 반드시 이 서책(書册)으로 수교(受教)하였다. 즉 삼대(三代←夏・殷・周)의 사람을 가르치는 방법이었다.

진나라(秦王嬴氏)가 선비를 구덩이에 묻고 서적을 불태운 이래로 경전(經典)과 서적(書籍)이 소탕(掃蕩)되어 남아 있는 것이 거의 드물게 되었다.

이는 (宋나라) 신안현(新安縣)의 주자(朱子)가 매우 분개하고 슬퍼하는 바이었다. 세상의 풍교(風教)가 점차 쇠퇴하여져 옛적의 것을 들은 바를 모아 배울 사람을 인도(引導)하여 온 것이다. 아! 이 책이여. 그 규모(規模)나 절차(節次)가 찬연(粲然)하게 구비(具備)되어 내편과 외편의 구분이 있으며 본말(本末)의 차서(次序)가 있으니, 입교편(立教篇), 명륜편(明倫篇), 경신편(敬身篇)이라 이르니 이 세(三) 편은 내편(內篇)이며 근본이다. 다음은 계고편(稽古篇)으로 옛 일을 상고(詳考)하여 (←立教・明倫・敬身의 내용) 지난날의 행위로써 이를 증명한 것이다. 가언편(嘉言篇)이라 이르며 선행편(善行篇)이라 이르는 이 두 가지 것은 외편(外篇)이며 말단(末端)이다.

결과적으로 이에 있어서 세 가지 것을(立教・明倫・敬身) 깊이 생각하고 되풀이하여 내 몸에 이를 체험하며, 두 편(嘉言・善行)은 미루어 넓혀서 실험할 뿐이니, 비유하건대 대강을 들면 세목이 저절로 환해지고, 뿌리를 북돋우면 가지가 뻗어가는 것과 같으니, 이는 어린 아이가 도(道)에 들어가는 첫 과정을 바르게 하는 것이고, 어린이를 기르는 성스런 일이니 어찌 쉽다고 말할 수 있겠는가? 대저 경신(敬身)의 한 편은 모두 긴요하고 절실하니 대개 일찍이 논의한다면 경(敬)이란 것이 성인이 진술한 학문임에 처음을 이루면 끝도 이루어져 상하에 관통하여 공경하고 해태(懈怠)하는 사이에 길흉(吉凶)의 판별(判別)이 선다.

이로써 주(周)나라의 무왕(武王)이 왕위에 오른 처음 스승인 여상(呂尙)에게 부(父)라 한 까닭은 정성스럽게 진(陳)을 경계하는 사람은 한정(敬)에서 벗어나지 않음이다.

이제 배우는 사람은 진실로 이에 의의가 있어 기거동작(起居動作)에 반드시 공경함이 있어 잠깐사이라도 반드시 공경함이 있으며 나의 출입하는 마음을 소지(所持)하고, 나의 정대한 근본을 세우며, 오늘에 한가지 공부를 하고 내일에 하나의 일을 하면 알지 못하고 깨닫지 못한 가운데 정신(←靈臺)이 태연해져 안과 밖이 통철해진다면 대학에 나아가서도 이른바 수신(修身)하고 제가(齊家)하는 치국(治國) 평천하(平天下)의 도를 단지 한 번의 일만으로서도 조치할 수가 있는 것이다.

그 풍화(風化)에 있어 어찌 조금의 보탬이 될 수 있다고 할 수 없겠는가?

세재 갑술(1694年 숙종 二十年) 봄 정월 초삼일

통정대부 병조참지 신 이덕성 봉 교서

**【註解】** 小學(소학)은 옛날 三代(夏·殷·周) 시대의 교육기관, 또한 이곳에서 사용한 교재(서적), 하위(何爲)는 무엇 때문에, 왜, 의 뜻으로 의문사이다.

甫(보)는 겨우, 비로소, 嬴秦(영진)은 진나라, 진왕(秦王)의 성(姓)이 嬴氏(영씨)였다. 즉 秦始皇(진시황)이다. 坑焚(갱분)은 坑儒焚書로 秦始皇이 선비(儒者)들을 구덩이에 생매장(生埋葬)하고 경적(經籍)을 불태운 고사(故事).

經籍(경적)은 경전(經典)과 서적(書籍), 성인(聖人)이 지은 책. 蕩(탕)은 소탕(掃蕩)으로, 싹쓸어 없앰. 幾希(기희)는 거의 드물다, 거의 없다시피 함. 新安(신안)은 송(宋)나라에서 두었던 현(縣)의 이름, 地名이다.

朱夫子(주부자)는 주희(朱熹)의 존칭. 주희는 송나라 때의 대유학자로 휘주(徽州) 무원(婺源)사람. 字는 원회(元晦), 號는 회암(晦庵), 회옹(晦翁).

그의 학문을 주자학(朱子學)이라 하며 우리 나라 조선조(朝鮮朝) 때에 유학(儒學)에 많은 영향을 끼침. 慨然(개연)은 매우 슬퍼하는 모양. 분개하는 것, 세교(世教)는 세상의 풍교(風教), 陵弛(능이)는 점차 쇠퇴하여짐, 牖來(유래)는 인도(引導)하다, 꾀어오다, 誘와 通함. 嗚呼(오호)는 아아! 하는 감탄사, 本末(본말)은 일의 처음과 나중, 근본과 끝, 立教(입교)는 교육제도와 방법이 담긴 편명(篇名). 明倫(명륜)은 인륜(人倫←三綱五倫)이 담긴 편명(篇名). 敬身(경신)은 몸가짐을 조심하여 바르게 서는 내용이 담긴 편명(篇名). 稽古(계고)는 옛일을 상고(詳考)한다는 뜻으로, 古代 중국의 虞·夏·商·周(우하상주) 때의 성현(聖賢)이 이미 실행(實行)한 사적을 수록하여 입교·명륜·경신의 내용에 있는 말을 입증(立證)함. 摭(척)은 습득(拾得). 수록.

往行(왕행)은 과거의 행위. 證之(증지)는 증명함. 입증(立證)함. 嘉言(가언)은 아름다운 말, 착한 말이란 뜻으로, 한(漢) 이후의 현인(賢人)들에 선언(善言)이 담긴 편명(篇名). 善行(선행)은 착한 행실이란 뜻으로 한(漢) 이후부터 송(宋)에 이르기까지 현인들의 선행이 담긴 편명(篇名). 沈潛(침잠)은 마음을 안정하여 깊이 생각하는 것. 推廣(추광)은 미루어 널리 궁구함.

綱擧則目張(강거즉목장)은 대강을 들면 세목(細目)은 저절로 환하여지는 것, 根培則支達(근배즉지달)은 뿌리를 북돋우면 가지가 잘 뻗어 무성하여 짐. 初程(초정)은 첫 과정, 초보(初步). 蒙養(몽양)은 어린이를 기름, 몽매한 자를 기름. 聖功(성공)은 성인의 일, 성스런 일, 또는 그 공(功). 儘(진)은 모두, 다. 緊切(긴절)은 긴요하고 절실함, 지극히 중요함. 聖學(성학)은 성인이 진술한 학문, 성인이 수양하는 학문.

成始成終(성시성종)은 처음을 이루면 끝도 이루어지는 것. 처음에 성공이면 나중에도 성공하는 것. 徹上徹下(철상철하)는 상하(上下)가 관통하는 것. 아래 위가 확 트이는 것. 敬怠之間(경태지간)은 敬이 怠를 이기면 吉하고, 怠가 敬을 이기면 凶하다는 말, 즉 敬勝怠則吉, 怠勝敬則凶, 計勝怠則從, 欲勝計則凶에서 나온 말. 吉凶立判(길흉입판)은 길(吉)하고 흉(凶)함의 판단을 세움.

武王(무왕)은 주(周)나라의 임금. 문왕(文王)의 아들, 아우 주공(周公) 단(旦)과 협력하여 殷(은)나라를 멸망시키고(紂을 代함) 여상(呂尙←太公望·姜太公)을 스승으로 하여 신정(新政)을 베풀었음. 踐阼(천조)는 임금의 자리에 오르는 것. 師尙(사상)은 스승인 여상(呂尙). 父之(부지)는 아버지로 불러 대우 하는 것. 惓惓(권권)은 삼가고 삼가는 모양, 정성스런 모양.

陳戒者(진계자)는 진을 경계하는 사람. 陳은 陣과 같음. 不越(불월)은 한정(限定)에서 벗어나지 않음. 有味于斯(유미우사)는 이에 뜻을 가짐.

味는 의미(意味), 의의. 動靜(동정)은 기거동작(起居動作). 造次(조차)는 별안간, 잠깐사이, 창졸간. 收(수)는 소지(所持)함. 正大(정대)는 바르고 큼, 정정당당함. 一功(일공)은 하나의 공부, 하나의 일, 하나의 직무. 做(주)는 짓다, 하다.

靈臺(영대)는 마음, 정신. 風化(풍화)는 풍속과 교화(教化), 기풍(氣風)과 교화(教化). 烏(오)는 어찌, 어찌하여. 少補(소보)는 약간의 도움, 다소의 도움, 小補와 같음. 云爾(운이)는 위에 말한 바와 같다. 종결사로 쓰이는 말.

哉生魄(재생백)은 음력으로 초 三일을 일컫는 말. 교서(教書)는 제후(諸侯)가 발하는 명령서.

# 小學書題

古者小學에 教人以灑掃應對進退之節과 愛親敬長隆師親友之道하니 皆所以爲修身齊家治國平天下之本이니라.

〖解說〗 옛 소학에 사람을 가르치되 물뿌리고 쓸며 응(應)하고 대(對)하며 나아가고 물러나는 예절과 어버이를 사랑하고 어른을 공경(恭敬)하며 스승을 존대(尊待)하고 벗을 가까이 하는 도리로 가르치니, 이것은 모두 자신을 수양하고 집안을 정제하고 나라를 다스려 천하를 평정케 하는 근본이 되게 하는 이유이다.

〔集解〕 小學 小子所入之學也, 三代盛時 人生八歲 皆入小學而受教焉. 灑 謂播水於地 以浥塵, 掃 謂運帚於地 以去塵, 應 謂唯諾, 對 謂答述, 節 禮節也, 親 父母也, 長 尊長也, 隆 尊也, 親 近也, 道則講習之方也, 此 言小學之教 所以爲他日, 大學修齊治平之根本也.

【註解】 소학은 어린 자손들이 들어가서 배우는 곳이다. 三代(夏・殷・周)의 태평성대(太平聖代) 때 사람이 태어나서 여덟살이 되면 모두 소학에 들어가서 가르침을 받았다. 灑(쇄)는 물을 땅에 뿌려 먼지를 훔치는 것이고 掃(소)는 빗자루로 땅을 쓸어 티끌을 제거하는 것, 應(응)은 대답하는 것, 對(대)는 대답하여 기술하는 것, 節(절)은 예절(禮節)이다. 親(친)은 부모이다.

長(장)은 어른을 존대하는 것, 隆(융)은 높이어 존대하는 것, 親(친)은 가까이 하는 것, 道(도)는 강(講)하여 익히는 방법이다. 이는 소학의 가르침이 다른 날 대학(大學)에서 자신을 수양하고 집안을 정제하며 나라를 다스려 천하를 화평케 하는 근본이 되게 하는 것을 말한 것이다.

而必使其講而習之於幼穉之時는 欲其習與智長하며 化與心成하여 無扞格不勝之患也니라.

〖解說〗 반드시 그 어렸을 때로 하여금 강독하여 익히는 것은 그 익힘이 지혜와 더불어 자라며 교화(教化)가 마음과 더불어 이루어져서 막히고 이기지 못할 근심이 없게 하고자 한 것이다.

〔正誤〕 扞格 牴牾不相入也. 按 格 如民莫敢格之格 即拒逆之意 讀如字. 〔集說〕 陳氏曰不勝 不能勝當其教也 言人於幼穉之時 心智未有所主 及時而教之 欲其習與智俱長. 化與心俱成 而無扞格難入 不勝其教之患也.

【註解】 扞格(한격)은 서로 어그러 지는 것, 서로 어긋나서 들어가지 못하는 것. 牴牾不相入(저오불상입)은 충돌함, 다닥침.

살펴보건대(←按) 格은 백성이 감히(敢)이르지 못한다는 格과 같은 格이니 곧 거역하는 뜻이다. 讀如字(독여자)←格을 民莫敢格에서의 格과 같은 字로 읽는다.

진(陳)씨는 이르기를 「불승(不勝)이라는 것은 가르침을 당하여 이기기에 감당하지 못하는 것이다. 사람이 나이가 어릴 때에 있어서는 마음과 슬기를 주관하는 바가 없다가 그 시기에 당하여 가르쳐도 그가 익힌 것과 슬기가 함께 자라서 교화와 마음이 함께 성장하려 하나 저항하고 충돌하는 것이 없어도 들어오기 어려워 그의 가르침에 대한 근심을 이겨내지 못한다는 것이다.」라고 하였다. 習與智長(습여지장)은 익히는 데서 오는 반복이 습성(習性)이 되어 知性과 함께 자란다는 말←習與智俱長.

化與心成(화여심성)은 교화(教化)하여감에 따라 마음도 함께(더불어) 성장한다는 말←化與心俱成.

今其全書를 雖不可見이나 而雜出於傳記者亦多언마는 讀者

往往에 直似古今異宜로 而莫之行하나니 殊不知其無古今之異者는 固未始不可行也니라.

〖解說〗 이제 그 모든 글(←夏·殷·周 때의 教材·經籍)을 가히 보지 못하나 전기(傳記)에 섞이어 나오는 것이 또한 많지만 읽는 자들이 간혹 옛날과 지금과는 적의(適宜)함이 다르다 함으로써 행하지 않으니 자못 그들은 옛날이나 지금이나 다름이 없는 것은 물론, 진실로 행하지 않을 수 없다는 것을 알지 못한다.

〔增註〕 直 猶但也, 殊 猶絶也. 〔集解〕 全書 謂三代小學教人之書, 傳記 謂今所存曲禮內則諸篇也. 夫自坑焚之後 載籍不全 其幸存者 世人直以時世不同 莫之能行 盖絶不知其中 無古今之異者 實可行也. 無古今之異 即朱子 蒐輯以成此書者 是也.

【註解】 直은 다만(但)과 같은 것. 殊는 절대(絶對)와 같은 것. 全書(전서)는 三代(夏·殷·周)때 소학에서 사람을 가르치는 서적(書籍←즉 教材)이다. 傳記(전기)는 지금 현존하는 곡례(曲禮) 내칙(內則)의 모든 篇이다. 대저(발어사) 유자(儒者)를 생매장(生埋葬)하고 경적(經籍)을 불태워 소탕한 이후부터 서적(書籍)이 온전하지 않으며 그것들 중 다행히 남아 있는 것도 세상 사람이 다만 그 때의 세상과 같지 않음으로써 능히 실행하지 못하니, 대개 절대로 그것 가운데에는 옛날이나 지금이나 다름이 없어서 실제로 가히 실행할만한 것임을 알지 못하는 것이다. 옛날이나 지금이나 다름이 없다는 것은 곧 주자(朱子)가 수집(蒐輯)하여 이 서적(書籍)을 만든 것이 이것인 것이다.

全書(전서)는 三代때 소학에서 가르치던 글, 또는 그 글이 담겨있는 서책(書册) 전부.

傳記(전기)는 여기에서는 「곡례(曲禮) 내칙(內則) 모든 篇」을 말함. 賢人(현인)이 쓴 책을 傳이라 하고, 사실을 기록(記錄)한 것을 記라 한다.

往往(왕왕)은 가끔, 때때로, 直(직)은 일부러, 다만, 고의로. 古今異宜

(고금이의)는 옛날과 지금과는 의식 표준이 달라 적의(適宜)함이 다르다는 말.

殊(수)는 절대로, 특히, 전연, 아주. 無古今之異者(무고금지이자)는 옛날이나 지금이나 다를 수 없다는 말.

| 今頗蒐輯하여 以爲此書하여 援之童蒙하여 資其講習하나니 庶幾有補於風化之萬一云爾니라. |
|---|

〖解說〗 이제 찾아 모아서(글을) 그것으로써 이 서책(書册)을 만들어 어린 아이들에게 주어 그들(아이들)의 강습(講習)에 도움이 되게 하고자 하니 바라건대 풍속과 교화에 만분의 하나라도 도움이 있으리라 여긴다.

〔集說〕 陳氏曰 蒐 索也, 輯 聚也, 授 付也, 童蒙 童幼而蒙昧也, 資 助也, 庶幾 近辭, 風化 詩序, 謂風 風也, 教也 風以動之 教以化之也. 萬一 萬分之一也 云爾 語辭 朱子此書 續古者小學之教 其有補於國家之風化 大矣 曰庶幾 曰萬一 皆謙辭耳. 吳氏曰 朱子之於世教 豈惟有補於當時 實則有功於萬世也.

【註解】 진씨(陳氏) 이르기를, 蒐는 찾는다, 輯은 모은다, 授는 준다, 童蒙은 아이가 어려서 몽매(蒙昧)한 것, 資는 도운다, 庶幾는 가깝다는 말, 風化는 시전(詩典) 서문에 風은 노래하는 것이고 가르치는 것을 이른다. 노래하여 생동하며 가르쳐서 교화하는 것이다. 萬一은 만분(萬分)에 하나이다. 云爾는 어조사(語助辭), 주자(朱子)의 이 책은 옛적 소학의 가르침을 이었으니 그 국가의 풍속과 교화에 도움이 있음이 크다. 庶幾와 萬一은 모두 겸사일뿐이다. 오씨(吳氏)는 이르기를「주자(朱子)가 세상에 가르침이 어찌 다만 그 당시에만 도움이 있으리요, 실제로는 만세(萬世←後世에 오래도록)에 功이 있다」고 하였다.

淳熙丁未三月朔朝에 晦菴은 題하노라.

〖解說〗 순희 정미 삼월 초하루에 회암은 쓰노라.

〔集註〕 陳氏曰, 淳熙丁未 宋孝宗十四年也. 晦庵 朱子別號也.

**【註解】** 진씨(陳氏) 이르기를 「순희(淳熙) 정미(丁未)는 송(宋)나라 孝宗(효종) 14년이다. 회암(晦庵)은 주자(朱子)의 별호(別號)이다.」라 하였다.

# 小學題辭

元亨利貞은 天道之常이요 仁義禮智는 人性之綱이니라.

〖解說〗 원(元)과 형(亨)과 이(利)와 정(貞)은 천도(天道)의 떳떳함이요, 인(仁)과 의(義)와 예(禮)와 지(智)는 인성(人性)의 벼리이다.

〖集說〗 饒氏曰, 小學者 小子之學也. 題辭者 標題書首之辭也.〔正誤〕元者 生物之始, 亨者, 生物之通 利者 生物之遂 貞者 生物之成 四者天道 天理 自然之本體也. 亘萬物世而不易 故 曰常. 仁者 愛之理 義者 宜之理 禮者 恭之理 智者 別之理 四者 謂之人性 人心所具之 天理也 通萬善而不遺 故曰綱. 元 於時 爲春 於人 爲仁, 亨 於時 爲夏 於人 爲禮, 利 於時 爲秋, 於人 爲義, 貞 於時 爲冬 於人 爲智.〔集說〕此一節 言天道流行, 賦於人而爲性也.

【註解】 요씨(饒氏) 이르기를 「소학은 어린 아이들이(자손) 배우는 것이다.」고 했다.

제사(題辭)라는 것은 책머리에 표제(標題)하는 말이다.

元은 사물을 내는 시초(始初)이고, 亨은 사물을 내는 통(通)함이며, 利는 사물이 자라는 것이고, 貞은 사물을 내어 이루어지는(完成) 것이니 천리(天理) 자연(自然)의 본체(本體)이다. 만세(萬世)에 뻗쳐간다 하더라도 바뀌지 않기 때문에 상(常←언제나 변치 않는 것)이라 한다. 仁이란 사랑하는 이치이고, 義라는 것은 마땅한 이치이고, 禮라는 것은 공순(恭順)하는 이치며, 智라는 것은 분별하는 이치다. 이 네 가지를 사람의 성품이라 하는데 사람의 마음에 갖추어진 바 천리(天理)이다. 온갖 선(善)을 거느려 남기지 않기때문에 강(綱)이라고 한다. 元은 시기

(時期)에 있어서는 봄(春)이 되고, 사람에 있어서는 인(仁)이 되며, 亨은 시기에 있어서 여름(夏)이 되며, 사람에 있어서는 예(禮)가 된다. 利는 시기에 있어서 가을(秋)이 되며, 사람에 있어서 의(義)가 되고, 貞은 시기에 있어서 겨울(冬)이 되며, 사람에 있어서는 지(智)가 된다. 이 한마디는 하늘의 道가 유행(流行)함이 사람에게 부여 되어 성(性)이 되게 하였다. ◦ 常은 떳떳함. 곧 언제나 변치 않는 것, 만세에 걸쳐 변치 않는 것. ◦ 綱은 그물의 벼리로 그물 윗쪽 코를 꿴 굵은 줄, 전(轉)하여 사물을 총괄하여 규제하는 것, 곧 도덕, 법칙, 규율 따위. ◦ 人性(인성)은 사람의 성질, 성품, 사람이 태어날 때부터 지닌 본연의 성질.

| 凡此厥初 無有不善하여 藹然四端이 隨感而見이니라. (見＝現) |
|---|

〖解說〗 무릇 그 처음(←四端)이 선(善)이 아닌 것이 없어서, 뚜렷이 사단(仁·義·禮·智)이 감정에 따라 나타나느니라.

〔集說〕 饒氏曰此者 指上文 仁義禮智之性也. 厥初 謂本然也. 藹然 衆盛貌, 端 緒序也. 孟子曰 惻隱之心 仁之端也, 羞惡之心 義之端也, 辭讓之心 禮之端也, 是非之心 智之端也. 感者 自外而動於內也, 見者, 自內而形於外也 此言人性 其初本善, 是以 四者之善端 藹藹然 隨其物之所感動而形見也. 〔集說〕 此一節, 言性發而爲情也.

**【註解】** 요씨(饒氏) 이르기를 「此라는 것은 上文(←앞글·윗글)에서 仁·義·禮·智의 성품(性品←人性)을 가리킨 것이다. 厥初는 本然을 말한 것이다. 藹然은 뭇(衆) 성(盛)한 모양, 端은 실마리이다.」고 했다. 孟子에 측은(惻隱) 한 마음은 仁의 단서이고, 부끄러워 미워하는(羞惡) 마음은 義의 단서이고, 사양(辭讓)하는 마음은 禮의 단서이며, 시비(是非)하는 마음은 智의 단서라고 하였다. 感이라는 것은 밖으로부터 안(마음)에 통하는 것이고, 見이라는 것은 안으로부터 (형)밖에 표현하는 것이니 이는 사람의 성품이 그 처음이 원래 착하므로 이로써 네 가지의 착한 단서가 구름이 일듯(藹藹然) 그 사물에 감동함에 따라

얼굴(形)에 나타난다.

이 일절(一節)은 性이 發(피어나)하여 情(표정)이 됨을 말한다.

| 愛親敬兄과 忠君弟長이 是曰秉彝라 有順無彊이니라. |
|---|

〖解說〗 부모를 경애(敬愛)하고 형을 공경하는 것과 임금에게 충성하고 어른에게 공손하게 순종하는 이것을 일러(사람이) 본래 가진 떳떳한 도리의 성품인지라, 순함(←본연의 성품에 순종함)은 있고 강직함(←인위적으로 강행함)은 없다.

〔集說〕 饒氏曰 忠者 盡己之謂 弟 順也, 秉 執也 彝 常也 言 愛親敬兄忠君弟長 此四者 乃人所秉執之常性 皆出於自然而非勉彊爲之也.

〔集說〕 此一節 言性之見於行也.

**【註解】** 요씨(饒氏) 이르기를「忠이라는 것은 내몸을 다하는 것을 이르고, 弟는 순한(순종)것이고 秉은 잡는(執) 것이며, 彝는 떳떳한 것이니, 어버이를 사랑하고 형을 공경하고 임금에게 충성하고 어른에게 공순하는 이 네 가지는 사람이 모두 가지고 있는 떳떳한 성품이다.

모두가 자연에서 나오는 것이지 힘써서 억지로 하는 것이 아님을 말한 것이다.」이 일절(一節)은 성품이 행동에서 보임을 말한 것이다.

| 惟聖은 性者라 浩浩其天이시니 不加毫末이라도 萬善足焉이니라. |
|---|

〖解說〗 오직 성인은 천성(天性) 그대로 하시는 분이라, 넓고 넓음이 그 하늘과 같으시니 털끝만큼도 더하지 않는다 하더라도 모든 착함이 넉넉하다.

〔集說〕 饒氏曰 惟 語辭 浩浩 廣大貌 天 即理也 毫末 言至微也 此 言

聖人 無氣稟物欲之累 天性渾全 浩浩然廣大 與天爲一 不待增加毫末而萬善自足 無少欠缺也. 〔**集說**〕 此一節 言聖人之盡其性也.

【**註解**】 요씨(饒氏)는 이르기를 惟는 어조사(語助辭)이다. 浩浩는 넓고 큰 모양이다. 天은 곧 이치이다. 毫末은 지극히 작음을 말한다. 이는 성인의 타고난 성품이 물욕에 얽매임이 없는지라 천성이 혼전(渾全)하여 호탕(浩蕩)한 호연지기(浩然之氣)가 넓고 커서, 하늘과 더불어 하나가 되어 털끝만치라도 증가 하지 않더라도 온갖 善이 스스로(저절로) 만족하여 작은 흠결도 없음을 말한 것이다. 이 일절(一節)은 성인(聖人)이 그 성품(性品←天性)을 다함을 말한 것이다.

| **衆人**은 **蚩蚩**하여 **物欲交蔽**하여 **乃頹其綱**하여 **安此暴棄**니라. |
|---|

〖**解說**〗 (세상의) 많은 사람들은 무지(無知)하여 물욕(物欲)이 서로 가리어서 그(仁·義·禮·智) 기강(紀綱)을 무너뜨리어 자포자기(自暴自棄)하는 것을 편안하다고 여긴다.

〔**集說**〕 饒氏曰 衆人 凡民, 蚩蚩 無知之貌, 物欲 謂凡聲色臭味之欲也, 交 互也. 蔽 遮也, 暴 害也 此 言衆人 氣稟昏愚 物欲交蔽 是以 頹墜其仁義禮智之綱 而安於自暴自棄也. 〔**集說**〕 此一節 言衆人之汩 其性也.

【**註解**】 요씨(饒氏) 이르기를 衆人은 평범한 일반백성, 蚩蚩는 아는 것이 없는 모습, 欲은 음악과 여색, 냄새, 맛의 욕심을 이른것, 交는 서로(상호)이다. 蔽는 가리는 것이다. 暴은 해치는 것이다. 이는 뭇사람의 타고난 기품이 어둡고 어리석어서 물욕이 서로를 가리고 이로써 仁·義·禮·智의 기강을 무너뜨려 자포자기 하는 데에 편안한 것이다. 이 일절(一節)은 뭇사람이 그 성품의 골격(骨格)을 빠뜨린 것이다.

| 惟聖이 斯惻하사 建學立師하고 以培其根하며 以達其支하시니라. (支＝枝) |
|---|

〖解說〗 오직 성인(聖人)이 이에(많은 사람들) 측은하게 여기셔서 학교를 건설하고 스승을 세우셔서 이로써 뿌리를 북돋우고 그 가지를 발달하게 하시었다.

〔集解〕 饒氏曰 斯 語辭 此 言聖人 憫人安於暴棄 故 爲建學立師 以教之 使之養其仁義禮智之性 如培壅木之根本 充其惻隱羞惡辭讓 是非之端 與夫愛親敬兄忠君弟長之道 如發達木之支條也. 〔集說〕 此一節 言聖人 興學設教之意.

【註解】 요씨(饒氏) 이르기를 斯는 어조사이다. 이에 성인(聖人)이 사람들(衆人)의 자포자기하는데 편안해 함을 민망히 여겼기 때문에 (그들을) 위하여 학교를 세우고 스승을 세워서 가르치므로써 그들로 하여금 仁·義·禮·智의 성품기르는 것을 나무의 뿌리를 북돋우는 것 같이하며, 그들이 측은(惻隱), 수오(羞惡), 사양(辭讓), 시비(是非)의 단서와 어버이를 사랑하고 형을 공경하고 임금에게 충성하며 어른에게 공순하는 道를 채우는 것을, 나무의 가지가 발달하는 것과 같이 하였던 것이다. 이 일절(一節)은 성인(聖人)이 학교를 세우고 가르침을 베푸는 뜻을 말한 것이다.

| 小學之方은 灑掃應對하며 入孝出恭하여 動罔或悖니 行有餘力이어든 誦時讀書하며 詠歌舞蹈하여 思罔或逾니라. |
|---|

〖解說〗 어린이가 배우는 방법은 물뿌리고 쓸며 (사람을) 응대하며 들어와서는 (부모에게) 효도하고 나가서는 (어른에게) 공손하여 행동이 거슬림이 없게 할 것이니 실행하고도 남는 힘이 있거든 시(詩)를 외우고 글을 읽으며 노래를 부르고 춤을 추어서 생각이 혹 (절도를)

넘지 말게 할 것이다.

〔集解〕 罔 無也, 悖 戾也, 餘力 猶言暇日, 手曰舞, 足曰蹈, 詠歌舞蹈 皆學樂之事, 逾 越也. 〔增註〕 方 法也 饒氏曰 此 言小學之方, 必使學者 謹夫灑掃應對之節 入則愛其親 出則敬其長 凡所動作 無或悖戾乎此也, 行此數者 而有餘力 則誦詩讀書, 詠歌 以習樂之聲, 無蹈 以習樂之容 凡所思慮 無或逾越乎此也. 〔集說〕 此一節 言小學之教.

**【註解】** '罔'은 '말라'는 것이다. 悖는 거스리는 것, 餘力은 한가한 날이다. 손으로 하는 것을 춤이라 하고, 발로 하는 것을 발구른다고 한다, 읊고 노래하고 춤추고 발구르는 것은 모두 풍악을 배우는 일이다. 逾는 넘는 것이다. 方은 법이다. 요씨(饒氏) 이르기를 이는 소학의 방법으로 반드시 학자(學者)로 하여금 灑掃하고 應對하는 절차를 삼가하여 들어가면 그 어버이를 사랑하고 나가서는 그 어른을 공경해서 모든 동작하는 바가 혹 여기에 어그러짐이 없게 해야 할 것이니 이 두어가지 것을 행하고 남은 한가한 시간이 있으면 시를 읊고 글을 읽으며, 읊고 노래하여 풍류의 소리를 익히며 춤추고 발굴러 풍악의 용태(容態)를 익혀서 모든 생각하는 바가 혹 여기에 벗어남이 없게 함을 말한다. 이 일절(一節)은 소학의 가르침을 말한 것이다.

> **窮理修身**은 **斯學之大**니 **明命赫然**하여 **罔有內外**하니 **德崇業廣**이라야 **乃復其初**니 **昔非不足**이어니 **今豈有餘**리오.

〖解說〗 이치를 궁리하여 몸을 닦는 것은 곧 대학의 학문이니 천명(天命)이 밝게 드러나서 안(마음)과 밖의 구별이 있지 아니하여 덕을 높이고 사업이 광대해져야 그 처음으로 돌아가게 되는 것이다. 전날에는 부족해서 그런 것이 아니니 지금 어찌 남음이 있으리오?

〔集解〕 饒氏曰 明命 即天之所賦於人 而人之所得以爲性者也. 赫然 明盛貌 德者 道之得於內者也, 業者 功之成於外者也. 復 還也, 初 謂本然也. 此 言格物致知, 以窮究其理, 誠意正心 以修治其身, 此乃大學之道也. 然 天之明命 赫然昭著 無有內外之間, 學者 誠能從事於大學, 使 物格知至意誠心正身修, 而德之積於內者, 極乎崇高, 業之施於外者 極乎廣博 則有以復其性之本然矣. 昔日之安於暴棄也, 此性 固非不足, 今日之德崇業廣也. 此性 亦非有餘, 但昔爲氣稟物欲之所蔽, 今則復其本然耳. 〔集說〕此一節 言大學之教.

【註解】요씨(饒氏) 이르기를 明命은 곧 하늘이 사람에게 부여한 것으로 사람이 얻어서 성품이 되는 것이다. 赫然은 밝고 성한 모양, 즉 찬란한 것.

德이라는 것은 道가 안(마음)에서 얻어진 것이고, 業이라는 것은 功이 밖에서 이루어진 것이다. 復은 돌아오는 것이다. 初는 本然을 말한다. 이는 사물에 이르르면 아는 것을 이루어 그 이치를 궁구(窮究)하며 참된 뜻으로 마음을 바로잡아 그 몸을 닦는 것, 이것은 大學의 道이다. 그러나 하늘의 밝은 命이 찬란하게 나타나서 안과 밖의 사이가 없으니, 學者가 참으로 능히 大學에 종사하여 사물의 이치를 아는데 이르러 뜻을 참되게 하고, 마음을 바로잡고 몸을 닦아 德안에 싸여진 것을 崇高한 데에 이르게 하고 業의 밖에 실시된 것이 廣博한 데에 이르게 되는 것은 그 성품의 本然을 회복할 수 있을 것이다.

전날에 포기하는 데 편안했을 때엔 이 성품이 참으로 부족한 것이 아니며 지금에 덕이 높아지고 업이 넓혀짐은 이 성품이 또한 여유가 있는 것이 아니다. 다만 전날에는 타고난 성품이 사물의 욕심에 가려진 때문이며 지금은 그 本然으로 돌아왔을 뿐이다. 이 일절(一節)은 大學의 가르침을 말한 것이다.

世遠人亡하여 經殘教弛하여 蒙養弗端하고 長益浮靡하여 鄕無善俗하며 世乏良材하여 利欲紛拏하며 異言喧豗니라.

〖解說〗(옛 훌륭했던) 세대는 멀고 성인(聖人)도 (가고) 없어서 경서는 잔결(殘缺)되고 가르침도 해이(解弛)하여져 어린이 교육이 단정하지

못하고 자라서 더욱 부랑해져, 고을에는 착한 풍속이 없으며, 세상에는 어진 인재(人材)가 없어서 이욕이 어지럽게 이끌며 괴이한 말이 시끄럽게 공격한다.

〔集解〕 饒氏曰, 人 謂聖人, 經 六經也. 端은 正也. 拏 牽引也, 豗 相擊也. 此 言自前世旣遠 聖人旣沒, 六經 殘缺而敎法, 亦廢弛矣. 小學之敎 廢則自童蒙之時, 而養之不以其正, 大學之敎, 廢則至年長 而所習 日益輕浮華靡 是以 鄕無淳厚之習俗, 世無粹美之人材, 但見利欲之習, 紛然而相牽引, 異端之言 喧然而相攻擊也. 〔集說〕 此一節 言後世敎學不明之害.

【註解】 요씨(饒氏) 이르기를 人은 성인(聖人)을 이름이요, 經은 六經이다.

端은 바른 것이다. 拏는 끌어당기는 것이다. 豗는 서로 공격하는 것이다.

이는 전세대로부터 이미 멀어지고 성인(聖人)도 이미 가시고 없으며, 六經이 잔결(殘缺)하여 가르치는 법도 폐(廢止)하고 해이(解弛)해졌다. 소학의 가르침이 해이해졌으니 어릴 때부터 기르기를 바르게 하지 않고 大學의 가르침도 해이해져서 어른 나이가 되도록 익히는 것이 날로 더욱 경솔하고 부랑하며 화려하고 사치하니 이로써 향리(鄕里)에는 순후한 습속이 없으며 세상에는 아름다운 인재(人材)가 없으며, 다만 이익·욕심의 습관이 시끄럽게 서로 끌어당기며 이단의 말이 떠들썩하게 서로 공격하는 것을 말한 것이다. 이 일절(一節)은 후세에 가르치고 배우는 것이 밝지 못한 해(害)를 말한 것이다.

| 幸玆秉彝 極天罔墜라 爰輯舊聞하여 庶覺來裔하나니 嗟嗟小子아. 敬受此書하라. 匪我言耄라 惟聖之謨시니라. |
|---|

〖解說〗 다행히 이에 사람이 본래 가진 떳떳한 도리가 하늘이 다하도록 떨어지지 않으니, 이에 예전에 들은 것을 모아서 후예(後裔)를 깨우

치고자 하니 아아!(←슬픈 탄사) 어린이들이여. 이 글을 공경하여 배우라. 내 늙어서 하는 말이 아니라 오직 이 글은 성현(聖賢)의 가르침인 것이다.

〔集說〕 饒氏曰 極 終也 極天罔墜, 言 人之秉彝 萬古常存也. 爰 於也. 裔 衣襟之末 來裔 謂後學也 嗟嗟 歎辭, 我 朱子自謂也 耄 老而昏也. 〔集說〕 此一節 言集小學開後學之意.

**【註解】** 요씨(饒氏)는 이르기를 '極은 끝이다.'라고 하였다. 極天罔墜는 사람의 本然에 天性이 만고(萬古)토록 언제나 남아 있음을 말한다. 爰은 이에이다. 裔는 옷자락의 끝이니 來裔는 後學(또는 後裔)을 말한 것이다. 嗟嗟는 탄식하는 말. 我는 朱子가 스스로를 이른 것이다. 耄는 늙어서 (정신이) 혼미함을 말한 것이다. 이 일절(一節)은 小學을 수집하여 後學을 開導하는 뜻을 말한 것이다.

# 原本小學 卷之一

建安何士信 集成
海虞吳 訥 集解
姑蘇陳 祚 正誤
天台陳 選 增註
淳安程 愈 集說

# 內 篇

## 立教第一(十三章)

〔集解〕 立 建也 教者 古昔聖人 教人之法也 凡十三章.

**【註解】** 立은 세우는 것이다. 教者는 옛날 옛적 성인(聖人)이 사람을 가르치는 방법이다. 무릇 十三장이다.

○子思子曰 天命之謂性이요 率性之謂道요 修道之謂敎라 하시니 則天命하며 遵聖法하여 述此篇하여 俾爲師者로 知所以敎하며 而弟子로 知所以學하노라. (則=측)

〚解說〛 자사자께서 말씀하시기를「하늘이 명(命)한 것을 성(性)이라 이르고, 성(性)을 따르는(순종) 것을 도(道)라 이르고, 도(道)를 닦는 것을 교(敎)라」하시니 하늘의 밝은 명(命)을 받으며 성인(聖人)의 법(法)을 좇아서 이 편(←立敎篇)을 서술(敍述)하여 스승된 사람으로 하여금 가르칠 바를 알게하며 제자로써 배울 바를 알게하는 것이다.

〚集解〛 子思 孔子之孫, 名伋, 子思 其字也, 下字子 後學 宗師先儒之稱 朱子曰 命 猶令也 性 卽理也 天以陰陽五行 化生萬物 氣以成形而理亦賦焉 猶命令也 於是 人物之生 因各得其所賦之理 以爲健順五常之德 所謂性也 率循也 道 猶路也 人物 各循其性之自然 則其日用事物之間 莫不各有當行之路 是則所謂道也. 修 品節之也, 性道雖同而氣稟或異 故 不能無過不及之差 聖人 因人物之所當行者而品節之 以爲法於天下 則謂之敎 若禮樂刑政之屬 是也. 〔增註〕則 法也, 天明 天之明命 卽天命之性也 遵 循也 聖法 聖人之法 卽修道之敎也. 俾 使也 此篇所述 皆道之當然 原於天而立於聖人者也 師之所以敎 弟子之所以學 無有切於此者矣.

【註解】 子思는 孔子의 손자. 이름은 伋. 子思는 그의 字이다. 아래의 子字는 후학(後學)이 선유(先儒)를 종사(宗師)하는 칭호(稱號)이다. 주자(朱子)가 이르기를 명(命)은 영(令)과 같은 것이고, 성(性)이란 곧 이(理)이다. 하늘이 음양(陰陽)과 오행(五行)으로써 만물(萬物)을 화생(化生)하는데 기(氣)로써 형상(形象)을 이루어서 또 (이에) 이(理)를 부여(賦與)한다. 이것은 명령(命令)하는 것과 같다.

이에 있어 사람이나 만물이 생겨나는 것이 각각 그(하늘) 부여한 바의 이(理)를 얻음으로 인(因)해서 오상(五常)의 덕(德)을 건순(健順)하는 것이 이른바 성(性)이다. 率은 따르는 것이고, 도(道)는 길과 같은 것으로, 사람과 만물이 각각 그 성(性)의 自然을 따르면 그 日用하는 事物의 사이에 각각 마땅히 行할 길이 있지 않음이 없나니 이는 곧 이른바 道이다.

修라는 것은 品節(차등을 알맞게 조절하는 것)하는 것으로 性과 道는 비록 같으나 (타고난) 氣稟이 간혹 다르다. 때문에 지나치지도 않고 미치지 못하는 차이를 없게 할 수 없다. 聖人은 사람이나 만물이 마땅히 해야 할바로 인해서 品節(차등을 알맞게 조절)함으로써 法(본보기)을 삼았으니 이것을 본받음을 教라 이른 것이다. 예악(禮樂)과 형정(形政)의 속(屬)함이 같은 것은 이때문이다.

則은 法이며 天明은 하늘에 밝은 命이니 이는 곧 天命의 性이다. 遵은 따르는 것이다. 聖法은 聖人의 法이니 즉 道를 닦는 것이 教(가르침을 받음)이다. 俾는 하여금이다. 이 篇에 기술한 것은 모두 道에 當然한 것으로 天에 근본(原)을 聖人에게 세운 것이다. 그러므로 스승이 가르침으로써 제자가 배우는 까닭에 이보다 더 절실함이 있지 않을 수 없는 것이다.

> 列女傳에 曰古者에 婦人이 妊子에 寢不側하며 坐不邊하며 立不蹕하며 不食邪味하며 割不正이어든 不食하며 席不正이어든 不坐하며 目不視邪色하며 耳不聽淫聲하고 夜則令瞽로 誦詩하며 道正事하더라. 如此則生子에 形容이 端正하며 才過人矣러라.
> (妊＝壬, 側＝仄·측, 瞽＝古)

〚解說〛「열녀전」에 말하기를 「옛적에는 부인이 아이를 배면 기울게 잠자지 않으며, 가(邊)에 앉지 아니하며, 설 때에 외발로 서지 않고, 사특한 맛이 나는 것을 먹지 않았으며, 벤(써른) 것이 반듯하지 않으면 먹지 않고, 좌석이 반듯하지 않으면 앉지 않았다.

눈으로는 사특한 빛깔을 보지 않았으며, 귀로는 음란한 소리를 듣지 않았으며, 밤에는 소경으로 하여금 시(毛詩)를 낭송하게 하였으며, 바른 일을 말하게(이야기) 하였다. 이와 같이 하여 자식을 낳으면 얼굴이 단정하고 재주가 남보다 뛰어났다.」고 하였다.

〔集解〕 列女傳 漢 劉向所編. 妊 娠也 側 側其身也 邊 偏其身也 蹕 當作跛 謂偏任一足也. 邪味 不正之味, 割 切肉也 席 坐席也. 〔集說〕 陳氏曰 邪色 不正之色 淫聲 不正之聲 道 言也, 正事 事之合禮者. 〔集解〕 瞽 無目 樂師也 詩 二南之類 正事 如二典之類. 〔集解〕 此 言

妊娠之時 當愼所感 感於善則善 感於惡則惡也 李氏曰 人之有生 以天命之性 言之 純粹至善 本無有異 以氣質之性 言之 則不能無淸濁美惡之殊, 淸乃智而濁乃愚 美乃賢而惡乃不肖. 姙娠之初 感化之際 一寢, 一坐, 一立, 一食, 一視, 一聽, 實淸濁美惡之機栝 智愚賢不肖之根柢也 爲人親者 其可忽慢而不敬畏哉.

【註解】「열녀전」은 漢나라 劉向이 편찬한 것이다. 妊은 妊娠하는 것이다. 側은 妊娠한 몸을 기울어지게 하는 것이다. 蹕은 跛字로 해야 마땅할 것이다. 한쪽 다리에만 맡겨 치우치게 서는 것을 말한다. 邪味는 부정(不正)한 맛이다. 割은 고기를 자르는 것이다. 席은 앉는 자리이다(←방석·죽석). 진씨(陳氏) 이르기를 邪色은 부정(不正)한 빛깔(색채)이다. 淫聲은 부정(不正)한 소리(音). 道는 '말하다'이다. 正事는 일이 禮에 합당함을 말한다. 瞽는 눈이 없는 樂師이다. 詩는 二南(周南·召南)의 類이고, 正事는 二典(堯典·舜典)의 類이다. 이는 妊娠하였을 때 마땅히 느끼는 바 삼가해야 할 것으로, 善을 느끼면 善해지고 惡을 느끼면 惡해지는 것이다. 이씨(李氏) 이르기를「사람이 태어남에 있어 天命의 性으로 말한다면 純粹하고 至善하여 원래 다름이 있지 않으나, 氣質의 性으로 말한다면 능히 淸·濁·美·惡의 다름이 없지 않을 수 없으니, 淸하면 지혜스럽고 濁하면 어리석고, 美하면 어질고(賢), 惡하면 어질지 못한(不肖) 것이다, 妊娠한 처음에 感化할 지음(際), 한 번 자고, 한 번 앉고, 한 번 서고, 한 번 먹고, 한 번 보고, 한 번 듣는 것이 實로 淸濁·美惡의 機栝이고, 智愚·賢肖의 根柢이다. 남의(사람) 어버이 된 자 소홀히 하고 태만하여 삼가하고 두려워하지 않을 수 있겠는가?」

○內則曰 凡生子에 擇於諸母와 與可者하되 必求其寬裕慈惠溫良恭敬愼而寡言者하야 使爲子師니라.

〖解說〗 내칙에 말하기를「무릇 자식을 낳으면 여러 첩(妾)과 더불어 올바른 사람을 가리되 반드시 그 마음이 너그럽고 넉넉하며, 자애롭고

은혜로우며, 온화하고 선량하며, 공손하고 신중해서 말이 적은 사람을 찾아서 자식의 스승을 삼을 것이니라.」

〔集說〕 陳氏曰 內則 禮記篇名 言閨門之內 軌儀可則也, 諸母 衆妾也, 可者 謂雖非衆妾 而可爲子師者 寬裕 慈惠 溫良 恭敬 愼而寡言者 婦德之純也 故 使之爲子師 以教子焉, 司馬溫公曰 乳母不良 非惟敗亂家法 兼令所飼子 類之. (飼=似)

【註解】 진씨(陳氏) 이르기를「內則은 예기(禮記)의 篇 이름이다. 규문(閨門)안에 軌儀로 본 받을 만한 법도이다. 諸母는 여러 첩이다. 可라는 것은 비록 衆妾이 아닐지라도 자식에 스승을 삼을 만한 사람을 말한 것이다. (마음이) 너그럽고 넉넉하며, 자애롭고 은혜로우며, 온화하고 선량하며, 공경함이 신중하여 말이 적은 것은 부인의 德이 순수한 것이다. 그런 까닭으로 하여금 자식의 스승을 삼아 자식을 가르쳤다.」 사마온공(司馬溫公)이 이르기를「유모(乳母)가 불량하면 다만 가정의 법도를 어지럽게(紊亂) 할 뿐 아니라 겸하여 젖먹이는 자식으로 하여금 닮게 된다.」고 했다.

> 子能食食이어든 教以右手하며 能言이어든 男唯女俞하며 男鞶革이요 女鞶絲니라. (食=似, 鞶=盤)

〖解說〗 자식이 밥을 먹을 수 있게 되거든 가르치되 오른손으로써 하게 하며, 말을 할 수 있게 되거든 사내아이는 (큰소리로) 속히 대답하고, 계집아이는 (부드러운 소리로) 느슨히 대답하게 하며, 사내아이는 가죽으로 띠를 하고 계집아이는 실로 띠를 할 것이다.

〖集解〗 食 飯也, 右手 取其便 男子同也, 唯 應之速, 俞 應之緩, 鞶 大帶也, 革 皮也, 一說 鞶 小囊 盛帨巾者 男用皮, 女用繪帛 皆有剛柔之義 男女異也, 司馬溫公曰 子能言 稍有知 則教以恭敬尊長, 有不識尊卑長幼者 則嚴訶禁之. 〔集成〕 顏氏家訓 曰 教 婦初來教兒 嬰

孩 故 在謹其始 此其理也 若夫 子之初生也 使之不知尊卑長幼之禮 遂至侮詈父母 歐擊兄姊, 父母不知訶禁 反笑而獎之 彼旣未辨好惡 謂禮當然 及其旣長 習已成性 乃怒而禁之 不可復制 於是 父嫉其子 子怨其父 殘忍悖逆 無所不至 此蓋父母 無深識遠慮 不能防微杜漸 溺於小慈 養成其惡故也.

**【註解】** 食(사)는 밥이다. 右手는 그 편리함을 取한 것이며 남자와 여자가 동일하다. 唯는 대답이 신속하게 응하는 것이고 兪는 대답이 느슨하게 응하는 것이다. 鞶은 큰띠다. 革은 가죽이다. 일설에 鞶은 작은 주머니로 수건을 담는 것이며, 남자는 가죽을 사용하고 여자는 비단을 사용하는데 모두 강하고 부드러운 뜻이 있으며, 남자와 여자의 다른 점이다.

사마온공(司馬溫公)이 이르기를「자식이 말을 하게 되어 조금 아는 것이 있으면 어른을 공경하는 것을 가르침으로써 지위가 높고 낮고, 어른과 어린 것을 알지 못하는 자가 있으면 엄하게 꾸짖어야 한다.」고 했다.

안씨가훈(顔氏家訓)에 이르기를「부인(婦人)이 처음 와서 젖먹이 아이를 가르치기 때문에 그 처음을 삼가함이 있는 것은 바로 그런(처음을 바로 잡는) 이치이다. 자식이 태어나서 처음에 이르러 지위가 높고 낮음. 어른과 어림의 禮를 알지 못하여 마침내 부모를 경멸하고 꾸짖으며, 형이나 누이를 구타함에 이르러서도 부모가 꾸짖어서 금지할 줄을 알지 못하고 도리어(오히려) 웃으면서 장려하면, 어린아이들은 좋고 나쁜것을 분별하지 못하여 의례히 당연하다 할 것이니, 그것은 이미 자라나 습관이 이미 성품화(性品化) 되어 이에 성내어 금한다 할지라도 돌이켜 제재할 수 없게 되는 것이다.

이에 아버지는 자식을 미워하고, 자식은 아버지를 원망하게 되어서 잔인하고 어그러져 거슬리지 않음이 없는 데에 이르니, 이는 대개 부모가 깊은 식견(識見)과 멀리 염려함이 없어서 작을 때 막고 점점 자라도 막지 못하는 작은 사랑에 빠져서 그 나쁜 것을 양성하는 까닭이다.」고 했다.

| 六年이어든 敎之數與方名이니라. |
|---|

〚解說〛 여섯 살이 되거든 숫자와 방위의 이름을 가르칠 것이다.

〔集說〕 陳氏曰 數 謂一十百千萬 方名 東西南北也.

【註解】 진씨(陳氏) 이르기를「數는 一十百千萬이며, 方名은 東·西·南·北이다.」하였다.

| 七年이어든 男女 不同席하며 不共食이니라. |
|---|

〚解說〛 일곱 살이 되거든 사내아이와 계집아이가 자리를 같이 하지 않으며 먹기를 함께 하지 않는다.

〔集說〕 陳氏曰 不同席而坐 不共器而食 敎之有別也.

【註解】 진씨(陳氏) 이르기를「자리를 같이 하여 앉지 아니하며, 그릇을 함께하여 먹지 아니함은 분별이 있게 가르치는 것이다.」고 했다.

| 八年이어든 出入門戶와 及卽席飮食에 必後長者하여 始敎之讓이니라. |
|---|

〚解說〛 여덟 살이 되거든 문을 드나듦과 자리에 앉고 음식을 먹음에 반드시 어른보다 뒤에 하게 하여 비로소 사양하는 것을 가르칠 것이다.

〔集說〕 陳氏曰 耦曰門 奇曰戶, 卽 就也, 後長者 謂在長者之後也, 讓 謙遜也, 方氏 謂出入門戶 則欲其行之讓也, 卽席 則欲其坐之讓也 飮食 則欲其食之讓也.

【註解】 진씨(陳氏) 이르기를 「짝문을 門이라 하고 외문을 戶라 한다. 卽은 '나아간다'이며 後長者는 長者의 뒤에 있음을 말한다. 讓은 謙遜함이다.」라 했다. 방씨(方氏)는 「門戶를 출입할 때는 그 다니는 것을 양보하려고 하고, 자리에 나아갈 때는 그 앉는 데를 양보하려고 하며, 먹고 마실 때는 그 음식을 양보하려고 하는 것이다.」라고 했다.

| 九年이어든 教之數日이니라. |
|---|

〖解說〗 아홉 살이 되거든 날 수 헤아리는 것을 가르칠 것이다.

〔集說〕 陳氏曰 數日 知朔望與六甲也.

【註解】 진씨(陳氏) 이르기를 「數日은 초하루와 보름과 육갑(六甲←六十甲子)을 알게 하는 것이다.」

| 十年이어든 出就外傅하여 居宿於外하며 學書計하며 衣不帛襦袴하며 禮帥初하며 朝夕에 學幼儀하되 請肄簡諒이니라.<br>(帥＝率) |
|---|

〖解說〗 열 살이 되거든 바깥 스승에게 나아가 취학(就學)하게 하여, 바깥(방에서)에 거처하고 잠자게 하며, 글씨 쓰고 계산하는 것을 배우게 하며, 옷은 명주로 저고리와 바지를 아니하며, 예절은 처음에 가르친 법대로 따르게 하며, 아침과 저녁에 어린이가 예의를 배우되 간이(簡易)하고 신실(信實)한 일을 청하여 익히게 할 것이다.

〔集說〕 陳氏曰 外傅 教學之師也, 書 謂六書, 計 謂九數, 襦 短衣, 袴 下衣, 不以帛, 爲襦袴 爲其太溫也, 禮帥初, 謂行禮動作 皆循習初教之方也, 幼儀 幼事長之禮儀也, 肄 習也. 孔氏曰 童子 未能致文故 姑教之以簡 童子, 未能擇信故 且使之守信. 陸氏曰 請習簡而易從, 諒而易知之事.

**【註解】** 진씨(陳氏) 이르기를 「外傳는 글을 가르치는 스승이다. 書는 六書이고, 計는 九九法이다. 襦는 짧은 옷(저고리)이고, 袴는 下衣(← 바지)이다. 비단으로 된 저고리와 바지를 입지 않음은 너무 따뜻하기 때문이다. 禮率初는 禮를 行하는 동작을 모두 처음에 가르치는 방법에 따라 익히는 것이다. 幼儀는 어린이가 어른을 섬기는 예의이다.

肄는 익히는 것이다. 공씨(孔氏) 이르기를 童子는 글을 다 알지 못하기 때문에 간략하게 가르치는 것이며, 童子는 능히 신의를 가리지 못하기 때문에 하여금 신의를 지키게 하는 것이다.」고 했다.

육씨(陸氏) 이르기를 「가르치는 것을 간략하게 하여 쉽게 따르게 하고 신실하게 하여 쉽게 알게 하는 일이다.」고 했다.

十有三年이어든 學樂誦詩하며 舞勺하고 成童이어든 舞象하며 學射御니라.

〖解說〗 열세 살이 되거든 음악을 배우고 시를 외우며, 작(勺)으로 춤추게 하고 성동(成童←15세 이상의 아이)이 되거든 상(象)으로 춤추며, 활쏘기와 말타기를 배우게 할 것이다.

〖集說〗 吳氏曰 樂 八音之器也, 詩 樂歌之章也, 勺 即酌, 周頌 酌詩也, 舞勺者歌酌爲節而舞 文舞也, 象 周頌 武詩也, 舞象者 歌象爲節而舞 武舞也, 文舞 不用兵器 十三常幼 故 舞文舞, 成童 十五以上也, 則稍長矣 故 舞武舞焉. 〔集解〕 張子曰 古者 教童子 先以舞者 欲柔其體也, 心下則氣和 氣和則體柔古者 教胄子, 必以樂者 欲其體和也 學者志則欲立 體則欲和也.

**【註解】** 오씨(吾氏) 이르기를 「樂은 八音의 악기(樂器)이다. 詩는 음악과 노래의 (율(律)이 함축되어 있는) 글이다. 勺은 곧 酌인데 〈시전〉 周頌에 酌詩를 말한다. 舞酌은 酌詩를 노래하여 반주에 맞추어 춤을

추는 것으로 文舞이고, 象은 〈시전〉에 周頌 武詩인데 舞象은 象을 노래하여 반주에 맞추어 춤추는 것으로 武舞이다.

文舞에는 병장기를 쓰지 아니하며, 열세 살은 아직 어리기 때문에 文舞춤을 추는 것이며, 成童은 열다섯 살 이상으로써 조금 자랐기 때문에 武舞춤을 추는 것이다.」라 했다.

장자(張子) 이르기를「옛날에 어린이를 가르치는데 먼저 춤으로 하는 것은 그 신체를 부드럽게 하려고 하는 것으로 마음을 내리게 되면 기운이 화하게 되고, 기운이 화하면 신체가 부드러워진다. 옛날에 맏아들을 가르치는데 반드시 풍악으로 하는 것은 그 신체를 화하게 하려고 하는 것으로서 學者가 뜻을 세우려 하고 신체는 화하게 하려고 한 것이다.」라 했다.

| 二十而冠하여 始學禮하며 可以衣裘帛하며 舞大夏하며 惇行孝悌하며 博學不教하며 內而不出이니라. (冠＝貫) |
|---|

〚解說〛 스무 살이 되거든 갓을 쓰며 비로소 성인(成人)의 禮를 배우며, 이로써 갖옷과 명주옷을 입을 수 있으며, 대하(大夏)춤을 추며 효도함과 공손함을 돈후(惇厚)하게 行하며 널리 배우되 남을 가르치지 아니하며 지식과 덕을 속에 쌓아 밖으로 드러내지 아니할 것이다.

〔集解〕 冠 加冠也, 始學禮 以冠者 成人 兼習五禮, 裘 皮服, 帛, 繒帛, 大夏, 禹樂, 樂之文武兼備者也, 惇 厚也, 博 廣也, 不教 恐所學未精 不可以爲師而教人也, 內而不出 言蘊蓄其德 養於中而不自表見其能也.

**【註解】** 冠은 冠(갓)을 쓰는 것이다.

始學禮는 冠을 쓰는 것으로써 성인(成人)이며 겸하여 오례(五禮)로 익히는 것이다. 裘는 가죽옷, 帛은 비단, 大夏는 우임금의 풍악이며, 풍악에 文과 武가 겸비한 것이다. 惇은 두터운 것이다. 博은 넓은 것이다. 不教는 배운 것이 정밀(精密←精細緻密)하지 못하여 남의 스승이 되어 가르치지 못할까 염려하는 것이다. 內而不出은 그 德의 아름다움을 마음에 蘊蓄(온축)하여 스스로 그 능력을 표현하지 않음을 말한 것이다.
◦ 五禮→길례(吉禮：祭禮)・흉례(凶禮：喪醴)・빈례(賓禮：賓客)・군례(軍禮：軍旅)・가례(嘉禮：冠婚).

> 三十而有室하여 始理男事하며 博學無方하며 孫友視志니라.
> (孫＝遜)

〖解說〗 서른 살이 되거든 아내를 맞이하여 비로소 한 남자로서의 일을 다스리며 널리 배우되 항상함이 없으며 순하게 벗과 사귀되 그 의지(意志)를 볼 것이다.

〔集解〕 陳氏曰 室 猶妻也, 男事 受田給政役也, 方 猶常也, 遜友 順交朋友也, 視志 視其志意所尚也. 〔增註〕 博學無常 惟善是師 遜友視志 惟善是取.

**【註解】** 진씨(陳氏) 이르기를「室은 아내(妻)와 같은 것이다. 男事는 田給과 政役을 받는 것이다. 方은 항상과 같다. 遜友는 친구 사귀는 것을 順히 하는 것이다. 視志는 의지(意志)가 무엇을 숭상(崇尙)하는가를 보는 것이다.」라 했다. 博學無常은 오직 善만 스승삼고, 遜友視志는 오직 善만 취하는 것이다.

> 四十에 始仕하여 方物出謀發慮하여 道合則服從하고 不可則去니라.

〖解說〗 마흔 살이 되면 비로소 벼슬에 나아가 일에 대하여 도모함과 생각을 펴야 하며, 道에 합당하면 복무하여 임금을 따르고 불가하면 물러날 것이다.

〔集說〕 朱子曰 方 猶對也, 物 猶事也 隨事謀慮也. 〔集解〕 方氏曰 服謂服其事, 從 謂從君也.

**【註解】** 주자(朱子) 이르기를 「方은 對하는 것과 같다. 物은 일과 같은 것으로 일에 따라 꾀하고 생각하는 것이다.」라 했다. 방씨(方氏) 이르기를 「服은 그 일에 복무(服務)하는 것이고, 從은 임금을 따르는 것이다.」라 했다.

| 五十에 命爲大夫하여 服官政하고 七十에 致事니라. |
|---|

**〖解說〗** 쉰 살이 되면 대부로 임명되어서 관부(官府)의 정사를 맡아 하고 일흔에 벼슬을 사양할 것이다.

**〖集說〗** 陳氏曰 服 猶任也 上言仕者 爲士 以事人 治官府之小事也, 此言服官政者 爲大夫 以長人 與聞邦國之大事者也, 致事 謂致還其職事於君也.

**【註解】** 진씨(陳氏) 이르기를 「服은 맡는(任) 것과 같다. 위에 仕라고 말한 것은 선비가 되어 사람을 섬기는 것으로 관부(官府)에 작은 일을 다스리는 것이고, 여기에 服官政이라고 말한 것은, 大夫로 남의 윗사람이 되어 나라의 큰 일에 참여하여 듣는 것이다. 致事는 그 직책을 임금에게 돌려 줌을 이르는 것이다.」라 했다. ◦ 致事는 致仕와 같은 뜻.

| 女子 十年이어든 不出하며 姆敎婉娩聽從하며 執麻枲하며 治絲繭하며 織紝組紃하여 學女事하여 以共衣服하며 觀於祭祀하여 納酒漿籩豆菹醢하여 禮相助奠이니라. (婉娩＝완만, 姆＝무, 紝＝壬, 組＝祖, 紃＝巡, 共＝供, 醢＝海) |
|---|

**〖解說〗** 계집아이는 열 살이 되거든 (항상 규문(閨門)안에 거처하여

밖에) 나가지 않으며, 여선생이 순한 말씨와 순한 용모와 듣고 순종하는 것을 가르치며, 삼과 모시로 길쌈을 하며, 누에를 쳐서 실을 뽑으며, 비단을 짜고 끈을 땋아서 여자의 일을 배움으로써 의복을 제공하며, 제사에 참관하여 술과 초(←식초)와 대나무 제기와 나무 제기와 침채와 육장을 올려서 어른을 도와 제례 올리는 것을 돕게 할 것이다.

〔集說〕陳氏曰, 不出 常處於閨門之內也, 姆 女師也 婉 謂言語,娩 謂容貌. 司馬公云, 柔順貌 此 敎以女德也, 枲 麻之有子者 執麻枲 績事也, 治絲繭 蠶事也, 紝 繒帛之屬, 組 亦織也, 紃 似絛 古人 以置諸冠服縫中者, 此 敎之學女事也, 納 進也 漿 醋水 竹曰籩, 木曰豆, 淹菜曰菹, 肉醬曰醢, 奠 薦也, 禮相助奠, 謂以禮相長者而助其奠, 此敎以祭祀之禮也. 〔集解〕司馬溫公曰, 女子 六歲 可習女工之小者, 七歲 誦孝經論語列女傳之類 略曉大意 蓋古之賢女, 無不觀圖史, 以自鑑戒 如蠶桑績織裁縫飮食之類 不惟正是其職 盖必敎之早習, 使知衣食所來之艱難 而不敢爲奢靡焉, 若夫纂繡華巧之物 則不必習也, 愚 謂小學之道 在於早 諭敎 蓋非唯男子爲然 而女子 亦莫不然也, 故 自能言即敎之以應對之緩, 七年 即敎以男女異席 而早其別, 八年 即敎以出入飮食之讓, 至于十歲 則使不出閨門, 朝夕聽受姆師之敎, 敎以女德, 敎以女工, 敎以相助祭祀之禮, 凡所聞見 無一不出于正, 而柔順貞靜之德 成矣 迨夫旣笄而嫁故 能助相君子 而宜其家人 豐城朱氏 所謂 孝不衰於舅姑 敬不違於夫子, 慈不遺於卑幼, 義不咈於夫之兄弟, 而家道成矣, 世變日下 習俗日靡 閨門之內 至或敎之習俗樂攻歌曲 以蕩其思治纂組事華靡 以壞其質 養成驕恣妬悍之性 以敗人之家 殄人之世者 多矣 嗚呼 配匹之際 生民之始 萬福之原 爲人父母 可不戒哉.

**【註解】** 진씨(陳氏) 이르기를「不出은 언제나 규문(閨門) 안에 거처하는 것이다. 姆는 여자 스승이다. 婉은 언어를 순하게 하는 것이고, 娩은 용모(容貌)를 순하게 하는 것이며, 司馬溫公은 이르되, 모두가 유순(柔順)한 모양이라고 했으며, 이는 여자로서의 德을 가르치는 것이다. 枲는 삼(麻)에 가지가 있는 것이며, 執麻枲라는 것은 길쌈하는 것이다. 治絲繭은 누에치는 일이다. 紝은 수놓아 짠 비단의 類이다. 組는

역시 짜는 것이다. 紃은 끈같은 것이며 옛날에 사람들이 관복에 꿰맨 가운데 넣는 것이다.

이는 여자가 하는 일을 배움을 가르치는 것이다. 納은 드리는 것이다. 漿은 초(←식초의 일종) 물이다. 대(竹)그릇은 籩이라 하고 나무 그릇은 豆라고 한다. 채소 담그는 것을 菹라 하고 육장(肉醬)을 醢라 한다. 奠은 드리는 것이다. 禮相助奠은 禮로 長者를 도와서 그 奠드리는 것을 돕는 것이며, 이는 제사 지내는 예법을 가르치는 것이다.」라 했다.

司馬溫公은 이르기를 「여자가 여섯 살이 되면 여자의 일을 작은 것은 익혀야 하고, 일곱 살이 되면 孝經·論語·列女傳 따위를 읽어서 대략 큰 뜻을 알아야 하는 것이다. 대개 옛날 어진 여자들은 圖나 史를 보아서 거울삼아 경계하지 않는 이가 없다. 누에 기르고, 길쌈하고, 베짜고 재봉하고 음식만드는 類같은 것은 다만 그 직분을 바르게 할뿐만 아니라 반드시 가르쳐 일찍이 익히게 함으로 하여금 옷과 음식의 만들어지는 과정이 어려움을 알게하여 감히 사치하지 못하게 하는 것이다.

만일 붉은 끈으로 수놓은 화려하고 교묘한 물건은 꼭 익힐것이 없다. 愚(←朱자가 자신을 지칭함)는 일찍이 깨우치고 가르치는데 있는 것이며 대저 오직 남자만 그러한 것이 아니라 여자도 그렇게 하지 아니할 수 없다. 그러므로 말을 할 때부터 곧 응하고 대하는 것을 느슨하게 가르치고, 일곱 살이 되면 남자와 여자가 자리를 달리하는 것으로 일찍이 분별하는 것을 가르치고, 여덟 살이 되면 출입하고 음식먹는데 사양하는 것을 가르치고, 열살이 되면 閨門밖을 나가지 못하게 하여, 아침 저녁으로 여자 스승의 가르침을 받는데, 여자의 德을 가르치며 여자의 일을 가르쳐 제사(祭祀)의 禮를 서로 도우게 가르치며, 보고 듣는 것이 하나도 바른데서 나오지 아니 함이 없어서, 柔順하고 貞靜한 德이 이루어 지게 되는 것이다. 이미 비녀를 꽂고 시집가서는 마땅히 그집 사람으로 남편을 도우는 것이며, 豐城朱氏는 이른바 효도는 쇠(衰)하지 않고, 敬은 남편을 어기지 아니하고, 사랑은 항렬이 낮고 나이 어린이에 빠지지 않으며, 義는 남편의 형제에게 거슬림이 없어야 집안에 법도가 이루어질 것이다. 세상의 변천이 날마다 내려가고 풍습이 날마다 사치스러워서 閨門안에까지 속된 음악을 익히고 가곡을 전공하는 것을 가르쳐 그들의 생각을 방탕하게 하며, 붉은 끈을 짜서 화려하고 사치스런 것을 일삼아 그 질을 무너뜨리고, 방자하고 질투하고 모진 성질을 양성하여 남의 집을 패하게 하며, 남의 대(代)를 끊는 자가 많다. 아아! 배필이 지어짐은 生民의 시작이며 萬福의 근원(根源)이다. 남의 부모 되어서 경계하지 않을 수 있겠는가?」라 했다.

| 十有五年而笄하고 二十而嫁니 有故어든 二十三年而嫁니라. |
|---|

〖解說〗 열다섯 살이 되거든 비녀를 꽂고, 스무 살이 되거든 시집 보낼 것이며, 연고가 있거든 스물세 살에 시집 보낼 것이다.

〔集說〕 陳氏曰 笄 簪也, 婦人 不冠, 以簪固髻而已 故 曰笄, 故 謂父母之喪. (笄＝雞)

【註解】 진씨(陳氏) 이르기를「笄는 비녀이다. 婦人은 관(冠)을 쓰지 않고 비녀로 상투를 굳게 할뿐이다. 그렇기 때문에 笄라 한다.」故는 부모의 喪을 말한다.

| 聘則爲妻요 奔則爲妾이니라. |
|---|

〖解說〗 (시집갈 때) 빙례(聘禮)를 갖추면 본처가 되고, 그저 가면(←禮를 갖추지 않고) 첩(소가)이 되느니라고 하였다.

〔集解〕 妻之爲言 齊也, 以禮聘問 而得與夫, 敵體也, 奔 趨也 妾之爲言 接也 得接見君子 而不得伉儷 ○奔 非失禮 只是分卑耳.
(伉＝抗, 儷＝例)

【註解】 妻라고 말한 것은 가지런한 것이다. 禮로 맞아와서 남편과 대등함을 얻은 것이다. 奔은 달리는 것이다. 妾이라고 말한 것은 接한 것이며, 남편을 接見하지만 배우자는 될 수 없는 것이다. 奔하는 것이

失禮는 아니며, 다만 신분이 낮음을 분별한 것 뿐이다.

○曲禮에 曰 幼子를 常視毋誑하며 立必正方하며 不傾聽이니라. (毋=無, 誑=광)

〖解說〗 곡례에 말하기를 「어린 아이들에게는 항상 속임을 보이지 말며, 설 때에는 반드시 바른 방향으로 하며, 엿듣지 말아야 할 것이다.」 하였다.

〔集解〕 曲禮 禮記篇名, 言其節目之委曲也, 視 與示同, 毋 禁止辭, 誑 欺也 常示之以不可欺誑者 習於誠也 立必正方, 不傾聽者 習於正也, 正方 謂正向一方, 傾聽 謂側耳以聽, 程子曰 自幼子常視毋誑以上 皆是教以聖人言動.

【註解】 曲禮는 禮記의 篇이름이다.

그 節目이 자세함을 말한 것이다. 視는 보이는(示) 것과 같다. 毋는 금지하는 말이다. 誑은 속이는 것이다.

언제나 속이지 않는 것으로 보이는 것은 참된 것을 익히는 것이다. 立必正方, 不傾聽은 서는 것을 반드시 방정하게 하여 귀를 기울여 듣지 않는 것은 바르게 익히는 것이다. 正方은 바르게 한쪽 방향을 향하는 것이고, 傾聽은 귀를 기울여 듣는 것이다. 정자(程子) 이르기를 「어린이에게 언제나 속이지 않는 것으로 보이라는 以上은 모두가 성인(聖人)의 말과 행동으로 가르치는 것이다.

○學記에 曰 古之教者 家有塾하며 黨有庠하며 術有序하며 國有學이니라. (塾=孰, 庠=祥)

〖解說〗 학기에 말하기를 「옛날에 가르쳤던 것에 가(家)에는 숙(塾)이 있었으며, 당(黨)에는 상(庠)이 있었으며, 술(術)에는 서(序)가 있었

으며, 국(國)에는 학(學)이 있었다.」하였다.

〔集解〕 學記 禮記篇名 陳氏 謂 古者 二十五家 爲閭 同在一巷 巷首有門, 門側有塾 民在家者 朝夕受教於塾也 五百家 爲黨 黨之學曰庠 教閭塾所升之人也, 術 當爲州 二千五百家 爲州 州之學曰序, 教黨學所升之人也, 天子所都及諸侯國中之學 謂之國學 以教元子衆子 及卿大夫士之子 與所升俊選之士焉 程子曰 古者 家有塾 黨有庠 遂有序 蓋未嘗有不入學者 八歲 入小學 十五 擇其俊秀者 入大學 不可教子, 歸之于農 三老 坐於里門 出入 察其長幼進退揖讓之序 觀其所習 安得不厚也.

**【註解】** 學記는 禮記의 篇이름이다. 진씨(陳氏)는「옛적에는 스물다섯집이 閭가 된다 하였으며, 함께 한 마을에 있으며, 마을 머리에는 문이 있고, 문옆에는 塾이 있었다. 백성이 집에 있는 자, 아침 저녁으로 塾에서 가르침을 받았었다. 오백집이 黨이 되며, 黨에 학교를 庠이라고 하는 것이며, 閭나 塾에서 올라온 사람을 가르친 곳이다. 術은 마땅히 州로 되어야 하는 것이며, 이천오백집이 州가 된다. 州의 학교를 序라 하는데 黨이나 學에서 올라온 사람을 가르치는 곳이다. 天子의 도읍과 諸侯의 나라 가운데에 있는 학교를 國學이라 하는데 元子나 衆子 및 卿·大夫·士의 아들과 뽑혀 올라온 준수한 선비를 가르치는 곳이다.」하였다.

정자(程子) 이르기를「옛날에 家에는 塾이 있었고, 黨에는 庠이 있었고 遂에는 序가 있어서 일찍이 入學하지 않는 자가 없었다. 八 세에 小學에 들어가고, 十五 세에 그 준수한 자를 가려서 大學에 들어가고, 가르치지 못할 자는 농사일에 돌려 보냈었다. 三老가 마을 문에 앉아서 나가고 들어올 때 그 어른과 어린이가 나아가고 물러나며 읍하고 사양하는 차례를 살펴서 그 익히는 것을 관찰하고 있으니 어찌 厚하지 아니하겠는가?」

○孟子 曰 人之有道也에 飽食暖衣하여 逸居而無教면 則近於禽獸일새 聖人이 有憂之하사 使契로 爲司徒하사 教以人倫

하시니 **父子有親**하며 **君臣有義**하며 **夫婦有別**하며 **長幼有序**하며 **朋友有信**이니라. (契＝薛)

〖解說〗 맹자께서 말씀하시기를 「사람에게는 도리가 있는 것인데, 배부르게 먹고 따뜻하게 입고 편안하게 살면서 가르치는 것이 없다면 금수에 가까워 지는데, 성인(聖人)이 근심함이 있으시어서, 설(契)로 하여금 사도(司徒)를 삼아 인륜을 가르치시니, 아버지와 아들은 친함이 있으며, 임금과 신하는 의(義)가 있으며, 남편과 아내는 분별이 있으며, 어른과 어린이는 차례가 있으며, 벗과 친구는 믿음이 있어야 한다.」 하였다.

〔增註〕 孟子 名軻 字子輿 聖人 謂堯也, 契 臣名也 司徒 官名. 〔集解〕 朱子曰 人之有道 言其皆有秉彝之性也 倫 序也 然 無教則亦放逸怠惰而失之 故 聖人 設官而教以人倫, 亦因其固有者而導之耳.

【註解】 孟子의 이름은 軻이고 字는 子輿이다. 聖人은 堯임금을 말한다. 契은 (舜임금의) 신하 이름이다. 司徒는 벼슬이름이다. 주자(朱子) 이르기를 「사람이 道가 있는 것은 모두가 秉彝의 天性이 있음을 말한다. 倫은 차례이다. 그러나 가르침이 없으면 또한 방종하고 게을러서 잃어버리기 때문에 성인(聖人)은 官을 설치하여 人倫을 가르쳤으니 또한 원래 있는 것으로 인해서 引道했을 뿐이다.」 하였다.

○**舜**이 **命契曰 百姓**이 **不親**하며 **五品**이 **不遜**일새 **汝作司徒**니 **敬敷五教**하되 **在寬**하라.

〖解說〗 순임금이 설에게 명하여 말하기를 「백성이 친하지 아니하며 오품이 순하지 아니하여 너를 사도(司徒)로 시키니 오품을 공경히 하여 펴 가르치되 너그러움이 있게 하라.」 하였다.

〔集說〕 吳氏曰 舜 虞帝名 契 即上章堯所命之臣也 五品 父子 君臣 夫

婦 長幼 朋友 五者之名位等級也 遜 順也, 敬 謂敬其事 敷 布也 五敎 謂以上五者當然之理 而爲敎令也 百姓 不相親睦 五品 不相遜順故 舜命契 仍爲司徒 使之敬以敷敎 而又寬裕以待之也.

**【註解】** 오씨(吳氏) 이르기를「舜은 虞나라 帝의 이름이다. 契은 곧 윗장에 堯임금이 命한 신하의 이름이다. 五品은 父子·君臣·夫婦·長幼·朋友 다섯가지의 名位와 등급이다. 遜은 順한 것이다. 敬은 그 일에 대해서 공경하는 것이다. 敷는 펴는 것이다. 五敎는 이상의 다섯가지 當然한 이치로 敎令을 삼음을 말한 것이다. 百姓이 서로 親睦하지 못하고 五品이 서로 손순하지 못한 까닭에 舜임금이 契에게 명하여 司徒를 삼음으로 하여금 공경으로 가르침을 펴고 또 너그럽고 여유있게 대해 주게 한 것이다.」

> 命夔曰 命汝典樂하나니 敎冑子하되 直而溫하며 寬而栗하며 剛而無虐하며 簡而無傲니 詩는 言志요 歌는 永言이요 聲은 依永이요 律은 和聲이니 八音克諧하여 無相奪倫이라야 神人以和하리라.
> (冑＝宙)

**〖解說〗** 기에게 명하여 말하기를「너에게 전악을 임명하니 주자(맏아들)를 가르치되, 곧으면서도 온화하며, 너그러우면서도 엄숙하며, 강직하면서도 포악함이 없으며, 간솔하면서도 거만함이 없게 할 것이다.

시(詩)는 뜻을 말로 하는 것이요, 노래(歌)는 길게 말하는 것이요, 소리(聲)는 길게 하는 데 의지하는 것이요, 율(律)은 소리가 조화(調和)하는 것이니 여덟 가지 음(音)이 잘 화음(和音)되어 서로 차례를 벗어남이 없어야 신(神)과 사람이 화순(和順)할 것이다.」하였다.

〔集解〕 夔 舜臣名, 冑 長也, 冑子 謂自天子至卿大夫之適子也, 栗 莊敬也, 無虐 無傲 二無字 與毋同 聲 五聲 宮·商·角·徵·羽也 律 十二律 黃鍾·太簇·姑洗·蕤賓·夷則·無射·陽律也, 大呂·夾鍾·中呂·林鍾·南呂·應鍾·陰律也, 八音 金·石·絲·竹·匏·土·革·

木也.

蔡氏曰 凡人 直者 必不足於温, 故 欲其温, 寬者 必不足於栗 故欲其栗, 所以慮其偏而輔翼之也, 剛者 必至於虐 故欲其虐 簡者 必至於傲 故欲其無傲 所以防其過而戎禁之也, 教冑子者 欲其如此而其 所以教之之具, 則專在於樂 盖樂 可以養人中和之德 而救其氣質之偏也 心之所之 謂之志 心有所之 必形於言 故曰詩 言志 旣形於言 必有長短之節 故曰歌 永言 旣有長短 則必有高下清濁殊, 故曰聲 依永 旣有長短清濁 則又必以十二律 和之 乃能成文而不亂, 所謂律 和聲也 人聲旣和 乃以其聲 被之八音 而爲樂則無不諧協而不相侵亂 失其倫次 可以奏之朝廷 薦之郊廟 而神人以和矣 聖人 作樂 以養情性 育人材 事神祇 和上下 其體用功效 廣大深切 乃如此 今皆不復見矣 可勝嘆哉.
(簇＝蔟, 射＝亦)

**【註解】** 夔는 순임금의 신하 이름이다. 冑子는 맏이(長子)이다. 冑子는 天子로부터 卿·大夫의 맏아들을 말한 것이다. 栗은 씩씩하고 공경하는 것이다. 無虐·無傲에 두 無字는 毋와 같다. 聲은 五聲이니 宮·商·角·徵·羽이다. 律은 十二律이니 黃鍾·大簇·姑洗·㽔賓·夷則·無射은 陽律이고, 大呂·夾鍾·中呂·林鍾·南呂·應鍾은 陰律이다. 八音은 金·石·絲·竹·匏·土·革·木이다. 채씨(蔡氏) 이르기를 「무릇 사람이 곧은 자는 반드시 따스운 기운이 부족하기 때문에 따사롭게 하려고 하고 너그러운 자는 씩씩함이 부족하기 때문에 씩씩하려고 하는 것이니 그 한쪽으로 치우치는 것을 염려하여 도와 주는 것이고, 剛한 자는 반드시 사나운데 이르기 때문에 사나운 것이 없게 하려고 하고, 簡한 자는 반드시 거만하기 때문에 거만함이 없게 하는 것이니, 그 지나치는 것을 막아서 경계하여 금하는 것이다.

맏아들을 가르치는 자 그 이와 같이 하려고 하면 그 가르치는 도구는 또 오로지 음악에 있으니 대개 樂은 사람의 中和의 덕을 길러서 그 기질(氣質)의 편벽됨을 구하는 것이다. 마음이 가는 것을 志라고 하는데, 마음이 가는 바가 있으면 반드시 말에 표현되기 때문에 詩는 뜻을 말한다 했고, 이미 말에 표현 되면 반드시 장단의 반주가 있기 때문에 노래는 길게 말한다는 것이라 했고, 이미 장단이 있으면 높고 낮고 맑고 탁한 다름이 있기때문에 소리는 길게 하는 데 의지한다 했으며, 이미 장단과 청탁이 있으면 또한 반드시 十二律로 조화를 하여야 능히 문채를 이루어서 문란하지 않으니 이른바 律은 소리를 조화하는 것이다. 사람의 소리가 이미 화해야 이에 그 소리를 八音에 입혀 음악을 하면 어울리지 않음이 없어서, 서로 침범하여 어지럽게 倫次를 잃지 않아야 朝廷에서 연주할 만하며 郊·廟에 바쳐도 귀신과 사람이 조화가 될 것이다. 성인(聖人)이 음악을 만들어 情과 性을 기르고 人材를 기르며 神祇를 섬겨 위·아래가 화합하게 하였으니, 그 體用과 功效가 넓고 크며 깊고 절실한 것이 이와 같았는데 지금은 모두 다시 볼 수가 없다 한탄스러움을 감당해야 하는가!

○周禮에 大司徒 以鄕三物로 敎萬民而賓興之하니라.

〖解說〗「주례」에 대사도가 향(鄕)의 세 가지 일로써 모든 백성을 가르쳐 빈(賓)예로 (대우하고 현능한 선비를 나라에) 천거하였다.

〔集說〕 陳氏曰 周禮 周公所著 實周家一代之禮也 大司徒 敎官之長也 萬二千五百家 爲鄕 朱氏也物 猶事也 興 猶擧也 三事告成 鄕大夫 擧其賢能 而以禮賓之.

【註解】 진씨(陳氏) 이르기를「周禮는 周公이 지은 것이다. 실은 주나라 집에 한 세대의 禮이다. 大司徒는 敎官의 어른이다. 만이천오백 家가 鄕이 된다. 朱氏는 物은 일과 같은 것이다. 興은 드는 것과 같다. 세 가지 일이 이루어짐을 고함에 고을에 大夫들이 그 어질고 능력이 있는 자를 들어서 禮로 대접한 것이다.」

一曰 六德이니 知仁聖義忠和오. (知=智)

〖解說〗 첫째는 여섯 가지 덕이니 지(知)·인(仁)·성(聖)·의(義)·충

(忠)·화(和)이다.

〔集說〕 朱氏曰 六者 出於心 故曰德 知 別是非, 仁 無私欲, 聖 無不通, 義 有斷制, 盡已心曰忠, 無所乖戾曰和. 〔集解〕 此六者 雖不容驟語於初學 然 不先有以教之 識其準的 則亦將何以立志哉.

【註解】 주씨(朱氏) 이르기를 「여섯 가지는 마음에서 나왔기 때문에 德이라고 한다. 知는 옳고 그른 것을 알고, 仁은 사사로운 욕심이 없는 것이고, 聖은 통하지 않음이 없고, 義는 끊고 제제하는 것이 있고, 자기의 마음을 다하는 것을 忠이라 하고, 어긋나고 거스림이 없는 것을 和라 한다. 이 여섯 가지는 비록 初學에서 몰아서 말하는 것은 용납되지 않지만 그러나 먼저 그것을 가지고 가르쳐서 그 표준을 알게 하지 않으면 또한 장차 어떻게 뜻을 세우겠는가?」 하였다.

| 二曰 六行이니 孝友睦婣任恤이요, ((睦＝目, 婣＝姻) |
|---|

〖解說〗 둘째는 여섯 가지 행실이니 효(孝)·우(友)·목(睦)·인(婣)·임(任)·휼(恤)이고,

〔集說〕 朱氏曰 六者 體之於身, 故曰行. 〔集解〕 孝 謂善事父母, 友 謂善於兄弟, 睦 謂親於九族, 婣 謂親於外親, 任 謂信於朋友 恤 謂賑於憂貧也.

【註解】 주씨(朱氏)는 이르기를 「여섯 가지는 자신이 몸소 하여야 하기때문에 行이라 한다. 孝는 부모를 잘 섬기는 것을 말한다. 友는 형제간에 잘함을 말한다. 睦은 구족(九族)에게 가까이 함을 말한다. 婣은 外親(異姓)을 가까이 함을 말한다. 恤은 근심이 있고 가난한 사람을 신휼함을 말한다.」

三曰 六藝니 禮樂射御書數니라.

〖解說〗 셋째는 여섯 가지 재주니 예(禮)·악(樂)·사(射)·어(御)·서(書)·수(數)이다.

〔集說〕 藝者 見之於事者也, 禮 凡有五 一曰吉禮, 事邦國之鬼神祇 其目 十有二, 以禋祀, 祀昊天, 以實柴 祀日月星辰, 以槱燎, 祀司中, 司命, 風師, 雨師, 以血祭, 祭社稷, 五祀 五嶽, 以貍沈, 祭山林川澤, 以疈辜, 祭四方百物, 以肆獻祼, 享先王, 以饋食, 享先王, 與夫春享以祠 夏享以禴, 秋享以嘗 冬享以烝也, 二曰凶禮, 哀邦國之憂 其目有五 以喪禮, 哀死亡, 以荒禮, 哀凶禮, 以吊禮, 哀禍灾, 以禬禮, 哀圍敗 以恤禮, 哀寇亂也, 三曰賓禮, 親邦國, 其目 有八 春見曰朝, 夏見曰宗, 秋見曰覲 冬見曰遇, 時見曰會, 殷見曰同, 時聘曰問, 殷頫曰視也, 四曰軍禮, 同邦國, 其目 有五 大師之禮, 用衆也, 大均之禮, 恤衆也, 大田之禮, 簡衆也, 大役之禮, 任衆也, 大封之禮, 合衆也, 五曰嘉禮, 親萬民 其目 有六以飮食之禮, 親宗族兄弟 以昏冠之禮, 親成男女, 以賓射之禮, 親故舊朋友 以饗燕之禮, 親四方賓客 以脤膰之禮, 親兄弟之國, 以賀慶之禮, 親異姓之國也, 樂凡有六 一曰 雲門, 黃帝之樂, 言其德, 如雲之所出也, 二曰, 咸池, 帝堯之樂 言其德 無所不在也 三曰, 大韶 帝舜之樂 言其德 能紹堯之道也, 四曰, 大夏, 大禹之樂 言其德 能大中國也, 五曰 大濩 成湯之樂 言能以寬治民 其德 能使天下得所也, 六曰, 大武 武王之樂 言能伐紂際害 其德 能成武功也, 射凡有五, 一曰 白矢貫侯, 見其鏃白也, 二曰 參連, 言前發一矢, 連續而去也 三曰, 剡注 謂羽頭高鏃低而去, 剡剡然也, 四曰 襄尺 襄 作讓 謂臣與君射 不敢並立 讓君一尺而退也, 五曰 井儀 謂四矢 貫侯, 如井之容儀也, 御凡有五 一曰 鳴和鸞 和與鸞 皆鈴也, 和在式 鸞在衡, 馬動則鸞鳴而和應也, 二曰 逐水曲 言 御車 隨水勢之屈曲而不墜也 三曰 過君表 謂君表轅門之類, 言急驅車走而入門 若少偏則車軸, 擊門闑而不得入也, 四曰 無交衢 謂御車在交道, 旋轉, 應於舞節也, 五曰 逐禽左 謂逆驅禽獸使左 當人君以射之也 書凡有六 一曰 象形 謂日月之

類 象以形體也, 二曰 會意 謂人言爲信, 止戈爲武 會人之意也, 三曰 轉注 謂考老之類, 文意相受 左右轉注也, 四曰 處事 謂人在一上, 爲上 人在一下 爲下 處得其宜也, 五曰 假借 謂令長之類, 一字兩用也, 六曰 諧聲, 謂江河之類, 以水爲形 工可爲聲也, 數凡有九, 一曰 方田, 以御田疇界域, 二曰 粟布 以御交貿變易, 三曰 衰分 以御貴賤廩稅,四曰 少廣 以御積冪方圓, 五曰 商功 以御功程積實, 六曰 均輸 以御遠近勞費, 七曰 盈朒 以御隱雜互見, 八曰 方程 以御錯揉正負, 九曰 句股 以御高深廣遠也. 〔增註〕禮以制中 樂以道和 射以觀德行 御以正馳驅 書以見心畫 數以盡物變 皆至理所寓 而日用不可缺者也.
(副=逼, 冪=覓)

**【註解】** 藝는 일에 나타나는 것이다. 禮는 무릇 다섯 가지가 있으니 첫째는 吉禮로 나라의 鬼인 神祇를 섬기는 것이니 그 細目은 열둘인데, ① 以禋祀 祀昊天(←정결히 하고 제사 지내는 것으로, 하늘에게 제사 지내는 것). ② 以實柴 祀日月星辰(←섶위에 소를 얹어놓고 섶을 불태우며 日·月·星·辰에게 제사 지내는 것). ③ 以槱燎 祀司中, 司命·風師·雨師(←섶을 불태우며 하늘에 제사 지내는 것으로－司命(←星名 上台의 司命 主壽) 風師(←風伯 바람의 神), 雨師(←雨祇 비를 맡은 神) 등에게 제사 지내는 것). ④ 以血祭 祭社稷 五祀 五嶽(←희생을 죽여서 피로써 제사 지내는 것으로－社稷(←토지의 神과 五穀의 神), 五祀(←句芒·蓐收·玄冥·祝融·后土), 五嶽(←鎭國의 名山으로 숭앙받으며 天子가 제사를 지냄) 등에게 제사 지내는 것). ⑤ 以貍沈 祭山林川澤(←희생을 묻어서 山川에게 제사 지내는 것). ⑥ 以副辜 祭四方百物(←희생의 가슴을 쪼개고 그 몸뚱이를 해석(解折)하여 四方에 百物을 제사 지내는 것). ⑦ 以肆獻祼 享先王(←해체(解體 : 각을 친 것)한 회생을 바치고 先代王에게 지내는 제사). ⑧ 以饋食 享先王(←제사에 熟食을 바치고 先代王에게 지내는 제사). ⑨ 與夫春 享以祠(←희생을 바치지 않고 지내는 先代王에 대한 봄제사를 지내는 것). ⑩ 夏享以禴(←祭品을 간소하게 하여 先代王에게 지내는 여름제사). ⑪ 秋享以嘗(←新穀을 先祖神에게 바치는 가을제사). ⑫ 冬享以烝(←祭品을 바치는 祖上神에 대한 겨울제사).

둘째는 凶禮인데 나라의 근심을 슬퍼하는 것이니 그 細目에는 다섯 가지가 있다. ① 以喪禮 哀死亡(喪禮로서 死亡을 슬퍼하는 것). ② 以荒禮 哀凶禮(荒禮로서 疫病·飢饉등 백성에게 해가 있는 경우에 이것을 슬퍼하는 예). ③ 以吊禮 哀禍灾(吊禮로서 재앙을 당했을 경우 이것을 슬퍼하는 예). ④ 以禬禮 哀圍敗(푸닥거리 하는 禬禮로서 포위되어 패전을 당했음을 슬퍼하는 예). ⑤ 以恤禮 哀冠亂(가난한 사람을 救恤하는 恤禮로서 外寇와 內亂을 슬퍼하는 예).

셋째는 손님을 접대하는 賓禮로 나라의 친함에 그 細目은 여덟 가지가 있다. ① 春見曰朝(제후가 봄에 天子에게 朝見하는 것을 朝라 하고). ② 夏見曰宗(제후가 여름에 天子에게 朝見하는 것을 宗이라 하고). ③ 秋見曰覲(제후가 가을에 天子에게 朝見하는 것을 覲이라 하고). ④ 冬見曰遇(제후가 겨울에 天子에게 朝見하는 것을 遇라 하고). ⑤ 時見曰會(제후의 회합에 常期가 없이 때때로 朝見하는 것을 會라 하고). ⑥ 殷見曰同(天子가 四時에 있어 四方의 제후를 모두 소집하여 六服이 다 朝見하는 것을 同이라 하고). ⑦ 時聘曰問(일정한 常期가 없이 일이 있을 때마다 天子가 제후를 聘集하는 것을 問이라 하고). ⑧ 殷頫曰視(五服의 제후가 그 卿을 使者로 하여 물건을 보냄으로써 天子에게 謁見시키는 것을 視라 한다.

넷째는 軍禮인데 나라를 하나로 함이며 그 細目은 다섯 가지가 있다. ① 大師之禮는(←大軍의 禮)로 많은 사람을 쓰는 것이고, ② 大均之禮(←토지의 饒瘠, 도로의 遠近, 국사의 劇易를 헤아려 貢賦征役에 多少疏數의 差를 두어 백성을 고르게 하는 禮)로 많은 사람을 救恤하는 것이고, ③ 大田之禮(←天子·諸侯가 사냥을 行하여 그로 해서 用兵의 연습을 하고 車徒의 數를 査閱하는 禮)로 많은 것을 簡하고, ④ 大役之禮(국가의 대 공사에 관한 禮)로 대중에게 맡기는 것이고, ⑤ 大封之禮(封疆을 바로 잡는 禮)로 대중에게 합하는 것이다.

다섯째로 嘉禮인데 모든 백성을 친하게 하는 것으로 그 細目은 여섯 가지가 있다. ① 以飮食之禮(음식을 같이 하는 禮)로 親族간에 兄弟가 친하고, ② 以昏冠之禮(婚禮와 冠禮의 禮)로 成人 남·녀가 친하고, ③ 以賓射之禮(제후가 조회하여 이웃나라의 임금과 같이 활쏘기를 하는 禮)로 옛 벗과 친구와 친하게 하고, ④ 以醮饗之禮(잔치를 베푸는

禮)로 사방의 손님과 친하고, ⑤ 以脤膰之禮(사직이나 종묘에 제사지낸 뒤에 고기를 형제국에 나누어 주는 禮)로 형제의 나라가 친하고, ⑥ 以賀慶之禮(경사를 축하하는 禮)로 異姓의 나라와 친하게 된다.

樂에는 대개 여섯 가지가 있다.

첫째는 雲門이라는 것으로 황제의 樂이며, 그의 德을 말하며 구름이 솟아 나는 것과 같다 하고, 둘째는 咸池라는 것으로 堯임금의 樂이며, 그의 덕을 말하여 있지 않은 곳이 없다 하고, 셋째는 大韶로 舜임금의 樂이며 그의 덕을 말하여 堯임금의 道를 이었다 하고, 넷째는 大夏로 禹임금의 樂이며, 그 덕을 말하여 마침 나라를 크게 하였다 하고, 다섯째는 大蒦로 湯임금이 이룬 樂이며, 너그럽게 백성을 다스리어 그의 德이 天下로 하여금 얻은 바 있게 했다 하고, 여섯째는 大武로 武王의 樂이며, 말하기를 능히 紂王을 쳐서 해를 제거하니 그의 德이 武功을 이루었다 하였다.

射에는 대개 다섯 가지가 있다.

첫째는 白矢인데, 화살이 과녁을 뚫어서 그 鏃이 희게 나타나는 것을 말한다. 둘째는 參連인데, 먼저 한 살을 쏘고 뒤에 세 살을 연속으로 쏘는 것을 말한다. 셋째는 剡注인데, 깃머리가 높고 촉이 낮으며 빗나가면서 날아가는 것을 말한다. 넷째는 襄尺인데, 襄은 讓이다. 신하가 임금과 활을 쏠 때에 임금과 감히 나란히 서지 않고 임금보다 一尺 물러서서 양보하여 쏘는 것이다. 다섯째는 井儀인데, 네 개의 화살이 과녁을 꿰뚫은 것으로 '井'字의 모양과 같은 것이다.

御에는 대개 다섯 가지가 있다.

첫째는 鳴和鸞인데, 和와 鸞은 모두 방울이다. 和는 (수레 앞 가로나무인) 軾에 있고, 鸞은 (수레의 채 끝에 댄) 橫木(←衡)에 있어 말이 움직이면 鸞이 울리어 和應하는 것이다.

둘째는 逐水曲인데, 수레를 몰때 물줄기가 굴곡을 따르면서 떨어지지 않는 것과 같이 하는 것을 말한다.

셋째는 過君表인데(車馬가 君主의 앞을 통과할 때 御車하는 법) 임금이 군문의 따위에 있을 때는 수레를 급히 몰아서 문에 들어오는데 조금만 치우쳐도 車軸이 문설주에 부딪쳐서 들어갈 수 없는 것을 말한다. 넷째는 舜交衢인데, 御車할 때 交叉路에서 수레를 빙글 돌리는데 춤추는 절도에 응하는 것이다.

다섯째는 逐禽左인데, 거꾸로 된 수레를 달리게 몰아서 禽獸와 거꾸로 몰아 왼쪽으로 하여금 임금으로서 이를 쏘게 하되 임금은 왼쪽에서 이를 쏜다.

書에는 대개 여섯 가지가 있는데, 첫째는 象形으로 日月의 글자와 같이 形體를 본뜨는 것이다. 둘째는 會意로 人과 言으로 信이 되는 것을 말하고, 止와 戈로 武가 되는 것으로 사람의 뜻을 모은 것이다. 셋째는 轉注로 考·老 字와 같은 類의 글자를 文의 뜻을 서로 받아 도우면서 轉用해 주는 것이다. 넷째는 處事(←指事)인데, 사람이 一의 위에 있는 것을 上이라 말하고, 사람이 一의 아래에 있어 下라 하여 處한 것의 마땅함을 얻은 것이다.

다섯째 假借인데, 令·長 같은 것을 말함이니 한 글짜를 두가지로 쓰는 것이다.

여섯째는 諧聲(←形聲)인데, 江·河, 字와 같은 것을 말함이니 水는 形으로 하고 工·可는 聲으로 한 것이다.

數는 대개 아홉 가지가 있다. 첫째는 方田인데, 田疇의 界域을 짓는 것이고, 둘째는 粟布인데, 서로 무역하여 변통을 쉽게 하는 것이다. 셋째는 裹分인데(물품의), 貴·賤으로서 廩稅를 하였다. 넷째는 少廣인데 모난것과 둥근것의 넓이(平方)와 들이(立方)이다. 다섯째는 商功인데 원근(遠近)의 勞賃에 관한 비용이다. 일곱째는 盈朒인데, 남고 부족함을 서로 비례해 보는 것이다. 여덟째 方程인데 섞인것을 바로 잡아 고르게 짐지우는 것이다(지금의 방정식 계산법). 아홉째 句股인데, 高·深·廣·遠을 재는 것이다(←旁要라고도 하며 지금의 三角術).

禮로 中道에 맞게 하고, 樂으로 道德을 和하게 하며, 射로 德行을 보며, 御로 말 달리는 것을 바르게 하며, 書로 心畫을 보고, 數로 事物이 變하는 것을 다하는 것이니 모두 지극한 이치가 붙어져서 날마다 써도 결함이 없는 것이다.

以鄕八刑으로 糾萬民하니 一曰 不孝之刑이요 二曰 不睦之刑이요 三曰 不婣之刑이요 四曰 不弟之刑이요 五曰 不任之刑

이요 六曰 不恤之刑이요 七曰 造言之刑이요 八曰 亂民之刑이니라. (造=皂)

〖解說〗 향의 여덟 가지 형벌로써 모든 백성을 살펴 바로 잡았으니, 첫째는 부모에 효도하지 아니하는 형벌이고, 둘째는 친족간에 화목하지 아니하는 형벌이고, 셋째는 異姓인 인척간에 친목하지 아니하는 형벌이고, 넷째는 공경하지 아니하는 형벌이고, 다섯째는 벗을 신임하지 아니하는 형벌이고, 여섯째는 가난한 이를 규휼하지 아니하는 형벌이고, 일곱째는 없는 말을 만들어 내는 형벌이고, 여덟째는 백성을 어지럽게 하는 행위에 대한 형벌이다.

〔增註〕 糾 察而正之, 造言 造爲妖妄之言也, 亂民 挾邪道以惑民也.
〔集成〕 賈氏曰 此不弟 即六行之友, 上文, 言友在睦婣之上 專施於兄弟, 此 變言弟 退在睦婣之下, 兼施於師長, 鄭氏曰 制刑之意 終不爲卑者而罪其長 故 六行則教兄以友, 而制刑則謂之不悌, 使少者 不敢陵長也.

【註解】 糾는 살펴서 바로 잡는 것이다. 造言은 妖妄한 말을 만드는 것이다. 亂民은 邪道(←이단)를 끼고 백성을 미혹(迷惑)하는 것이다. 가씨(賈氏) 이르기를「여기에 不弟는 곧 六行에 友에 해당하는 것이니, 上文에 友는 睦·婣의 위에 있어서 전적으로 兄弟에 베풀어 졌고, 여기서 변하여 弟라고 말한 것은 睦·婣의 밑에 물러와 있어서, 스승과 어른에 겸해서 실시한 것이다.」하였다. 정씨(鄭氏) 이르기를「형벌을 제정한 뜻이 끝내 낮은 자를 위하여 그 어른을 죄주지 않기 때문에, 六行에 있어서는 물은 우애하는 것으로 가르치고, 형벌을 제정하는데 不悌라고 말한 것은 젊은이로 하여금 감히 어른을 능멸하지 못하게 한 것이다.」하였다.

○王制에 曰 樂正이 崇四術 立四教하여 順先王詩書禮樂하여 以造士하되 春秋에 教以禮樂하고 冬夏에 教以詩書니라.

〖解說〗 왕제에 말하기를 「악정(官名)이 네 가지의 술(←術 : 詩・書・禮・樂)을 숭상하여 네 가지의 가르침을 세워서 선왕(先王)의 詩・書・禮・樂에 의하여 선비를 이뤄냈는데 봄과 가을에는 禮와 樂으로써 가르치고, 겨울과 여름에는 詩와 書로써 가르쳤다.」 하였다.

〖集說〗 吳氏曰 王制 禮記篇名, 樂正 掌教之官, 崇 尙也, 術者 道路之名, 言詩書禮樂, 四者之教 乃人德之路 故言術也, 順 依也, 造 成也, 陳氏曰 古人之教 雖曰四時 各有所習 其實 亦未必截然棄彼而習此 恐亦互言耳 非春秋 不可教詩書 冬夏 不可教禮樂也.

【註解】 오씨(吳氏) 이르기를 「王制는 禮記의 篇이름이다. 樂正은 가르침을 맡은 관원이다. 崇은 숭상하는 것이다. 術은 道路의 이름이다. 詩・書・禮・樂 네 가지의 가르침은 모두 덕에 들어 가는 길이기 때문에 術이라고 말한다. 順은 의지하는 것이다. 造는 이루는 것이다. 진씨(陳氏) 이르기를 옛 사람의 가르침이 비록 四時에 각각 익히는 것이 있다 하지만 그 실제는 또한 반드시 확실하게 저것을 버리고 이것을 익히는 것은 아니다. 아마도 상대해서 말했을 것이다. 봄 가을로 詩와 書를 가르치지 않고 겨울과 여름에 禮와 樂을 가르치지 않는 것은 아니다.」 했다.

○ 弟子職에 曰 先生施教시어든 弟子是則하여 溫恭自虛하여 所受是極이니라. (則＝칙)

〖解說〗 제자직에 말하기를 「선생이 가르침을 베풀거든 제자는 이것을 본받아서 온순하고 공순히 스스로 겸허하여 배우는 바를 극진히 할 것이다.」

〖集說〗 陳氏曰 弟子職 管仲篇名 管仲 所著者, 先生 師也, 曰弟子者 尊師 如父兄也, 則 效也, 溫 和也, 恭 遜也, 自虛 心不自滿也, 吳氏曰 虛其心 使有所容也, 朱子曰 所受是極 謂受業 須窮究道理, 到盡處也.

【註解】 진씨(陳氏) 이르기를 弟子識은 管子의 篇이름이니 管子가 저술한 것이다. 先生은 스승이다. 弟子라고 말한 것은 스승 높이기를 父兄과 같이 하는 것이다. 則은 본받는 것이다. 溫은 화한 것이다. 恭은 손순한 것이다. 自虛는 마음이 스스로 만족하지 않음을 말한다.

오씨(吳氏) 이르기를 「그 마음을 비움으로 하여금 용납할 바가 있게 하는 것이다. 주자(朱子) 이르기를 「所受是極은 受業할 때에 모름지기 道理를 궁하여 다한 곳에 이른 것이다.」 하였다.

| 見善從之하며 聞義則服하며 溫柔孝弟하여 毋驕恃力이니라. (毋＝無) |
|---|

〖解說〗 착한 것을 보고 좇으며, 의로운 것을 들으면 행하며, 온화하고, 유순하고, 효도하고 공손하여 교만하게 힘을 믿지 말 것이다.

〔增註〕 服 猶行也.

【註解】 服은 행하는 것과 같다.

| 志毋虛邪하며 行必正直하며 游居有常하되 必就有德이니라. |
|---|

〖解說〗 뜻은 거짓되고 사특하지 말며, 행실은 반드시 바르고 곧아야 하며, 노는 곳과 있는 곳은 떳떳함이 있으되 반드시 德있는데 나아갈 것이다.

〔增註〕 心之所之 謂之志 虛 謂虛僞 身之所行 謂之行 常 謂常所.

【註解】 마음이 가는 것을 志라고 이른다. 虛는 虛僞를 말한다. 몸이

行하는 것을 行이라 이른다. 常은 떳떳한 곳을 말한다.

| 顔色整齊하면 中心必式하나니 夙興夜寐하여 衣帶必飭이니라. (飭=赤) |
|---|

〖解說〗 얼굴빛을 정제하면 마음이 반드시 공경하나니 일찍 일어나서 밤에 잘 때까지 의복과 띠는 반드시 정제할 것이다.

〔集解〕 整齊 脩治嚴肅之貌, 式 敬也 夙 早 飭 整也.

【註解】 整齊는 닦아 다스리어 엄숙한 모양이다. 式은 공경하는 것이다. 夙은 일찍이고, 飭은 정돈한 것이다.

| 朝益暮習하여 小心翼翼이니 一此怠 是謂學則이니라. (則=칙) |
|---|

〖解說〗「아침에 더 배우고 저녁에 익혀서 조심하는 마음으로 공경해야 할 것이니 한결같이 게을리하지 않는 것, 이것이 배우는 법이라고 이를 것이다.」하였다.

〔集解〕 益 增也, 翼翼 恭敬貌 言 爲弟子者, 當專 一從事於此而不怠 是謂爲學之法矣 愚 按此篇 明白簡要 實弟子職之所當務, 且終篇 惓惓然以敬爲言 豈非當時 先王篇風善教 猶有存者 管子 其有所受歟 學者 宜深體之.

【註解】「益은 더하는 것이다. 翼翼은 공경하는 모양이다. 弟子된 자가 마땅히 여기에 종사하여 게으르지 않는 것, 이것이 학문하는 방법이 되는 것을 말한 것이다. 愚(朱子)는 살피건대 이 책이 명백하면서도 간략하고 요긴하니 실로 제자의 직분에 마땅히 힘써야 할 것이다. 또 끝 篇에 정성스럽게 敬으로 말하였으니 어찌 당시에(←齊나라 管仲

시대) 先王의 流風과 善教가 존재함이 있어서 管子가 그 받은 바가 있었던가 學者는 마땅히 깊이 체험해야 할 것이다.」 하였다.

○孔子 曰 弟子 入則孝하고 出則弟하며 謹而信하며 汎愛衆하되 而親仁이니 行有餘力이어든 則以學文이니라.

〖解說〗 공자께서 말씀하시기를「제자가 들어와서는 효도하고, 나가서는 공경하며 삼가하고 신실하며, 널리 뭇사람을(대중) 사랑하되 어진이를 가까이 할 것이니 行하고 남은 힘이 있거든 곧 글을 배워야 할 것이다.」 하셨다.

〔集說〕 朱子曰 謹者 行之有常也, 信者 言之有實也. 汎 廣也, 衆 謂衆人, 親 近也, 仁 謂仁者, 餘力 猶言暇日, 以 用也, 文 謂詩書六藝之文, 程子曰 爲弟子之職, 力有餘則學文 不脩其職而先文, 非爲己之學也.

【註解】 주자(朱子) 이르기를「謹은 行함에 떳떳함이 있는 것이다. 信은 말함에 진실함이 있는 것이다. 汎은 넓은 것이다. 衆은 뭇사람이다. 親은 가까운 것이다. 仁은 어진사람이다. 餘力은 한가한 날과 같은 것이다. 以는 用과 같은 것이다. 文은 詩・書・六藝의 文이다.」 程子 이르기를「弟子의 직분에 하는 것이, 힘이 남음이 있으면 글을 배우는 것이니, 그 직분을 닦지 않고 먼저 글을 배우는 것은 자기를 위하는 학문이 아니다.」 하였다.

○興於詩하며 立於禮하며 成於樂이니라.

〖解說〗 시에 홍기하며 예에 서며 음악에 완성한다.

〔增註〕 此章之首 當有孔子曰三字 而略之者 蒙上章也 他皆倣此. 〔集

解〕朱子曰, 興 起也, 詩本性情 有邪有正 其爲言 旣易知而吟咏之間 抑揚反覆 其感人 又易入故 學者之初 所以興起 其好善惡惡之心, 而不能已者 必於此而得之. 〔集解〕朱子曰 禮 以恭敬辭遜 爲本而有節文度數之詳 可以固人肌膚之會 筋骸之束故 學者之中 所以能卓然自立 而不爲事物之所搖奪者 必於此而得之. 〔集說〕朱子曰 樂 有五聲十二律 更唱迭和 以爲歌舞八音之節 可以養人之性情而蕩滌其邪穢 消融其査滓故, 學者之終 所以至於義精仁熟 而自和順於道德者 必於此而得之 是學之成也 又曰按內則 十歲 學幼儀, 十三 學樂誦詩 二十而後學禮 則此三者 非小學傳授之次, 乃大學終身所得之難易先後淺深也.

**【註解】** 이장의 머리에 마땅히 孔子曰 三字가 있어야 하는데 생략한 것은 윗장을 이은 것이니 다른 문구에도 모두 여기에 의방한다. 주자(朱子) 이르기를「興은 일으키는 것이다. 詩는 性情에 근본하여 邪와 正이 있으니, 그 말함이 이미 쉽게 알아져 吟咏하는 사이에 抑揚하고 反覆하여 그 사람을 감발(感發)해서 쉽게 들어가기 때문에 배우는 자가 처음에 그 善을 좋아하고 惡을 미워하는 마음을 興起하여 능히 스스로 그치지 않는 것은 반드시 여기에서 얻는 것이다.」 주자(朱子) 이르기를「禮는 공경하고 辭遜한 것으로 근본을 삼아 節文과 度數의 자세함이 있으니 가히 살과 피부의 요소와 힘줄과 뼈가 묶이는 것이 단단하게 되기때문에 배우는 자가 중간에 능히 우뚝하게 자립하여 사물에 흔들려 빼앗긴 바가 되지 않는 것을 반드시 여기에서 얻어지는 것이다.」 주자는 이르기를「樂이 五聲과 十二律이 있어서 번갈아 부르고 번갈아 화답하여 歌舞와 八音의 節度를 삼으니 가히 사람의 性情을 길러서 그 찌꺼기를 녹여 없애기때문에 배우는 자가 끝내는 義精하고 仁熟함에 이르러 자연히 道德에 和順한 것은 반드시 여기에서 얻어진 것이며 이에 학문이 이루어진 것이다.」 또 이르기를「內則에 살펴보면 十세 어린이가 의식을 배우고, 十三세에 풍악을 배우고 詩를 읽으며, 二十세 이후에 禮를 배우는 것인즉, 이 세 가지는 小學에서 전해 주는 차례가 아니고 大學에서 終身토록 얻은 바에 難易와 先後와 淺深인 것이다.」 하였다.

○樂記에 曰 禮樂은 不可斯須去身이니라.

〖解說〗 악기(樂記)에 이르기를「禮와 樂은 잠시라도 몸에서 떼어 놓을 수 없는 것이다.」하였다.

〔集說〕 吳氏曰 樂記 禮記篇名 斯須 暫時也, 去 離也, 眞氏曰 古之君子 以禮樂, 爲治身心之本, 故 斯須不可去之.

【註解】 오씨(吳氏) 이르기를「樂記는 禮記 篇이름이다. 斯須는 잠시이다. 去는 떠난 것이다.」진씨(眞氏) 이르길「옛날 君子가 禮樂으로써 몸과 마음을 다스리는 근본을 삼기때문에 잠깐이라도 버릴 수는 없다.

○子夏 曰 賢賢하되 易色하며 事父母하되 能竭其力하며 事君하되 能致其身하며 與朋友交하되 言而有信이면 雖曰未學이나 吾必謂之學矣로리라. (易＝亦)

〖解說〗 자하(子夏)가 말하기를「어진이를 어질게 여기되 온화한 안색으로 고치어 하며, 부모를 섬기되 능히 그 힘을 다하며, 임금을 섬기되 능히 그 몸을 다하며, 벗과 더불어 사귀되 말에 믿음이 있으면 비록 배우지 못했더라도 나는 반드시 배웠다고 말할 것이다.」하였다.

〔集解〕 朱子曰 子夏 孔子弟子 姓卜 名商 賢人之賢 而易其好色之心 好善有誠也, 致 猶委也 委致其身, 謂不有其身也, 四者 皆人倫之大者 而行之必盡其誠 學求如是而已 故 子夏 言有能如是之人 苟非生質之美 必其務學之至 雖或以爲未嘗爲學 我必謂之已學也.

【註解】 주자(朱子) 이르기를「子夏는 孔子의 弟子인데 姓은 卜이고 이름은 商이다. 남의 어짐을 어질게 여기는데, 그 色을(←안색) 좋아하는 마음으로 바꾸니 善을 좋아하는 것이 참됨이 있는 것이다. 致는

委와 같은 뜻이다. 그 몸을 맡기는 것은 그 몸을 가지지 않음을 말한다. 네 가지는 모두 인륜의 큰 것으로 행하는 것은 반드시 그 정성을 다하는 것이니 학문은 이와 같이 함을 구할 뿐이다. 때문에 子夏는 능히 이와 같이 하는 사람이 있다면 진실로 타고난 자질의 아름다움이 아니라 반드시 그 학문에 힘씀의 지극함이니 비록 어떤 사람이 아직 일찍이 학문을 하지 않았다 하더라도 나는 반드시 이미 배운사람이라 이르겠다.」고 말하였다.

# 原本小學 卷之二

# 明倫第二(百八章)

〔集說〕 陳氏曰 明 明之也, 倫 人倫也, 凡百八章.

**【註解】** 진씨(陳氏) 이르기를 「明은 밝히는 것이다. 倫은 人倫이다. 모두 百八장이다.

**明父子之親**(1장~39장)

| 孟子曰 設爲庠序學校하야 以教之는 皆所以明人倫也라하시니 稽聖經하며 訂賢傳하여 述此篇하여 以訓蒙士하노라. |
|---|

〚解說〛 孟子(孟子)께서 말씀하시기를 「상(庠)·서(序)·학(學)·교(校)를 설치하여 이로써 가르친다는 것은 모두 인륜(人倫)을 밝히기 위한 바라」하시니 성경(聖經)을 상고(詳考)하고 현인(賢人)의 전(傳)을 평의(評議)하여 이 명륜편을 지어서 이로써 어린 선비를 가르친다.

〔集說〕 朱子曰 庠 以養老爲義, 序 以習射爲義, 校 以教民爲義, 皆鄕學也, 學, 國學也, 倫 序也, 父子有親, 君臣有義, 夫婦有別, 長有幼序, 朋友有信, 此 人之大倫也, 庠序學校 皆以明此而已, 吳氏曰 稽考也, 訂 平議也.

**【註解】** 주자(朱子) 이르기를 「庠은 노인을 봉양함으로 義를 삼고, 序는 활쏘는 것으로 뜻을 삼고, 校는 백성을 가르치는 것으로 義를 삼으니 모두 향학(鄕學)이다. 學은 國學이다. 倫은 차례다. 父子가 親함이 있고, 君臣이 義理가 있고, 夫婦가 분별이 있고, 長幼가 차례가 있고 朋友가 信義가 있는 것이 이 큰 차례다. 庠·序·學·校는 모두 이것을 밝힐 뿐이다.」 하였다.

오씨(吳氏) 이르기를 「稽는 상고(詳考)하는 것이다. 訂은 평의(評議)하는 것이다.」 하였다.

內則에 曰 子 事父母하되 鷄初鳴이어든 咸盥漱하며 櫛縰笄總하며 拂髦冠緌纓하며 端韠紳하며 搢笏하며 左右 佩用하며 偪屨著綦니라. (則＝칙, 盥＝管, 櫛＝즐, 髦＝毛, 緌＝유, 韠＝畢, 搢＝晋, 偪＝逼, 屨＝句, 綦＝忌)

〖解說〗 내칙(內則)에 말하기를 「자식이 부모를 섬기되, 닭이 처음 울거든 다 세수하고, 이 닦고, 머리에 빗질하고, 비녀 꽂고, 머리 땋으며 모발을 털며, 갓을 쓰고 갓끈을 드리우며 현단을 입고 무릎덮개를 매고, 큰띠를 띠며 홀을 꽂으며, 왼쪽과 오른쪽에 쓸 것을 차며 행전 치고 신 신고 신끈을 맨다.」

〔集解〕 司馬溫公曰 孫事祖父母 同, 〔集說〕 陳氏曰 盥 洗手也, 漱 漱口也, 櫛 梳也, 縰 韜髮作髻者 黑繒爲之, 笄 簪也, 總 束髮飾髻者 亦繒爲之, 拂髦 謂拂去髦上之塵, 緌者 纓之餘, 纓者 冠之系, 端 玄端服也, 韠 蔽膝也, 紳 大帶也, 搢 插也, 插笏於大帶 所以記事也 左右佩用 謂身之兩旁 佩紛帨玦捍之類, 以備用也, 偪 邪偪也, 纏足至膝者, 屨 鞋也, 著 猶結也 綦 鞋口帶也, 在首則櫛髮, 加縰, 加笄, 加總, 加髦, 著冠, 結纓, 垂緌, 左身則服玄端, 著韠 加紳 搢笏 佩用 在足則縳偪 納屨 著綦 各以次弟施也 劉氏曰 髦 謂子生三月 則剪其胎髮爲鬌 帶之于首 男左女右 逮其冠笄也 則綵飾之 加于冠 不忘父母生育之恩也 父母 喪則去之. (韠＝韠, 玦＝决, 捍＝汗, 縳＝전, 鬌＝朶)

【註解】 사마온공(司馬溫公)이 이르기를 「손자가 조·부·모를 섬기는 것도 이와 같다한다.」 하였다. 진씨(陳氏)는 이르기를 「盥은 세수하는 것이다. 漱는 입을 씻는 것이다. 縰는 머리를 싸서 상투를 만드는 것이니 검정비단으로 하는 것이다. 笄는 비녀이다. 總은 털을 묶어서 상투를 꾸미는 것이니 비단으로 만든다. 拂髦는 머리위에 먼지를 털어 버리는 것이다. 緌는 갓끈의 남은 것이다. 纓은 갓의 끈이다. 端은 玄端服(검은 예복)이다. 韠은 무릎가리개이다. 紳은 큰띠이다. 搢은 꽂는 것이다.

큰띠에 笏을 꽂는 것은 일을 기록하려는 것이다. 左右佩用은 몸의 양쪽 옆에 행주나 수건·활의 깍지와 팔찌의 類를 차서 쓸것에 대비하는 것이다. 偪은 행전인데 발을 싸서 무릎에 이른 것이다. 屨는 가죽신이다. 著은 매는 것과 같다. 綦는 신발의 끈이다. 머리에 있어서는 머리 빗고 縰를 더하고 笏을 더하며 總을 더하고 髦를 더하여 冠을 쓰고 끈을 매어 끈을 드리운다. 몸에 있어서는 玄端을 입고 무릎가리개를 입고 띠 띠고 笏을 꽂으며 쓸것을 차고, 발에 있어서는 행전을 두르고 신을 신고 끈을 매서 각각 차례로 실시한다.」하였다.

劉氏는 이르기를「髦는 자식이 태어난지 3개월이 되면 胎髮을 잘라서 鬌를 만들어 머리에 꽂았다. 남자는 왼쪽에 여자는 오른쪽에 띠고 있다가 그 관쓰고 비녀 꽂음에 미쳐서는 비단으로 꾸며서 관에 꽂아 두는 것인데 부모가 낳아 길러 주신 은혜에 잊지 않는 것이다. 부모가 돌아가시면(그것을) 버리는 것이다.」하였다.

| 婦 事舅姑하되 如事父母하여 鷄初鳴이어든 咸盥漱하며 櫛縰笄總하며 衣紳하며 左右佩用하며 衿纓綦屨니라. (衿＝금) |
|---|

〖解說〗 며느리가 시아버지와 시어머니를 섬기되, 부모를 섬기는 것과 같이 하여, 닭이 처음 울거든 다 세수하고 이 닦고 머리 빗고 비녀 꽂고 머리 땋으며 옷입고 큰띠 띠며 왼쪽과 오른쪽에 쓸것을 차며 향낭을 차고 신 신고 신끈을 맨다.

〔集說〕 陳氏曰 夫之父曰舅, 夫之母曰姑, 衣紳 著衣而加紳也, 佩用 粉帨箴管之類 衿 結也, 纓 香囊也 恐身有穢氣 觸尊者故 佩之. (箴＝針)

**【註解】** 진씨(陳氏) 이르기를「남편의 아버지를 舅라 하고, 남편의 어머니를 姑라고 한다. 衣紳은 옷을 입고 띠를 더하는 것이다. 쓸것을 차는 것은 분(粉)과 손수건과 바늘과 바늘 통 같은 類이다. 衿은 매는 것이다. 纓은 향(香) 주머니이다.

몸에 더러운 기운이 높은 어른에게 접촉될까 염려하는 것이기 때문에 차는 것이다.」하였다.

以適父母舅姑之所하되 及所하연 下氣怡聲하여 問衣燠寒하며 疾痛苛癢에 而敬抑搔之하며 出入則或先或後하여 而敬扶持之니라. (燠＝욱, 癢＝양)

〖解說〗 써 부모나 시부모가 계신곳으로 가되 계신곳에 이르러서는 기운을 낮추고 부드러운 소리로 하여 옷이 더운가 찬가를 물으며, 아파하시나 가려워하시나를 조심하여 짚어 보고 긁어 드리며 출입하실 때에는 혹 앞서기도 하고 뒤서기도 하여 공경히 붙들어 모신다.

〔集解〕 適 往也, 所 寢室也, 下氣 低下其氣而不盈也, 怡聲 怡悅其聲而不厲也, 燠 熱也, 問衣若燠 則將減之使淸也, 寒 冷也, 問衣若寒則將加之使溫也, 苛 疥也 抑 按也, 搔 爬也, 疾癢則敬而按之, 苛癢則敬而爬之, 出入則或先或後, 以扶持之, 皆不離於敬也. 〔集成〕 劉氏曰 皆所以撫恤衰病, 而一出於敬也.

**【註解】** 適은 가는 것이다. 所는 寢室이다. 下氣는 그 氣를 低下하여 넘치지 않는 것이다. 怡聲은 그 소리를 화(和)하게 하여 사납게 하지 않는 것이다. 燠은 더운 것이다. 묻되 옷이 만일 더우면 장차 감하여 시원하게 해드린다.

寒은 찬것이다. 묻되 옷이 만일 추우면 장차 더 껴입혀서 따스하게 해 드린다.

苛는 옴(가려움)이다. 搔는 긁는 것이다. 抑은 누르는 것이다. 병으로 아파하면 공경히 눌러(주물러) 드리고 옴으로 가려워하면 공순히 긁어 드리며, 출입하시면 혹 앞서고 혹 뒤서서 붙들어 드리는 것은 모두 敬에서 벗어나지 않는 것이다. 劉氏는 이르기를「모두 쇠하고 병든이를 어루만지고 구휼하는 것이 한결같이 敬에서 나와야 하는 것이다.」하였다.

進盥할새 少者는 奉槃하고 長者는 奉水하여 請沃盥하고 盥卒授巾이니라.

〖解說〗 세숫물을 드릴 때 젊은이는 세수대야를 받들고 어른은 물을 받들어서, 물을 부어서 세수하기를 청하고 세수를 마치면 수건을 드린다.

〔增註〕 槃 承盥水者 沃盥 注水而盥也, 授 進也 巾 拭手者.

【註解】 槃은 세숫물을 받드는 것이고 沃盥은 물을 부어서 세수하는 것이다. 授는 바치는 것이다. 巾은 손을 닦는 것이다.

問所欲而敬進之하되 柔色以溫之하여 父母舅姑 必嘗之而後에 退니라.

〖解說〗 자시고자 하는 것을 여쭈어 공경히 드리되 부드러운 안색으로 온화하게 함으로써 부모나 시부모가 반드시 맛보신 후에 물러간다.

〔增註〕 所欲 意之所欲食者. 〔集解〕 陳氏曰 温 承藉之義 謂以和柔之顏色, 承藉尊者之意.

【註解】 所欲은 뜻이 먹고 싶은 것이다. 진씨(陳氏) 이르기를 「溫은 承藉하는 뜻이니 和하고 부드러운 안색으로 尊者의 뜻을 받드는 것이다.

男女未冠笄者 鷄初鳴이어든 咸盥漱하며 櫛縰하며 拂髦하며 總角하며 衿纓하여 皆佩容臭하고 昧爽而朝하여 問何食飮矣오하여 若已食則退하고 若未食則佐長者視具니라.

〖解說〗「사내아이와 계집아이로서 아직 갓이나 비녀를 꽂지 않은 자는 닭이 처음 울거든 다 세수하고 이 닦으며 머리를 빗질하며 머리를 털며 머리를 묶어서 뿔처럼 하며, 다 향기나는 물건을 차고 밝기전에 뵈옵고 '무엇을 잡수셨습니까' 하고 여쭈어서 만일 이미 잡수셨으면 물러나고 만일 아직 잡수시지 않았으면 어른을 도와서 음식 장만하는 것을 살핀다.」하였다.

〔集說〕 吳氏曰 總角 束髮爲角也, 臭 香物也, 助爲形容之飾, 故曰容臭 以纓佩之 不佩所用之物 而止佩容臭者 未能即事也 昧 晦也, 爽 明也 昧爽 欲明未明之時 朝 猶見也, 佐 助也, 具 謂膳具 幼者 於視膳之事 未能專之 特可以佐助長者而已.

【註解】 오씨(吳氏) 이르기를「總角은 머리털을 묶어서 뿔을 만드는 것이다. 臭는 향내음 나는 물건이다. 얼굴을 꾸미는데 돕기때문에 容臭라 하는데 끈으로 차는 것이다. 쓰는 물건을 차지 않고 다만 容臭를 차는 것은 아직 일에 나아가지 않은 것이다. 昧는 어두운 것이고 爽은 밝은 것이니 昧爽은 날이 밝으려다 밝지 못할 때이다. 朝는 뵙는 것이다. 佐는 돕는 것이다. 具는 요리의 도구이니 어린이가 요리하는 일을 보는데 능히 오롯이 하지 못하고 다만 어른을 도울뿐이다.」하였다.

○凡內外 鷄初鳴이어든 咸盥漱하며 衣服하고 斂枕簟하며 灑掃室堂及庭하여 布席하고 各從其事니라. (簟＝점)

〖解說〗 보통 내외가 닭이 처음 울거든 다 세수하고 이 닦으며 옷을 입고 침구를 거두며 방과 마루와 뜰을 물뿌려 쓸고서 자리를 펴고 각각 그 일에 종사할 것이다.

〔集說〕 陳氏曰 此亦內則之文而不言者, 蒙上章也, 他皆倣此, 斂 收也, 斂枕簟者, 枕席之具, 夜則設之 曉則斂之 不以私褻之用 示人也, 布 設也, 席 坐席, 各從其事 若女服事于內, 男服事于外 是矣. 〔集解〕

此 言內外婢僕也,

【註解】 진씨(陳氏) 이르기를「이 또한 內則에 있는 글인데 언급하지 않은 것은 윗장에서 무릅쓴 것이다. 다른 데도 모두 여기에 依倣한다. 歛은 거두는 것이다. 歛枕等은 枕席의 도구인데 밤이면 폈다가 새벽엔 거두어 사사로이 쓰는 더러운 것을 남에게 보이지 않으려는 것이다. 布는 설치하는 것이다. 席은 좌석이다. 各從其事는 여자는 안에서 일하고 남자는 바깥에서 일하는 것과 같은 것이 이것이다.」하였다. 여기서는 안・밖의 비복(婢僕)을 말한 것이다.

○父母舅姑 將坐어시든 奉席請何鄉하며 將衽이어시든 長者는 奉席請何趾하고 少者는 執牀與坐하며 御者는 擧几하고 歛席與簟하며 縣衾篋枕하고 歛簟而襡之니라. (鄉=向, 縣=玄, 篋=협, 襡=獨)

〚解說〛 부모나 시부모가 장차 앉으려고 하시거든, 자리를 받들어 어느 쪽으로 할까를 청하며, 장차 누우려고 하시거든 어른은 자리를 받들고 어느 쪽으로 발을 둘 것인가를 청하며 젊은이는 상(平牀)을 잡고 뫼시는 이는 궤를 들고 자리와 덧자리를 걷으며 이불은 매어 달고 베개는 상자에 넣고 자리를 거두어 마무리할 것이다.

〔集說〕 陳氏曰 將坐 朝起時也 奉坐席而鋪者 必問何向, 衽 臥席也, 將衽 謂更臥處也 長者 奉此臥席而鋪 必問足向何所, 牀 說文 云 安身之几, 坐 非今之臥牀也, 少者 執此牀 以與之坐, 臥必簟在席上, 旦起則歛之, 而簟又以襡, 韜之者 以親身 恐穢汚也, 衾則束而縣之 枕則貯於篋也. 〔集解〕 御者, 擧几 縣衾 篋枕 歛簟而襡之者, 謂輿而收藏之也.

【註解】 진씨(陳氏) 이르기를「將坐는 아침에 일어날 때이다. 좌석을 받들고 펴는자 반드시 어디로 누울 것인가 묻는 것이다. 將衽은 다시

누울 곳을 말한다. 長者는 이 臥席을 받들고 펴면서 발을 어디로 향할 것인가 묻는 것이다. 牀은 〈說文〉에 이르기를 몸을 편안히 하는 几이다. 几는 지금에 臥牀이 아니다. 젊은이가 이 牀을 가지고 더불어 앉는다. 누우면 반드시 대자리가 자리위에 있는 것이니 아침에 일어나면 걷고 대자리는 또 보자기로 싸는 것이니 어버이 몸이 더럽혀질까 염려하는 것이다. 이불은 묶어서 매어달고 베개는 상자에 넣어 두는 것이다.」 하였다.

모시는 자 几를 들고 이불을 달아매고 베개는 상자에 넣고 대자리는 거두어 보에 싸는 것은 자고 일어나서 收藏하는 것이다.

| 父母舅姑之衣衾簟席枕几를 不傳하며 杖屨를 祗敬之하여 勿敢近하며 敦牟巵匜를 非餕이어든 莫敢用하며 與恒飮食을 非餕이어든 莫之敢飮食이니라. (祗=支, 敦=對, 牟=謀, 匜=移, 餕=俊) |
|---|

〖解說〗 부모와 시부모의 옷과 이불과 대자리와 베개와 안석을 옮기지 않으며, 지팡이와 신을 공경히 하여 감히 가까이 말며, 대(敦)와 모(牟)와 치(巵)와 이(匜) 등의 그릇은 잡수시다 남은 것이 아니거든 감히 쓰지 말며, 또 항상 음식은 남은 것이 아니거든 이것을 감히 먹지 말 것이다.

〖集說〗 陳氏曰 傳 移也 謂 此數者 每日置之有常處 子與婦 不得輒移他所也, 近 謂挨偪之也 敦, 與牟, 皆盛黍稷之器 巵 酒器, 匜 盛水漿之器 此四器 皆尊者所用, 子與婦 非餕其餘 無敢用此器也, 與 及也 及尊者 所常飮食之物 子與婦 非餕餘 不敢擅飮食之也.

【註解】 진씨(陳氏) 이르기를 「傳은 옮기는 것이다. 이 두어 가지를 매일 일정한 곳에 두어 아들이나 며느리가 문득 다른 곳으로 옮기지 못하는 것을 말한다. 近은 밀치고 가까이 함을 말한 것이다. 敦대와 牟는 모두 黍稷을 담는 그릇이다. 巵는 술그릇이다. 匜는 물과 장을 담는 그릇이니 이 네 개의 그릇은 어른이 쓰는 것이고 자식이나 며느리가 먹고 남은

것이 아니면 감히 이 그릇을 쓰지 못하는 것이다.

與는 미치는(及) 것이다. 어른이 항상 먹고 마시는 물건에 미쳐 자식이나 며느리가 먹고 남은 것이 아니면 감히 마음대로 먹고 마시지 못하는 것이다.」하였다.

○ 在父母舅姑之所하여 有命之어시든 應唯敬對하며 進退周旋에 愼齊하며 升降出入에 揖遊하며 不敢噦噫嚔咳欠伸跛倚睇視하며 不敢唾洟니라. 噦=얼, 噫=희, 嚔=체, 跛=피, 睇=체, 洟=체)

〖解說〗 부모와 시부모가 계신 곳에 있어서 명하는 것이 있거든 '예' 하고 응답하여 공경히 대하며 나아가고 물러나며 주선하는데 삼가고 조심하며, 오르고 내리며 나가고 들어갈 때에 굽히고 펴며, 감히 구역질하며, 트림하며, 재채기하며, 기침하며, 하품하며, 기지개 켜며, 한 다리에만 의지하여 서며, 엿보지 않으며, 감히 가래침 뱉고 코 풀지 아니한다.

〔集說〕 陳氏曰 應唯 應以速也 敬對 對以敬也, 周旋 周回旋轉也, 愼 謹愼也, 齊 齊莊也, 揖 謂進而前其身 略俯如揖也 遊 揚也 謂退而後其身 微仰而揚也, 噦 嘔逆聲, 噫 食飽聲, 嚔 噴嚔, 咳 咳嗽 氣乏則欠, 體疲則伸, 偏任爲跛, 依物爲倚 睇視 傾視也 唾出於口 洟出於鼻, 方氏曰 噦噫嚔咳, 則聲爲不恭, 欠伸跛倚睇視, 則貌爲不恭, 唾洟 則聲貌俱爲不恭矣, 故皆不敢爲也.

【註解】 진씨(陳氏) 이르기를「應唯는 대답에 응하는 것이 빠른 것이다. 敬對는 대답을 공경히 하는 것이다. 周旋은 두루 빙빙도는 것이다. 愼은 삼가 조심하는 것이다. 齊는 가지런하고 장엄한 것이다. 揖은 나아가서 그 몸을 앞에서 약간 구부려 揖하는 것같이 하는 것이다. 遊는 물러나는 것이니 물러서서 그 몸을 뒤로하여 살짝 우러러 올리는 것이다. 噦는 구역질하는 소리이고, 噫는 트림하는 소리며, 嚔는 재채기이다.

咳는 기침하는 것이다. 氣가 떨어지면 하품하고, 몸이 피로하면 기지개켠다. 한쪽 발에 치우게 맡기는 것을 跛라 하고 물건에 의지하는 것을 倚라 한다. 睇視는 기울여(흘려) 보는 것이다. 침은 입에서 나오고 콧물은 코에서 나온다.」 하였고, 방씨(方氏)는 이르기를 「구역질·트림·재채기·기침은 소리가 공손하지 못하고, 하품·기지개·기울어지게 의지하고 서서 흘겨보는 것은 모양이 공손하지 못하고, 침뱉고 코푸는 것은 소리나 모양새가 모두 공손하지 못한 것이다. 때문에 모두를 감히 하지 않는 것이다.」 하였다.

寒不敢襲하며 癢不敢搔하며 不有敬事어든 不敢袒裼하며 不涉不撅하며 褻衣衾을 不見裏니라. (袒=但, 裼=昔, 撅=궤, 見=現)

〖解說〗 추워도 감히 껴입지 않으며, 가려워도 감히 긁지 아니하며 공경할 일이 있지 아니하거든 감히(옷을) 걷어 팔을 드러내지 아니하며 물을 건널 때가 아니면(옷을) 걷어 올리지 아니하며 속옷과 이불의 안을 드러내 보이지 않는다.

〔集解〕 襲 重衣也, 敬事 謂習射之類, 袒裼 露臂也, 涉 涉水也, 撅 褰起衣裳也. ○寒當襲 癢當搔 而侍坐則不敢者 皆敬也.

【註解】 襲은 옷을 겹쳐 입은 것이다. 敬事는 활쏘는 것을 익히는 것이다. 袒裼은 팔을 드러내는 것이다. 涉은 물을 건너는 것이다. 撅는 의상을 걷어 올리는 것이다. ○ 추우면 마땅히 겹쳐 입어야 하고, 가려우면 마땅히 긁어야 하는데 감히 하지 못함은 모두가 공경하는 것이다.

父母唾洟를 不見하며 冠帶垢어든 和灰請漱하며 衣裳垢어든 和灰請澣하며 衣裳綻裂이어든 紉箴請補綴이니라. (見=現, 垢=苟, 漱=搜, 綻=탄)

〖解說〗 부모의 가래침과 콧물을 남에게 보이지 않으며, 갓과 띠에 때가 묻었거든 잿물을 타서 씻기를 청하며, 옷과 치마에 때가 끼었거든 잿물을 타서 빨기를 청하며 옷과 치마가 터지고 찢어졌거든 바늘에 실을 꿰서 깁기를 청하니라.

〔集解〕 陳氏曰 唾洟不見 謂即刷除之不使見示於人也 漱澣 皆洗滌之事(手洗曰漱, 足洗曰澣), 和灰 如今人用灰湯也, 以線貫箴曰紉.

【註解】 진씨(陳氏) 이르기를「唾洟不見은 곧 씻어서 제거함으로 하여금 남에게 보이지 아니하는 것이다. 漱와 澣은 모두 세탁하는 일이다. (손으로 씻는 것을 漱라 하고, 발로 씻는 것은 澣이다.) 和灰는 지금 사람이 잿물을 쓰는 것과 같은 것이다. 실을 바늘에 꿰는 것을 紉이라 한다.」하였다.

| 少事長하며 賤事貴에 共帥時니라. (帥=率·솔) |
|---|

〖解說〗 젊은이가 어른을 섬기며 천한이가 귀한이를 섬기되 다 이것(예절)을 따를 것이다.

〔集解〕 帥 循也, 時 是也, 言少之事長 賤之事貴 皆當循是禮也.

【註解】 帥은 따르는 것이다. 時는 이를 말한다. 젊은이가 어른을 섬기는 것과 천한이가 귀한이를 섬기는 것이 모두 마땅히 이 禮를 따라야 한다.

| ○曲禮에 曰 凡爲人子之禮는 冬溫而夏凊하며 昏定而晨省하며 出必告하며 反必面하며 所遊를 必有常하며 所習을 必有業하며 恒言에 不稱老니라. (告=谷) |
|---|

〖解說〗 곡례에 말하기를「무릇 남의 자식된 자의 예(禮)는(부모에게)

겨울에는 따스하게 하며, 여름에는 시원하게 하며, 저녁에는 자리를 펴드리고 새벽에는(안부를) 살펴보며, 나갈 때에는 반드시 아뢰고 돌아와서는 반드시 얼굴을 보이며, 다니는 곳은 반드시 떳떳함이 있으며 익히는 것은 반드시 업(일정한 학업)이 있게 하며 항상 하는 말에 늙었다고 자칭하지 아니할 것이다.」하였다.

〖集說〗陳氏曰 温以禦其寒, 清以致其凉 定其衽席 省其安否, 出則告逝 反則告歸 又以自外來, 欲省顔色, 故言面, 恒言, 平常言語也, 自以老稱 則尊同於父母, 而父母 爲過於老矣, 古人 所以班衣娛戲者 欲安父母之心也. 〔集成〕呂氏曰 親之愛子 至矣 所遊 必欲其安, 所習必欲其正 苟輕身而不自愛, 非所以養其志也.

**【註解】** 진씨(陳氏) 이르기를「따스하게 하여 그 추위를 막고 서늘하게 그 시원함을 이루는 것이다. 그 누울 자리를 정하고 그 안부를 살핀다.

나갈 때는 멀어지는 것을 告하고, 돌아오면 돌아 왔음을 고한다. 또 밖으로부터 와서 顔色을 살피고 싶기 때문에 面이라고 한다. 恒言은 평상시의 언어이다. 스스로 늙은 것을 일컬으면 높은 것이 부모와 같아서 부모가 지나치게 늙음이 되는 것이다. 옛사람이 얼룩옷으로 즐기고 기뻐함은 부모의 마음을 편안히 하려고 한 것이다.」하였다.

여씨(呂氏) 이르기를「어버이가 자식을 사랑함이 지극하다. 노는 것으로 반드시 편안하려 하고, 익히는 것으로 반드시 그 바르고자 하는데, 진실로 자신이 경솔하여 스스로를 아끼지 아니하면 그 뜻을 기른다고 할 수 없다.」하였다.

○禮記에 曰 孝子之有深愛者는 必有和氣하고 有和氣者는 必有愉色하고 有愉色者는 必有婉容이니 孝子는 如執玉하며 如奉盈하여 洞洞屬屬然하여 如不勝하며 如將失之니 嚴威儼恪이 非所以事親也니라. (屬＝촉, 勝＝升)

〚解說〛「예기」에 말하기를「효자로서 깊이 사랑하는 마음이 있는 자는

반드시 화기(和氣)가 있고 화기가 있는 자는 반드시 즐거워하는 빛이 있으며, 즐거워하는 빛이 있는 자는 반드시 순한 얼굴이 있으니, 효자는 옥을 잡은 것같이 하며 가득찬 그릇을 받드는 것같아서 정성스럽고 조심하여 이기지 못하는 것같이 하며 장차 잃어버릴 것같이 할것이니 엄숙하며 위중하며 엄연하며 씩씩함이 어버이를 섬기는 바가 아니다.」 하였다.

〔集解〕 愉 和悅之貌, 婉 順美之貌, 盈 滿也, 洞洞 質慤貌 (洞洞表裏無間也) 屬屬 專一貌. 〔集說〕 陳氏曰 勝 當也, 言敬親 常如執玉奉盈, 惟恐不能勝當, 而且將覆墜也, 陳氏曰 和氣, 愉色, 婉容 皆愛心之所發, 如執玉 如奉盈, 如弗勝, 如將失之, 皆敬心之所存, 愛敬兼至乃孝子之道 故嚴威儼恪 使人望而畏之 是成人之道 非孝子之道也.

**【註解】** 愉는 즐거워하는 모양이다. 婉은 순하고 예쁜 모양이다. 盈은 가득차는 것이다. 洞洞은 바탕이 정성스런 모양이다.

屬屬은 專一한 모양이다. 진씨(陳氏) 이르기를 「勝은 감당함이다. 어버이 공경하는 것을 언제나 玉을 잡은 것같고 가득찬 것을 받드는 것같아서 오직 이기어 감당하지 못하고 또 넘어지고 떨어뜨릴까 염려하는 것같음을 말한다.」 하였다. 진씨(陳氏) 이르기를 「和한 기운, 기쁜 안색, 순하고 예쁜 얼굴은 모두 사랑하는 마음에서 피어나는 것이고, 옥을 잡은 것같고, 가득찬 것을 받드는 것같고, 이기지 못할 것같고, 장차 잃어버릴 것같은 것은, 모두 공경하는 마음이 있는 것이다. 사랑하고 공경함이 겸하여 지극한 것이 이에 孝子의 道이기 때문에 엄하며 위중하며 엄연하며 씩씩해서 사람으로 하여금 바라보면 두렵게 보이는 것이 成人의 道이지 孝子의 道는 아니다.」

○曲禮에 曰 凡爲人子者 居不主奧하며 坐不中席하며 行不中道하며 立不中門하며 食饗에 不爲槪하며 祭祀에 不爲尸하며聽於無聲하며 視於無形하며 不登高하며 不臨深하며 不苟訾하며 不苟笑니라. (食=似, 饗=享, 訾=紫)

〚解說〛 곡례에 말하기를 「무릇 남의 자식된 자는, 거처하기를 방의 아랫목에 하지 아니하며, 앉기를 자리의 가운데로 하지 아니하며, 다니기를 길 한가운데로 하지 아니하며, 서기를 문 가운데로 하지 아니하며, 먹이고 잔치하는 데에 한도를 아니하며, 제사에 시동(尸童)이 되지 아니하며 소리 없는데 들으며, 얼굴에 없는데 보며, 높은 데 오르지 아니하며, 깊은 데 머무르지 아니하며, 구차히 나무라지 아니하며, 구차히 웃지 아니한다.」 하였다.

〔集說〕 陳氏曰 言爲人子, 謂父在時也, 室西南隅 爲奧 主奧, 中席 皆尊者之道也(主當也) 行道則或左或右, 立門則避棖闑(魚列切)之中, 皆不敢迹尊者之所行也, 食饗 如奉親迎客 及祭祀之類, 皆是 不爲概量, 順親之心 而不敢自爲限節也 呂氏曰 尸 取主人之子行(下良切)而已, 若主人之子 是使父 北面而事之 人子所不安 故不爲也. 〔集解〕 陳氏曰 先意承志也, 常於心 想像, 似見形聞聲, 謂父母 將有教使已然, 苟苟且, 訾 毁也. 〔增註〕 登高, 臨深, 危道也, 苟訾, 苟笑, 辱道也, 邵氏曰 人子, 旣當自卑 以尊其親 又當自重 以愛其身也.

【註解】 진씨(陳氏) 이르기를 「사람의 자식됨이라 말한 것은 아버지가 계실 때를 말한다.

방안의 西南쪽 모퉁이가 奧가 된다. 奧에 해당하고 가운데 자리는 모두 尊者의 길이다. 길에 다니면 혹 왼쪽으로 혹 오른쪽으로 가고, 문에 서면 문설주와 문턱의 가운데를 피하는 것은 모두 감히 尊者가 다니는 곳을 밟지 않는 것이다. 食饗은 어버이를 받들고, 손님을 받고, 제사를 받드는 類같은 것이니 모두가 이것을 저울과 대로(←분량을 측정함) 하지 않는 것은 어버이의 마음에 순응하고 감히 스스로 한정(限定)하지 않는 것이다.」여씨(呂氏) 이르기를 「시동(尸童)은 주인의 아들을 데려다가 행사(行祀)할 뿐인데 만일 주인의 아들이면 이는 아버지로 하여금 北面하고 섬기는 것이니 남의 자식으로 편안하지 못한 바이기 때문에 하지 않는 것이다.」진씨(陳氏) 이르기를 「先意는 뜻을 받드는 것이다. 언제나 마음에 상상하여 얼굴을 보고 소리를 들은듯 하는 것이니, 부모가 막 가르침이 있었음으로 하여금 이미 자연스런 말을 한 것이다. 苟는 구차이고 訾는 헐뜯는 것이다. 높은 데 오르고, 깊은 데 이르는 것은, 위태로움을 말한 것이다. 구차히 헐뜯고, 구차히 웃는 것은 욕되는 것을 말한 것이다.」소씨(邵氏) 이르기를「남의 자식이 이미 마땅히 스스로 낮추어 그 어버이를 높임으로써 또한 마땅히 스스로 신중함은 그 몸을 아끼는 것이다.」

| ○孔子 曰 父母 在시어든 不遠遊하며 遊必有方이니라. |
|---|

〚解說〛 공자께서 말씀하시기를「부모가 (생존해) 계시거든 먼 길을 떠나지 아니하며, 먼 길을 떠나되 반드시 가는 곳을 알린다.」하였다.
○ 遊는 길을 떠나다, 方은 장소이다.

〖集解〗 朱子曰 遠遊 則去親遠而爲日久, 定省曠而音問疎, 不惟己之思親不置, 亦恐親之念我不忘也, 遊必有方 如己告云之東, 即不敢更適西, 欲親必和己所在而無憂, 召己則必至而無失也, 范氏曰 子能以父母之心 爲心則孝矣.

【註解】 주자(朱子) 이르기를「먼길을 떠나게 되면 어버이와 거리가 멀어져서 날짜가 오래되고, 혼정(昏定)·신성(晨省)하는 것을 비워서 음문(音問)이 성글어지는 것은, 다만 자기가 어버이 생각함을 두지 아니할 뿐 아니라 또한 어버이가 나를 생각하는 것을 잊어버리지 않을까 염려하는 것이다. 반드시 가는 곳을 정해 둠은 만일 이미 東으로 간다고 고하면, 즉 감히 다시 西쪽으로 가지 못하는 것은 어버이가 반드시 자기가 있는 곳을 알아서 근심함이 없으니, 자기를 부르면 반드시 이르러 실수가 없게 하는 것이다.」하였다. 범씨(范氏) 이르기를「자식이 능히 부모의 마음으로 마음을 하면 孝子라 할 수 있다.」고 하였다.

| ○曲禮에 曰 父母 存이어시든 不許友以死니라. |
|---|

〖解說〗 곡례에 말하기를 「부모가 생존해 계시거든 벗과 같이 죽기를 허락하지 아니할 것이다.」 하였다.

〔增註〕 親在而以身許人 是忘親矣. ○父母在而平日與友 終以同死 不可也, 若同行, 臨患難, 則亦不可辭以親在而不救也.

【註解】 어버이가 계시는데 자신을 남에게 허락하면 이것은 어버이를 잊는 것이다.

○ 부모님이 계시는데 평일에 친우와 함께 죽는 것으로 약속하는 것은 옳지 않다. 만일 同行하다가 환난을 당하면 또한 어버이 계신 것으로써 사양하고 구하지 않을 수 없는 것이다.

○禮記에 曰 父母 在어시든 不敢有其身하며 不敢私其財니 示民有上下也니라 父母 在어시든 饋獻을 不及車馬니 示民不敢專也니라.

〖解說〗「예기」에 말하기를 「부모가 생존해 계시거든 감히 자기의 몸을 자신의 마음대로 못하며, 감히 사사로 재물을 갖지 못하나니 백성에게 상하(上下)가 있음을 보이는 것이다.

부모가 생존해 계시거든 남에게 주는 것을 수레나 말과 같은 것에 미치지 못하나니 백성에게 감히 전제(專制)하지 못함을 보이는 것이다.」 하였다.

〔集解〕 有 猶專也, 不敢有 言身非己之身, 父母之身也, 不敢私, 言財非己之財, 父母之財也, 有上下 謂卑當統於尊也. 〔集說〕 吳氏曰 自此遺彼曰饋 自下奉上曰獻, 車馬, 物之重者 故不敢專之以饋獻.

【註解】 有는 오로지(제 마음대로 하는것)와 같다. '감히 제 마음대로 하지 않는다'는 것은, 자신은 자기의 몸이 아니라 부모의 몸이라는 것을 말한 것이고, '감히 사사로 못한다'는 것은 재물이 자기의 재물이

아니라 부모의 재물이라는 것을 말한다. '상하가 있다'는 것은 낮은이는 마땅히 높은이에게 통솔됨을 말한다.

오씨(吳氏) 이르기를 「이편에서 저편에 (←대등한 사이에) 주는 것을 饋라 하고 아랫 사람이 윗사람에게 바치는 것을 獻이라 한다. 수레(車)와 말(馬)은 물건이 소중한 것이기 때문에 감히 제 마음대로 饋獻(←선물 또는 진상물) 할 수 없는 것이다.」 하였다.

○內則에 曰 子婦孝者敬者는 父母舅姑之命을 勿逆勿怠니라.

〚解說〛 (예기) 내칙에 말하기를 「아들과 며느리로써 (부모에게) 효도하는 자나 공경하는 자라면 부모나 시부모의 명(命令)을 거역하지 말며 게을리 하지 말 것이다.」

〔集成〕 方氏曰 惟孝故 能於命勿逆 惟敬故 能於命勿怠 勿逆則以順受之 勿怠則以勤行之.

【註解】 방씨(方氏) 이르기를 「오직 효도하기 때문에 명령에 거스릴 수 없고, 오직 공경하기 때문에 명령에 게을리할 수 없다. 거스림이 없다면 순종으로 받아 들이고 게으름이 없다면 부지런으로써 행한 것이다.」

若飮食之어시든 雖不嗜나 必嘗而待하며 加之衣服이어시든 雖不欲이나 必服而待니라. (食=似)

〚解說〛 만일에 음식을 먹이시거든 즐겨하지 않더라도 반드시 맛보고서 (부모의 마음 다음 명령을) 기다리며, 의복을 주시거든 비록 좋아하지 않더라도 반드시 입고서 (다음 명령을) 기다릴 것이다.

〔集解〕 言尊者 以飮食衣服 與己 心雖不好 必且嘗之 著之 待尊者 察

己不好而改命焉然後 置之也.

【註解】 尊者가 써 음식과 의복을 자기에게 주시면 마음에 좋아하지는 않지만 반드시 또한 맛보고 입어서 尊者가 기다리어 자기가 좋아 하지 않나를 살피고 명령을 고쳐한 연후에 두는 것이다.

| 加之事요 人代之어시든 己雖不欲이나 姑與之하여 而姑使之라가 而後復之니라. (復＝복) |
|---|

〖解說〗「일을 시키고 (자기가 하던 일을) 다른 사람으로 대신 시키시거든 자신은 비록 그렇게 하고 싶지 않은 일이라도 잠시 더불어 시키다가 뒤에 도로 할 것이다.」하였다.

〔集解〕 陳氏曰 尊者 任之以事 而己旣爲之矣 或念其勞 又使他人代之 己雖不以爲勞 而不欲其代 然 必順尊者之意 而姑與之 若慮其爲之 不如己意 姑教使之 及其果不能而後 己復爲之也, 愚 按人者 於是數 豈過爲矯情飾僞哉 蓋委曲以行其意 而求無拂乎親之心也.

【註解】 진씨(陳氏) 이르기를「尊者가 맡기는 일이라서 자기가 이미 하는데 혹 그 수고로움을 염려하여 또 다른 사람으로 하여금 대신하게 되면, 자기는 비록 수고롭지 않음으로써 그것을 대신하고 싶지 않으나 그러나, 반드시 尊者의 뜻을 순종하여 짐짓 함께 하고, 만일 그가 하는 것이 자기의 뜻과 같지 않음을 염려해 짐짓 가르쳐서 시키고 그 과연 능하지 못한 데에 닥쳐서는 뒤에 자기가 도로 하는 것이다.」하였다.
愚(주자가 자신을 일컫는 말)는 살피건대「남의 자식이 이 두어 가지에 어찌 지나치게 矯情하여 거짓을 꾸미겠는가? 대개 자세하게 그 뜻을 행하여 어버이 마음에 거스림이 없음을 구하는 것이다.」하였다.
○ 矯情(교정) : 마음속에서 자연히 우러나오는 감정을 억눌러 나타내지 않고 겉으로는 그렇지 않은 체함.

○子婦는 無私貨하며 無私蓄하며 無私器니 不敢私假하며 不敢私與니라.

〖解說〗 아들과 며느리는 사재(私財)가 없으며, 사사로 저축함이 없으며, 사사로 가지는 기물(器物)이 없나니, 감히 사사로이 (남에게) 빌려주지 못하며 감히 사사로이 (남에게) 증여(贈與)하지 못한다.

〔集解〕 貨 交易之物, 蓄 藏積之物, 假 借人也, 與 與人也, 此 言家事 統於尊也.

【註解】 貨는 서로 교역하는 물건이다. 蓄은 저장하여 쌓은 물건이다. 假는 남에게 빌려주는 것이다. 與는 남에게 주는 것이다. 이는 집안 일을 어른이 통제함을 말한 것이다.

婦 或賜之飮食衣服布帛佩帨茝蘭이어든 則受而獻諸舅姑니 舅姑 受之則喜하여 如新受賜하고 若反賜之則辭하되 不得命이어든 如更受賜하여 藏以待乏이니라. (帨=세, 茝=채)

〖解說〗 며느리에게 혹(←누가) 음식과 의복과 포백과 패세와 채란을 주거든 곧 받아서 시부모께 드릴 것이니, 시부모가 그것을 받으시거든 기뻐하여 새로 주시는 것을 받는 듯이 하고, 만약 도로 주시거든 사양하되, 명령을 얻지 못하거든 다시 주시어 받는 것같이 하여 간직하여 두고 다하기를(←시부모가 필요로 할 때) 기다릴 것이다.

〔集說〕 陳氏曰 或賜 謂私親兄弟也, 茝, 蘭, 皆香草也, 受之則如新受賜, 不受則如更受賜 孝愛之至也 不得命者 不見許也, 待乏 待尊者之乏也.

【註解】 진씨(陳氏) 이르기를 「或賜는 사사로운 친형제가 주는 것을

말한다. 茝蘭은 모두 香草이다. 그것을 받으면 주시는 것을 새로이 받는 듯이 하고 받지 못하면 다시 주시어 받는 것처럼 하는 것은 효도하고 사랑함이 지극한 것이다. 명령을 얻지 못함은 허락을 받지 못한 것이다. 待乏은 尊者가 다하기를(←그것을 필요로 할 때) 기다리는 것이다.」 하였다.

| 婦 若有私親兄弟하여 將與之어든 則必復請其故하여 賜而後與之니라. |
|---|

〖解說〗 며느리가 만약 친정의 형제가 있어서 장차 주려 하거든 곧 반드시 그 간직하여 둔 물건을 다시 시부모에게 청하여 주라는 허락을 받은 후에야 줄 것이다.

〔集解〕 陳氏曰 故即前者所獻之物 而舅姑不受者 雖藏於私室 今必再請於尊者, 旣許然後 取以與之也 司馬溫公曰 人子之身, 父母之身也, 身且不敢自有 況敢有私財乎 若父子異財 互相假借 則是有子富而 父母貧者, 父母飢而子飽者, 不孝, 不義, 孰甚於此.

【註解】 진씨(陳氏) 이르기를「故는 곧 이전에 바쳤던 물건을 시부모가 받으시지 않아서 비록 사실(私室)에 간직하여 두었었지만 지금은 반드시 어른에게 문의하여 허락한 후 그런 뒤에 가져다가 주는 것이다.」 하였다.

사마온공(司馬溫公)은 이르기를「남의 자식된 몸은 부모의 몸이라 몸도 감히 스스로 소유하지 못하거늘 하물며 감히 사사로운 재물이 있겠는가? 만약 아버지와 자식이 재물을 달리(←따로)하여 서로 빌려쓰게 된다면 즉 이는 자식은 부자인데 부모는 가난한 이도 있어서, 부모는 굶주리고 자식은 배부를 것이니 불효하고 불의(不義)한 것이 무엇이 이보다 더 심하겠는가?」 하였다.

| ○曲禮에 曰 父召어시든 無諾하며 先生이 召어시든 無諾하고 唯而 |
|---|

起니라.

〖解說〗 곡례에 말하기를「아버지가 부르시거든 (가겠습니다 하고) 느린 대답을 하지 말며, 선생이 부르시거든 (가겠습니다 하고) 느린 대답을 하지 말고, 예하고 일어날 것이다.」 하였다.

〔集解〕 唯 應之速, 諾 應之緩, 呂氏曰 諾 許而未行也.

【註解】 唯는 대답을 신속히 하는 것이고, 諾은 대답을 느리게 하는 것이다. 여씨(呂氏) 이르기를「諾은 허락하고서 (즉시) 가지 못함을 말한다.」 하였다.

○士相見禮에 曰 凡與大人言에 始視面하고 中視抱하고 卒視面하며 毋改니 衆皆若是니라.

〖解說〗 사상견례에 말하기를「무릇 대인(大人)과 더불어 말할 때에 처음에 얼굴을 보고 중간에는 가슴에 품은 생각을 보고 끝에는 다시 얼굴을 보며 고치지 말 것이니 모든 사람들이 다 이같이 할 것이다.」

〔集說〕 陳氏曰 士相見禮 儀禮篇名, 大人 卿大夫也.(大人有 德位者之通稱) 儀禮註 云 始視面 謂觀其顔色 可傳言未也 抱 懷抱也 中視抱 容其思之 且爲敬也 卒視面 察其納己言否也, 毋改 謂應答之間當正容體以待之毋自變動 爲嫌懈惰 不虛心也.〔集解〕 衆 謂同在是者 皆當如此也.

【註解】 진씨(陳氏) 이르기를「士相見禮는 儀禮의 篇이름이다. 大人은 卿大夫이다.」(대인은 德과 지위가 있는 이의 통칭) 儀禮註에 이르기를「처음 얼굴을 보는 것은, 그의 顔色이 말을 傳할만 한지 않은지를 관찰하는 것이다. 抱는 懷抱이다. 중간에는 마음에 품은 생각을 보는 것은, 그가 생각을 하도록 여유를 주고 또 공경하는 것이다. 끝에는

다시 얼굴을 보는 것은, 자기의 말을 받아 들일지 않을지를 살피는 것이다. 고치지 말라는 것은, 대답하고 응한 사이에 마땅히 容體를 바르게하여 기다리고 스스로 변동함이 없어 懈惰하여 마음을 비우지 않음을 싫어하는 것이다.」하였다.

衆은 이에 같이 있는 자 모두가 마땅히 이와 같아야 하는 것을 말한다.

| 若父則遊目하되 毋上於面하며 毋下於帶니라. |
|---|

〖解說〗 만약 아버지인즉 눈을 돌리되 얼굴 보다 위로 하지 말며 띠보다 아래로 말아야 할 것이다.

〔集解〕 子於父 主孝 不純乎敬 所視廣也, 因觀安否何如也 記曰 凡視上於面則敖, 下於帶則憂.

【註解】 자식이 아버지에게 효도를 주로 하는데 敬에 순전(純全)하지 않으면 시야가 넓게 되는 것이다. 이유는 안부가 어떠한가를 살펴보는 것이다.

記에 말하기를「보통 시선이 얼굴에 올라가면 오만하게 되고 허리띠에서 내려가면 근심하게 된다.」하였다.

| 若不言이어시든 立則視足하고 坐則視膝이니라. |
|---|

〖解說〗「만약 말씀을 아니하시거든, 섰으면 그 발을 보고, 앉았으면 그 무릎을 볼 것이다.」하였다.

〔正誤〕 視足 伺其行也, 視膝 伺其起也.

【註解】 발을 본다는 것은 그 가는 것을 엿보는 것이며, 무릎을 보는 것은 그 일어나는 것을 엿보는 것이다.

○禮記에 曰 父 命呼어시든 唯而不諾하여 手執業則投之하며 食在口則吐之하고 走而不趨니라.

〖解說〗「예기」에 말하기를「아버지가 명령해 부르시거든 '예' 하고 대답하되 느리게 대답하지 않을 것이며, 손에 일을 잡고 있을 때에는 던져버리며 밥이 입에 들어 있을 때에는 뱉아버리고, 달려가되 종종걸음으로 가지 말 것이다.」

〔集解〕應氏曰 唯, 諾, 皆應也 而唯速於諾, 走, 趨, 皆步也 而走速於趨, 投業, 吐食 趨急父命也.

【註解】응씨(應氏) 이르기를「唯·諾은 모두 대답하는 것이니 唯가 諾보다 빠른 것이다. 走·趨는 모두 걷는 것이니 走는 趨보다 빠른 것이다. 일하던 것을 던지고 밥을 뱉는 것은 아버지의 명령에 급히 가는 것을 말한다.」하였다.

親老어시든 出不易方하며 復不過時하며 親癠어시든 色容不盛이 此孝之疏節也니라. (復=伏, 癠=제)

〖解說〗어버이가 늙으셨거든 밖에 나가는 곳을 바꾸지 말 것이며, 돌아올 시간을 넘기지 않을 것이며, 어버이가 병들으셨거든 얼굴빛을 펴지 않는 것이 효자의 간소(簡疏)한 예절이다.

〔集解〕易, 改也, 復 反也, 時 歸期也 陳氏曰 易方則恐召己而莫知所在也 過時則恐失期而貽親憂也, 癠 病也, 方氏曰 孝子之事親 豈必待老而後 如是耶 蓋以親老者 尤不可不如是也. 〔增註〕色容不盛 有憂色也, 自父命呼 至色容不盛 五事 此皆孝子事親疏畧之節, 必若孔子所謂身體髮膚 受之父母 不敢毁傷 立身行道 揚名後世 以顯父母 爲德之本者 斯爲至孝也.

**【註解】** 易은 고치는 것이다. 復은 돌아오는 것이다. 時는 돌아 올 때이다.

진씨(陳氏) 이르기를「방향을 바꾸면 자기를 부르려도 있는 곳을 알지 못할까 염려하는 것이고, 시간이 지나면 때를 잊어 어버이에게 근심을 끼칠까 염려하는 것이다.」하였다. 癠는 병듦이다. 방씨(方氏) 이르기를「효자가 어버이를 섬기는 것이 어찌 반드시 늙음을 기다린 뒤에 이와 같이 하리요, 대개 어버이가 늙은 사람은 더욱 이와 같이 하지 않을 수 없는 것이다.」하였다. 얼굴빛을 펴지 않는 것은 근심하는 빛이 있는 것이다. 父命呼로부터 色容不盛에 이르기까지 다섯 가지 일은 이 모두 효자가 어버이를 섬기는 것을 간소하게 생략한 예절이다. 반드시 공자께서 이른바 身體髮膚는 부모에게 받은 것이니 감히 헐고 상하지 못하며, 몸을 세우고 道를 행하여서 부모를 드러냄을 德의 근본으로 삼는 것, 이것이 지극한 효도가 되는 것이다.

父沒而不能讀父之書는 手澤이 存焉爾며 母沒而杯圈을 不能飮焉은 口澤之氣存焉爾니라.

**〚解說〛**「아버지가 돌아가셨는데 아버지의 책을 읽을 수 없는 것은 아버지의 손때가 남아 있기 때문이며, 어머니가 돌아가셨는데 어머니가 쓰던 잔과 그릇을 쓸 수 없는 것은 입김의 기운이 남아 있는 듯하기 때문이다.」하였다.

〖集說〗 陳氏曰 不能 猶不忍也. 〔集解〕 方氏曰 書 書冊也 君子 執以誦習故 於父言之 杯圈 飮食器也 婦人飮食是議故 於母言之 父母亡而澤存焉 有所不忍也.

**【註解】** 진씨(陳氏) 이르기를「不能은 차마 하지 못하는 것과 같다. 방씨(方氏) 이르기를「書는 書冊이니 君子가 가지고 읽으며 익히기 때문에 아버지에 대해서 말하였고, 杯圈은 음식 그릇이니 婦人이 음식을 이것으로 의논하기 때문에 어머니에 대해 말한 것이다. 부모는 계시지

않는데 손때가 남아 있으니 차마 하지 못하는 바가 있는 것이다.」 하였다.

○內則에 曰 父母 有婢子若庶子庶孫을 甚愛之어시든 雖父母沒이라도 沒身敬之不衰니라.

〖解說〗「예기」 내칙에 말하기를 「부모에게 종의 몸에서 낳은 자식이나 만약 서자 서손이 있는데 그들을 심히 사랑하시었거든 비록 부모가 돌아가셨더라도 자기가 죽을 때까지 공경하여 쇠(衰)하지 않을 것이다.」

〔集解〕 婢子 賤者所生也, 若 及也 沒身 終身也.

【註解】 婢子는 賤한 사람의 소생이다. 若은 '및'과 같다. 沒身은 죽을 때까지이다.(←종신(終身)토록)

子有二妾에 父母는 愛一人焉하고 子는 愛一人焉이어든 由衣服飮食과 由執事를 毋敢視父母所愛하여 雖父母沒이라도 不衰니라.

〖解說〗「아들이 두 첩을 두었는데 부모는(그 중) 한 사람을 사랑하고, 아들은(다른) 한 사람을 사랑하거든 의복과 음식으로부터나 일을 잡는 것부터를 감히 부모가 사랑하는 사람과 비교하지 말아서 비록 부모가 돌아가셨을지라도 쇠(衰)하지 않을 것이다.」 하였다.

〔集說〕 由 自也, 視 此也, 陳氏曰 不敢以私愛 違父母之情也.

【註解】 由는 '부터'이다. 視는 비교하는 것이다. 진씨(陳氏) 이르기를 「감히 사사로이 사랑하는 것으로써 부모의 情을 어길 수는 없는 것이다.」

○子 甚宜其妻라도 父母 不說이어시든 出하고 子 不宜其妻라도 父母曰 是善事我라커시든 子行夫婦之禮焉 하여 沒身不衰니라. (說＝悅句)

〖解說〗 아들이 그의 아내를 심히 마땅하다 여기더라도 부모가 기뻐하시지 않거든 내보내고, 아들이 그의 아내를 마땅히 여기지 않더라도 부모가 말씀하시기를 「이에 나를 잘 섬긴다.」고 하시거든 아들은 부부의 예를 실행하여 몸을 마칠 때까지 쇠(衰)하지 않을 것이다.

〔集解〕 應氏曰 父母 以爲善 子情雖替 而夫婦之禮 亦不可不行焉 人子之心 唯知有親 而不知有己故也.

【註解】 응씨(應氏) 이르기를 「부모는 착하다고 여기는데 아들의 정이 비록 시들하지만 부부의 禮는 또한 행하지 않을 수 없는 것이다. 남의 자식된 마음이 오직 어버이 있는 줄은 알면서 자기가 있는 줄은 알지 못하는 까닭이다.」 하였다.

○曾子曰 孝子之養老也는 樂其心하며 不違其志하며 樂其耳目하며 安其寢處하며 以其飮食으로 忠養之니라. (樂＝낙)

〖解說〗 증자(曾子)가 말하기를 「효자는 늙은 부모를 봉양할 때에 그의 마음을 즐겁게 하며, 그의 뜻을 어기지 않으며 그의 귀와(듣는것) 눈을(보는것) 즐겁게 하며, 그의 잠자리와 계신 곳을 편안하게 하며, 그의 음식으로써 충성스럽게 봉양한다.」

〔集解〕 樂其心 順適其心 使樂而無憂也 不違其志 先意迎承 使無違逆也 怡聲以問 所以樂其耳 柔色以温 所以樂其目 昏定以安其寢 晨省以安其處也 忠者 盡己之謂. 〔集說〕 方氏曰 養親之道 雖非即飮食以能盡, 亦非舍飮食以能爲 君子 何以處之 亦曰 忠養之而已 夫養之以物 此足

以養其口體 養之以忠 則足以養其志矣.

【註解】 樂其心은 그의 마음에 맞게 순종하여 즐겁게 하고 근심이 없게 하는 것이다.

不違其志는 부모의 뜻보다 먼저 맞아 받듦으로 하여금 거스림이 없게 하는 것이다. 소리를 화하게 하여 묻는 것은 그 귀를 즐겁게 하는 것이고, 얼굴을 부드러운 안색으로 하여 온화하게 하는 것은 그 눈을 즐겁게 하는 것이다. 저녁에는 잠자리를 살펴서 그가 편히 주무시게 하고 아침에는 일찍 일어나 문안을 드림으로써 그의 거처를 편안히 하는 것이다. 忠은 자기를 다함을 말한다.

방씨(方氏) 이르기를 「어버이를 봉양하는 道가 비록 음식으로써 곧 다하는 것도 아니고, 또 음식을 놓아두고 다하는 것도 아니다. 그러면 君子는 어떻게 處身할 것인가. 또한 忠으로 봉양할 뿐이다. 대저 物로써 봉양하면 족히 써 그 口體만을 봉양함에 그치는 것이고 忠으로써 봉양하면 족히 써 그 뜻을 봉양하는 것이다.」고 하였다.

| 是故로 父母之所愛를 亦愛之하며 父母之所敬을 亦敬之니 至於犬馬하여도 盡然이온 而況於人乎아. |
|---|

『解說』 이런 까닭으로 「부모의 사랑하는 바를 또한 사랑하며 부모의 공경하는 바를 또한 공경할 것이니 개와 말에 이르러도 다 그렇게 할 것이어든 하물며 사람에 있어서랴.」 하였다.

〔集解〕 眞氏曰 孝子 愛敬之心 無所不至 故 父母之所愛者 雖犬馬之賤 亦愛之 況人乎哉 姑擧其近者 言之 若兄 若弟 吾父母之所愛也 吾其可不愛之乎 若薄之 是 薄吾父母也 若親 若賢 吾父母之所敬也,吾其可不敬之乎 若慢之 是 慢吾父母也 推類而長 莫不皆然.

【註解】 진씨(眞氏) 이르기를 「효자가 사랑하고 공경하는 마음이 이르지 않음이 없기때문에 부모가 사랑하는 것이다. 비록 犬馬와 같이

천한 것이라 하더라도 또한 사랑하는데 하물며 사람이 사랑하지 않겠는가? 아직 그 가까운 것을 들어 말하건대 형이나 아우는 우리 부모의 사랑하는 바이다. 내가 그를 사랑하지 않겠는가? 만일 박하게 하면 이는 내부모를 박하게 하는 것이다.

가까운이나 어진이는 내 부모의 공경하는 바이니 내 그들을 공경하지 않겠는가? 만약 업신여긴다면 이는 내부모를 업신여기는 것이다. 따위를 미루어 나아가다 보면 모두가 그렇지 않음이 없다.」하였다.

○內則에 曰 舅沒則姑老니 冢婦ㅡ所祭祀賓客에 每事를 必請於姑하고 介婦는 請於冢婦니라.

〖解說〗「예기」내칙에 말하기를「시아버지가 돌아가시면 시어머니는 늙었으니 맏며느리가 제사와 손님을 대접할 때에는 모든 일을 반드시 시어머니에게 물어서 하고, 작은 며느리는 맏며느리에게 물어서 할 것이다.」

〖集解〗冢婦 長婦也, 老 傳家事於長婦也, 然長婦 不敢專行故 祭祀賓客 禮之大者 亦必稟問而行也.

【註解】冢婦는 맏며느리이다. 老는 집안 일을 맏며느리에게 傳하는 것이다. 그러나 맏며느리가 감히 오롯이 행하지 못하기 때문에 제사나 빈객 禮의 큰 것은 또한 반드시 품의하고 물어서 실행하는 것이 도리이다.

○舅姑ㅡ使冢婦어시든 毋怠하며 不友無禮於介婦니라.

〖解說〗시부모가 맏며느리에게 일을 시키시거든 게을리 말며 감히 작은 며느리에게 무례하게 하지 말아야 한다.

〔集解〕 友 當作敢 使 以事使之也 言舅姑 以事 命冢婦 則當自任其勞 而不可惰慢 亦不敢恃舅姑之命 而無禮於介婦也.

【註解】 友자는 마땅히 敢자로 써야 한다. 使는 일로써 부리는 것이다. 말하자면 시아버지와 시어머니가 써 일을 冢婦에게 命하면 마땅히 그 수고로움을 맡아서 게으르고 만홀(慢忽)히 할 수 없고, 또한 감히 시아버지와 시어머니의 命을 믿고 介婦에게 무례하게는 할 수 없는 것이다. ○ 慢忽(만홀) : 한만(汗慢)하고 소홀(疏忽)함.

> **舅姑若使介婦**어시든 **毋敢敵耦於冢婦**니 **不敢並行**하며 **不敢並命**하며 **不敢並坐**니라. (耦＝우)

〖解說〗 시부모가 만일 작은 며느리에게 일을 시키시거든 감히 맏며느리에게 대항하거나 대등하게 행동하지 못하나니 감히 나란히 다니지 못하며 감히 나란히 명을 받을 수 없으며 감히 나란히 앉지 못한다.

〔集解〕 敵 相抗也, 耦 相並也. 〔集說〕 陳氏曰 介婦之與冢婦 分有尊卑 任事 毋敢敵耦 不敢比肩而行 不敢並受命於尊者 不敢並出命於卑者 蓋介婦 當請命於冢婦也, 坐次 亦必異列. 〔集成〕 項氏曰 此 謂不得恃舅姑之使令 而傲冢婦也.

【註解】 敵은 서로 대항하는 것이다. 隅는 서로 나란히 하는 것이다.

진씨(陳氏) 이르기를 「介婦와 冢婦는 職分이 尊卑가 있으니 일을 맡아 하는데 감히 대항하여 나란히 못하며 감히 어깨를 나란히 하여 다닐 수 없으며 감히 나란히 尊者에게 命을 받지 못하며, 감히 나란히 卑者에게 명령을 낼 수 없는 것이다. 대개 介婦는 마땅히 冢婦에게 命을 청해야 하고, 앉는 차례도 또한 반드시 대열을 달리 해야 하는 것이다.」 하였다.

항씨(項氏) 이르기를 「이는 시부모의 명령을 믿고서 冢婦에게 오만하게 할 수 없음을 말한 것이다.」 하였다.

| 凡婦 不命適私室이어시든 不敢退하며 婦將有事에 大小를 必請於舅姑니라. |
|---|

〖解說〗「모든 며느리들은 사실(私室)로 가라는 명령을 않으면 감히 물러가지 못하며, 며느리가 장차 일이 있을 때에는 크거나 작은 것을 막론하고 반드시 시부모에게 물어야 할 것이다.」 하였다.

〔集說〕 吳氏曰 凡婦 通冢婦介婦而言 私室 婦室也 婦侍舅姑 不命之退 不敢退也, 事 謂私事 大小 必請於舅姑者 不敢隱而專也.

【註解】 오씨(吳氏) 이르기를 「凡婦는 冢婦나 介婦를 통틀어 말한 것이다.

私室은 며느리의 방이다. 며느리가 시부모를 모시는데 물러가라 명령하지 않으면 감히 물러가지 못하는 것이다. 事는 사사로운 일을 말하는데 크든 작든 반드시 시부모에게 문의하는 것은 감히 숨기고 마음대로 할 수 없음을 말하는 것이다.」 하였다.

| ○適子庶子 祇事宗子宗婦하여 雖貴富나 不敢以貴富로 入宗子之家하여 雖衆車徒라도 舍於外하고 以寡約入하며 不敢以貴富로 加於父兄宗族이니라. |
|---|

〖解說〗 맏아들과 모든 아들이 종가 아들과 종가 며느리를 공경하는 마음으로 섬겨서, 비록 귀하고 부하더라도 감히 귀와 부로서 종가 아들의 집에 들어가지 못하며, 비록 수레와 따라간 사람이 여럿이라도 집 밖에 남겨 두고, 적고 간략하게 하여서 들어가며, 감히 귀와 부로써 부형과 종족에게 (위압을) 가하지 못하는 것이다.

〔集解〕 適子 謂父及祖之適子 是小宗也 庶子 謂適子之弟, 宗子 謂大宗子 宗婦 謂大宗婦也, 祇 敬也 徒 從人也, 舍 置也, 寡 少也, 約 省也. 〔增註〕言 非唯不敢以貴富 入宗子之家 凡父兄宗族皆不敢以此加之.

【註解】 適子는 아버지 및 할아버지의 맏아들이니 이는 小宗이다. 庶子는 맏아들의 아우이다. 宗子는 가장 큰 종가에 맏아들, 宗婦는 큰 종가의 맏며느리이다. 祗는 공경하는 것이다. 徒는 따르는 여러 사람이다. 舍는 놓아 두는 것이다. 다만 감히 귀하고 부한 것으로 종가집에 들어가지 못할 뿐만 아니라 무릇 부형이나 宗族에게도 모두 감히 이로써 가압(加壓)할 수 없음을 말한다.

○曾子曰 父母愛之어시든 喜而不忘하며 父母惡之어시든 懼而無怨하며 父母有過어시든 諫而不逆이니라.

〖解說〗 증자(曾子)가 말하기를 「부모가 (자신을) 사랑하시거든 기뻐하면서 잊지 말며, 부모가 (자신을) 미워하시거든 두려워하면서 원망하지 말며, 부모가 허물이 있거든 간하면서 거슬리지 아니할 것이다.」 하였다.

〔集解〕 朱子曰 諫而不逆 謂委曲作道理以諫 不唐突以觸父母之怒.

【註解】 주자(朱子) 이르기를 「諫而不逆」은 머리를 숙여 道理를 다하여 諫하고 당돌하게 부모님이 성냄에 저촉되게 하지 못함을 말한다.」 하였다.

○內則에 曰 父母有過어시든 下氣怡色柔聲以諫이니 諫若不入이어든 起敬起孝하여 說則復諫이니라. (說=열, 復=부)

〖解說〗 「예기」 내칙에 말하기를 「부모가 허물이 있거든 기운을 낮추고 얼굴을 기쁘게 하고 음성을 부드럽게 하여 간할 것이니, 간하여도 만약

받아들이지 않거든 공경함을 일으키고 효도함을 일으켜서 부모가 기뻐하시거든 다시 간할 것이다.」

〔集解〕 下·怡·柔 皆和順之意 蓋諫 易至於犯 故欲和也 起 悚然興起之意, 言考敬之心 有加無已 待親喜則復進言也.

**【註解】** 下·怡·柔는 모두 和하고 順한 뜻이니 대개 諫하는 것이 犯하는데 이르기 쉽기 때문에 和하게 하려고 하는 때문이다. 起는 두려워서 홍기(興起)하는 뜻이니 효도하고 공경하는 마음이 더함은 있고 그침이 없음을 말하는 것이니 기다려서 어버이가 기뻐하면 다시 말씀드리는 것이다.

| 不悅이셔도 與其得罪於鄕黨州閭론 寧孰諫이니 父母怒不悅而撻之流血이라도 不敢疾怨이요 起敬起孝니라. (孰=熟同) |
|---|

〘解說〙「(부모가) 기뻐하지 않으셔도 그 (부모로) 더불어 향당주려에 죄를 짓게 하기보다는 차라리 익숙하게 은근히 간할 것이니, 부모가 성내어 기뻐하지 않으면서 매질을 하여 피가 흐를지라도 감히 부모를 미워하고 원망하지 아니하고 공경하고 효도하는 마음을 더 일으켜야 한다.」 하였다.

〔集解〕 萬二千五百家爲鄕, 熟諫 謂純熟殷勤而諫, 疾 惡也, 眞氏曰 不諫 是陷其親於不義 使得罪於州里 是以 寧熟諫也, 怒而撻之 猶不敢疾怨 況下於此者乎.

**【註解】** 만이천오백 家를 鄕이라 한다. 熟諫은 순진하고 익숙하게 은근히 간하는 것이다. 疾은 미워하는 것이다.

진씨(眞氏) 이르기를「諫하지 않으면 이는 그 어버이를 不義에 빠뜨림으로 하여금. 州와 里에 죄를 짓게 되는 것이니 이러므로 차라리 熟諫하는 것이다. (부모가) 성이 나서 매를 때려도 오히려 敢히 미워하거나 원망하지 못하는데 하물며 이보다 못한 것에 비하겠는가?」 하였다.

| ○曲禮에 曰 子之事親也에 三諫而不聽則號泣而隨之니라. |
|---|

〖解說〗 곡례에 말하기를「자식이 부모를 섬기는데 있어 부모의 과실을 세 번 간하여도 듣지 않으면 부르짖어 울면서 (부모 하시는 대로) 따를 것이다.」 하였다.

〔增註〕 將以感動親心 庶或見聽也. ○父子 無可去之道 故號泣而隨之而已.

【註解】 장차 어버이 마음을 감동시킴으로써 혹 들어 주시는 것이다. ○ 아버지와 자식은 버릴만한 道가 없기 때문에 울부짖으며 따라 갈 뿐이다.

| ○父母有疾이어시든 冠者不櫛하며 行不翔하며 言不惰하며 琴瑟不御하며 食肉不至變味하며 飮酒不至變貌하며 笑不至矧하며 怒不至詈니 疾止어시든 復故니라. (矧=신, 詈=리, 復=복) |
|---|

〖解說〗 부모가 병이 있으시거든 갓을 쓴 사람은 머리를 빗지 않으며, 다닐 때 나는 듯이 걷지 않으며, 실없는 말을 않으며, 거문고와 비파를 타지 않으며, 고기를 싫도록 먹지 않으며, 술은 모습이 변하도록 마시지 않으며, 웃음에 잇몸이 드러나지 않으며, 성내어 꾸짖는데 이르지 않으며, 병이 나으면 예전처럼 할 것이다.

〔集解〕 陳氏曰, 此 言養父母疾之禮, 不櫛 不爲飾也 不翔 不爲容也 不惰 不及他事也, 琴瑟不御 以無樂意也, 猶可食肉 但不至厭飫而口味變耳 猶可飮酒 但不至醺酣而顔色變耳 齒本曰矧 笑而見矧 是大笑也

怒罵曰詈 怒而至詈 是甚怒也 皆爲忘憂故 戒之 復故 復常也 司馬溫公曰父母有疾 子 色不滿容 捨置餘事 專以迎醫合藥 爲務也.

**【註解】** 진씨(陳氏) 이르기를 「여기서는 부모님의 병환을 봉양하는 禮道를 말한 것이다. 不櫛은 꾸미지 않는 것이다. 不翔은 맵시를 내지 않는 것이다.

不惰는 다른 일에 관여하지 않는 것이다. 琴瑟不御는 즐거운 뜻이 없는 것이다. 오히려 고기는 먹지만 다만 실컷 먹어서 입맛이 변한 데에 이르지 않을 뿐이고 오히려 술은 마실 수 있지만 다만 술에 취해서 기분이 좋아 안색이 변하는데 이르지 않을 뿐이다. 치아의 뿌리가 矧인데 웃어서 이뿌리가 보이면 이는 크게 웃는 것이다. 성내서 꾸짖는 것이 詈인데 성내서 꾸짖는데 이르면 이는 매우 성내는 것이니까 모두 근심을 잊기 때문에 경계하는 것이다. 復故는 평상시(←또는 예전)로 돌아가는 것이다.」 하였다.

사마온공(司馬溫公)은 이르기를 「부모님이 병이 있으시면 기쁜빛이 얼굴에 가득차지 않고 다른 일은 놓아 두고 전적으로 의원을 맞이하여 약을 조제하는 것으로 힘을 써야 할 것이다.」 하였다.

○君이 有疾飮藥이어시든 臣이 先嘗之하며 親이 有疾飮藥이어시든 子先嘗之니라.

〖解說〗 임금이 병이 있어 약을 마시게 되거든 신하가 먼저 맛을 보며, 어버이가 병이 있어 약을 마시게 되거든 자식이 먼저 맛을 볼 것이다.

〖集解〗 嘗 謂度其所堪也. (度=탁)

**【註解】** 嘗은 그 약을 이겨낼 것인가의 헤아림을 말한 것이다.

醫不三世어든 不服其藥이니라.

〖解說〗 의원이 삼대를 (계승)하지 않았거든 그 약을 먹지 않을 것이다.

〔集說〕 呂氏曰 醫三世 治人多 用物熟矣 功已試而無疑然後 服之 亦謹疾之道也 方氏曰 經之所言 亦道其常而已 非傳業而或自得於心者 未及三世 固在所取也.

【註解】 여씨(呂氏) 이르기를「의원이 삼세(父·子·孫)가 되면 사람을 다스림(치료)이 많고 물건(약) 쓰는 것이 익숙하다. 공로를 이미 시험하여 의심이 없는 연후에 먹는 것도 병을 삼가하는 방법이다.」하였다. 방씨(方氏)는 이르기를「經에서 말한 것은 그 常(떳떳함)을 말할 뿐이다. 의원 직업을 전해 내려온 것이 아니고 혹 마음에 자득(自得)한 자는 三世가 되지 않았다 하더라도 진실로 취할 바가 있는 것이다.」하였다.

○孔子曰 父在에 觀其志하고 父沒에 觀其行이니 三年을 無改於父之道라야 可謂孝矣니라.

〖解說〗 공자께서 말씀하시기를「아버지가 생존해 계시거든 자식은 아버지의 뜻을 살펴 행하고 아버지가 돌아가시면 자식은 아버지의 행도를 살펴 행하는 것이니 삼년 동안을 아버지의 행도에 고침이 없어야 효자라고 할 수 있을 것이다.」하였다.

〔集解〕 朱子曰 父在 子不得自專而志則可知, 父沒然後 其行可見故觀此 足以知其人之善惡 然 又必能三年 無改於父之道 乃見其孝 不然則所行 雖善 亦不得爲孝矣 游氏曰 三年無改 亦謂在所當改 而可以未改者爾.

【註解】 주자(朱子) 이르기를「아버지가 계시면 자식이 스스로 마음대로 하지 못하니 (자식이 부모에게 효도하는) 뜻을 알만하고, 아버지가 돌아가신 연후에는 그 행동을 볼 수 있기때문에 이것을 관찰하여 족히

그 사람의 훌륭하고 나쁜것을 알만 한 것이다. 그러나 또 반드시 삼년 동안을 할 수 있으나 아비의 道를 고침이 없어야 이에 그 孝를 볼 수 있다. 그렇지 않으면 행하는 바가 비록 착하다 하더라도 효도가 될 수는 없다.」 하였다.

유씨(游氏)는 이르기를 「三年을 고침이 없다는 것은 또한 마땅히 고쳐야 할 바가 있는데도 가히 고치지 못하는 것이다.」 하였다.

○內則에 曰 父母雖沒이나 將爲善에 思貽父母令名하여 必果하며 將爲不善에 思貽父母羞辱하여 必不果니라.

〖解說〗 내칙에 말하기를 「부모가 비록 돌아가셨으나 장차 착한 일을 함에 부모에게 착한 이름을 끼친다고 생각하여 반드시 과감히 결행하며, 장차 착하지 못한 일을 함에 부모에게 부끄러움과 욕됨을 끼친다고 생각하여 반드시 과감히 결행하지 않을 것이다.」 하였다.

〔集解〕 貽 遺也, 果 决也.

【註解】 貽는 끼침이다. 果는 과감히 결행함이다.

○祭義에 曰 霜露既降이어든 君子履之하고 必有悽愴之心하나니 非其寒之謂也라 春에 雨露既濡어든 君子履之하고 必有怵惕之心하여 如將見之니라.

〖解說〗 제의에 말하기를 「서리와 이슬이 이미 내렸거든 군자는 이것을 밟고 반드시 슬퍼하고 상심하는 마음을 가질 것이다. 그것은 춥다고 하여서 말하는 것이 아니다. 봄에 비와 이슬이 이미 (대지를) 적셨거든 군자는 그것을 밟고 반드시 놀라고 슬퍼하는 마음이 있어야 한다. (부모의 모습이) 금방 보이는 듯하기 때문이다.」 하였다.

〔集解〕祭義 禮記篇名, 履 踐也, 悽愴悲傷貌, 濡 沾濡也 怵惕 驚動貌, 輔氏曰 君子於親 終身不忘 故 氣序遷改 目有所見 則心有所感焉 秋陰之時 萬物衰憊 履霜露則其心 悽愴 而悲哀焉, 春陽之時 萬物發生 履雨露則其心 怵惕 如將見之也 方氏曰 經文 於雨露 言春 則知霜露 爲秋矣 於霜露 言非其寒 則知雨露 爲非其温矣 於雨露 言如將見之 則知霜露 爲如將失之矣 讀者 不可不知.

**【註解】** 祭義는 禮記의 篇이름이다. 履는 밟는 것이다. 悽愴은 슬퍼서 상심하는 모양이다. 濡는 (물기에) 젖는 것이다. 怵惕은 놀라고 슬퍼서 움직이는 모양.

보씨(輔氏) 이르기를「君子가 어버이를 종신토록 잊지 못하기 때문에 기후와 질서가 옮기어 바뀌지는 것을 눈으로 보는 것이 있으면 마음에 감동하는 바가 있고, 가을철에는 온갖 사물이 쇠폐(衰弊)해지고 고달퍼지는데, 서리와 이슬을 밟으면 (군자가 부모와 조상을 추모하는) 그 마음이 몹시 가슴 아프고 구슬퍼서 서럽고, 봄철에는 온갖 사물이 피어나는데 비와 이슬을 밟으면 (부모와 조상을 추모하는) 그 마음이 놀라고 슬퍼서 장차 보이는 듯한 것과 같은 것이다.」하였다.

방씨(方氏) 이르기를「경문(經文)의 雨露에 있어서 봄을 말하면 霜露는 가을이 된다는 것을 알 수 있고, 霜露에 있어서 그 차거운 게 아닌즉, 雨露에 그 따뜻한게 아님을 알아 雨露에 장차 볼것 같은즉, 霜露에 있어서 장차 잃을 것 같음이 됨을 알겠다. 讀者가 알지 않을 수 없는 것이다.」

○祭統에 曰 夫祭也者는 必夫婦親之니 所以備外內之官也니 官備則具備니라.

〖解說〗 제통(祭統)에 말하기를「대저 제사라는 것은 반드시 부부가 친히 받들어 거행해야 하나니, 그리하여 밖과 안의 소임을 갖추는 것이니, 소임이 갖추어지면 제물이 갖추어진다.」하였다.

〔集說〕 陳氏曰 祭統 禮記篇名 統 猶本也, 具者 奉祭之物也, 方氏曰 夫婦親之 若君 制祭 夫人薦盎 君 割牲 夫人 薦酒 卿大夫 相君 命婦 相夫人 此 内外之官也 官 所以執事 事 所以具物 故曰 官備則具備.

**【註解】** 진씨(陳氏) 이르기를「祭統은 禮記의 篇이름이다. 統은 근본과 같다. 具는 제사를 받드는 제물(祭物)이라.」했다.

방씨(方氏) 이르기를「夫婦親之는 임금이 제사를 제정하면 부인은 술그릇을 올리고 임금이 희생을 베면 부인은 술을 올린다. 卿大夫는 임금을 돕고 命婦는 夫를 돕는 것이니 이것이 밖과 안의 소임이다. 소임은 일을 집행하는 것이고, 일은 제물을 갖추는 것이기때문에 말하기를 소임이 갖추어지면 갖춘 것이라.」했다.

○ 命婦(명부) : 〈古制〉에 봉호(封號)를 받은 婦人의 통칭, 女官으로 品位있는 자, 宗親의 딸과 아내, 文武官의 아내 등으로 내명부(内命婦)와 외명부(外命婦)의 구별이 있음.

○ 夫婦親之(부부친지) : 남편은 제주로써 제사를 주관하고 부인은 술그릇을 올리고, 남편은 희생을 베고, 부인은 술을 올리는 등 이렇게 하여 부부가 같이 친히 받들어 제사를 지내는 것.

○ 外内之官(외내지관) : 밖과 안의 소임(所任). '外'는 밖의 일로 남편이 하는 일. '内'는 안의 일로 아내가 하는 일. '官'은 직책, 소임, 집사(執事). '具'는 제물(祭物)을 갖추는 것, 祭物을 마련하는 것.

○ 官備則具備(관비즉구비) : 밖과 안의 소임이 완전히 수행(遂行)되면 제물의 마련이 완전히 갖추어진다는 말.

○君子之祭也에 必身親莅之니 有故則使人이 可也니라.
(莅＝利)

〖解說〗 군자가 제사를 지내는 데는 반드시 (부부가) 몸소 임하나니, 연고가 있을 때에는 다른 사람에게 시켜도 되느니라.

〔集說〕 陳氏曰 莅 臨也, 必身親臨之者 致其如在之誠也, 輔氏曰 有故

謂疾病 或不得已之事 已旣不克與 而時又不可失, 則使他人攝之 可也.

**【註解】** 진씨(陳氏) 이르기를 「莅는 임하는 것이다. 반드시 몸소 친히 임하는 것은 (부모나 조상이 실재해) 있는 것 같은 정성을 이루는 것이다.」 하였다. 보씨(輔氏) 이르기를 「有故라는 것은 질병이나 혹은 부득이한 일이 있어서 자신이 이미 참여하지 못하고 시기를 또 놓칠 수 없다면 다른 사람으로 하여금 섭행(攝行)토록 하는 것이 옳을 것이다.」 하였다.

○ 攝行(섭행) : 대신으로 일을 함.

○祭義에 曰 致齊於內하고 散齊於外하여 齊之日에 思其居處하며 思其笑語하며 思其志意하며 思其所樂하며 思其所嗜하여 齊三日에 乃見其所爲齊者니라. (齊＝재, 樂＝요)

**〖解說〗** 「예기」의 제의(祭義)에 말하기를 「안에서 치재를 하고 밖에서 산재를 하여, 재계하는 날에는 (부모가 생전에) 거처하시던 것을 생각하고, 웃음과 말씀을 생각하며, 뜻을 생각하며 좋아하시던 바를 생각하며 즐겨하시던 바를 생각하여 재계한지 사흘만에는 재계한 바의 그(부모)를 보게 될 것이다.」 하였다.

**〔集說〕** 陳氏曰 齊之爲言 齊也 所以齊不齊而致其齊也 致齊於內 若心不苟慮之類 散齊於外 若不飮酒 不茹葷之類 樂 好也, 嗜 欲也, 陳氏曰 五其字 及所爲皆指親而言. 〔集成〕 見所爲齊者 思之熟 若見其所爲齊之親也.

**【註解】** 진씨(陳氏) 이르기를 「齊라고 말하는 것은 가지런하게 하는 것이다. 소이 (마음이) 가지런하지 않은 것을 가지런히 해서 그 재계를 이루는 것이다. 致齊於內는 마음을 구차하게 생각하지 않는 類와 같은 것이고, 散齊於外는 술을 마시지 않고, 마늘을 먹지 않는 類와 같은 것이다. 嗜는 하고자(←期願)하는 것이다.」 하였다.

진씨(陳氏) 이르기를 「다섯 '其'자 및 '所爲'는 모두 어버이를 가리키는 말이다. 재계한 바를 본다는 것은 생각을 무르익게 하면 마치 그 재계한 바의 어버이를 보는 것같은 것이다.」라고 하였다. ○ 齊는 몸과 마음이 가지런하지 못한 것을 가지런히 하는 것으로 致齊는 제관(祭官)이 된 사람이 내침(內寢)에 있어 사흘 동안을 재계하고, 散齊는 외침(外寢)에 있어 제사를 지내기 전 이레 동안을 목욕 재계하여 몸과 마음을 청정(淸淨)하게 보전(保全)하는 일이다. ○ 齊之日은 致齊의 三日과 散齊의 七日동안의 재계하는 날을 말한 것이다.

祭之日에 入室하여 僾然必有見乎其位하며 周還出户에 肅然必有聞乎其容聲하며 出户而聽에 愾然必有聞乎其嘆息之聲이니라. (還=旋, 愾=개)

〖解說〗 제사날에 방(←사당)에 들어가면 어렴풋이 반드시 그 신위(神位)에서 볼 수 있으며 (제물(祭物)을 올리고 잔을 드리고 나서) 두루 돌아 문밖에 나올 때에 숙연히 반드시 그 거동에 따른 기거 동작의 소리를 들을 수 있으며, 문밖에 나와서 들을 때에는 개연히 반드시 그 탄식하는 소리를 들을 수 있을 것이다.

〔集解〕 陳氏曰 入室 入廟室也, 僾然 彷彿之貌 見乎其位 如見親之在神位也, 周旋出戶 謂薦俎酌獻之時 行步周旋之間 或自戶內而出也 肅然 儆惕之貌, 容聲 擧動容止之聲也, 愾然 太息之聲也.

**【註解】** 진씨(陳氏) 이르기를 「入室은 사당(←廟室)에 들어가는 것이다. 僾然은 방불(彷彿)한 모양이다. 見乎其位는 어버이가 신위(神位)에 있는 것을 보는 것같은 것이다. 周旋出戶는 薦俎·獻酌할 때에 행보하고 주선하는 사이나 혹은 문안에서 나오는 것을 말한 것이다. 肅然은 경계하고 조심하여 두려워하는 (←儆惕) 모양이다. 容聲은 (부모의) 거동에 따른 기거동작의 소리이다. 愾然은 한숨 쉬는 소리이다.」○ 周還(주선) : 제사를 지내기 위하여 제물(祭物)을 올리고 술을 드릴 때에

걷고 도는 것, 혹은 문으로부터 들어와서 돌아보고 나가는 것.

是故로 先王之孝也는 色不忘乎目하며 聲不絶乎耳하며 心志嗜欲을 不忘乎心하시니 致愛則存하고 致愨則著라 著存을 不忘乎心이어니 夫安得不敬乎리오. (愨＝각)

〖解說〗 이런 까닭으로 (효심(孝心)이 깊은) 옛 君王의 효도는 (부모의) 얼굴빛을 눈에 잊지 않으며, 음성이 귀에서 끊어지지 않으며, (부모의) 마음과 뜻과 즐기시던 것과 하고자하시던 것을 마음에 잊지 아니하시니 (부모를) 사랑하는 마음을 극진히 하면 (신(神)은) 존재하는 듯하고, 공경하는 정성을 극진히 하면 (부모의 모습이) 나타나는 듯하다는 것이다. 나타나 계신 듯함을 마음에 잊지 아니하니 그 어찌 공경하지 않겠는가?

〔集解〕 陳氏曰 致愛 極其愛親之心也, 致愨 極其敬親之誠也, 存 以上文三者不忘而言 著 以上文見乎其位 以下三者而言. 〔正誤〕 輔氏曰 人之行 莫大於孝 先王 能存此心故 父母之容色 自不忘乎目 父母之聲音 自不忘乎耳 父母之心志嗜欲 自不忘乎心 固非勉強所能然也 亦致吾心之愛敬而已 故 曰致愛則存 致愨則著 著存不忘 則洋洋如在 夫安得不敬乎.

【註解】 진씨(陳氏) 이르기를 「致愛는 그 어버이를 사랑하는 마음을 극진히 하는 것이다. 致愨은 그 어버이를 공경하는 정성을 극진히 하는 것이다. 存은 上文에 세 가지(色不忘乎目, 聲不絶乎耳, 心志嗜欲不忘乎)를 잊지 않는 것으로 말한 것이고, 著는 上文에 見乎其位 以上 세 가지(見乎其位, 聞乎其容聲, 聞乎其嘆息之聲)를 말한 것이다.」 하였다.

보씨(輔氏) 이르기를 「사람의 행위에 孝道보다 큰것이 없으니 先王이 능히 이런 마음이 있었기 때문에 부모의 얼굴빛이 자연히 눈에 잊혀지지 않으며, 부모의 음성이 자연히 귀에 잊혀지지 않으며, 부모의 마음과 뜻과 즐기시던 것과 하고자 하시던 것을 자연히 잊혀지지 않음이 진실로 힘써서 억지로 능히 그러한 것이 아니다. 또한 내 마음에 사랑함과 공경함을 이룰 뿐이다. 때문에 사랑함을 이루면 존재하는 듯하고 정성을 이루면 나타나는 듯한 것이다. 존재하는 듯하고 나타나는 듯한 것을 잊지 않은즉 洋洋(←뜻을 얻은 모양)하게 계시는것 같은데 그 어찌 공경하지 않을 수 있는가?」

> ○曲禮에 曰 君子雖貧이나 不粥祭器하며 雖寒이나 不衣祭服하며 爲宮室에 不斬於丘木이니라. (粥＝鬻·육)

〚解說〛 곡례(曲禮)에 말하기를「君子는 비록 가난할지라도 제기(祭器)를 팔지 않으며, 비록 추울지라도 제복(祭服)을 입지 않으며, 집을 짓기 위하여 (분묘 가) 언덕에 있는 나무를 베지 않는다.」하였다.

〔集解〕 粥 賣也, 斬 伐也, 祭器 所以奉祭, 粥之則無以祭也, 祭服 所以接鬼神 衣之則褻而不敬也, 丘木 所以庇其宅兆 爲宮室而伐之 則是慢其先而濟其私也.

【註解】 粥은 파는 것이다. 斬은 벌목하는 것이다. 祭器는 제사를 받드는 것인데 팔면 제사를 지낼 수 없게 되는 것이다. 祭服은 鬼神을 接하는 것인데 (평상시) 입으면 더럽혀져서 불경(不敬)하는 것이다. 丘木은 그 宅兆묘소를 덮는 것이니 집을 짓기 위해 벌목하면 이는 그 선조를 만홀(慢忽)히 하고 그 사사로운 것을 구하는 것이 되는 것이다.

> ○王制에 曰 大夫는 祭器를 不假니 祭器未成이어든 不造燕器니라.

〚解說〛「禮記」왕제(王制)에 말하기를「대부는 제기(祭器)를 빌려오지 아니하는 것이니 제기를 아직 장만하지 못하였거든 평상시에 쓰는 그릇을 만들지 않을 것이다.」하였다.

〔集解〕假 借也, 造 爲也 有田祿者 必自具祭器也, 未成 不造燕器者 先神而後己也.

**【註解】** 假는 빌리는 것이다. 造는 만드는 것이다. 밭이나 녹(祿)이 있는 자가 반드시 스스로 제기(祭器)를 갖추어야 하는데 제기를 갖추지 못하고 燕器(←평상시에 쓰는 그릇)를 만들지 않는 것은 귀신에게 먼저하고 자기를 뒤에 하는 것이다. ○燕器는 몸을 편안히 하여 쉴 때에 쓰이는 기구(器具), 즉 평상시에 쓰는 소반과 밥그릇 따위.

○孔子 謂曾子曰 身體髮膚는 受之父母라 不敢毁傷이 孝之始也오 立身行道하여 揚名於後世하여 以顯父母 孝之終也니라

〖解說〗 공자께서 증자에게 일러 말하기를 「사람의 몸과 머리털과 피부는 부모에게 받은 것이라 감히 헐고 상하지 않는 것이 효도의 시작이요, 몸을 세워 道를 행하여 이름을 뒷 세상에 드날려서 부모를 드러나게 하는 것이 효도의 끝마침이니라.」

〔集說〕吳氏曰 此 言人子之身體髮膚 皆父母之所遺 自愛而不敢虧 所以爲孝之始也, 能立身行道 則己之名 揚於後世 而父母之名 亦顯矣 所以爲孝之終也.

**【註解】** 오씨(吳氏) 이르기를 「人子의 身體나 髮膚는 모두 부모가 남겨준 것인데 스스로 아껴서 감히 이즈러지게 못하는 것이 孝道에 시작이 되는 것이고, 능히 몸을 세우고 道를 행한 즉 자기의 이름이 뒷 세상에 드날려지고 부모의 명예도 또한 드러나게 하는 것이 孝道의 끝마침이 되는 것이다.」

夫孝는 始於事親이오 中於事君이오 終於立身이니라.

〚解說〛 대저 효도는 어버이를 섬기는 데에서 시작하고, 임금을 섬기는 데에 중간으로 하고, 몸을 세우는 데서 끝이 난다.

〔增註〕 此 孝之終始也.

【註解】 이는 효도의 끝마침과 시작이다.

| 愛親者는 不敢惡於人이오 敬親者는 不敢慢於人이니 愛敬을 盡於事親하면 而德教加於百姓하여 刑于四海하리니 此天子之孝也니라. |
|---|

〚解說〛 제 어버이를 사랑하는 자는 감히 남을 미워하지 못하고, 제 어버이를 공경하는 자는 감히 남에게 교만하지 못하나니 사랑하고 공경하는 마음을 어버이 섬기는 데 극진히 하면 덕(德)의 교화(教化)가 백성에게 미쳐서 온 세상 사람이 법으로 본받을 것이다. 이것이 천자(天子)의 효도이다.

〔集解〕 眞氏曰 孝者 不出乎愛敬而已 推愛親之心 以愛人 而無所疾惡 推敬親之心 以敬人 而無所慢易 則躬行於上 而德教自儀法於下 天下之人 無不皆愛敬其親矣.

【註解】 진씨(眞氏) 이르기를「孝라는 것은 사랑과 공경함에 벗어나지 않을 뿐이다.」

어버이 사랑하는 마음을 미루어 다른 사람을 사랑함으로써 疾惡하는 바가 없고, 어버이를 공경하는 마음을 미루어 다른사람을 공경함으로써 慢易하는 바가 없으면 몸소 위에서 실행하여 德과 教化가 자연히 아래에 儀法이 되어 세상 사람들이 모두 그 어버이를 사랑하고 공경하지 않는 이가 없을 것이다.

在上下驕하면 高而不危하고 制節謹度하면 滿而不溢이니 然後에야 能保其社稷하며 而和其民人하리니 此諸侯之孝也니라.

〖解說〗 위에 있어서 남에게 교만하지 않으면 높아도 위태롭지 않고 예절로 절제하여 법도를 삼가한다면 가득차도 넘치지 않을 것이니 그렇게 한 뒤에라야 능히 그 사직(社稷)을 보전할 것이며 그의 백성을 화평하게 할 수 있을 것이다. 이것이 제후(諸侯)의 효도이다.

〔增註〕 制節 自制於禮節也, 謹度 謹守法度也, 貴爲國君 可謂高矣, 富有千乘 可謂滿矣 高則易危 在上不驕 故不危, 滿則易溢 制節謹度 故不溢, 社 土神, 稷 穀神 惟諸侯 得祭之.

【註解】 制節은 禮節에 맞게 하는 것이다. 謹度는 삼가 法度를 지키는 것이다. 高貴한 나라의 임금이 되었으니 높다고 이를만 하고, 豐富한 千乘을 가졌으니 가득찼다고 이를 만하다. 높으면 위태롭기 쉬운데 윗자리에 있어도 교만하지 않기 때문에 위태롭지 않고, 가득차면 넘치기 쉬운데 예절에 맞게 하고 법도를 삼가 지키기 때문에 넘치지 않는 것이다. 社는 土神이고 稷은 穀神이니 오직 제후(諸侯)라야 그(社稷祭) 祭를 올릴 수 있는 것이다.

非先王之法服이어든 不敢服하며 非先王之法言이어든 不敢道하며 非先王之德行이어든 不敢行이니 然後에야 能保其宗廟하리니 此卿大夫之孝也니라.

〖解說〗 선왕의 법으로 정한 옷이 아니거든 감히 입지 않으며, 선왕의 법도에 의거한 말이 아니면 감히 말하지 않으며, 선왕의 덕행(德行)이 아니면 감히 행하지 않나니 그렇게 한 뒤에라야 능히 그 종묘(宗廟)를 보존할 수 있을 것이다. 이것이 경대부(卿大夫)의 효도이다.

〔集註〕 法 法度也, 宗 程子曰 言人宗於此而祭祀也, 卿大夫 有家 家必有廟 故 言保其宗廟.

【註解】 法은 法度이다. 宗은 정자(程子)가 이르기를「사람이 이것을 높여서 제사 지냄을 말한다. 경대부(卿大夫) 집에 있어서 집에는 반드시 사당이 있기때문에 그 종묘(宗廟)를 보존한다고 말한 것이다.」했다.

| 以孝事君則忠이오 以敬事長則順이라 忠順을 不失하여 以事其上然後에야 能守其祭祀하리니 此士之孝也. |
|---|

〖解說〗 효도하는 마음으로써 임금을 섬기면 충성이고, 공경하는 마음으로써 어른을 섬기면 공순하게 될 것이다. 충성과 공순한 마음을 잃지 않아서 그 윗사람을 섬긴 뒤에라야 능히 그 제사를 지킬 수 있을 것이다. 이것이 선비(士)의 효도이다.

〔集解〕 移事親之孝 以事君則忠矣 移事親之敬 以事長則順矣 士有祿位 以奉祭祀故 曰祭祀, 上 卽 君長也.

【註解】 어버이 섬기는 효도를 옮겨서 임금을 섬기면 충성이 되고, 어버이 섬기는 공경을 옮겨서 어른을 섬기면 공순이 된다. 선비는 祿位가 있어서 제사를 받들기 때문에 祭祀라고 한다. 上은 君과 長이다.

| 用天之道하며 因地之利하여 謹身節用하여 以養父母니 此庶人之孝也. |
|---|

〖解說〗 하늘의 법칙을 쓰며 땅의 이로움에 의거하여 몸을 삼가서 쓰는 것을 절약하여 이로써 부모를 봉양하나니 이것이 서민(庶民←일반 백성)의 효도이다.

〔集說〕吳氏曰 用天之道 謂順天之生長收藏 而耕耘斂獲 各依其時也 因地之利 謂因地之沃衍皐隰 而稻粱黍稷 各隨其宜也 謹身 謂守身而不妄爲 節用 謂儉用而不妄費 人能如此 則身安力足 有以奉其父母矣.

【註解】오씨(吳氏) 이르기를「用天之道는 하늘의 順理로 나서 자라면 거두어 저장하고 경작하여 거두어 수확하는 것을 각각 그 시기에 의거함을 말한다. 因地之利는 땅의 비옥한 평지나 높고 낮은데 의거하여 稻·粱·黍·稷 등이 각각 그 마땅함을 따르는 (심는) 것을 말한 것이다.(즉, 適地에 適物을 심어 土地를 이용하는 것.)

謹身은 몸을 지켜서 망녕되지 않게 하는 것이며, 節用은 검소하게 써서 망녕되이 허비하지 않는 것이니 사람이 능히 이와 같이 하면 몸이 편안하고 힘이 넉넉하여 그 부모를 봉양할 수 있다.」하였다.

故로 自天子至於庶人히 孝無終始오 而患不及者는 未之有也니라.

〖解說〗그러므로「천자(天子)로부터 서민(庶民)에 이르기까지 효도란 끝도 시작도 없고 환난(患難)이 미치지 않는 자는 (옛날부터 지금까지) 아직 있은 일이 없다.」하셨다.

〔增註〕孝之終始 見上文事親, 而不能有終有始 災及其身 必矣.

【註解】효도의 끝과 시작은 上文에 드러나듯이 어버이 섬기는데 능히 끝이 있고 시작이 있지 않으면 재앙이 그 자신에 미치는 것은 명확할 것이다.

○父母 生之하시니 續莫大焉이요 君親臨之하시니 厚莫重焉이로다. 是故로 不愛其親이요 而敬他人者를 謂之悖德이요 不敬其親이요 而敬他人者를 謂之悖禮니라.

**〖解說〗** 공자께서 말씀하시기를 「부모가 나를 낳으셨으니 대를 이음(嗣續)이 이보다 더 큰 것이 없고, 임금과 부모가 나를 다스려 가르치시니 은혜의 두터움이 이보다 더 중한 것이 없다. 이런 까닭으로 자기의 부모를 사랑하지 않고 남을 사랑하는 것을 덕(德)에 어긋났다고 하고, 자기의 부모를 공경하지 않고 남을 공경하는 것을 예(禮)에 어긋났다고 한다.」 하셨다.

**〖集說〗** 眞氏曰 父母 生我者也 我則嗣續乎父母者, 天性之恩 孰大焉 君之臨臣 父之臨子 所以治而敎之也 其厚乎我, 孰重焉, 合君親而並言, 以見君臣 其義一也, 下文 獨言親者 蓋指天性最切者 知愛敬乎親 則知愛敬乎君矣, 范氏曰 君子 愛親而後 推以愛人 是之謂順德 敬親而後推以敬人 是之謂順禮 苟或反此 則爲悖逆而非所以爲孝矣.

**【註解】** 진씨(眞氏) 이르기를 「부모는 나를 낳아준 것이고 나는 부모의 대를 이은 것이니 天性의 은혜가 무엇보다 큰 것이다. 임금이 신하에 임하는 것과 아버지가 자식에 임하는 까닭은 다스려서 가르치는 것이니 나에게 그 두터움은 무엇보다 중한 것이다. 임금과 어버이를 함께 아울러 말함은 임금과 신하는 그 뜻이 하나라는 것을 드러낸 것이다. 아랫 글에서 단독으로 어버이를 말한 것은 대개 天性이 가장 간절한 것을 지적한 것이니 어버이를 사랑하고 공경할 줄을 알면 임금도 사랑하고 공경할 줄을 알게 되는 것이다.」 하였다.

범씨(范氏) 이르기를 「君子가 어버이를 사랑한 뒤에 미루어 남을 사랑하니 이를 順德이라 이르고, 어버이를 공경한 뒤에 미루어 남을 공경하니 이를 順禮라 이른 것이다. 진실로 혹 이와 반대로 한다면 悖逆이 되어 효도하는 것이 아니다.」 하였다.

○孝子之事親에 居則致其敬하고 養則致其樂하고 病則致其憂하고 喪則致其哀하고 祭則致其嚴이니 五者 備矣然後에야 能事親이니라.

〖解說〗 효자가 부모를 섬기는데, 평시(平時)에는 공경함을 극진히 하고, 봉양할 때에는 그 즐거워함을 극진히 하고, 병들었을 때에는 그 근심을 극진히 하고, 초상이 났을 때에는 그 슬픔을 극진히 하고, 제사 지낼 때에는 그 엄숙함을 극진히 하나니, 이 다섯 가지가 갖추어진 뒤라야, (부모를 잘) 섬겼다고 할 수 있을 것이다.

〔增註〕 致 極也 樂 謂愉色婉容 人子事親之心 自始至終 無一毫之不盡 可謂孝矣.

【註解】 致는 극진히 하는 것이다. 樂은 기뻐하는 안색, 유순한 얼굴을 말한다. 사람의 자식으로서 어버이를 섬기는 마음이 처음부터 끝까지 一毫라도 다하지 않음이 없다면 효도했다고 말할 수 있다.

> 事親者는 居上不驕하며 爲下不亂하며 在醜不爭이니 居上而驕則亡하고 爲下而亂則刑하고 在醜而爭則兵이니 三者를 不除하면 雖日用三牲之養이라도 猶爲不孝也니라.

〖解說〗 부모를 섬기는 자는 윗자리에 있어도 교만하지 않으며, 아래가 되어도 패역(悖逆)하지 않으며, 동류(同類)에 있어도 다투지 않나니, 윗자리에 있으면서 교만하면 망하고, 아래가 되어 패역(悖逆)하면 형벌을 받고, 동류(同類)에 있으면서 다투면 해를 입을 것이니, 이 세 가지를 없애지 아니 한다면, 비록 날마다 세 가지(←소·양·돼지) 희생(犧牲)으로 봉양을 할지라도 오히려 불효가 되는 것이다.

〔集解〕 驕 矜肆, 亂 悖逆, 醜 類也, 爭 鬪也, 兵 以兵刀相加也, 三牲 牛羊豕也. 〔增註〕 三者不除 灾將及親 其爲不孝 大矣 口體之奉 豈足贖哉.

【註解】 驕는 교만하고 방자한 것이다.

亂은 悖逆하는 것이다. 醜는 동류(同類)이다. 爭은 싸우는 것이다.

兵은 병장기나 칼로 서로 더하는 것이다. 三牲은 소·양·돼지이다. 세 가지를 없애지 않으면 재앙이 장차 그 어버이에게 미칠 것이니 그것은 불효됨이 크다. 입이나 몸을 봉양하는 것으로 어찌 족히 속죄하겠는가?

○孟子曰 世俗所謂不孝者五니 惰其四支하여 不顧父母之養이 一不孝也오 博奕好飮酒하여 不顧父母之養이 二不孝也오 好貨財私妻子하여 不顧父母之養이 三不孝也오 從耳目之欲하여 以爲父母戮이 四不孝也오 好勇鬪狠하여 以危父母五不孝也니라. (戮=六)

〖解說〗 맹자께서 말씀하시기를「세속(世俗)에서 이른바 불효라고 말하는 것이 다섯 가지이니, 그의 사지(四支)를 게을리 하여 부모의 봉양을 돌아보지 않는 것이 첫째의 불효다. 장기나 바둑을 두고 술 마시기를 좋아하며, 부모의 봉양을 돌아보지 않는 것이 둘째의 불효다. 재물과 사사로이 처자(妻子)만 좋아하며 부모의 봉양을 돌아보지 않는 것이 셋째의 불효다. 귀와 눈의 욕심을 좇아서 부모를 부끄럽고 욕되게 하는 것이 넷째의 불효다. 용맹을 좋아하고 싸우고 성내어서 이로써 부모를 위태롭게 하는 것이 다섯째의 불효다.」하셨다.

〖集說〗 陳氏曰 四支 手足也, 顧 猶念也, 博 局戲, 奕 圍棊, 戮 羞辱也, 狠 忿戾也.

【註解】 진씨(陳氏) 이르기를「四支는 手足이다. 顧는 염려(念慮)하는 것과 같다. 博은 대국하는 놀이(장기)이고 奕은 바둑놀이다. 戮은 부끄럽고 욕되는 것이다. 狠은 분이나서 거스림이다.」

○曾子曰 身也者는 父母之遺體也니 行父母之遺體하되 敢不敬乎아 居處不莊이 非孝也며 事君不忠이 非孝也며 莅官不

敬이 非孝也. 朋友不信이 非孝也며 戰陣無勇이 非孝也니 五者를 不遂면 裁及其親이니 敢不敬乎아. (裁＝재)

〖解說〗 증자(曾子)가 말하기를「자기의 몸이라는 것은 부모가 남겨주신 몸이니, 부모가 남겨주신 몸을 받들되 감히 공경하지 아니할 수 있겠는가? 평상시에 몸가짐이 장중(莊重)하지 않음이 효도가 아니며, 임금을 섬기되 충성스럽지 않음이 효도가 아니며, 벼슬에 임하여 공경스럽지 않음이 효도가 아니며, 벗과 벗이 신의롭지 않음이 효도가 아니며, 전진(戰陳)에서 용기가 없음이 효도가 아니다. 이 다섯 가지를 이루지 못하면 재앙이 그 부모에게 미칠 것이니, 감히 공경하지 않을 수 있겠는가?」하였다.

〖集說〗 吳氏曰 行 猶奉也, 莅 臨也, 交兵曰戰, 制行伍日陣 遂 成也, 曰莊 曰忠 曰敬 曰信 曰勇 皆孝之事也, 五者不遂 則不可以爲孝 而身及於災矣 身災則及於親矣, 君子所以不可不敬也 或 疑奉遺體 而曰戰陣無勇 何哉 蓋殺身成仁 而孝在其中矣,

【註解】 오씨(吳氏) 이르기를「行은 받드는 것과 같다. 莅는 임하는 것이다. 교전하는 것을 戰이라 한다. 행오(行伍)를 짓는 것을 陣이라 한다. 莊·忠·敬·信·勇이라 하는 것은 모두 孝道의 일이다. 이 다섯 가지를 이루지 못한다면 효도가 될 수 없고 몸에 재앙이 미칠 것이다. 몸에 재앙이 있으면 곧 어버이에게 미치는 것이다. 이는 君子가 공경하지 않을 수 없는 것이다.」

혹은 의심하기를 遺體를 받들어 戰陣에서 勇敢함이 없다고 말하는 것은 무엇때문이겠는가? 대개 殺身成人하는 효도가 그 가운데 있는 것이다.

○孔子曰 五刑之屬이 三千이로되 而罪莫大於不孝하니라.

〖解說〗 공자께서 말씀하시기를「다섯 가지 형벌의 종류가 三千이나

되지만 불효죄(不孝罪)보다 더 큰 것은 없다.」 하였다.

〔集說〕 陳氏曰 五刑 墨 劓·剕·宮·大辟也, 墨者 刺面, 劓者 割鼻, 剕者 削足, 宮者 去勢, 大辟 死刑也, 按 書 呂刑 墨屬千, 劓屬千, 剕屬五百, 宮屬三百, 大辟之屬二百, 凡三千條 刑 所以罰惡 惡莫大於不孝 故 罪亦莫大於不孝.

【註解】 진씨(陳氏) 이르기를 「다섯 가지 형벌은 墨·劓·剕·宮·大辟이다. 墨이란 것은 (먹물과 침으로) 얼굴에 자자(刺字)하는 형벌이다. 劓라는 것은 코를 베는 형벌이다. 剕라는 것은 발을 베는 형벌이다. 宮이란 것은 남자는 불알을 제거하고 여자는 음소를 제거하는 형벌이다. 大辟은 死刑이다. 書傳 呂刑篇을 살펴보면 墨刑에 천 가지, 劓刑에 천 가지, 剕形에 오백 가지, 宮刑에 삼백 가지, 大辟에 이백 가지가 되어 무려 삼천(三千)조항이나 된다. 형벌은 악한 사람을 벌주는 것인데 악한 것이 불효보다 더 큰것이 없기때문에 죄가 불효보다 더 큰것이 없다.」 하였다.

○ 上은 明父子之親하니라.

위는 부자의 친함을 밝히는 것이다.

## 明君臣之義(1장~20장)

○禮記에 曰 將適公所할새 宿齊戒하여 居外寢하며 沐浴하고 史進象笏이어든 書思對命이니 既服하고 習容觀玉聲하여 乃出이니라. (齊=재)

〖解說〗「예기」에 말하기를 「장차 임금이 계신 곳에 가려거든 미리 재계하여 외침(外寢)에 있으며, 목욕하고 사(史)가 상홀(象笏)을 올리거든 자신의 생각과 임금의 자문(諮問)에 대답할 것과 임금의 명령을 적을 것이다. 이미 옷을 입고 몸가지는 법과 패옥(佩鈺) 울리는 것을 연습하고 나서 비로소 나갈 것이다.」 하였다.

〖集說〗 陳氏曰 適 往也, 公所 君所也 宿 前期也, 史 掌文史者 (←史即府史之史吏之掌文書者也) 笏者 笏也, 書事 以備忽忘者 思謂所思告君者 對 謂所擬對君者, 命 謂君命三者 皆書之於笏 敬謹之至也 容觀 容貌, 儀觀也 玉聲 佩玉之聲也.

【註解】 진씨(陳氏) 이르기를「適은 가는 것이다. 公所는 임금이 계시는 곳이다. 宿은 기한 보다 앞서는 것이다. 史는 文·史를 관장하는 자이다. 笏은 갑작스런 것이다. 일을 기록하여 문득 잊을 것에 대비하는 것이다. 思는 생각했던 것을 임금에게 告하는 것이고, 對는 임금의 의논에 대답해야 할 것이다.

命은 임금의 명령이니 세 가지 것을 모두 笏에 쓰는 것은 공경하고 조심하는 것이 지극한 것이다. 容觀은 용모와 위의가 있는 몸가짐이다. 玉聲은 佩玉의 소리이다.」했다.

○曲禮에 曰 凡爲君使者已受命하얀 君言을 不宿於家니라. 君言이 至則主人이 出拜君言之辱하고 使者 歸則必拜送于門外니라.

〖解說〗 곡례에 말하기를「무릇 임금의 사자된 자가 이미 명령을 받았으면 임금의 말을 (자신의) 집에 잠재우지 않느니라. 임금의 말씀이 이르면 주인(←받을자)이 나가서 임금 말씀의 욕됨을 절하고 사자가 돌아가면 반드시 문밖에 나와서 절하며 보내야 한다.」

〖增註〗 君言 卽君命 受命卽行 敬君也. 〔集說〕 辱 謂屈辱君命之來也 至則拜命 歸則拜送 皆敬君也.

【註解】 君言은 곧 임금의 명령이니 명령을 받으면 즉시 거행함이 임금을 공경하는 것이다. 辱은 임금의 명령이 오는 것을 굽히어 욕되게 여기는 것을 말한다. 명령이 이르면 절하고(받고), (사자가) 돌아가면 절하고 보내는 것은, 다 임금을 공경하는 것이다.

若使人於君所 則必朝服而命之하고 使者反 則必下堂而受命이니라.

〖解說〗「만일 임금 계시는 곳에 사람을 보내려면 조복을 입고 사자에게 명령을 하고, 사자가 돌아오면 반드시 마루를 내려와서 임금의 명령을 받아야 한다.」 하였다.

〔增註〕 反 還也, 朝服而遣使 下堂而受命 皆敬君也. 〔集解〕 陳氏曰 孔子 問人於他邦 再拜而送之 况使人於君所乎 言朝服而命之 則知上文 拜辱拜送 亦朝服也 言拜辱拜送 則知朝服 命之 亦拜也 言拜送於門外, 則知拜辱 亦於門外也, 此皆互文以見 讀者 不可不知.

【註解】 反은 돌아오는 것이다. 조복(朝服)을 입고 사자를 보내고 마루를 내려가서 명령을 받는 것이 모두 임금을 공경하는 것이다. 진씨(陳氏)는 이르기를 「공자께서도 다른 나라의 사람에게 물음에 두번 절하고 보내거늘 하물며 임금이 계시는 곳에 사자로 사람을 보내는 것이랴. 조복(朝服)을 입고 명령을 했은즉, 上文에서 욕되심에 절함을 알았은즉, 보내는데 절하는 것도 또한 조복(朝服)을 입는 것이다. 욕되심에 절하고 보내는 것도 절하는 것인즉 조복(朝服)을 입고 명령할 때도 절한다는 것을 알 수 있다는 것을 말하는 것이며, 문밖에서 절하고 보내는 것인즉 욕되심을 절하는 것도 문밖에서 하는 것을 알라는 말을 한 것이다. 이것은 모두 互文으로 봐야 할 것이니 독자(讀者)가 알지 않을 수 없는 것이다.」

○論語에 曰 君이 召使擯이어시든 色勃如也하시며 足躩如也러시다. (躩＝곽)

〖解說〗「논어」에 말하기를 「임금이 부르셔서 손님을 접대하라 하시거든 안색을 변하는 것같이 하며 발은 종종거리는 것같이 하시더라.」

〔集說〕 朱子曰 擯 主國之君 所使出按賓者, 勃 變色貌, 盤辟貌(盤辟乃盤旋曲折之意) 皆敬君命故也.

【註解】 賓은 주로 나라의 임금이 시켜서 접빈(接賓)으로 나가는 자이다. 勃은 안색이 변하는 모양이다. 盤辟은 빙도는 모양이니 모두 임금을 공경하는 까닭이다.

> 揖所與立하시되 左右手러시니 衣前後襜如也러시다. 趨進에 翼如也러시다 賓이 退어든 必復命曰 賓不顧矣라하더시다.

〖解說〗 더불어 (빈자가 되어) 서 있는데 읍하시되, 왼쪽 손님에게는 손을 왼쪽으로, 오른쪽 손님에게는 손을 오른쪽으로 읍(揖) 하시는데, 의복의 전후가 가지런하여 어지러움이 없으셨다. (손님이 이르르면) 종종걸음으로 나아가되 새의 날개를 편듯하더라. 손님이 물러가면 반드시 복명(復命)하기를 손님이 뒤돌아 보지 않았습니다.」 하였다.

〔集說〕 朱子曰 所與立 謂同爲賓者也 擯用命數之半 如上公九命 則用五人 以次傳命 揖左人則左其手 擯右人則右其手, 襜整貌 疾趨而進張拱端好 如鳥舒翼, 紓君敬也.

【註解】 주자(朱子) 이르기를「所與立은 같이 擯을 하는 자이다. 擯은 命數의 半을 쓰는데 上公이 九命이라면 다섯 사람을 써서 차례로 命을 傳한다. 왼쪽사람에게 揖하면 그 손을 왼쪽으로 하고, 오른쪽 사람에게 揖하면 그 손을 오른쪽으로 한다. 襜은 가지런한 모양이다. 빠르게 종종걸음으로 나아감에 팔꿈치를 폄이 새가 날개를 편것 같이 단정하고 좋았다. 임금의 공경을 풀이한 것이다.」

○ 擯(빈) : 주객(主客)의 사이에 서서 주선하는 사람, 擯介. ○ 揖(읍) : 공수(拱手)하고 절하는 것, 拱手는 두손을 마주잡는 것으로 경의를 표하는 뜻이다. ○ 趨進(추진) : 잔걸음으로 빨리 나아가는 것. ○ 賓不顧(빈불고) : 손님이 대접받은 것에 만족하여 뒤돌아 보는 아쉬움이

없이 갔다는 뜻.

| ○入公門하실세 鞠躬如也하사 如不容이러시다. |
|---|

〖解說〗 대궐문에 들어가실 때에는 몸을 굽히듯이 하여 용납되지 않는듯이 하시더라.

〖集說〗 朱子曰 鞠躬 曲身也, 公門 高大而若不容 敬之至也.

【註解】 주자(朱子) 이르기를 「鞠躬은 몸을 굽히는 것이다. 公門은 (궁궐의 문이) 높고 큰 데도 용납되지 않는 듯하였으니 공경함이 지극한 것이다.」

| 立不中門하시며 行不履閾이러시다. 過位하실세 色勃如也하시며 足躩如也하시며 其言이 似不足者러시다. (躩=곽) |
|---|

〖解說〗 문 중앙에 서시지 않으시며 문지방을 밟지 아니 하시더라. 임금자리를 지나가실 때 안색을 변하는 것 같이 하시며 발을 종종거리는 것같이 하시며 그 말씀이 부족한 것 같으시었다.

〖集說〗 朱子曰 中門 中於門也 閾 門限也, 謝氏曰 立中門則當尊 行履閾則不恪 位 君之虛位 君雖不在 過之必敬, 不敢以虛位而慢之也 言似不足 不敢肆也.

【註解】 주자(朱子) 이르기를 「中門은 門의 중앙이다. 閾은 문지방(문턱)이다.」 사씨(謝氏) 이르기를 「문가운데에 서면 높은 사람에 해당되고, 다니면서 문 한계를 밟으면 조심스럽지 못하다. 位는 임금의 빈자리이다. 임금이 비록 있지 않으나 지나갈 때는 반드시 공경함은 빈자리라고 해서 함부로 하지 않는 것이다. 말씀을 부족한듯이 한다는

것은 말을 감히 함부로 하지 않는 것이다.」 하였다.

| 攝齊升堂하실세 鞠躬如也하시며 屛氣하사 似不息者러시다.<br>(齊＝자) |
|---|

〖解說〗 옷자락을 잡으시고 당(堂)에 오르실 때 몸을 굽히는 듯이 하시어 기운을 감추시고 숨을 쉬지 않는 것같이 하시더라.

〔集說〕 朱子曰 攝 摳也 齊 衣下縫也 禮 將升堂 兩手樞衣 使去地尺恐躡之而傾跌失容也 屛 藏也 息 鼻息出入者也 近至尊 氣容肅也.

【註解】 주자(朱子) 이르기를「攝은 잡는 것이다. 齊는 옷의 아랫자락에 기운 것이다. 禮에 장차 堂에 오르려할 때에 두 손으로 옷자락을 잡아 땅에서 한 자쯤 떨어지게 한다 하였으니 옷자락을 밟아서 넘어져 용모를 잃을까 염려한 것이다. 屛은 감추는 것이다. 息은 코로 숨을 들이쉬고 내쉬는 것이다. 지존(至尊)을 가까이 하여 기색과 용모를 엄숙히 하는 것이다.」○ 攝齊升堂(섭자승당) : 옷자락을 잡으시고 대청에 오르시는 것.(齊는 齋의 借作, 집주소학(集註小學)에는 '齊'는 '재'로 되어 있다.)

| 出降一等하여는 逞顔色하사 怡怡如也하시며 沒階趨進하사는 翼如也하시며 復其位하사는 踧踖如也러시다. |
|---|

〖解說〗 당(堂)을 나와 한 층 내려가시면 안색(顔色)을 펴시고 기쁜 것같이 하시며 층계를 다 내려오시면 종종걸음으로 빨리 나아가시어 날개를 펴는 것같이 하시며 그 임금님 자리에 돌아오시어서는 조심하는 것같이 하시더라.(※←조정에 출입하는 모습)

〔集說〕 朱子曰 等 階之級也, 逞 放也, 漸遠所尊 舒氣解顔, 怡怡 和悅也, 没階 下盡階也, 趨 走就位也, 踧踖 恭敬不寧之貌 復位 踧踖 敬之餘也.

**【註解】** 주자(朱子) 이르기를「等은 계단의 층계이다. 逞은 펴는 것이다. 지존(至尊) 있는 곳에서 점점 멀어지니 기운을 펴고 얼굴을 펴는 것이다. 怡怡는 화화롭고 기쁜 것이다. 没階는 층계를 다 내려온 것이다. 趨는 빨리 달려서 자리에 나아가는 것이다. 踧踖은 공경하면서 편안치 못한 모양이다. 어좌(御座)로 돌아와 踧踖하는 것은 공경하는 여유이다.」
○ 逞顔色(영안색) : 얼굴 빛을 풀다. 긴장을 풀다. 逞의 본음(本音은 '정'이다.) ○ 躍踖(축적) : 공경이 편안치 않는 모양. 조심하고 공손히 하는 모양. '축척'으로도 읽는다.

| ○禮記에 曰 君賜에 車馬어든 乘以拜賜하고 衣服이어든 服以拜賜니라. 君이 未有命이어시든 弗敢即乘服也니라. (賜＝思) |
|---|

〖解說〗「예기」에 말하기를「임금이 수레나 말을 주시거든 (절하고 받으며, 이튿날 왕이 있는 곳에) 타고 가서 주심을 절하여 (임금의 은혜를 중히 여기고) 의복을 (주시거든 절하고 받으며 이튿날 왕이 계시는 곳에) 입고 가서 주심을 절하여 (임금의 은혜를 중히 여긴다) 임금의 명령이 없으시거든 (하사품(下賜品)이 아니면 비록 거마(車馬)와 의복(衣服)을 가졌을지라도) 감히 곧 타거나 입지 못한다.」하였다.

〔集成〕 孔氏曰 凡受君賜 賜至則拜 至明日 更乘服所賜 往至君所 又拜 重君恩也, 謂非経賜 雖有車馬衣服 不敢輒乘服也, 若後世 三品 雖應服紫 五品 雖應服緋 必君賜而後服.

**【註解】** 공씨(孔氏) 이르기를「무릇 임금이 주시는 것을 받으며, 주시는 것이 이르르면 절을 하고, 다음 날에 이르러 다시 주신 것을 타고 입어서 임금이 계시는 곳에 가서 또 절하는 것은 임금의 은혜를 중히 여기는 것이다. 經賜(←법에 의해서 주는 옷)가 아니면 비록 車馬나 衣服이

있을지라도 감히 문득 타거나 입지 못하는 것이다. 만일 후세에 三品이 비록 紫服에 해당하고 五品이 緋服에 해당하지만 그러나, 임금이 준 뒤에 입는 것이다.」 ○ 紫服은 자줏빛 비단옷, 緋服은 붉은 비단옷.

○曲禮에 曰 賜果於君前이어시든 其有核者란 懷其核이니라. (核＝핵)

〖解說〗 곡례에 말하기를 「임금 앞에서 과실(果實)의 하사(下賜)를 받았거든 그 과실에 씨(核)가 있는 것이면 그 씨를 몸에 품어야 한다.」 하였다.

〔集說〕 陳氏曰 敬君賜故 不敢棄核.

【註解】 진씨(陳氏) 이르기를 「임금이 주시는 것을 공경하기 때문에 감히 씨를 버리지 않는 것이다.」○ 核(핵) : 과실의 씨. 「仁」을 감싸고 있는 것.

○御食於君에 君賜餘어시든 器之漑者란 不寫하고 其餘는 皆寫니라. (漑＝개)

〖解說〗 임금을 모시고 식사(食事)를 할 때에 임금이 남은 것을 내려 주시거든, 그 그릇이 씻을 수 있는 것이면 쏟지 않고, 그 나머지는 다 딴 그릇에 옮겨 쏟는다.

〔集成〕 呂氏曰 御食 侍食也. 〔集解〕 陳氏曰 君以食之餘者 賜之 若陶器 若木器 可以洗滌者則卽食之 或其器 是萑 竹所織, 不可洗滌者 則傳寫於他器而食之 不欲口澤之瀆也.

【註解】 여씨(呂氏) 이르기를 「御食은 모시고 식사하는 것이다.」 하였

다. 진씨(陳氏) 이르기를「임금이 음식의 남은 것을 주시면 만일 질그릇이나 혹은 나무그릇으로 씻을 만한 것이면 곧 먹고, 혹 그 그릇이 완골이나 대나무로 만들어져서 씻을 수 없으면 다른 그릇에 옮겨 담아서 먹는 것은, 입기운으로 더럽히지 않으려고 하는 것이다.」

○論語에 曰 君이 賜食이어시든 必正席先嘗之하시고 君이 賜腥이어시든 必熟而薦之하시고 君이 賜生이어시든 必畜之러시다.

〖解說〗「논어」에 말하기를「임금이 음식을 주시면 반드시 자리에 바로 앉아서 먼저 이것을 맛보시고, 임금이 날고기를 주시면 반드시 삶아서 (사당 조상전에) 올리셨다. 임금이 산 것을 주시면 반드시 이것을 기르셨다.」하였다.

〔集說〕朱子曰 食 恐或餕餘故 不以薦 正席先嘗 如對君也 言先嘗 則餘當以頒賜矣, 腥 生肉 熟而薦之祖考 榮君賜也 畜之者 仁君之惠 無故不敢殺也, 或問聖人 席不正不坐 豈必君賜食而後 正之耶, 朱子曰 席固正矣 將坐而又正焉 所以爲禮也, 曲禮 主人 旣迎賓則請 入爲席矣 賓旣升堂 主人 又跪正席 豈先爲不正之席 至此然後正之哉, 蓋敬愼之至耳.

【註解】주자(朱子) 이르기를「음식은 혹 먹고 난 나머지인지 염려되기때문에 조상에게 드리지 않는 것이다. 자리를 바루고 먼저 맛보는 것은 임금을 대하는 것과 같이 하는 것이다. 먼저 맛본다고 말하는 것은, 즉 나머지는 마땅히 나누어 주는 것이다. 腥은 날고기이니 익혀서 조상에게 올리는 것은 임금이 주시는 것을 영화스럽게 여기는 것이다. 기르는 것은 仁한 임금의 은혜이니 까닭없이 감히 도살하지 못하는 것이다.」하였다. 어떤사람이 묻기를 聖人은 자리가 바르지 않으면 앉지 않는다 했는데 어찌 반드시 임금이 음식을 준 뒤에 자리를 바루는가? 하고 물으니 주자(朱子)가 말하기를「자리는 진실로 바르지만 앉으려 하면서 또 바르게 하는 까닭은 禮로 하는 것이다.」하였다. 曲禮에

主人이 이미 손님을 맞으면 들어가서 자리에 앉을 것을 청하고, 손님이 이미 堂에 오르면 主人이 또 꿇어앉아 자리를 바르게 하는 것이다. 어찌 먼저 바르지 않은 자리에 앉았다가 이에 이른 연후에 바르게 하겠는가? 아마 공경하고 조심하는 것이 지극할 뿐이다.」

| ○侍食於君에 君祭어시든 先飯이러시다. |
|---|

〖解說〗 임금을 뫼시고 식사를 할 때에는 임금께서 신(神)에게 제사하시거든 (공자께서는) 먼저 잡수시더라.

〔集說〕 朱子曰 周禮 王日一擧 膳夫 授祭品嘗食 王乃食故 侍食者 君祭則己不祭而 先飯 若爲 君嘗食然 不敢客當禮也.

【註解】 주자(朱子) 이르기를 「周禮에 王은 매일 한번 식사를 하시는데 膳夫가 祭(고시례)할 물건을 올리고 음식을 맛보고 나면 임금께서 잡수신다.」 하였다. 그러므로 뫼시고 식사하는 자는 임금께서 祭하면 자기는 祭하지 않고 먼저 먹어서 마치 임금님을 위해서 먼저(독(毒)의 有無를) 맛보는 것처럼 하니 감히 손님의 禮를 감당하지 못해서 이다.

| ○疾에 君이 視之어시든 東首하시고 加朝服拖紳이러시다. (拖＝타) |
|---|

〖解說〗 (공자께서) 병을 앓을 때 임금께서 (문병차) 보려고 오시면 동침(東枕)하고 누워서 조복(朝服)을 (이불위에) 덥고 그 위에 큰 띠를 펼쳐 늘어 놓으시고 (예장(禮裝)을 정제(整齊) 한 기분을 나타내셨다.)

〔集說〕 朱子曰 東首 以受生氣也, 病臥 不能著衣束帶 又不可以褻服見君故 加朝服於身 又引帶於上也.

【註解】 주자(朱子) 이르기를 「머리를 동쪽으로 둠으로써 生氣를 받는

것이다. 병들어 누워서 옷을 입고 띠를 맬 수 없으며, 또 평상복(누추한 모습)으로 임금을 뵐 수 없는 것이다. 그러므로 조복을 몸에 덮고, 또 큰 띠를 그 위에 걸쳐 놓는 것이다.」

○ 東首(동수) : 동쪽으로 머리를 두다. 즉, 東首함은 君主를 南面케 함이고, 또한 東은 生氣(←陽氣)가 發하는 곳이므로 그 氣를 받아 병이 빨리 나아서 君主의 은혜에 보답하려는 의사를 표명하여 병자로서의 禮를 극진히 함이다.

○ 加朝服(가조복) : 조복을 위에 덮는다.

○ 拖紳(타신) : 띠를 늘어 놓다. 紳은 큰띠, 拖는 펴놓다.

○ 君이 命召어시든 不俟駕行矣러시다. (俟＝사)

〖解說〗 임금께서 (가신(家臣)을 시켜 공자를) 명령하여 부르시는 경우는 수레에 말을 매기 위하여 멍에를 매는 동안도 기다리시지 않고 가시더라.

〔集說〕 朱子曰 急趨君命 行出而駕車隨之.

【註解】 주자(朱子) 이르기를 「임금의 명령에 급히 달려나아가면 멍에를 한 수레가 뒤에 따라 오는 것이다.→즉 지체없이 왕명을 받는 공자의 모습이다.」

○ 吉日에 必朝服而朝러시다.

〖解說〗 (공자께서는) 매월(每月) 초하루에는 (조정(朝廷)에서 의식(儀式)이 행해지는데, 그 때에는) 반드시 조복(朝服)을 입으시고 조회(朝會)에 출사(出仕)하셨다.

〔集說〕 朱子曰 吉日 月逆也, 孔子 在魯致仕時 如此.

【註解】 주자(朱子) 이르기를 「吉日은 每月 초하루이다. 孔子께서 魯나라에 계시면서 벼슬을 그만 둘 때에 이와 같이 하셨다.」하였다.
○ 致仕(치사) : 벼슬을 사양하고 물러남. 벼슬을 임금에게 돌려드리고 물러남.
※ 옛날에는 每月 一日에 告朔의 禮를 거행하였다.

| ○孔子曰 君子事君하되 進思盡忠하며 退思補過하여 將順其美하고 匡救其惡하나니 故로 上下能相親也. |
|---|

〖解說〗 공자께서 말씀하시기를 「군자가 임금을 섬기되 나아가 충성을 다할 것을 생각하며, 물러가서는 임금의 허물을 보충할 것을 생각하며, 장차 그 아름다운 일이란 받들어 순종하고 그른 일이란 바로잡아 구한다. 그러므로 임금(上帝)과 신하(臣下)가 능히 서로 친해진다.」 하셨다.

〔集解〕 陳氏曰 將 猶承也, 進見其君, 則思盡己之忠 退適私室 則思補君之過 無一時一念之不在君也, 有善承順之 使益進於善 有惡 正救之 使潛消其惡 此愛君之至也, 臣以忠愛而親其君 則君 亦諒其忠愛而親之也. 張氏曰 正君之義 必先正其身, 故 進則思盡己之忠 退則思補君之過 使己之心 無一毫之不盡然後 君有美則將順之 有惡則匡救之 格君心之非 亦曰 正己而已, 二說皆通,

【註解】 진씨(陳氏) 이르기를 「將은 받드는 것과 같다. 나아가서 그 임금을 뵈면 몸을 다해서 충성할 것을 생각하고 私室에 물러가서는 임금의 허물을 보충할 생각을 하여 한 때 한 생각도 임금에게 있지 않음이 없다. 착함이 있으면 공순히 받들고, 가령 더욱 善(옳은 일)에 나아가게 하고, 그른 것이 있으면 바로잡아 구출(救出)하여, 가령 그 惡(그른것)이 아무도 모르게 없어지면 이것이 임금을 사랑함이 지극한 것이다. 신하가 忠과 愛로 그 임금을 가까이하면 임금도 또한 그 忠과 愛를 믿어서 가까이 할 것이다.」 하였다.

장씨(張氏) 이르기를 「임금을 바르게 하는 義는 반드시 먼저 (신하가) 그 몸을 바르게 하기 때문에 나아가면 몸을 다할 충성을 생각하고, 물러가면 임금의 허물을 보충할 것을 생각하여 자기의 마음에 一毫도 다하지 않음이 없게 한 연후(然後)에, 임금이 아름다움이 있으면 공순하게 받들고, 그른 일이 있으면 바로잡아 구출(救出)하여 임금의 마음이 그른 것을 또한 바로 잡을 뿐이다.」 했으니 이 두 說은 다 通한다.」 하였다.

| ○君使臣以禮하며 臣事君以忠이니라. |
|---|

〖解說〗 임금은 신하를 부리되 예의로써 하며, 신하는 임금을 섬기되 충성으로써 할 것이다.

〔集說〕 朱子曰 二者 皆理之當然 各欲自盡而已.

【註解】 주자(朱子) 이르기를 「두 가지 것은 모두 이치의 당연한 것으로 각각 스스로 다하려고 할 뿐이다.」라고 하였다.

| ○大臣은 以道事君하다가 不可則止니라. |
|---|

〖解說〗 대신은 도(道)로써 임금을 섬기다가 도를 행할 수 없으면 그만두어야 한다.

〔集解〕 朱子曰 以道事君君者 不從君之欲, 不可則止者 必行己之志.

【註解】 주자(朱子) 이르기를 「道理로써 임금을 임금답게 섬기는 자는 임금의 욕심을 따르지 않고(←정당한 일이 아닌 것) 옳지 않으면(←正道가 아니어서 正道를 행할 수 없는 것) 그만두는 것(←致仕)은 반드시 자기의 뜻을 행하는 것이다. ○ 道(도) : 바른 도리, 정당(正當)

한 길, ○ 不可則止(불가즉지) : 바른 도리를 행할 수 없으면 벼슬을 그만둔다는 말.

| ○子路問事君한대 曰 勿欺也오 而犯之니라. |
|---|

〖解說〗 자로(子路)가 임금을 섬기는데 대하여 질문하였는데 (이에 대하여) 공자께서 말씀하시기를 「진실로 속이지 말고 범해서라도 (충간(忠諫)의 길을) 나가는 것이다.」라고 가르쳐 주셨다.

〔集解〕 子路 孔子弟子 姓仲 名由 字子路. 朱子曰 犯 謂 犯顔諫爭
〔集成〕 西山眞氏曰 僞言不直 謂之欺直言隱 謂之犯 欺與犯 正相反 禮記 謂 事君有犯而無隱.

【註解】 子路는 공자의 제자. 姓은 중(仲), 이름은 유(由), 字는 자로(←季路라고도 한다.) 이다. 주자(朱子) 이르기를 「犯은 임금이 싫어하는 안색을 보여도 관계하지 않고 간하는 것이다.

西山眞氏 이르기를 「거짓말해서 바르게(곧은 것) 하지 않음을 欺라 이르고 直言(바른 말)해서 숨김이 없는 것을 犯이라 이른다. 欺와 犯은 正히 서로 반대 되는데 「禮記」에 임금을 섬기는데 犯함은 있으나 숨김은 없다고 했다.」 하였다.

| ○鄙夫는 可與事君也與哉아 其未得之也엔 患得之하고 旣得之하얀 患失之하나니 苟患失之면 無所不致矣니라. |
|---|

〖解說〗 비열(鄙劣)한 필부(匹夫)는 더불어 임금을 바르게 섬길 수 있을까? 그가 벼슬자리를 얻지 못했을 때에는 벼슬자리를 얻으려고 근심하고, 이미 벼슬자리를 얻으면 그것을 잃을까 근심한다. 진실로 벼슬자리를 잃을까 근심하면 무슨 파렴치한 일이라도 안하는 것이 없을 것이다.

〔集說〕朱子曰 鄙夫 庸惡陋劣之稱 何氏曰 患得之 謂患不能得之, 朱子曰 小則吮癰舐痔 大則弑父與君 皆生於患失而已.

**【註解】** 주자(朱子) 이르기를 「鄙夫는 용렬하고 악하며 비열함의 칭호이다.」 했다. 하씨(何氏) 이르기를 「얻을 것을 근심하는 것은 얻을 수 없음을 근심하는 것이다.」 했다. 주자(朱子) 이르기를 「작게는 등창을 빨고 치질을 핥으며 크게는 아비와 임금을 시해하는데 모두가 잃을까 근심하는 데서 생기는 것일 뿐이다. ○ 무소부지(無所不至) : 이르지 않는 바가 없음.→무슨 짓이라도 한다는 말. ○ 患得之(환득지) : 벼슬자리를 얻으려고 근심함. '之'는 벼슬자리를 가리키는 대명사로 쓰였음.

○孟子曰 責難於君을 謂之恭이오 陳善閉邪를 謂之敬이오 吾君不能을 謂之賊이니라.

〖解說〗 맹자께서 말씀하시기를 「임금에게 하기 어려운 일을 권면하고 책임지우는 것을 일러 공손하다 하고, 착한 것을 개진(開陳)하고 사악(邪惡)한 것을 막는 것을 일러 공경스럽다 하고, 우리 임금은 (선왕의 선도 (善道)를 해내지) 못한다고 하는 것은 적해(賊害)한다고 이른다.」 하셨다.

〔集解〕范氏曰 人臣 以難事責於君 使其君 爲堯舜之君者 尊君之大也 開陳善道 以禁閉君之邪心 唯恐其君 或陷於有過之地者 敬君之至也 謂其君 不能行善道 而不以告者 賊害其君之甚也.

**【註解】** 범씨(范氏) 이르기를 「남의 신하가 되어서 하기 어려운 일(선왕(先王)의 道로써)을 임금에게 責하고 그 임금으로 하여금 堯·舜과 같은 聖君이 되게 하는 것이 임금을 높임이 큰 것이다. 임금의 善道를 開陳하고 임금의 邪心을 막아 오직 그 君主가 혹 허물에 빠지는 일이 있을까 두려워하는 것이 임금을 공경하는 지극한 것이다. 자기의

임금에 일러 善道를 행할 수 없다면서 아뢰지 않는 것은 자기 임금에게 해침이 심한 것이다.」 하였다.

○有官守者 不得其職則去하고 有言責者 不得其言則去니라.

〖解說〗 벼슬아치로서 직무가 있는 사람이 그 직무를 지킬 수 없으면 벼슬자리에서 떠나야 하고, 언관(言官)으로서 그의 말이 받아들여지지 않으면 벼슬자리에서 떠나야 한다.

〔集說〕 朱子曰 官守 以官爲守者 言責 以言爲責者.

【註解】 주자(朱子) 이르기를 「官守는 官(벼슬아치)으로써 지킴을 삼는 것이고, 言責은 말로써 책임을 삼는 것이다.」 하였다.

○王蠋이 曰 忠臣은 不事二君이오 烈女는 不更二夫니라.

〖解說〗 왕촉이 말하기를 「충신은 두 임금을 섬기지 않고, 열녀는 두 남편을 고쳐 맞지 않는다.」 하였다.

〔集說〕 陳氏曰 蠋 齊之畫邑人 忠義之臣 始終一心 故不事二君 貞烈之女 始終一志 故不更二夫 按 通鑑 燕將樂毅 破齊 聞蠋賢 使請蠋 蠋拒之以此 遂自經死.

【註解】 진씨(陳氏) 이르기를 「王蠋은 齊나라 畫邑사람이다. 충성하고 의리있는 신하는 처음부터 끝까지 한마음인 까닭에 두 임금을 섬기지 않고, 굳게 정조나 절개를 지키는 여자는 처음부터 끝까지 한뜻인 까닭에 두 지아비를 바꾸지 않는 것이다. 살피건대 通鑑에 燕나라 장수 樂毅가 齊나라를 격파하고 王蠋이 어질다는 명성을 듣고 王蠋을 請

하였으나 王蠋은「忠臣不事二君, 烈女不更二夫」로써 거절하고 마침내 스스로 목을 매어 죽었다.」

○ 上은 明君臣之義하니라.

위는 임금과 신하의 義를 밝힌 것이다.

明夫婦之別(1장~9장)

○曲禮에 曰 男女非有行媒어든 不相知名하며 非受幣어든 不交不親이니라.

〖解說〗 곡례에 말하기를「남자와 여자 사이에 중매하는 이가 있지 아니하거든 서로 이름을 알지 못하며 폐백을 받지 아니하였거든 사귀지 않으며 친하지 못한다.」

〖集說〗 陳氏曰 行媒 謂媒氏之往來也, 名 謂男女之名也, 受幣然後 親交之禮分定.

【註解】 진씨(陳氏) 이르기를「行媒는 중매하는 이가 왕래함을 말한다. 名은 남녀의 이름을 말한다. 폐백을 받은 연후에 親交의 禮分이 定해지는 것이다.」하였다.

故로 日月以告君하며 齊戒以告鬼神하며 爲酒食以召鄕黨僚友하나니 以厚其別也니라.

〖解說〗 그러므로 (혼인하는) 날과 달을 적어서 이로써 임금에게 보고하며 재계하여 이로써 귀신에게 고유(告由)하며, 술과 음식을 장만하여 이로써 향당과 동료와 벗을 불러 (잔치를 베푸나니) 이로써 부부유별(夫婦有別)의 禮를 두텁게 하는 것이다.

〖集說〗 陳氏曰 日月 取婦之期 媒氏 書之以告于君, 鬼神 謂先祖, 僚 同官者, 友 同志者 厚其別者 重其有別之禮也.

【註解】 진씨(陳氏) 이르기를「日月은 부인을 데려오는 시기이다. 중매하는 이가 날짜를 써서 임금에게 告하는 것이다. 鬼神은 先祖를 말한다. 僚는 벼슬을 같이한 자이고, 友는 뜻을 같이한 자이다. 그 분별을 후하게 하는 것은 그 분별이 있는 禮를 重하게 하는 것이다.」

| 取妻하되 不取同姓이니 故로 買妾에 不知其姓則卜之니라. |
|---|

〖解說〗「아내를 맞이하되 같은 성(姓)을 얻지 않나니, 그러므로 첩(妾)을 살 때에 그의 성을 알지 못하면 점을 칠 것이다.」 하였다.

〔集解〕 陳氏曰 不娶同姓 爲其近禽獸也 卜者 卜其吉凶也. ○蓋異姓則吉, 同姓則凶也.

【註解】 진씨(陳氏) 이르기를「같은 성(姓)을 (아내로) 맞지 않는 것은 그 금수(禽獸)에 가까움을 피하기 위함이다. 卜은 그 좋고 나쁜 것을 점치는 것이다. 대개 성이 다르면 吉하고 성이 같으면 凶한 것이다.」 하였다.

| ○士昏禮에 曰 父醮子에 命之曰 往迎爾相하여 承我宗事하되 勗帥以敬하여 先妣之嗣니 若則有常하라. 子曰 諾다. 唯恐不堪이어니와 不敢忘命하리이다. (勗=욱, 帥=솔) |
|---|

〖解說〗 사혼례에 말하기를 아버지가 아들에게 술을 부어 주고 명령하여 말하기를「가서 너를 도울 이를 맞아 우리의 종묘의 일을 잇되, 힘써 공경하는 마음으로 신부를 거느려서 너의 어머니의 일을 잇게 할 것이니, 너는 언제나 떳떳함이 있게 하라.」 한다. 아들이 말하기를「그렇게 하겠습니다. 오직 감당하지 못할까 두렵거니와 감히 명령을 잊지 않겠습니다.」 한다.

〔集說〕 陳氏曰 士昏禮 儀禮篇名 酌而無酬酢曰醮蓋醮子以親迎也 相

助也, 妻 所以助夫故 謂之相 宗事 宗廟之事, 勗 勉也, 帥 倡也, 言當勉帥爾婦以 恭敬也 母曰先妣 盖古稱也 先妣之嗣 謂婦代姑祭也 若爾也 有常 始終不替也 諾 應辭, 堪 能也.

【註解】 진씨(陳氏) 이르기를「士昏禮는 儀禮 篇이름이다. 잔질하면서 수작(酬酢)이 없는 것을 醮라 한다. 대개 아들을 초례하여 親迎하는 것이다. 相은 돕는 것이니 아내는 남편을 돕는 것이기 때문에 相이라고 이른다. 宗事는 宗廟의 일이다. 勗은 힘쓰는 것이다. 帥는 인도하는 것이니 마땅히 힘써서 너의 아내를 거느리는데 공경으로써 함을 말한다. 어머니를 先妣라 하는 것은 대개 옛날에 부르는 이름이다. 先妣之嗣는 며느리가 시어미의 제사를 대신함을 말한다. 若은 '너'이다. 有常은 처음부터 끝까지 변함이 없음을 말한다. 諾은 대답하는 말이다. 堪은 능히 하는 것이다.」○ 醮는 술잔을 받아 술을 다 마시고 答盃를 하지 않음. 옛날 冠婚의 儀禮에 사용했음.

父 送女에 命之曰 戒之敬之하야 夙夜無違命하라. 母 施衿結帨曰 勉之敬之하여 夙夜無違宮事하라. (衿＝금, 帨＝세)

〖解說〗 아버지가 딸을 (신랑집으로) 보낼 때에 그에게 명령하여 말하기를「조심하고 공경하여 밤낮으로 (시부모의) 명령에 어그러짐이 없게 하라.」한다. 어머니가 (딸에게) 작은 띠를 매어주며 말하기를「힘써서 공경하여 밤낮으로 집일을 잘 처리하여 어그러짐이 없게 하라.」한다.

〖集解〗 陳氏曰 夙 早也, 違 逆也, 命 謂舅姑之命, 衿 小帶, 帨 佩巾, 違乖也, 宮事 謂閫內之事.

【註解】 진씨(陳氏) 이르기를「夙은 '일찍'이다. 違는 어기는 것이다. 命은 시부모님의 명령을 말한다. 衿은 작은 띠이고 帨는 수건을 차는 것이다. 違는 어그러지는 것이다. 宮事는 집안의 일이다.」

庶母 及門內하여 施鞶하고 申之以父母之命하여 命之曰 敬恭聽하여 宗爾父母之言하여 夙夜無愆하여 視諸衿鞶하라.

〖解說〗 서모가 문안에 이르러서 작은 주머니를 채워 주고 그에게 거듭 말하되 부모의 명령으로써 명령하여 말하기를「조심하고 공순히 들어서 너의 부모의 말을 존경하여 밤낮으로 허물이 없게 해서 이 띠와 주머니를 보고 부모의 말씀을 생각하라.」한다 하였다.

〔集解〕 庶母 父之妾也, 鞶 小囊 盛帨巾者, 申 重也, 宗 尊也, 愆 過也, 當尊爾父母之言 早夜無過 又當常視此衿鞶. 以憶父母之言而不忘也, 眞氏曰 夫之道 在敬身以帥其婦 婦之道 在敬身以承其夫, 故 父之醮子 曰勉帥以敬 親之送女 曰戒之敬之 夫婦之道 盡於此矣.

【註解】 庶母는 아버지의 첩이다. 鞶은 작은 주머니이니 帨巾을 담는 것이다. 申은 거듭하는 것이다. 宗은 높이는 것이다. 愆은 허물이다. 마땅히 너의 부모의 말씀을 높여서, 이른밤에 허물이 없어야 하고, 또한 마땅히 항상 이 띠와 주머니를 보고 부모의 말씀을 생각하여 잊지 않아야 하는 것이다.

진씨(眞氏) 이르기를「남편의 도리는 제 몸을 공경함으로써 자기의 아내를 거느리는데 있고, 아내의 도리는 제 몸을 공경함으로써 자기의 남편을 받드는데 있다.」때문에 아버지가 자식에게 醮禮하면서 이르기를「힘써 공경함으로써 아내를 거느리거라.」하고 부모가 딸을 시집보내면서 이르기를「경계하고 공경하여야 夫婦의 도리가 이에 다한다.」고 하였다.

○禮記에 曰 夫婚禮는 萬世之始也라. 取於異姓은 所以附遠厚別也요, 幣必誠하며 辭無不腆은 告之以直信이니 信이 事人也며 婦德也라. 一與之齊하면 終身不改하나니 故로 夫死不嫁니라.

〚解說〛「예기」에 말하기를 「혼례라는 것은 자손 만대의 시초이다. 배우자를 자기와 다른 성(姓)을 얻음은 까닭이 소원(疏遠)함을 가까이 붙이며, 분별의 뜻을 온후하고 진중하게 함이고, 예물을 반드시 정성스럽게 하며 말씀이 부전(不腆)타 함이 없는 것은 정직하며 신실(信實)한 것으로써 알리기 위함이니, 신실함이 남을 섬기게 되며, 신실함이 부인의 덕이 되는 것이다. 한 번 더불어 혼례를 갖추면 몸이 다하도록 고치지 않나니 그러므로 남편이 죽어도 개가(改嫁)하지 않는다.」

〖集成〗取異姓者 所以依附疏遠之道 厚重分別之義. 〔集解〕 腆 厚也 善也, 齊謂共牢而食 同尊卑也, 方氏曰 有夫婦而後 有父子 父子 所以傳世 故 曰萬世之始 幣 所以將婚姻之意, 辭 所以通婚之情, 辭無不腆者, 告之以直也, 幣必誠者 告之以信也, 事人者 必以信 而婦人 以事人爲事 故 信爲婦德也, 不改 謂不改而他適也, 以其不可改故 雖夫死而不嫁也.

【註解】 자기와 다른 성(姓)으로 배우자를 얻는 것은 소원(疏遠)한 것을 의지하여 가까이 붙이는 道이니 분별의 뜻을 온후하게 하여 진중히 하는 것이다. 腆은 후한 것, 善한 것이다. 齊는 함께하여 牢를 먹는 것이니 尊卑를 같이 하는 것이다. 방씨(方氏) 이르기를 夫婦가 있는 연후에 父子가 있는 것이니, 父子가 대(代)를 전하는 것이기때문에 萬世의 시작이라고 한 것이다. 幣는 婚姻할 뜻을 가진 것이고, 辭는 婚姻할 뜻을 通한 것이다. 말씀이 두텁지 아니함이 없는 것은 告하는 것을 곧게하는 것이다. 예물을 반드시 정성으로 하는 것은 신의로써 告하는 것이다. 사람을 섬기는 자 반드시 信으로 하는데 婦人은 사람을 섬기는 것으로 일을 삼기때문에 信이 婦德이 되는 것이다. 不改는 고쳐서 다른데 시집가지 않음을 말한 것이니 그 가히 고칠 수 없기 때문에 비록 남편이 죽는다 할지라도 시집가지 않는 것이다.

| 男子 親迎하여 男先於女는 剛柔之義也니 天先乎地하며 君先乎臣이 其義一也니라. |
|---|

〖解說〗 남자가 아내를 친히 맞아서 남자가 여자보다 먼저하는 것은 굳센 것이 부드러운 것보다 먼저 한다는 뜻이니, 하늘이 땅보다 먼저 하며, 임금이 신하보다 먼저 하는 것과 뜻이 같은 것이다.

〔集解〕 先 謂倡道也, 馬氏曰 男子 親迎而男先於女者 剛先於柔之義也 豈獨婚姻之際如此 天造始而地代終 君主倡而臣主和 其義無二也.

【註解】 先은 倡導함을 말한다. 마씨(馬氏) 이르기를 「男子가 親迎하는데 남자가 여자보다 먼저 하는 것은 剛이 柔보다 먼저 하는 뜻이다. 어찌 유독 혼인에서만 이와 같을 것인가. 하늘이 만들기 시작하면 땅은 끝맺음을 가름하며 임금이 主唱하면 신하는 이에 和唱하는 것이니 그 뜻이 둘이 없음이다.」 하였다.

| 執摯以相見은 敬章別也니 男女有別然後에 父子親하고 父子親然後에 義生하고 義生然後 禮에 作하고 禮作然後에 萬物이 安하나니 無別無義는 禽獸之道也니라. |
|---|

〖解說〗「전안(奠雁)의 예로써 서로 보는 것은 공경하여 분별을 밝힘이니 남녀가 분별이 있는 연후에 부자가 친하고 부자가 친한 연후에 의리가 생기고, 의리가 생긴 연후에 예(禮)가 일어나고, 예가 일어난 연후에 만물이 편안하나니. 분별이 없고 의리도 없으면 금수(禽獸)의 도리(생태)와 같다.」 하였다.

〔集解〕 執摯 奠鴈也, 章 明也, 行敬以明其別也, 馬氏曰 父子 出於天性 而曰男女 有別然後 父子親 何也 蓋男女無別於內 則夫婦之道 喪而淫辟之罪 多 雖 父子之親 亦不得而親之也 男女有別然後 父子有相親之恩, 父子有相親之恩 則必有相親之義, 故 義生焉 由是推之 至於君臣 兄弟 長幼 朋友之際 皆有義 則 粲然有文以相接 故 曰義生而後禮作 禮作而貴賤有等 上下有分 此 萬物所以安也 陳氏曰禽獸 知有母而不知有父 無別故也.

**【註解】** 執摯는 奠雁이다. 章은 밝히는 것이다. 공경함을 실행하여 그 분별을 밝히는 것이다. 마씨(馬氏) 이르기를「父子라는 것은 天性으로부터 나오는 것이니 남녀가 분별이 있는 연후에 父子는 親한다 함은 무엇인가? 대개 남녀가 안으로 분별이 없으면 夫婦의 도리를 잃어서 음란한 죄가 많을 것이며, 비록 친한 父子지간이라 하더라도 또한 친할 수 없을 것이니 남녀가 분별이 있는 연후에 父子가 서로 친하는 은혜가 있을 것이고, 父子가 서로 친하는 義가 있다. 그러므로 義가 생기는 것이다. 이로 말미암아 추측하건대 君臣, 兄弟, 長幼, 朋友의 지경에 이르기까지 모두 義가 있으면 粲然히 빛남이 있어 이로써 서로 接하나니, 그러므로 義가 생긴뒤에 禮가 일어나고, 禮가 일어나서 貴賤의 등급이 있으며, 上下의 신분이 있어 이래서 萬物이 편안하게 되는 것이다.」하였다.

진씨(陳氏) 이르기를「금수가 어미 있는 줄은 알면서 아비가 있음을 알지 못함은 분별이 없는 까닭이다.」하였다.

○取婦之家三日不擧樂은 思嗣親也니라.

**〖解說〗** 며느리를 데려온 집에서 삼일 동안 풍악을 거행하지 않는 것은 어버이의 사속(嗣續)을 생각함이니라.

**〔集說〕** 陳氏曰 思嗣親 則不無感傷 故不擧樂.

**【註解】** 진씨(陳氏) 이르기를「어버이의 사속(嗣續)을 생각하면 감상(感傷)이 없지 않은 때문에 풍악을 거행하지 않는다.」하였다.

○昏禮不賀는 人之序也니라.

**〖解說〗** 혼인의 예를 축하하지 않는 것은 사람의 세대(世代)가 교체(交替)되는 일이기 때문이다.

〔集說〕 陳氏曰 人之序 謂相承代之次序也, 方氏曰 在子則代父 在婦則代姑 故不賀.

【註解】 진씨(陳氏) 이르기를「人之序는 서로 이어서 대신하는 차례다.」하였다. 방씨(方氏) 이르기를「혼례는 아들에 있어서는 아버지의 대를, 며느리에 있어서는 시어머니의 대를 이어 받기 때문에 축하하지 않는다는 것이다.」하였다.

○內則에 曰 禮는 始於謹夫婦니 爲宮室하되 辨內外하여 男子는 居外하고 女子는 居內하여 深宮固門하여 閽寺守之하여 男不入하고 女不出이니라. (閽=혼, 寺=시)

〖解說〗 내칙에 말하기를「예의는 부부사이를 삼가는 데서 시작되니, 집을 짓되 안과 밖을 구분하여 지어서 남자는 밖에 거처하고 여자는 안에 거처하여 안채는 깊숙하게 하고 안채와 바깥채와의 사이에 단단한 중문을 설치하여 고자로 지켜서 남자는 안에 들어가지 않고 여자는 밖으로 나오지 않는다.」

〔集說〕 陳氏曰 夫婦 人倫之始 不謹則亂其倫類 故 禮始於謹夫婦也 鄭氏曰 閽掌守中門之禁 寺 掌內人之禁令.

【註解】 진씨(陳氏) 이르기를「부부는 인륜의 시초이니 삼가하지 않으면 부부 사이의 倫類를 문란하게 된다.

그러므로 예는 부부 사이를 삼가하여 지키는 것이 예의 시초라 한 것이다.」하였다.

정씨(鄭氏) 이르기를「閽은 中門의 禁止를 맡아서 지키는 것이며, 寺는 內人의 禁令을 맡는 것이다.」하였다.

男女不同椸枷하여 不敢縣於夫之楎椸하며 不敢藏於夫之篋笥

하며 不敢共湢浴하며 夫不在어든 斂枕篋하며 簟席襡하여 器而藏之니 少事長하며 賤事貴에 咸如之니라. (椸=이, 縣=玄, 楎=輝, 笥=四, 簟=점, 襡=독)

〖解說〗 남녀가 옷을 거는 횃대를 같이 쓰지 아니하여 감히 남편의 옷걸이에 아내의 옷을 걸지 못하며, 감히 남편의 상자에 넣어 두지 못하며, 감히 욕실을 같이 쓰지 못하며, 남편이 있지 않거든 베개를 상자에 거두우며, 대자리와 돗자리는 주머니를 껴서 중히 간직할 것이니, 젊은이는 어른을 섬기며 천한 이는 귀한 이를 섬기는데 다 이와 같이 할 것이다.

〖集說〗 陳氏曰 橫者曰椸 枷 與架同 植者曰楎 置衣服之具也, 篋, 笥 皆竹爲之 貯衣者也 浴室曰湢, 吳氏曰 器者 器重之謂 斂枕於篋, 斂簟席於襡 器重而藏之 是 不特妻事夫之禮 凡少之事長 賤之事貴 皆當如是也 臨川吳氏曰 言內外之辨 非特男女爲然 雖夫婦 得相親者 亦然.

【註解】 진씨(陳氏) 이르기를「가로(橫)로 있는 것을 椸라고 한다. 枷는 架와 같다. 꽂혀(植) 있는 것을 楎라 한다.

衣服을 두는 도구이다. 篋·笥은 모두 대나무로 만든 것인데 의복을 넣어두는 것이다. 욕실(浴室)을 湢이라고 한다.」하였다.

오씨(吳氏) 이르기를「소중한 것은 소중히 하는 것이니 베개를 상자에 거두고 대자리와 돗자리를 주머니에 거두어 소중히 갈마 두는 것이니, 다만 아내가 남편을 섬기는 예의 뿐만 아니라 무릇 젊은이가 어른을 섬기고 賤한이가 貴한이를 섬기는 것이 모두 마땅히 이와 같았다.」하였다.

임천오씨(臨川吳氏) 이르기를「內外의 분별은 다만 남자와 여자만이 그러한 것이 아니라 비록 부부가 서로 친한 자라 하더라도 또한 그러하다.」하였다.

> 雖婢妾이라도 衣服飮食을 必後長者니라. 妻不在어든 妾御莫敢當夕이니라.

〖解說〗「비록 계집종이나 첩들이라도 의복과 음식을 반드시 어른의 뒤에 하게 할 것이다. 아내가 집에 있지 않거든 첩이 모시는데 감히 아내의 시침(侍寢)할 순번의 밤에 아내의 대신을 하지 못할 것이다.」하였다.

〔集說〕陳氏曰 長者 謂婢妾中之長者 婢妾 雖賤 亦必有長幼之倫.〔集解〕古者 妻妾 各有當御之夕 當夕 當妻之夕也.

【註解】진씨(陳氏) 이르기를 「長者는 婢妾 가운데에 長者를 말하는 것이니 婢妾이 비록 賤하지만 또한 반드시 어른과 어린아이의 차례가 있는 것이다.」옛적에는 아내와 첩이 각각 모시는 저녁이 있었다. 當夕은 아내가 시침을 할 저녁이다.

> ○男不言內하고 女不言外하며 非祭非喪이어든 不相授器니 其相授則女受以篚하고 其無篚則皆坐奠之而後에 取之니라.
> (篚＝비)

〖解說〗남자는 안의 일을 말하지 않고, 여자는 밖의 일을 말하지 않으며, 제사가 아니고 초상이 아니거든 서로 그릇을 주고 받지 아니 하는 것이니 (제사 때나 초상 때에) 서로 그릇을 주고 받자면 여자는 바구니로써 받을 것이고, 그 바구니가 없으면 다 앉아서 바닥에 놓은 뒤에 가져갈 것이다.

〔正誤〕男 正位乎外 不當言女事, 女 正位乎內 不當言男事, 男女 授受不親, 惟喪祭 得以器 相授 祭嚴 喪遽 不嫌也 於喪祭之時 男以器授女 則女以篚 受其器 女受以篚 則男所受 可知 男以器授女 而女無篚受之 則男 跪而以器停之於地而後 女亦跪而取之 女奠 男取 亦如之 陳氏

以皆坐 爲句 非是.

【註解】 남자는 정히 밖에 위치하여 여자의 일을 말하는 것이 마땅치 않고, 여자는 정히 안에 위치하여 남자의 일을 말하는 것이 마땅치 않다. 남녀가 주고 받는 것을 친히 하지 못하는데, 오직 초상이나 제사에만 그릇으로 서로 주고 받는 것이니, 제사는 엄해야 하고, 초상은 갑자기 당하는 것이니 혐의하지 않는 것이다. 초상이나 제사 때에 남자가 그릇으로 써 여자에게 주면 여자는 바구니로 그 그릇을 받는 것이니 여자가 바구니로 받으면 남자가 받는 것을 알만하다. 남자가 그릇으로 여자에게 주는데 여자가 바구니 없이 받으면 남자는 꿇어 앉아서 그릇을 땅에 내려놓게 한 뒤에 여자도 또한 꿇어 앉아서 가져가는 것이니, 여자가 올리면 남자가 가져가는 것도 또한 이와 같이 하는 것이다. 진씨(陳氏)는 以·皆·坐로 구절을 뗀다 하였으나 옳지 않다.

外内不共井하며 不共湢浴하며 不通寢席하며 不通乞假하며 男女不通衣裳이니라.

〖解說〗 남자와 여자가 동시에 우물을 같이 뜨지 아니하며, 욕실(浴室)을 같이 쓰지 아니하며, 잠자리를 터놓지 아니하며, 물건을 빌며 빌리는 일을 통하지 아니하며, 남녀가 의상(衣裳)을 통용하지 아니할 것이다.

〔集解〕 劉氏曰 不共井 嫌同汲也 不共湢浴 嫌相褻也, 不通寢席 嫌相親也, 不通乞假 嫌往來也, 不通衣裳 惡淆雜也.

【註解】 유씨(劉氏) 이르기를「우물 (사용을 동시에) 같이 하지 않음은 같이 물 긷는 것을 혐의하는 것이다. 목욕을 함께하지 않는 것은 서로 친근함을 혐의하는 것이다. 잠자리를 터놓지 않는 것은 서로 가까이 하는 것을 혐의하는 것이다. 빌리는 것을 터놓지 않는 것은 가고 오는 것을 혐의하는 것이다. 의상(衣裳)을 통용하지 않는 것은 뒤섞이어

문란함을 미워하는 것이다.」

男子入內하여 不嘯不指하며 夜行以燭이니 無燭則止하고 女子出門에 必擁蔽其面하며 夜行以燭이니 無燭則止니라.

〖解說〗 남자가 안채에 들어가서 휘파람을 불지 아니하고 손가락질을 하지 아니하며 밤에 안에서 다닐 때에는 촛불을 가지고 다닐 것이니 촛불이 없으면 다니지 말아야 할 것이고, 여자가 규문(閨門)을 나갈 때에는 반드시 그 얼굴을 가리며, 밤에 다닐 때에는 등촉을 가지고 다닐 것이니 등촉이 없으면 다니지 말아야 할 것이다.

〔集說〕 陳氏曰 嘯 謂蹙口出聲, 指 謂用手指畫 不嘯, 不指 謂聲容有異 駭人視聽也 以 用也 擁 障也.

【註解】 진씨(陳氏) 이르기를 嘯는 입을 쪼그려 소리를 내는 것이다. 指는 손으로 가리키고 긋는 것이다. 不嘯, 不指는 소리와 형용에 이상함이 있어 사람이 보고 들어서 놀라는 것을 이른 것이다. 以는 用의 뜻. 擁은 障의 뜻.

道路에 男子는 由右하고 女子는 由左니라.

〖解說〗 도로에서 남자는 우측으로 걷고, 여자는 좌측으로 걸을 것이다.

〔集成〕 劉氏曰 道路之法 其右以行男子 其左以行女子 古之道也.

【註解】 유씨(劉氏) 이르기를「道路의 法에 그 오른쪽은 남자가 다니고, 그 왼쪽은 여자가 다닌다는 것은 옛 법도(法道)이다.」

○孔子曰 婦人은 伏於人也라 是故로 無專制之義하고 有三從之道하니 在家從父하고 適人從夫하고 夫死從子하여 無所敢自遂也하여 敎令이 不出閨門하며 事在饋食之間而已矣니라.
(食＝似)

〖解說〗 공자께서 말씀하시기를「부인은 남에게 굴복하는 것이다. 이런 까닭으로 전제(專制)하는 의(義)가 없고 세 가지 따르는 법도가 있으니 (시집가기 전) 친정집에 있어서는 아버지를 따르고, 남에게 시집가서는 남편을 따르고, 남편이 죽으면 아들을 따라서 감히 스스로 수행할 수 없다. 가르치는 명령이 규문밖에 나가지 아니하며 일은 음식을 공궤하는 데에 있을 뿐이다.」

〔增註〕 專制 自遂 卽下文所謂 擅爲獨成也, 饋食 供饋酒食也, 已 止也.

【註解】 專制·自遂는 곧 아래 글에 이른바 멋대로 하고 혼자 이루는 것이다. 饋食은 술과 음식을 장만해서 먹이는 것이다. 已는 止의 뜻이다.

是故로 女及日乎閨門之內하고 不百里而奔喪하며 事無擅爲하며 行無獨成하여 參知而後 動하며 可驗而後에 言하며 晝不遊庭하며 夜行以火하나니 所以正婦德也니라.

〖解說〗 이런 까닭으로 여자는 규문 안에서 날을 보내고 백리길 초상에 달려가지 않으며, 일은 독단(獨斷)함이 없으며, 행실은 홀로 이룸이 없어서 다른 사람을 참여시켜 알게 한 뒤에 행동하며, 가히 경험한 뒤에 말하며, 낮에는 뜰에서 노닐지 않으며, 밤에 다닐 때에는 불을 밝혀서 다니나니 그것은 부인의 덕을 바르게 하기 위함이다.

〔集說〕 陳氏曰 及日 猶言終日 不百里 猶言不越境 參 使人相參也 驗

證據也 晝居於內而不出中庭 夜行於內而必照以火 凡此 皆所以正婦德而使之正也.

**【註解】** 진씨(陳氏) 이르기를「及日은 終日과 같은 말이다. 不百里는 지경(地境)을 넘지 않는 것과 같다. 參은 다른사람으로 하여금 서로 참여케 하는 것이다. 驗은 증거(證據)하는 것이다.

낮에는 안에 있어서 중정(中庭)을 나가지 않고 밤에 안에서 다닐 때는 반드시 불을 밝힘으로써 비추는 것이니 무릇 이는 다 부인의 덕을 바르게 하기 위하여 바르게 하는 것이다.」

> **女有五不取**하니 **逆家子**를 **不取**하며 **亂家子**를 **不取**하며 **世有刑人**이어든 **不取**하며 **世有惡疾**이어든 **不取**하며 **喪父長子**를 **不取**니라.

**〖解說〗** 여자가 (혼인의 대상으로) 취하지 않는 다섯 가지가 있나니, 덕을 거역한 집의 아들을 취하지 않으며, 인륜을 어지럽힌 집의 아들을 취하지 않으며, 대대로 죄지은 사람이 있는 집의 아들이거든 취하지 않으며, 대대로 몹쓸 병이 있는 집의 아들이거든 취하지 않으며, 아버지를 잃은 집의 맏아들을 취하지 않는다.

**〔集解〕** 逆家 爲其逆德也, 亂家 謂其亂人倫也, 世有刑人 爲其棄於人也, 世有惡疾, 爲其棄於天也, 喪父長子 爲其無所受命也 或問世有刑人不取 如上世不賢 而子孫賢則如之何, 朱子曰 所謂不取者 是世世爲惡 不能改者 非指一世而言也, 眞氏曰 喪父長子不取 先儒 以爲疑 若父雖喪而母賢 則其教女 必有法 又非所拘也.

**【註解】** 逆家는 德을 거슬리는 짓을 하는 집안이다. 亂家는 人倫을 문란하게 하는 집안을 이름이다. 대대로 죄 지은 사람이 있는 것은 그 남에게 버림을 받았던 것이다. 대대로 몹쓸 병이 있는 것은 그 하늘의 버림을 받은 것이다. 아버지를 잃은 長子는 그 교령(教令)을 받은 바가

없기 때문이다. 혹 묻기를 대대로 형벌 받은 사람이 있으면 데려오지 않는다 했으니 만일 윗대에 어질지 못했더라도 子孫이 어질면 어떻게 하겠는가. 朱子는 이른바 취하지 않는다는 것은 대대로 나쁜 짓을 하여 고칠 수 없는 것이기에 한 대를 가리켜 말한 것은 아니라는 것이다.

진씨(眞氏) 이르기를 「아버지 잃은 長子는 취하지 않는다 했는데 先儒는 써 의심하기를 만일 아버지는 비록 잃었다 하더라도 어머니가 어질면 그 어머니의 가르침에 법도가 있을 것이니 또 구애할 바가 아니다.」 하였다.

婦有七去하니 不順父母去하며 無子去하며 淫去하며 妬去하며 有惡疾去하며 多言去하며 竊盜去니라.

〖解說〗 부인에게는 일곱 가지 버림받을 이유가 있나니, 시부모에게 순종하지 않으면 버리며, 자식을 낳지 못하면 버리며, 음란하면 버리며, 질투하면 버리며, 몹쓸 병이 있으면 버리며, 말이 많으면 버리며, 도둑질하면 버린다.

〔集解〕 不順父母 爲其逆德也, 無子 爲其絶世也, 淫 爲其亂族也, 妬 爲其亂家也 有惡疾 爲其不可與共粢盛也 多言 爲其離親也 竊盜 爲其反義也. 〔增註〕 無子 有惡疾 命也, 而去之 於義未安 必以爲不去則無以承宗事 繼後世也 處之 亦當以義 何至於去耶 此皆可疑.

【註解】 부모에게 순종하지 않는다는 것은 그 德을 거스르는 짓을 하는 것이다. 자식을 낳지 못하는 것은 그 대(代)를 단절되게 하는 것이다. 淫은 그 일가를 문란하게 하는 것이다. 妬는 그 집을 어지럽게 하는 것이다. 나쁜 병이 있는 것은 가히 함께 음식을 장만할 수 없음을 말한 것이다. 多言은 親함을 이간하는 것이다. 竊盜는 義에 어긋나는 것이다. 자식이 없고 나쁜 병이 있는 것은 운명인데 버리는 것은 의리에 있어서 미안하고 반드시 버리지 않은 즉 宗事를 받들고 後世를 이을 수 없게 될 것이니 처리하기를 또한 마땅히 義로써 해야 할 것인데 어

찌 버리는 데 이르겠는가 이것이 모두 의심스러운 것이다.

有三不去하니 有所取요 無所歸어든 不去하며 與更三年喪이어든 不去하며 前貧賤後富貴어든 不去니라.

〖解說〗 세 가지의 버리지 못할 이유가 있나니 장가들 때에는 친정집이 있었는데 지금은 없어져서 돌아갈 곳이 없으면 버리지 못하며, 그 아내와 함께 삼년상(三年喪)을 지냈으면 버리지 못하며, 장가들기 전에는 빈천(貧賤)하였는데 장가든 뒤에는 부귀(富貴)하여졌으면 버리지 못한다.

〔集解〕 有所取 無所歸 謂妻嫁時 有所受命 後無父兄 可與之也 與更三年喪 謂曾居舅姑之喪也 前貧賤後富貴 謂已娵婦時貧賤 而今富貴故皆不去也.

【註解】 取할 바는 있었고 돌아갈 곳이 없다는 것은 아내가 시집올 때는 명령을 받을 곳이 있었고 뒤에는 부모·형제가 가히 함께 할 수가 없는 것이다. 아내와 함께 삼년상을 지냈다는 것은 일찍이 시부모 상(喪)을 지냈음을 말한다. 전날에 빈천(貧賤)했으나 뒷날에 부귀(富貴)함은 자기가 아내를 데려올 때는 빈천(貧賤)했는데 지금에는 부귀(富貴)한 까닭에 모두 버리지 못하는 것이다.

凡此는 聖人이 所以順男女之際하며 重婚姻之始也니라.

〖解說〗 무릇 이는「성인(聖人)이 남녀간의 교제를 화순하게 하며 혼인의 시초를 신중히 한 것이다.」하셨다.

〔集解〕 際 謂交際之道 始 謂正始之義 總結此章.

【註解】 際는 교제하는 道를 이르고 始는 시초를 바르게 하는 뜻을 이른

것이다. 이 장을 다 맺는다.

○曲禮에 曰 寡婦之子非有見焉이어든 弗與爲友니라. (見＝現)

〖解說〗 곡례에 말하기를 「과부의 아들에 탁월한 재능이 있지 아니하거든 함께 벗하지 아니한다.」 하였다.

〔集說〕 陳氏曰 有見 才能卓異也 若非有好之實 則難以避好色之嫌 故取友者 謹之.

【註解】 진씨(陳氏) 이르기를 「有見은 재주와 능력이 남달리 탁월함이다. 만일 德을 좋아하는 실제가 있지 아니하면 이로써 호색(好色)하는 혐의를 피하기 어렵기 때문에 벗으로 취하는 것은 삼가라는 것이다.」

○ 上은 明夫婦之別하니라.

상은 부부의 분별을 밝힌 것이다.

明長幼之序(1장~20장)

○孟子曰 孩提之童이 無不知愛其親하고 及其長也하여 無不知敬其兄也니라.

〖解說〗 맹자(孟子)께서 말씀하시기를 「두세 살 된 어린 아이가 자기의 부모를 사랑함을 알지 못함이 없고, 그들이 자람에 이르러서 자기의 형을 공경함을 알지 못함이 없다.」 하셨다.

〔集解〕 朱子曰 孩提 二三歲之間 知孩笑可提抱者 愛親敬兄 所謂良知良能也.

【註解】 주자(朱子) 이르기를 「孩提는 사람에게 안겨서 천진난만하게 웃을 줄 아는 두세 살 사이의 어린아기 愛親·敬兄함은 이른바 良知良能인 것이다.」 하였다.

○徐行後長者를 謂之弟요 疾行先長者를 謂之不弟니라.

〚解說〛 천천히 걸어서 어른의 뒤에 가는 것을 일러 공경이라 하고, 빨리 걸어서 어른의 앞에 가는 것을 일러 공경이 아니라고 한다.

〔增註〕 徐 緩也 後長者 在長者之後也 疾速也 先長者 在長者之先也.

【註解】 徐는 느슨한 것이다. 後長者는 長者의 뒤에 있는 것이다. 疾은 빠른 것이다. 先長者는 長者의 앞에 있는 것이다. ○ 弟는 悌와 같음. 공순함. 공경함.

○曲禮에 曰 見父之執하여 不謂之進이어든 不敢進 不謂之退어든 不敢退하며 不問이어든 不敢對니라.

〚解說〛 곡례에 말하기를 「아버지의 집우(執友)에게 보이어 나오라고 말하지 않거든 감히 나가지 말며, 물러가라고 말하지 않거든 감히 물러나지 말며, 묻지 않거든 감히 대답하지 않는다.」 하였다.

〔增註〕 執 謂執志同者 即記 所謂執友也 謂 猶命也 敬之 同於父.

【註解】 執은 뜻이 같은 자를 잡는 것이니 곧 記에서 이른바 執友이다. 謂는 命令과 같은 것이다. 공경하는 것은 아버지와 같음이다.

○年長以倍 則父事之하고 十年以長 則兄事之하고 五年以長 則肩隨之니라.

〚解說〛 나이가 자기보다 갑절이나 되면 그 사람에게 아버지와 같이 섬기고 나이가 열 살이 더 많은 사람에게는 형과 같이 섬기고, 나이가

다섯 살이 더 많은 사람에게는 어깨를 나란히 하여 걷되 조금 뒤져서 따라갈 것이다.

〔集解〕 肩隨 並行而差退也 此 泛言長少之序 非謂所親也 人生 以十年爲一節 倍之則二十年也.

【註解】 肩隨는 함께 가면서 조금 물러나는 것이다. 이는 어른과 젊은이의 차례를 널리 말한 것이지 친한 바를 말한 것은 아니다. 人生에서 十年으로 一節을 삼는데 倍로 하면 二十年이다.

○ 謀於長者할새 必操几杖以從之니 長者問이어든 不辭讓而對 非禮也니라.

〖解說〗 어른에게 의논할 일이 있을 때에는 반드시 안석과 지팡이를 예물로 할 것이니, 어른이 묻는다고 사양하지 않고 대답하는 것은 예의가 아니다.

〔集解〕 謀於長者 謂往就長者 而謀議也 長者之前 當執謙虛 不辭讓 非事長之道. 〔集說〕 應氏曰 操几杖以從 非謂長者所無也 執弟子之役 其禮然耳.

【註解】 長者에 꾀하는 것은 長者에게 나아가서 의논하는 것이다. 長者의 앞에 마땅히 겸허해야 하는데 사양하지 않는 것은 어른을 섬기는 도리가 아니다. 응씨(應氏) 이르기를 「几杖을 가지고 따르는 것은 長者가 없어서가 아니라 弟子의 도리이니 그 예의가 그러할 뿐이다.」

○ 從於先生할새 不越路而與人言하며 遭先生於道하여 趨而進하여 正立拱手하여 先生이 與之言則對하고 不與之言則趨而退니라.

〖解說〗 선생을 따를 적에 (선생의 앞으로) 길을 건너서 다른 사람과 함께 말하지 않으며, 선생을 길에서 만나거든 빨리 걸어나아가 바르게 서서 공수(拱手)를 한다. 선생이 함께 말씀을 하시거든 대답하고, 함께 말씀을 하시지 않거든 빨리 걸어서 물러날 것이다.

〔集解〕 從 隨行也, 越 踰也 戴氏曰 禮無二敬 從先生越路 與人言 則敬有所分矣.

【註解】 從은 따라가는 것(수행하는 것)이다. 越은 넘는 것이다. 대씨(戴氏) 이르기를「禮에는 두 가지의 공경이 없으니, 선생을 따라가다가 (선생의 앞을) 길을 넘어서 다른 사람과 더불어 말을 하면 공경에 나뉘어지는 바가 있다.」하였다.

| 從長者而上丘陵 則必鄕長者所視니라. (鄕＝向) |
|---|

〖解說〗 어른을 따라 구릉(丘陵)에 올라갈 때에는 반드시 어른이 보시는 곳으로 향하여야 할 것이다.

〔集說〕 陳氏曰 高而有向背者爲丘 平而人可陵者, 爲陵 向長者所視 恐有問則即所見以對也 石梁王氏曰 先生 年德俱高 又能教道人者 長者則直以年爲稱也.

【註解】 진씨(陳氏) 이르기를「높으면서 향하고 등짐이 있는 것이 丘가 되고 평평하면서 사람이 넘을 수 있는 것이 陵이다. 長者가 보는 바를 향하는 것은 물음이 있을까 두려워 곧 보고 대답하려는 것이다.」하였다.

석양왕씨(石梁王氏) 이르기를「선생은 나이와 덕이 함께 높고 또 능히 사람을 가르치고 인도하는 자이다. 長者는 곧 나이로 일컫는 것이다.」하였다.

○長者與之提携則兩手로 奉長者之手하고 負劍辟咡詔之 則

> 掩口而對니라.

〖解說〗 어른이 손을 함께 잡아 이끌거든 두 손으로 어른의 손을 받들고, 어른이 칼차듯 옆에 끼고 입 곁에 대고 말씀하면 곧 입을 가리고 대답하는 것이다.

〔集解〕 提攜 謂牽行捧手 所以承長者之意 辟 偏也 咡 口旁也 詔 告語也, 掩口而對 謂以手障口 不使氣觸長者也. 〔集成〕 呂氏曰 古之佩劒者 挾之於旁 負劒即佩劒也 童子之幼者 長者 或旁挾之 如負劒然 故謂之負劍也.

【註解】 提攜는 손을 이끌어 가며 손을 받드는 것은 어른의 뜻을 받드는 것이다.

辟은 치우침이다. 咡는 입가이다. 입을 가리고 대답하는 것은 손으로 입을 가리어 입기운이 長者에게 닿지 않게 하는 것이다. 여씨(呂氏) 이르기를「옛날에 칼을 찬다는 것은 옆에 끼는 것이다. 負劒은 곧 칼을 차는 것이니 童子의 어린것을 長者가 혹 옆에 끼는 것이 칼을 짊어진 것같기 때문에 부검(負劒)이라 하는 것이다.」하였다.

> ○凡爲長者糞之禮는 必加帚於箕上하며 以袂로 拘而退하여 其塵이 不及長者하고 以箕로 自鄕而扱之니라.
> (帚=추, 袂=매, 拘=구, 鄕=向, 扱=吸)

〖解說〗 보통 어른을 위하여 더러운 것을 쓰는 예도는 반드시 비를 쓰레박 위에 얹어 가지고 하며, 소매로써 가리우며, 그 곳을 물러나면서 그 먼지가 어른에게 미치지 않게 하고 쓰레박을 자신에게 향하게 하여 쓸어 담는다.

〔集解〕 糞 除穢也 加帚箕上者 初持箕往時 帚置箕上 兩手捧箕 掃時 一手捉帚 擧一手衣袂 以拘障於帚前且掃且移故云 拘而退 扱 斂取也

以箕自向 斂取糞穢 不以箕 向尊長也, 愚 按 先王立教 纖悉畢具 觀此章 教子弟糞除之禮 可見矣 人生是時 自幼穉 即日習事長之方 安於灑掃使令之役 故 能收其放心 養其德性 而驕惰無自生矣 後世 此禮不講 父母溺愛 縱其驕惰 凡奉長之禮 一切委之厮役 子張子 所謂 不能安灑掃應對 病根 隨所居所接而長 是也 近世 魯齋許先生 教貴游子弟 必先使習灑掃應對之禮 以折其驕恣傲慢之氣 深得古昔教人之法 吁 爲人父師 有志於教子弟者 宜深察焉.

**【註解】** 糞은 더러운 것을 제거하는 것이다. 빗자루로 쓰레박 위를 덮는 것은 처음 쓰레박을 가지고 갈 때에 빗자루를 쓰레박 위에 얹어 두 손으로 쓰레박을 받치고 쓸 때에 한손으로 빗자루를 잡고 한 손은 들어 옷소매로 빗자루 앞을 가리고 막아 쓸면서 옮기는 것이므로 가리우고 물러나는 것이라 이른 것이다. 扱은 거두어 가지는 것이다. 쓰레박을 자기쪽으로 향하여 더러운 먼지를 거두어 가지며 쓰레박이 尊者에게로 향하지 않게 하는 것이다. 愚(※ 주자가 자신을 이름)는 살피건대 先王이 가르침을 세우는 데 섬세한 것을 다 갖추었다. 이 章을 보니 子弟에게 더러운 것을 제거하는 예도를 가르침을 볼 수 있다. 人生은 이때의 어린 시절부터 곧 날마다 어른을 섬기는 법을 익히어 물뿌리고 쓰는 사명의 역할에 편안하기 위하여 능히 그 방심함을 거두고, 그 德性을 길러서 교만함과 게으름이 스스로 생기는 것이 없게 되는 것이다. 後世에는 이 禮를 강론하지 않아 부모가 사랑에 빠져 그 교만하고 게으른 것을 제멋대로 하게 하여, 무릇 어른을 받드는 예를 일체 종에게 맡기었다. 子張子 이른바 쇄소응대 하는 데에 편안치 않다. 병의 근원이 있는 곳 접하는 곳에 따라 자란다는 것은 옳은 것이다. 근세에 魯齋 許先生은 귀인으로서 노는 子弟를 가르치되 반드시 먼저 쇄소응대 하는 예도로 시키어 익힘으로써 그 교만하고 방자하며 오만한 기운을 꺾어서 옛적에 사람을 가르치던 法을 깊이 체득하게 해야 한다고 했다. 아! 남의 부모와 스승이 되어 子弟에게 가르치려는 뜻이 있는 자는 마땅히 깊이 살펴야 할 것이다.

○將即席할새 容毋怍하며 兩手로 摳衣하여 去齊尺하며 衣毋撥하며 足毋蹶하며. (齊＝자, 蹶＝궐)

〖解說〗 장차 (선생의 앞에서) 자리에 가 앉으려고 할 때에는 얼굴빛을 불안히 하여 부끄러워 말며, 두 손으로 옷의 아랫도리를 걷어 올리어서 옷기슭이 땅에서 한 자만큼 뜨게 하여 옷자락이 펄럭이지 말게 하며 발은 급하게 걷지 말아야 하며,

〖集成〗 呂氏曰 怍者 愧赧不安之貌 愧赧不安 失之野也. 〔集解〕 劉氏曰 以兩手 摳衣兩旁 免有躡躓失容也 撥 發揚貌 蹶 行遽貌 二者 皆失容.

【註解】 여씨(呂氏) 이르기를 「怍은 부끄러워서 불안한 모양이다. 부끄러워서 불안한 것은 잃는 것이 野한 것이다.」 하였다.

유씨(劉氏) 이르기를 「두 손으로 옷의 두 옆을 잡는 것이 넘어져서 실용(失容)함을 면할 수 있는 것이다. 撥은 세차게 일어나는 모양이고 蹶은 급히 걸어가는 모양이다. 두 가지가 다 실용(失容)하는 것이다.」 하였다.

先生書策琴瑟이 在前이어든 坐而遷之하여 戒勿越하며,

〖解說〗 선생의 서책과 거문고·비파 같은 것이 자기의 앞에 있거든 꿇어 앉아서 그것을 옮기고 조심하여 타넘지 말아야 하며,

〔集說〕 孔子曰 坐 亦跪也 弟子 將行 若遇師諸物 或當己前 則跪而遷移之 戒愼不得踰越.

【註解】 공자께서 말씀하시기를 「坐도 꿇어 앉는 것이다. 弟子가 가려고 할 때 만일 스승의 모든 물건을 만나 혹 자기앞에 당하면 꿇어 앉아

옮겨 놓고 경계하여 삼가 넘지 않아야 할 것이다.」

| 坐必安하며 執爾顔하며 長者不及이어든 毋儳言하며. (儳＝참) |
|---|

〖解說〗 앉음을 반드시 편안히 하며 자신의 얼굴빛을 바르게 가지며, 어른이 말을 미처 못하시거든 그 말과 딴 말을 섞지 말며,

〔增註〕 安 謂不搖動 爾 指少者 執爾顔 即正顔色也. 〔集說〕 陳氏曰 儳 參錯不齊之貌 長者 言事未竟 少者 不可擧他事爲言 錯雜長者之說.

【註解】 安은 搖動하지 않음을 말한다.

爾는 젊은 자를 가리킨다. 執爾顔은 곧 顔色을 바로 잡는 것이다. 진씨(陳氏) 이르기를 「儳은 서로 엇갈려 가지런하지 않는 모양이다. 長者가 어떤 일을 말하여 끝마치지 못했는데, 少者가 다른 일을 들어서 말을 하여 長者의 說을 錯雜하게 할 수 없는 것이다.」

| 正爾容하며 聽必恭하며 毋勦說 毋雷同하고 必則古昔하여 稱先王이니라. (勦＝초) |
|---|

〖解說〗 (선생이 강론할 때에는) 자신의 얼굴빛을 바르게 하며, 듣기를 공순히 하며, 남의 설을 앗아다가 자기의 설이라 말며, 남의 말에 비판 없이 찬동하지 말고 반드시 옛 것을 본받아서 선왕(先王)의 가르침을 인용하여 논술할 것이다.

〔集解〕 陳氏曰 正爾容 正其一身之容貌也, 聽必恭 亦謂聽長者之言也 攣取他人之說 以爲己說 謂之勦說 聞人之言 而附和之 謂之雷同 惟法則古昔 稱述先王 乃爲善耳.

【註解】 진씨(陳氏) 이르기를 「正爾容은 그 一身의 容貌를 바로 잡는

것이다. 聽必恭은 또한 長者의 말을 들음을 말한 것이다. 다른 사람의 說을 훔쳐다가 자기의 說로 만드는 것을 剿說이라 이르고 남의 말을 듣고 附和하는 것을 雷同이라 이르는 것이니 오직 오랜 옛 것을 본받아서 先王을 칭술(稱述)하는 것이 이에 善이 될 뿐이다.」

○侍坐於先生할새 先生이 問焉이어시든 終則對하며 請業則起하고 請益則起니라.

〖解說〗 선생을 모시고 앉았을 때에, 선생이 물으시거든 그 묻는 말이 끝났을 때에 대답하며, 수업을 청할 때에는 일어서서 하고 미진한 것을 거듭 물을 때에도 일어서서 한다.

〔集解〕 陳氏曰 問終而後對 欲盡聞所問之旨 且不敢雜亂先生之言也, 請業者 求當習之事 請益者 再問未盡之蘊 起 所以致敬也.

【註解】 진씨(陳氏) 이르기를「묻는 것을 마친 뒤에 대답하는 것은 묻는 바의 뜻을 다 들으려고 함과 또 감히 先生의 말에 섞이어 문란하게 못하는 것이다.

清業이라는 것은 마땅히 익힐 일을 求하는 것이고 清益이라는 것은 미진(未盡)하여 쌓인 것을 다시 묻는 것이며, 起는 공경을 이루는 것이다.」

○尊客之前에 不叱狗하며 讓食不唾니라.

〖解說〗 점잖은 손님 앞에서 개를 꾸짖지 않으며, 음식을 사양할 적에 침을 뱉지 않을 것이다.

〔集說〕 方氏曰 不叱狗 不以至賤 駭尊者之聽, 陳氏曰 不唾 嫌於似鄙惡主人之饌也.

【註解】 방씨(方氏) 이르기를 「개를 꾸짖지 않는 것은 지극히 賤한 것으로써 尊者의 들음을 놀라게 하지 않는 것이다.」 하였다. 진씨(陳氏) 이르기를 「침을 뱉지 않는 것은 주인의 반찬이 나쁘고 더러운 것 같은 혐의에서이다.」 하였다.

| 侍坐於君子할새 君子欠伸하며 撰杖屨하며 視日蚤莫어시든 侍坐者請出矣니라. (蚤＝조, 莫＝모) |
|---|

〖解說〗 군자를 모시고 앉았을 때에 군자가 하품과 기지개를 켜며 막대와 신을 손에 잡으며 날이 이르며 저문 것을 보거든 모시고 앉은 자가 자리에서 물러나기를 청하느니라.

〔集解〕 君子 謂有德位者 氣乏則欠 體疲則伸 撰 猶持也 時日蚤莫 觀日影也 凡四者 皆厭倦之意 故請退以息之也 一說 撰 數視也 亦通.

【註解】 君子는 德과 지위가 있음을 말한다.

氣가 떨어지면 하품을 하고 몸이 피곤하면 기지개를 켠다. 撰은 가지는 것과 같다. 視日蚤莫은 해의 그림자를 보는 것이다. 무릇 네 가지는 모두 물리어 싫증이 나는 뜻이기 때문에 물러가서 쉬기를 청하는 것이다. 一說에 "撰은 자주 보는 것이다."하였으니 역시 통하는 말이다.

| ○侍坐於君子할새 君子問更端則起而對니라. |
|---|

〖解說〗 군자를 모시고 앉았을 적에는 군자가 무엇인가 묻다가 그것을 끝내고 딴 것을 고쳐 물을 때에는 일어서서 대답해야 한다.

〔集說〕 問更端 起而對者, 因事變更而起敬也.

【註解】 무엇인가 묻다가 고쳐 물을 때에 일어서서 대답하는 것은, 일의

변경으로 인하여 공경(恭敬)을 일으키는 것이다.

○侍坐於君子할새 若有告者曰 少間이어든 願有復也라거든 則左右屛而待니라. (閒=閑, 屛=丙)

〖解說〗 군자를 모시고 앉았을 적에, 만약 고백할 사람이 있어 말하기를 「조금 한가하면 원하건대 사뢸 말씀이 있습니다.」하거든 곧 좌우로 물러나서 기다리고 있어야 할 것이다.

〔集說〕 鄭氏曰復 白也 言欲須少空閒 有所白也 屛 猶退也, 陳氏曰 居左則屛於左 居右則屛於右 呂氏曰 屛而對 不敢干其私也.

【註解】 정씨(鄭氏) 이르기를 「復은 사뢰는 것이니 조금 한가함을 기다려서 모름지기 사뢰고 싶은 바가 있음을 말한다. 屛은 물러나는 것과 같다.」하였다. 진씨(陳氏) 이르기를 「왼쪽에 있었으면 왼쪽으로 물러나고 오른쪽에 있었으면 오른쪽으로 물러난다.」하였다.

여씨(呂氏) 이르기를 「물러나서 기다려 감히 그 사사로운 것을 간여하지 않는 것이다.」하였다.

○侍飮於長者할새 酒進則起하여 拜受於尊所하되 長者辭어든 少者反席而飮하고 長者擧未釂어든 少者不敢飮이니라. (尊=준, 釂=조)

〖解說〗 어른을 모시고 술을 마실 적에, 술이 나올 때에는 일어나서 술동이가 놓여 있는 곳에 가서 절하고 받아야 하되 어른이 사양하시거든 젊은 자는 자리를 돌려서 마셔야 하고, 어른이 술잔을 들어서 다 마시지 않으셨거든 젊은이가 감히 마시지 아니하느니라.

〔集解〕 尊所 置酒尊之所也 辭 止之也 蓋降席拜受 少者當然 尊者 若

止之則 還席而飮也 擧 猶飮也 釂飮盡酌也 待長者飮盡 而後少者 不敢先也.

【註解】 尊所는 술동이를 두는 곳이다.

辭는 그치는 것이다. 대개 자리에서 내려와 절하고 받는 것은 젊은 사람이 당연히 해야 하는 것이니, 웃어른이 만일 그만 두라고 하면 그냥 자리에 돌아 와서 마시는 것이다. 擧는 마시는 것과 같다. 釂는 마셔서 잔을 다 비운 것이니, 어른이 다 마시는 것을 기다린 뒤에 젊은 사람이 마시는 것을 감히 먼저 하지 못하는 것이다.

| ○長者賜어든 少者賤者不敢辭니라. |
|---|

〖解說〗 어른이 주시거든 젊은이나 천한이가 감히 사양하지 않을 것이다.

〔集解〕 陳氏曰 辭而後受 平交之禮 非少賤事尊貴之道, 上之賜也 以恩 下之受也 以義 義之所可 雖長者之賜 不敢辭, 義之所不可 雖君賜 有所不受.

【註解】 진씨(陳氏) 이르기를 「사양한 뒤에 받는 것은 平交의 禮이지 젊은이나 천한이가 尊貴한이를 섬기는 도리는 아니다. 윗사람이 주는 것은 베푸는 은혜로써 하는 것이고, 아랫사람이 받는 것은 義로써 하는 것이다. 義에 옳은 것이면 비록 어른이 주는 것이라 하더라도 감히 사양하지 못하는 것이고, 義에 옳지 못한 것이면 비록 임금이 주는 것이라 하더라도 받지 않을 것이 있는 것이다.」

| ○御同於長者할새 雖貳나 不辭하며 偶坐不辭니라. |
|---|

〖解說〗 어른을 모시고 같이 (음식을 먹을) 적에, 비록 여러 번이라도 사양하지 않으며, 마주 앉기를 사양하지 않을 것이다.

〔集解〕 陳氏曰 御 侍也, 貳 益物也 侍食者 雖獲殽饌之重 而不辭其多者 以此饌, 本爲長者設耳 偶者 配偶之義 因其有賓 而己亦配偶 於坐故亦不辭也.

【註解】 진씨(陳氏) 이르기를 「御는 모시는 것이며, 貳는 물건을 더하는 것이니, 모시고 먹는 사람은 비록 얻은 안주나 음식이 많을지라도 그 많음을 사양하지 않는 것은, 이 음식이 본래 어른을 위해서 베풀어졌을 뿐이기 때문이다. 偶는 짝하는 뜻이니 그 賓이 있는 까닭일 뿐이고, 또 앉는 자리에 짝이 되기 때문에 또한 사양하지 않는 것이다.」 하였다.

○ 侍於君子하여 不顧望而對非禮也니라.

〖解說〗 군자를 모시고 있는 자리에서 (군자가 무엇인가 묻는데 감히 다른 사람을) 둘러보지 않고서 대답하는 것은 예의가 아니다.

〔集說〕 呂氏曰 顧望而後 對者 不敢先他人言也, 應氏曰 有察言觀色之意.

【註解】 여씨(呂氏) 이르기를 「둘러 본 뒤에 대답하는 것은 감히 다른 사람 보다 먼저 말하지 않는 것이다.」 하였으니, 응씨(應氏) 이르기를 「살피고 얼굴빛을 보고서 말해야 한다는 뜻이 있는 것이다.」 하였다.

○ 少儀에 曰 尊長이 於己에 踰等이어든 不敢問其年하며 燕見에 不將命하며 遇於道하여 見則面하고 不請所之니라. (見＝現)

〖解說〗 소의(少儀)에 말하기를 「높은 어른이 자기보다 월등하게 나이가 많거든 감히 그의 나이를 묻지 않으며, 사사로운 일로 뵈올 때에는 사람을 시켜서 말을 전하지 아니하고 직접 들어가 뵈어야 하며, 길에서 만나매 어른이 이 편을 보시거든 곧 가서 뵈옵고 가시는 곳을 묻지

않을 것이다.」

〔集解〕 少儀 禮記篇名 燕 私也 之 往也 陳氏曰 踰等 祖, 與父之行也 不敢問年, 嫌若序齒也 不將命, 謂不使擯者傳命 非賓主之禮也, 若遇尊長於路 尊者 見則 趍見之 不見則隱避 不欲煩動之也 不請所之 不敢問其所往也.

【註解】 少儀는 禮記의 篇이름이다. 燕은 사사로운 것이다. 之는 가는 것, 진씨(陳氏) 이르기를 「踰等은 할아버지나 아버지의 항렬이다. 감히 나이를 묻지 못하는 것은 차례나 나이 같은 것을 혐의하는 것이다. 不將命은 擯者로 하여금 명령을 전하지 않는 것은, 賓主의 예의가 아님을 말한다. 만일 尊長을 길에서 만났을 때 尊者가 보면 달려가서 뵈옵고 보지 않으면 숨어서 피하는 것은 번거롭게 움직이지 않으려고 하는 것이다. 가시는 곳을 청하지 않는 것은 감히 어른이 가시는 곳을 묻지 않는 것이다.」

| 侍坐에 弗使어든 不執琴瑟하며 不畫地하며 手無容하며 不翣也하며 寢則坐而將命이니라. (翣＝삽) |
|---|

〖解說〗 모시고 앉았을 때에 시키지 않으시거든 거문고와 비파를 잡지 아니하며, 땅을 긋지 아니하며, 손짓을 하지 아니하며, 부채질 하지 않으며, 잠을 자면 앉아서 명령을 기다릴 것이다.

〔集解〕 翣 扇也, 坐 跪也. 〔集說〕 陳氏曰 侍坐於尊者 不使之執琴瑟 則不得擅執而鼓之 無故而畫地 亦爲不敬 手容恭 若擧手以爲容 亦爲不恭 時雖暑熱 不得揮扇 若當尊長寢臥之時 而傳命 必跪而言之 不可直立以臨之也.

【註解】 翣은 부채이다. 坐는 꿇어 앉는 것이다. 진씨(陳氏) 이르기를 「尊者를 모시고 앉아 있을 때 거문고와 비파를 잡으라고 시키지 않으면

마음대로 잡아서 두드릴 수 없다. 까닭없이 땅을 긋는 것도 불경(不敬)이 되고, 손 버릇은 공순해야 하는데 만일 손을 들어 손짓을 하면 또한 불공(不恭)이 된다. 때가 비록 삼복더위라 하더라도 부채를 휘두를 수 없는 것이다. 만일 尊長이 잠자기 위해서 누워 있을 때 명을 전하려면 반드시 끓어 앉아서 말을 해야 하고 곧게 서서 임(臨)할 수 없는 것이다.」 하였다.

| 侍射則約矢하고 侍投則擁矢하며 勝則洗而以請이니라. (洗＝선) |
|---|

〖解說〗「모시고 활을 쏘거든 화살을 한꺼번에 아울러 잡고, 모시고 투호(投壺)를 하거든 화살을 모두 한꺼번에 안으며, 어른에게 이기거든 술잔을 씻어서 어른에게 술 마시기를 청할 것이다.」 하였다.

〔集說〕 陳氏曰 凡射 必二人爲耦 楅在中庭 箭置於楅 上耦 前取一矢 次下耦 又進取一矢 如是更進 各得四矢 若卑者 侍射則不敢更送 取之 但一時幷取四矢 故謂之約矢也, 投壺之禮 亦賓主各四矢 尊者則委四矢於地, 一一取而投之 卑者 不敢委於地 故悉擁抱之也 射與投壺之禮 勝者之弟子 酌酒置于豐上 其不勝者 跪而飮之 若卑者得勝 則不敢徑酌 當洗爵而請行觴也.

【註解】 진씨(陳氏) 이르기를「대개 활을 쏠적에 반드시 두 사람이 한 짝이 된다. 화살 그릇은 中庭에 두고 화살은 화살그릇에 두어 上耦가 앞서서 하나의 화살을 가지고, 다음에 下耦가 또 나아가서 하나의 화살을 가진다. 이와 같이 다시 나아가 각각 네 개의 화살을 갖는다. 만일 낮은 자가 모시고 화살을 쏘면 감히 번갈아 취할 수 없고 다만 한 때 아울러 네 개의 화살을 취하기 때문에 約矢라고 이른다.」

投壺의 禮에 또 賓主가 각각 네 개의 화살을 갖는 것이니 尊者는 네 개의 화살을 땅에 놓아 두고 하나하나 가져다가 던지고 卑者는 감히 땅에 놓아 둘 수 없기때문에 다 껴안는 것이다. 활 쏘고 投壺하는 禮는 이긴자의 弟子가 잔에 술을 부어 豐上에 두고 이기지 못한자는 끓어 앉아 마시고, 만일 낮은 자가 이긴즉 감히 곧바로 잔질할 수 없고 앞에 당하여 잔을 씻어 잔돌릴 것을 請하는 것이다. ○ 豐은 제기(祭器)의 일종. 楅은 화살을 담는 그릇. 擁矢는 화살을 한꺼번에 모두 안고 투호를 하는 것.

○王制에 曰 父之齒를 隨行하고 兄之齒를 鴈行하고 朋友는 不相踰니라.

〖解說〗 왕제에 말하기를「아버지의 연배되는 이는 뒤따라 행하고, 형의 연배가 되는 이는 나란히 하되 조금 뒤에 쳐져서 행하고, 벗사이에는 서로 넘지 않아 나란히 행한다.」

〔集說〕 陳氏曰 父之齒, 兄之齒 謂其人 年與父等 或與兄等也 隨行 隨其後也 鴈行 並行而隨後也 朋友 年相若則彼此不可相踰越 而有先後 言並行而齊也.

【註解】 진씨(陳氏) 이르기를「아버지의 연배, 형의 연배는 그 사람이 나이가 아버지와 대등하고, 혹은 형과 대등함을 말한다. 隨行은 그 뒤를 따르는 것이다.

雁行은 나란히 가면서 조금 뒤에 가는 것이다. 벗의 나이가 서로 같은 즉 피차 서로 넘지 않을 수 없고 선후가 있으니 나란히 가면서 가지런함을 말한다.」하였다.

輕任을 并하고 重任을 分하여 頒白者不提挈이니라.
(頒=班, 挈=혈)

〖解說〗 가벼운 짐은 혼자서 맡고, 무거운 짐은 나누어서 반백(半白)이 된 사람이 물건을 들고 다니지 않게 한다.

〔集解〕 任 擔也, 并 獨任之也, 分 折而二之也 言輕則少者 獨任之 重

則分任之也 頒白 老人頭半白黑者 提挈 以手提物也 不提挈 少者代之也.

**【註解】** 任은 짐이다. 幷은 혼자 맡는 것이다. 分은 쪼개서 둘로 만드는 것이다. 가벼우면 젊은 사람 혼자서 맡고 무거우면 나누어서 맡는 것이다. 頒白은 老人의 머리가 반은 희고 반은 검은 것이다. 提挈는 손으로 물건을 드는 것이다. 물건을 들고 다니지 않는 것은 젊은 사람이 대신하는 것이다.

| 君子耆老는 不徒行하고 庶人耆老는 不徒食이니라. (耆=其) |
|---|

〖解說〗「군자(君子)인 늙은이는 걸어다니지 않고 서인(庶人)인 늙은이는 맨밥을 먹지 않는다.」 하였다.

〔集說〕 吳氏曰 六十曰耆 七十曰老 徒 猶空也 方氏曰 徒行 謂無乘而行也, 徒食 謂無羞而食也.

**【註解】** 오씨(吳氏) 이르기를 「육십을 耆라 하고, 칠십을 老라 한다. 徒는 空과 같다.」 하였다. 방씨(方氏) 이르기를 「徒行은 타는 것 없이 다니는 것이다. 徒食은 반찬이 없이 밥먹음을 말한다(←맨밥).」 하였다.

| ○論語에 曰 鄕人飮酒에 杖者出이어든 斯出矣러시다. |
|---|

〖解說〗「논어」에 말하기를 마을 사람이 술을 마심에 지팡이 짚은 사람이 나가거든 이에 따라 나가시더라.(←향당의 사람들의 음주례(飮酒禮) 경우는 六十세 내외의 노인들이 자리에서 나가시면 비로소 공자께서도 물러나가셨다. 어른보다 앞지르지 않으셨다는 뜻이다.)

〔集說〕 朱子曰 杖者 老人也 六十 杖於鄕 未出 不敢先 旣出 不敢後.

【註解】 주자(朱子) 이르기를 「지팡이 짚는 자는 노인이다. 나이 육십(六十)에 고을에서 지팡이를 짚는 것이다. (노인이) 나가기 전에는 감히 먼저 하지 못하고 나간 뒤에는 감히 뒤에 하지 못한다.」

○ 上은 明長幼之序하니라.

상은 長幼의 차례를 밝히는 것이다.

明朋友之交 (1장~11장)

| ○曾子曰 君子는 以文會友하고 以友輔仁이니라. |
|---|

〖解說〗 증자(曾子)가 말하기를 「군자는 글(←詩・書・禮・樂)로써 벗을 모으고, 그 모인 벗으로써 인도(仁道)를 행하는데 도움이 되게 할 것이다.」 하였다.

〔集說〕 朱子曰 講學以會友則道益明 取善以輔仁德日進.

【註解】 주자(朱子) 이르기를 「학문을 강(講)함으로써 벗을 모으면 道가 더욱 밝아지고 善을 取함으로써 仁을 도우면 德이 날로 발전한다.」

| ○孔子曰 朋友는 切切偲偲하고 兄弟는 怡怡니라. (偲偲＝媤・시) |
|---|

〖解說〗 공자(孔子)께서 말씀하시기를 「붕우는 간절하고 간절하여 자상하게 힘써야 하고, 형제는 이이여(怡怡如)하면서 서로 화열할 것이다.」라고 하셨다.

〔集說〕 胡氏曰 切切 懇到也 偲偲 詳勉也 怡怡 和悅也.

【註解】 호씨(胡氏) 이르기를 「切切은 지극히 정성스러운 것이다. 偲偲는 자상하고 힘쓰는 것이다. 怡怡는 和悅하는 것이다.」 하였다.

○孟子曰 責善은 朋友之道也니라.

〖解說〗 맹자(孟子)께서 말씀하시기를「善을 하도록 責하는 것은 붕우 사이의 도리이다.」하셨다.

〔集說〕 朱子曰 朋友 當相責以善也, 程子曰 責善之道 要使誠有餘而 言不足 則於人有益 而在我者 無辱矣.

【註解】 주자(朱子) 이르기를「朋友는 마땅히 서로가 善으로 責하는 것이다.」하였다. 정자(程子) 이르기를「善으로 責하는 道는 요컨대 정성에 남음이 있어서 부족을 말하면 남에게 유익함이 있고 자기에게 있어서도 욕됨이 없게 되는 것이다.」

○子貢이 門友한대 孔子曰 忠告而善道之하되 不可則止하여 毋自辱焉이니라. (告=谷)

〖解說〗 자공(子貢)이 붕우의 도리를 질문하였는데, 공자(孔子)께서 말씀하시기를「충고(忠告)하여서 善의 길로 인도하되 듣지 않으면 그만두어서 자신을 욕됨이 없게 할 것이다.」라고 하셨다.

〔集解〕 子貢 孔子弟子 姓端木 名賜. 朱子曰友 所以輔仁 故盡其心以告之 善其說以道之 然 以義合者也 故不可則止 若以數而見疏 則自辱矣.

【註解】 자공(子貢) 공자(孔子)의 제자. 성은 단목(端木)이고 이름은 사(賜)이다. 주자(朱子) 이르기를「벗이란 인(仁)으로 도와야 하기 때문에 그 마음을 다하여 충고함으로써 그를 善으로 설명하여 인도(引導)해야 한다. 그러나 벗이란 의리로써 결합된 자이기 때문에 되지 않으면 그만두어야 한다. 만일 충고라도 자주하면 소원(疏遠)하게 되어

곧 자신에게 욕이 된다.」하였다.

○孔子曰 居是邦也하여 事其大夫之賢者하며 友其士之仁者니라.

〖解說〗 공자(孔子)께서 말씀하시기를 「한 나라에 있어서는 그 나라 대부(大夫) 중의 어진 자를 섬겨야 하고, 또 그 나라 선비 중에서 인자(仁者)를 벗삼아야 한다.」하셨다.(←덕행을 본받아 인격을 도야(陶冶)하려는 것이다.)

〔集說〕 朱子曰 賢 以事言 仁 以德言, 陳氏曰 事大夫之賢者 則有所嚴憚 友士之仁者 則有所切磋 皆進德之助也.

【註解】 주자(朱子) 이르기를 「賢은 써 행사(行事)를 말하는 것이며 仁은 써 덕행(德行)을 말하는 것이다. 진씨(陳氏) 이르기를 「대부(大夫) 중의 현자를 섬기면 경계하여 꺼리는 바가 있고, 선비 중의 인자를 벗으로 삼으면 절차(切磋)하는 바가 있으니 다 德을 쌓는데 도움이 된다.」하였다.

○益者三友요 損者三友니 友直하며 友諒하며 友多聞이면 益矣요 友便辟하며 友善柔하며 友便佞이면 損友니라.

〖解說〗 (공자(孔子)께서 말씀하시기를) 「유익(有益)한 벗이 세 가지 있고, 손해(損害)되는 벗이 세 가지 있다. 즉 바르다고 여기는 것을 직언하는 사람을 벗으로 삼으며, 성실한 사람을 벗으로 삼으며, 견문(見聞)이 많은 사람을 벗으로 삼으면 유익하고, 이에 대하여 태도는 모든 것에 익숙하나 영합(迎合)을 일삼는 사람을 벗으로 삼으며, 접촉하기는 쉬우나 성실성이 없는 사람을 벗으로 삼으며, 입으로만 추종(追從)을 하는 사람을 벗으로 삼으면 손해가 되는 것이다.」하셨다.

〔集解〕 諒 信實也, 善 猶工也, 朱子曰 友直則聞其過 友諒則 進於誠

友多聞則進於明 便 習熟也 便辟 謂習於威儀而不直 善柔 謂工於媚悦 而不諒 便佞 謂習於口語而無聞見之實 三者損益 正相反也.

**【註解】** 諒은 信實한 것이다. 善은 功과 같다. 주자(朱子) 이르기를 「벗이 강직하면 그의 허물을 듣고, 벗이 신실하면 성실하게 발전하고 벗이 많이 들어 박학하면 밝게 발전하며, 便은 익숙한 것이니 便辟은 威儀에 익어서 강직하지 못하는 善柔는 아첨을 잘 부리어 신실치 못함을 말하고 便佞은 입으로 말만 익숙해서 듣고 보면 실지가 없음을 말하나니 각각 세 가지 損益이 正反對다.」 하였다.

○孟子曰 不挾長하며 不挾貴하며 不挾兄弟而友니 友也者는 友其德也라 不可以有挾也니라.

〖解說〗 맹자(孟子)께서 말씀하시기를 「벗을 사귈 적에는 나이 많은 것을 개재시키지 않으며, 존귀한 것을 개재시키지 않으며 형제가 많은 것을 개재시키지 않고 벗을 삼나니, 벗을 삼는 것이란 벗의 德을 벗으로 삼는 것이라 그 사이에 개재시키는 것이 있어서는 안된다.」 하셨다.

〖集解〗 挾者, 兼有而恃之之稱 挾兄弟 謂已有兄弟之助 而不資於人也, 陳氏曰 有挾則友之意 不誠 賢者 必不與之友矣.

**【註解】** 挾이라는 것은 겸해서 가지고 있으면서 믿는 것 그것을 일컬음이다. (개재(介在) 시킴이다.) 兄弟의 도움이 있어서 남에게 자뢰하지 않는 것이다.

진씨(陳氏) 이르기를 「개재시키는 것이 있으면 벗을 취하는 뜻이 성실하지 못하니 어진자는 반드시 더불어 벗하지 않을 것이다.」 하였다.
○ 友其德(우기덕) : 그 사람의 德을 존중하여 교우(交友)한다는 말.
○ 挾兄弟(협형제) : 자기 형제의 권세가 있다는 것을 개재시켜 뽐내는 것.

○曲禮에 曰 君子는 不盡人之歡하며 不竭人之忠하여 以全交也니라.

〖解說〗 곡례에 말하기를 「군자는 남이 (내게 대한) 환대를 극진히 하지 않게 하며, 남이 (내게 대한) 충성을 다하지 않게 하여서 사귐을 길이 보전한다.」 하였다.

〔集解〕 呂氏曰 盡人之歡 竭人之忠 皆責人厚者也 責人厚而莫之應 此交所以難全也 歡 謂好於我也 忠 謂盡心於我也 好於我者 望之不深 盡心於我者 不要其必盡 則不至於難繼也.

【註解】 여씨(呂氏) 이르기를 「나에 대한 남의 환대를 다하는 것이나, 남의 정성을 다하는 것을 모두 남을 책하는 것이 후한 것이다. 남을 책하는 것이 후하면서 이에 응하지 않는 것은 벗과의 사귐이 온전하기 어렵기 때문이다. 歡이란 나에게 좋게 하는 것을 이르는 것이고, 忠이란 나에게 마음을 다하는 것을 이르는 것이다. 나에게 좋게 하는 자에게 이를 바라기를 깊이 하지 못하며, 나에게 마음을 다하는 자에게 그 마음을 다하기를 필요로 않는 것은 계속되기 어려워 오래 가지 못할까 함이다.」 하였다.

○凡與客入者每門에 讓於客하여 客至寢門이어든 主人이 請入爲席然後에 出迎客하되 客이 固辭어든 主人이 肅客而入이니라.

〖解說〗 무릇 손과 같이 인도하며 들어가는 이는 문마다에서 손에게 먼저 들어가도록 양보하여 손이 침문(寢門)에 이르거든 주인이 손에게 이야기하고 들어가 자리를 편 뒤에 나와서 손을 맞아들이되 손이 주인에게 먼저 들어가라고 굳이 사양하거든 주인이 손에게 읍(揖)하고 들어간다.

〔集解〕 陳氏曰 讓於客 欲客先入也 爲 猶布也 孔氏曰 天子五門, 諸侯三門, 大夫二門 禮有三辭 初曰禮辭 再曰固辭 三曰終辭, 呂氏曰 肅客者 俯手以揖之 所謂肅拜也.

【註解】 진씨(陳氏) 이르기를 「손님에게 양보하는 것은 손님이 먼저 들어가게 하려는 것이다. 爲는 펴는 것과 같다.」 하였다. 공씨(孔氏) 이르기를 「天子는 五門이고, 諸侯는 三門이고, 大夫는 二門이다. 禮에 세 번 사양하는 것이 있는데 처음엔 禮로 사양하고 두 번째로 굳이 사양하고 세 번째는 끝내 사양한다.」 하였다.

여씨(呂氏) 이르기를 「肅客이란 것은 손을 아래로 하여 揖하는 것이니 이른바 肅拜이다.」 했다.

> 主人은 入門而右하고 客은 入門而左하고 主人은 就東階하고 客은 就西階하되 客若降等則就主人之階니 主人이 固辭然後에 客이 復就西階니라.

〖解說〗 주인은 문안에 들어가서 오른쪽으로 가고 손은 문안에 들어가서 왼쪽으로 가서 주인은 동쪽 계단으로 나아가고 손은 서쪽 계단으로 나아가되, 손이 만일 주인보다 지위가 낮으면 주인의 계단인 동쪽 계단에 나아갈 것이니, 주인이 굳이 사양하면 뒤에 손이 다시 서쪽 계단으로 나아간다.

〔集解〕 陳氏曰 入右 所以趨東階 入左 所以趨西階 降等者 其等列 卑於主人也 主人固辭者 不敢當客之尊己也.

【註解】 진씨(陳氏) 이르기를 「入右는 동쪽 뜰로 가는 것이고, 入左는 서쪽 뜰로 가는 것이다. 降等은 그 等列이 주인보다 낮은 것이다. 주인이 굳이 사양하는 것은 감히 손님이 자기를 높이는 것을 감당하지 못하는 것이다.」 하였다.

> 主人이 與客讓登하여 主人이 先登이어든 客이 從之하여 拾級

| 聚足하여 連步以上하되 上於東階則先右足하고 上於西階則先左足이니라. (拾＝涉) |
|---|

〚解說〛 주인이 손과 같이 서로 먼저 올라가기를 사양하다가 주인이 먼저 올라가거든 손이 뒤를 따라서 한 계단마다 두발을 모아가면서 걸음을 이어서 올라가되, 동쪽 계단으로 올라갈 때에는 오른쪽 발을 먼저 내딛고, 서쪽 계단으로 올라갈 때에는 왼쪽 발을 먼저 내딛는다. (손을 맞이함에 예절을 지켜 공경을 다하는 마음이 중한 것이다.)

〔集解〕 鄭氏曰 拾 當作涉 聲之誤也 陳氏曰 讓登 欲客先升也 客不敢當 故主人先而客繼之 拾級 涉階之級也 聚足 後足與前足 相合也 連步 步相繼也 先右 先左 各順入門之左右也.

【註解】 정씨(鄭氏) 이르기를「拾은 涉으로 지어야 하는데 聲音의 잘못이다.」하였다. 진씨(陳氏)는「오르기를 사양하는 것은 손님을 먼저 오르게 하려고 하는 것인데 손님이 감히 감당하지 못하기 때문에 주인이 먼저 오르고 손님이 이어서 가는 것이다. 拾級은 계단의 한단 한단을 오르는 것이다. 聚足은 뒷발과 앞발을 서로 모으는 것이다. 連步는 걸음이 서로 이어지는 것이다. 先右·先左는 각각 門에 들어가는 左·右를 순히 하는 것이다.」

| ○大夫士相見에 雖貴賤이 不敵하나 主人이 敬客則先拜客하고 客이 敬主人則先拜主人이니라. |
|---|

〚解說〛 대부와 사가 서로 만나 보는데 비록 대부와 사는 귀천(貴賤)이 대등(對等)하지 않지만, 주인이 손을 공경할 때에는 손에게 먼저 절하고 손이 주인을 공경할 때에는 주인에게 먼저 절할 것이다.

〔集解〕 孔氏曰 惟賢是敬 不計貴賤也.

【註解】 공씨(孔氏) 이르기를「오직 어질면 이에 공경하는 것이지 귀하고 천함을 계산하지 않는 것이다.」하였다.

○主人이 不問이어든 客이 不先擧니라.

〖解說〗 주인이 먼저 묻지 않거든 손이 먼저 거언(擧言)하지 않을 것이다.

〔增註〕 客 自外至 主人 當先致問 客不當先擧言.

【註解】 손이 밖으로부터 이르르면 主人은 마땅히 먼저 묻는 것이고, 손이 먼저 거언(擧言)하는 것은 부당하다.

○ 上은 明朋友之交하니라.

○ 상은 朋友의 사귐을 밝히는 것이다.

通論(1장～9장)

孔子曰 君子之事親이 孝故로 忠可移於君이요 事兄이 弟故로 順可移於長이요 居家理故로 治可移於官이니 是以로 行成於內而名立於後世矣니라.

〖解說〗 공자(孔子)께서 말씀하시기를「군자는 어버이 섬기는 것을 효도로 하는 것이므로 그 효심을 충성으로 임금에게 옮길 수 있고, 형 섬기는 것을 공경하는 도리로 하는 것이므로 그 공경하는 마음을 공순으로 어른에게 옮길 수 있고, 집에 있어서 집안을 잘 다스리는 것이므로 그 마음을 官에 옮길 수 있나니, 이로써 행실이 안에서 이루어져서 이름을 후세에 세우는 것이다.」하셨다.

〔集解〕 長 謂職位在己上者, 夫孝弟 爲百行之原 故 事親 孝則可移爲事君之忠矣 事兄 前則可移爲事長之順矣 家者 國之本 能齊其家 則可移爲居官之治矣 行成於內 猶言不出家而成敎也.

【註解】 대저 효제(孝弟)는 백행(百行)의 근본이다. 그러므로 부모를 섬기는 것이 효도스러우면 임금을 충성으로 섬기는데 옮길 수 있다. 형을 섬기는 것이 공손하면 어른을 공순하게 섬기는데 옮길 수 있다. 집이라는 것은 나라의 근본이니 능히 자기 집안을 가지런히 하면 벼슬을 살아 다스리는데 옮길 수 있다. 이로써 행실은 집안에서 이루어져서 말이 집밖으로 나가지 않으며 가르침이 이루어지는 것이다.

○天子有爭臣七人이면 雖無道나 不失其天下하고 諸侯 有爭臣五人이면 雖無道나 不失其國하고 大夫 有爭臣三人이면 雖無道나 不失其家하고 士有爭友則身不離於令名하고 父有爭子則身不陷於不義니라. 故로 當不義則子不可以弗爭於父며 臣不可以弗爭於君이니라.

〖解說〗 천자(天子)에게 간쟁(諫爭)하는 신하 七인이 있으면 비록 道가 없더라도 천하를 잃지 않고, 제후(諸侯)에게 간쟁하는 신하 五인이 있으면 비록 道가 없더라도 나라를 잃지 않고, 대부(大夫)에게 간쟁하는 가신(家臣) 三인이 있으면 비록 道가 없더라도 가문을 잃지 않고, 선비에게 간하는 벗이 있으면 선비의 몸에서 착하다는 이름이 떠나지 않고, 아버지에게 간하는 자식이 있으면 아버지의 몸이 불의(不義)에 빠지지 않는다. 그러므로 불의를 당하면 아들은 이로써 아버지에게 간하지 않을 수 없으며, 신하는 이로써 임금에게 간하지 않을 수 없다.

〔集說〕 陳氏曰 爭 諫也 父有爭子 通上下言 不義 即無道也. 〔集解〕 范氏曰 子不爭則陷父於不義 臣不爭則陷君於無道.

【註解】 진씨(陳氏) 이르기를 「爭은 諫하는 것, 아버지에게 간하는 자식이 있으면 위아래로 말이 통하는 것이다. 不義는 즉 道가 없는 것이다.」 하셨다.

범씨(范氏) 이르기를 「자식이 간하지 않으면 아버지가 不義에 빠지며, 신하가 간하지 않으면 임금이 무도(無道)에 빠진다.」 하였다.

○禮記에 曰 事親하되 有隱而無犯하며 左右就養이 無方하며 服勤至死하며 致喪三年이니라.

〖解說〗「예기」에 말하기를 「어버이를 섬기되 (아버지에게 과실이 있으면) 미간(微諫)은 있을지언정 범안(犯顔)으로써 간을 말며, 가까이 나아가 모시고 봉양하되 일정한 방법이 없으며 (부모를 위하여서는 힘드는 일도) 부지런히 복행(服行)하여 목숨을 바칠 각오를 하며, (부모가 돌아가시면) 三년 동안 거상(居喪)하면서 애통함을 극진히 할 것이다.」

〔增註〕 隱 微諫也 犯 犯顔以諫也 親者 仁之所在 有過而犯 則傷恩 故有隱而無犯 左右 則方也 或左 或右 近就而奉養之 無一定之方 事事皆當理會也 服勤 服行勤勞之事也 黃氏曰 於勤 言至死則勤無時或已矣.
〔集解〕 致喪 極其哀毁之節也.

【註解】 隱은 미간(微諫)하는 것, 犯은 싫어하는 얼굴빛을 하여도 개의치 않고 간하는 것. 어버이에게는 인(仁)이 있는 바 허물이 있다고 해서 범안(犯顔)하여 간하게 되면 은혜를 상하게 된다. 그러므로 미간(微諫)은 있어도 범안하여 간할 수가 없다. 左·右에서 혹은 左에서 혹은 右에서 가까이 나아가서 봉양하되 일정한 방법이 없다. 그저 일마다 모두 사리에 맞게 하며 괴로운 일에 종사하여 힘쓰되 죽도록 한다.

황씨(黃氏) 이르기를 「부지런함에 있어서 죽음에 이른다는 것은 부지런함이 혹여 그침이 없음을 말하는 것이다.」 하였다.

致喪은 그 애훼(哀毁)의 절차를 다하는 것이다.

事君하되 有犯而無隱하며 左右就養이 有方하며 服勤至死하며 方喪三年이니라.

〖解說〗 임금을 섬기되 (임금에게 과실이 있으면) 범안으로써 간함이

있을지언정 미간은 말며, 가까이 나아가서 모시고 봉양하되 일정한 직책이 있어야 하며, 힘드는 일도 부지런히 복행하여 목숨을 바칠 각오를 하며, (임금이 죽으면 친상(親喪)에 비교하여) 三년 동안 복상(服喪)할 것이다.

〔增註〕 君者 義之所在 有過而隱 則近於容悅 故有犯而無隱 左右就養有方 言當各盡職守也 方喪 比方於親喪也.

【註解】 임금에게는 義가 있는 바 허물이 있다고 해서 미간(微諫)하게 되면 아첨에 가깝다. 그러므로 범안하여 간할지라도 미간하지 말아야 한다. 좌우에서 가까이 나아가 봉양하되 직책이 있다는 것은 마땅히 각각 직책을 다해 지켜야 함을 말한 것이다. 方喪은 親喪에 비교하는 것.

**事師**하되 **無犯無隱**하며 **左右就養**이 **無方**하며 **服勤至死**하며 **心喪三年**이니라.

『解說』「스승을 섬기되 (스승에게 과실이 있으면) 범안으로 간하지 말고 미간하지도 말며, 가까이 나아가서 모시고 봉양하되 일정한 방법이 없으며, 힘드는 일도 부지런히 복행하여 목숨을 바칠 각오를 하며, (스승이 죽으면) 마음에 애도(哀悼)하는 정(情)을 가지며 三년 동안 복상(服喪)할 것이다.」하였다.

〔集解〕 師者 道之所在 諫必不見拒, 不必犯也 過則當疑問 不必隱也 心喪者 身無衰麻之服 而心有哀戚之情也.

【註解】 스승에게는 道가 있는 바 간하면 반드시 거절하는 빛을 드러내지 않으니 반드시 범안하여 간하지 않는 것이다. 스승에게 허물이 있으면 당연히 의심하여 물어 봐야 하고 반드시 숨기지 않는 것이다. 心喪이라는 것은 몸에 衰麻의 服은 없지만 마음에 哀戚한 情만 있는

것이다.

○欒共子曰 民生於三이라 事之如一이니 父生之하시고 師敎之하시고 君이 食之하시나니 非父면 不生이요 非食면 不長이요 非敎면 不知니 生之族也 故로 一事之하여 唯其所在에 則致死焉이니라. 報生以死하며 報賜以力이 人之道也니라. (食＝似)

〖解說〗 난공자(欒共子)가 말하기를 「백성은 세 가지의 도리에 사는 것이라. 섬기기를 한결같이 할 것이니 아버지가 나를 낳으시고, 스승이 나를 가르치시고, 임금이 나를 기르시었다. 아버지가 아니면 태어날 수 없고, 먹지 않으면 자랄 수 없고, 가르쳐 주지 않으면 알지 못한다. (이 세 가지는 백성을) 살게 하는데 비슷한 것이다. 그러므로 셋을 하나같이 섬겨서 오직 그 섬기고 있는 곳에서 죽음을 이르게 하여야 할 것이다.

생에 대하여 갚음을 죽음으로써 하며, 주신 것에 대하여 갚음을 힘으로써 함이 사람의 도리이다.」 하였다.

〔集說〕 吳氏曰 欒共子 晋大夫 名成 謚曰共 族 類也 言於君父 師三者 事之當如一, 父 生我 師 教我 君 食我者也 非父則不生 非食則不長 非教則不知 此食之教之 所以與生之一類也 一事之 即所謂事之如一也 所在致死 謂在君爲君 在父爲父 在師爲師. 〔增註〕 食 養也 君父師 皆人之所由生也 故曰民生於三. 〔集解〕 眞氏曰 報生以死 謂君父師也 報賜以力 謂他人之有賜於我者 則亦以力報之也.

【註解】 오씨(吳氏) 이르기를 「난공자(欒共子)는 진(晋)나라 대부(大夫)인데 이름은 성(成)이며 시호는 공자(共子)이다. 族은 類의 뜻. (←같다. 비슷하다.)

임금이나 스승이나 아버지의 삼자(三者)를 말하면 이들을 섬기는 데는 마땅히 하나같이 해야 한다. 왜냐하면 아버지는 나를 낳으시고, 스승은 나를 가르치시고, 임금은 나를 먹이시는 자이다. 진실로 아버지가 아니면 나를 낳지 못하고, 먹지 않으면 자라지 못하고, 가르치지 않으면 알지 못하나니, 먹이고 가르치는 것은 이른바 낳아 주는 것과 한가지 류(類)인 것이다. 하나같이 섬긴다는 것은 곧 이른바 섬기기를 하나 같이 하는 것이다. 있는 곳에서 죽음으로써 섬긴다는 것은 임금이 있는 곳에서는 임금을 위하여 섬기고, 아버지가 있는 곳에서는 아버지를 위하여 섬기고, 스승이 있는 곳에서는 스승을 위하여 섬기는 것이다.」 하였다.

食은 기르는 것. 임금이나 스승이나 아버지는 모두 사람으로 말미암아 사는 것이다. 그러므로 백성이 세 가지에 사는 것이다.

진씨(眞氏) 이르기를「생존에 대한 은공을 죽음으로써 갚는다는 것은 임금과 스승과 아버지에 대한 것이고, 주는 것을 갚는데 힘으로써 하는 것은 군사부(君·師·父)가 아닌 다른 사람이 나에게 주는 것이 있으면 또한 힘으로써 보답하는 것이다.

○晏子曰 君令臣共하며 父慈子孝하며 兄愛弟敬하며 夫和妻柔하며 姑慈婦聽이 禮也니라. (共＝恭)

〖解說〗 안자(晏子)가 말하기를「임금은 명령하고 신하는 공손하게 받들며 아버지는 아들을 자애(慈愛)하고 아들은 효도하며 형은 아우를 사랑하고 아우는 형을 공경하며, 남편은 화열(和悅)하고 아내는 유순(柔順)하며, 시어머니는 며느리를 자애하고 며느리는 청종(聽從)하는 것이 예절이다.」

〔集說〕 陳氏曰 晏子 齊大夫 名嬰 聽猶從也, 眞氏曰 此十者 皆禮之當然.

【註解】 진씨(陳氏) 이르기를「晏子는 齊나라 대부(大夫)인데 이름은 嬰이다.」

聽은 따르는 것(←聽從하는 것).

진씨(眞氏) 이르기를「이 열 가지는 모두 禮의 당연(當然)한 것이다.」

하였다.

君令而不違하며 臣共而不貳하며 父慈而敎하며 子孝而箴 하며 兄愛而友하며 弟敬而順하며 夫和而義하며 妻柔而正하며 姑慈而從하며 婦聽而婉이 禮之善物也니라. (共＝恭)

〖解說〗 임금은 명령하되「도리에 어그러지게 않으며, 신하는 공순하되 두 가지 마음을 갖지 않으며, 아버지는 아들을 자애하되 가르치며, 아들은 부모에게 효도하되 간하며, 형은 아우를 사랑하되 벗같이 하며, 아우는 형을 공경하되 화순하며, 남편은 아내에게 화열하되 의로써 하며, 아내는 남편에게 유순하되 바르게 하며, 시어머니는 며느리에게 자애롭게 하되 청종하게 하며, 며느리는 시어머니의 명령에 청종하되 화순함이 예(禮)에 있어 지극히 착한 일이다.」하였다.

〔集說〕 陳氏曰, 箴 諫也, 從 不自專也 婉 順也 物 猶事也 眞氏曰 君以出令爲職 要必不違於理然後 人心服而令行 臣之事君 以恭爲本 然必忠誠不二然後 可貴 父慈而不能教 則敢其子 子孝而不能箴則陷父於不義 兄能愛弟矣 必有切磋之益 如朋友之相資 弟能敬兄矣 必有和順美使情意之相親 夫之於妻 雖貴和樂 必以義而帥其妻 妻之於夫雖貴柔順必以正而事其夫 君臣以下 皆以二德相濟 姑之於婦, 一於慈而從 婦之於姑 一於聽而婉者 蓋婦姑相與 專主於和柔也 此十者 於禮爲至善.

【註解】 진씨(陳氏) 이르기를「箴은 諫하는 것. 從은 스스로 전제(專制)하지 않는 것. 婉은 화순(和順)한 것.

物은 事와 같은 뜻.(←가장 착한일, 최선의 일)이다.」했다.

진씨(眞氏) 이르기를「임금은 명령을 내는 것으로써 직분을 삼으나, 要컨대 반드시 이치에 어그러지지 않은 연후에라야 인심(人心←百姓)이 마음으로 복종하여서 명령을 실행하며, 신하가 임금을 섬기는 데는 공순으로써 근본을 삼으나 그러나 반드시 충성(忠誠)은 두 마음을 갖지 않은 연후에라야 貴하다 할 것이며, 아버지가 아들을 자애하면서 능히 가르치지 않으면 그 자식은 함부로 하고, 자식이 효도하면서 능히 경계하여 간하지 않으면 아버지를 不義에 빠지게 하며, 兄은 능히 아우를 사랑하지만 반드시 切磋의 유익함이 있어 朋友가 서로 자뢰한 것 같이 하며, 아우가 능히 형을 공경하지만 반드시 和順하는 아름다움이 있어서 情意가 서로 가깝게 하며, 남편이 아내에게 비록 和樂이 貴할지라도 반드시 義로써 그 아내를 거느리며, 아내는 남편에게 비록 柔順이 貴할지라도 반드시 바른것으로써 그 남편을 섬긴다. 君臣이 하는 모두 두 가지 德으로써 서로 돕나니 시어머니가 며느리에게 한결같이 사랑하여 따르게 하며, 며느리가 시어머니에게 한결같이 聽從하여 유순한 것은 대개 며느리와 시어머니가 서로 더불어 오로지 和하고 柔한 것은 主로 한다. 이 열 가지 것은 (사람이 지켜야 할) 禮에 있어서 지극히 최선의 것이다.」

| ○曾子曰 親戚이 不說이어든 不敢外交하며 近者不親이어든 不敢求遠하며 小者를 不審이어든 不敢言大니라. (說＝悅) |
|---|

〖解說〗 증자(曾子)가 말하기를 「부형을 기쁘게 받들 수 없거든 감히 외인(外)을 사귀지 않으며, 친척과 서로 친할 수 없거든 감히 외인과 친하기를 구하지 않으며, 작은 것을 살필 수 없거든 감히 큰 것을 말하지 않을 것이다.」

〔集說〕 吳氏曰 親戚 謂父兄, 外 謂外人, 言 不能奉親戚, 使之懽悅 則豈敢交之於外乎, 近 即親戚, 遠 即外人 言 近者不能相親 又豈敢求之於遠者乎, 小 謂孝弟之道 以家而言也, 大 謂治平之道 以國與天下而言也, 言小者 不能審察 又豈敢言其大者乎, 曾子 教人 當及時以盡孝弟 故 先言此三者 以起下文之意.

**【註解】** 오씨(吳氏) 이르기를 「親戚은 父兄을 가리킨 말. 外는 外人을 이른다. 능히 親戚도 받들어서 기쁘게 하지 못하면서 어찌 감히 외인과 사귈 수 있겠는가. 近은 곧 親戚이고 遠은 곧 外人이다. 가까운 사람을

능히 서로 친하지 못하면서 또 어찌 감히 먼 데에 사람을 求하겠는가. 小는 孝弟의 道理이니 집안으로써 말하는 것이다. 大는 治國平天下의 道를 말하는 것이니 나라로써의 일로 天下와 더불어 하는 일을 말하는 것이다. 작은 것도 능히 살피지 못하거든 또 어찌 감히 그 큰 것을 말할 수 있겠는가. 曾子가 사람을 가르치는 데 시기에 미침을 당하여 효도와 공손함을 다 하기때문에 먼저 이 세 가지를 말하여 下文에 뜻을 일으킨 것이다.」

故로 人之生也에 百歲之中에 有疾病焉하며 有老幼焉하니 故로 君子思其不可復者而先施焉하나니 親戚이 旣沒이면 雖欲孝이나 誰爲孝며 年旣耆艾면 雖欲悌나 誰爲悌리오. 故로 孝有不及하며 悌有不時라 하니 其此之謂歟인저. (復=복, 耆=其)

〖解說〗「그러므로 사람이 사는데 백년을 산다 해도 그 가운데 병들었을 적도 있으며, 늙어서 활동하지 못할 적과 어려서 사물을 분별하지 못하여 떳떳할 수 없을 적이 있다.

그러므로 군자는 한 번 지나버리면 다시 회복할 수 없다는 것을 생각하여 할 수 있는 때에 먼저 실행한다. 부형이 이미 죽고나면 비록 효도를 하고자 하나 누가 있어 효도를 하며, 자신이 이미 늙어지면 형도 없을 것이니 비록 형에게 공경하고자 하나 누가 있어 공경하겠는가? 그러므로 부모를 봉양함에 효도가 미치지 못함이 있으며, 형을 공경함에 제 때에 못함이 있다 하는데 그것은 바로 이것을 말한 걸게다.」 하였다.

〔集說〕 吳氏曰 六十曰耆 稽久之稱也 五十曰艾 言髮之蒼白者 如艾之色也 人壽以百歲爲期 然 其間 有疾病老幼之變 不能常也 故 君子 思其不可復爲者, 及時而先行之也, 若親没則養不逮 己老則兄不存 雖欲行孝弟 不可得也.

**【註解】** 오씨(吳氏) 이르기를 「六十을 耆라고 하는데 오래 머무르는

것을 일컬음이다. 五十을 艾라고 하는데 머리털이 蒼白한 것이 쑥의 빛과 같음을 말한다. 사람의 壽를 百歲로 기약하지만 그러나 그 사이에는 疾病도 있고 老幼의 변화가 있어서 능히 평범할 수 없는 것이다. 그렇기 때문에 君子는 그 다시 할 수 없음을 생각해서 제 때에 먼저 행하는 것이다. 만일 어버이가 돌아가시면 봉양함이 미치지 못하고 자신이 늙으면 형이 계시지 않으니 비록 효도와 우애를 하고 싶어도 할 수가 없는 것이다.」 하였다.

○官怠於宦成하며 病加於小愈하며 禍生於懈惰하며 孝衰於妻子하나니 察此四者하야 愼終如始니 詩曰靡不有初나 鮮克有終이라 하니라.

〚解說〛 벼슬아치는 벼슬의 지위가 올라가는 데 있어 직무수행에 게을러지며, 병은 조금 차도가 있는데 있어 병세가 더치게 되며, 화난은 게으른데 있어 더욱 생기며, 효도는 처자가 있는데 있어 사랑에 빠져 쇠퇴하게 되나니. 이 네 가지 것을 살펴서 마침을 신중히 하기를 처음 시작할 때처럼 하여야 한다. 〈시경〉에 이르기를 「처음은 제대로 되어 있지 않음이 없으나 능히 끝이 제대로 되어 있는 것이 거의 없다.」 하였다.

〔集說〕 吳氏曰, 宦成 官已遂也, 小愈 病稍減也, 臨事而懈惰 則禍生於所忽矣, 孝衰於妻子 則溺愛而忘親矣, 詩 大雅蕩之篇 靡 無也 鮮少也 克 能也 有始無終 人之常情 能察能愼 斯免矣.

【註解】 오씨(吳氏) 이르기를 「宦成은 벼슬이 이미 이루어진 것이다. 小愈는 病이 조금 낫는 것이다. 일에 임해서 게으르게 되면 재앙이 경홀히 하는 데서 생겨난다. 효도가 쇠퇴해지는 것은 처자(妻子)의 사랑에 빠져 어버이를 잊는 것이다. 詩는 大雅 蕩의 篇이다. 靡는 無와 같다. 鮮은 적은 것이다. 克은 '능히'이다. 有始無終은 사람의 상정(常情)이지만 잘 살피고 잘 조심하면 이것을 免할 수 있는 것이다.」 하였다.

○荀子曰 人有三不祥하니 幼而不肯事長하니 賤而不肯事貴하며 不肖而不肯事賢이 是人之三不祥也니라.

〚解說〛 순자(荀子)가 말하기를 「사람에게 세 가지의 상서롭지 못한 것이 있으니 어리면서 어른 섬기기를 즐겨하지 않으며, 천한 신분이면서 귀한 사람 섬기기를 즐겨 하지 않으며, 어질지 못하면서 어진이 섬기기를 즐겨 하지 아니함이 바로 사람의 세 가지 상서롭지 못한 것이다.」 하였다.

〔集說〕 陳氏曰 荀子 名況 戰國時人 祥 吉也, 三者 皆凶德, 有一於是 災及其身矣.

【註解】 진씨(陳氏) 이르기를 「荀子의 이름은 況이니 戰國때 사람이다. 祥은 吉한 것이다. 세 가지가 모두 凶德이니 이런 것이 하나라도 있으면 재앙이 그 몸에 미치는 것이다.」

○無用之辨과 不急之察을 棄而不治니 若夫君臣之義와 父子之親과 夫婦之別은 則日切磋而不舍也니라.

〚解說〛 쓸데 없는 변론(辨論)이나 급하지 않은 관찰은 버려 두어서 다스리지 않을 것이다. 그 君臣의 의리와 父子의 친애와 부부의 분별과 같은 것은 인륜이니 서로 날마다 절차(切磋)하여 버리지 않을 것이다.

〔增註〕 治 理也 舍 亦棄也 切以刀鋸磋以鑢鍚 皆治骨角之事 無用之言而辨之 不急之務而察之 非惟無益 反害於心 故 當棄而不理 若夫三綱之道 乃人倫之大者, 則當朝夕講習 如切如磋 已精而益求其精 不可舍也.

【註解】 治는 다스리는 것. 舍는 또한 버리는 것이다. 자르는 것은 칼과

톱으로 하고, 가는 것은 줄이나 주석으로 하는 것이니 모두 뼈나 뿔을 다스리는 일이다. 쓸데 없는 말을 변론하고 급하지 않는 일인데 살피는 것은 다만 유익이 없을 뿐 아니라 도리어 마음에 해가 된다. 그러므로 마땅히 버려 두고 다스리지 않아야 하는 것이다. 三綱의 道같은 것은 人倫의 큰 것인즉 마땅히 조석(朝夕)으로 강습(講習)하는 것을 자르는 것같이 가는 것같이 하여 이미 정진(精進)하면 더욱 그 정진함을 강구하여 가히 놀 수 없는 것이다.

○ 上은 通論이라.

○ 위는 통론이다.

# 原本小學 卷之三

# 敬身第三(四十六章)

〔集說〕 陳氏曰 敬身者 敬以持身也 凡四十六章.

**【註解】** 진씨(陳氏) 이르기를 「敬身이라는 것은 공경함으로써 몸을 갖는 것이다. 모두 사십육장이다.」 하였다.

明心術之要(1장~12장)

| 孔子 曰 君子 無不敬也나 敬身이 爲大하니라. 身也者는 親之枝也니 敢不敬與아 不能敬其身이면 是는 傷其親이오 傷其親이면 是는 傷其本이니 傷其本이면 枝從而亡이라 하시니 仰聖模하며 景賢範하여 述此篇하여 以訓家士하노라. |
|---|

〖解說〗 공자(孔子)께서 말씀하시기를 「군자는 공경하지 않는 것이 없지만 내 몸가짐을 조심하는 것을 크게 여긴다. 내 몸이라는 것은 부모의 몸에서 생긴 것으로 나무에 가지가 있는 것과 같은 것이니 감히 공경하지 않을 수 있겠는가. 내몸을 공경하지 못한다면 이것은 부모를 상해하는 것이 되고 부모를 상해하면 이것은 근본을 상해하는 것이 되니 근본을 상해하면 가지는 따라서 망할 것이다.」 하시니 성인의 법을 앙모하며 현인의 규법을 경모하여 이편을 기술하여 어린 선비를 가르친다.

〔集說〕 方氏曰 身之於親 猶木之有枝 親之於身 猶木之本 相須而共體 此所以不敢不敬也 陳氏曰 仰 猶慕也 景 猶向也 聖賢之言 爲天下後法 故 曰模範.

**【註解】** 방씨(方氏) 이르기를 「내몸은 부모에게 있어 나무에 가지가 있는 것과 같으며 부모는 내몸에 있어 나무에 뿌리가 있는 것과 같아서 서로 모름지기 몸을 함께 하니 이는 감히 공경하지 않을 수 없는 것

이다.」 하였다.

진씨(陳氏) 이르기를「仰은 사모하는 것과 같은 것이고 景은 향하는 것과 같은 것이다. 聖賢의 말씀이 天下를 위하는 후세의 법이기 때문에 模範이라 한다.」 하였다.

丹書에 曰 敬勝怠者는 吉하고 怠勝敬者는 滅하며 義勝欲者는 從하고 欲勝義者는 凶하니라.

〖解說〗 단서(丹書)에 말하기를「공경히 하는 마음이 게으른 마음을 이기는 자는 길하고, 게으른 마음이 공경히 하는 마음을 이기는 자는 멸망하며 의로운 마음이 욕심을 이기는 자는 순조롭고, 욕심이 의로운 마음을 이기는 자는 흉하다.」 하였다.

〔集解〕 丹書 見戴禮, 敬者 主一無適之謂, 怠 惰慢, 滅 亡也, 義者 天理之公, 欲者 人欲之私, 從 順也, 眞氏曰 師尙父之告武王, 不出敬與義之二言 盖敬則萬善俱立, 怠則萬善俱廢, 義則理爲之主 欲則物爲之主 吉凶存亡之所由分也.

【註解】 丹書는 大戴禮에 나타난다.

敬이라는 것은 마음을 한군데 집중하여 잡념이 없음을 이르는 말이다. 怠는 게으르고 남을 업신여기는 것. 滅은 망하는 것. 義는 天理의 공평함. 欲은 人欲의 사사로움이다.

진씨(眞氏) 이르기를「師尙父(강태공)가 武王에게 告하는 것이 敬과 義의 두 가지 말에 벗어나지 않았으니 대개 敬은 온갖 善이 모두 서는 것이고 게으르면 온갖 善이 모두 폐하는 것이며 의로우면 理가 위주가 되고, 욕심스러우면 物이 위주가 된다. 吉凶과 存亡은 이로 말미암아 나누어 지게 되는 것이다.」 하였다.

○曲禮에 曰 毋不敬하여 儼若思하며 安定辭하면 安民哉인저.

〖解說〗 곡례(曲禮)에 말하기를「공경하지 않는 것이 없으며 단정하고 엄숙하여서 무엇을 생각하는 것 같으며, 말하는 것이 평안하고 일정하면 백성을 편안하게 할 수 있을 것이다.」

〔集解〕 毋 禁止辭, 眞氏曰 毋不敬者, 謂身心內外, 不可使有一 毫之不敬也, 其容貌 必端儼而若思 其言辭 必安定而不遽 以此臨民 民有不安者乎 此雖四言 而修身治國之道 略備 其必聖賢之遺言歟.

【註解】 毋는 禁止하는 말. 진씨(眞氏) 이르기를「毋不敬이라는 것은 몸과 마음 안팎 어느 것이나 털끝만큼이라도 공경하지 않음이 있게 할 수 없는 것이다. 그 얼굴빛은 반드시 단정하고 엄숙해서 무엇인가 생각하는 것같으며, 그 말은 반드시 안정되어서 급거하지 않으니 이로써 백성을 대하면 백성이 불안함이 있겠는가. 이는 비록 네마디 말이지만 修身하고 治國하는 道理를 간략하게 갖춘 것으로 그것은 반드시 성현(聖賢)의 끼치신 말일 것이다.」하였다.

> 敖不可長이며 欲不可從이며 志不可滿이며 樂不可極이니라.
> (敖＝傲, 從＝縱, 樂＝洛)

〖解說〗 오만한 마음을 자라게 할 수 없으며, 욕심을 함부로 할 수 없으며, 뜻을 뜻대로 가득 차도록 할 수 없으며 즐거움을 극도로 할 수 없을 것이다.

〔集解〕 應氏曰 敬之反 爲傲 情之動 爲欲 志滿則溢 樂極則反 馬氏曰 傲不可長者 欲消而絶之也 欲不可從者 欲克而止之也 志不可滿者 欲損而抑之也 樂不可極者 欲約而歸於禮也.

【註解】 응씨(應氏) 이르기를「敬의 반대가 敖가 되고, 情이 動하여 欲이 되고, 志가 차면 넘치고, 樂이 極하면 돌아가는 것이다.」하였다.

마씨(馬氏) 이르기를「오만함을 자라게 할 수 없다는 것은 하고 싶어

하는 마음을 사라지게 해서 없애 버리려는 것이고, 하고 싶어하는 마음을 함부로 할 수 없게 한다는 것은 하고 싶어 하는 마음을 이겨서 그치게 하는 것이며, 뜻을 가득 차게 할 수 없다는 것은 하고 싶은 마음을 덜어서 억제하는 것이고, 즐거움을 다 할 수 없다는 것은 간략히 해서 禮에 돌아가게 함이다.」 하였다.

賢者는 狎而敬之하고 畏而愛之하며 愛而知其惡하고 憎而知其善하며 積而能散하며 安安而能遷하나니라.

〖解說〗 어진 사람은 친압(親狎)하되 공경하며 두려워하되 그를 사랑하며 사랑하되 그의 나쁜 점을 알고 미워하되 그의 좋은 점을 알며 재물을 쌓았을지라도 능히 흩어서 베풀 줄 알며, 편안한 곳을 따라서 편안할지라도 능히 의로운 곳으로 옮길 줄을 안다.

〔集解〕 朱子曰 此 言賢者 於其所狎 能敬之 於其所畏 能愛之 於其所愛 能知其惡 於其所憎 能知其善 雖積財而能散施 雖安安而能從義 可以爲法 與上下文禁戒之辭 不同 應氏曰 安安者 隨以安而安也 安者 仁之順 遷者 義之決.

【註解】 주자(朱子) 이르기를 「이 말은 어진이는 그가 친압(親狎)한 바에 있어서도 능히 공경하고, 그가 두려워 하는데 있어서 능히 사랑하며, 그가 사랑하는데 있어서도 능히 나쁜 점을 알고, 그가 미워하는데 있어서도 능히 좋은 점을 알며, 비록 재물을 축적했을지라도 흩어서 베풀어 주며 비록 편안한 데서 편안할지라도 능히 義를 따라 옮긴다. 가히 법으로 삼을 만하다. 윗글과 아랫글을 금지하고 경계하는 말이 같지 않다.」 하였다.

응씨(應氏) 이르기를 「安安이라는 것은 편안한 곳에 따라서 편안하다는 것이다. 安은 仁의 順함이고 遷은 義의 결단이다.」 하였다.

臨財毋苟得하며 臨難毋苟免하며 狠毋求勝하며 分毋求多니라.

| 疑事를 毋質하여 直而勿有니라. |
|---|

〖解說〗「재물에 임(臨)하여 구차하게 얻으려고 하지 말며 환난(患難)에 임하여 구차하게 모면(冒免)하려고 하지 말며, 싸움에 이기기를 바라지 말며, 나눔에 많기를 바라지 말 것이다. 의심나는 일을 자신이 바로잡는 말을 하지 말아서 곧게 자신의 의견을 진술하지만 자신의 의견을 옳다고 고집함이 있지 말아야 할 것이다.」하였다.

〔集說〕 陳氏曰 苟 苟且, 狠 鬪狠, 分 分財, 陳氏曰 毋苟得 見利思義也 毋苟免 守死善道也 狠毋求勝 念思難也 分毋求多 不患寡而患不均也. 〔集解〕 朱子曰 兩句連說 爲是 疑事毋質 即少儀所謂毋身質言語也 直而勿有 謂陳我所見 聽彼決擇 不可據而有之 專務强辨.

【註解】 진씨(陳氏) 이르기를 「苟는 구차함이고 狠은 싸우는 것. 分은 재물을 나누는 것. 구차하게 얻지 말라는 것은 이익(利益)을 보거든 의로움을 생각하라는 것이고, 구차하게 모면하려 하지 말라는 것은 죽음으로써 착한 도리를 지키라는 것이며, 싸움에 이기기를 바라지 말라는 것은 분하거든 위난(危難)을 생각하라는 것이고, 재물을 나누는데 많기를 바라지 말라는 것은 적은 것을 걱정하지 말고 고르지 않을까를 걱정하라는 것이다.」하였다.

주자(朱子) 이르기를 「의사(疑事)를 무질(毋質)하여 직이물유(直而勿有)니라의 두 句는 이어진 말이다. 그렇기 때문에 의심나는 일을 자신이 바로 잡아 결정을 내리려 하지 말라는 말은 곧 소의(少儀)에 이른바 자신이 바로잡는 말을 말라는 것이고, 정직하게 자신의 의견을 말하지만 자신의 의견이 옳다고 하면서 강변하지 말라는 것은 나의 소견(所見)을 진술하고 상대방의 말을 들어 가려서 결정하되 면목을 지킬 수 없는 일이 있거든 오로지 강변을 힘쓸 것이다.」하였다.

| ○孔子曰 非禮勿視하며 非禮勿聽하며 非禮勿言하며 非禮勿動이니라. |
|---|

〖解說〗 공자께서 말씀하시기를 「예가 아니거든 보지 말며, 예가 아니거든 듣지 말며, 예가 아니거든 말하지 말며, 예가 아니거든 움직이지 말라.」 하셨다.

〔集說〕 朱子曰 非禮者 己之私也, 勿者 禁止之辭 是 人心之所以爲 主而勝私復禮之機也 私勝則動容周旋 無不中禮 而日用之間 莫非天理之流行矣.

【註解】 주자(朱子) 이르기를 「非禮라는 것은 자기의 사사로운 것이다.
　勿은 금지하는 말이다. 이는 사람의 마음이 主가 되어 私를 이기고 禮에 회복하는 기틀이다. 私를 이기면 動容하고 周旋하는 것이 禮에 맞지 않음이 없어서 날마다 쓰는 사이 天理의 流行이 아님이 없는 것이다.」 하였다.

○ 出門如見大賓하며 使民如承大祭하고 己所不欲을 勿施於人이니라.

〖解說〗 집의 문을 나가서는 대빈(大賓)을 대하듯이 하고, 백성 부리기를 대제(大祭) 받들듯 하며, 자기가 하고싶지 않은 것을 남에게도 시키지 말것이니라.

〔集說〕 朱子曰 敬以持己 恕以及物 則私意無所容而心德 全矣, 陳氏曰 出門大賓 使民如承大祭 敬以持己也 己所不欲 勿施於人 恕以及物也.

【註解】 주자(朱子) 이르기를 「공경함으로써 자신을 갖고 용서함으로써 만물에 미치게 하면 자기의 사사로운 뜻이 받아들여지는 곳이 없어서 심덕(心德)이 온전할 것이다.」 하였다.
　진씨(陳氏) 이르기를 「문을 나설 때는 大賓을 만나는 것같이 하며 백성을 부릴 때에는 大祭를 받드는 것같이 한다는 것은 공경함으로써 자신을 가지라는 것이고, 자기가 하고자 않는 바를 남에게 베풀지 말라는 것은 용서함으로써 만물에 미치게 한다.」하였다. ○ 大賓은 國賓. 大祭는 나라에서 지내는 큰 제사.

○ 居處恭하며 執事敬하며 與人忠을 雖之夷狄이라도 不可棄也니라.

〖解說〗 거처하기를 공손히 하며 일을 집행하는데 있어서는 공경히 하며, 남과 더불어 사귐에 있어서는 충실한 성심을 다한다는 것은 비록 오랑캐 땅에 가더라도 버릴 수가 없는 것이다.

〔集解〕 之 往也 夷 東夷 狄 北狄 朱子曰 恭主容 敬主事 恭見於外 敬主乎中, 之夷狄 不可棄 勉其固守而勿失也.

【註解】 之는 往의 뜻. 夷는 동쪽 오랑캐. 狄은 북쪽 오랑캐.

주자(朱子) 이르기를「공손은 모양을 주관하는 것이고 공경은 일을 주관하는 것으로, 공손은 밖에 나타나고 공경은 마음 속에서 주관하며 이적(夷狄)의 땅으로 가더라도 버릴 수 없는 것이니 그 자신을 지키면서 잃지 말도록 힘써야 한다.」하였다.

○ 言忠信하며 行篤敬이면 雖蠻貊之邦이라도 行矣어니와 言不忠信하며 行不篤敬이면 雖州里나 行乎哉아. (貊＝麥)

〖解說〗 말이 성실하고 신실함이 있으며 행실이 독실하고 공경스러우면 비록 오랑캐 나라에서라 할지라도 행해지거니와 말이 성실하지 못하고 신실하지 못하며 행실이 독실하지 못하고 공경스럽지 않다면 비록 향리라 하나 행해지겠느냐?

〔集說〕 陳氏曰 盡己之謂忠 以實之謂信 篤 厚也 蠻 南蠻 貊 北狄. 二十五家爲里.

**【註解】** 진씨(陳氏) 이르기를 「자기의 몸을 다하는 것을 忠이라 이르고 써 진실한 것을 信이라 한다. 篤은 厚한 것이다. 蠻은 남쪽 오랑캐. 貊은 북쪽 오랑캐. 스물다섯 집이 里가 된다.」 하였다.

○ 行은 행해지다. 道나 信念이 具現됨. 忠은 말한 말이 입과 마음이 일치해 있는 것이고, 信은 일단 말한 말은 결코 어기지 않는다는 것임. 篤은 만사가 敦厚하여 人情味가 있는 것이고, 敬은 일을 행함에 조심성이 깊고 허수히 하지 않는 것임. 州는 이천오백집이다.

| ○君子有九思하니 視思明하며 聽思聰하며 色思溫하며 貌思恭하며 言思忠하며 事思敬하며 疑思問 忿思難하며 見得思義니라. |
|---|

〖解說〗 군자가 아홉가지 생각하는 것이 있으니 보는 것은 명백하게 보기를 생각하며, 듣는 것은 총명하게 듣기를 생각하며, 얼굴빛은 온화하게 하기를 생각하며, 용모는 공손하게 하기를 생각하며, 말은 성실하기를 생각하며, 일에는 공경히 하기를 생각하며, 의심나는 것은 물을 것을 생각하며, 분이 날적에는 화난 당할 것을 생각하며 이득을 보면 의로운가를 생각한다.

〔集說〕 朱子曰 視無所蔽 則明無不見 聽無所壅 則聰無不聞 色 見於面者 貌 擧身而言 思問則疑不蓄 思難則忿必懲 思義則得不苟.

**【註解】** 주자(朱子) 이르기를 「보는데 가리우는 바가 없으면 명확히 보이지 않는 것이 없고 듣는 데 막는 바가 없으면 뚜렷하게 들리지 않는 것이 없으며, 色은 얼굴에 나타나는 것이고 용모는 거동하면서 말하는 것이며, 물어서 밝히고자 생각하면 의심이 쌓이지 않고 환난이 미치지 않을까 생각하면 분에는 반드시 징계(懲戒)되고 義로운 것을 생각하면 얻는 것이 있어도 구차하지 않다.」 하였다.

| ○曾子曰 君子所貴乎道者三이니 動容貌에 斯遠暴慢矣며 正 |
|---|

| 顏色에 斯近信矣며 出辭氣에 斯遠鄙倍矣니라. (倍＝佩) |
|---|

〖解說〗 증자(曾子)가 말하기를「군자가 道를 귀중하게 여기는 것에 세 가지가 있으니, 용모를 움직이는데에 이에 포악하고 거만함을 멀리할 것이며, 안색을 바르게 하는데에 이에 신의를 가까이 할 것이며 말을 입밖에 내는 데에 이에 비루하고 배리(背理)함을 멀리할 것이다.」하였다.

〔集說〕 朱子曰 貴 猶重也 容貌 擧一身而言 暴 粗厲也 慢 放肆也 信 實也 正顏色而近信 則非色莊也 辭 言語 氣聲氣也 鄙 凡陋也 倍 與背同 謂背理也 言道雖無所不在 然 君子所重者 在此三事而已 是皆修身之要 爲政之本 學者所當操存省察 而不可有造次顚沛之違者也. 〔正誤〕 人之容貌 鮮得和平 稟氣之剛者 多失之粗厲 稟氣之柔者 多失之放肆 故 於動容貌之時 即當遠夫粗厲 放肆 而必致身於和平, 人之顏色 鮮得表裏如一 務於外飾者 色雖厲而內則荏 故 於正顏色之時 即當近乎信實 而不可務乎色莊 人之辭氣 鮮得適中 言之甚近者 凡陋 不足聽 論之甚高者 荒誕 不可詰 故 於出辭氣之時 即當遠乎凡陋背理 而必發言之無弊 此 朱子 改先註修身之驗 爲修身之要之意 深得曾子切己用功之旨.

【註解】 주자(朱子) 이르기를「貴는 重함과 같다. 容貌는 한 몸을 들어 말한 것.

暴은 거칠고 사나운 것. 慢은 거리낌없이 제멋대로 행동하는 것. 信은 신실한 것. 顏色을 바르게 하는 데에 있어 誠信함에 가깝게 한다면 이는 顏色만 장엄하게 하는 것이 아니다. 辭는 言語이고, 氣는 聲氣이다. 鄙는 비루한 것. 倍는 背와 같으니 이치에 어긋남을 말한다. 道가 비록 있지 않는 데가 없으나 君子가 중히 여기는 것은 이 세 가지 일에 있을 뿐이니 이는 모두 몸을 닦는 요점이요, 정치하는 근본이 되는 것이다. 배우는 이들은 마땅히 操存하고 省察하여 경황중이나 위급한 상황일지라도 어기어서는 안될 것이다.

사람의 용모는 화평을 얻기란 거의 있기 어려운 일이다. 품기(稟氣)가

剛한 자는 거칠고 사나운데 빠지기 일쑤이고, 품기가 유순한 자는 방자한 데 빠지기가 일쑤다. 그러므로 동작을 하는데 있어서는 곧 마땅히 그 거칠고 사납고 방자함을 멀리하여 반드시 자신에게 화평을 이르게 해야 할 것이다. 또 사람의 안색이란 간드러진 것이 나타나면 겉과 속마음이 한결같을 경우가 거의 없다. 겉모양을 꾸미기에 힘쓰는 자는 안색은 비록 장중하면서도 내심은 눈물을 흘리는 경우도 있다. 그러므로 안색을 바르게 할 때에는 곧 마땅히 信實하게 가까이 하여야 하고 안색만 장엄한 체 하는 데에 힘쓰지 않아야 한다.

사람의 언어는 알맞기를 얻기란 거의 없다. 말이 매우 비근한 것은 평범하고 비루하여 들을 만한 것이 못되고, 논리가 매우 높기만 한 것은 허황하여 물을 만하지 못하다. 때문에 말을 할 때에는 곧 마땅히 평범하고 비루하여 이치에 어긋남을 멀리하여 반드시 발언하는 데에 폐단이 없게 해야 하는 것이다. 이는 朱子께서 先註에 수신(修身)하는 증험을 고쳐서 修身하는 요점의 뜻을 삼았으니 曾子가 몸소 절실하게 공을 쓴 요지를 깊이 얻었다 하겠다.」 하였다.

○ 鄙倍는 道에 背反하는 것. ○ 辭氣는 말을 할 때에 자연히 나타나는 語氣로 言語의 聲氣임.

○曲禮에 曰 禮는 不踰節하며 不侵侮하며 不好狎이니 修身踐言을 謂之善行이니라.

〖解說〗 곡례(曲禮)에 말하기를 「예(禮)는 절도를 넘어서도 안되며, 남을 침범하거나 업신여겨서도 안되며, 좋아하고 친압(親狎)해서도 안되는 것이니, 몸을 닦고 말을 실천하는 것을 일러 선행이라 한다.」 하였다.

〔集說〕 陳氏曰 踰節則招辱 侵侮則忘讓 好狎則忘敬 三者 皆版禮之事 不如是則有以持其莊敬純實之誠 而遠於恥辱矣, 吳氏曰 三者 皆非禮 惟能修治其身 以踐行其言是 爲善行也.

【註解】 진씨(陳氏) 이르기를 「예(禮)의 절도를 넘으면 욕을 초래하고,

남을 침범하거나 업신여기면 사양하는 마음을 잊게 되고, 친압을 좋아하면 공경하는 마음을 잊게 된다. 이 세 가지의 것은 다 예의를 배반하는 일이니 이와 같이 하지 않으려면 씩씩하고 공경하며 순직(純直)하고 진실한 정성을 가짐으로써 부끄럼과 욕됨이 멀어질 것이다.」 하였다.

오씨(吳氏) 이르기를 「이 세 가지가 모두 예(禮)가 아니니 오직 수양하고 다스림으로써 자신이 말한 것은 실천으로 행해야 한다. 이것이 선행이 되는 것이다.」 하였다.

○樂記에 曰 君子姦聲亂色을 不留聰明하며 淫樂慝禮를 不接心術하며 惰慢邪辟之氣를 不設於身體하여 使耳目鼻口와 心知百體로 皆由順正하여 以行其義니라. (樂=악, 慝=특)

〖解說〗 악기(樂記)에 말하기를 「군자는 간사한 소리와 어지러운 빛을 귀담아 두거나 눈여겨 두지 않으며, 음란한 음악과 사특한 예(禮)를 마음에 접하지 않으며, 게으르고 오만하고 사악하고 편벽된 기운을 몸에 갖지 않아서 귀와 눈과 코와 입과 심지(心知)와 신체의 온갖 부분으로 하여금 다 순리의 바른 것에 따라서 이로써 그 옳은 것을 행하느니라.」 하였다.

〔集說〕 眞氏曰 君子之所以自養者 無他 內外 交致其功而已 故 姦聲亂色 不留聰明者 所以養其外也 淫慝禮 不接心術者 所以養其內也 外無聲色之誘則 內亦正矣 內無淫慝之惑 則外亦正矣 惰慢之氣 自內出者也 邪僻之氣 自外入者也 二者 不得設於身體 則外而耳目鼻口 四肢百體 內而心知 皆由順正 以行其義 顏子四勿之功 可庶幾也.

【註解】 진씨(眞氏) 이르기를 「군자가 자양(自養)하는 까닭은 다름이 아니다. 마음 속이나 용모에 서로 그의 공적을 이루게 할 뿐이다. 그러므로 간사한 소리와 어지러운 빛을 귀담아 두지 않고 눈여겨 두지 않는 것이 그의 용모를 기르는 까닭인 것이다. 음란하고 사특한 예를

마음에 접하지 않는 것은 그의 마음을 기르는 까닭인 것이다. 밖으로 부정한 소리나 부정한 색으로 유인(誘引)하는 것이 없으면 마음 속도 또한 바르다. 마음 속에 음란하고 사특한 유혹(誘惑)이 없으면 용모 또한 바르다.

게으르고 오만한 기운은 마음 속으로부터 용모로 나오는 것이고, 사벽(邪僻)된 기운은 용모로부터 마음 속으로 들어 오는 것이다. 이 두 가지를 몸에 받아들이지 않으면 밖으로는 귀·눈·코·입·사지 백체(百體)와, 안으로는 心知가 다 순리와 바른 것으로 말미암아 이로써 군자의 그 義를 行하는 것이다. 顏子의 네 가지 하지 말라는 공적과 거의 가깝다 할 것이다.」 하였다.

○孔子曰 君子食無求飽하며 居無求安하며 敏於事而愼於言이요 就有道而正焉이면 可謂好學也已니라.

〖解說〗 공자(孔子)께서 말씀하시기를 「군자는 배불리 먹기를 구하지 않으며, 편안히 있기를 구하지 않으며, 일을 민첩히 하고 말을 신중히 하고 道가 있는 사람에게 나아가 자신을 바르게 한다면 학문을 좋아한다고 말할 수 있을 뿐이다.」 하셨다.

〔集說〕 朱子曰 不求安飽者 志有在而不暇及也, 敏於事者 勉其所不足 愼於言者 不敢盡其所有餘也 然 猶不敢自是 而必就有道之人 以正其是非 則可謂好學矣.

【註解】 주자(朱子) 이르기를 「편안한 것도 배부른 것도 구하지 않는다는 것은 학업에 뜻을 두어서 딴 생각에 마음이 미칠 겨를이 없다는 것이다. 배우는 일에 민첩하다는 것은 자신의 부족한 것을 힘쓰는 것이며, 말을 삼가는 것은 감히 그 남는 것이 있는 바를 다하지 못하는 것이다. 그러나 오히려 감히 스스로 옳다고 여기지 않으면서 반드시 바른 道가 있는 사람에게 나아감으로써 자신의 옳고 그름을 바로 잡는다면 학문을 좋아 한다고 이를만 하다.」고 하였다.

○管敬仲이 曰 畏威如疾은 民之上也요 從懷如流는 民之下也요 見懷思威는 民之中也니라.

〖解說〗 관경중(管敬仲)이 말하기를 「하늘의 위엄을 두려워하기를 질병을 두려워하는 것같이 하는 자는 백성의 상등이고, 남의 회유(懷柔)에 따르기를 물이 아래로 흐르는 것같이 하는 자는 백성의 하등이고, 남이 자신을 회유할 때에 하늘의 위엄을 생각하는 자는 백성의 중등이다.」 하였다.

〔集說〕 吳氏曰 管敬中齊大夫 名夷吾 威者 謂天之威也 言 民能畏天之威 如畏疾病 自然下敢爲惡 此 民之上者也, 懷者 謂人以恩惠懷之也 因人懷己而不顧禮義之是非 從之如水流下 此 民之下者也 若見人懷己而能思畏天威 不敢輕易從之 此 民之中者也.

【註解】 오씨(吳氏) 이르기를 「관경중(管敬仲)은 齊나라 大夫이니 이름은 이오(夷吾)이다. 威는 하늘의 위엄을 말한다. 백성이 능히 하늘의 위엄을 두려워하기를 疾病을 두려워하는 것같아서 자연히 감히 나쁜 짓을 하지 않는 것은 이는 백성의 상층이라는 것이다.

회유(懷柔)는 사람이 은혜로써 회유하는 것이니 남이 자기를 회유하는 것으로 인하여 禮義의 옳고 그름을 돌아 보지 않고 따르기를 물이 아래로 흘러 내려가는 것같이 흐르는 것은, 이것은 백성의 하층이라는 것이다. 만일 남이 자기를 회유하는 것을 보고 능히 하늘의 위엄을 두렵게 생각하여 감히 경솔하게 따르지 않는 것은, 이는 백성의 중층이라는 것이다.」

○ 從懷如流는 남의 회유에 좇아 비판함이 없이 물이 아래로 흐르듯 맹종하는 것. ○ 見懷思威는 남이 자기를 회유하는 것을 보고 하늘의 위엄을 두렵게 생각하여 경솔하게 따르지 않는 것.

上은 明心術之要하니라.

상은 마음씨에 있어서 공경함의 중요함을 밝힌 것이다.

**明威儀之則**(1장~21장)

冠義에 曰 凡人之所以爲人者는 禮義也니 禮義之始는 在於正容體하며 齊顔色하며 順辭令이니 容體正하며 顔色齊하며 辭令順而後에 禮義備하나니 以正君臣하며 親父子하며 和長幼니 君臣正하며 父子親하며 長幼和而後에 禮義立이니라.

〖解說〗 관의(冠義)에 말하기를「무릇 사람이 사람다운 것은 예의가 있기 때문이다. 예의의 시초는 용모와 체신을 바르게 하며, 안색을 가지런히 하며, 말을 순하게 하는데 있다. 용모와 체신이 바르며, 안색이 가지런 하며, 말이 순하게 된 뒤에라야 예의가 갖추어지는 것이다. 이로써 임금과 신하 사이를 바르게 하며, 아버지와 아들 사이를 친애하게 되며, 어른과 어린이 사이를 화순하게 하나니, 임금과 신하 사이가 바르게 되고, 아버지와 아들 사이에 친애하며, 어른과 어린이 사이가 화순하게 된 뒤에라야 예의가 확립되느니라.」하였다.

〔集說〕 吳氏曰 冠義 禮記篇名 此 言人之所而爲人而異於禽獸者 以其有禮義也 禮以飾身 義以制事 人之道也 其始則在乎 正容體 齊顔色 順辭令而已 及夫容體正而遠暴慢 顔色齊近信 辭令順而遠鄙倍 則人道全而禮義備矣 禮義旣備 由是以正君臣 親父子 和長幼 及夫君臣正而上下之分 定 父子親而慈孝之道 隆 長幼和而遜順之意 洽 則人道正而禮義立矣.

**【註解】** 오씨(吳氏) 이르기를「관의(冠義)는 〈禮記〉의 篇名이다. 이에 사람이 사람다우며 금수(禽獸)와 다르다는 것은 그 예의가 있기 때문이다. 예로써 몸을 꾸미고 義로써 일을 제정하는 것이 사람의 도리이다. 그 시초는 용모와 신체를 바르게 하고, 顔色을 가지런히 하고, 말소리를 순히하는 데에 있을 뿐이다. 무릇 용모와 신체를 바루면, 사납고 태만함을 멀리하며, 안색을 가지런히 하여 진실을 가까이 하며, 말소리를 순하게 하여 비폐(鄙倍)를 멀리하며 인도를 온전히 하여 禮義를 갖출 것이다. 禮義가 이미 갖추어져 이로 말미암아 임금과 신하 사이의 도리가 바르며 아버지와 자식 사이가 친애하게 되며, 어른과

어린이 사이가 화순하게 되는 것이다. 무릇 임금과 신하 사이에 도리가 바르게 되면 상하의 분별이 정해지고, 아버지와 자식 사이가 친애하게 되면 자애(慈愛)하고 효도하는 도리가 높아지며, 어른과 어린이 사이가 화순하게 되면 손순(遜順)하는 뜻이 흡족하여 인도(人道)가 바로잡혀져서 禮義가 확립될 것이다.」 하였다.

○曲禮에 曰 毋側聽하며 毋噭應하며 毋淫視하며 毋怠荒하며 遊毋倨하며 立毋跛하며 坐毋箕하며 寢毋伏하며 斂髮毋髢하며 冠毋免하며 勞毋袒하며 暑毋褰裳이니라. (噭＝교, 髢＝체, 袒＝단)

〖解說〗 곡례(曲禮)에 말하기를 「귀를 기울여 엿듣지 말며, 큰소리로 대답하지 말며, 곁눈으로 흘겨보지 말며, 용모와 거동을 게으르고 해이하게 말며, 걸어다닐 때 거만한 자세를 하지 말며, 설 때 몸을 한쪽 다리에 의지하여 기울게 서지 말며, 앉았을 때 두 다리를 쭉뻗어서 키처럼 앉지 말며, 잠잘 때 엎드려서 자지 말며, 머리털은 거두어서 싸매고 늘어뜨리지 말며, 갓은 벗지 말며, 피로하더라도 웃옷을 걷어 어깨를 들어내지 말며, 덥더라도 하의(下衣)를 걷어 올리지 말 것이니라.」 하였다.

〔集說〕 陳氏曰 聽必恭 側耳以聽 非恭也 應答之聲 宜和平 高急者 悖戾之所發也 淫視 流動邪眄也 怠荒 謂容止縱慢也 遊 行也 倨 傲慢也 立當兩足整齊 不可偏任一足也 箕 謂兩展其足 狀如箕舌也 伏 覆也 髢 孔氏 謂髮也 垂如髮也. 〔集解〕 免去冠也 袒 露臂也 褰 揭也 以暑熱褰裳 亦爲不敬也.

【註解】 진씨(陳氏) 이르기를 「듣는 데는 반드시 공순해야 한다. 귀를 기울임으로써 엿듣는 것은 공순한게 아니다. 응하여 대답하는 소리는 마땅히 화평해야 한다. 대답하는 소리가 높고 급한 것은 도리에 어그러지는 데서 나오는 것이다. 淫視는 흘려보는 것이고, 荒怠는 몸가짐과 행동이 게으르고 해이한 것이며, 遊는 걸어다니는 것이고, 倨는

오만(傲慢)한 것이다. 섰을 때는 마땅히 두 발을 가지런히 하고 한쪽 발에 치우쳐 맡겨서는 안된다. 箕는 그 발을 양쪽으로 쭉 뻗어서 키 혓바닥같은 모양을 하고 앉는 것이다. 伏은 엎드리는 것이다.」 하였고, 髢를 孔氏는 「머리를 늘어뜨린 것을 말한다.」고 하였다.

「免은 갓을 벗는 것, 袒은 어깨를 드러내는 것, 髢는 머리를 드날리는 것, 더위로써 치마를 걷어 올리는 것은 不敬이 되는 것이다.」 하였다.

○ 登城不指하며 城上不呼하며 將適舍할새 求毋固하며 將上堂할새 聲必揚하며 戶外에 有二屨어든 言聞則入하고 言不聞則不入하며 將入戶할새 視必下하며 入戶奉扃하며 視瞻毋回하며 戶開亦開하며 戶闔亦闔하되 有後入者어든 闔而勿遂니라. 毋踐屨하며 毋踖席하며 摳衣趨隅하여 必愼唯諾이니라.
(扃＝경, 踖＝척, 摳＝구)

〖解說〗「성 위에 올라가서 손가락으로 가리키지 않으며, 성 위에서 큰 소리로 부르지 않으며 장차 숙사(宿舍)에 가면은 굳이 요구하지 말아야 한다.

장차 마루에 올라가면은 소리를 반드시 높이 내어서 안에서 들을 수 있도록 하며, 문 밖에 두 켤레의 신이 있거든 말소리가 들리면 들어가고 말소리가 들리지 않으면 들어가지 않으며, 장차 문에 들어가려면은 반드시 아래를 보며 문에 들어갈 때에는 문빗장을 두 손으로 받들듯 잡으며 보되 둘러보지 말며 문이 열려 있었으면 또한 열어 두며, 문이 닫혀 있었으면 또한 닫는데 뒤에 들어오는 사람이 있거든 닫는데 다 닫지 말 것이다.

남의 신을 밟지 말며, 남의 자리를 밟지 말며, 두 손으로 옷을 거두어 잡고 한쪽 구석으로 얼른 가서 앉아 응대(應對)를 반드시 조심하여야 하는 것이다.」 하였다.

〔集說〕 陳氏曰 有所指則惑見者 有所呼則駭聞者. 〔集解〕 戴氏曰 就舘者 誠不能無求於主人 然 執平日之所欲 而必求於人 則非爲客之義

陳氏曰 揚其聲者 使內人 知之也. 〔集成〕饒氏曰 二屨 在戶也 知有容言不聞 恐有私議 須迴避不入. 〔集解〕視下者 不擧目也 扃門關之木入戶之時 兩手捧戶 置扃之處 不敢放手排闔也〔集說〕陳氏曰 視瞻 不爲向轉嫌於干人之私也, 開闔 皆如前 不意主人之意也 遂 闔之盡也, 嫌於拒從來者 故勿遂, 踐屨 謂踏他人之屨也 踖席 謂躡他人之席也 摳衣 謂兩手提衣 與攝齊同義 趨隅 由席角而升坐也 唯諾 應辭 言旣坐定又當謹於應對也.

【註解】 진씨(陳氏) 이르기를「성위에서 무엇인가 손가락으로 가리키는 바가 있으면 보는 사람이 의혹을 사는 것이고 큰 소리로 부르면 듣는 사람을 놀라게 하는 것이다.」하였다.

대씨(戴氏) 이르기를「객사(客舍)에 나아가 있는 사람이 진실로 구할 수 없는 것은 주인도 할 수 없는 것이다. 그런데 평일(平日)에 하고 싶었던 것을 반드시 남에게 요구하면 객(客)으로서의 예의(禮義)가 아니다.」하였다.

진씨(陳氏) 이르기를「그 소리를 높이라는 것은 안에 있는 사람으로 하여금 알게 하는 것이다.」하였다.

요씨(饒氏) 이르기를「두 켤레의 신이 문 밖에 있으면 손님이 있는 것을 알 것이고, 말이 들리지 않는다는 것은 사사로운 의론이 있을까 두려워서 모름지기 회피(廻避)하고 들어가지 않는 것이다.」하였다. 아래를 보는 것은 눈을 들지 않는 것이다. 扃은 문빗장나무이며 문을 들어갈 때에 두 손으로 문을 받들어 문빗장나무가 설치해 있는 곳까지 열되 감히 함부로 문을 열어 젖히지 않는다는 것이다.」

진씨(陳氏) 이르기를「보는 것을 휘 둘러 보지 않는 것은 남의 사생활을 간섭한다는 혐의를 받을 수가 있으며, 문이 열려 있으면 열려 있는대로 두고 닫혀 있었으면 닫혀 있는대로 다 앞서와 같이 하여 주인의 뜻을 어기지 않는 것이다. 遂는 꼭 문을 닫는 것으로 뒤따라 오는 사람을 막는 혐의를 받는 것이다. 그러므로 꼭 닫지 말라는 것이다.」하였다.

천구(踐屨)는 다른 사람의 신을 밟는 것을 말하는 것이고, 척석(踖席)은 다른 사람의 자리를 밟는 것을 말하는 것이며, 구의(摳衣)는 두손으로 옷을 치켜든다는 것으로 섭자(攝齊)와 같은 뜻이고, 추우(趨隅) 구석자리로 말미암아 빨리 가서 올라 앉는 것이다.

유락(唯諾)은 응답하는 말로 이미 자리를 정했으면 또 마땅히 응대(應對)에 조심해야 한다는 말이다.」 하였다.

○禮記에 曰 君子之容은 舒遲니 見所尊者하고 齊遬이니라.足容重하며 手容恭하며 目容端하며 口容止하며 聲容靜하며 頭容直하며 氣容肅하며 立容德하며 色容莊이니라. (遬=速)

〖解說〗〈예기(禮記)〉에 말하기를 「군자의 용모는 한가하고 우아함이 있는데 존경해야 할 사람을 보면 공경하고 조심한다. 발의 거동은 무거운 듯이 하며, 손의 거동은 공손하게 하며, 눈의 거동은 단정하게 하며, 입의 거동은 묵중하듯 하며, 말소리는 고요하게 하며, 머리의 거동은 곧으며, 기운은 엄숙하며, 서 있는 거동은 덕스러우며, 얼굴빛은 장중하게 한다.」 하였다.

〔集解〕 陳氏曰 舒遲 閑雅之貌 齊 如夔夔齊慄之齊 遬者 謹而不放之謂 見所尊者則加敬, 陳氏曰 重 不輕擧移也 恭 毋慢弛也 端 毋邪視也 止 不妄動也, 靜 不噦咳也, 直 不傾顧也, 肅 似不息也, 德 謂中立不倚, 儼然有德之氣象也, 莊 矜持之貌, 朱子曰 足敬重以下 皆容之目 即此是涵養本原也.

【註解】 진씨(陳氏) 이르기를 「서지(舒遲)는 한가하고 우아한 모양. 齊는 조심하고 두려워하며 몸을 단정히 하고 언행을 조심한다는 齊이고, 遬은 삼가며 방심하지 않는 것을 말하는 것이니 높은 분을 보면 더더욱 공경하는 것이다.」

진씨(陳氏) 이르기를 「重은 경솔하게 들어 옮기지 않는 것이다. 恭은 게으르고 해이(解弛)하지 않는 것이다.

端은 간사하게 보이지 말라는 것이다. 止는 망녕되이 움직이지 말라는 것이다. 靜은 딸꾹질과 기침하는 것이다. 直은 기울여서 돌아보지 않는 것이다. 肅은 숨을 쉬지 않는 것같은 것이다. 德은 반듯하게 서서 기대지 않아 엄연하여 덕이 있는 기상이다. 莊은 긍지가 있는 모양이다.」하였다.

주자(朱子) 이르기를「足敬重 이하는 모두 容之目이니 곧 이것은 (인격을) 함양(涵養)하는 본원(本原)이다.」하였다.

○曲禮에 曰 坐如尸하며 立如齊니라. (齊＝재)

〖解說〗 곡례(曲禮)에 말하기를「앉는 것을 시동(尸童) 같이 하며, 서는 것을 재계(齊戒)하는 것같이 한다.」하였다.

〔集說〕 孔氏曰 尸 居神位 坐必矜莊, 坐法 必當如尸之坐 人之倚立 多慢不恭雖不齊 亦當如祭前之齊.

【註解】 공씨(孔氏) 이르기를「시동은 신위(神位)에 앉아 있는 것으로 앉을 때에는 반드시 근엄하고 장중(莊重)하다. 앉는 법을 반드시 마땅히 시동의 앉음과 같게 하라는 것이다. 사람이 기대어 선다는 것은 방자하여 공손하지 않아서 비록 재계는 하지 않았으나 또한 마땅히 제사상의 앞에서 재계하는 것처럼 근심성이 있어야 하는 것이다.」하였다.

○少儀에 曰 不窺密하며 不旁狎하며 不道舊故하며 不戲色하며 毋拔來하며 毋報往하며 毋瀆神하며 毋循枉하며 毋測未至하며 毋訾衣服成器하며 毋身質言語니라. (拔＝발, 報＝赴)

〖解說〗 소의(少儀)에 말하기를「남의 은밀(隱密)한 데를 엿보지 말며, 널리 사람들과 친압(親狎)하지 말며, 옛 친구의 비행을 말하지 말며, 조롱하는 안색(顔色)을 짓지 말며, 급히 친근하지 말며, 급속히 소원(疏遠)하여지지 말며, 신(神)을 모독(冒瀆)하지 말며, 잘못된 일을 그대로 따르지 말며, 미래의 일을 예측하지 말며, 의복과 이미 만든

그릇을 나무라지 말며, 의문이 있는 말을 자신이 바로잡지 말 것이다.」 하였다.

〔集解〕 竊密 謂竊覘人隱密之處也 旁 泛及也 旁狎 謂泛與人褻狎也 道 言也, 道舊故 謂言故舊之非也 戲 弄也 戲色 謂嬉笑侮慢之容也. 〔集成〕 拔, 報, 皆疾也, 人來往 當有宿漸 不可猝也. 〔集說〕 朱子曰 來往 只是向背之意 此兩句 文義 猶云其就義若渴 則其去義若熱 言人見有箇好事 火急歡喜去做 這樣人 不耐久 少間 心懶意闌則速去之矣 所謂其進 銳者 其退 速也.

陳氏曰 神 不可瀆 必敬而遠之 言行過而邪枉 當改以從直 後復循襲 是二過矣 君子 以誠自處 亦以誠待人 不逆料其將然也, 未至而測之 雖中 亦僞.

陳氏曰 訾 毁其不善也 曲禮 疑事毋質與此質字 義同 謂言語之際 疑則闕之 不可自我質正 恐有失誤也.

【註解】 竊密은 남의 은밀(隱密)한 곳을 엿보는 것이다. 旁은 널리 미치는 것이다. 旁狎은 널리 사람들과 친압(親狎)하는 것이다. 道는 말하는 것이다.

道舊故는 옛 친구의 비행을 말하는 것이다. 戱는 희롱하는 것이다. 戱色은 조롱하며 웃고 업신여기며 거만한 용태를 말한다. 拔·報는 모두 빠른 것이다.

사람이 내왕(來往)하는 것이 마땅히 漸宿이 있는 것이고 갑자기 할 수 없는 것이다.

주자(朱子) 이르기를「來往은 다만 향배(向背)의 뜻이니, 이 두 구절의 글뜻이 마치 그 義에 나아가는 것을 목마른 것과 같이 한다면, 그 義를 버리는 것은 뜨거운 것같이 하는 것과 같은 것이다. 사람이 하나의 좋은 일을 보고 화급하게 기뻐서 가면 저 사람은 오래 견디지 못하는지라 얼마 안되어 마음이 게을러지고 뜻이 闌하면 빨리 버리는 것이다. 이른바 그 나아감이 예리(銳利)한 사람은 그 물러감도 빠른 것이다.」 하였다.

진씨(陳氏) 이르기를「神을 모독(冒瀆)할 수 없는 것이니 반드시 공경하여서 멀리 해야 하고, 언행(言行)이 지나쳐서 마음이 바르지 아니하면 마땅히 고침으로써 곧은 것을 좇아야 하며 뒤에 다시 구습을 좇으면 이는 두 번 허물이 된다는 것이다. 君子는 정성으로써 스스로를 처신하고, 또한 정성으로써 남을 대우하되 그 장차 그럴것이라는 것을 미리 헤아리지 않아야 하는 것이니 아직 이르지 않았는데 예측하면 비록 적중하였다 하더라도 또한 (성실한 것이 아니기 때문에) 거짓이 되는 것이다.」 하였다.

진씨(陳氏) 이르기를 「訾는 그 善하지 못함을 헐뜯는 것이다. 〈곡례(曲禮)〉에 의심나는 일은 질정(質正)하지 말라 했으니 이 質字와 더불어 뜻이 같으니 말을 할 즈음에 의심나면 파고들어 자신이 바로 잡을 수 없는 것이니 실수하여 잘못이 있을까 염려하는 것이다.」 하였다.

| ○論語에 曰 車中에 不内顧하시며 不疾言하시며 不親指러시다. |
|---|

〖解說〗 〈논어(論語)〉에 말하기를 「수레 안에서 돌아보지 않으시며 빠르게 말씀하시지 않으시며 친히 손가락으로 가리키시지 않으셨다.」 하였다.

〔集說〕 朱子曰 内顧 回視也 禮曰 顧不過轂 三者 皆失容 且惑人.

【註解】 주자(朱子) 이르기를 「内顧는 둘러보는 것이다.」 했고 禮記에 이르기를 「돌아보는 것이 수레바퀴를 벗어나지 않는다.」 하였다. 이 세 가지는 모두 용모(容貌)를 잃고 또 남을 의혹(疑惑)하는 것이다.

※ 三者→内顧・疾言・親指.

| ○曲禮에 曰 凡視上於面則敖요 下於帶則憂요 傾則姦이니라.<br>(敖＝傲) |
|---|

〖解說〗 곡례(曲禮)에 말하기를 「대개 시선(視線)이 남의 얼굴보다 위에

있으면 거만하고, 띠보다 아래에 있으면 근심이 있고, 머리를 기울여 곁눈질을 하면 간사한 것이다.」 하였다.

〔集說〕 呂氏曰 上於面者 其氣 驕 知其不能以下人矣 下於帶者 其神奪 知其憂在乎心矣 視流則容側 必有不正之心 存乎胷中矣 此 君子之所以愼也.

【註解】 여씨(呂氏) 이르기를 「시선이 얼굴보다 위에 있는 것은 그 사람의 정기(精氣)가 교만하여 그를 아랫사람으로 쓸 수 없는 것을 알 것이고, 시선이 띠의 아래에 있는 것은 그 사람의 정신이 빼앗기어 그 사람에게 근심이 마음 속에 있는 것을 알 것이며, 시선이 곁눈질로 얼굴이 기울어졌으면 반드시 부정한 마음이 있다. 가슴 속에 존재하는 것이 있는 것이니 이것을 군자가 조심해야 하는 것이다.」 하였다.

○論語에 曰 孔子於鄕黨에 恂恂如也하사 似不能言者러시다.
(恂恂=순순)

〖解說〗 〈논어(論語)〉에 말하기를 「공자께서 향당(鄕黨)에 계실 때에는 신실(信實)한 모습으로 말씀을 잘못하시는 사람 같으시었다.」

〔集說〕 朱子曰 恂恂 信實之貌 似不能言者 謙卑遜順 不以賢知 先人也 鄕黨 父兄宗族之所在 故 孔子居之 其容貌辭氣 如此.

【註解】 주자(朱子) 이르기를 「恂恂은 信實한 모습이다. 말을 잘못하는 것처럼 한다는 것은 겸허히 낮추어 겸손하고 온순하여 어짐과 아는 것으로써 남보다 앞서려고 하지 않는 것이다.」

향당(鄕黨)은 父兄과 宗族이 계신 곳이므로 孔子께서 거처하실 적에 그 거동하시는 모습과 말씀이 이와 같이 하신 것이다. ○ 五百戶를 黨, 二十五黨이 鄕이다.

| 其在宗廟朝廷하사는 便便言하시되 唯謹爾러시다. (便便=변변) |
|---|

〖解說〗 공자께서 종묘(宗廟)나 조정(朝廷)에 계셔서는 말씀이 명쾌하셨으나 오직 신중하실 뿐이셨다.

〔集說〕 朱子曰 便便 辯也 宗廟 禮法之所在 朝廷 政事之所出 言不可以不明辯 故 必詳問而極言之 但謹而不放爾.

【註解】 주자(朱子) 이르기를 「便便은 말을 잘하는 것이다. 宗廟는 예법이 있는 곳이고, 朝廷은 政事가 나오는 곳이니 말을 명백히 하지 않을 수 없는 것이다. 그렇기 때문에 반드시 자세히 물으시고 극진히 말씀하시되 다만 조심하시고 방자하시지 않으셨다.」고 하였다.

| 朝에 與下大夫言에 侃侃如也하시며 與上大夫言에 誾誾如也러시다. (侃侃=간간) |
|---|

〖解說〗「조회에 하대부와 말씀하심에 강직(剛直)한 태도이셨으며 상대부와 말씀하심에 화열(和悅)한 태도이셨다.」 하였다.

〔集說〕 朱子曰 此 君未視朝時也 王制 諸侯 上大夫 卿 下大夫五人 許氏說文 侃侃 剛直也, 誾誾 和悅而諍也.

【註解】 주자(朱子) 이르기를 「이는 임금이 조회를 보지 않는 때이다. 王制(禮記)에 諸侯에 上大夫는 卿이요, 下大夫는 다섯 사람이 있다. 許氏의 說文에 侃侃은 剛直한 것이고 誾誾은 和悅하면서 간하는 것이다.」

| ○孔子는 食不語하시며 寢不言이러시다. |
|---|

〖解說〗 공자(孔子)께서는 식사할 때에는 이야기를 않으셨으며, 잠잘

때에도 말씀을 안하셨다.

〔集說〕 朱子曰 答述曰語 自言曰言 范氏曰 聖人 存心不他 當食而食 當寢而寢 言語 非其時也.

【註解】 주자(朱子) 이르기를「대답하는 것을 語라 하고 스스로 말하는 것을 言이라 한다.」하였다.

범씨(范氏) 이르기를「성인(聖人)은 마음가짐에 딴 것이 없다. 마땅히 먹을 때에 먹고 마땅히 잠잘 때에 잠자야 하며, 말할 때는 그 때가 아니다.」하였다.

○ 士相見禮에 曰 與君言엔 言使臣하며 與大人言엔 言事君하며 與老者言엔 言使弟子하며 與幼者言엔 言孝悌于父兄하며 與衆言엔 言忠信慈祥하며 與居官者言엔 言忠信이니라.

〚解說〛 사상견례(士相見禮)에 말하기를「임금과 함께 말할 때에는 신하 부리는 일을 말하며, 경대부와 함께 말할 때에는 임금 섬기는 일을 말하며, 남의 부형(父兄)들과 함께 말할 때에는 아우와 아들 부리는 일을 말하며, 남의 아들과 아우와 함께 말할 때에는 부형(父兄)에게 효도하고 공순하는 일을 말하며, 서인(庶人)과 함께 말할 때에는 충신(忠信)과 자상(慈祥)을 말하며, 관직(官職)에 있는 사람과 함께 말할 때에는 충신(忠信)을 말한다.」하였다.

〔集說〕 陳氏曰 大人 卿大夫也, 老者 人之父兄, 幼者 人之子弟, 衆 謂庶人, 居官者 謂上士至庶人 在官者 言使臣則以禮 言事君則以忠 言使弟子則以慈愛 祥 猶善也.

【註解】 진씨(陳氏) 이르기를「大人은 卿大夫이고, 老者는 남의 父兄이고, 幼者는 남의 아들과 아우이고, 衆은 여러 사람을 말한다. 居官者는 上士로부터 庶人에 이르기까지 관직에 있는 자.

신하를 부리려면 禮로써 하는 것을 말하며, 임금을 섬기려면 충성으로써 하는 것을 말하며, 아우와 아들을 부리려면 자애로써 하는 것을 말한다.」 하였다. 祥은 善과 같은 것.

○論語에 曰 席不正이어든 不坐러시다.

〖解說〗〈논어(論語)〉에 말하기를「자리가 바르지 않으면 앉으시지 않으셨다.」하였다.

〔集說〕謝氏曰 聖人 心安於正故 於位之不正者, 雖小 不處.

【註解】사씨(謝氏) 이르기를「성인(聖人)은 마음이 바르고 편안하기 때문에 자리에 있어서의 바르지 않은 것은 비록 작은 일이지만 앉지 않으시는 것이다.」하였다.

○子見齊衰者하시고 雖狎이나 必變하시며 見冕者與瞽者하시고 雖褻이나 必以貌하시며 凶服者를 式之하시며 式負版者러시다.
(齊=자, 衰=崔, 瞽=古, 褻=屑)

〖解說〗공자께서는 상복입은 사람을 보시고 비록 친압(親狎)한 사람일지라도 반드시 변색하시며 면복(冕服)을 입은 사람과 앞못보는 사람을 보시고 비록 자주 만나는 사람일지라도 반드시 예로써 하시며 거상을 입은 사람에게도 수레의 가로대를 잡으시고 예를 하셨다.

〔集說〕齊衰 喪服, 狎 謂素親狎 變 謂變色 冕 有爵者 瞽 無目者 褻 謂燕見, 貌 謂禮貌 范氏曰 聖人之心 哀有喪 尊有爵 矜不成人, 朱子曰 車前橫木 有所敬則 俯而憑之 負版 持邦國圖籍者 式此二者 哀有喪 重民數也 人惟萬物之靈 而王者之所天也 故 周禮 獻民數於王 王, 拜受之 況其下者 敢不敬乎.

【註解】 齊衰는 喪服을 말함. 狎은 평소에 절친함을 말함. 變은 안색이 변함을 말한다. 冕은 작위(爵位)가 있는 사람.(←제복의 일종인 冕冠), 瞽는 눈이 없는 사람 즉 앞을 못보는 봉사.

褻은 한가하게 불러 보는 것.(노상 보는 사이), 貌는 禮로써 대하는 모습.(←예의에 맞는 용모)

범씨(范氏) 이르기를 「성인(聖人)의 마음은 상(喪)이 있을 때 슬퍼하고 작위가 있는 사람을 존중하며 사람이 이루지 못하는 것을 조심한다.」 하였다.

주자(朱子) 이르기를 「式은 수레의 앞에 댄 횡목(橫木)으로 공경할 바가 있으면 이에 의지하여 구부린다. 부판(負版)은 나라의 지도(地圖)와 호적(戶籍)을 가진 사람이다. 이 두 사람에게 수레의 식목(軾木)을 붙잡고 공경하는 것은 초상이 있으면 슬퍼하고 백성의 수(數)를 소중히 여긴 것이다. 사람은 오직 만물의 영장(靈長)이며 백성은 임금이 하늘로 여기는 것이다. 그러므로 주례(周禮)에 임금에게 백성의 수(壽)를 보고해 바치면 임금은 절하고서 그것을 받는다고 하니 하물며 그 밑에 있는 자가 감히 공경을 안할 수 있겠는가.」 하였다.

○禮記에 曰 若有疾風迅雷甚雨어든 則必變하여 雖夜나 必興하여 衣服冠而坐니라. (迅=信)

〚解說〛 〈예기(禮記)〉에 말하기를 「만약 빠른 바람과 날랜 번개와 심한 비가 있거든 반드시 얼굴빛을 변하여 비록 밤중이라도 반드시 일어나서 의복과 관을 정제(整齊)하고 앉아야 하느니라.」 하였다.

〔集說〕 陳氏曰 迅 疾也, 變 謂變其容色, 興 起也, 必變 必興 皆所以敬天之怒.

【註解】 진씨(陳氏) 이르기를 「迅은 빠른 것이다. 變은 그 얼굴빛을 변하는 것을 말한다. 興은 일어나는 것이다. 반드시 얼굴빛을 변하고 반드시 일어나는, 이것은 다 하늘의 노여움을 조심하는 것이다.」

○論語에 曰 寢不尸하시며 居不容이러시다.

〖解說〗〈논어(論語)〉에 말하기를 「공자께서는 주무실 적에 시체처럼 눕지 않으시며, 집에 계실 적에는 용의(容儀)를 갖추시지 않으셨다.」 하였다.

〔集說〕 朱子曰 尸 謂偃臥似死人也, 居 居家, 容 容儀, 范氏曰 寢不尸 非惡其類於死也, 惰慢之氣 不設於身體 雖舒布其四體 而亦未嘗肆耳 居不容 非惰也, 但不若奉祭祀見賓客而已 申申 夭夭 是也.

【註解】 주자(朱子) 이르기를 「尸는 반듯이 누워서 죽은 사람과 같이 함을 말한다.

居는 집에 거처함이고, 容은 얼굴을 꾸미는 것이다.

범씨(范氏) 이르기를 「공자께서 주무실적에 시체와 같지 않으셨다는 것은 죽음에 있는 그 유(類)와 같이 보기 싫게 하지 않음이다. 이것은 게으르고 해이(解弛)한 기운이 몸에 생기지 않게 함이다. 잠잘 때에는 비록 그 몸 전신(全身)에 베를 펴서 덮는 것이지만 또한 아직 덮지 아니한 상태를 말하는 것 뿐이다. 집에 있을 때에 용의(容儀)를 갖추지 않는 것이 게을러 그런 것이 아니다. 다만 제사를 받들거나 빈객(賓客)을 접견할 때에는 그렇지 않을 뿐이고, 한가하고 안색이 온화한 모양(←申申・夭夭)이 이것이다.」 하였다.

○子之燕居에 申申如也하시며 夭夭如也러시다.

〖解說〗 공자께서 한가하게 계실적에는 마음이 온화하시며 안색이 즐거운 듯하셨다.

〔集說〕 朱子曰 燕居 閑暇無事之時, 楊氏曰 申申 其容舒也, 夭夭 其色愉也 程子曰 今人 燕居之時 不怠惰放肆 必太嚴厲 唯聖人 便自有中和之氣.

【註解】 주자(朱子) 이르기를 「燕居는 한가하고 일이 없을 때.」라 했다.
양씨(楊氏) 이르기를 「申申은 그 얼굴을 편 것이요, 夭夭는 그 안색(顔色)이 즐거워하는 것이다.」 하였다.
정자(程子) 이르기를 「지금 사람은 한가로이 있을 때에는 게으르거나 방자하지 않으면 반드시 너무 지나치게 엄숙하였다. 그러나 오직 성인(聖人)은 문득 스스로 중화(中和)의 기운이 있을 뿐이다.」 하였다.

| ○曲禮에 曰 並坐不橫肱하며 授立不跪하며 授坐不立이니라. |
|---|

〖解說〗 곡례(曲醴)에 말하기를 「남과 나란히 앉았을 때에는 팔을 옆으로 펴지 말아야 하며 서있는 이에게 무엇을 줄 때에는 꿇어 앉아서 주지 않으며 앉은 이에게 무엇을 줄 때에는 서서 주지 않는다.」 하였다.

〔集說〕 陳氏曰 橫肱則妨並坐者 不跪 不立 皆謂不便於受者.

【註解】 진씨(陳氏) 이르기를 「팔을 옆으로 펴면 나란히 앉은 사람에게 방해가 된다. 꿇어 앉아서 주지 않고 서서 주지 않는 것은 다 받는 사람에게 불편을 주지 않기 위함이다.」라고 하였다.

| ○入國不馳하며 入里必式이니라. |
|---|

〖解說〗 나라의 도성(都城)에 들어가면 수레나 말을 달리지 않으며, 마을에 들어갈 때에는 반드시 읍(揖)을 할 것이다.

〔集說〕 陳氏曰 入國不馳 恐車馬 躪呇轢人也, 馬氏曰 石慶 入里門 不下車 而其父, 責之 張湛 望里門則步 而君子多之則 入里必式者 父母國之道也.

【註解】 진씨(陳氏) 이르기를「나라의 도성에 들어가면서 달리지 않는 것은 수레나 말이 사람을 덮쳐 유린할까 염려함이다.」

마씨(馬氏) 이르기를「석경(石慶)이란 사람은 마을 문에 들어갈 때 수레에서 내리지 않았다가 자기의 아버지에게 질책을 받았고, 장잠(張湛)이란 사람은 마을 문이 바라보이는 곳에서, 수레에서 내려 마을 문을 걸어 들어갔었을 때 군자(君子)가 많이 모이어 있어 그들에게 읍하였다. 마을에 들어가서 반드시 읍(揖)한다는 것은 부모의 고향에 대한 도리이다.」하였다.

○少儀에 曰 執虛하되 如執盈하며 入虛하되 如有人이니라.

〖解說〗 소의(少儀)에 말하기를「빈그릇을 잡되 가득찬 그릇을 잡는 것처럼 하며, 빈 방에 들어 가되 사람이 있는 방에 들어가는 것처럼 할 것이다.」하였다.

〖集說〗 陳氏曰 執虛器 如執盈滿之器 入虛室 如入之室 敬心 常存也.

【註解】 진씨(陳氏) 이르기를「빈그릇 잡는 것을 가득찬 그릇을 잡는 것처럼 하고, 방에 들어가는 것을 사람이 들어있는 방에 들어가는 것처럼 한다는 것은 공경하는 마음이 언제나 있는 것이다.」하였다.

○禮記에 曰 古之君子必佩玉하니 右徵角하고 左宮羽하여,
(徵＝치)

〖解說〗 〈예기(禮記)〉에 말하기를「옛날의 군자(君子)들은 반드시 허리에 옥을 찼는데, 오른쪽에는 치(徵)와 각(角)을 차고, 왼쪽에는 궁(宮)과 우(羽)를 찼다.」

〖集說〗 陳氏曰 徵·角·宮·羽 以玉聲所中, 言也 徵爲事 角爲民 故

在右 右爲動作之方也, 宮爲君 羽爲物 君道宜靜 物道宜積 故 在左 左乃無事之方也, 不言商者 或以西方肅殺之音故 遺之歟.

**【註解】** 진씨(陳氏) 이르기를 「치(徵) · 각(角) · 궁(宮) · 우(羽)는 옥소리로써 맞추기 때문에 말한 것이다. 치(徵)는 일을 위한 것이고, 각(角)은 백성을 위한 것이다. 그렇기 때문에 오른쪽에 있어 동작(動作)하는 방향이 되고, 궁(宮)은 임금을 위한 것이고, 우(羽)는 物을 위한 것이니, 君道는 마땅히 靜해야 하고 物道는 마땅히 쌓아야 하기때문에 왼쪽에 있어 왼쪽에는 일이 없는 방향이다. 商을 말하지 않은 것은 혹 西方이 肅殺의 소리가 아닌가 생각되기 때문에 빠뜨린 것이 아닌가.」 하였다.

| 趨以采齊하고 行以肆夏하며 周還中規하고 折還中矩하며 進則揖之하고 退則揚之하나니 然後에 玉瑲鳴也니 故로 君子在車 則聞鸞和之聲하고 行則鳴佩玉하나니 是以로 非辟之心이 無自入也니라. (齊=자, 還=선) |
|---|

**〖解說〗**「(정당(正堂)의 문 밖에서) 빠른 걸음으로 걸어 갈 때에는 채자(采齊)의 (시편을 노래하여 박자를 맞추고) 마루에 올라갈 때에는 사하(肆夏)의 (시편을 노래하여 박자를 맞추었으며) 둥글게 돌아가는 맵시는 규(規)에 맞춘 것처럼 원을 그리고, 좌우로 꺾어서 걸을 때에는 구(矩)에 맞춘 것처럼 직각을 그리며, 앞으로 나아갈 때에는 조금 몸을 굽혀서 패옥(佩玉)이 앞으로 보이게 하고, 뒤로 물러날 때에는 약간 몸을 들어서 패옥이 뒤에 보이게 하나니. 그렇게 돌고 꺾고 나아가고 물러나는 것이 절도에 맞게 된 뒤에라야 패옥은 쟁그랑쟁그랑 하고 울린다. 그러므로 군자는 수레에 타고 있으면 난령(鸞鈴)과 화령(和鈴)의 소리를 듣고 걸어다니면 패옥 소리가 울린다. 이로써 편벽된 마음이 생길 여지가 없다.」 하였다.

**〔集解〕** 采齊, 肆夏 皆詩篇名 規者, 爲圓之器也 矩者 爲方之器也, 朱

子曰 周旋 是直去却回來 其回轉處 欲其圖如規也 折旋 是直去了 復橫去 其橫轉處 欲其方如矩也, 陳氏曰 趨時 歌采薺之詩 以爲節 行時 歌肆夏之詩 以爲節 進而前則其身 略俯如揖然 退而後則其身微仰 故曰揚之 進退俯仰 皆得其節 故 佩玉之鳴 瑲然可聽也 鸞和 鈴也 方氏曰 心內也 而言入 何哉 盖心雖在內 有物探之而出 及其久也 則與物俱入 故以入言焉.

**【註解】** 채자(采薺)와 사하(肆夏)는 모두 시전(詩傳) 篇이름이다. 規는 원을 그리는 기구이다. 矩는 모난 것을 그리는 기구이다.

주자(朱子) 이르기를 「주선(周旋)은 곧게 가서 돌아오는 것이며, 그 회전한 곳이 둥근 것은 規처럼 하려고 하는 것이다. 절선(折旋)은 곧게 갔다가 다시 옆으로 가서 그 옆으로 회전한 곳이 矩처럼 하려는 것과 같은 것이다.」 하였다.

진씨(陳氏) 이르기를 「빠른 걸음으로 갈 때에 채자(采薺)의 詩를 노래하여 절도를 삼고 정당(正堂)에 오를 때에는 사하(肆夏)의 詩를 노래하여 절도를 삼으니 앞으로 나아갈 때에는 몸을 약간 구부려 읍하는 듯이 하였고, 뒤로 물러날 때에는 몸을 약간 들었다. 그래서 玉이 드러났다. 진퇴(進退)와 부앙(俯仰)에는 절도(節度)가 있어서 패옥(佩玉)이 울리는데 쟁그렁하여 들을만 하였다.」고 하였다. 鸞和는 방울이다.

방씨(方氏) 이르기를 「마음 속에 말이 들어간다. 함은 무엇인가 대개 마음은 비록 속에 있을지라도 사물이 있으면 찾아서 나왔다가 오래 되면 사물과 함께 모두 마음 속으로 들어간다. 그러므로 말이 마음 속으로 들어간다고 하였다.」고 하였다. ○ 徵·角·宮·羽·商은 옛날의 五音階이다. 宮은 땅의 소리. 商은 쇠소리. 角은 나무소리. 徵는 불이 타는 소리. 羽는 물소리이다. ○ 鸞은 수레의 멍에에 다는 방울이고, 和는 수레 앞 가로대 나무에 다는 방울로 수레가 나아가면 두 방울 소리가 화음이 되어 들린다. 君子의 마음을 정화(精化)한다 하더라.

○射義에 曰 射者는 進退周還을 必中禮니 內志正하고 外體直

然後에 持弓矢審固하고 持弓矢審固然後에 可以言中이니 此可以觀德行矣이라. (還=선)

〖解說〗 사의(射義)에 말하기를 「활을 쏜다는 것은 진퇴(進退)와 주선(周還)이 반드시 사(射)의 예법에 맞아야 한다. 안으로 뜻이 바르고 밖으로 신체가 곧은 연후라야 활과 화살을 잡는 것이 정확하고 굳게 할 수 있고, 활과 화살을 잡는 것이 정확하고 굳은 연후라야 맞추는 것을 말할 수 있다. 이것으로써 그 사람의 덕행(德行)을 볼 수 있을 것이다.」 하였다.

〔集說〕 吳氏曰 射義 禮記篇名 進退者 升降之節 周還者 揖讓之容 中體 合乎 射之禮節也 內志正然後 持弓矢審 外體直然後 持弓矢固 唯固也 故其力能至 唯審也 故其巧能中 於此而觀 則其德行 可見矣.

【註解】 오씨(吳氏) 이르기를 「사의(射義)는 禮記의 篇이름이다. 진퇴(進退)라는 것은 (활을 쏠 때에 마루에) 오르고 내리는 예절이고, 주선(周還)이라는 것은 읍(揖)하고 사양(辭讓)하는 모습이며, 중예(中禮)는 활쏘는 예절이 적합한 것이다. 안으로 뜻이 바른 연후라야 활과 살을 잡는 것이 정확하고, 신체가 곧은 연후라야 활과 살을 잡는 것이 굳다. 오직 굳기 때문에 그 힘이 능히 이를 수 있고, 오직 정확하기 때문에 그 재주가 능히 맞출 수 있다. 이에 있어 살펴보면 그 덕행(德行)은 볼만한 것이다.」 하였다.

○ 上은 明威儀之則하니라.

○ 상은 위의(威儀)의 법칙을 밝힌 것이라.

**明衣服之制**(1장~7장)

士冠禮에 始加할새 祝曰 令月吉日에 始加元服하노니 棄爾幼志하고 順爾成德하면 壽考維祺하여 介爾景福하리라. (冠=관)

〖解說〗 사관례(士冠禮)에 빈(賓)이 처음으로 치포관(緇布冠)을 씌워주고 축사하여 말하기를 「좋은 달 좋은 날에 처음으로 원복(元服)을

씌워 주노니 너의 어린 마음을 버리고 너의 덕(德)을 순성(順成)하면 장수(長壽)할 상서이어서 너의 큰 복을 크게 하리라.」 하였다.

〔集解〕 士冠禮 儀禮篇名 禮 男子 二十而冠 將冠則筮日 筮賓 及冠則有三加之禮也 始加 用緇布冠 祝者 賓所祝之辭也 令·吉·皆善也 元服 首服也 幼志 童心也 祺 祥也 介, 景, 皆大也 言 當月日之善 加爾首服 爾當棄其童幼之心 順成爾德 則必有壽考之祥 而大受其大福矣.

**【註解】** 사관례(士冠禮)는 의례(儀禮)의 篇名이다. 禮에 男子가 二十세가 되면 갓(冠)을 쓰는 것이니, 갓(冠)을 쓰려면 날자를 점치고 賓을 점치고, 冠禮하는 날에 미쳐서는 三加의 禮가 있는 것이다. 처음에 씌워주는 것은 치포관(緇布冠)을 사용한다. 祝은 賓이 축하하는 말이다. 令과 吉은 다 좋은 것이다. 元服은 첫옷이다. 幼志는 어린 마음이다. 祺는 상서(祥瑞)의 뜻이다. 介와 景은 모두 큰 것이다. 달과 날의 좋음을 당하여 너에게 元服을 입히노니 너는 마땅히 너의 어린 마음을 버리고 너의 덕(德)을 순성(順成)하면 반드시 장수(長壽)할 상서가 있어서 큰 福을 크게 받는 것이 있을 것이라는 것을 말한 것이다.

| 再加할새 曰, 吉月令辰에 乃申爾服하노니 敬爾威儀하여 淑愼爾德이면 眉壽萬年하여 永受胡福하리라. |
|---|

〚解說〛 두 번째로 피변(皮弁)을 씌워 주고서 축사하여 말하기를「좋은 달 좋은 때에 이에 너의 관복(冠服)을 거듭 씌워 주노니 너의 위의(威儀)를 조심하여 너의 덕행(德行)을 잘 삼가면 눈썹이 길게 장수하기를 만년(萬年)을 하여 먼 복을 길이 받을 것이다.」 하였다.

〔集說〕 陳氏曰 再加用皮弁 辰 時也 申 重也 有威而可畏 謂之威 有儀而可象 謂之儀 淑 善也 眉壽 老人 以秀眉 爲壽徵也 胡 猶遐也 言 當時月之吉 重加爾服 爾當敬爾威儀 而善謹爾德 則必有眉壽萬年 而永享遐福矣.

【註解】 재가(再加)에는 피변(皮弁)을 사용한다. 辰은 때이다. 申은 거듭하는 것이다. 위엄이 있어서 두려움직 함을 威라 이르고, 의용(儀容)이 있어서 본받음직 함을 儀라 이른다. 淑은 잘함이다. 眉壽는 老人의 빼어난 눈썹으로 長壽할 징조이다. 胡는 遐와 같다. 때와 달의 좋음을 당하여 거듭 너에게 옷을 입히노니 너는 마땅히 너의 威儀를 조심하여 잘 너의 덕행(德行)을 삼가하면 반드시 萬年을 眉壽함이 있어서 길이 큰 복을 누리리라고 말한 것이다.

三加할새 曰 以歲之正과 以月之令에 咸加爾服하나니 兄弟具在하여 以成厥德하면 黃耇無疆하여 受天之慶하리라.

〖解說〗 세 번째로 작변(爵弁)을 씌워 주면서 축사하여 말하기를「해의 좋음과 달의 좋음으로써 너의 관복을(冠服)을 죄다 씌워 주노니, 형제가 모두 건재(健在)하여 이로써 그 덕을 성취하면 황구(黃耇)가 되기까지 끝없는 하늘의 복경(福慶)을 받을 것이다.」하였다.

〔集說〕 吳氏曰 三加用爵弁, 正 猶善也 咸 悉也 黃 謂髮白以變 黃耇 老人面 凍梨色 如浮垢 皆壽徵也 無疆 猶言無窮也 言 當歲月之正 悉加爾以三者之服 當爾兄弟無故之時 以成就其德 爾德旣成 則必有無窮之壽 而受天之福慶矣.

【註解】 오씨(吳氏) 이르기를「三加에는 爵弁을 사용한다. 正은 善과 같다. 咸은 모두이다. 黃은 머리털이 희었다가 변하여 누렇게 되는 것이고, 黃耇는 老人의 얼굴이 얼은 배의 빛깔 같고 뜬 때처럼 된 것으로 모두 오래 살 징조이다. 無疆은 無窮과 같은 말이다. 해와 달의 좋음을 당하여 모두 너에게 세 가지 冠服을 입히노니 너는 형제가 無故한 때를 당하여 그 덕을 성취해야 하는 것이며, 너의 덕이 이루어지면 반드시 無窮한 壽가 있어서 하늘의 福慶을 받으리라는 것을 말한 것이다.

※ 始加(시가)는 관례(冠禮)를 거행할 적에 빈(賓)이 관례자에게 맨 처음에 치포관(緇布冠)을 씌워주는 것.

再加(재가)는 관례에 있어 빈(賓)이 관례자에게 두 번째로 피변(皮弁)을 씌워주는 것.

三加는 빈(賓)이 관례자에게 세 번째로 작변(爵弁)을 씌워주는 일.

緇布冠(치포관)은 검정베로 만든 갓으로 관례를 행할 때에 첫 번째로 씌워 주는 것.

皮弁(피변)은 사슴의 가죽으로 만든 갓. 조정에 출사(出仕)할 때에 쓰며 관례 때에 두 번째로 씌웠던 갓.

爵弁(작변)은 갓의 일종으로 관례 때에 세 번째로 씌워주었던 갓. 면류관(冕旒冠)과 비슷하되 술이 없음.

元服(원복)은 관례 때에 빈(賓)이 관례자에게 첫 번째로 씌워주는 관복.

○曲禮에 曰 爲人子者父母存이어시든 冠衣를 不純素하며 孤子當室하여는 冠衣를 不純采니라. (純＝준)

〖解說〗 곡례(曲禮)에 말하기를 「남의 아들된 자는 부모가 생존해 계시면 갓과 옷을 흰 것으로 서두르지 않으며, 아버지를 여윈 아들로서 아버지의 뒤를 이은 자는 비록 상기(喪期)가 끝났어도 갓과 옷을 채색으로 서두르지 않는다.」 하였다.

〖集說〗 孔氏曰 冠純 冠飾也 衣純 領緣也, 呂氏曰 當室 謂爲父後者 不純采者 雖除喪 猶純素也 惟當室者 行之 非當室者 不然也.

【註解】 공씨(孔氏) 이르기를 「冠純은 갓을 꾸미는 것이고, 衣純은 옷깃에 선을 두르는 것이다.」 하였다.

여씨(呂氏) 이르기를 「當室은 아버지의 뒤를 이은 사람을 말한다. 채색으로 서두르지 않는다는 것은 비록 상기(喪期)를 끝냈다 하더라도 흰선을 두르는 것과 같으니 오직 當室者가 行하는 것이며 當室하지 않는 자는 그렇지 않다.」 하였다.

○論語에 曰 君子는 不以紺緅로 飾하시며 紅紫로 不以爲褻服이러시다. 當暑하셔야 袗絺綌을 必表而出之러시다.
(紺＝감, 緅＝추, 袗＝진, 絺＝치, 綌＝격)

〖解說〗〈논어(論語)〉에 말하기를「군자는 감색(紺色)과 추색(緅色)으로써 꾸미지 아니하시며, 붉은 빛과 자주빛으로써 평복을 만들지 않으셨다. 더운 때를 당하셔야 홑옷의 가는 갈포, 거친 갈포옷을 입고 반드시 겉옷을 입고서 외출하셨다.」하였다.

〔集說〕朱子曰 君子 謂孔子, 紺 深青揚赤色 齊服也 緅 絳色 三年之喪 以飾練服者 飾 領緣也 紅紫 間色 不正 且近於婦人女子之服也 褻服 私居服也 言此則不以爲朝祭之服可知, 袗 單也 葛之精者曰絺 麤者曰綌 表而出之 謂先著裏衣 表絺綌而出之於外 欲其不見體也.

【註解】주자(朱子) 이르기를「君子는 孔子를 말한다. 紺은 짙게 푸르러 붉은 빛깔을 띠므로 자복(齊服)이라 했으며, 緅는 검붉은 빛(絳色)이니 三年喪에 연복(練服)으로 꾸미는 빛이다. 飾은 옷깃과 단을 꾸미는 것이다.

紅色과 紫色은 間色이어서 正色이 아니며, 또 婦人과 女子의 옷에 근사하다.

褻服은 사사로이 있을 때에 입는 옷이다. 이렇게 말했으니 朝服과 祭服으로 사용하지 않았음을 알 수 있다. 袗은 홑옷이다. 葛布의 정밀한 것을 絺라 하고 거친 것을 綌이라 한다. 表而出之는 먼저 속옷을 입고 겉에 絺綌을 입어서 밖에 드러내는 것이니 그 몸을 나타내지 않고자 하는 것이다.」하였다.

○去喪하사는 無所不佩러시다.

〖解說〗상복(喪服)을 벗으시고서는 차지 않는 바가 없으셨다.

〔集說〕 朱子曰 君子 無故 玉不去身 觿礪之屬 亦皆佩也.

【註解】 주자(朱子) 이르기를「君子는 연고가 없으면 패옥을 몸에서 제거하지 않으니, 뿔송곳과 숫돌 등속도 모두 몸에 차는 것이다.」하였다. ○ 去喪(거상)은 상기(喪期)를 마침. 탈상(脫喪).

| ○孔子는 羔裘玄冠으로 不以吊러시다. |
|---|

〚解說〛 공자(孔子)께서는 검은 염소의 갖옷이나 검은 갓으로써 조상(吊喪)하지 아니하시더라.

〔集註〕 陳氏曰 羔裘 用黑羊皮爲之 玄 黑色 朱子曰 喪主素 吉主玄 吊必變服 以哀死.

【註解】 진씨(陳氏) 이르기를「羔裘는 검은 염소 가죽을 써서 만든다. 玄은 黑色이다.」했고, 주자(朱子) 이르기를「상(喪)에는 흰옷을 주로 하고, 吉事에는 검은옷을 주로 하는 것이니 조문할 때에는 반드시 옷을 바꾸어 입고 죽음을 애도(哀悼)하는 것이다.」하였다.

| ○禮記에 曰 童子는 不裘不帛하며 不屨絇니라.(屨＝句, 絇＝劬) |
|---|

〚解說〛〈예기(禮記)〉에 말하기를「어린 아이는 갖옷과 명주옷을 입히지 않으며 신코를 꾸미지 않을 것이다.」하였다.

〔集說〕 不裘不帛 爲太溫也 絇 即屨頭之綦 用以爲行戒者 不屨絇 未習行戒也.

【註解】 갖옷과 명주옷을 입히지 않는 것은 너무 따뜻해서이다. 絇는 곧 신머리의 끈이니 다는 데에 경계함을 위해 쓰임으로써 不屨絇는

다니는 데에 경계함을 익히지 못한 것이다.

○孔子曰 士志於道而恥惡衣惡食者는 未足與議也니라.

〖解說〗 공자(孔子)께서 말씀하시기를「선비가 道에 뜻을 두고 나쁜 옷과 나쁜 음식을 부끄러워하는 것은 아직 더불어 의논할 자격이 없다.」 하셨다.

〔集解〕 朱子曰 心欲求道, 而以口體之奉 不若人 爲恥 其識趣之卑陋甚矣, 何足與議於道哉 愚 謂惡衣 謂麤舊衣服 惡食 謂疏食菜羹之類 漢志 謂學以居位曰士 然 四民中 有志於學者 亦得稱爲士也, 夫衣取蔽形 食取充腹 貴賤上下 各有其制 士之仕者 列於公卿大夫後 其祿俸 有限 未仕者 所入 豈能豐洽 恥惡衣惡食 而欲求華麗甘肥 以徇時濟欲 其不至於昧天理 喪廉恥 取非義以充之者 幾希矣 故 先儒謝氏 有曰恥惡衣惡食 學者之大病 善心不存 盖原於此 嗚呼 有志爲士者 尚其戒哉.

【註解】 주자(朱子) 이르기를「마음으로 道를 求하고 싶어 하면서 이로써 입과 몸을 받드는 것은 사람답지 못한 것으로 부끄러움을 삼는다면 그 식견이나 취미의 비루함이 심하다. 어찌 족히 더불어 道에 대하여 의논할 수 있겠는가? 주자(朱子←愚)는 이르기를「惡衣는 거칠고 헌 의복을 말하는 것이고, 惡食은 거친 밥과 나물국의 類를 말하는 것이다. 漢志에 학덕이 있음으로써 벼슬자리에 있는 것을 선비라 이른다.

그러나 四民(士·農·工·商) 가운데 학문에 뜻을 둔 자를 또한 선비라 말할 수 있다. 대개 옷은 몸 가리는 것을 취하고, 음식은 배부른 것을 취하는 것이니 貴賤의 上下에는 각각 그 제도가 있다. 선비로 벼슬한 자는 公卿과 大夫의 뒤에 서열이 되어서 그 祿俸도 한계가 있으며 벼슬하지 못한 자로서는 수입이 어찌 풍족하고 흡족하겠는가.

이에 惡衣와 惡食을 부끄러워 하면서 화려한 옷이나 입고 맛있고 기름진 음식을 구하려 함으로써 때에 따라 욕심을 채운다면 그 天理에 어둡고 廉恥를 잃고 義가 아닌 것을 취하여 충족하려는 자는 거의 없을 것이다. 그러므로 先儒 謝氏는 「惡衣와 惡食을 부끄러워 하는 것을 學者의 큰 病이니 착한 마음이 없는 것은 대개 이에 원인한다.」 하였다. 아! 뜻이 있는 선비된 자가 오히려 그를 경계해야 할 것이다.」 하였다.

○ 上은 明衣服之制하니라.

○ 상은 의복의 제도를 밝힘이라.

明飮食之節(1장～6장)

○曲禮에 曰 共食不飽하며 共飯不澤手하며 毋摶飯하며 毋放飯하며 毋流歠하며, (摶＝단, 歠＝철)

〖解說〗 곡례(曲禮)에 말하기를 「남과 함께 음식을 먹을 때에는 배부르도록 먹지 말아야 하며, 남과 함께 밥을 먹을 때에는 손을 적시지 말아야 하며, 밥을 뭉치지 말며 밥 숟가락을 크게 뜨지 말며 물마시듯 들이마시지 말아야 한다.」

〔集解〕 食者 所食 非一品 飯者 止飯而已 共食而求飽 非讓道也. 〔集成〕 張子曰 不澤手 必有物以取之 不使濡其手. 〔集解〕 取飯作摶 則易得多 是欲爭飽也 放飯 大飯也 流歠 長飮也.

【註解】 食은 먹는 것으로 한가지 음식을 말하는 것이 아니다. 飯은 밥에 그칠뿐이다. 함께 먹으면서 배부름을 구하는 것은 사양하는 도리가 아니다.

張子는 이르기를 「不澤手는 반드시 음식물이 있어서 가져가는 것이니 그 손을 물에 젖게 하지 않는 것이다.」 하였다. 밥을 떠가는데 뭉치면 쉽게 많이 얻는 것이니 이는 다투어 배불리려고 하는 것이다. 放飯은 밥 숟갈이 큰 것이다. 流歠은 길게 쭈욱 마시는 것이다.

毋咤食하며 毋齧骨하며 毋反魚肉하며 毋投與狗骨하며 毋固獲

하며, (咤＝타, 齧＝설)

〖解說〗 음식에 혀차지 말며, 뼈를 깨물어 먹지 말며, 먹던 고기를 그릇에 놓지 말며, 개에게 뼈를 던져주지 말며, 어떤 것을 굳이 먹으려 하지 말아야 한다.

〔集說〕 陳氏曰 咤食 謂當食而叱咤, 孔氏 謂以舌 口中作聲 毋咤 恐似於氣之怒也 毋齧 嫌其聲之聞也, 毋反魚肉 不以所餘 收於器 鄭氏 云 謂已歷口 人所穢也 毋投與狗骨 不敢賤主人之物也 固獲 謂必欲取之也.

**【註解】** 진씨(陳氏) 이르기를「咤食은 음식을 대해서 혀차는 것을 말한다.」했고, 공씨(孔氏)는「혀로써 입속에서 소리를 내는 것이니, 혀차지 말라는 것은 기분 나빠하는 것같을까 염려하는 것이다. 毋齧은 그 소리가 듣기 싫은 것이다. 毋反魚肉은 먹던 나머지로써 그릇에 도로 놓지 말라는 것이다.」하였다.

정씨(鄭氏) 이르기를「이미 입에 닿았던 것은 남이 더럽게 여기는 것이다. 毋投與狗骨은 敢히 主人의 음식물을 천하게 여기는 것이다. 固獲은 반드시 取하려는 것을 말한다.」하였다.

毋揚飯하며 飯黍毋以箸하며 毋嚃羹하며 毋絮羹하며 毋刺齒하며 毋歠醢니 客이 絮羹이어든 主人이 辭不能亨하고 客이 歠醢어든 主人이 辭以窶하며, (嚃＝탑, 絮＝처, 刺＝戚, 歠＝철, 醢＝해, 亨＝팽, 窶＝구)

〖解說〗 밥을 헤젓지 말며, 기장밥을 젓가락으로 먹지 말며, 나물국을 국물만 들이마시지 말며, 국에 조미(調味)하지 말 것이며, 이를 쑤시지 말며, 젓국을 마시지 말며, 손(客)이 국에 간을 맞추거든 주인은 맛있게 잘 끓이지 못하였다고 사과의 말을 하고 손이 젓국을 마시거든 주인은 가난하여 잘 조미하지 못하여 맛이 없다고 사과의 말을 한다.

〔集解〕揚 謂散其熱氣 嫌於欲食之急也 毋以箸 貴其匕之便也, 陳氏曰 羹之有菜 宜用挾領 不宜以口 嚃取食之也 絮 就器中調和也 口容止 不宜以物 刺於齒也 醢宜醎 歠之 以其味淡也 客 或有絮羹者 則主人 以不能烹飪 爲辭 客 或有歠醢者 則主人 以貧窶乏味 爲辭.

【註解】揚은 그 熱氣를 식히는 것이니 먹는 것을 급히 하려는 혐의를 받는 것이다. 毋以箸는 그 숟가락의 편리함을 귀하게 여기는 것이다.

진씨(陳氏) 이르기를 「국에 나물이 있는 것은 젓가락을 쓰는 것이 마땅하고 입으로 들이마시는 것은 마땅치 않은 것이다. 絮는 그릇에 나온 음식의 간을 맞추는 것이다. 입의 용모는 조용해야 하는 것이니 물건으로 이를 쑤시는 것은 마땅치 않다. 젓갈은 마땅히 짜야 하는 것이니 마시는 것은 그 맛이 싱겁다는 것이다. 손(客)이 혹 국에 간을 맞추는 것이 있으면 主人은 국을 잘 끓이지 못했다고 함으로써 사과의 말을 하고, 손(客)이 혹 젓갈을 마시는 이가 있으면 主人은 가난해서 맛이 없게 했다고 함으로써 사과의 말을 한다.」 하였다.

> 濡肉은 齒決하고 乾肉은 不齒決하며 毋嘬炙니라.
> (乾＝간, 嘬＝최, 炙＝자)

〖解說〗「젖은 고기는 이로 끊고 마른 고기는 이로 끊지 않으며 불고기를 한입에 먹지 말 것이다.」 하였다.

〔集說〕陳氏曰 濡肉 殽胾之類 乾肉 脯脩之類 決 斷也 不齒決 則當治之以手也 孔氏曰 火灼曰炙 一擧而併食曰嘬 是貪食也.

【註解】수육(濡肉)은 효자지류(殽胾之類)이고 간육(乾肉)은 포수지류(脯脩之類)이다.

決은 자르는 것이다. 이로 뜯지 않으면 마땅히 손으로 뜯어야 할 것이다.

공씨(孔氏) 이르기를 「불에 굽는 것을 炙라 한다. 한번 들어서 한입에 먹는 것을 嚵라고 하는 것이니 이는 음식을 탐내는 것이다.」 하였다.

○少儀에 曰 侍食於君子 則先飯而後已니 毋放飯하며 毋流歠하며 小飯而亟之하며 數噍하여 毋爲口容이니라. (數＝삭, 噍＝초)

〖解說〗 소의(小儀)에 말하기를 「군자를 모시고 음식을 먹을 때에는 군자보다 먼저 밥을 먹기 시작하고 군자보다 뒤에 그칠 것이다. 밥 숟가락을 크게 뜨지 말며 물마시듯이 들이 마시지 말며 밥 숟가락을 작게 떠서 빨리 먹으며 자주 씹어서 입을 크게 움직이지 말것이다.」 하였다.

〔增註〕 君子 三達尊之稱. 〔集說〕 陳氏曰 先飯 猶嘗食之禮也 後已 猶勸食之意也 放飯 流歠 見前 小飯則無噦噎之患 亟之 謂速咽下 備或有見問之言也 數噍 毋爲口容 言 數數嚼之 不得弄口以爲容也.

【註解】 君子는 삼달존(三達尊←조정에서는 작위(爵位), 향당(鄕黨)에서는 연령, 사회에서는 덕(德)을 지녀 그로 道하는 사람)의 일컬음.

진씨(陳氏) 이르기를 「밥을 먼저 먹기 시작한다는 것은 음식을 맛보는 禮와 같은 것이다. 뒤에 그친다는 것은 음식을 권하는 뜻과 같은 것이다.

放飯과 流歠은 앞장에서 보라. 밥을 조금씩 떠먹으면 딸꾹질이나 목이 메일 걱정이 없는 것이다. 자주하는 것은 빨리 삼키는 것이니 혹 보고 묻는말이 있을까 대비하는 것이다. 자주 씹어서 입놀림을 하지 말라는 것은 자주 자주 씹어서 말이 많은 입놀림을 하지 못하게 하는 것이다.」 하였다.

○論語에 曰 食不厭精하시며 膾不厭細하시며, (食＝似)

〖解說〗 〈논어(論語)〉에 말하기를 「밥은 희게 대낀 것을 싫어하지 않

으셨으며, 회(膾)는 잘게 썬 것을 싫어하지 않으셨다.」

〔集說〕 朱子曰 食 飯也 精 鑿也 牛羊與魚之腥 聶而切之 爲膾 食精則能養人 膾麤則能害人 不厭 言以是善 非謂必欲如是也.

【註解】 주자(朱子) 이르기를 「食는 밥이다. 精은 희게 대낀 것이다. 牛羊과 魚의 날고기는 저며 썰어놓은 것을 膾라고 한다. 밥이 精白하면 능히 사람을 滋養하고, 膾가 거칠면 능히 사람을 해치는 것이다. 싫어하지 않는다는 것은 이것을 좋다고 말한 것이지 반드시 이와 같이 하고 싶어하는 것을 말하는 것은 아니다.」고 하였다.

| 食饐而餲와 魚餒而肉敗를 不食하시며 色惡不食하시며 臭惡不食하시며 失飪不食하시며 不時不食하시며. (食=似, 饐=예, 餲=애, 餒=뇌, 飪=임) |
|---|

〖解說〗 밥이 쉬어서 맛이 변한 것과 생선이 문드러지고 고기가 썩은 것을 잡수시지 않으셨으며, 빛깔이 나쁜 것을 잡수시지 않으셨으며, 냄새가 나쁜 것을 잡수시지 않으셨으며, 잘 익혀지지 않은 것을 잡수시지 않으셨으며, 때가 아니면 잡수시지 않으셨다.

〔集說〕 朱子曰 饐 飯傷熱濕也 餲 味變也 魚爛曰餒 肉腐曰敗 色惡 臭惡 未敗而色臭變也 飪 烹調生熟之節也 不時 五穀不成 果實未熟之類 此數者 皆足以傷人 故不食.

【註解】 주자(朱子) 이르기를 「饐는 밥이 습기와 열에 상한 것이고, 餲는 맛이 변한 것이다. 생선이 상한 것을 餒라 하고, 고기가 썩은 것을 敗라고 한다. 빛깔이 나쁘고 냄새가 나쁜 것은 아직 썩지 않았으나 빛깔과 냄새가 변한 것이다. 飪은 고루 삶기에 날것을 익히는 절차이다. 不時는 五穀이 여물지 않았거나 과실이 익지 못한 따위이다. 이 몇 가지는 모두 사람을 족히 상하게 할 수 있다. 때문에 먹지 않는 것이다.」 하였다.

割不正이어든 不食하시며 不得其醬이어든 不食하시며 肉雖多나 不使勝食氣하시며 唯酒無量하시되 不及亂하시며 沽酒市脯를 不食하시며 不撤薑食하시되 不多食이러시다. (食＝似)

〖解說〗「썬 것이 바르지 않으면 잡수시지 않으셨으며, 음식에 간이 맞지 않으시면 잡수시지 않으셨다. 고기가 비록 많을지라도 밥 기운을 이기도록 많이 하시지 않으셨으며, 오직 술은 정량이 없으셨는데 어지러움에 미치지 않으셨다. 받아온 술과 사온 육포를 잡수시지 않으셨으며, 생강을 물리치시지 않으시고 잡수셨으되 많이 잡수시지는 않으셨다.」 하였다.

〔集說〕 朱子曰 割肉不方正者 不食 造次不離於正也 食肉用醬 各有所宜 不得則不食 惡其不備也 此二者 無害於人 但不以嗜味而苟食耳, 食以穀爲主 故 不使肉勝食氣 酒 以爲人合懽 故 不爲量 但以醉爲節而不及亂耳, 沽, 市, 皆買也 恐不精潔 或傷人也. 〔集解〕 薑 通神明 去穢惡 故不撤 不多食 適可而止也.

【註解】 주자(朱子) 이르기를 「고기를 썬 것이 바르지 않은 것을 잡수시지 않는 것은 잠깐이라도 바른데서 떠나지 않으시려는 것이다. 고기를 잡수시는데 간장을 쓰는 것이 각각 마땅한 것이 있으니 얻지 못하면 잡수시지 않으시는 것은 구비하지 못함을 싫어하시는 것이다. 이 두 가지는 사람에게 해는 없으나 다만 맛을 즐겨서 구차히 잡수시지 않았을 뿐이다.

음식은 곡식으로 주로 한다. 그러므로 고기로 하여금 밥기운을 이기게 하지 않는 것이다. 술은 사람을 기쁘게 하는 것이므로 일정한 양을 정하지 않으시고 다만 취하게 하는 것으로 절도를 삼아 어지러운 지경에 이르지 않게 하신 것이다.

沽와 市는 다 사는 것이다. 이는 정결하지 못하여 혹 사람을 상할까 염려한 것이다.」

생강은 정신을 청명하게 通하고 더러운 악취를 제거한다. 그러므로 물리치시지 않으시는 것이다. 많이 잡수시지 않으시는 것은 적당하게 하시고 그치시는 것이다.

○禮記에 曰 君이 無故어든 不殺牛하며 大夫無故어든 不殺羊하며 士無故어든 不殺犬豕니 君子遠庖厨하여 凡有血氣之類를 弗身踐也하나니라. (豕=矢, 踐=전)

〚解說〛〈예기(禮記)〉에 말하기를 「임금은 제사나 빈객(賓客)을 접대할 일이 없으면 소를 잡지 않으며, 대부는 제사나 빈객을 접대할 일이 없으면 양을 잡지 않으며, 선비는 제사나 빈객을 접대할 일이 없으면 개나 돼지를 잡지 않았다. 군자는 도살장(屠殺場)이나 주방(廚房)을 멀리하여 모든 살아 있는 동물을 몸소 죽이지 않는다.」 하였다.

〔集說〕 陳氏曰 故 謂祭祀 及賓客饗食之禮也, 庖 宰殺之所, 厨 烹飪之所, 身 親也 踐 當作翦 殺也.

【註解】 진씨(陳氏) 이르기를 「故는 제사(祭祀) 및 빈객(賓客)을 위한 향식(饗食)의 禮를 말한다. 庖는 짐승을 잡아 죽이는 곳. 廚는 음식을 삶아서 만드는 곳. 身은 몸소 친히 하는 것이고, 踐은 마땅히 翦字로 써야 하는 것이니 죽이는 이다.」

○樂記에 曰 豢豕爲酒非以爲禍也언마는 而獄訟益繁은 則酒之流生禍也니 是故로 先王이 因爲酒禮하사 一獻之禮에 賓主百拜하여 終日飮酒하되 而不得醉焉하니 此先王之所以備酒禍也시니라. (豢=환)

〚解說〛〈악기(樂記)〉에 이르기를 「돼지를 기르고 술을 만드는 것이 이로써 화난(禍難)이 되게 하는 것은 아니건마는 그러나 옥송(獄訟)이 더욱 번다(繁多)해지는 것은 곧 술의 유폐(流弊)가 화난을 낳는 것이다.

이런 까닭으로 선왕(先王)은 이로 인해서 술마시는 예절(禮節)을 만드시어, 술 한 잔 주고 받는 예(禮)에 손님과 주인이 백 번 절하게 하여서 온종일 술을 마시되 취할 수 없었다. 이것은 선왕이 술의 화난에 대비(對備)한 것이다.」 하였다.

〔集說〕 吳氏曰 豢 養也 爲 猶造也 獄訟益繁 謂小人 乘醉相侵 以致獄訟滋多也 一獻 士禮也 百拜 言多也 一獻之禮 而賓主 至於百拜 終日飮酒 而終不得醉 其所以備飮酒之禍者 至矣.

**【註解】** 오씨(吳氏) 이르기를 「豢은 기르는 것. 爲는 만든 것과 같다.

獄訟이 더욱 번다함은 小人이 술에 취함을 타고 서로 침범함으로써 獄訟이 점점 불어나 많아지게 되는 것이다.

一獻은 선비가 饗禮하는 것이다. 百拜는 많음을 말한다. 一獻의 禮로 손님과 주인이 百拜하는 데에 이르러 終日토록 술을 마셔도 끝내 취할 수 없으니 그 술마시는 禍難에 대비(對備)했음이 지극하였다.」

○孟子曰 飮食之人을 則人이 賤之矣하나니 爲其養小以失大也니라.

〖解說〗 맹자(孟子)께서 말씀하시기를 「음식에만 급급한 사람을 남들이 천하게 여기나니 그것은 그가 작은 것을 기르고 큰 것을 잃어버리고 있기 때문이다.」 하셨다.

〔集註〕 飮食之人 專養口體者也 小謂口體 大 謂心志.

**【註解】** 飮食之人은 오로지 구체(口體)만을 기르는 것이다. 小는 口體를 말하고 大는 心志를 말한다.

○ 上은 明飮食之節하니라.

○ 위는 飮食의 예절을 밝히니라.

# 原本小學 卷之四

# 稽古第四(四十七章)

〔集說〕 陳氏曰 稽 考也 此篇 考虞夏商周 聖賢已行之跡 以證前篇 立教 明倫 敬身之言也 凡四十七章.

【註解】 진씨(陳氏) 이르기를「稽는 상고하는 것이니 이 편은 虞·夏·商·周의 성현(聖賢)이 이미 실행한 자취를 상고하여 前篇에 立教·明倫·敬身의 말을 증명하는 것이다. 모두 四十七장이다.」하였다.

## 立教(1장~4장)

| 孟子道性善하사되 言必稱堯舜이러시니 其言曰舜은 爲法於天下하사 可傳於後世어시늘 我는 猶未免爲鄉人也하니 是則可憂也라 憂之如何오 如舜而已矣라 하시니 摭往行實前言하여 述此篇하여 使讀者로 有所興起하노라. |
|---|

〖解說〗 맹자(孟子)께서 사람의 성품이 착함을 말씀하시되 말씀마다 반드시 요순(堯舜)을 일컬으니 그 말씀에「순임금은 천하에 법이 되어 후세에 전할 수 있었거늘 나는 오히려 아직 범인(凡人)됨을 벗어나지 못하니 이것이 근심할 만하다. 근심한다면 어떻게 하겠는가? 순 임금과 같이 되기를 노력할 뿐이다.」하셨다. 옛 사람의 지나간 행적을 모으고 앞서 말한 것을 실증하여 이편을 서술하여서 독자로 하여금 흥기(興起)하여 분발함이 있게 하려 하노라.

〔集說〕 朱子曰 道 言也, 性者 人所稟於天 以生之理也 渾然至善 未嘗有惡 人與堯舜 初無少異 但衆人 汨於私欲而失之 堯舜 則無私欲之蔽 而能充其性爾 故 孟子每道性善 而必稱堯舜以實之 欲人知仁義 不假外求 聖人 可學而至 而不懈於用力也.

【註解】 주자(朱子) 이르기를「道는 말하는 것이다. 性은 사람이 하늘

에서 품부(稟賦) 받아 생겨나는 이치인 것으로써 혼연(渾然)히 지극히 착해서 일찍이 악함이 있지 않다. 범인(凡人)과 요순(堯舜)이 처음부터 조금도 다름이 없지만 다만 중인(衆人)은 사욕(私欲)에 빠져서 잃었고, 堯舜은 사사로운 욕심의 가림이 없어서 능히 그 성품을 체울뿐이다. 그렇기 때문에 孟子께서 성품(性稟)이 착하다고 이를 때마다 반드시 堯舜을 일컬어 실증을 하셨다.

사람들이 인의(仁義)를 밖에서 구하려 함을 겨를하지 않고 聖人을 배워서 이를 수 있게 힘쓰는 데에 게을리 하지 않았음을 알게 하려고 하신 것이다.」 하였다.

> 太任은 文王之母시니 摯任氏之中女也러시다. 王季娶以爲妃하시니라. 太任之性이 端一誠莊하사 惟德之行하더시니 及其娠文王하사 目不視惡色하시며 耳不聽淫聲하시며 口不出敖言이러시니 生文王而明聖하여 太任이 教之以一而識百이러시니 卒爲周宗하시니 君子謂太任이 爲能胎教라 하니라. (摯＝至, 娠＝身)

〚解說〛 태임(太任)은 주나라 문왕(文王)의 어머니시다. 지(摯)나라의 임씨(任氏)의 둘째 딸이었는데 왕계(王季)가 장가들어 이로써 왕비를 삼았다.

태임의 성품이 단정하고 한결같으며 성실하고 장중(莊重)하여 오직 덕(德)을 실행하더니, 그가 文王을 임신함에 이르러서는 눈으로는 사악(邪惡)한 빛을 보지 않으며, 귀로는 음란(淫亂)한 소리를 듣지 않으며, 입으로는 오만(傲慢)한 말을 내지 않았다. 문왕을 낳으니 총명하고 사물에 통달하여 태임이 하나를 가르치면 백을 알더니, 마침내 주나라의 으뜸 임금이 되셨다.

군자들은 태임이 태교(胎教)를 잘 하였다고 말하였다.

〔集說〕 吳氏曰 任 姓也 太任 尊稱之也 文王 姬姓 名昌 周國之君也, 摯 國名, 中女 次女也 王季 周太王 子 名季歷 文王 父也. 〔集解〕端 謂正而不邪, 一 謂純而不二 誠 謂眞實無妄 莊 謂容貌端嚴 蓋太任 天

性 備此四德故 見於躬行者 皆本於德性之自然. 〔集成〕宗 謂有德有功爲百世不遷之廟. 〔增註〕此 摭太任之行 以實首篇胎教之言 後皆倣此然 或詳或略 未必盡同 讀者 宜求其大意焉.

【註解】오씨(吳氏) 이르기를「任은 姓이고 太任은 존칭이다. 문왕은 姬씨 姓이고 이름은 昌이며 주(周)나라의 임금이다. 摯는 나라 이름이다. 中女는 다음 딸이다. 王季는 주나라 太王의 아들이다. 이름은 季歷이니 文王의 아버지이다.」

端은 정직하여 간사하지 않음을 말한다. 一은 전일하여 둘로하지 않는 것을 말한다. 誠은 진실하여 망녕됨이 없는 것을 말한다. 莊은 容貌가 단정하고 엄숙함을 말한다. 대개 太任의 天性이 이 네가지(←端·一·誠·莊)의 德을 갖추었기 때문에 몸소 실행하는 데서 나타나는 모든 德性이 自然히 근본이 되는 것이다.

宗은 德이 있고 功이 있어서 百世동안 그의 신주(神主)를 옮기지 않는 祠堂을 말한다.

이는 太任의 행실을 뽑아서 首篇에 胎教의 말을 實하게 하였으니 뒤에도 모두 이와 같다. 그러나 혹 자세하고 혹은 생략되어서 반드시 다 같지 않으니 讀者는 마땅히 그 큰 뜻을 求해야 할 것이다.

○孟軻之母其舍近墓러니 孟子之少也에 嬉戲에 爲墓間之事하여 踊躍築埋어시늘 孟母曰 此 非所以居子也라 하고 乃去舍市하니 其嬉戲에 爲賈衒이어시늘 孟母曰 此非所以居子也라 하고 乃徙舍學宮之旁하니 其嬉戲에 乃設俎豆하여 揖讓進退어시늘 孟母曰 此眞可以居子矣로다 하고 遂居之하니라.

〖解說〗 맹자(孟子)의 어머니는 그의 집이 묘지(墓地)에 가까웠는데, 맹자가 어릴 때 놀이하는 것이 묘지에서 일어나는 일을 시늉하여 뛰며 쌓고 묻고 하거늘, 맹자의 어머니가 말하기를「여기는 아들을 키우면서 살 곳이 아니다.」하고 이내 시장옆으로 이사를 갔더니, 맹자의 놀이에 상인들이 물건을 사고 파는 행위를 하거늘, 맹자의 어머니가 말하기를

「여기도 자식을 키우면서 살 곳이 아니다.」하고 이내 이사하여 학궁(學宮)의 곁에 사니 맹자의 놀이에 제기(祭器)를 벌려 놓고 읍(揖)하며 사양하고 나아가고 물러나고 하거늘 맹자의 어머니가 말하기를「여기는 진실로 자식을 키우며 살 만한 곳이다.」하고 드디어 그곳에서 살았다.

〔增註〕 軻 孟子名 舍 居也 〔集解〕 賈 商賈 衒鬻 俎豆 祭器也 揖讓進退 禮之容也.

【註解】 軻는 孟子의 이름이다. 舍는 사는 것. 賈는 장사하는 것. 衒은 물건을 파는 것. 俎豆는 제사지내는 그릇이다. 揖·讓·進·退는 禮의 동작이다.

孟子幼時에 問東家殺猪는 何爲요 母曰 欲啖汝니라 旣而悔曰 吾聞古有胎敎라 하니 今適有知而欺之면 是는 敎之不信이라 하고 乃買猪肉하여 以食之하니라. 旣長就學하여 遂成大儒하시니라.
(啖＝담, 食＝似)

〖解說〗 맹자(孟子)가 어렸을 때에 묻기를「동쪽 집에서 돼지를 잡는 것은 무엇하려고 하는 것입니까.」하니 어머니가 희롱하여 말하기를「너 먹이려고 잡는다.」고 하였다. 조금 뒤에 후회하여 말하기를「내가 듣기에 옛날에는 태교(胎敎)라는 것이 있어서 (뱃속에 있는 아이에게도 바른 것을 가르쳤다.) 이제 막 지각(知覺)이 나려고 하는데 속인다는 것은 이것은 불신(不信)을 가르치는 것이다.」하고 곧 돼지 고기를 사다가 먹였다 한다.

뒤에 장성(長成)하여 학문을 닦아서 나아가니 드디어 큰 선비가 되시었다.

〔集說〕 陳氏曰 啖 食也 欲啖汝 戱答之也 適 猶方也 買肉食之 以實前言也. 〔增註〕 趙氏曰 孟子 夙喪父 幼被慈母三遷之教 長 師孔子之孫子思 通五經 著書七篇.

**【註解】** 진씨(陳氏) 이르기를 「啖은 먹는 것이다. 너에게 먹이려고 한 것은 희롱으로 대답한 것이다. 適은 方과 같은 뜻.(←곧·막·바야흐로의 뜻) 고기를 사다 먹인 것은 앞에 한 말을 실행한 것이다.」

조씨(趙氏) 이르기를 「孟子께서 일찍이 아버지를 여의고 어려서 慈母의 三遷의 가르침을 받아 자라면서 孔子의 손자인 子思를 스승으로 삼아 五經을 通하고 書 七篇을 저술하였다.」

○孔子嘗獨立이어시늘 鯉趨而過庭하더니 曰 學詩乎아 對曰 未也로이다. 不學詩면 無以言이라 하여시늘 鯉退而學詩하니라. 他日에 又獨立이어시늘 鯉 趨而過庭하더니 曰 學禮乎아 對曰 未也로이다. 不學禮면 無以立이라 하여시늘 鯉退而學禮하니라.

**〖解說〗** 공자(孔子)께서 일찍이 홀로 서 계시거늘 이(鯉)가 종종걸음으로 뜰을 지나 가는데 「시(詩)를 배웠느냐?」라고 말씀하시기에 대답하기를 「아직 그러하지 못하였습니다.」 하였다. 「시를 배우지 아니하면 써 말함이 없으니라」(※ 無以言은 남을 상대하여 말을 할 수 없다는 뜻). 하시거늘 이(鯉)는 물러나와 시(詩)를 배웠다.

다른 날에 또 공자께서 홀로 서 계셨는데 이(鯉)가 종종걸음으로 뜰을 지나가는데 「예(禮)를 배웠느냐.」라고 말씀하시기에 대답하여 「아직 그러하지 못하였습니다.」 하였다. 「예(禮)를 배우지 아니하면 써 나설 수 없다.」 하시거늘 이(鯉)는 물러나와 예(禮)를 배웠다. (※ 無以立은 立身하여 處世할 수 없다는 뜻).

**〔集解〕** 鯉 孔子之子 伯魚也 朱子曰 事理通達而心氣和平 故 能言, 品節詳明而德性堅定 故 能立.

**【註解】** 鯉는 공자의 아들 伯魚이다.

주자(朱子) 이르기를 「(詩를 배우면)－사리가 통달해져서 심기(心氣)가 화평(和平)해진다. 때문에 말을 잘 할 수 있다. 또 (예(禮)를 배우면)－차등을 세움이 자세하고 밝아서 덕스러운 성품이 단단히 정해진다. 때문에 능히 잘 선다.」 하였다.

| ○孔子謂伯魚曰 女爲周南召南矣乎아 人而不爲周南召南이면 其猶正墻面而立也與인저. |
|---|

〖解說〗 공자(孔子)께서 백어(伯魚)에게 일러 말씀하시기를 「너는 주남(周南)과 소남(召南)을 배웠느냐? 사람으로써 주남과 소남을 배우지 아니하면 그가 정면으로 담에 향하여서 섬과 같음이겠지?」 하셨다.

〔集解〕 朱子曰 爲 猶學也 周南 召南 詩首篇名 所言 皆修身齊家之事 正墻面而立 言即其至近之地 而一物無所見 一步不可行.

【註解】 주자(朱子) 이르기를 「爲는 배우다와 같음이다. 周南과 召南은 시전(詩傳)의 머리편의 이름이니 말하는 바가 모두 몸을 닦고 집안을 다스리는 일이다. 正墻面而立은 그 지극히 가까운 곳에 나아갔는데도 하나의 물건도 보이는 바가 없고 한걸음도 나아갈 수 없음을 말한 것이다.」 하였다.

○ 上은 立教라.

○ 위는 입교이다.(立教의 趣旨를 實證한 것이다.)

**明倫**(1장~31장)

| 虞舜이 父頑母嚚하며 象傲어늘 克諧以孝하사 烝烝乂하여 不格姦하시니라. (嚚=은, 乂=예) |
|---|

〖解說〗 우순(虞舜)의 아버지는 완악(頑惡)하고 어머니는 우매(愚昧)하며, 아우 상(象)은 오만하거늘 순은 능히 효도로써 화목(和睦)하게 하시어 점진적으로 다스려서 간사한 데 이르지 않게 하였다.

〔集解〕 蔡氏曰 虞氏 舜 名也 舜父 號瞽瞍 心不則德義之經 爲頑 母 舜後母也 口不道忠信之言 爲嚚 象 舜異母弟名 傲 驕慢也 諧 和也 烝 進

也 乂 治也 格 至也 言舜 不幸遭此 而能和以孝 使之進進以善 自治而不至於大爲姦惡也.

【註解】 채씨(蔡氏) 이르기를 「虞는 성씨이고, 舜은 이름이다. 순임금의 아버지 이름은 고수(瞽瞍)인데 마음으로 덕의(德義)의 떳떳함을 본받지 않으니 완악(頑惡)하다. 어머니는 순(舜)임금의 계모인데 입으로 충신(忠信)한 말을 하지 않으니 우매(愚昧)하다. 象은 순임금의 이복(異服) 아우 이름이다.

傲는 교만(驕慢)함이다. 諧는 화목(和睦)한 것이다. 烝은 나아감이다. 乂는 다스림이다. 格은 이르르는 것이다. 순임금으로 말하면 불행하게도 이와 같은 경우를 만났으면서도 능히 효도로써 화목(和睦)하고 이들로 하여금 善으로 나아가게 하고 스스로를 다스려서 크게 간악(姦惡)한 데에 이르지 않게 했던 것이다.」고 하였다.

○萬章이 問曰 舜이 往于田하사 號泣于旻天하시니 何爲其號泣也니꼬 孟子曰 怨慕也시니라 我는 竭力耕田하여 共爲子職而已矣로니 父母之不我愛는 於我에 何哉요 하시니라. (旻=民)

〖解說〗 만장(萬章)이 물어 말하기를 「순(舜) 임금이 밭에 가서 하늘을 부르짖어 울었사온데, 무엇 때문에 부르짖어 울었습니까?」하니, 맹자(孟子)께서 말씀하시기를 「자신을 원망하고 부모를 사모한 것이다. 나는 힘을 다하여서 밭을 갈아 공손히 자식된 직분을 하였을 따름인데, 부모가 나를 사랑하지 아니함은 나한테 무슨 죄가 있어서일까? 한 것이다.」 하셨다.

〔集說〕 朱子曰 萬章 孟子弟子 舜往于田 耕歷山時也 仁覆閔下 謂之旻天 號泣于旻天 呼天而泣也 事見虞書 大禹謨篇 怨慕 怨己之不得其親而思慕也 於我何哉 自責 不知己有何罪耳 非怨父母也.

【註解】 주자(朱子) 이르기를 「만장(萬章)은 맹자의 제자이다. 순임금

이 밭에 나가신 것은 역산(歷山)에서 경작(耕作)할 때이다. 인(仁)으로 감싸주고 아랫사람을 불쌍히 여기는 것을 旻天이라 한다. 旻天에 부르짖으며 울었다는 것은 하늘을 부르며 우는 것이다. 서전(書傳)의 우서(虞書) 대우모편(大禹謨篇)에 나타난다. 怨慕는 자신이 어버이에게 사랑을 못받는 것을 원망하고 어버이를 사모하는 것이다. '나에게 무슨 죄가 있어서일까?'고 스스로를 책망하고 내가 알지 못하는 무슨 죄가 있을 따름이라면서 부모를 원망하지 않았다 한다.」하였다.

帝使其子九男二女로 百官牛羊倉廩을 備하여 以事舜於畎畝之中하시니 天下之士多就之者어늘 帝將胥天下而遷之焉이러시니 爲不順於父母라 如窮人無所歸러시다.

〖解說〗 요(堯) 임금이 자기의 자식 九男 二女로 하여금 모든 관원들과 소와 양과 창고를 갖추어서 써 순(舜)을 밭 가운데서 섬기게 하니 천하의 선비들이 그에게로 나아가는 이가 많거늘 요(堯) 임금은 천하가 다스려지기를 기다려서 그에게 천자의 위(位)를 옮겨주려고 하니 순(舜)은 부모에게 순종(順從)하지 못했다 하여 곤궁한 사람이 돌아갈 곳이 없어 하는 것처럼 하였다.

〔集說〕 朱子曰 帝 堯也 史記 云二女妻之 以觀其內 九男 事之 以觀其外. 又言 一年 所居成聚 二年成邑 三年成都 是 天下之士 就之也 胥相視也 遷之 移以與之也 如窮人無所歸 言其怨慕迫切之甚也.

【註解】 주자(朱子) 이르기를「帝는 요(堯)임금이다. '사기(史記)'에 이르기를 두 딸을 시집 보내어 그 안을 관찰하게 하고, 아홉 아들로 섬기게 하여 그의 밖을 관찰 했다 하였다. 또 이르기를 一年에 사는 곳에 마을을 이루었고 二年에 邑을 이루었고, 三年에 都를 이루었다 하였으니 이는 천하에 선비가 따라간 것이다. 胥는 살펴보는 것이다. 遷之는 옮겨주는 것이다.

곤궁한 사람처럼 돌아 갈 곳이 없어 하는 것같았다는 것은 순임금이

怨慕함의 迫切함이 심했음을 말한 것이다.」한 것이다.

天下之士悅之는 人之所欲也어늘 而不足以解憂하시며 好色은 人之所欲이어늘 妻帝之二女하시되 而不足以解憂하시며 富는 人之所欲이어늘 富有天下하시되 而不足以解憂하시니 貴는 人之所欲이어늘 貴爲天子하시되 而不足以解憂하시니 人悅之와 好色과 富貴에 無足以解憂者오 惟順於父母라사 可以解憂러시다.

〖解說〗 천하의 선비가 기뻐하는 것은 사람이면 누구나 원하는 바이거늘 그것으로써 순의 근심을 풀기에는 부족했으며 아름다운 여인은 사람들이 원하는 것인데 요(堯)임금의 두 딸을 아내로 삼았으나 그것으로는 그의 근심을 풀기에는 부족했으며, 부(富)는 사람들이 원하는 것이지만 부(富)하기가 천하에 다 차지했어도 근심을 풀기에 부족하였으며, 남이 기뻐해 주는 것도, 아름다운 여색도 부귀도 족히 써 근심을 풀 것이 없고 오직 부모에게 사랑받기 위해 순종(順從)하는 것만이 그의 근심을 풀어줄 수 있는 것이다.

〔集說〕 朱子曰 孟子 推舜之心 如此 以解上文之意 極天下之欲 不足以解憂, 而惟順於父母 可以解憂 孟子 眞知舜之心哉.

【註解】 주자(朱子) 이르기를「孟子께서 순임금의 마음이 이와 같았음을 추측하여 윗글의 뜻을 풀이하신 것이다.

천하에 원하는 것을 다했지만 순임금의 근심을 풀기에는 부족하였고 오직 부모에게 순종하는 것만이 근심을 풀 수 있었다 하였으니 孟子께서도 참으로 순임금의 마음을 알겠도다 하신 것이다.」하였다.

人이 少則慕父母라가 知好色則慕少艾하고 有妻子則慕妻子하고 仕則慕君하고 不得於君則熱中이니 大孝는 終身慕父母하나니 五十而慕者를 予於大舜에 見之矣로다.

〖解說〗 사람이 어려서는 부모를 사모하다가 여색(女色)이 좋은 줄 알게 되면 젊고 아름다운 여자를 생각하고 처자(妻子)가 있으면 처자를 생각하고, 벼슬을 하면 임금을 사모하게 되고, 임금에게 받아들여지지 않으면 속이 달아오르니 큰 효도는 종신(終身)토록 부모를 사모하나니 五十세가 되도록 부모를 사모하는 것을 나는 위대한 순에게서 보았노라 하셨다.

〔集說〕 朱子曰 常人之情 因物有遷 惟聖人 爲能不失其本心也, 艾 美好也, 不得 失意也 熱中 躁急心熱也 言五十者 舜攝政時 年五十也 五十而慕 則其終身慕 可知矣 此章 言舜 不以得衆人之所欲 爲已樂 而以不順乎親之心 爲己憂 非聖人之盡性 其孰能之.

**【註解】** 주자(朱子) 이르기를 「보통 사람들의 情은 사물로 말미암아 옮겨 가지만 오직 聖人은 능히 그 본심을 잃지 않는다고 하였다.

艾는 아름답고 예쁜 것이다.(楚辭 戰國策에 이른바 幼艾라는 것도 뜻이 이와 같다.) 不得은 뜻을 잃은 것이다. 熱中은 마음이 조급하여 열이 나는 것이다.

五十세라고 말한 것은 舜임금이 攝政할 때의 나이가 五十세다. 五十세까지 思慕했다면 종신토록 사모했음을 알 수 있다.

이 章의 순임금을 말하여 衆人이 바라는 바를 얻음으로써 자신의 즐거움을 삼지 않고 부모의 마음에 순종하지 못함으로써 자신의 근심을 삼았으니 聖人의 극진한 성품(性稟)이 아니고서는 그 누가 능히 하겠는가.」 하였다.

○楊子曰 事父母하되 自知不足者는 其舜乎신저 不可得而久者는 事親之謂也니 孝子는 愛日이니라.

〖解說〗 양자(楊子)가 말하기를 「부모를 섬기되 스스로 부족한 것을 아는 사람은 그 순일 게다. 오래 할 수 없다는 것은 부모를 섬기는 일을 말한 것이니 효자는 날을 아끼느니라.」 하였다.

〔增註〕楊子 名雄 西漢人 自知不足者 謂雖已順其親 而其心 常若不足也 愛日者 惜此日之易過 懼來日之無多 而不得久事其親也.

【註解】楊子의 이름은 雄이니 西漢사람이다.

스스로 부족한 것을 아는 사람은 비록 이미 그 부모에게 효순했으나 그의 마음은 항상 부족한 것같은 것을 이른다. 날을 아끼는 것은 이 날이 쉽게 지나감을 아끼고 오는 날이 많지 않아 오래도록 그 부모를 섬기지 못하는 것을 두려워 하는 것이다.

○文王之爲世子에 朝於王季하시되 日三하더시니 鷄初鳴而衣服하사 至於寢門外하사 問內豎之御者曰 今日安否何如오. 內豎曰 安이어든 文王이 乃喜하시며 及日中又至하사 亦如之하시며 及莫又至하사 亦如之러시다. (豎=수)

〖解說〗 문왕이 세자(世子)가 되어 있을 적에 왕계(王季)에게 뵈었었는데, 날마다 세 번씩 하더니 첫닭이 울면 옷을 입고서 잠자는 문밖에 이르러 내정(內庭)에서 모시고 있는 소신(小臣)에게 물어 말하기를 「오늘 안부(安否)가 어떠하신가?」 하였다. 내정에서 모시고 있는 소신(小臣)이 말하기를 「편안하십니다.」하면 문왕이 이에 기뻐하였으며 정오(正午←한낮)가 되면 또 와서 또한 이와 같이 하며, 저물 무렵이면 또 와서 또한 이와 같이 하였다.

〔集解〕陳氏曰 內豎 內庭之小臣 御 是直日者 世子 朝父母 惟朝夕二禮 今文王 日三 聖人 過人之行也.

【註解】진씨(陳氏) 이르기를 「內豎는 內庭의 小臣이다. 御는 直日하는 것이다.

世子가 부모를 뵙는데 오직 아침과 저녁 두 번 했는데 지금 文王은 하루에 세 번 하시니 聖人은 남보다 지나친 행함이 있는 것이다.」 하였다.

其有不安節이어시든 則內豎以告文王하여든 文王이 色憂하사 行不能正履하시더니 王季復膳然後에 亦復初러시다. 食上에 必在視寒暖之節하시며 食下어든 問所膳하시고 命膳宰曰末有原이어시든 應曰諾然後에 退하더시다. (復=복)

〚解說〛 만일 일상(日常)의 거처에 편안치 않음이 있을 때에 내정에서 모시고 있는 소신이 이로써 문왕에게 고(告)하면 문왕이 근심하는 빛을 하여 다닐 때에는 발을 바로 디디지 못하더니 왕계가 식사하는 것이 평상시와 같이 회복된 연후라야 문왕의 태도도 또한 전과 같이 회복되었다. 밥상을 올릴 때에는 반드시 음식의 차고 더운 것의 조절(調節)을 살피며, 밥상이 물려나오면 잡수신 것을 묻고 선재(膳宰)에게 명령하여 말하기를 「먹다 남은 것을 두 번 다시 올리지 말라.」 한다. 대답하여 말하기를 「그렇게 하겠습니다.」한 연후라야 물러났다.

〔集解〕 陳氏曰 不安節 謂有疾 不能循其起居飮食之常時也 食上 進膳於親也 在 察也 食下 食畢而徹也 問所膳 問所食之多寡也 末 猶勿也 原 再也 謂所食之餘 不可再進也.

【註解】 진씨(陳氏) 이르기를 「不安節은 병환이 있어서 그 起居와 飮食을 평상시를 따르지 못하는 것이다. 食上은 어버이에게 음식상을 올리는 것이다. 在는 보살피는 것이다. 食下는 식사를 마치고 상을 물리는 것이다. 問所膳은 음식을 먹은 것의 많고 적음을 묻는 것이다. 末은 하지 말라와 같다. 原은 거듭하다로, 먹고 남은 것을 두 번 올릴 수 없음을 말한 것이다.」

○文王이 有疾이어시든 武王이 不說冠帶而養하더시니 文王이 一飯이어시든 亦一飯하시며 文王이 再飯이어시든 亦再飯하더시다. (說=탈)

〖解說〗 문왕이 병이 있으면 무왕이 갓과 띠를 벗지 않고서 곁에서 봉양하였으며, 문왕이 한 번 밥을 먹었으면 무왕도 또한 한 번 밥을 먹었으며, 문왕이 두 번 밥을 먹었으면 무왕도 또한 두 번 밥을 먹었다.

〔集說〕 吳氏曰 武王 名發 文王之子 武王 爲親疾 跬步不離 不敢脫冠帶以自適也 人之飮食 或疏 或數 時其饑飽 今武王 以親疾 志不在於飮食 一飯 再飯 惟親之視 不敢如平時 私適其欲也.

**【註解】** 오씨(吳氏) 이르기를 「武王의 이름은 發인데 文王의 아들이다. 무왕은 아버지의 병환을 위하여 반걸음도 떠나지 않았으며 감히 갓과 띠를 풀고 자적(自適)하지 않았다. 사람들의 음식은 혹은 성기고 혹은 자주하여 때때로 그의 주림을 배불린다. 그러나 지금 무왕은 아버지의 병환으로써 뜻이 음식에 있지 않으며 한 끼의 밥, 두 끼의 밥이 오직 아버지를 살펴드리고 감히 평상시처럼 그가 사사로이 하고 싶은 대로 하지 않았다는 것이다.」라 하였다.

○孔子曰 武王 周公은 其達孝矣乎신저 夫孝者는 善繼人之志하며 善述人之事者也니라.

〖解說〗 공자(孔子)께서 말씀하시기를 「무왕(武王)과 주공(周公)은 천하 사람들에게 다 효자라고 통한다. 대저 효자라는 것은 선인(先人)의 뜻을 잘 계승하며 先人의 일을 잘 수행(遂行)하는 자이니라.」

〔增註〕 周公 名旦 文王之子 武王之弟也 志者 事之未成者也 繼則續而成之 事者 志之已成者也 述則循而行之. 〔集解〕 朱子曰 達 通也 言武王周公之孝 乃天下之人 通謂之孝也 武王 纘大王 王季 文王之緖 以有天下 而周公 成文武之德 以追崇其先祖 此 繼志述事之大者也.

**【註解】** 周公의 이름은 旦이며 文王의 아들이고, 武王의 아우이다. 志는 일이 이루어지지 않은 것이다. 繼는 이어서 이루는 것이고, 事는 뜻이

이미 이루어진 것이다. 述은 따라서 준행(遵行)하는 것이다.

주자(朱子) 이르기를 「達은 通하는 것이다. 무왕과 주공의 효도는 천하의 사람들에게 효자로 통하는 것을 말한 것이다.

무왕은 태왕(太王), 왕계(王季), 문왕(文王)의 계통을 이어서 이로써 천하를 소유하셨으며, 周公은 文王과 武王의 德을 이루었으며 이로써 그의 先祖를 추숭(追崇)하여 이에 뜻을 이어 선왕의 일에 따른 위대한 분이다.

踐其位하여 行其禮하며 奏其樂하며 敬其所尊하며 愛其所親하며 事死如 事生하며 事亡如事存이 孝之至也니라.

〖解說〗「선왕(先王)의 위(位)를 밟아서, 선왕의 예법(禮法)을 준행(遵行)하며, 선왕의 음악을 연주하며, 선왕이 공경한 바를 존경하며, 선왕이 친애한 바를 사랑하며, 죽은이 섬기기를 산 사람을 섬기는 것과 같이 하며, 없는이 섬기기를 있는이 섬기는 것과 같이 하는 것이 효도의 지극한 것이니라.」 하셨다.

〔集解〕 朱子曰 踐 猶履也, 其 指先王也 所遵, 所親, 先王之祖考, 子孫 臣庶也 始死 謂之死 旣葬則曰反而亡焉 皆指先王也 此皆繼志述事之意也.

【註解】 주자(朱子) 이르기를 「踐은 履와 뜻이 같다. 其는 先王을 가리킨다. 소존(所遵), 소친(所親)은 선왕의 조고(祖考), 자손(子孫), 신하(臣下), 서민(庶民)이다. 처음 죽음을 死라 이르고, 이미 장사 지냈으면 망(亡)이라 한다. 다 先王을 가리키며, 이는 다 先王의 뜻을 이어 선왕의 일을 따른다는 것이다.」 하였다.

○淮南子曰 周公之事文王也에 行無專制하시며 事無由己하시며 身若不勝衣하시며 言若不出口하시며 有奉持於文王에 洞洞屬

屬하사 如將不勝하시며 如恐失之하시니 可謂能子矣로다.
(勝＝승, 屬＝촉)

〚解說〛〈회남자(淮南子)〉에 말하기를「주공(周公)이 문왕을 섬길 때에 행실을 전제(專制)하지 않고, 일은 자신의 마음대로 전결(專決)함이 없었다. 몸가짐을 조심스럽게 하기 때문에 옷도 이기지 못하는 것같았으며, 말이 입에서 나오지 못하는 것같다. 문왕에게 물건을 받들어 올릴 때에는 긴장하고 조심하여 장차 그것을 이기지 못하여 떨어뜨리거나 잃어버릴까 두려워 하는 것같았으니 아들의 도리를 잘 했다고 말할 수 있다.」하였다.

〔集解〕淮南子 漢淮南王 劉安 所編 行無專制 所行 必稟命也 事無由己, 凡事, 不專决也, 身若不勝依 持身之謹 若怯懦也 言若不出口 出言 常謹愼也 至若奉物於父 則又極乎質慤專一之心 常如不勝而有所失墜者 可謂能盡子道矣.

【註解】〈회남자(淮南子)〉는 漢나라 淮南王 劉安이 편찬한 것이다. 행실을 전제(專制)하지 않는 것은 실행하는 것을 반드시 품명(稟命)을 받는 것이다. 일이 자기로 말미암음이 없다는 것은 범사(凡事)를 전결(專决)하지 않는 것이다. 자신의 옷을 이기지 못하는 것같이 한다는 것은 몸가짐의 삼가함이 겁이 많은 것처럼 하는 것이다.

말이 입에서 나오지 않는 것처럼 한다는 것은 말하는 것을 항상 조심하는 것이다. 만일 아버지에게 물건을 받들어 올리는 데에 이르러서는 또한 質慤하고 專一한 마음을 다해서 항상 이기지 못하여 失墜하는 바가 있는 것처럼 하시니 자식의 도리를 훌륭하게 했다고 말할 수 있을 것이다 하였다.

○孟子曰 曾子養曾晳하실세 必有酒肉하더시니 將徹할새 必請所與하시며 問有餘어든 必曰有라 하더시다. 曾晳이 死커늘 曾元이 養曾子하되 必有酒肉하더니 將徹할세 不請所與하며 問有餘어시든

曰亡矣라 하니 將以復進也라 此는 所謂養口體者也니 若曾子則可謂養志也니라. 事親이 若曾子者可也니라.
(亡＝無, 復＝부)

〖解說〗 맹자(孟子)께서 말씀하시기를 「증자(曾子)가 증석(曾晳)을 봉양(奉養)하는데 반드시 술과 고기가 있었다. 상을 물리려고 할 적에는 반드시 남긴 것을 누구에게 줄까를 물었으며, 또 있느냐고 물으면 반드시 「있습니다.」하고 대답하였다.

증석(曾晳)이 죽고 증원(曾元)이 증자(曾子)를 봉양하는데 반드시 술과 고기가 있었다. 상을 물리려고 할 때는 남은 것을 누구에게 줄까를 묻지 않았고, 또 있느냐고 물으면 「없습니다.」고 대답하니, 남은 것을 또 올리려는 것이다. 이것은 이른바 입과 몸을 봉양하는 것이니 증자 같으신 분은 부모의 마음을 봉양하였다고 말할 수 있다. 부모를 섬김을 증자같이 하는 것이 옳은 것이다.」 하셨다.

〔集說〕 朱子曰 曾晳 名點 曾子父也 曾元 曾子 子也, 養其父 每食 必有酒肉, 食畢將徹去 必請於父曰此餘者 與誰 或父 問此物 尚有餘否 必曰有 恐親意 更欲與人也 曾元 不請所與 雖有 言無 其意 將以復進於親 不欲其與人也 此 但能養父母之口體而已 曾子則能承順父母之志而不忍傷之也, 言當如曾子之養志 不可如曾元 但養口體, 程子曰 子之身 所能爲者 皆所當爲 無過分之事也 故 事親 若曾子 可謂至矣 而孟子 止曰可也 豈以曾子之孝 爲有餘哉.

【註解】 주자(朱子) 이르기를 「曾晳은 이름이 點이니 曾子의 아버지이고, 曾元은 曾子의 아들이다. 曾子는 그 아버지를 봉양하는데 식사 때마다 반드시 술과 고기가 있었다. 식사가 끝나고 밥상을 물릴 때에 반드시 아버지 曾晳에게 請하시기를 「이 남은 것을 누구에게 주시렵니까.」하였으며, 혹 아버지가 이 음식물이 아직 남은 것이 있느냐 물으시면 반드시 「있습니다.」하고 대답하였으니 아버지의 뜻이 다시 다른사람에게 주시려고 하는가를 염려하신 것이다.

曾元은 줄 바를 請하지 않고 비록 있으나 없다고 말하였으니 그 뜻은 장차 다시 그 어버이에게 올리고 남에게 주고 싶지 않은 것이니 이는 다만 부모의 口體만 봉양하였을 뿐이다. 曾子인즉 능히 부모의 뜻을 이어 받들어 차마 상하게 하지 않았던 것이다.

마땅히 曾子와 같이 뜻을 봉양할 것이지 曾元같이 口體만을 봉양해서는 안됨을 말씀하신 것이다.」

정자(程子) 이르기를 「자식의 몸으로 능히 할 수 있는 것은 모두 마땅히 해야 하는 것이니, 분수에 지나친 일은 없다. 그러므로 어버이 섬기는 것을 曾子와 같이 하는 것이 지극하다고 이를만한 데도 孟子께서는 다만 可하다고 하신 것이니 어찌 曾子의 孝로써 남음이 있다고 하겠는가?」고 하였다.

○孔子曰 孝哉라 閔子騫이여 人不間於其父母昆弟之言이로다.
(騫=건)

〖解說〗 공자(孔子)께서 말씀하시기를 「'효성스럽도다 민자건이여'라고 하니, 남이 그의 부모와 형제의 말에 이의가 없었도다!」 하셨다.

〔集解〕 閔子騫 孔子 弟子 名損 胡氏曰 父母兄弟 稱其孝友 人皆信之 無異辭者 蓋其孝友之實 有以積於中而著於外 故 夫子嘆而美之.

【註解】 민자건(閔子騫)은 孔子의 제자이며 이름은 損이다.

호씨(胡氏) 이르기를 「부모와 형제가 그의 효성과 우애를 칭찬함에 사람들이 모두 믿어서 다른 말이 없는 것은 대개 그가 효도하고 우애하는 실제가 마음에 쌓여서 바깥으로 드러나는 것이 있어서이다. 때문에 夫子께서도 감탄하시고 찬미하신 것이다.」 하였다.

○老來子孝奉二親하더니 行年七十에 作嬰兒戲하여 身著五色斑爛之衣하며 嘗取水上堂할새 詐跌仆臥地하여 爲小兒啼하며 弄

雛於親側하여 欲親之喜하더라. (著=착, 斑=반, 爛=란, 跌=질, 仆=부)

〖解說〗 노래자(老來子)가 양친(兩親)을 효도로 봉양(奉養)하였는데 나이 七十에 어린 아이의 희롱을 부리어 몸에는 오색(五色)의 알록달록한 옷을 입으며 일찍이 물을 떠가지고 마루에 오르다가 거짓 미끄러져 땅에 엎드리어 어린애처럼 울기도 하였으며 부모 곁에서 병아리를 가지고 놀기도 하여 부모의 마음을 기쁘게 하려고 하였다.

〔集說〕 吳氏曰 老來子 楚人 孝事二親 年老而爲嬰兒之事於親旁 蓋恐親見子之老而生悲感 故 爲是以娛其心也.

【註解】 오씨(吳氏) 이르기를 「노래자(老來子)는 초(楚)나라 사람인데 효도로써 양친을 섬겼다. 나이가 늙었으면서도 부모곁에서 어린아이가 하는 짓을 하였다. 대개 부모는 자식의 늙은 것을 보면 비감(悲感)이 생길까 염려되기 때문에 이렇게 함으로써 부모의 마음을 즐겁게 한 것이다.」 하였다.

○ 樂正子春이 下堂而傷其足하고 數月不出하여 猶有憂色하더니 門弟子曰 夫子之足이 瘳矣로되 數月不出하사 猶有憂色은 何也니꼬. (瘳=추)

樂正子春이 曰 善如라 爾之問也여 善如라 爾之問也여 吾는 聞諸曾子하고 曾子는 聞諸夫子하시니 曰 天地所生과 地之所養에 惟人이 爲大하니 父母全而生之하시니 子全而歸之라야 可謂孝矣라 不虧其體하며 不辱其身이면 可謂全矣라하시니 故로 君子는 頃步而不敢忘孝也하나니 今予忘孝之道라 予是以로 有憂色也로라. 一擧足而不敢忘父母라 是故로 道而不徑하며 舟而不游하여 不敢以先父母之遺體로 行殆하며 一出言而不敢父母라 是故로 惡言이 不出於口하며 忿言이 不反

| 於身하나니 不辱其身하며 不羞其親이면 可謂孝矣니라. |
|---|

〚解說〛 악정자춘(樂正子春)이 마루에서 내려오다가 발을 다치고 몇 달 동안을 문밖에 나가지 않은 채 오히려 근심하는 빛이 있었더니, 제자가 말하기를「선생님의 발이 나았는데 몇 달 동안을 문밖에 나가지 않으시고 오히려 근심하는 빛이 있음은 어찌된 것입니까?」하였다.

악정자춘이 말하기를「좋도다 그대의 질문이여! 좋도다 그대의 질문이여! 나는 이것을 증자께 들었고 증자는 이것을 공자께 들으셨나니 말씀하시기를「하늘이 낳음과 땅이 기름에 오직 사람이 가장 위대하다. 부모가 온전히 낳아주셨으니 자식이 온전히 돌려보내는 것이라야 효도라고 말할 만할 것이다. 그 신체를 휴상(虧傷)하지 않으며 그 몸을 욕되게 하지 않으면 온전하다고 할 수 있을 것이다.」하였다. 그러므로 君子는 한 걸음이나 두 걸음을 옮길 때에도 감히 효도함을 잊지 못하나니 지금 내가 효도의 도리를 잊었었다. 내가 이로써 근심하는 빛이 있는 것이다. 한 번 발을 옮길 때에도 감히 부모의 끼친 몸인 것을 잊지 못한다. 이런 까닭으로 큰 길로 다니되 작은 길로 다니지 않으며, 배로 물을 건너되 헤엄쳐 건너지 않아서 감히 선부모(先父母)가 끼친 몸으로써 위태한 데 다니지 않으며, 한 번 말을 하되 감히 부모를 잊지 않는다. 이런 까닭으로 악한 말이 입에서 나오지 않으며, 분김에 한 말이 그로 해서 몸에 돌아오지 않으니 자기의 몸을 욕되게 하지 않으며 자기의 부모를 부끄럽게 않는다면 효자라고 이를 만하다.」하였다.

〔集解〕 樂正 姓 子春 名 曾子 弟子 瘳 愈也. 〔集說〕 吳氏曰 善 美也, 重言之者 亟稱之 以美其問也 惟人爲大 記 作無人爲大 言 無如人 最爲大 蓋天地之性 人爲貴也 不虧其體 所以全其形 不辱其身 所以全其德 道 大路也 徑 路之小而捷者 游 浮水也. 〔集成〕 頃 當爲跬 一擧足爲跬 再擧足 爲步.

【註解】 樂正은 姓이고 子春은 이름이며 曾子의 弟子이다. 瘳은 병이 나음이다.

오씨(吳氏) 이르기를「善은 아름다움이다. 거듭 말한 것은 자주 칭찬하여 그 물음을 찬미한 것이다. 惟人爲大를 記에는 無人爲大라 하였으니 사람처럼 가장 위대한 것은 없음을 말하는 것이니 대개 하늘과 땅의 性에 사람이 貴하다는 것이다. 그 몸을 이즈러지지 않게 한다는 것은 그 형체를 온전히 하는 것이다. 그 몸을 욕되지 않게 하는 것은 그 德을 온전히 하는 것이다. 道는 큰 길이고 徑은 길이 작은 것으로 빠른 것이다.(←지름길) 游는 물에 뜨는 것이다. 頃은 마땅히 跬(발걸음) 字로 했어야 하며 발을 한 번 들면 跬가 되고 발을 두번 들면 步가 된다.」

○伯俞有過어늘 其母笞之한대 泣이러니 其母曰 他日笞子에 未嘗泣이라가 今泣은 何也오 對曰 俞得罪에 笞常痛이러니 今母之力이 不能使痛이라 是以泣하노이다.

故로 曰 父母怒之어시든 不作於意하며 不見於色에야 深受其罪하여 使可哀憐이 上也오 父母怒之어시든 不作於意하며 不見於色이 其次也니 父母怒之어시든 作於意하며 見於色이 下也니라. (見=현)

〖解說〗 백유(伯兪)가 허물이 있거늘 그의 어머니가 매질을 하였는데 유가 울었다. 그의 어머니가 말하기를「다른 날에는 매를 쳐도 네가 울지 않더니 지금 우는 것은 무엇 때문인가」하였다. 아들이 대답하여 말하기를「유가 죄를 지었을때에 매는 항상 아팠는데 지금은 어머니의 힘이 아프게 할 수 없습니다. 그래서 웁니다.」하였다.

그러므로 말하기를「부모가 성내시거든 마음에 반발을 일으키지 않으며 얼굴에 원망하는 빛을 나타내지 않아서 깊이 후회하는 마음으로 그 죄를 공순히 받아 부모로 하여금 가엾게 여기도록 하는 것이 최상이다. 부모가 성내시거든 자식은 그것을 마음에 반발하지 않으며 얼굴에 그 빛을 나타내지 않는 것이 그 다음이니, 부모가 성내시거든 아들은 마음에 반발을 일으키며 얼굴에 원망의 빛을 나타내는 것이 최하의 태도이다.」하였다.

〔集說〕 陳氏曰 伯俞 姓韓 名俞 笞 捶擊也 泣 涕出而無聲也 伯俞之泣 悲母力之衰耳 事見說苑 故曰以下 劉向論也.

【註解】 진씨(陳氏) 이르기를「伯兪는 姓이 韓이고 이름은 兪이다. 笞는 회초리로 치는 것이다. 泣은 눈물이 흐르지만 소리가 없는 것이다. 伯兪의 울음은 어머니의 힘이 쇠약해짐을 슬퍼한 것이니 사실이 說苑에 나타난다. 故曰 이하는 유향(劉向←漢나라 때 사람)이 論한 것이다.」

○公明宣이 學於曾子하되 三年을 不讀書어늘 曾子曰 宣아 而居參之門이 三年이로되 不學은 何也오.

公明宣이 曰 安敢不學이리잇고 宣이 見夫子居庭하니 親在어시든 叱咤之聲이 未嘗至於犬馬하실새 宣이 說之하여 學而未能하며 宣이 見夫子之應賓客하니 恭儉而不懈惰하실새 宣이 說之하여 學而未能하며 宣이 見夫子之居朝廷하니 嚴臨下而不毁傷하실새 宣이 說之하여 學而未能하니 宣이 說此三者하여 學而未能이니 宣이 安敢不學而居夫子之門乎리니꼬.

(咤＝타, 說＝열)

〖解說〗 공명선(公明宣)이 증자(曾子)에게 배우되 三年을 글을 읽지 않거늘 증자가 말하기를「선(宣)아 네가 나의 문하(門下)에 있은지 三年이로되 배우지 않는 것은 어찌된 것인가?」하였다.

공명선이 말하기를「어찌 감히 배우지 않겠습니까? 선(宣)이 선생님께서 뜰에 계실 때를 보니 부모가 계시면 성내어 꾸짖는 소리가 일찍이 개나 말에게도 이르지 않았는데 宣이 기뻐하여 배우고 있으나 아직 잘 되지 않습니다. 宣이 선생님이 빈객(賓客)을 응대(應對)하시는 것을 보니 공손하고 검소하며 게을리하시지 않으셨습니다. 宣이 기뻐하여 배우고 있으나 아직 잘 되지 않습니다.

宣이 선생님이 조정(朝廷)에 계실 때를 보니 엄격하게 아랫사람들에게 대하고 있으나 그들을 헐뜯거나 다치게 하지 않으셨습니다. 宣이

기뻐하여 배우고 있으나 아직도 잘 되지 않습니다. 宣이 이 세 가지를 기뻐하여 배우고 있으나 아직 잘 되지 못합니다. 宣이 어찌 감히 배우지 않으며 선생님의 문하에 있겠습니까?」 하였다.

〔集說〕 陳氏曰 公明 姓 宣 名 曾子 弟子. 吳氏曰 夫子 謂曾子 叱咤 怒聲也 恭 莊也 儉 節制也.

【註解】 진씨(陳氏) 이르기를 「公明은 姓이고 宣은 이름이다. 曾子의 弟子다.」

오씨(吳氏) 이르기를 「夫子는 曾子를 이른다. 叱咤는 성내는 소리이다. 恭은 씩씩함이다. 儉은 節制하는 것이다.」 ○ 說之(열지)의 說은 悅과 같음. 而居參之門에서 而는 爾와 같아 '너'라는 뜻이고, 參은 증자의 이름이다. 公明宣은 춘추시대 魯나라 사람이다.

○ 少連大連이 善居喪하여 三日不怠하며 三月不解하며 期悲哀하며 三年憂하니 東夷之子也라.

〖解說〗 소련 대련이 거상을 잘 하여 (부모가 죽은 뒤에) 삼일 동안을 매우 애통해 하며 예절은 지켜 게을리 하지 않았으며, 석 달이 되어도 해이하지 않으며, 期年이 되어서는 슬퍼하며 삼년이 되어서는 근심하였으니 그는 동이(東夷)의 아들이었다.

〔集說〕 陳氏曰 三日 親始死時也 不怠 謂哀痛之切 雖不食而能自力 以致其禮也 三月 親喪在殯時也 解 與懈同 倦也 憂 謂憂戚憔悴, 陳氏曰 此 孔子之言也. 〔集解〕 聖人 非特稱其能行孝道 而又稱其能變夷俗也.

【註解】 진씨(陳氏) 이르기를 「三日은 부모가 처음 돌아가셨을 때이다. 不怠는 哀痛함이 간절함이니 비록 먹지 않아도 능히 스스로의 힘으로 그 禮를 다함을 말한 것이다. 三月은 부모의 喪이 殯(입관하여 매장않고 안치한 상태)에(正堂) 있는 것이다. 解는 懈와 같으니 게으른 것이다.

憂는 근심하고 슬퍼서 초췌(憔悴)해짐을 말한다. 진씨(陳氏)가 말하기를 이는 孔子의 말씀이라고 한다. 聖人이 다만 그의 효도를 잘 행함을 칭찬할 뿐만 아니라 또 東夷의 풍속이 잘 변했음을 칭찬하신 것이다.」하였다. ○ 거상(居喪)은 상 중에 있음. 期悲哀에서 期는 朞와 같으며 일주기이다. 즉 小祥 때이다.

○高子皐之執親之喪也에 泣血三年하여 未嘗見齒하니 君子以爲難하니라. (見＝現)

〚解說〛 고자고(高子皐)가 부모 상에 거상(居喪)하는 동안 三年을 피눈물을 흘리듯 슬피 울면서 일찍이 이를 드러내어 웃지 않았으니 군자들이 그렇게 하기도 어렵다 하였다.

〔集解〕 子皐 名柴 孔子 弟子 孔氏曰人 涕淚 必因悲聲而出 血出則不由聲也 子皐無聲 其涕亦出 如血之出故 云泣血 不見齒 謂不笑也.

【註解】 子皐의 이름은 柴, 孔子의 제자이다. 공씨(孔氏) 이르기를 「사람이 눈물을 흘리는 것은 반드시 슬픈 소리로 인해서 나오는 것이고 피눈물이 나오는 것은 소리로 말미암지 않는다. 子皐는 소리없이 슬퍼했지만 그의 눈물이 나오는 것은 또한 피가 나오는 것같았기 때문에 피눈물이라고 이른 것이다. 이를 드러내지 않았다는 것은 웃지 않았음을 말한 것이다.」하였다.

○顏丁이 善居喪하여 始死에 皇皇焉如有求而弗得하며 既殯에 望望焉如有從而弗及하며 既葬에 慨然如不及其反而息하더라.

〚解說〛 안정(顏丁)이 거상(居喪)하기를 잘 하여 부모가 비로소 돌아가심에 마음이 급하여 허둥지둥하는 것이 마치 부모를 찾아 헤매다가 찾지 못한 것같았으며 이미 殯所에 모시게 되었음에 돌아보지 않고

달려 좇아 갔으나 따라가지 못하는 것같았으며, 이미 장사지내고 나서는 슬퍼서 그가 도저히 돌아올 수 없다고 하면서도 오히려 기다리는 것 같았다.

〔集說〕 陳氏曰 顏丁 魯人 皇皇 猶栖栖也 望望 往而不顧之貌 慨 感悵之意 始死 形可見也 旣殯 柩可見也 葬則無所見矣 如有從而弗及 似有可及之處也 葬後則不復如有所從矣 故 但言如不及其反 又云而息者 息猶待也 不忍決忘其親 猶且行且止 以待其親之反也.

**【註解】** 진씨(陳氏) 이르기를 「顏丁은 노(魯)나라 사람이다. 皇皇은 栖栖(바쁜 모양←서성댐)와 같은 것이고 望望은 가면서 돌아 보지 않는 모양이다. 慨는 感慕하면서 몹시 슬퍼하는 뜻이다. 처음 죽으면 형체는 볼 수 있으며 旣殯에는 관을 볼 수 있지만 장사 지내고 나면 보는 것이 없게 된다. 如有從而弗及(여유종이불급)은 미칠 만한 곳이 있는 것같으면서 장사 지낸 뒤에는 다시 따를 수 있는 것같지 않다. 그러므로 다만 부모가 돌아 올 수 없는 것같다.」고 말했다. 또 이르기를 「息이라는 息은 기다리는 것과 같은 것이니 차마 결단코 그 부모를 잊지 못하여 오히려 잠시 가고 잠시 서서 그의 부모가 돌아 오기를 기다린다.」는 것이다. ○ 殯(빈)은 殯所, 草殯, 시체를 관에 넣어서 장사지낼 때까지 正堂에 가매장하여 두는 것.

○ 曾子有疾하사 召門弟子曰 啓予足하며 啓予手하라 詩云戰戰兢兢하여 如臨深淵하며 如履薄冰하라 하니 而今而後에야 吾知免夫와라 小子아.

〖解說〗 증자(曾子)가 병이 있어 제자를 불러서 말하기를 「내 발을 펴며 내 손을 펴라. 「시경」에 이르기를 「두려워하고 조심하면서 깊은 못가에 있는 것과도 같으며 엷은 얼음을 밟고 있는 것과도 같다.」고 하더니 이제부터 뒤에야 내 면하게 되었음을 알게 되었구나 애들아!」 하였다.

〔集說〕 朱子曰 啓 開也 曾子 平日以爲 身體 受於父母 不敢毁傷 故於

此 使弟子 開其衾而視之 詩小旻之篇 戰戰 恐懼 兢兢 戒謹 臨淵 恐墜 履冰 恐陷也 曾子 以其所保之全 示門人 而言其所以保之之難 如此 至於將死而後 知其得免於毁傷也 小子 門人也 語畢而又呼之 以致反覆丁寧之意 其警之也 深矣 范氏曰 身體 猶不可虧也 況虧其行以辱其親乎.

**【註解】** 주자(朱子) 이르기를「啓는 여는 것이다. 曾子가 平日에 身體는 부모에게서 받았으니 敢히 毁傷할 수 없다고 생각하였다. 그러므로 이에 제자들로 하여금 이불을 걷고 자신의 손과 발을 보게 한 것이다. 詩는 詩經의 小旻篇이다. 戰戰은 두려워 하는 것이고, 兢兢은 경계하고 삼가하는 것이다. 臨淵은 떨어질까 두려워 하는 것이고, 履氷은 빠질까 두려워 하는 것이다. 曾子는 온전히 보전한 것을 門人에게 보여 주고 그 보전함의 어려움이 이와 같아서 장차 죽음에 이른 뒤에야 毁傷함을 免할 수 있음을 알았다고 말씀하신 것이다. 小子는 門人이다. 말을 마치고 다시 부른것은 이로써 반복하여 간곡히 당부하는 뜻을 극진히 한 것이니 그 경계함이 깊도다.」하였다.

범씨(范氏) 이르기를「身體는 오히려 毁傷할 수 없는데 하물며 그 행실을 毁傷함으로써 그 부모를 욕되게 할 수 있겠는가.」하였다.

○箕子者는 紂의 親戚也라 紂始爲象箸어늘 箕子嘆曰 彼爲象箸하니 必爲玉杯로다 爲玉杯 則必思遠方珍怪之物 而御之矣리니 輿馬宮室之漸이 自此始하야 不可振也로다.

**〖解說〗** 기자(箕子)라는 이는 주(紂)의 친척이다. 주가 처음에 상아(象牙)로 젓가락을 만들거늘, 기자가 탄식하여 말하기를「주왕(紂王)이 상아의 젓가락을 만들었으니 반드시 옥잔(玉杯)을 만들 것이다. 옥잔을 만들고나면 반드시 먼 곳에서 생산되는 진기하고 괴이한 물건을 생각하여 사용하게 될 것이니 수레와 말과 궁실을 사치할 조짐이 여기서부터 시작하여 구제할 수 없을 것이다.」하였다.

**〔集說〕** 陳氏曰 箕 國名 子 爵也 箕子 紂諸父 紂 商王 受也 御 用也

振 救也.

【註解】 진씨(陳氏) 이르기를 「箕는 나라 이름이고, 子는 벼슬이다. 箕子는 紂의 제부(諸父 : 아버지의 배가 다른 형제←숙부)이며 紂는 商나라 임금 수이다. 御는 사용하는 것이다. 振은 救하는 것이다.」

| 紂爲淫泆이어늘 箕子諫하신대 紂不聽而囚之러니 人이 或曰 可以去矣라 하야늘 箕子曰 爲人臣하여 諫不聽而去면 是는 彰君之惡而自說於民이니 吾不忍爲也라 하시고 乃被髮佯狂而爲奴하사 遂隱而鼓琴하여 以自悲하시니 故로 傳之曰 箕子操라 하니라. (說＝悅) |
|---|

〖解說〗 주(紂)가 음란하고 방탕하거늘 기자가 간(諫)하였는데 주가 듣지 않고 기자를 옥에 가두었다. 사람들이 혹 말하기를 「버리고 가는 것이 좋겠습니다.」하거늘 기자가 말하기를 「남의 신하가 되어서 간하다가 듣지 않는다고 하여 버리고 간다면 이것은 임금의 악을 드러내고 자신은 백성들에게서 환심(歡心)을 사는 것이니 나는 차마 하지 못한다.」하고 드디어 머리를 풀어 헤치고 거짓으로 미친 사람처럼 행동하여 노예가 되어 드디어 숨어 살면서 거문고를 타서 자신의 슬픈 마음을 달래었으니 그런 까닭으로 그 가락을 전하여 기자의 금곡(琴曲)이라고 하였다.

〔集說〕 陳氏曰 淫 貪欲 泆 放蕩, 如嬖妲怛己 爲酒池 肉林之類 囚 拘繫也 傳曰 囚箕子 以爲奴 彰 著也 操 琴曲也.

【註解】 진씨(陳氏) 이르기를 「淫은 貪慾이고 泆은 放蕩하는 것이니 妲己를 사랑하는 것처럼 酒池肉林을 만든 類와 같은 것이다.」 하였다. 囚는 구속하여 얽어매는 것이다. 傳에 이르기를 「箕子를 가두어 노예를 삼았다.」 하였다. 彰은 드러내는 것이다. 操는 거문고의 곡조이다.

| 王子比干者는 亦紂之親戚也라. 見箕子諫不聽而爲奴하고 則曰 君이 有過而不以死爭이면 則百姓은 何辜오 하고 乃直言諫紂한대 紂怒曰 吾聞聖人之心에 有七竅라 하니 信有諸乎아 하고 乃遂殺王子比干하여 刳視其心하니라. (辜=고, 竅=규) |
|---|

〖解說〗 왕자(王子) 비간(比干)이라는 자도 또한 주(紂)의 친척이었다.
기자(箕子)가 간(諫)하다가 말이 받아들여지지 않고 노예가 되는 것을 보고 곧, 말하기를 「임금이 허물이 있는데 죽음으로써 간하지 않는다면 백성들은 무슨 죄란 말인가.」하고 드디어 바른 말로 주에게 간하였는데 주가 성내어 말하기를 「내가 들으니 聖人의 심장에는 일곱 개의 구멍이 있다 하니 진실로 있는가?」하고 이에 드디어 왕자 비간을 죽이어 그 심장을 갈라 보았다.

〔集解〕 陳氏曰 王子比干 亦紂 諸父 辜 罪也 何辜 言無辜而被虐也 刳 剖也.

【註解】 진씨(陳氏) 이르기를 「王子 比干은 또한 紂의 諸父이다. 辜는 죄이다. 何辜는 죄없이 학대를 당하는 것을 말한다. 刳는 쪼개는 것이다.」

| 微子 曰 父子는 有骨肉而臣主는 以義屬故로 父有過어든 子三諫而不聽則隨而號之하고 人臣이 三諫而不聽則其義可以去矣라 하고 於是에 遂行하니라. |
|---|

〖解說〗 미자(微子)가 말하기를 「부자(父子)의 사이는 골육(骨肉)을 이어받은 관계가 있고, 신하와 임금 사이는 의리(義理)로써 맺어져 있기 때문에 아버지가 허물이 있거든 아들이 세 번 거듭 간하고, 그래도 듣지 않으시면 따라 다니면서 울부짖고 남의 신하된 자가 임금에게 허물이 있으면 세 번 간해서 듣지 않으면 그 의리가 이로써 떠날 수 있다.」하고 이에 드디어 가버렸다.

〔集說〕 吳氏曰 微 國名 微子 紂 庶兄 屬 聯續也 去 所以存宗祀.

【註解】 오씨(吳氏) 이르기를「微는 나라 이름이다. 微子는 紂의 庶兄이다. 屬은 聯續이다. 去는 宗祀를 보존 하는 곳을 떠나는 것이다.」

| 孔子曰 殷有三仁焉하니라. |
|---|

〖解說〗 공자(孔子)께서 말씀하시기를「은(殷)나라에는 세(←箕子, 王子比干, 微子) 어진 이가 있다.」하였다.

〔集解〕 朱子曰 三人之行 不同而同出於至誠惻怛之意 故 不咈乎愛之理 而有以全其心之德也. 楊氏曰 此三人者 各得其本心 故 同謂之仁.

【註解】 주자(朱子) 이르기를「세 사람의 행함이 같지 않으나 똑같이 지성스럽고 측달(惻怛)한 뜻에서 나왔다. 그러므로 사랑하는 이치에 어긋나지 않아서 마음의 덕을 온전히 할 수 있었다.」하였다.

양씨(楊氏) 이르기를「이 세 사람은 각각 그 본심을 얻었다. 그러므로 똑같이 仁者라고 이른 것이다.」

| ○武王이 伐紂어시늘 伯夷叔齊叩馬而諫한데 左右欲兵之러니 太公이 曰 此는 義人也라 하고 扶而去之하니라. |
|---|

〖解說〗 무왕(武王)이 紂를 치거늘 백이(伯夷)와 숙제(叔齊)가 말을 잡고 간하였는데 좌우에서 그들을 죽이려고 하니 강태공이 말하기를「이 사람들은 의(義)로운 사람이다.」하고 붙들어서 다른 곳으로 보냈다.

〔集解〕 伯夷 叔齊 孤竹君之二子 叩 通作扣 說文 云牽馬也 武王伐紂 夷齊 以爲非義而諫之 兵 猶殺也 太公 呂望也.

【註解】 백이(伯夷)와 숙제(叔齊)는 고죽군(孤竹君)의 두 아들이다.

叩는 扣로 通하니, 說文에 「말은 끄는 것이다.」고 하였다. 무왕이 紂를 치거늘 백이와 숙제는 義가 아니라고 해서 諫한 것이다. 兵은 죽이는 것과 같다. 太公은 姜呂尙으로 太公望이다.

○ 叩馬而諫(고마이간)은 수레를 끄는 말을 잡고(무왕이 紂를 치는 것은 불의(不義)한 행동이라고)간함.

> 武王이 已平殷亂하시니 天下宗周어늘 而伯夷叔齊恥之하여 義不食周粟이라 하여 隱於首陽山하여 採薇而食之하더니 遂餓而死하니라.

〚解說〛 무왕(武王)이 이미 은(殷) 나라의 난리를 평정하니 천하가 주(周)나라를 종주국(宗主國)으로 받들거늘 백이와 숙제가 이를 부끄럽게 여겨서 의리상 주(周)나라의 녹속(祿粟)을 먹을 수 없다 하여 수양산(首陽山)에 은거(隱居)하면서 고비를 캐어먹고 살더니 드디어는 굶주려서 죽었다 하니라.

〔集解〕 首陽 即雷首山 在河東, 程子曰 伯夷叔齊 遜國而逃 諫伐而餓 終無怨悔故 孔子 以爲賢也.

**【註解】** 首陽은 곧 雷首山이니 河東에 있다. 정자(程子) 이르기를 「伯夷와 叔齊가 나라를 사양하고 도망해서 武王이 紂를 치는 것을 諫하다가 굶주려서 죽었으나 끝내 원망과 후회가 없기 때문에 공자께서는 어질게 여기시니라.」

○ 採薇而食之(채미이식지)는 백이와 숙제가 고비를 캐어 먹고 살았음을 말함. 즉 채약(採藥)을 해서 그것을 팔아서 먹고 살았음을 말함.

> ○衛靈公이 與夫人夜坐러니 聞車聲이 轔轔하여 至闕而止라가 過闕復有聲하고 公이 問夫人曰 知此爲誰오 夫人이 曰 此蘧伯玉也로소이다. 公이 曰 何以知之오 夫人이 曰 妾이 聞하니

禮에 下公門하며 式路馬는 所以廣敬也니 夫忠臣與孝子는 不爲昭昭信節하며 不爲冥冥惰行하나니 蘧伯玉은 衛之賢大夫也라 仁而有智하고 敬於事上하니 此其人이 必不以闇昧로 廢禮라 是以知之하나이다. 公이 使人視之하니 果伯玉也러라.

〚解說〛 위령공(衛靈公)이 부인과 함께 밤에 앉았는데 수렛소리가 드르르하고 들려서 대궐 앞에 이르러 그쳤다가 대궐을 지나서 다시 소리가 있어, 공이 부인에게 물어 말하기를 「이것이 누가 하는 것인지 알겠소.」하니 부인이 말하기를 「이는 거백옥(蘧伯玉)일 것입니다.」 하였다. 공이 말하기를 「무엇으로써 그것을 아오.」하니 부인이 말하기를 「첩(妾)이 들으니 예(禮)에 공문(公門) 앞에서는 수레에서 내리며 길에서 임금의 말을 보았을 때에 읍하는 것은 공경하는 마음을 넓히기 때문이라고 하니 대체로 충신과 효자는 밝다고 예절을 펴지 않으며 어둡다고 행동을 게을리 하지 않나니, 거백옥은 위(衛)나라의 어진 대부(大夫)입니다. 어질고 지혜가 있고 위를 섬기는 데 공경하니 이에 그 사람은 반드시 어두운 때라고 하여 예를 폐하지 않을 것입니다. 이로써 그것을 아는 것입니다.」 공이 사람을 시켜 가 보게 하였더니 과연 거백옥이더라.

〔集解〕 衛靈公 名元 夫人 南子 宋女也 闕 公門 蘧伯玉 衛大夫 名瑗 下公門 言至君門 下車以過也 式路馬 謂見君車所駕之馬 憑式以致敬也 昭昭 顯明也 信 與伸同 言當顯明之時 則伸其節義 欲人之共知也 冥冥 隱暗也 惰 怠慢也 言 當隱暗之際 則怠慢其所行 斯人之不見也 伯玉 當時 稱其仁智敬上 豈以冥冥之時 而廢禮乎 此 南子所以知之也.

【註解】 衛靈公의 이름은 元이다. 夫人은 南子니 宋나라 여자이다. 闕은 公門이다. 蘧伯玉은 衛나라 大夫이며 이름은 瑗이다. 公門에서 내리는 것은 임금의 문에 이르러 수레에서 내려서 지나감을 말한다. 式路馬는 임금의 수레를 맨 말을 보면 읍하고 敬을 이루는 것이다. 昭昭는 환하게 밝은 것이다. 信은 伸과 같으니 환하게 밝은 때를 당하면 그 節義를

펴서 사람이 함께 알게 하려고 함을 말한 것이다. 冥冥은 은밀해서 어두운 것이고 惰는 怠慢한 것이니 隱暗한 지음에 당하면 그 행동을 태만히 하여 남이 보지 않게 속이는 것이다. 伯玉이 당시에 그 어진 지혜로 윗사람을 공경했다고 일컬었는데 어찌 어두운 때라고 해서 禮를 廢하겠는가 南子가 이를 아는 바이다.

○趙襄子殺智伯하고 漆其頭하여 以爲飮器러니 智懿之臣豫讓이 欲爲之報仇하여 乃詐爲刑人하여 挾匕首하고 入襄子宮中하여 塗厠이어늘 左右欲殺之한대 襄子曰 智伯이 死無後어늘 而此人이 欲爲報仇하니 眞義士也라 吾謹避之耳라.

〖解說〗 조양자(趙襄子)가 지백(智伯)을 죽이고 그의 두개골(頭蓋骨)을 칠(漆)하여 이로써 음기(飮器)를 만들더니, 지의(知懿)의 신하 예양(豫讓)이 원수를 갚고자 하여 이에 거짓으로 형인(刑人)이 되어 비수(匕首)를 끼고 조양자의 궁중에 들어가서 변소를 바르고 있거늘 좌우의 사람들이 그를 죽이려고 하였는데 양자가 말하기를 「지백(智伯)이 죽고 그 후계자가 없거늘 이 사람이 원수를 갚고자 하니 참다운 의사(義士)이다. 내가 조심하여 피할 뿐이다.」 하였다.

〔集解〕 襄子 名無恤 智伯 名瑤 皆晋大夫 飮器 韋昭 云飮酒之具 晋灼 云溲溺之器 呂氏春秋 云漆智伯頭 爲溲杯 未詳孰是 刑人 有罪被刑而執賤役者 匕首 短劍也 其首 類匕. 〔增註〕 塗厠 謂以泥 墁溷厠之墻壁.

**【註解】** 襄子의 이름은 無恤이고 智伯의 이름은 瑤이니 모두 晋나라 大夫이다. 飮器를 韋昭는 술마시는 도구라고 하고, 晋灼은 오줌 누는 그릇이라고 하고, 呂氏春秋에는 智伯의 두개골(頭蓋骨)에 옻칠을 하여 오줌 잔을 만들었다 했으니 누가 옳은지 자세하지는 않다.

刑人은 죄가 있어서 형벌을 받고 천역(賤役)을 하는 자이다. 匕首는 짧은 칼이니 그 머리가 숟가락같다. 塗厠은 진흙으로 변소의 담벽을 쇠손질 하는 것을 말한다.

讓이 又漆身爲癩하며 呑炭爲啞하여 行乞於市하니 其妻는 不識也로되 其友識之하여 爲之泣曰 以子之才로 臣事趙孟이면 必得近幸하리니 子乃爲所欲爲顧不易邪아 何乃自苦如此오 讓이 曰 委質爲臣이오 而求殺之면 是는 二心也라 吾所以爲此者는 將以愧天下後世之爲人臣而懷二心者也하노라 後에 又伏於橋下하여 欲殺襄子어늘 襄子殺之하니라. (啞=아)

〖解說〗 예양(豫讓)이 또 몸에 옻을 칠하여 문둥이처럼 되어 숯을 입에 물고 벙어리가 되어 시장에 다니며 구걸(求乞)하니 그의 아내는 알아보지 못하되 그의 벗이 알아보고서 그를 위하여 울면서 말하기를 「자네의 재능으로써 조맹(趙孟)에게 신하가 되어 섬긴다면 반드시 가까이 하는 총행(寵幸)을 얻을 것이니, 자네가 하고자 하는 바를 하는 것이 도리어 쉽지 아니한가. 어찌 스스로 고로(苦勞)함을 이 같이 하는가?」 하였다. 예양이 말하기를 「무릎을 구부려 신하가 되고 그를 죽이기를 구한다면 이는 두 가지 마음이다. 내가 이와 같이 하는 까닭은 장차 이로써 천하의 후세 사람이 남의 신하가 되어서 두 가지 마음을 품는 자를 부끄럽게 하기 위한 것이다.」 하였다.

뒤에 예양이 또 다리 밑에 매복(埋伏)하여 양자를 죽이려고 하거늘 양자가 그를 죽였다 하니라.

〔集說〕 陳氏曰 爲癩 爲啞 而行乞 欲人不識 得以殺襄子也 趙孟 即襄子 顧猶反也 爲所欲爲 謂欲殺襄子 以報主仇也 委質 猶屈膝也.〔集解〕 胡氏曰 君子 爲名譽而爲善 則其善 必不誠 人臣 爲利祿而效忠. 則其忠 必不盡 使智伯 有後而讓也 爲之報仇 其心 未可知也 智伯 無後矣, 而讓也 不忘國士之遇 以死許之 而其志愈篤 則無所爲而爲之者 眞可謂義士矣 然 襄子知其如此而殺之 何以爲人臣之勸哉.

【註解】 진씨(陳氏) 이르기를 「문둥이가 되고 벙어리가 되어서 구걸하고 다니며 남이 알아보지 못하게 함은 襄子를 죽이려고 한 것이다.」 하였다. 趙孟은 곧 襄子이다. 顧는 도리어와 같다.

'하고자 하는 바'를 하는 것은 조양자를 죽임으로써 임금의 원수를 갚으려는 것을 말한다. 委質은 무릎을 굽히는 것과 같다.

호씨(胡氏) 이르기를「君子가 명예를 위해서 善을 행하면 그 善은 반드시 성실치 못하고, 남의 신하가 利祿을 위해서 충성을 힘쓰면 그 충성은 반드시 극진하지 못하다. 智伯으로 하여금 후사가 있었다면 예양은 원수를 갚게 했을지 그 마음은 알 수 없다. 智伯은 후사가 없었다. 그리고 양은 국사(國士)의 대접을 잊지 못해서 죽음으로써 자신을 허락했으니 그 뜻은 더욱 두터운 것인즉 하는 바가 없어서 그렇게 했다는 것은 참으로 義士라고 이를 만하다. 그러나 양자는 그의 이와 같은 것을 알면서도 죽였으니 어떻게 남의 신하 되라고 권(勸)하겠는가?」고 하였다.

○王孫賈事齊閔王하다가 王이 出走어늘 賈失王之處러니 其母曰 女朝去而晩來 則吾倚門而望하고 女莫出而不還 則吾倚閭而望이러니 女今事王하다가 王이 出走커시늘 女不知其處하니 女尙何歸오. (莫=暮)

〚解說〛 왕손가(王孫賈)가 제(齊)나라 민왕(閔王)을 섬기다가 민왕이 (싸움에 패하여) 달아나거늘 왕손가가 민왕이 간 곳을 알지 못하더니, 그의 어머니가 말하기를「네가 아침에 나가서 늦게 돌아오면 내가 문에 의지하여 너를 기다렸고, 네가 저물 무렵에 나가서 돌아오지 않으면 내가 여문(閭門)을 의지하여 너를 기다렸더니, 네가 이제 왕을 섬기다가 임금이 (싸움에 패하여) 달아났거늘 네가 그 간 곳을 모르니 오히려 어찌 돌아오느냐?」하였다.

〔集解〕 王孫 姓 賈 名 齊大夫 閔王 名地 燕將 樂毅 破齊 閔王走莒 門 謂家之門 閭 謂巷之門 母謂賈 曰汝當往報其仇 汝何爲而歸耶.

【註解】 王孫은 姓이고, 賈는 이름이니, 齊나라 大夫이다. 閔王의 이름은 地다. 燕나라 장수 樂毅가 齊나라를 공격하니 閔王이 莒땅으로 달아

났다. 門은 집의 門이고 閭는 마을의 문을 말한다.

어머니가 賈에게 말하기를 「네가 마땅히 가서 그 원수를 갚아야 할 것인데 너는 무엇을 위해서 돌아왔느냐?」 하였다.

> 王孫賈乃入市中하여 曰 淖齒亂齊國하여 殺閔王하니 欲與我誅齒者는 袒右하라 한대 市人從之者四百人이어늘 與誅淖齒하여 刺而殺之하니라. (袒＝但, 刺＝戚)

〖解說〗 왕손가(王孫賈)가 드디어 시중(市中)에 들어가서 말하기를 「요치(淖齒)가 제나라를 어지럽히어 민왕을 죽였으니 나와 함께 요치를 죽이고자 하는 이는 오른쪽 팔의 옷을 벗어 어깨를 드러내라.」 하였는데, 시장의 사람으로써 그에 따르는 자가 四百 명이거늘 함께 요치를 쳐서 찔러 죽이었다.

〔集解〕 淖 姓 齒 名 楚人 爲齊相 因亂而殺閔王.

【註解】 淖는 姓이고 齒는 이름이니, 楚나라 사람이다. 齊나라 정승이 되어서 亂으로 인하여 閔王을 죽였다.

> ○臼季使過冀할새 見冀缺이 耨커늘 其妻饁之하되 敬하여 相待如賓하고 與之歸하여 言諸文公曰 敬은 德之聚也니 能敬이면 必有德이라 德以治民하나니 君請用之하소서 臣은 聞하니 出門如賓하며 承事如祭는 仁之則也라 하오이다 文公이 以爲下軍大夫하니라. (使＝시, 耨＝누, 饁＝엽)

〖解說〗 구계(臼季)가 견인(遣人) 빙문(聘問) 길에 기(冀)라는 읍을 지나다가 극결(郤缺)이 김을 매고 있거늘, 그의 아내가 점심을 가져다 주는데 공경하여 서로 대접하기를 손님같이 하는 것을 보고 극결을 데리고 돌아와서 이것을 진문공(晉文公)에게 아뢰어 말하기를 「공경

한다는 것은 德이 모이는 것이니 잘 공경하면 반드시 덕이 있는 것입니다. 덕으로써 백성을 다스리는 것이니 임금에게 청합니다. 이 사람을 등용하시옵소서. 신은 들으오니 문 밖에 나와서는 손같이 공경하며, 일을 받드는 것은 제사를 받드는 것처럼 한다는 것은 인(仁)의 법칙이라 하옵니다.」 문공(文公)이 이로써 하군대부(下軍大夫)를 삼았다.

〖集說〗 陳氏曰 臼季 晋大夫 名胥臣 文公 晋君 名重耳 冀 邑名 缺 郤缺也 耘苗曰耨 野饋曰饁 人能敬則心存 心存則理得故 敬 德之聚也 修己 可以安百姓故 曰 德以治民 出門如賓 承事如祭 敬也 敬以持己 則私意無所容 而心德全矣 故 曰仁之則也.

【註解】 진씨(陳氏) 이르기를 「臼季는 진나라의 대부로 이름은 胥臣이고 文公은 진나라의 임금이며 이름은 重耳이다.

冀는 邑이름이고 缺은 郤缺이다. 김매는 것을 耨라 하고 들에서 밥먹이는 것을 饁이라 한다. 사람이 잘 공경하면 마음이 한 곳에 있고, 마음이 한 곳에 있으면 이치를 터득하기 때문에 敬은 德이 모인 것이다. 몸을 닦는 것을 이로써 백성을 편안하게 하기 때문에 말하기를 「德으로써 백성을 다스리면 문 밖에 나가 손님을 대하듯 공경하고 일을 받드는 것은 제사를 지내는 것처럼 공경한다. 공경으로써 몸을 단속하면 사사로운 뜻은 받아들일 곳이 없어서 心德이 온전하다.」그러므로 말하기를 「仁의 법칙이라고 하는 것이다.」 하였다.

○ 公父文伯之母는 季康子之從祖叔母也러니 康子往焉이어늘 闖門而與之言하고 皆不踰閾한대 仲尼聞之하시고 以爲別於男女之矣라 하시니라. (父=甫, 闖=위, 閾=역)

〖解說〗 공보문백(公父文伯)의 어머니는 계강자(季康子)의 종조숙모(從祖叔母)이더니 강자가 가서 뵈었거늘 문을 열어 놓고 더불어 말씀을 하고 서로가 다 문지방을 넘지 아니하였는데 중니(←孔子)께서 들으

시고「써 남녀를 분별하는 예절이다.」하시니라.

〔集解〕 公父文伯 魯大夫 名歜 其母 敬姜也 季康子 魯卿 名肥 闖 開也 閾 門限也 敬姜 以從祖母之尊 與從孫相見 而不踰閾 可謂能別矣.
〔正誤〕 從祖叔母 謂祖父昆弟之妻.

**【註解】** 公父文伯은 魯나라 大夫이니 이름은 촉(歜)이다. 그의 어머니는 季敬姜이다. 季康子는 魯나라 대부이며 이름은 肥이다. 闖는 여는 것이다←開와 같은 뜻). 閾은 문지방이다. 敬姜이 祖母의 높은 것으로써 從孫과 서로 만나보면서 문지방을 넘지 않으니 가히 잘 분별한다 이를만 하다. 從祖叔母는 祖父 昆弟의 아내이다.

○衛共姜者는 衛世子共伯之妻也라 共伯이 蚤死어늘 共姜이 守義러니 父母欲奪而嫁之어늘 共姜이 不許하고 作栢舟之詩하여 以死自誓하니라.

〚解說〛 위(衛)나라의 공강(共姜)이라는 이는 위나라 세자(世子) 공백(共伯)의 아내이다. 공백이 일찍 죽거늘 공강이 절개를 지키고 있으려니 부모가 뜻을 꺾어 개가(改嫁)시키려 하거늘 공강이 허락하지 않고 백주(栢舟)라는 시(詩)를 지어 죽음으로써 스스로 맹세하였다.

〔集解〕 姜 齊姓 嫁共伯故 曰共姜 共伯 名餘.

**【註解】** 姜은 齊나라 姓이니 共伯에게 시집갔기 때문에 共姜이라고 한다. 共伯의 이름은 餘이다(※烈女 不更二夫의 實證이다). ○ 栢舟之詩는「詩經」용풍(鄘風)의 栢舟라는 시편을 가리킴.

○蔡人妻는 宋人之女也라 旣嫁而夫有惡疾이어늘 其母將改嫁之러니 女曰 夫之不幸이 乃妾之不幸也니 奈何去之리오 適人

之道는 一與之醮하면 終身不改하나니 不幸遇惡疾하나 彼無大故하고 又不遣妾하니 何以得去리오 하고 終不聽하니라. (醮＝초)

〚解說〛 채(蔡)나라 사람의 한 아내는 송(宋)나라 사람의 딸이었다. 이미 시집을 갔는데 남편에게 나쁜 병이 있거늘 그의 어머니가 장차 고쳐 시집 보내려고 하니, 딸이 말하기를 「남편의 불행이 곧 저의 불행이니 어떻게 버리고 가겠습니까? 남에게 시집가는 도리는 한번 함께 초례(醮禮)를 치르면 죽을 때까지 고치지 못합니다. 불행하게 나쁜 병을 만났지만 저 사람에게 큰 사고가 없고 또 첩도 보내지 아니하니 어떻게 이로써 갈 수가 있겠습니까?」하고 끝내 듣지 아니하였다.

〔集說〕 陳氏曰 婦人自稱曰妾 酌而無酬酢曰醮 盖婚禮 贊者三酌壻婦而不酬酢也.

【註解】 진씨(陳氏) 이르기를 「婦人이 자칭하여 말하기를 妾이라 한다. 대개 혼례는 贊者가 壻婦에게 세 번 잔질하면서도 酬酢은 하지 않는다.」 하였다.

○萬章이 問曰 象이 日以殺舜爲事어늘 立爲天子 則放之는 何也니꼬 孟子曰 封之也어늘 或曰放焉이라 하나니 仁人之於弟也에 不藏怒焉하며 不宿怨焉이오 親愛之而已矣니라.

〚解說〛 만장(萬章)이 질문하여 말하기를 「상(象)이 날마다 순(舜)을 죽이는 것을 일로 삼았거늘, 순이 천자가 되어서 그를 먼 곳으로 쫓아냈으니 어떻게 된 것입니까?」하니, 맹자께서 말씀하시기를 「그를 봉(封)해 주었거늘 어떤 사람은 말하기를 '그를 내쫓았다' 고도 하니 인자한 사람은 동생에 대해서는 분노를 감춰 두지도 않으며 원한을 묵혀 두지도 않고 그에게 친애(親愛)할 뿐이다.」 하셨다.

〔集說〕 朱子曰 放 猶置也, 置之於此 使不得去也 萬章 疑舜 何不誅之

孟子 言 舜實封之 而或者 誤以爲放也 藏怒謂藏匿其怒 宿怨 謂留蓄其怨.

**【註解】** 주자(朱子)가 이르기를 「放은 置와 같음이다. 여기에 두어둠으로 하여금 가지 못하게 하는 것이다.」만장(萬章)은 순임금을 의심하기를 「어떻게 그(←象)를 죽이지 않았습니까?」하니 맹자께서는 「순임금이 실제로는 봉(封)해주었는데도 어떤 사람은 잘못 알고 추방했다고 한 것이다.」고 말씀하신 것이다.
「藏怒는 그 성내는 것을 간직하여 숨기는 것을 말하며, 宿怨은 그 원한을 留蓄함을 말한다.」 하였다.

○伯夷叔齊는 孤竹君之二子也라. 父欲立叔齊러니 及父卒에 叔齊讓伯夷한대 伯夷曰 父命也라 하고 遂逃去어늘 叔齊亦不肯立而逃之한대 國人이 立其中子하니라.

**〖解說〗** 백이(伯夷)와 숙제(叔齊)는 고죽국(孤竹國) 임금의 두 아들이다. 아버지가 叔齊를 세워 임금을 삼고자 하더니 아버지가 돌아가심에 숙제가 伯夷에게 사양하였는데 백이가 말하기를 「아버지의 명령이다.」 하고 드디어 도망가거늘 숙제도 또한 즐겨 王位에 서지 않고 도망하였는데, 나라 사람들이 그 가운데 아들을 임금으로 세웠다고 하니라.

**〔增註〕** 孤竹 國名. **〔集解〕** 朱子曰 伯夷 以父命爲尊 叔齊 以天倫爲重 其遜國也 皆求所以合乎天理之正 而即乎人心之安矣.

**【註解】** 孤竹은 나라 이름이다. 주자(朱子) 이르기를 「伯夷는 아버지의 명령으로써 존중하였고, 叔齊는 天倫으로써 소중히 여겼으니 그의 나라를 서로 사양하였다. 다 天理의 바름에 합치(合致)하기를 구한 바로써, 곧 사람의 마음이 편안하자는 것이다.」 하였다.

○虞芮之君이 相與爭田하여 久而不平하여 乃相謂曰 西伯은 仁

人也라. 盍往質焉이리오 하고 乃相與朝周하여 入其境하니 則耕者讓畔하고 行者讓路하며 入其邑하니 男女異路하고 斑白者不提挈하며 入其朝하니 士讓爲大夫하고 大夫讓爲卿이어늘 二國之君이 感而相謂曰 我等은 小人이라 不可以履君子之庭이라 하고 乃相讓하여 以其所爭田으로 爲閒田而退하니 天下聞而歸之者四十餘國이러라. (盍＝合, 挈＝설)

〖解說〗 우(虞)나라와 예(芮)나라의 임금이 서로 더불어 밭의 경계를 다투어 오래도록 편안치 못하여, 드디어 서로 일러 말하기를「서백(西伯←周文王)은 어진 사람이다. 어찌 가서 물어 바로잡지 않겠는가?」하고, 드디어 서로 더불어 주(周)나라에 조회(朝會)키로 하여 주나라의 국경에 들어가니 농민은 밭이랑을 서로 양보하고, 길가는 사람은 길을 서로 양보하며 주나라의 도읍(都邑)에 들어가니 남자와 여자는 다니는 길이 다르고 반백(斑白)인 사람은 짐을 들고 다니지 아니하며, 주나라의 조정에 들어가니 사(士)는 대부(大夫) 되기를 사양하고 대부는 경(卿)이 되기를 사양하거늘, 두 나라 임금이 감동하여서 서로 일러 말하기를「우리들은 소인(小人)이다. 이로써 군자의 뜰을 밟을 수 없다.」하고 드디어 서로 양보하여 그 다투던 바 밭으로써 한전(閒田)으로 삼고 물러나니, 천하 사람들이 듣고서 돌아오는 자가 四十여 나라나 되었다고 하더라.

〔集說〕 陳氏曰 虞·芮 皆國名 西伯 周文王也 盍 何不也 質 正也 畔 田界也.

【註解】 진씨(陳氏) 이르기를「虞와 芮는 다 나라 이름이다. 西伯은 주나라 文王이다. 盍은 어찌～하지 않겠는가? 이다. 質은 바로 잡는 것이다. 畔은 밭의 한계이다.」하였다. ○ 耕者(경자)는 밭을 가는 사람, 농민. ○ 斑白(반백)은 머리털이 희끗희끗 센 사람, 중늙은이. ○ 閒田(한전)은 경작하지 않고 묵히는 밭. ○ 歸는 갔다가 다시 돌아오는 것이다.

○曾子曰 以能으로 問於不能하며 以多로 問於寡하며 有若無하며 實若虛하며 犯而不校를 昔者에 吾友嘗從事於斯矣러니라.

〖解說〗 증자(曾子)가 말하기를「능함으로써 능하지 않은 이에게도 물으며 다문(多聞)함으로써 과문(寡聞)한 이에게도 물으며, 있어도 없는 듯이 하며, 찼어도 빈 듯이 하며, 침범당하면서도 이것을 교계(校計)하지 않음을 옛날에는 내 벗이 일찍이 이런 일을 이에 따른 바 있었다.」하였다.

〔集說〕 朱子曰 校 計校也 友 馬氏 以爲顔淵 是也 顔子之心 惟知義理之無窮 不見物我之有間 故能知此.

【註解】 주자(朱子) 이르기를「校는 計校하는 것이다. 友는 馬氏가 顔淵이라 하였으니 그 말이 옳다. 顔子의 마음은 오직 義理의 無窮함만 알고 남과 나 사이에 사이가 있음을 알지 못한 것이다. 그러므로 능히 이와 같았던 것이다.」하였다.

○孔子曰 晏平仲은 善與人交로다 久而敬之온여.

〖解說〗 공자(孔子)께서 말씀하시기를「안평중(晏平仲)은 남과 사귀기를 잘 하였노라. 오래 되어도 그를 공경하였으니.」하셨다.

〔集說〕 朱子曰 晏平仲 齊大夫 名嬰 程子曰 人交久則敬衰 久而能敬所以爲善.

【註解】 주자(朱子) 이르기를「晏平仲은 제나라 대부이니 이름은 嬰이다.」하였다.

정자(程子) 이르기를「사람은 사귐이 오래되면 공경함이 쇠해지니 오래되어서도 잘 공경함은 써 善을 행하는 바이다.」하였다.

○ 上은 明倫이라.
○ 위는 인륜을 밝힘이다.

敬身 (1장～9장)

孟子曰 伯夷는 目不視惡色하며 耳不聽惡聲하더니라.

〚解說〛 맹자(孟子)께서 말씀하시기를「백이(伯夷)는 눈으로는 사나운 빛깔을 보지 않았고, 귀로는 사나운 소리를 듣지 않았다.」하셨다.

〔增註〕 惡色 非禮之色 惡聲 非禮之聲.

【註解】 惡色은 예스럽지 아니한 빛깔이고, 惡聲은 예스럽지 아니한 소리이다.

○子游爲武城宰러니 子曰 女得人焉爾乎아 曰 有澹臺滅明者하니 行不由徑하며 非公事어든 未嘗至於偃之室也니이다.
(澹＝담)

〚解說〛 자유(子游)가 무성(武城)의 읍재(邑宰)가 되었더니, 공자(孔子)께서 말씀하시기를「너는 인재(人材)를 얻었느냐?」하셨다. 대답하기를「담대멸명(澹臺滅明)이란 사람이 있는데 가는데 지름길에 의하지 않으며, 공사(公事)가 아니면 아직 언(偃)의 방에 오지 아니합니다.」하였다.

〔集說〕 朱子曰 子游 孔子 弟子 姓言 名偃 武城 魯下邑 澹臺 姓 滅明 名 字 子羽 徑 路之小而捷者 公事 如飮射讀法之類 不由徑則動必以正 而無見小欲速之意 可知 非公事 不見邑宰 則其有以自守 而無枉己徇人之私 可見矣.

【註解】 주자(朱子) 이르기를「子游는 공자의 제자이다. 姓은 言이고

이름은 偃이다. 武城은 魯나라 下邑이다.

澹臺는 姓이며 滅明은 이름이고 字는 子羽이다. 徑은 길이 협소하면서 빠른 것이다. 公事는 鄕飮酒, 鄕射禮 讀法같은 類이다. 지름길을 경유하지 않는 이유인즉 행동을 반드시 바르게 해서 작은 것을 보고 빨리하려고 하는 뜻이 없음을 알 수 있으며, 公事가 아닐 경우 보지 않았은즉, 그 스스로를 지키는 것이 있음으로써 자신을 굽혀 남을 따르는 사사로움이 없음을 볼 수 있다.」 하였다.

○高柴自見孔子로 足不履影하며 啓蟄不殺하며 方長不折이러니 衛輒之難에 出而門閉어늘 或曰此에 有徑이라 한대 子羔曰 吾는 聞之하니 君子不徑이라 하라. 曰 此에 有竇라 한대 子羔曰 吾는 聞之하니 君子不竇라 하라. 有間이오 使者至하여 門啓而出하니라. (輒=첩, 竇=두)

〖解說〗 고시(高柴)가 공자를 뵙고부터 발로 사람의 그림자를 밟지 않으며, 동면(冬眠)에서 나오는 칩충(蟄蟲)을 죽이지 않으며, 바야흐로 성장하는 초목을 꺾지 않더니 위첩(衛輒)의 난(難)에 성(城)을 나가려고 하는데 문이 닫혀 있거늘 어떤 사람이 말하기를 「이곳에 지름길이 있다.」고 하였는데 자고(子羔)가 말하기를 「나는 들으니 군자는 지름길로 다니지 않는다고 합니다.」 하였다. 「이곳에 구멍이 있습니다.」 하였는데 자고가 말하기를 「나는 들으니 군자는 구멍으로 나가지 않는다고 합니다.」 하였다. 조금 있다가 사자(使者)가 와서 문이 열리어 나갔다 하니라.

〔集解〕 不履影 謂 與人同行 不踐其影也 啓蟄 蟄虫初出也 方長 草木初生也 竇 孔隙也 有間 少頃也 朱子曰 不徑 不竇 安平時 可也 若有寇盜患難 如何守此 以殘其軀 觀聖人 微服過宋 可見矣. 〔增註〕 輒 衛君名 難 謂輒 以兵拒父時也.

【註解】 그림자를 밟지 않는 것은 남과 같이 가면서 그 사람의 그림자를

밟지 않음을 말한 것이다. 啓蟄은 冬眠하던 蟄虫이 처음으로 나오는 것이다. 方長은 草木으로 자라나는 것이다. 竇는 구멍난 틈이다. 有間은 잠깐사이이다.

주자(朱子) 이르기를 「지름길로 가지 않고 구멍으로 가지 않는 것은 平安할 때에는 그럴 수 있다지만 만일 도적이나 患難이 있을 때면 어떻게 이것을 지켜서 그로써 몸을 죽이겠는가? 살펴보니 성인(←孔子)이 微服으로 宋나라에 지나가신 것을 볼 수 있는 것이다.」 하였다.

輒은 衛나라 임금의 이름이다. 難은 衛輒이 군사로 아버지를 항거할 때를 말한 것이다.

○南容이 三復白圭한대 孔子以其兄之子로 妻之하시다. (復=복)

〖解說〗 남용(南容)이 백규장(白圭章)을 세 번 되풀이 하거늘 공자께서 그 형님의 딸로써 그에게 아내를 삼게 하시었다.

〔集說〕朱子曰 南容 孔子 弟子 居南宮 名縚 又名适 字子容 謚敬叔 詩大雅抑之篇 曰 白圭玷 尚可磨也 斯言之玷 不可爲也 南容 一日三復此言 事見家語 蓋深有意於謹言也 此 邦有道 所以不廢 邦無道 所以免禍 故 孔子 以兄子妻之.

【註解】 주자(朱子) 이르기를 「南容은 孔子의 제자로 南宮에 살았으니 이름은 縚이며, 또 이름은 适인데 字는 子容이고 시호는 敬叔이다. 「詩傳」 大雅 抑篇에 「백규(白圭←白玉으로 만든 圭)의 흠은 오히려 갈면 아름답게 될 수 있지만 사람의 말의 흠은 이와 같이 갈아 낼 수 없다.」 하였는데, 南容이 하루에 세 번 이 내용을 반복하였다. 이 사실은 家語에 나타나니 대개 말을 삼가하는 데에 깊이 뜻을 둔 것이다. 이는 나라에 道가 있을 때에는 버리지 않을 수 있고 나라에 道가 없을 때 禍를 免할 수 있는 것이다. 그렇기 때문에 공자께서 형의 딸을 그에게 시집 보낸 것이다.

○ 圭는 옥으로 만든 홀(笏), 위 끝은 뾰족하고 아래가 세모 혹은

네모가 졌음. 옛날 중국에서 天子가 제후를 봉하거나 신을 모실 때 썼음. 信任을 象徵하는 玉牌임.

○子路無宿諾이러라.

〖解說〗 자로(子路)는 자기가 허락한 일을 실행(實行)하지 않고 묵혀 두는 일이 없다.

〔集說〕 朱子曰 宿 留也 猶宿怨之宿 急於踐言 不留其諾也.

【註解】 주자(朱子) 이르기를「宿은 머무르는 것이니 宿怨의 宿과 같다. 말을 실천하는 데에 급해서 그 승낙한 것을 머물러 두지 않는 것이다.」 하였다. ○ 子路는 孔子의 제자로 字는 季路이며 姓은 仲이고 이름은 由이다. 魯나라 사람으로 好勇하여 果決하다고 함.

○孔子曰 衣敝縕袍하여 與衣狐貉者로 立而不恥者는 其由也與인저.

〖解說〗 공자(孔子)께서 말씀하시기를「해진 헌 솜을 둔 도포같은 덧옷을 입고서 여우와 오소리의 털가죽으로 만든 좋은 덧옷을 입은 사람으로 더불어 섰어도 부끄러워 하지 않을 사람은 그는 유(由)일 것이다.」 하셨다.

〔集說〕 朱子曰 敝 壞也 縕 枲著也 袍衣有著者也 蓋衣之賤者 狐貉 以狐貉之皮 爲裘 衣之貴者 子路之志 如此則能不以貧富動其心 而可以進於道矣 故 夫子稱之.

【註解】 주자(朱子) 이르기를「敝는 해짐이다. 縕은 모시옷에 솜을 놓은 것으로, 도포옷을 입고 있는 사람이다. 대개 이것은 천한 사람이 입는

것이다. 狐貉은 여우나 오소리의 가죽으로써 갖옷을 만든다. 이것은 귀한 사람이 입는다. 子路의 뜻이 이와 같다면 능히 貧富로써 그의 마음을 움직이지 못한다. 이로써 道에 나아갈 수 있다. 그러므로 공자께서 이것을 일컬으신 것이다.」고 하였다.

○鄭子臧이 出奔宋이러니 好聚鷸冠이어늘 鄭伯이 聞而惡之하여 使盜殺之한대 君子曰 服之不衷은 身之灾也라 詩에 曰 彼己之子여 不稱其服이로다 하니 子臧之服이 不稱也夫인저. (鷸=휼, 衷=中)

〖解說〗 정자장(鄭子臧)이 송(宋)나라에 달아났었는데 취휼관(聚鷸冠) 쓰기를 좋아하거늘 그의 아버지 정백(鄭伯)이 듣고서 그것을 미워하여 도둑을 시켜 그를 죽이었다. 군자가 말하기를 「의복이 그의 신분에 맞지 않는 것은 몸의 재해이다.」 하였다. 「시경」에 말하기를 「저 사람이여 그 옷이 맞지 않도다.」하니 자장의 옷이 맞지 않았구나.

〔集說〕 陳氏曰 子臧 鄭伯之子 鷸 翠鳥 聚鷸冠者 聚其羽以爲冠也 詩 曹風 候人之篇 己 詩 作其記 語辭. 〔集解〕 衷 中也.

【註解】 진씨(陳氏) 이르기를 「자장은 정백의 아들이다. 鷸은 푸른새이니 취휼관이라는 것은 그 깃을 모아서 만든 冠이다. 詩는 曹風 候人의 篇이다. 己는 〈시경〉에 其字로 되어 있으니 語助詞이다. 衷은 맞는 (←신분이나 분수에) 것이다.」 ○ 也夫는 詠嘆辭이다.

○公父文伯이 退朝하여 朝其母할새 其母方績이러니 文伯이 曰 以歜之家而主猶績乎잇가 其母嘆曰 魯其亡乎인저 使僮子로 備官而未之聞邪온여. (父=보, 歜=촉)

〖解說〗 공보문백(公父文伯)이 조정(朝廷)에서 물러나와서 그의 어머

니를 뵈오니 그의 어머니가 바야흐로 길쌈을 하고 있더니, 문백이 말하기를 「촉(歜)의 집으로써 어머니가 오히려 길쌈을 하십니까?」 하였다. 그의 어머니가 탄식하여 말하기를 「노(魯)나라는 장차 망하겠구나. 어린 아이로 하여금 벼슬 자리를 채우게 하고 아직 옳은 도리를 듣지 못하게 하였으니.」

〖集說〗 陳氏曰 其母 即 敬姜也 績 緝麻也 歜也 文伯名 主 主母也 僮子 目文伯 國將亡則任非人 文伯 富貴而驕故 敬姜 深嘆之也.

**【註解】** 진씨(陳氏) 이르기를 「공문백의 어머니가 곧 敬姜이다. 績은 삼을 잇는 것이다. 歜은 文伯의 이름이다. 主는 主母(어머니)이다. 僮子는 文伯을 지목하는 것이다. 장차 나라가 망하려면 비인간(非人間)에게 직책을 맡기게 되는 것이다. 文伯이 富貴하여 교만하기 때문에 敬姜이 이것을 깊이 탄식하는 것이다.」

> 居하라 吾語女하리라 民이 勞則思하나니 思則善心이 生하고 逸則淫하나니 淫則忘善하고 忘善則惡心이 生하나니라 沃土之民이 不材는 淫也요 瘠土之民이 莫不嚮義는 勞也니라.

〖解說〗 앉아라 내가 너에게 말하리라. 백성들이 근로(勤勞)하면 생각하나니, 생각하면 착한 마음이 생기고 안일(安逸)하면 음란하나니, 음란하면 선한 것을 잊고, 선한 것을 잊게 되면 악한 마음이 생기느니라. 비옥한 땅의 백성이 부재(不材)한 것은 음란한 것이고, 메마른 땅에 사는 사람이 의(義)로운데 향(向)하지 않음이 없음은 근로(勤勞)함이니라.

〖集說〗 吳氏曰 居語女者 止而與之語也 勞 勤勞也 逸 安逸也 沃 肥饒也 瘠 瘦薄也.

**【註解】** 오씨(吳氏) 이르기를 「앉아라, 너에게 말하리라」는 것은 만류

하여 더불어 이야기 하려는 것이다. 勞는 부지런하고 수고하는 것이다. 逸은 편안한 것이다. 沃은 살찌고 풍요로운 것이다. 瘠는 메마르고 척박한 것이다. ○ 不材는 쓸모없는 사람.

> 是故로 王后親織玄紞하시고 公侯之夫人이 加以紘綖하고 卿之内子爲大帶하고 命婦成祭服하고 列士之妻加之以朝服하고 自庶士以下皆衣其夫하나니 社而賦事하며 烝而獻功하여 男女效績하여 愆則有辟이 古之制也라. (紞=담, 紘=굉, 綖=연, 辟=벽)

〖解說〗 그런 까닭으로 왕후가 친히 현담(玄紞)을 짜고 공후의 부인이 더욱 굉(紘)과 연(綖)으로써 하고, 경(卿)의 내자(内子)가 대대(大帶)를 만들고, 대부의 처(妻)는 제복(祭服)을 만들고, 원사(元士)의 처는 그위에 더욱 조복으로써 하고, 서사(庶士) 이하는 그의 남편을 입히나니, 춘사(春社)에 남녀가 각기 농사와 누에치기의 일을 분담하며 겨울의 증제(烝祭) 때에 각각 그의 곡식과 포백(布帛)의 공적(功績)을 바쳐서 남녀가 각각 그 직책의 성과로써 그 공을 나타내서 허물이 있으면 죄를 받는 것이 옛날의 제도였다.

〖集解〗 玄 黑色 紞 冠之垂於前後者 古者 王后 親織 以奉于王 紘 纓之無緌者 綖 冕之上覆者 諸侯夫人 比王后 又加此二者焉 内子 卿之妻 大帶 緇帶也 盖卿之妻 比諸侯夫人 又增是帶焉 命婦 大夫之妻 祭服 玄衣 纁裳 蓋大夫之妻 不特爲紘綖大帶 而必全成其夫之祭服也 列士 元士也 元士之妻 不獨成其祭服 而又加以朝服焉 庶士 下士也 自下士至於庶人之妻 則莫不紡織績紝 以供其夫所衣之服焉 至若 春日社祭之時 則各賦其農桑之事 冬日烝祭之時 則各獻其穀粟布帛之功 績 功也 愆 過也 辟 罪也 男女 各效其職以成其功 苟或有過 則治以罪 此皆古昔之制度也.

【註解】 玄은 검은빛이다. 紞은 冠의 앞뒤로 드리우는 것인데 옛적에 왕후가 몸소 짜서 王에게 바쳤다. 紘은 갓끈으로 늘어짐이 없는 것이고,

縰은 면류관의 위에 덮어진 것이니, 諸侯의 부인은 왕후에 비해서 또 더 이와 같은 두 가지 것을 더하는 것이다. 內子는 卿의 아내이다. 大帶는 검은 띠이니, 대개 卿의 아내는 諸侯夫人에 비해서 또 이 띠를 더하는 것이다. 命夫는 大夫의 아내이다. 祭服은 붉은 빛을 띤 검은 옷과 분홍치마를 입는 것이니, 대개 大夫의 아내는 다만 紘綖과 大帶를 만들 뿐아니라, 반드시 그 남편의 祭服을 온전히 만드는 것이다. 列士는 元士이니 元士의 아내는 다만 그 祭服만 만드는 것이 아니라 또 朝服을 더하는 것이다. 庶士는 下士이니 下士로부터 庶人의 아내에게 이르기까지 紡織과 績紝을 하여 써 그 남편이 입을 옷을 장만하지 않는 이가 없다. 春社(←봄 제사)같은 때가 이르르면 각각 農桑의 일을 부여받고 겨울의 烝祭때에 이르르면 각각 그 穀粟과 布帛의 공적을 바치는 것이다. 績은 功이다. 愆은 허물이다. 辟은 罪이다. 남자와 여자가 각각 그 직책의 성과로써 그 功을 나타내서 진실로 혹 허물이 있으면 죄로 다스리던 것이 이 모두가 옛날의 제도이다. ○ 春社는 춘분(春分) 전후의 가까운 무일(戊日)의 일진을 택하여 토지 神에게 지내는 제사. 秋社는 秋分전후의 가까운 戊日 일진을 택하여 토지 神에게 지내는 제사. 烝祭는 겨울 제사.

吾冀而朝夕修我曰 必無廢先人이라 하더니 爾今曰 胡不自安고 하니 以是로 承君之官이면 予懼穆伯之絶嗣也하노라.

〖解說〗 나는 네가 아침 저녁으로 나를 경계하고 바라 말하기를「반드시 선인의 법도를 떨어뜨림이 없게 하라.」했는데 네가 이제 말하기를「어찌 스스로 편안하게 하지 않느냐.」고 하니 이로써 임금의 벼슬을 받자오면 내 너의 아버지 목백(穆伯)의 후사(後嗣)가 끊어질까 두려워한다. 고 하였다.

〔集說〕 吳氏曰 冀 欲也 而 汝也. 修 猶飭也 廢 猶墜也 先人 謂穆伯文伯之父也 君 魯君也 敬姜 以爲居位而苟求安逸 敗亡之道也 故 旣歷陳古制 以告其子 而復言此以責之 其警之也 深矣.

【註解】 오씨(吳氏) 이르기를「冀는 바라는 것이다. 而는 너이다. 修는 飭과 같다. 廢는 墜와 같다. 先人은 穆伯을 말하니 文伯의 아버지이다. 君은 魯나라 임금이다. 敬姜은 벼슬자리에 있게 하는 것으로써 진실로 安逸을 구한다면 패망하는 길이라고 생각했다. 그러므로 이미 옛 제도를 두루 진술하여 그 아들에게 일러줌으로써 다시 이렇게 말하여 꾸짖었으니 그 일깨움이 깊다.」 하였다.

○孔子曰 賢哉라 回也여 一簞食와 一瓢飮으로 在陋巷을 人不堪其憂어늘 回也不改其樂하니 賢哉라 回也여.
(簞＝단, 食＝사, 瓢＝표, 樂＝락)

〖解說〗 공자(孔子)께서 말씀하시기를「어질도다 회여! 한 그릇의 밥과 한 쪽박의 국물로도 누추한 거리에 살고 있음을 사람들은 그 근심을 견디지 못하거늘 회는 그의 도의 즐거움을 고치지 않으니 어질도다 회여!」하셨다.

〖集說〗 朱子曰 回 姓顔 字 子淵 孔子 弟子 簞 竹器 食 飯也 瓢 瓠也 顔子之貧 如此而處之泰然 不以害其樂 故 夫子再言賢哉回也 以深嘆美之.

【註解】 주자(朱子) 이르기를「回의 姓은 顔이고 字는 子淵이니 孔子의 제자이다. 簞은 대나무 그릇이다. 食는 밥이다. 瓢는 바가지이다. 안자(顔子)의 가난이 이와 같은 지경에 처해 있으면서도 태연(泰然)히 그로해서 그의 즐거움을 해치지 않았기 때문에 공자께서는 거듭「어질다 회여!」라고 하시며 깊이 감탄하시고 아름답게 여기신 것이다.
○ 樂은 樂道로 道를 즐김이다.
○ 上은 敬身이라.
○ 위는 몸을 공경함이다.

通論(1장～3장)

衛莊公이 娶于齊東宮得臣之妹하니 曰 莊姜이라 美而無子러

니 其娣戴嬀生桓公이어늘 莊姜이 以爲己子하니라.

〖解說〗 위(衛)나라 장공(莊公)이 제(齊)나라의 동궁(東宮) 득신(得臣)의 누이에 장가드니 말하기를 「장강(莊姜)이라.」 하였다. 아름다우나 자식이 없더니 그의 여제(女弟) 대규(戴嬀)가 환공(桓公)을 낳거늘 장강이 그로써 자기의 아들을 삼았다.

〔集說〕 陳氏曰 莊公 衛君 名揚 諡曰莊 東宮 太子宮 得臣 太子 名姜齊姓 嬀陳姓 莊 戴 皆諡也 娣 女弟之從嫁者 桓公 名完.

【註解】 진씨(陳氏) 이르기를 「莊公은 衛나라 임금이니 이름이 揚이고 諡號를 莊이라 했다. 東宮은 太子의 宮이다. 得臣은 太子의 이름이다. 姜은 齊나라 姓이다. 嬀는 陳나라 姓이다. 莊・戴는 모두 시호이다. 娣는 여동생이 시집에 따라온 것이다. 桓公의 이름은 完이다.」

公子州吁는 嬖人之子也라 有寵以好兵이어늘 公이 弗禁하니 莊姜이 惡之하더라.

〖解說〗 공자(孔子) 주우(州吁)는 첩의 아들이었다. 장공의 자식이라 총애가 있고, 무기 쓰는 일을 좋아하거늘 장공이 금지 하지 아니하니 장강이 그를 미워하였다.

〔集說〕 陳氏曰 嬖人 莊公 幸妾也.

【註解】 진씨(陳氏) 이르기를 「嬖人은 莊公의 사랑하는 妾이다.」했다.

石碏이 諫曰 臣은 聞愛子하되 敎之以義方하여 弗納於邪니 驕奢淫泆이 所自邪也라 四者之來는 寵祿이 過也니이다.
(碏=작, 泆=逸 : 일)

〖解說〗 석작(石碏)이 장공에게 간하여 말하기를 「신(臣)은 들으니 아들을 사랑하되 의(義)로운 도리로써 가르쳐서 사도(邪道)에 들어가지 못하게 해야 한다 합니다. 교만하고 사치하고 음란하고 방탕한 것이 사특한 것입니다. 이 네 가지가 생기는 것은 총애와 후록(厚祿)이 지나치기 때문입니다.」

〔集解〕 石碏 衛大夫 義方 爲義之方也 納 入也 邪者 惡逆之謂.

【註解】 石碏은 衛나라 大夫이다. 義方은 義를 행하는 방법이다. 納은 들어가는 것이다. 邪는 惡하여 거스림을 말한다.

> 夫寵而不驕하며 驕而能降하며 降而不憾하며 憾而能眕者鮮矣니이다.

〖解說〗 대체로 총애를 받고도 교만하지 아니하며, 교만하면서도 능히 그 마음을 억제하며, 억제를 당하면서도 반감(反憾)을 품지 않으며, 반감을 품으면서도 능히 자중할 수 있는 이는 드뭅니다.

〔集說〕 吳氏曰 寵 愛也 憾 恨也 眕 重也 鮮 少也 言 得君寵愛而不驕矜已驕 而能降其心 強降其心 而不憾恨 有憾恨之心而能自重其身 能如是者 少矣.

【註解】 오씨(吳氏) 이르기를 「寵은 사랑하는 것이다. 憾은 恨하는 것이다. 眕은 중히 하는 것이다. 鮮은 드문 것이다.

임금의 총애를 받아도 교만하여 자랑하지 않으며, 이미 교만하면서도 능히 스스로 그 마음을 억제하며, 억지로 그 마음을 억제하면서도 원한의 마음을 갖지 않으며, 원한의 마음을 가져도 능히 그 자신을 자중하는, 이와 같이 잘 하는 사람은 드물다.」

| 且夫賤妨貴하며 少陵長하며 遠閒親하며 新閒舊하며 小加大하며 淫破義는 所謂六逆也요 君義臣行하며 父慈子孝하며 兄愛弟敬은 所謂之順也니이다. |
|---|

〚解說〛 또 천한 자가 존귀한 자를 방해하며, 연소한 자가 연장(年長)한 자를 업신여기며, 먼 자가 친한 자를 이간(離間)하며, 새로운 이가 옛 사람을 이간하며, 작은 자가 큰 자의 위에 처하며, 음란한 자가 의로운 이를 파하는 것은 이른바 여섯 가지 거슬림이고, 임금은 의롭고 신하는 실행하며, 아버지는 자애롭고 아들은 효도하며, 형은 우애하고 아우는 공경하는 것은 여섯 가지 순리(順理)라고 합니다.

〔集說〕 吳氏曰 妨 害也. 陵 犯也. 閒 離也 破 壞也.

【註解】 오씨(吳氏) 이르기를 「妨은 방해하는 것이다. 陵은 침범하는 것이다. 閒은 이간하는 것이다. 破는 무너뜨리는 것이다.」

| 去順效逆이 所以速禍也니 君人者將禍를 是務去어늘 而速之하시니 無乃不可乎니까. |
|---|

〚解說〛「순리(順理)를 버리고 역리(逆理)를 본받는 것이 화난(禍難)을 부르는 바니 남의 임금된 자는 장차 올 화난을 이에 힘써 제거(除去)해야 할 것이어늘, 그런데 도리어 부르는 것은 불가(不可)하지 않습니까?」 하였다.

〔集說〕 吳氏曰 順 即六順 逆 即六逆也 速 召也 莊公 溺愛嬖人之子使恃寵弄兵而弗之禁 是 去順而效逆也 其後 州吁 弑桓公 爲石碏所誅豈非速禍之明驗乎.

【註解】 오씨(吳氏)는 이르기를 「順은 곧 六順이며, 逆은 곧 六逆이다.

速은 부르는 것이다. 莊公이 사랑하는 첩의 자식 사랑에 빠짐으로 하여금 사랑함을 믿고 무기(兵)를 마음대로 해도 금하지 않았으니 이것은 순리를 버리고 逆理를 받아들인 것이다. 그 뒤에 州吁가 桓公을 시해하여 石碏에게 베인 바가 되었으니 어찌 재앙을 부른 명백한 징험이 아니겠는가?」 하였다.

○劉康公成肅公이 會晋侯하여 伐秦이러니 成子受脤于社하되 不敬이어늘. (脤=신)

〖解說〗 유(劉)의 강공(康公)과 성(成)의 숙공(肅公)이 진후(晉侯)와 함께 모여 진(秦)나라를 치기도 하더니 성자(成子)가 사제(社祭)에 쓴 고기를 받는 태도가 공경하지 못하거늘.

〖集說〗 吳氏曰 劉·成 皆邑名 康·肅 皆謚 晋侯 晋厲公 名州蒲 脤祭祀之肉 盛以脤器故 曰 脤 凡出兵則宜于社.

【註解】 오씨(吳氏) 이르기를「유(劉)와 成은 다 읍(邑) 이름이고, 康·肅은 다 謚號이며 晉厲公으로 이름은 州蒲이다. 脤은 제사의 고기로 脤器에 담기 때문에 脤이라 한다. 대개 出兵하게 되면 社에서 宜祭라는 제사를 지낸다.」고 했다.

劉子曰 吾聞之하니 民이 受天之中하여 以生하니 所謂命也라 是以로 有動作禮義威儀之則하니 以定命也라 能者는 養之以福하고 不能者는 敗以取禍하나니라. (則=칙)

〖解說〗 유자(劉子)가 말하기를「내가 듣자하니 백성이 천지의 중정(中正)한 기운을 받아서 탄생한다. 이른바 천명(天命)의 성(性)이라고 한다. 이런 까닭에 동작, 예의 위의는 법칙이 있어서 이로써 천명을 정립한다. 이것에 능한 자는 천명을 길러서 복을 받고 능하지 못한

자는 천명을 파괴하여서 화(禍)를 부른다.

〔集解〕 眞氏曰 劉子所言之中 即成湯降衷之衷 是謂天命之性也 人之動作禮義威儀 非可以強爲也 天地有自然之中 而人得之以生 故動作禮義威儀 皆有自然之則 過之 非中也 不及 亦非中也 動作 以身言 禮義 以理言 威儀 以著於外者言 能循其則者 順天地之命者也 故 曰 養之以福 不能循其則者 逆天地之命者也 故 曰 敗以取禍 然 所謂能不能者 豈有他哉 亦曰敬與不敬而已矣. 〔增註〕 天地之理 人得之以生 所謂在天爲命 在人爲性者也 動作禮義威儀 各有當然之則 聖人 所以定其性 而使弗失也.

【註解】「劉子가 말한 中은 곧 成湯(←은나라)에게 降衷했다는 衷와 같은 것이니 이것이 하늘이 命한 性인 것이다.

사람의 動作과 禮義와 威儀가 억지로 할 수 있는 것이 아니다. 天地에 自然의 中이 있어서 사람이 그것을 얻어서 생겨나기 때문에 動作·禮義·威義가 다 자연의 법칙에 있는 것이니 지나치면 中이 아니고 미치지 못하는 것도 中이 아니다. 動作은 몸으로써 말하는 것이고 禮義는 이치로써 말하는 것이며, 威儀는 밖에 나타나는 것을 가지고 말하는 것이니 능히 그 법도를 따르는 자는 天地의 命을 順히 하는 것이다. 그러므로 천명을 길러서 복을 받고, 능히 그 법도를 따르지 못하는 자는 天地의 命을 거스리는 것이기 때문에 천명을 파괴하여 화를 부른다고 한다. 그러나 이른바 능하고 능하지 못한 것이 어찌 다른 데 있겠는가.」 했다. 또 말하기를 「공경하는 것과 공경하지 않는 것이 있을 뿐이다.」 했다.

「天地의 이치를 사람이 얻어서 태어남으로써 이른바 하늘에 있어서는 命이 되고 사람에 있어서는 性이 되는 것이다. 動作·禮義·威儀가 각각 當然한 법도가 있으니 聖人이 그 性을 定하는 바로써 잃지 않게 한 것이다.」고 했다.

是故로 君子는 勤禮하고 小人은 盡力하나니 勤禮는 莫如敦敬

이오 盡力은 莫如敦篤이라 敬在養神이오 篤在守業하니라 國之大事在祀與戎하니 祀有執膰하며 戎有受脤이 神之大節也어늘 今成子惰하니 棄其命矣라 其不反乎인저. (膰=번)

〖解說〗「이런 까닭에 군자는 예를 지키기에 힘쓰고 소인은 농사짓는 일에 힘을 다할 것이니 예를 지키는 데 힘쓰는 것은 공경함을 돈독(敦篤)하게 하는 것보다 나은 것이 없고, 농사짓는 데 힘을 다하는 것은 독실(篤實)하게 하는 것보다 나은 것은 없다. 공경하는 마음은 신(神)을 봉양하는데 있고, 독실하게 하는 것은 본업(本業 : 농사)을 지키는 데 있다. 국가의 중대한 일은 제사와 전쟁에 있나니, 종묘의 제사에는 번(膰)을 받고 출병의 제사에는 신(脤)을 받는 것이 신(神)을 받드는 중대한 예절이거늘 지금 성자(成子)는 태만하니 신(脤)을 받는 태도가 공경스럽지 못하여 부여(賦與)된 천명을 버렸으니 그는 돌아오지 못할 것이다.」하였다.

〔集說〕陳氏曰 君子 小人 以位言之 敦篤 亦敬也 膰 祭肉 執膰 受脤 皆交神之大節 惰 謂受脤不敬 君子 勤禮以奉祀 小人 盡力以務農 皆養之以福者也 成子 以君子而受脤不敬 有取禍之道 故 劉子 逆知其不反其後 果卒于瑕. 〔集解〕眞氏曰 夫敬之一言 堯, 舜, 禹, 湯, 文武以來 傳心之要法 春秋之世 去聖人未遠 名卿賢大夫 猶有聞焉 故 呂成公曰 劉子之言 乃三代 老師宿儒傳道之淵源 信矣夫.

【註解】진씨(陳氏) 이르기를「군자와 小人은 地位를 가지고 말한 것이고 敦篤은 또한 공경한다는 것이며, 脤은 제사지낸 고기이다. 執膰과 受脤은 다 神을 사귀는 큰 절목(節目)이다. 惰는 脤을 받고 공경하지 않음을 말한다.

君子는 부지런히 禮로써 奉祀하고 小人은 힘을 다해서 농사에 힘쓰는 것은 모두 천명을 기르기 때문에 복을 받는 것이다. 成子가 君子로써 脤을 받고서 不敬했다는 것은 천명을 파괴하여 禍를 부르는 도리였기 때문에 劉子는 成子가 돌아 오지 못할 것을 알았다. 그 뒤에 과연

瑕땅에서 죽었다.」고 한다.

진씨(眞氏) 이르기를 「대개 敬이란 한마디 말은 堯, 舜, 禹, 湯, 文, 武 이래로 마음을 전하는 요법(要法)이다. 春秋시대에 공자께서 돌아가신 지 얼마 안되어서는 이름난 경현대부(卿賢大夫)에게 아직도 들을 수 있었기 때문에 呂成公이 말하기를 「劉子의 말은 곧 夏, 殷, 周 삼대(三代)의 늙은 스승과 숙유(宿儒)의 傳道의 근원을 믿을 것이다.」 하였다.」고 했다.

○衛侯在楚러니 北宮文子見令尹圍之威儀하고 言於衛侯曰 令尹이 其將不免이러이다 詩云敬愼威儀라야 維民之則이리라 하니 令尹이 無威儀하니 民無則焉이라 民所不則이오 以在民上하니 不可以終이니다. 則＝측)

〖解說〗 위후(衛侯)가 초(楚)나라에 있었는데, 북궁문자(北宮文子)가 영윤(令尹)의 위(圍)의 위의를 보고 위후에게 말하기를 「영윤은 장차 화(禍)를 면치 못할 것입니다. 〈詩經〉에 이르기를 「위의를 공경하고 삼간 연후라야 이것은 백성의 법칙이리라.」 하였는데 영윤은 위의가 없으니 백성이 법으로 삼을 것이 없을 것입니다. 백성이 법으로 하지 않는 바이고 이로써 백성의 위에 있나니 이로써 그 종말을 잘 보전할 수 없을 것입니다.」 하였다.

〔集說〕 吳氏曰 衛侯 襄公 名惡 文子 衛大夫 名佗 北宮 其姓也, 令尹 楚上卿 執政者 名圍 免 謂免於禍 詩 大雅抑之篇 則 法也 不可以終 言不可以善保其終也.

【註解】 오씨(吳氏) 이르기를 「衛侯는 襄公으로 이름은 惡이다. 文子는 衛나라 大夫로 이름은 佗이고 北宮은 그의 姓이다. 令尹은 楚나라 上卿으로 執政한 자이니 이름은 圍이다. 免은 禍에 재앙을 免함을 말한다. 詩는 大雅 抑의 篇이다. 則은 法이다. 마칠 수 없다는 것은 그 끝을 잘 보전 할 수 없음을 말한 것이다.」 하였다.

公曰 善哉라 何謂威儀오 對曰 有威而可畏를 謂之威오 有儀而可象을 謂之儀니 君이 有君之威儀하면 其臣이 畏而愛之하며 則而象之故로 能有其國家하여 令聞이 長世하고 臣이 有臣之威儀하면 其下畏而愛之故로 能守其官職하여 保族宜家 하나니 順是以下皆是라 是以로 上下能相固也니이다.

〖解說〗 공(公←衛侯)이 말하기를「좋은 말씀이군 무엇을 위의라고 하는가?」하니 대답하여 말하기를「위엄이 있어 두려워할 만한 것을 이를 일러 위라 하고, 거동이 훌륭하여 본받을 만한 것을 이를 일러 의라고 하니 임금이 임금으로써의 위의가 있으면 그의 신하가 두려워하면서 사랑하며 법으로 삼아 본받게 됩니다. 그러므로 능히 그 국가를 보유(保有)할 수 있어서 훌륭한 소문이 길이 후세(後世)에 전하고 신하가 신하로써의 위의가 있으면 그 아랫사람들이 두려워하면서 사랑하게 됩니다. 그러므로 능히 그의 관직을 지킬 수 있어서 일족(一族)을 보호하고 집안을 편안하게 할 수 있나니 이로부터 이하는 다 이와 같이 되는 것입니다. 그런 까닭으로 상하가 능히 서로 안고(安固)하게 되는 것입니다.」

〖集說〗 吳氏曰 此 衛侯問而文子答也 令聞長世 謂善名 久垂於世也 是指君臣而言 皆如是 謂皆有威儀也 固 安固也 此 言吝臣之 有威儀而其效如此.

【註解】 오씨(吳氏) 이르기를「이는 衛侯가 묻고 文子가 대답한 것이다. 훌륭한 명성이 세상에 길이 간다는 것은 훌륭한 이름이 오래 세상에 드리워짐을 말한다. 是는 임금과 신하를 가리키는 말이다. 모두 이와 같다는 것은 모두 威儀가 있음을 말한다. 固는 安固이다. 이것은 인색한 신하라도 威儀가 있으면 그 본받음이 이와 같음을 말한 것이다.」했다. ○ 令聞(영문)은 훌륭한 이름. 또는 명성. 훌륭한 소문. ○ 長世(장세)는 길이길이 세상에 전함.

衛詩에 曰 威儀棣棣라 不可選也라 하니 言君臣上下父子兄弟內外大小皆有威儀也니이다.

〖解說〗 위시(衛詩)에 말하기를 「위의가 모든 예의에 익숙하다. 더 잘하는 것을 가릴 수 없구나.」하니 군신(君臣)과 상하(上下)와 부자(父子)와 형제(兄弟)와 내외(內外)와 대소(大小)가 다 위의가 있다는 것을 말한 것입니다.

〔集解〕 詩 邶風 栢舟之篇 棣棣 富而閑習之貌 選 簡擇也 言威儀無一不善 不可得而簡擇取舍也. 〔增註〕 此 盖借引 以爲人皆不可無威儀耳.

【註解】 詩는 邶風 栢舟의 篇이다. 棣棣는 富하면서 익숙한 모습이다. 選은 고르는 것이니 威儀가 한가지도 착하지 않음이 없으니 취사선택(取舍選擇)을 할 수 없음을 말한 것이다. (增註) : 이는 대개 빌려다 인용하기를 「사람이면 모두 威儀가 없을 수 없다.」고 말한 것이다.

周詩에 曰 朋友攸攝이 攝以威儀라 하니 言朋友之道必相教訓以威儀也이니다.

〖解說〗 주시(周詩)에 말하기를 「벗이 서로 돕는 것은 위의로써 돕는 것이로다.」하니 붕우 사이의 도리는 반드시 서로 위의로써 가르침을 말한 것입니다.

〔集解〕 詩 大雅 旣醉之篇 攝 檢也.

【註解】 詩는 대아(大雅) 旣醉의 篇이다. 攝은 단속하는 것이다.

故로 君子는 在位可畏하며 施舍可愛하며 進退可度하며 周旋

可則하며 容止可觀하며 作事可法하며 德行可象하며 聲氣可樂하며 動作有文하며 言語有章하여 以臨其下라 謂之有威儀也니이다.
(則＝칙, 樂＝락)

〖解說〗「그러므로 군자는 벼슬자리에 있으면 두려워할 만하며, 쓰고 버리는 것은 사랑할 만하며, 나아가고 물러가는 것은 법도로 삼을 만하며, 돌고 돌아서는 것은 법으로 삼을 만하며, 모습과 거동은 볼 만하며, 일을 하는 것은 법이 될만 하며, 덕행은 본받을 만하며, 말소리와 기운은 듣는 사람이 즐거워할 만하며, 동작에 문채가 있으며, 언어(言語)에 도리의 밝음이 있어서 이로써 아랫사람을 대하는지라 이를 일러 위의가 있다고 합니다.」 하였다.

〖集解〗 施 用也, 舍 不用也 度 法度也 眞氏曰 自古之論威儀者 未有若文子之備也 盖威 非徒事嚴猛而已 正衣冠 尊瞻視 儼然 人望而畏之 夫是之謂威也 儀 非徒事容飾而已, 動容周旋 無不中禮 夫是之謂儀也 當是時 令尹圍 專楚國之政 有簒奪之心 形諸威儀 必有僭偪于上者 故文子見而知其不終 未幾 果以簒奪得國 是爲靈王 其後 亦復被弑而不能終也. (簒＝찬)

【註解】 施는 쓰는 것이다. 舍는 쓰지 않는 것이다. 度는 法度이다.

진씨(眞氏) 이르기를「옛부터 威儀를 論한 것이 文子와 같이 갖추어진 것이 없다. 대개 威라는 것은 다만 嚴하고 사나움을 일삼을 뿐만 아니라 衣冠을 정제하고 瞻視를 존엄하게 해서 儼然히 사람이 바라보아 두려워 하는 것을 대개 이를 일러 위엄이라고 이른다.

儀는 다만 얼굴만 꾸미는 것을 일삼을 뿐만 아니라 동작, 용모, 주선(周旋)하는 것이 禮에 맞지 않음이 없는 것을 대개 이를 일러 儀라 하는 것이니 이 때를 당해서 令尹 圍가 楚나라 정사를 마음대로 하여 국권(國權)을 簒奪할 마음이 있어 모든 형태의 위의가 반드시 윗사람에게 僭付되어 있었다. 때문에 文子가 보고서 그가 마치지 못할 줄을 알았는데 얼마 되지 않아서 과연 簒奪로써 나라를 얻었으니 이로 하여

靈王이 되었다. 그뒤 또한 다시 被弑되었으니 끝을 잘 보존하지 못한 것이다.」고 했다.

○ 上은 通論이다.

○ 위는 통론이다.

# 外 篇

> 詩曰 天生烝民하시니 有物有則이로다 民之秉彝라 好是懿德이로다 하여늘 孔子曰 爲此詩者여 其知道乎인저 故로 有物이면 必有則이니 民之秉彝也라 故로 好是懿德이라 하시니 歷傳記하며 接見聞하여 述嘉言하며 紀善行하여 爲小學外篇하노라. (彝=이, 懿=의)

〖解說〗〈시경(詩經)〉에 말하기를「하늘이 모든 백성을 낳았으니 일이 있으면 법칙이 있게 하였도다. 백성들은 불변하는 마음을 가져 이 아름다운 덕을 좋아하네.」하였거늘, 공자께서 말씀하시기를「이 시를 지은 사람은 도를 알고 있었던 게다. 그렇기에 일이 있으면 반드시 법칙이 있다는 것이니 백성들이 불변하는 마음을 가지고 있기 때문에 이 아름다운 덕을 좋아한다고 한 것이다.」라고 하시니 전대(前代)의 전기(傳記)들을 차례로 열람하며 근대의 보고 들은 것을 합하여 가언(嘉言)을 서술하며 선행(善行)을 기술하여〈소학〉의 외편을 만들었노라.

〖集說〗朱子曰 詩 大雅 烝民之篇, 烝 衆也, 物 事也 則 法也 彝 常也 懿 美也 有物 必有法 如有耳目則有聰明之德 有父子則慈有孝之心 是 民所秉執之常性也 故 人之情 無不好此懿德者 吳氏曰 歷考前代之傳記 承接近代之見聞 凡言之善者則述之 行之善者則紀之 而爲小學之外篇也.

**【註解】** 주자(朱子) 이르기를「詩는 大雅 烝民의 篇이다. 烝은 여럿이다. 物은 일이다. 則은 法이다. 彝는 떳떳한 것이다(일정한 법칙). 懿는 아름다운 것이다.「일이 있어서 반드시 법이 있다는 것은 마치 코와 눈이 있으면 聰明의 덕이 있고, 아버지와 자식이 있으면 사랑하고 효도하는 마음이 있는 것이니 이는 백성이 타고나는 바의 天性이 떳

떳한 것이다. 그러므로 사람의 情이 이 아름다운 德을 좋아하지 않는 자가 없는 것이다.」고 했고, 오씨(吳氏) 이르기를 「前代의 傳記를 두루 상고하여 近代의 見聞을 이어 接해서 무릇 말이 착한 것은 기술하고 행동이 착한 것은 기록하여 小學의 外篇을 만든 것이다.」 하였다.

## 原本小學 卷之五

# 嘉言第五(九十一章)

〔集說〕 吳氏曰 嘉言 善言也 此篇 述漢以來 賢者所言之善言 以廣立教 明倫 敬身也 凡 九十一章.

【註解】 오씨(吳氏) 이르기를 「嘉言은 착한 말이다. 이편은 漢나라 이래에 어진이가 말한 것을 기술하여 立教·明倫·敬身을 넓힌 것이다.」 무릇 九十一장이다.

**廣立教**(1장~14장)

| 橫渠張先生이 曰 教小兒하되 先要安詳恭敬이니 今世에 學不講하여 男女從幼便驕惰壞了하여 到長益凶狠하나니 只爲未嘗爲子弟之事라 則於其親에 已有物我하여 不肯屈下하여 病根常在하여 又隨所居而長하여 至死只依舊니라. (便=변) |
|---|

〖解說〗 횡거장선생(橫渠張先生)이 말하기를 「어린 아이들을 가르치되 먼저 모름지기 안정(安靜)하고 자상(仔詳)하고 공손하고 공경할 것이니, 지금 세상에 학문을 강론(講論)치 아니하여 남녀가 아이적부터 교만하고 게으르게 되어버려 자람에 이르러 더욱 흉악하고 사나워지나니 다만 일찍이 자제(子弟)로서의 일을 배우지 않았기 때문이다. 곧 자기의 부모에게 이미 남과 나라는 생각이 있어서 굴복하고 낮추는 일을 즐겨하지 않아서 교만하고 게으른 병의 뿌리가 항상 있어서 또 있는 바를 따라 자라서 죽음에 이르도록 다만 옛 버릇을 그대로 지녀가니라.」

〔集說〕 吳氏曰 橫渠 地名 在鳳翔郿縣 先生 名載 字子厚 安 謂安靜 詳 謂詳審 恭 謂恭莊 敬 謂敬畏 此四者 敎童幼之所當先也 驕惰者 矜傲怠慢之謂 凶狠者 暴惡麤戾之謂 親 謂父母也 物我 猶言彼此也 病根 卽驕惰也.

【註解】 오씨(吳氏) 이르기를 「橫渠는 땅이름으로 鳳翔 郿縣에 있다. 先生의 이름은 載이고 字는 子厚이다. 安은 安靜을 이르고 詳은 자세히 살피는 것을 말하며 恭은 공순하고 장한 것이고, 敬은 공경하고 두려워하는 것이니, 이 네 가지는 어린이를 가르치는데 마땅히 먼저 해야 할 바이다. 驕惰는 교만하고 게으른 것을 자랑함을 이르고 凶狠은 暴惡하고 麤戾함을 이른다. 親은 父母를 말한다. 物我는 彼此를 말한 것과 같다. 病根은 곧 교만하고 게으름이다.」

爲子弟則不能安灑掃應對하고 接朋友則不能下朋友하고 有官長則不能下官長하고 爲宰相則不能下天下之賢이니라.

〖解說〗 자제가 되어서는 쇄소응대(灑掃應對)하는 일을 편안하게 여기지 못하고, 벗을 대접할 적에는 벗에게 자신을 낮출줄 모르고, 벼슬아치가 되어서는 상관에게 자신을 낮출줄 모르고, 재상(宰相)이 되어서는 천하의 어진 선비들에게 자신을 낮추어 그들을 존경하지 못하니라.

〔增註〕 安 謂安意爲之 下 謂屈己下之 此 言病根 隨所居而長也.

【註解】 安은 뜻을 편안히 함을 이른 것이고, 下는 몸을 굽혀서 낮추는 것을 말한다. 이는 병의 뿌리가 사는 바에 따라서 자라는 것을 말한다.

甚則至於徇私意하여 義理都喪也하나니 只爲病根이 不去하여 隨所居所接而長이니라. (徇＝순)

〖解說〗「심하게 되면 사심(私心)을 좇게 되어서 옳은 도리를 모두 상실(喪失) 하나니 다만 교만하고 태만한 병의 뿌리가 제거(除去)되지 않아서 살고 접하는 바에 따라서 자라기 때문이니라.」 하였다.

〔集解〕 徇 以身從物之謂. 〔集成〕 葉氏曰 後世 小學 旣廢 父母 愛踰於禮 恣之驕惰而莫爲禁止 病根旣立 隨寓隨長 卒至盡失其良心 蓋有自來 學者 所當察其病源 力加克治 則舊習 日消 而道心 日長矣.

**【註解】** 徇은 몸으로써 사물에 따르는 것을 말한다. 섭씨(葉氏) 이르기를「뒷세상에 小學이 이미 廢해서 부모가 자식을 사랑함이 禮에 벗어나 방자하고 교만하고 게을러져도 금지하지 못하여 병의 근원으로 이미 고립(固)하여 우거 하는데 따르고 자람에 끝내는 모두 그의 양심을 잃게 되니 대개 제 마음대로 한 데서 그렇게 된 것이다.

배우는 사람은 마땅히 병원(病源)을 살피는 바로 힘써 극력히 다스리기를 더하면 옛 습관이 날로 없어지고 道心이 날마다 자란다.」 하였다.

| ○楊文公家訓에 曰 童穉之學은 不止記誦이라 養其良知良能이니 當以先入之言으로 爲主니라. |
|---|

〖解說〗 양문공가훈(楊文公家訓)에 말하기를「어린아이의 배움은 기억하여 외어 읽는데 그칠 것이 아니라 그들이 자연히 알고 자연히 능한 것을 길러 주어야 할 것이니 마땅히 먼저 들려 주는 말로써 주로 삼을 것이니라.」

〔集說〕 吳氏曰 文公 名億 字大年 浦城人 良知者 本然之知 良能者 本然之能 愛親敬長 是也 程子曰 人之幼也 知思 未有所主 則當以格言至論 日陳於前 使盈耳充腹 久自安習 若固有之者 後雖有讒說搖惑 不能入也.

**【註解】** 오씨(吳氏) 이르기를「文公의 이름은 億이며 字는 大年이니

浦城사람이다. 良知는 본연의 지성이며 良能은 본연의 능력이니 어버이를 사랑하고 어른을 공경하는 것이 이것이다.」

정자(程子) 이르기를 「사람은 어려서는 알고 생각하는 것이 아직 주장함이 없어서 마땅히 격언(格言)과 지론(至論)으로써 날마다 앞에 진술함으로 하여금 충분히 들어서 몸에 두텁게 채우면 오래 스스로 안존하게 익힌다. 만일 진실로 이와 같은 사람이 있다면 뒤에 비록 참람된 말이 있다 하더라도 동요되거나 매혹하는 일이 능히 들어 오지 못한다.」 했다.

> 日記故事하여 不拘今古하되 必先以孝弟忠信禮義廉耻等事니 如黃香의 扇枕과 陸績의 懷橘과 叔敖의 陰德과 子路의 負米之類를 只如俗說이면 便曉此道理니 久久成熟하면 德性이 若有然矣리라.

〖解說〗「날마다 고사(故事)를 기억케 하여 지금의 일이거나 옛날의 일이거나 구애하지 말되 반드시 먼저 부모에게 효도하고 형제간에 우애하며, 임금에 충성하고 친구간에 신의로워야 하며, 천리에 따라 정한 조리가 있어야 하고, 사람의 마음을 재제(裁制)해야 하며, 사양하는 마음이 있어야 하고, 부끄러워하는 마음이 있어야 하는 등의 일로써 할 것이니 황향(黃香)이 더운 때에 부모의 침석에 부채질한 일과 육적(陸績)이 어릴 때에 남의 집에 손으로 가서 대접받은 귤을 어머니께 드리려고 품에 넣었던 일과 숙오(叔敖)가 어릴 때에 양두사(兩頭蛇)를 죽이어 남이 보지 못하게 하여 음덕을 쌓은 일과 자로(子路)가 부모를 봉양하기 위하여 백리 밖에 나가서 쌀을 져왔다는 일 등과 같은 유(類)를 다만 세속의 보통 이야기처럼 들려주면 곧 이러한 도리를 깨달을 것이니 오래오래 습관이 되어 익숙하게 되면 덕성(德性)이 자연스럽게 이룩될 것이다.」 하였다.

〔集說〕 吳氏曰 故事 已往之事也 善事父母 爲孝 善事兄長 爲弟 盡己之謂忠 以實之謂信 禮者 天理之節文 義者 人心之裁制 廉 即辭讓之心

禮之發也 恥 卽羞惡之心 義之發也 黃香扇枕之類 卽孝弟等事也 德性謂仁義禮智之性 而爲本心之德者也 講說之熟 則德性 自然而成矣 (←德性雖得於天而成熟則在人涵養成就則若自然矣) ○黃香 字 文强 盡心養親 暑則扇枕席 冬則以身溫被, 陸績 字公紀 年六歲 見袁術 術 出橘 績 懷三枚 拜辭墮地 術曰陸郎 作賓客而懷橘乎 績 跪答曰 欲歸遺母術 大奇之 叔敖 蔿氏 名艾 爲兒時 出遊 見兩頭蛇 殺而埋之 歸而泣母問其故 對曰聞見兩頭蛇者死 嚮者見之 恐去母而死也 母曰蛇今安在曰恐他人 又見 殺而埋之矣 母曰吾聞 有陰德者 天報以福 汝不死也 及長爲楚相, 子路 嘗曰 昔事二親 常食藜藿 爲親負米百里之外 親沒之後爲楚大夫 從車百乘 積粟萬鍾 累茵而坐 列鼎而食 雖欲食藜藿 爲親負米 何可得也.

**【註解】** 오씨(吳氏) 이르기를「故事는 이미 지나간 일이다. 부모를 잘 섬기는 것이 효가 되고, 형과 어른을 잘 섬기는 것이 弟가 된다. 자신을 다하는 것이 忠이 되고 실제로써 하는 것을 信이라 이른다. 禮는 天理의 節文이고 義는 사람에 마음의 裁制이다. 廉은 곧 사양하는 마음이며, 禮가 發한 것이고, 恥는 부끄럽고 미워하는 마음이며 義가 發한 것이다. 黃香이 베개에 부채질 하는, 類는 곧 효도하고 공순하는 등의 일이다. 德性은 仁義禮智의 성품으로 本心의 德이 되는 것을 말한다. 講說하기를 익숙히 하면 德과 성품이 자연히 성숙하게 될 것이다.」

黃香의 字는 文强이다. 마음을 다해서 어버이를 봉양함에 더우면 베개와 자리에 부채질하고 추우면 몸으로써 이불을 따뜻하게 했다.

陸績의 字는 公紀인데 나이 여섯살에 袁術에게 보이어 術이 귤을 내어 놓으니 績이 3개를 품었다가 하직 할 때 땅에 떨어졌다. 원술이 말하기를「陸郎이 손님이 되어서 귤을 품었더냐.」고 하니 績이 꿇어앉아 대답하기를「돌아가서 어머니에게 드리려고 합니다.」하니 術이 크게 기특히 여겼다.

叔敖는 蔿氏이고 이름은 艾이다. 아이적에 밖에나가 놀다가 兩頭蛇를 보고 죽여서 땅에 묻고 집에 돌아와서 울거늘 어머니가 그 까닭을 물었다. 대답하기를「들으니 兩頭蛇를 본 사람은 죽는다 합니다. 아까 그것을 보았으니 어머니를 버리고 죽을까봐 두렵습니다.」하였다. 어머니가 묻기를「뱀이 지금 어디에 있느냐.」하였다. 대답하기를「다른 사람이 또 볼것을 염려하여 죽여서 묻어버렸습니다.」하였다. 어머니가 말하기를「내가 들으니 陰德이 있는 사람은 하늘이 복으로써 갚는다고 한다. 너는 죽지 않을 것이다.」하였다. 장성하여 楚나라의 정승이 되었다.

子路는 일찍이 말하기를「옛날에 두 부모를 섬기는데 항상 아욱을 먹어서, 어버이를 위해 백리 밖에 쌀짐을 졌다고 하더니 어버이가 돌아가신 뒤에 楚나라 大夫가 되고, 따르는 수레 백승(百乘)과 쌀 만속(萬粟)을 쌓았으며, 요를 포개고 앉으며 솥을 벌여 놓고 먹었으니 비록 아욱국을 먹고 어버이를 위해서 쌀짐을 지고 싶으나 어떻게 할 수 있으리요.」하였다.

○明道程先生이 曰 憂子弟之輕俊者는 只教以經學念書오 不得令作文字니라 子弟凡百玩好皆奪志하나니 至於書札하연 於儒者事에 最近이언마는 然이나 一向好著이면 亦自喪志니라.
(著＝착)

〖解說〗 명도(明道) 정선생(程先生)이 말하기를「자제가 부경(浮輕)하고 준수(俊秀)한 것을 근심하는 이는 다만 경서(經書)만을 배워 글을 소리내어 읽는 것으로써 가르치고 글짓는 일을 시키지 말아야 할 것이다. 자제가 온갖 즐겨 완상(玩賞)하고 애호(愛好)하는 것들은 다 그들의 바른 학문에 대한 뜻을 빼앗는 것이니 그 중에 글씨 익히고 편지 쓰는 것은 선비의 일에 가장 가까운 것이지만 그러나 편향적(偏向的)으로 그것만을 좋아하여 집착(執著)하면 또한 저절로 뜻을 잃어버리게 되니라.」하였다.

〔集說〕 陳氏曰 先生 名顥 字伯淳 河南人 文潞公 題其墓曰 明道先生 蓋少年之輕浮俊秀者 惟教以學經讀書 則可以收其放心 而於道 知所向 若使作文字 則心愈放而離道遠矣 奪志 謂奪其求道之志 書 習字 札 簡札 書札 固儒者之一事 若專攻乎此 亦喪其求道之志也.

【註解】 진씨(陳氏) 이르기를「명도정선생(明道程先生)의 이름은 顥이고 字는 伯淳이며 河南사람이다. 文潞公(宋의 文彦博)은 그의 墓題에 明道先生이라 했다. 대개 少年의 경솔하고 부박하여 俊秀한 자들은 오직 經書를 배우고 讀書하는 것으로써 가르치면 곧 그들의 방심함을 수습하여서 道에 향할 바를 알게 하여야 하며, 만일 文字를 짓게 하면 마음이 더욱 방종해져서 道와 멀어진다. 奪志란 그의 求道하는 뜻을 빼앗는 것을 말하고, 書는 글자를 익히는 것이고, 札은 簡札이니 書札은 진실로 선비로써의 한 가지 일이기는 하지만, 만일 여기에만 전공하게 되면 또한 求道하는 뜻을 잃게 되는 것이다.」했다.

○伊川程先生이 曰 教人하되 未見意趣면 必不樂學이니 且教之歌舞니라. 如古詩三百篇은 皆古人이 作之하니 如關雎之類는 正家之始라 故로 用之鄉人하며 用之邦國하여 日使人聞之하니 此等詩其言이 簡奧하여 今人이 未易曉하니 別欲作詩하여 略言教童子灑掃應對事長之節하여 令朝夕歌之하나니 似當有助니라. (關雎 =관저)

〖解說〗 이천(伊川) 정선생(程先生)이 말하기를「사람을 가르치되 아직 그의 뜻과 지취(指趣)를 모르게 되면 반드시 배우기를 좋아하지 않을 것이니 아직 노래와 춤을 가르칠 것이다. 〈시경〉의 고시(古詩) 三百편 같은 것은 다 옛사람이 지었나니 관저편(關雎篇) 같은 유(類)는 집안을 바로잡는 데 시초가 된다. 그렇기 때문에 이것을 향리(鄕里)의 사람에게 교재(教材)로 사용하며 이것을 나라의 교육재료로 사용하여 날마다 사람으로 하여금 이 시의 노래를 듣게 하니 이러한 등류(等類)의 시는 그 말이 간결하고 뜻이 심오(深奧)하여 지금 사람들이 아직 깨닫기 쉽지 않다. 따로 시를 지어서 아이들이 물뿌리고 소제하며, 응대하고 어른 섬기는 절도를 가르치는 것을 대략 말하여 아침 저녁으로 그것을 노래하게 하고자 하나니, 마땅히 도움이 있을 것 같다.」하였다.

〔集說〕 陳氏曰 伊川 地名 先生 名頤 字正叔 明道先生之弟 趣 指趣也

樂 喜好也 關雎 周南 國風 詩之首篇 關雎等詩 爲教於閨門之内 乃正家之始 故 當時 上下通用之 簡奥者 辭簡約而意深奥也 以灑掃等事 編爲韻語 今朝夕詠歌之 庶見意趣而好學矣 朱子曰 嘗疑曲禮 衣毋撥, 足毋蹶 將上堂 聲必揚 將入戶 視必下等語 皆古人教小兒之語也.
(關雎＝관저, 奥＝오)

**【註解】**「伊川은 地名이고 先生의 이름은 頤이며 字는 正叔으로 明道 선생의 아우이다. 趣는 指趣이고 樂는 기뻐서 좋아하는 것이며 關雎와 같은 시는 閨門안에서의 가르침이 되며 곧 집안을 바로잡는 시초가 된다. 그러므로 당시에 上下에서 이를 사용했다. 簡奥라는 것은 말이 간약(簡約)하고 뜻이 深奥한 것이다. 灑掃등의 일로써는 이 편의 韻語로 삼는 것이다. 朝夕으로 읊고 노래부르게 하여 바라건대 意向을 보아 학문을 좋아하게 할 것이다.」하였다.

주자(朱子) 이르기를「일찍이 曲禮를 의심하건대 옷을 벌리지 말고 발을 허둥지둥 하지 말며, 막 마루에 오르려 할 때에는 소리를 크게 내고, 막 방에 들어가려 할 때에는 반드시 시선을 아래로 보내는 등의 말은 다 옛사람이 어린 아이를 가르친 말일 것이다.」고 하였다.

○陳忠肅公이 曰 幼學之士先要分別人品之上下니 何者是聖賢所爲之事며 何者是下愚所爲之事오 하여 向善背惡하여 去彼取此此幼學所當先也니라. (背＝패)

〖解說〗 진충숙공(陳忠肅公)이 말하기를「어릴 때 배우려는 소년은 먼저 모름지기 인품(人品)의 상하(上下)를 분별해야 할 것이니 어느 것이 바로 성현(聖賢)의 하는 일이며, 어느 것이 바로 하우(下愚)의 하는 일인가 하여 선한 것을 지향(指向)하고 악한 것을 등져서 악한 것을 버리고 선한 것을 취택(取擇)하는 것, 이것이 어릴 때 배우려는 소년이 마땅히 먼저 해야 할 것이다.」

〔集說〕 吳氏曰 公 名瓘 字瑩中 號了翁 忠肅 諡也 延平人 言 所當向

而取者 上品 聖賢也 所當背而去者 下品 下愚也.

【註解】 오씨(吳氏) 이르기를「公의 이름은 瓘이고 字는 瑩中이며 號는 了翁이고 忠肅은 시호로 延平사람이다. 마땅히 指向하여 취택해야 할 바의 것을 上品의 聖賢이고 마땅히 등지고 버려야 할 바의 것은 下品의 下愚이다.」고 했다.

| 顔子孟子는 亞聖也라 學之雖未至나 亦可爲賢人이니 今學者若能知此則顔孟之事를 我亦可學이니라. |
|---|

〖解說〗 안자(顔子)와 맹자(孟子)는 아성(亞聖)이다. 그와 같이 되고자 하여 배운다면 비록 그의 경지에 이르지는 못할지라도 또한 현인(賢人)이 될 수는 있는 것이니, 지금 배우는 자가 만일 이러한 사리(事理)를 알 수 있다면 안자와 맹자의 일을 나도 또한 배울 수 있을 것이니라.

〔增註〕 此下 言聖賢之事 當向而取也 亞 次也 學之 謂學顔孟.

【註解】 (안자와 맹자는 아성이다.) 이하는 聖賢의 일은 마땅히 持向해서 取擇해야 한다는 것이다. 亞는 다음이다. 學之는 顔子와 孟子를 배우는 것을 말한다.

| 言溫而氣和則顔子之不遷을 漸可學矣오 過而能悔하며 又不憚改則顔子之不貳를 漸可學矣리라. |
|---|

〖解說〗 말이 온순하고 기운이 화평하면 안자의 성냄을 옮기지 않는 것을 점차로 배울 수 있고 허물이 있으면 능히 뉘우치며, 또 고치기를 꺼리지 않으면 안자의 허물을 두 번 다시 하지 않는 것을 점차로 배울 수 있을 것이다.

〔集說〕 朱子曰 遷 移也 貳 復也 怒於甲者 不移於乙 過於前者 不復於

後.

【註解】 주자(朱子) 이르기를 「遷은 옮기는 것이다. 貳는 다시 하는 것이다. 甲에서 성난 것을 乙에 옮기지 않고, 前에 허물이 있었던 것을 뒤에 다시 말하지 않는 것이다.」

知埋鬻之戲不如俎豆하고 念慈母之愛至於三遷하여 自幼至老히 不厭不改하여 終始一意則我之不動心이 亦可以如孟子矣리라.

〖解說〗 매장(埋葬)하고 물건을 파는 놀이가 제기(祭器)를 벌려 놓고 읍양진퇴(揖讓進退)하는 놀이만 못한 것을 알고 자애하신 어머니의 사랑이 세 번 이사하기에 이른 것을 생각하여 어릴 때부터 늙을 때까지 학문을 싫어하지 않고 뜻을 고치지 아니하여 처음이나 끝이나 한 마음이라면 나의 부동심(不動心)도 또한 맹자와 같게 할 수 있을 것이다.

〖增註〗 埋 墓間之事 鬻 市中之事, 俎豆 學宮之事 此則三遷之教也 不厭 謂學不倦 不改 謂守不變.

【註解】 埋는 묘지(墓地) 사이에 매장(埋葬)하는 일이고, 鬻은 저자에서 물건 파는 일이며, 俎豆는 학궁(學宮)에서 진퇴읍양(進退揖讓)하던 일로 이것이 곧 삼천지교(三遷之教)이다. 不厭은 배움을 게을리 하지 않는 것이고, 不改는 지키는 것을 변하지 않음을 말한다.

若夫立志不高則其學이 皆常人之事라 語及顔孟則不敢當也하여 其心에 必曰 我爲孩童이어니 豈敢學顔孟哉리오 하리니 此人은 不可以語上矣니라 先生長者見其卑下하고 豈肯與之語哉리오. 先生長者不肯與之語則其所與語皆下等人也라 言不忠信이 下等人也오 行不篤敬이 下等人也오 過而不知悔下等人也

오 悔而不知改下等人也니 聞下等之語하고 爲下等之事하면 譬如坐於房舍之中하여 四面이 皆墻壁也니 雖欲開明이나 不可得矣리라.

〖解說〗「만약 뜻을 세우는 것이 높지 않으면 그 학문이 다 보통 사람의 일과 같을 것이다. 말이 안자나 맹자에 이르면 감히 감당하지 못하여 그는 마음속에서 반드시 말하기를「나는 어린아이거니 어찌 감히 안자나 맹자같은 아성(亞聖)을 배울 수 있겠는가?」할 것이니, 이러한 사람에게는 상등의 인물을 말할 수 없을 것이다. 선생과 어른이 그의 인품의 비열(卑劣)하고 낮음을 보고 어찌 그와 더불어 이야기하기를 좋아하겠는가? 선생과 어른이 그와 더불어 이야기하기를 좋아하지 않는다면 그와 더불어 이야기할 바는 다 하등 사람일 것이다. 말이 성실하지 않고 믿음성이 없는 것이 하등 사람이고, 행실이 독실하고 신중하지 않는 것이 하등 사람이고, 잘못하고서 뉘우칠 줄 모르는 것이 하등 사람이고, 뉘우치면서 고칠 줄 모르는 것이 하등 사람이다. 하등 사람의 이야기를 듣고 하등 사람의 일을 한다면 비유컨대 방안에 앉아 있는 것과 같아서 사면(四面)이 다 담벽이니 비록 열어서 밝게 하려고 하나 할 수 없을 것이다.」하였다.

〔增註〕此 言下愚之事 當背而去也, 下等之語 下等之事 皆蔽塞人心之墻壁也 開而明之 在立志 以學聖賢而已. 〔集解〕言僞而行薄 耻過而遂非 所聞 所行 無一不歸於下愚之習 耳目壅塞 中心昏蔽 一物無所見 一步不可行 欲求開明 何可得哉.

【註解】약부입지(若夫立志)이하는 下愚의 일이니 마땅히 등지고 버려야 한다. 下等의 말과 下等의 일은 다 사람의 마음을 가리우고 막는 장벽이다. 열어서 밝히고 입지(立志)를 지니므로써 聖賢을 배우게 할 뿐이다.

「말을 거짓으로 하면 행동이 천박하고, 부끄러움이 지나치면 드디어 않게 되며, 듣는 것이나 행동하는 것이 하나도 下愚의 버릇으로 돌아가지 않는 것이 없고, 이목(耳目)이 막히면 중심(中心)이 昏蔽하여 한 가지 사물도 보이는 바가 없으며 한 걸음도 걸을 수 없나니 열어서 밝히고 구하려 하나 어떻게 할 수 있겠는가?」하였다.

○馬援의 兄子嚴敦이 並喜譏議而通輕俠客하더니 援이 在交趾하여 還書誡之曰 吾欲汝曹聞人過失하고 如聞父母之名하여 耳可得聞이언정 口不可得言也하노라.

〖解說〗 마원(馬援)의 형의 아들 엄(嚴)과 돈(敦)이 다 기롱(譏弄)하고 의론(議論)하기를 즐겨 경박(輕薄)하고 호협(豪俠)한 손(客)을 사귀더니 원(援)이 교지(交趾)에 있어 회답서(回答書)에 훈계하여 말하기를「나는 너희들이 남의 과실을 듣고 부모의 이름을 듣는 것처럼 귀로는 들을 수 있을지언정 입으로 말할 수는 없을 것으로 하기를 바란다.」

〔集說〕 吳氏曰 馬援 字文淵 茂陵人 嚴, 敦, 援兄二子名 譏 譏誚 議 議論 俠 謂以權力 俠輔人.

【註解】 오씨(吳氏) 이르기를「馬援의 字는 文淵이며 茂陵사람이다. 嚴과 敦은 馬援의 兄의 두 아들 이름이다. 譏는 나무라고 꾸짖는 것이다. 議는 議論하는 것이다. 俠은 權力으로써 사람을 俠輔하는 것을 이른다.」

好議論人長短하며 妄是非政法이 此吾所大惡也니 寧死언정 不願聞子孫이 有此行也하노라. (惡＝오)

〖解說〗 남의 장단점(長短點)을 의논하기를 좋아하며 망녕되게 정세(政勢)와 법령의 시비(是非)가 나는 매우 미우니 차라리 죽을지언정 자손들에게 이러한 행위가 있다는 것을 듣기를 원치 않는다.

〔集解〕 好議論人長短 則招怨惡矣 妄是非政法 則犯憲章矣 寧死不欲

聞此者 甚戒之之辭也.

【註解】 남의 長短點을 의논하기를 좋아하면 원한과 미움을 초래하는 것이고, 망녕되게 政勢와 법령을 是非하면 憲章을 犯하게 되는 것이다. 차라리 죽을지언정 이런 것을 듣고 싶지는 않다 하는 것은 이를 매우 경계하는 말이다.

龍伯高는 敦厚周愼하여 口無擇言하며 謙節約儉하며 廉公有威하니 吾愛之重之하여 願汝曹效之하노라.

〖解說〗 용백고(龍伯高)는 심덕(心德)이 돈독하면서 중후(重厚)하고 주밀(周密)하면서 근신(謹愼)하여서 입에서는 가릴 말이 없으며, 겸손하고 절약하며, 검소하고 청렴하여 공정하고 위엄이 있으니 내가 그를 사랑하고 존중하여 너희들은 그를 본받을 것을 바라노라.

〔集解〕 伯高 名述 京兆人 敦厚 敦篤而重厚也 周愼 周密而謹愼也 口無擇言則言無口過矣, 謙約節儉則不爲驕奢矣 廉公有威則不爲 私褻矣 此與好譏議事豪俠者 相反故 欲其效之也.

【註解】 伯高의 이름은 述이며, 京兆사람이다. 敦厚는 敦篤하고 重厚한 것이고, 周愼은 周密하고 謹愼하는 것이다.「입으로 가릴 말이 없으면 입으로 허물을 말함이 없을 것이다. 謙約하고 節儉한즉 교만하고 사치하지 않을 것이고, 淸廉하고 공평하여 위엄이 있으면 私褻하지 않을 것이니, 이것이 譏議하기를 좋아하고 豪俠을 일삼는 자로 더불어 相反되기 때문에 그것을 본받으려 하는 것이다.」하였다.

杜季良은 豪俠好義하여 憂人之憂하며 樂人之樂하여 淸濁에 無所失하여 父喪致客에 數郡이 畢至하니 吾愛之重之어니와 不願汝曹效也하노라.

〖解說〗 두계량(杜季良)은 호협(豪俠)하고 의기(意氣)를 좋아하여 남의 근심을 제 일처럼 근심하며, 남의 즐거움을 제 일처럼 즐거워하여 청탁(清濁)을 가리지 않고 모든 사람과 잘 사귀어 누구도 잃는 바가 없어서 그의 아버지 초상 때에 조문객(弔問客)이 오기를 두어 개 군(郡)이 다 오니, 내가 그를 사랑하고 그를 소중히 여기거니와 나는 너희들이 그를 본받는 것을 원치 아니하노라.

〔集說〕 吳氏曰 季良 名保 人有憂 己亦爲之憂 人有樂 己亦爲之樂 不辨清濁 待之皆所所失 故 父喪致客 而數郡畢至 此正通輕俠客之事 故不欲其效之也.

【註解】 오씨(吳氏) 이르기를「季良의 이름은 保이다. 남이 근심이 있을 때 나 또한 그를 위해서 근심하고, 남이 즐거움이 있을 때 나 또한 그를 위해 즐거워 해주며 清濁을 분별하지 않으며, 대하는데 모두 잃은 바가 없기때문에 아버지 초상에 손(客)을 부른 것이 두어 郡의 사람이 다 왔으니 이것이 正히 通輕 俠客의 일이기 때문에 그것을 본받게 하고 싶지 않은 것이다.」하였다.

效伯高不得이라도 猶爲謹敕之士니 所謂刻鵠不成이라도 向類鶩者也어니와 効季良不得하면 陷爲天下輕薄子니 所謂畫虎不成이면 反類狗者也니라. (敕=칙, 鵠=곡, 鶩=木)

〖解說〗「용백고(龍伯高)를 본받다가 그와 같이 되지 못하더라도 오히려 근신하고 신칙(申飭)하는 선비는 될 것이니 이른바 고니를 새기다가 이루지 못하더라도 오히려 집오리와 비슷하려니와 계량(季良)을 본받다가 그렇게 되지 못하면 천하의 경박한 인간으로 떨어질 것이니, 이른바 범을 그리다가 이루지 못하면 도리어 개와 같은 것이 될 것이다.」하였다.

〔集解〕 謹敕 謂能修檢 輕薄 謂不厚重 鵠 鶩 皆鳥而畧相似 虎, 狗 皆

獸而大不同 故 刻鵠類鶩 人猶不以爲非 畫虎類狗, 則人爭笑而招辱矣 終篇 以此設喩 所以深警之也.

**【註解】** 謹敕은 능히 닦고 단속하는 것이고, 輕薄은 厚重하지 않음을 말한다. 鵠과 鶩은 다 새인데 대략 서로 비슷하고, 범이나 개가 모두 짐승인데 크게 같지 않기때문에 鵠을 새겨 鶩을 닮게 하면 사람들이 오히려 아니라고 하지 않겠지만, 범을 그려서 개를 닮게 한다면 사람들은 다투어 웃으면서 辱을 부를 것이다. 終篇에 이것으로써 비유(比喩)를 설치한 것은 깊이 경계하는 것이다.

○漢昭烈이 將終에 勅後主曰 勿以惡小而爲之하며 勿以善小而不爲하라.

**〖解說〗** 한(漢)나라의 소열제(昭烈帝)가 죽음에 임박하여 후주(後主)에게 신칙하여 말하기를「악이 작다고 함으로써 이를 하지 말며, 선이 작다고 함으로써 이를 하지 아니치 말라.」하였다.

**〔集解〕** 昭烈 漢帝 名備 字玄德 勅 戒也 後主 昭烈之子 名禪 勿以惡小而爲之 謂禍之所生 不在大 勿以善小而不爲 謂慶之所積 由於小 朱子曰 善必積而後成 惡雖小而可懼 亦此意也.

**【註解】** 昭烈은 漢나라 皇帝이며 이름은 備이고 字는 玄德이다. 勅은 경계하는 것이다. 後主는 昭烈의 아들이며 이름은 禪이다. 惡이 적다고 해서 하지 말라는 것은 禍가 생겨나는 바 큰 데에 있지 않음을 말하고, 善이 적다고 해서 하지 아니치 말라는 것은 경사가 쌓이는 바 작은 데에서 말미암음을 말한 것이다. 주자(朱子) 이르기를「善은 반드시 쌓인 뒤에 이루어 지는 것이고 惡은 비록 적어도 두렵다 하셨으니 또한 이 뜻이다.」했다.

○諸葛武侯戒子書에 曰 君子之行은 靜以修身이오 儉以養德

| 이니 非澹泊이면 無以明志오 非寧靜이면 無以致遠이니라. |
|---|

〖解說〗 제갈무후(諸葛武侯)가 아들을 훈계하는 글에 말하기를「군자의 행동은 고요히 함으로써 몸을 수양하고 검소한 것으로써 덕성(德性)을 기르나니 담박(澹泊)하지 않으면 뜻을 밝게 할 수 없고, 편안하고 고요하지 않으면 고원(高遠)한 데 이르지 못할 것이니라.」

〔集說〕 吳氏曰 武侯 名亮 字孔明 諸葛 其姓也 躬耕南陽 昭烈 三顧而後 起爲丞相 諡忠武 子 名瞻 字思遠 靜 謂安靜 儉 謂儉約 澹泊 即儉也 寧靜 即靜也 言 靜則心不逐於物 而可以脩身 儉則心不汨於欲 而可以養德 非澹泊則 必昏昧而無以明其志也 非寧靜則必躁動而無以致其遠也.

【註解】 오씨(吳氏) 이르기를「武侯의 이름은 亮이며 字는 孔明이고, 諸葛은 그의 姓이다. 몸소 南陽땅을 경작하는데 昭烈이 세 번 돌아본 뒤에 일어나서 丞相이 되었다. 諡號는 忠武이며 아들의 이름은 瞻이고 字는 思遠이다. 靜은 安靜을 말한다. 儉은 儉約이며, 澹泊은 곧 儉이고, 寧靜은 곧 靜이다. 편안하고 고요하면 마음이 물욕(物欲)을 좇지 않아서 이로써 몸을 닦을 수 있고, 儉素하고 마음이 澹泊하면 욕심이 없어서 이로써 德性을 기를 수 있으며, 澹泊하지 않으면 반드시 昏昧하여 이로써 그 뜻을 밝힐 수 없고, 편안하고 고요하지 않으면 반드시 조급하게 움직여서 이로써 그 고원한 이치를 이룰 수 없다는 것이다.」 하였다.

| 夫學은 須靜也요 才는 須學也라 非學이면 無以廣才오 非靜이면 無以成學이니 慆慢則不能研精이오 險躁則不能理性이니라 年與時馳하며 意與歲去하여 遂成枯落이여서 悲歎窮廬인들 將復何及也리오. (復=부) |
|---|

〖解說〗「대저 학문은 모름지기 마음이 편안하고 고요해야 하고, 사람의

재능은 모름지기 배워야만 하니 배우지 않으면 재능을 넓힐 수 없고 고요함이 아니면 배움을 이루지 못한다. 게으르고 해이하면 정미(精微)한 것을 깊이 연구할 수 없고, 조급하고 경망하면 자신의 성품을 다스릴 수 없을 것이다. 나이는 때와 더불어 달리며, 뜻은 세월과 더불어 가버려서 드디어 고락(枯落)하게 되어서야 빈궁한 집에서 슬피 탄식(歎息)한들 장차 다시 어떻게 할 수 있겠는가?」 하였다.

〔集說〕 吳氏曰 須 猶欲也, 慆慢 猶云怠慢也, 硏 究也, 險躁 猶云躁妄也, 理 治也 枯落 猶物之枯槁搖落也 言 學須欲靜而才須欲學也 才非學 則拘於氣質而才無以廣 學非靜 則逐於物欲而學無以成 怠慢則理之精微 不能硏究 躁妄則己之德性 不能理治 年與時而俱馳 意與歲而俱往 遂與草木 同枯落 而學無所成矣 雖悲歎 將復何及哉 眞氏曰 孔明此書 眞格言也.

**【註解】** 오씨(吳氏) 이르기를「須는 欲과 같은 것이고, 慆慢은 怠慢과 같은 것이다. 硏은 궁구하는 것이다. 險躁는 조급하고 경망한 것과 같은 것이다. 理는 다스리는 것이다. 枯落은 物(草木의 잎 따위)이 마르고 흔들려서 떨어지는 것과 같은 것이다. 학문은 모름지기 고요하여야 하며 재능은 모름지기 배워야 하고, 재능은 배우지 않으면 기질(氣質)에 구애되어서 재능은 이로써 넓힐 수 없다. 학문은 편안하고 고요하지 않으면 물욕에 쫓기어 학문은 이로써 이룰 수 없고, 게으르고 해이하면 이치의 정미한 것을 연구할 수 없으며, 조급하고 경망하면 자신의 德性을 다스릴 수 없다. 나이는 때와 더불어 함께 달리며 뜻과 세월이 함께 가버려 마침내 草木과 같이 枯落해서 학문이 이루어 질 수 없다. 비록 슬피 탄식한들 장차 다시 어떻게 할 수 있겠는가?」했다. 진씨(眞氏)는 말하기를「제갈공명의 이 글은 참다운 格言이다.」라고 하였다.

○柳玭이 嘗著書하여 戒其子弟曰 壞名災己하며 辱先喪家其失尤大者五니 宜深誌之니라. (玭＝변)

〚解說〛 유변(柳玭)이 일찍이 글을 지어 그의 자제(子弟)들을 훈계하여 말하기를 「명예를 무너뜨리고 몸을 재난되게 하며 선조를 욕되게 하고 가문을 잃는 것이 그 과실 중에서 큰 것이 다섯 가지가 있으니 마땅히 깊이 기억해야 할 것이니라.」

〔集說〕 陳氏曰 玭 字直淸 唐 柳公綽之孫 仲郢之子 壞 敗也 誌 記也.

【註解】 진씨(陳氏) 이르기를 「玭의 字는 直淸이며 唐나라 柳公綽의 손자이고 仲郢의 아들이다.」라 했다. 壞는 무너뜨리는 것이다. 誌는 기억함이다.

| 其一은 自求安逸하며 靡甘澹泊하여 苟利於己어든 不恤人言이니라. |
|---|

〚解說〛 그 첫째는 스스로 편안함을 구하며 담박한 생활을 달게 여기지 않아서 진실로 자기에게 이익이 되거든 남의 말을 걱정하지 않음이라.

〔增註〕 此 言不勤儉之失 靡 不也. 恤 憂也.

【註解】 이는 부지런 하고 검소하지 않은 과실을 말한 것이다. 靡는 아님이고, 恤은 걱정함이다.

| 其二는 不知儒術하며 不悅古道하여 懵前經而不耻하고 論當世而解頤하여 身旣寡知요 惡人有學이니라.<br>(懵=몽, 解=해, 頤=이, 惡=오) |
|---|

〚解說〛 그 둘째는 선비의 도리를 알지 못하며 옛 도(道)를 기뻐하지 않아서 옛 경서(經書)에 몽매하여도 부끄러워 하지 않고, 당시 세상을 논평하면서 비웃어 자신이 이미 아는 것이 적으므로 남의 학식 있음을

미워함이니라.

〔增註〕此 言不好學之失 懵 無知貌 頤 口旁也 人笑則口旁解 言其於前聖之經 無所知而不恥 於當世之事 妄議之爲笑也.

【註解】이는 학문을 좋아하지 않은 과실을 말한 것이다. 懵은 아는 것이 없는 모양이다. 頤는 입가이니 사람이 웃으면 입가가 풀어진다. 그 前聖의 經엔 아는 바가 없으면서도 부끄러워 할 줄 모르면서 當世의 일에 있어서는 경망하게 논평하면서 비웃는 것을 말한 것이다.

其三은 勝己者를 厭之하고 佞己者를 悅之하여 唯樂戲談하고 莫思古道하여 聞人之善하고 嫉之하며 聞人之惡하고 揚之하여 浸漬頗僻하여 銷刻德義하면 簪裾徒在인들 厮養何殊리오.
(樂＝요, 厮＝시)

〖解說〗그 셋째는 자기보다 나은 사람은 싫어하고, 자기에게 아첨하는 사람을 기뻐하여 오직 희롱하는 말을 좋아하고, 옛 도(道)를 생각하지 않아서 남의 착함을 듣고 질투하며, 남의 악함을 듣고 들어내서 편파(偏頗)하고 사벽한 행위에 점점 잠겨들어 덕의(德義)를 깍아버린다면 의관을 한갓 차린들 노복과 무엇이 다르겠는가?

〔集說〕陳氏曰 此 言不好善之失 嫉 妬也, 頗僻 謂偏頗邪僻之行 浸漬頗僻 漸尖染於惡也 銷刻德義 喪其善也 簪裾 猶言衣冠 厮養　謂奴僕 徒 空也 殊 異也.

【註解】진씨(陳氏) 이르기를「이는 善을 좋아하지 않은 과실을 말한 것이다. 嫉은 투기하는 것이다. 頗僻은 偏頗하고 邪僻한 행실을 말한다. 浸漬頗僻은 점차 惡에 물들어 가는 것이다. 銷刻德義는 善함을 깎아서 잃어버리는 것이다.

簪裾는 衣冠이란 말과 같다. 厮養은 奴僕을 말한다. 徒는 공허함이다.

殊는 다름이다.」 했다.

其四는 崇好優游하며 耽嗜麴蘖하여 以啣盃로 爲高致하고 以勤事로 爲俗流하나니 習之易荒이라 覺己難悔니라. (蘖=얼)

〚解說〛 그 넷째는 한가하고 편안하게 노니는 것을 숭상하며 술마시기를 매우 좋아하여 술을 마심으로써 고상(高尙)한 운치(韻致)로 삼고, 부지런히 일을 하는 것으로써 속류(俗流)를 삼나니, 이러한 습관은 그 마음을 거칠게 만들기 쉽다. 그것이 잘못인 것을 깨달아도 이미 후회하기 어렵다.

〔增註〕 此 言好宴樂之失 崇 尚也. 〔集解〕 優游 閑逸自如之謂 麴·蘖 酒也 高致 謂高尚之風致 勤事 勤於事業也 言 好逸嗜酒 自以爲高 反鄙勤事者 爲流俗 此心旣荒 雖知而不能悔也.

【註解】 이는 宴樂을 좋아하는 과실을 말한 것이다. 崇은 높임이다. 優游는 한가하고 편안하여 기색이 태연함을 말한다. 麴蘖은 술이다. 高致는 高尚한 風致를 말한다. 勤事는 事業에 부지런 함이다. 「편안함을 좋아하고 술을 즐겨서 스스로 고상하게 여기므로써 도리어 일에 부지런한 자를 비루하게 여겨 옛날부터 내려오는 풍속으로 삼으니 이 마음이 이미 거칠어 진지라 비록 알아도 능히 뉘우치지 않는 것이다.」 했다.

○ 유속(流俗) : 옛날부터 전해오는 풍속·세상에 돌아다니는 풍속.
○ 속류(俗流) : 세속(世俗)의 속된 무리.

其五는 急於名宦하여 匿近權要하여 一資半級을 雖或得之라도 衆怒羣猜하여 鮮有存者니라.

〚解說〛 그 다섯째는 높은 벼슬 얻기에 마음이 조급하여 권리가 있고,

중요한 길에 당해 있는 자에게 남몰래 아부하여 관품(官品)의 한 등(等) 직급의 반급(半級)을 비록 혹 얻을지라도 여러 사람들이 성내고 뭇 사람들이 시기(猜忌)하여 그것을 보존하는 자는 드문 것이니라.

〔集說〕 陳氏曰 此 言好奔競之失 名宦 顯仕也 匿近 陰附也 權要 有權而當要路者, 資 猶品也 猜 恨也 鮮 少也 言 雖或得官 終必失之也.

**【註解】** 진씨(陳氏)는 이르기를 「이는 경쟁을 좋아하는 과실을 말한 것이다. 名宦은 현달한 벼슬이다. 匿近은 드러나지 않게 결부함이다. 權要는 권세가 있고 要路에 당한 자이다. 資는 품계와 같은 것이다. 猜는 恨하는 것이다. 鮮은 적은 것이다. 비록 혹 어떤 사람이 벼슬을 얻었으나 마침내는 잃는 것이다.」하였다.

余見名門右族이 莫不由祖先의 忠孝勤儉하여 以成立之하고 莫不由子孫의 頑率奢傲하여 以覆墜之하나니 成立之難은 如升天하고 覆墜之易는 如燎毛라 言之痛心하니 爾宜刻骨이니라.
(燎＝요)

〖解說〗「내가 보니 명문귀족(名門貴族)들이 어느 집이나 다 조상(祖上)의 충효(忠孝)와 근검(勤儉)에 말미암으로써 성립(成立)되지 않음이 없고 어느 집이나 다 자손이 완악하고 경솔하고 사치하고 거만한 것으로써 몰락(沒落)하지 않음이 없나니, 처음 성립(成立)시키기 어려운 것은 하늘에 오르는 것같고 몰락시키기 쉬운 것은 터럭을 불 사르는 것같다. 말하자니 마음이 아프니 너희들은 마땅히 각골명심(刻骨銘心) 해야 할 것이니라.」하였다.

〔集解〕 右族 族之貴者 蓋古人 以右 爲尊也 夫忠孝勤儉者 先世成家之本 頑率奢傲者 後人敗家之由 升天 喩至難 燎毛 喩至易 刻骨 欲其記之不忘也. 〔增註〕 刻骨 猶言銘心.

【註解】 右族은 족속의 貴한 것이니, 대개 옛사람이 右로써 높임을 삼는 것이다. 대개 忠孝와 勤儉은 先世에 집을 이룬 근본이고, 모질고 경솔하며, 사치하고 오만한 것은 後人의 敗家하는 이유이다. 升天은 지극히 어려움을 비유한 것이고, 燎毛는 지극히 쉬움을 비유한 것이다. 刻骨은 그것을 기억하여 잊지 않으려 하는 것이다. (增註)에 刻骨은 銘心과 같음을 말한 것이다.

○范魯公質이 爲宰相이러니 從子杲嘗求奏遷秩이어늘 質이 作詩曉之하니라. (杲=고)

〖解說〗 범노공(范魯公) 질(質)이 재상(宰相)이 되었더니, 그 형의 아들 고(杲)가 일찍이 임금께 아뢰어 자신의 승진을 해 주기를 요구하였는데 질(質)이 시(詩)를 지어 그를 깨우쳤다 하니라.

〖集解〗 質 字文素 大名人 周平章事 事宋 封魯國公 從子 兄之子 杲 名也 遷秩 陞品也.

【註解】 質의 字는 文素이니 大名人이다. 周나라 平章事였고 宋나라를 섬겨서 魯國公에 封해졌다. 從子는 형의 아들이다. 杲는 이름이다. 遷秩은 품계를 올리는 것이다.

其略曰 戒爾學立身하노니 莫若先孝悌라 怡怡奉親長하여 不敢生驕易라 戰戰復兢兢하여 造次必於是하라.

〖解說〗 그 시(詩)의 대략(大略)에 말하기를 「너에게 훈계하여 입신(立身)을 배우라 하나니 먼저 효도하고 공손함만 같은 게 없다. 기쁘디 기쁘게 부모와 어른을 봉양하여 감히 교만하거나 업신여기는 마음을 일으키지 말라. 두려워하고, 또 조심하여 급하고 구차한 경우에도 반드시 이에 마음을 두어라.」고 했다.

〔集解〕 怡怡 和悅也 驕 驕傲 易 慢易, 戰戰 恐懼 兢兢 戒謹 造次 急遽苟且之時. 〔增註〕 孝悌者 立身之本 是 指孝悌也.

【註解】 怡怡는 온화하고 기쁜 것이다. 驕는 교만하고 거만한 것이다. 易는 업신여기는 것이다. 戰戰은 두려워 하는 것이고, 兢兢은 경계하고 조심하는 것이다. 造次는 급하여 구차한 때이다. (增註)에 孝道하고 공순하는 것은 몸을 세우는 근본이니 是는 孝悌를 가리킨 것이다.

| 戒爾學干祿하나니 莫若勤道藝라 嘗聞諸格言하니 學而優則仕라 하니 不患人不知요 惟患學不至니라. |
|---|

〘解說〙 너에게 훈계하여 관록을 구하는 방법을 배우라 하나니 도리와 육예(六藝)를 힘씀만 같은 게 없다. 일찍이 내가 옛사람의 모든 격언(格言)을 들어보니 「배운 것이 넉넉하면 벼슬한다.」하니 남이 나를 알아주지 않는 것을 근심하지 말고, 오직 학문이 부족한 것을 근심할 것이니라.

〔新解〕 道 謂當行之理 藝 則禮樂射御書數之法也, 格言 至言 優 有餘力也 戒以當勤道藝 而不患人之不知也.

【註解】 道는 마땅히 행해야 할 이치를 말한다. 藝는 곧 禮·樂·射·御·書·數의 法이다. 格言은 지극한 말이고, 優는 남은 힘이 있는 것이니, 마땅히 道와 藝에 부지런히 하여 남이 나를 알지 못함을 근심하지 말라고 경계한 것이다.

| 戒爾遠恥辱하나니 恭則近乎禮라 自卑而尊人하며 先彼而後己니 相鼠與茅鴟에 宜鑑詩人刺니라. |
|---|

〘解說〙 너에게 훈계하여 치욕(恥辱)을 멀리 하라 하나니 공손하면 예에

가깝다(←예절에 맞으면 치욕은 멀어진다.) 자신을 낮추고 남을 높이며 남을 먼저 하고 자신을 뒤로 하니, 〈시경〉의 상서(相鼠)편과 모치(茅鴟)편에 예 없음을 풍자(諷刺)한 시를 감상(鑑賞)하여 볼 것이니라.

〔集說〕 朱子曰 恭 致敬也 禮 節文也 致恭而中其節 則能遠恥辱矣 陳氏曰自卑尊人 先彼後己 皆致恭之事也 相鼠 詩篇名 其辭 曰 相鼠有體 人而無禮 人而無禮 胡不遄死, 茅鴟 逸詩也 二詩 皆刺無禮也 鑑 照也 刺 譏諷也.

【註解】 주자(朱子) 이르기를「恭은 공순함을 이루는 것이다. 禮는 節文이니 공손함을 이루어서 그 절도에 맞은 즉 능히 恥辱을 멀리하게 되는 것이다.」진씨(陳氏) 이르기를「자신을 낮추고 남을 높이며 상대방은 먼저하고 자기를 뒤로하는 것은 모두 공순을 이루는 일이다. 相鼠는 詩의 篇이름이다.」그 辭에 이르기를「쥐를 보아도 몸체가 있는데 사람이고서 禮가 없어서랴. 사람이면서 禮가 없는 것은 어찌 빨리 죽지 않는가? 茅와 鴟는 詩傳에서 빠진 詩이니 두 詩가 모두 禮없음을 풍자한 것이다. 鑑은 비치는 것이다. 刺는 비방하고 풍자하는 것이다.」

| 戒爾勿放曠하노니 放曠이 非端士라 周孔이 垂名敎어시늘 齊梁이 尚清議하니 南朝稱八達하여 千載穢青史하니라. |
|---|

〘解說〙 너에게 훈계하여 방자하고 자유 분방하지 말라 하나니, 방자하고 자유 분방함이 단정한 선비의 도리가 아니다. 주공과 공자가 명교(名教)를 남기었거늘 제(齊)나라와 양(梁)나라가 청담(清談)을 숭상하니 남조(南朝)의 팔달사(八達士)라 칭찬하여 당시에 비록 이를 칭찬하였으나 그들은 무례 무법하여 명교(名教)에 죄를 얻은 그 성명은 오래 청사(青史)를 더럽히었다 하니라.

〔集說〕 陳氏曰 放 放蕩, 曠 踈曠 端士 正士也 周孔 謂周公 孔子也, 齊・梁 皆都江南 故 又稱南朝 清議 清虛之談也 八達 謂晋胡毋輔之

謝鯤 阮放 畢卓 羊曼 桓彝 阮孚 光逸 八人 終日淸談酣飮 而爲達也 當時 雖稱之 而無禮無法 得罪名教 其姓名 久汚史冊 亦可賤矣 古史以竹 故曰靑史. 〔增註〕名教 謂人倫之教 有實 有名也.

【註解】 진씨(陳氏) 이르기를 「放은 放蕩이고 曠은 疏曠한 것이다. 端士는 바른 선비다. 周孔은 周公과 孔子를 말한다.」 했다.
「齊나라와 梁나라가 모두 江南에 도읍을 정했기때문에 또한 南朝라고 일컫는 것이다. 淸議는 淸虛한 談論이다. 八達은 晉나라 胡毋輔之·謝鯤·阮放·畢卓·羊曼·桓彝·阮孚·光逸인데 여덟사람이 終日토록 淸談을 하면서 술에 취해서 達士가 된 것이다. 當時에 비록 禮도 없고 法도 없다고 일컬어 名教에 罪를 얻었지만 그의 姓名은 오랫동안 史冊을 더럽혔으니 또한 賤하다 할만 하다. 옛 史記를 대나무에 썼기때문에 靑史라고 말한다.」 했다. (增註)에 名教는 人倫의 가르침을 말하니 실상도 있고 명목도 있음이다.

戒爾勿嗜酒하노니 狂藥非佳味라 能移謹厚性하여 化爲凶險類하나니 古今傾敗者를 歷歷皆可記니라.

〖解說〗 너에게 훈계하여 술마시기를 즐기지 말라 하나니, 술이란 천성을 어지럽게 하여 미치게 하는 약으로 아름다운 맛은 아니다. 술이란 능히 사람의 근후(謹厚)한 성격을 옮겨다가 흉악하고 음험한 인간으로 만드나니, 옛날과 지금에 술 때문에 경가패신(傾家敗身)한 많은 사람들을 우리는 분명히 다 기억할 수 있나니라.

〔集說〕 陳氏曰 酒能亂性 是狂藥也, 古今 以之而傾覆喪敗者 多矣.

【註解】 진씨(陳氏) 이르기를 「술은 능히 성품을 어지럽히니 이것은 미치게 하는 약이다. 옛날과 지금에 이것으로써 가문이 傾覆하고 몸을 잃어 敗한 자가 많으니라.」고 했다.

戒爾勿多言하나니 多言이 衆所忌라 苟不愼樞機면 災厄이 從此始라 是非毁譽間에 適足爲身累니라.

〖解說〗 너에게 훈계하여 말 많은 사람이 되지 말라 하나니, 말 많은 사람을 사람들은 싫어한다. 진실로 추기(樞機)처럼 중요한 말을 삼가지 않으면 재액(災厄)이 이로부터 시작될 것이다.

옳으니 그르니 하면서 헐뜯고 칭찬하는 사이에 족히 몸을 허물게 하기에 알맞을 것이니라.

〔增註〕 戶之開闔 由於樞 弩之張弛 由於機 人之禍福榮辱 由於言 故比言於樞機 以言而是非毁譽 人皆取禍召辱 秪足自累而已. 〔集解〕 毁者 稱人之惡 而損其眞 譽者 揚人之善 而過其實.

【註解】 문의 여닫음은 지도리에 말미암고, 활의 팽팽함과 느슨함은 쇠뇌(弩)의 발사기(發射機)에 말미암고, 사람의 禍福과 榮辱이 말에 말미암기때문에 말을 樞機에 비유한 것이다. 말로써 是非하고 毁譽하는 것이니 사람이 모두 禍를 취하고 辱을 불러 다만 스스로 累를 충족할 뿐이다. (集解)에 毁라는 것은 남의 나쁜 것을 일컬어 그 참된 것은 덜고, 譽는 남의 착한 것을 들추어 그 실상을 지나친 것이다.

擧世重交游하여 擬結金蘭契하나니 忿怨이 容易生하여 風波當時起라 所以君子心이 汪汪淡如水니라.

〖解說〗 온 세상 사람들이 벗과 교유(交游)하기를 소중히 여겨 금란지계(金蘭之契)를 맺는 것처럼 하나니, 분노하고 원망하는 마음이 쉽게도 생겨서 풍파(風波)가 당시에 일어나는 것이다. 그러므로 군자의 벗 사귀는 마음이 깊고 넓으며 담담하기가 물과 같은 것이니라.

〔集說〕 吳氏曰 易 曰二人同心 其利斷金, 同心之言 其臭如蘭 契 合也

風波 比忿怨 言 世人結交 多以金蘭自比 不知一言不合則忿怨之生 速如風波之起矣 汪汪 深廣貌 記 曰君子之交 如水 小人之交 如醴 君子淡以成 小人 甘以壞.

**【註解】** 오씨(吳氏) 이르기를「주역에 말하기를 두 사람이 마음을 함께 하면 그 예리함이 쇠를 끊고, 마음을 함께 하는 말은 그 냄새가 난초와 같다.」契는 합하는 것이다. 風波는 분노와 원망을 비유한 것이다.「세상 사람이 교분을 맺음이 금이나 난초로 스스로 비유하지만 한마디 말만 부합되지 않으면 성내고 원망하는 일이 생기는데 그 빠르기가 마치 풍파가 일어나는 것 같음을 알지 못함을 말한 것이다.」汪汪은 깊고 넓은 모양이다. 〈예기〉에 말하기를「군자의 사귐은 물과 같고 小人의 사귐은 단술과 같다. 군자는 담박으로써 이룩되고 소인은 달음으로써 무너진다.」하였다.

| 擧世好承奉하여 昻昻增意氣하나니 不知承奉者以爾爲玩戲니라 所以古人疾이 籧篨與戚施니라. (籧=거, 施=이) |
|---|

**『解說』** 온 세상이 떠받들어지기를 좋아하여 의기양양(意氣揚揚)하여 뽐내나니, 떠받드는 사람이 이로써 너를 놀림감으로 삼는 것을 알지 못한다. 그렇기에 옛사람의 병에 거저와 척이(戚施)가 있나니라.

**〔集說〕** 吳氏曰 疾 憎惡也 籧篨 不能俯 疾之醜者也 戚施 不能仰 亦醜疾也, 世人 好承奉 自以爲得 不知人之玩弄嬉戲 不出中心之敬也 以籧篨戚施二者 爲比 盖深惡之也.

**【註解】** 오씨(吳氏) 이르기를「疾은 憎惡이다. 籧篨는 잘 굽히지 못하니 병의 추한 것이다. 戚施는 잘 우러러 보지 않으니 또한 추한 병이다. 세상 사람이 떠받들려지기를 좋아하여 스스로 득의만만해하지만 남의 장난과 희롱과 마음 속의 공경에서 나오는 것이 아님을 알지 못하는 것이다. 籧篨와 戚施 두 사람으로써 비유삼음은 대개 깊이 미워한

것이다.」 했다.

| 擧世重游俠하여 俗呼爲氣義라 爲人赴急難하여 往往陷囚繫하나니 所以馬援書殷勤戒諸子니라. |
|---|

〖解說〗 온 세상이 유협(游俠)을 소중히 여겨 세속(世俗)에서는 그들을 기개 있고 의리 있다고 말한다. 남을 위하여 위급하고 어려운 일에 달려들어 이따금 죄수로 구금되는 일에 빠지나니, 그렇기에 마원(馬援)은 글에서 은근히 모든 자제(子弟)를 경계한 것이니라.

〔增註〕 游俠之徒 輕身以徇人 似乎有氣有義 而非正故 馬援之書 曰寧死 不顧聞子孫 有此行也.

【註解】 유협(游俠)의 무리는 몸을 가벼이 함으로써 남을 따른다. 기개 있고 의리 있는 것같지만 바르지 않다. 그러므로 馬援의 글에 「차라리 죽을지언정 자손에게 그러한 행실이 있음을 듣기를 원하지 않는다.」고 했다.

| 擧世賤淸素하여 奉身好華侈라 肥馬衣輕裘하여 揚揚過閭里하나니 雖得市童憐이나 還爲識者鄙니라. |
|---|

〖解說〗 온 세상 사람들은 청렴(淸廉)하고 검소(儉素)한 것을 천시(賤視)하여 몸을 받드는데 화려하고 사치하는 것을 좋아한다. 살찐 좋은 말을 타고 가벼운 갑옷을 입고서 의기양양(意氣揚揚)하여 마을 거리를 지나가니 비록 시가(市街)의 어린애들의 좋아함을 받을지라도 도리어 식자(識者)들은 천하게 여길 것이니라.

〔增註〕 揚揚 自得之意 憐 猶愛也 鄙 猶賤也.

【註解】 揚揚은 스스로 가득해 하는 뜻이다. 憐은 사랑함과 같다. 鄙는

賤함과 같다. ○ 還은 '도리어' 이다.

我本羇旅臣으로 遭逢堯舜理하여 位重才不充이라 戚戚懷憂畏하여 深淵與薄氷을 蹈之唯恐墜하나니 爾曹當憫我하여 勿使增罪戾어라 閉門斂蹤跡하여 縮首避名勢하라 勢位難久居니 畢竟何足恃리오.

〖解說〗 나는 본래 다른 나라에서 온 남의 나라에 붙여 있는 신하로 요순(堯舜)의 다스림같은 훌륭한 임금을 만나서 지위는 높으나 재능이 넉넉하지 못하다. 근심하는 모습으로 근심과 두려운 마음을 가지고서 깊은 못가와 엷은 얼음을 밟는 것처럼 오직 빠질까 두렵나니, 너희들은 마땅히 나를 가엾게 여겨 나로 하여금 죄려(罪戾)를 더하게 말 것이다. 문을 닫고 종적을 감추어 머리를 움추리고 명성(名聲)과 권세(權勢)를 피하라. 권세와 벼슬은 오래 있기가 어려우니 마침내는 어찌 믿기에 충분하리오?

〔集說〕 陳氏曰 羇 寄也 旅 寓也, 理 治也 質 旣相周 復之宋 故 自謂羇旅之臣 戚戚 憂畏意 若蹈淵氷 言憂畏之甚也 戾 亦罪也 戒其勿求遷秩 以增罪戾 而又欲其深自斂避也 畢竟 終也 盖富貴無常 終不足恃也.

【註解】 진씨(陳氏) 이르기를「羇는 붙어있음이고, 旅는 우거함이다. 理는 다스림이다. 范質은 이미 周나라에서 정승을 했다가 다시 송나라에서 정승이 되었다. 그러므로 스스로 다른 나라에 와서 벼슬하는 나그네 신하라고 말한 것이다. 戚戚은 근심하고 두려워하는 뜻이다. 연못의 얼음을 밟듯이 함은 근심과 두려움이 심함을 말한 것이다. 戾도 또한 죄이다. 杲에게 높은 품계로 옮기기를 구함으로서 죄를 더하지 말도록 훈계하고, 또한 그에게 깊이 스스로 거두어 피하게 하고자 한 것이다. 畢竟은 끝이며, 대개 부귀는 無常하여 끝까지 믿기에는 부족한 것이다.」

物盛則必衰요 有隆還有替니 速成不堅牢하고 亟走多顚躓하나니라 灼灼園中花는 早發還先萎요 遲遲澗畔松은 鬱鬱含晩翠라 賦命有疾徐하니 靑雲難力致라 寄語謝諸郎하노니 躁進徒爲耳니라. (躓＝지)

〖解說〗「만물은 번성하면 반드시 쇠퇴하게 되고 일어남이 있으면 도로 폐함이 있나니 빨리 이룬 것은 견고(堅固)하지 못하고, 빨리 달리면 엎드러지는 일이 많은 것이다. 곱게 빛나는 정원 속의 꽃은 일찍 피면 도로 먼저 시들고, 더디고 더딘 시냇가의 소나무는 울창하여 늦도록 푸르름을 머금는다. 부여받은 운명이 빠르고 더딤이 정하여져 있으니 청운(靑雲)은 사람의 힘으로 이루기는 어렵다. 말을 붙여 제군에게 거절하나니 조급히 승진하려 함은 부질없는 짓일 뿐이니라.」 하였다.

〔集說〕 陳氏曰 隆 興也 替 廢也 亟 急也 顚躓 蹉跌也 萎 枯也 疾 速也 徐 遲也 靑雲 比名位之高顯也 躁 急也 徒 空也.

【註解】 진씨(陳氏) 이르기를 「隆은 일어나는 것이고, 替는 폐하는 것이다. 亟은 급한 것이고, 顚躓는 미끄러져서 넘어지는 것이다. 萎는 마르는 것이다. 疾은 빠른 것이다. 徐는 더딘 것이다. 靑雲은 이름과 지위가 높게 드러나는 것을 비유한 것이다. 躁는 급한 것이다. 徒는 헛된 것이다.」 했다. ○ 謝는 고하다(告也)이다.

○康節邵先生이 誡子孫曰 上品之人은 不敎而善하고 中品之人은 敎而後善하고 下品之人은 敎亦不善하나니 不敎而善은 非聖而何며 敎而後善은 非賢而何며 敎亦不善은 非愚而何오.

〖解說〗 강절 소 선생(康節邵先生)이 자손을 경계하여 말하기를 「상품에

속하는 사람은 가르치지 않아도 착하고, 중품에 속하는 사람은 가르친 뒤에 착하고, 하품에 속하는 사람은 가르쳐도 또한 착하지 못하나니, 가르치지 않아도 착한 것이 성인이 아니고 무엇이며, 가르친 뒤에 착한 것이 현인(賢人)이 아니고 무엇이며, 가르쳐도 또한 착하지 못한 것이 우인(愚人)이 아니고 무엇이겠는가?」

〔集解〕 先生 名雍 字堯夫 康節 諡也河南人 熊氏曰 不教而善 生而知之者也 教而後善 學而知之者也 教亦不善 困而不學者也.

【註解】 선생의 이름은 옹이고, 字는 요부이고 康節은 시호이니 하남 사람이다. 웅씨(熊氏) 이르기를 「가르치지 않아도 善하면 나면서부터 아는 사람(←聖人)이고, 가르친 후에 善하면 배워서 아는 사람(←賢人)이며, 가르쳐도 不善하면 불통(不通)해도 배우지 않는 사람(←下愚)이다.」고 했다. ○ 困은 不通也(←論語에 季氏의 「困而學之」에서 困謂有所不通也라 했다.)

| 是知善也者는 吉之謂也요 不善也者는 凶之謂也니라. |
|---|

〖解說〗 이에 선(善)이란 것은 길(吉)함을 말함이고, 불선(不善)이란 것은 흉(凶)함을 말하는 것이라는 것을 알 것이니라.

〔增註〕 爲善者 爲吉人 爲惡者 爲凶人.

【註解】 爲善者를 吉人이라 하고, 爲惡者를 凶人이라 한다.

| 吉也者는 目不觀非禮之色하며 耳不聽非禮之聲하며 口不道非禮之言하며 足不踐非禮之地하여 人非善不交하며 物非義不取하며 親賢을 如就芝蘭하며 避惡을 如畏蛇蠍하나니 或曰不謂之吉人이라도 則吾不信也하리라. (蠍=갈) |
|---|

〖解說〗 길(吉)한 사람은 눈으로 예(禮)가 아닌 빛을 보지 않으며, 귀로 예가 아닌 소리를 듣지 않으며, 입으로 예가 아닌 말을 말하지 않으며, 발로 예가 아닌 땅을 밟지 않아서, 사람이 선(善)하지 않으면 사귀지 않으며, 재물(財物)이 의롭지 않으면 취하지 않으며, 현인(賢人)을 친하기를 지초(芝草)와 난초(蘭草)에 나아가듯이 하며, 악인(惡人)을 피하기를 뱀이나 전갈을 두려워하는 것처럼 할 것이니 어떤 사람이 말하기를「길(吉)한 사람이라고 말하지 않더라도 곧 나는 그 말을 믿지 않을 것이니라.」하였다.

〔增註〕 此一節 言爲善者 爲吉人.

【註解】 이 한 절은 爲善者는 吉人이 됨을 말한 것이다.

> 凶也者는 語言이 詭譎하며 動止陰險하며 好利飾非하며 貪淫樂禍하여 疾良善如讎隙하며 犯刑憲如飮食하여 小則隕身滅性하고 大則覆宗絶嗣하나니 或曰 不謂之凶人이라도 則吾不信也하리라.
> (樂=락)

〖解說〗 흉(凶)한 사람은 말이 궤휼(詭譎)하며, 행동거지(行動擧止)가 음험(陰險)하며, 이익을 좋아하고 그릇된 것을 꾸미며, 음탕한 것을 탐내고 장차 화난(禍難)을 초래(招來)할 일을 즐기어 선량(善良)한 사람을 원수같이 미워하며, 형벌과 법 범하기를 밥먹듯이 하여 작으면 몸을 몰락시키고 생명을 멸(滅)하고, 크면 종족(宗族)을 복멸(覆滅)시키고 후사(後嗣)를 단절(斷絶)시키나니. 어떤 사람이 말하기를「흉(凶)한 사람이라고 말하지 않더라도 곧 나는 그 말을 믿지 않을 것이니라.」하였다.

〔增註〕 此一節 言爲惡者 爲凶人.

【註解】 이 한 절은 爲惡者는 凶人이 됨을 말한 것이다.

傳에 有之하니 曰 吉人은 爲善하되 惟日不足이어든 凶人은 爲不善하되 亦惟日不足이라 하니 汝等은 欲爲吉人乎아 欲爲凶人乎아.

〖解說〗 전(傳)에 이것이 있나니 말하기를 「길인(吉人)은 선(善)한 일을 하되 오직 날을 부족하게 여기거든, 흉인(凶人)은 불선(不善)한 일을 하되 또한 오직 날을 부족하게 여긴다.」하니, 너희들은 길인(吉人)이 되고자 하는가? 흉인(凶人)이 되고자 하는가?」하였다.

〔集解〕 吉人爲善以下四句 今見書 泰誓篇 惟日不足 言終日爲之 而猶以爲不足也 上旣歷陳善惡吉凶禍福之明驗 終篇則使其自擇而取舍之 其警之也 深矣.

【註解】「吉人爲善이하의 四句는 지금에 書經의 泰誓篇에 보인다. 惟日不足은 終日토록 하여도 오히려 부족하게 생각되는 것을 말한 것이다. 위에서 이미 善惡·吉凶·禍福의 명백한 징험(徵驗)을 역력(歷歷)히 진술(陳述)하고 終篇에서는 그 스스로 선택시켜 이것을 取舍하여 그가 이것을 경계시킨 것이 깊도다.」 하였다. ○ 賢人의 글을 傳이라 한다.

○ 節孝徐先生이 訓學者曰 諸君이 欲爲君子而使勞己之力하며 費己之財인데 如此而不爲君子는 猶可也어니와 不勞己之力하며 不費己之財어늘 諸君은 何不爲君子오 鄕人이 賤之하고 父母惡之인데 如此而不爲君子는 猶可也어니와 父母欲之하고 鄕人이 榮之어늘 諸君은 何不爲君子오.

〖解說〗 절효 서 선생(節孝徐先生)이 배우는 자에게 훈계하여 말하기를 「제군들이 군자가 되고자 하는 데에 자신의 힘을 수고롭게 해야 하며, 자신의 재물을 소비해야 할진대 이와 같이 하여 군자가 되지 않겠다는 것은 오히려 있을 수 있는 일이거니와 자신의 힘을 수고롭게 하지

않으며 자신의 재물도 소비하지 않거늘, 제군은 어찌하여 군자가 되려고 하지 않는가? 마을 사람들이 천하게 여기고 부모가 미워할진대, 이와 같이 하여 군자가 되지 않겠다는 것은 오히려 있을 수 있는 일이거니와, 부모가 제군이 군자되기를 원하고 마을 사람들이 제군이 군자되는 것을 영광스럽게 여기거늘 제군은 어찌하여 군자가 되려고 하지 않는가?」 하였다.

〔**集解**〕 先生 名績 字仲車 節孝 謚也 山陽人.

【**註解**】 선생의 이름은 績이고 자는 仲車이며 節孝는 시호이니 山陽 사람이다.

又曰 言其所善하며 行其所善하며 思其所善이면 如此而不爲君子未之有也오 言其不善하며 行其不善하며 思其不善이면 如此而不爲小人이 未之有也니라.

〚**解說**〛 또 말하기를 「그 착한 것을 말하며, 그 착한 일을 실행하며, 그 착한 것을 생각하면 이와 같이 하고도 군자가 되지 못한 이는 아직 없을 것이고, 그 착하지 않은 것을 말하며, 그 착하지 않은 일을 실행하며, 그 착하지 않은 것을 생각하면 이와 같이 하고도 소인이 되지 않는 이는 아직 없을 것이니라.」 하였다.

〔**集解**〕 君子 小人之分 在乎口之所言, 身之所行 心之所思而已 言行見乎外, 心思 存乎中 三者 皆善 則爲君子也, 必矣 三者 皆不善 則豈不爲小人哉.

【**註解**】 君子와 小人의 분별은 입으로 말하는 것과 몸으로 실행하는 것과 마음으로 생각하는 것에 있을 뿐이다. 말과 행실은 겉에 나타나는 것이고, 마음으로 생각하는 것은 속에 있나니, 세 가지 것이 다 착하면 군자가 되는 것은 필연적(必然的)인 것이다. 세 가지 것이 다 착하지

못하면 어찌 소인이 되지 않겠는가?

○胡文定公이 與子書曰 立志를 以明道希文으로 自期待하며,

〖解說〗 호 문정공(胡文定公)이 아들에게 준 글에 말하기를 「뜻을 세움을 정명도(程明道)와 범희문(范希文)처럼 되기를 스스로 기대하며,」

〔集解〕 公 名安國 字康侯 文定 謚也 建安人 三子 寅 字明仲 寧 字和仲 宏 字仁仲 明道 程純公也 朱子 稱其十四五歲 便學聖人 鄒文公浩 稱其得志 能使萬物 各得其所 藍田呂氏 稱其自任之重 寧學聖人而未至 不欲以一善 成名 寧以一物不被澤 爲己病 不欲以一時之利 爲己功 此 明道之志 希文范文正公也 朱子稱其自做秀才時 其志 便以天下 爲己任 歐陽文忠公 稱其少有大節 於富貴 貧賤毁譽 歡戚 無一動其心 嘗曰 士當先天下之憂而憂 後天下之樂而樂 此 文正公之志也 宜乎胡公敎子立志 以二公 自期待焉.

【註解】 公의 이름은 安國이고, 字는 康侯이고, 文定은 시호이니 建安 사람이다.

아들이 셋인데 寅은 字가 明仲이고, 寧은 字가 和仲이고, 宏은 字가 仁仲이다. 明道는 程純公이다. 朱子는 그가(←程明道) 十四·五세 때부터 문득 성인(聖人)을 배웠다고 말하였고, 鄒文忠公 浩는 그가(←程明道) 뜻을 얻어 능히 만물로 하여금 각각 제 자리를 얻게 하였다고 말했으며, 藍田 呂氏는 그가(←程明道) 自任함이 무거워 차라리 聖人 되기를 배워서 이르지 못하더라도 한 가지 善한 것으로써 이름을 이루려고 하지 않았고, 차라리 한 사물이라도 은택이 입혀지지 않으면 자기의 병으로 삼을지언정 한 때의 이익으로써 자기의 공으로 삼지 않으려고 했음을 말하여 이것이 明道선생의 뜻이다 하였다.

希文은 范文正公이다. 朱子는 그가(←范希文) 秀才라고 간주(看做)한 때부터 그 뜻은 곧 천하로써 자기의 임무로 생각하였다고 말하였고, 歐陽文忠公은 그가 젊어서 大節이 있어 富貴·貧賤·毁譽·歡戚에 한

번도 그 마음을 움직임이 없었다. 일찍이 말하기를「선비는 마땅히 천하가 근심하기 전에 먼저 자신이 근심해야 하고, 천하가 즐거워한 뒤에 자신이 즐겨야 한다.」하였다. 이것이 文正公의 뜻이다. 마땅히 胡文正公이 자제에게 立志를 가르치는데 二公으로써 스스로 기대케 한 것이다.

| 立心을 以忠信不欺로 爲主本하며, |
|---|

〖解說〗 마음 세우기를 성실하고 믿음성 있으며 속이지 않는 것으로써 주된 근본을 삼으며.

〔集說〕 陳氏曰 心者 身之主也 不欺 即忠信之謂 人不忠信 則事皆無實 爲惡則易 爲善則難 故 立心 必以是 爲主本焉.

**【註解】** 진씨(陳氏) 이르기를「마음은 몸의 으뜸이고 不欺는 곧 忠信을 말하는 것으로 사람이 忠信이 없으면 일이 다 실지가 없으며, 악하기는 쉽고 선하기는 어렵기때문에 마음을 세우는 것은 반드시 이로써 주된 근본으로 삼을 것이다.」

| 行己를 以端莊淸愼으로 見操執하며, |
|---|

〖解說〗 몸으로 실행하기를 단정하고 장중하고 청렴하고 근신(謹愼)하는 것으로써 (자신의 마음을) 지키는 것을 보이며.

〔增註〕 操・執 皆守也 端・正・肅・莊・淸白, 謹愼 惟有守者 能之.

**【註解】** 操와 執은 다 지키는 것이다. 단정・정직・엄숙・장중・청백・근신은 오직 지킬 수 있는 자는 잘 지킨다.

| 臨事에 以明敏果斷으로 辨是非하며, |
|---|

⟦解說⟧ 일을 임(臨)하는 데에 명민(明敏)하고 과단(果斷)함으로써 옳고 그른 것을 판단하여,

〔集說〕 熊氏曰 事有是非 惟明敏 可以立見 惟果斷 可以早決.

**【註解】** 웅씨(熊氏) 이르기를「일에는 옳고 그름이 있나니 오직 총명하고 민첩하여 立身함을 드러내며 오직 용기 있게 결단하여 일찍 결정할 수 있다.」하였다.

| 謹三尺하여 考求立法之意而操縱之하면 斯可爲政이 不在人後矣리라. |
|---|

⟦解說⟧ 또 법의 시행을 조심하여 입법(立法)의 뜻을 상고하여 그 취지에 맞도록 운용한다면 이에 정치를 할 수 있는 것이 남에게 뒤지지 않을 것이리라.

〔增註〕 此 言爲政之方 操縱 謂本法意原人情 而適寬嚴之宜也. 〔集解〕 三尺, 古者 以三尺竹簡 書法律 故稱法律 爲三尺.

**【註解】** 이는 정치를 하는 방법을 말한 것이다. 조종(操縱)이란 법의 취지에 근거하고 인정에 근원하여 관대하고 엄격한 것을 알맞게 하는 것이 마땅함을 말한다. (集解)에 三尺이란 옛날에 석 자 되는 竹簡으로써 거기에다 법률을 썼기 때문에 법률을 일컬어 삼척(三尺)이라 한 것이다.

| 汝勉之哉어다 治心修身을 以飮食男女로 爲切要니 從古聖 |
|---|

| 賢이 自這裏做工夫하시니 其可忽乎아. |
|---|

〖解說〗「너희들은 힘쓸지어다. 마음을 다스리고 몸을 수양하는 것을 음식과 남녀 관계로써 절실하고 요긴한 것으로 삼나니, 예전부터 성현(聖賢)들도 이것에 대하여 공부를 하였으니 그것을 소홀히 할 수 있겠는가?」 하였다.

〔增註〕 飮食·男女 人之大欲 存焉 一念之偏 不能自克 則陷其身於惡而不可振矣, 故 治心修身 必以是 爲切要 古之聖賢 如禹之菲飮食 湯之不邇聲色 皆從此 做工夫者也.

【註解】 음식이나 남녀는 사람의 大欲이 있다. 한 가지 생각에 치우치면 스스로 극복할 수 없다. 곧 그 몸이 나쁜 데에 빠져서 떨칠 수가 없다. 그러므로 마음을 다스리고 몸을 수양하는 것이 반드시 이로써 절실하게 요긴한 것이다. 옛날의 聖賢도 이를테면 禹임금이 자신의 음식을 菲薄하게 하고, 湯임금이 음악과 여색(女色)을 가까이 하지 않았던 것처럼 모두 이를 따라 공부를 했던 것이다. ○ 這裏는 저 속이라는 말로 食色의 일에 관하여라는 뜻.

| ○ 古靈陳先生이 爲仙居令하여 敎其民曰 爲吾民者는 父義母慈하며 兄友弟恭하며 子孝하며 夫婦有恩하며 男女有別하며 子弟有學하며 鄕閭有禮하며 貧窮患難에 親戚이 相救하며 婚姻死喪에 隣保相助하며 無墮農業하며 無作盜賊하며 無學賭博하며 無好爭訟하며 無以惡陵善하며 無以富呑貧하며 行者讓路하며 耕者讓畔하며 斑白者不負戴於道路하며 則爲禮義之俗矣리라. |
|---|

〖解說〗 고령 진 선생(古靈陳先生)은 선거(仙居)고을의 원이 되어 그 고을의 백성들에게 말하기를「나의 관하에 백성이 된 자들은 아버지는

의롭고 어머니는 자애스러워야 하며, 형은 우애하고 아우는 공순하며, 부부사이에 은애(恩愛)가 있으며 남자와 여자는 분별이 있어야 하며, 자제(子弟)들은 배움이 있어야 하며, 마을에는 예의가 있어야 하며, 빈궁과 환난에는 친척들이 서로 구제해야 하며, 혼인과 초상에는 이웃들이 서로 부조(扶助)해야 하며, 농업을 게을리 말며, 도둑질을 하지 말며, 도박을 배우지 말며, 다투고 소송하는 일을 좋아하지 말며, 악으로써 선을 업신여기지 말며, 부자로써 가난한 사람을 병탄(併呑)하지 말며, 길을 가는 사람은 길을 서로 양보하며, 밭을 가는 이는 경계를 서로 양보하며, 머리가 반쯤 희어진 중늙은이가 길에서 지고 이고 다니는 일이 없으면 예의가 있는 풍속이 될 것이니라.」 하였다.

〔集說〕 陳氏曰 古靈 地名 在福州 先生 名襄 字述古 仙居 台州屬邑 義 謂能正其家 有恩 謂貧窮相守 若棄妻不養 夫亡改嫁 是無恩也 有禮 謂歲時相往來 及燕飮叙齒之類 患難 謂水火盜賊之類 墮廢墜也 賭博財也 博 局戲也 陵 侵欺也 呑 兼幷也 讓路 謂少避長 輕避重之類 讓畔 謂地有界畔 不相侵奪也 朱子曰 古靈 諭俗一文 平正簡易 許多事 都說盡 可見他一箇大胸襟 包得許多也.

【註解】 진씨(陳氏) 이르기를 「古靈은 地名이며 福州에 있다. 선생의 이름은 襄이고, 字는 述古이다. 仙居는 台州에 속한 읍이다. 義는 그 집안을 잘 바로잡아야 함을 말한다. 有恩은 가난하고 궁핍함에 서로 보살핌을 말한다. 만일에 妻를 버려 양육하지 않고 남편이 죽자 改家하는 이런 것은 은혜가 없음이다. 有禮는 해마다 때에 서로 왕래하고, 또 잔치에서 마시는데 나이로 차서를 짓는 따위를 말한다. 患難은 수재·화재·도적 따위를 말한다. 墮는 무너져 떨어지는 것이다.(←惰와 相通하는 뜻으로 봐서 게으름이라고 해야 타당할 것임) 賭博은 재물을 가지고 내기하는 것이고, 博은 장기(또는 바둑) 놀음이다. 陵은 침범하고 속이는 것이다. 呑은 겸하여 아우르는 것이다. 讓路는 젊은 이가 어른을 피하고 가벼운 짐을 짊어진자가 무거운 짐을 진자에게 길을 피해 주는 따위를 말한다. 讓畔은 땅에 경계 두둑이 있어서 서로 침해하여 빼앗지 않는 것을 말한다.」

주자(朱子) 이르기를 「古靈이 俗人을 깨우치는 이 一文은 내용이 공평무사하고 문장이 簡易하나 많은 일을 모두 다 설명하여 다른 하나의 커다란 가슴 속을 볼 수 있어 포괄된 많은 것을 얻을 수 있다.」 하였다. ○ 上은 廣立教라.

○ 위는 立教篇을 넓힌 것이다.

廣明倫(1장~41장)

| 司馬溫公이 曰 凡諸卑幼事無大小히 毋得專行하고 必咨稟於家長이니라. |
|---|

〖解說〗 사마온공(司馬溫公)이 말하기를 「모든 여러 낮은 자와 나이 어린 집안의 사람은 일의 크고 작음을 막론하고 제 마음대로 전행(專行)하지 말고 반드시 집안의 어른에게 여쭈어 물어보아야 한다.」 하였다.

〔集解〕 陳氏曰 公 姓司馬 名光 字君實 陝州 夏縣人 贈溫國公 謚文正 咨 謀也.

【註解】 진씨(陳氏) 이르기를 「公의 姓은 司馬이고, 이름은 光이며, 字는 君實이고, 陝州의 夏縣사람이니, 溫國公을 주었고 謚號는 文正이다. 咨는 모의하는 것이다.」

| ○凡子受父母之命에 必籍記而佩之하여 時省而速行之하고 事畢則返命焉이니라. ((省=성) |
|---|

〖解說〗 무릇 자식이 부모의 명령을 받거든 반드시 치부책에 기록하고 그것을 차고 때때로 살펴보아서 속히 실행하고, 일이 끝나면 반드시 복명(復命)할 것이다.

〔增註〕 籍 簿也 佩 謂服於身 省 察也 視也. 〔集解〕 返命 復命也.

【註解】 籍은 치부책이다. 佩는 몸에 차는 것을 말한다. 省은 살펴보고 돌아보는 것이다. 집해에 返命은 復命하는 것이다.

或所命이 有不可行者則和色柔聲하여 具是非利害而白之하여 待父母之許然後에 改之하고 若不許라도 苟於事에 無大害者어든 亦當曲從이니 若以父母之命으로 爲非而直行己志하면 雖所執이 皆是라도 猶爲不順之子니 况未必是乎아.

〖解說〗 혹 부모가 명령한 것이 실행할 수 없는 것이 있으면 안색(顔色)을 온화하게 하고 말소리를 부드럽게 하여 옳고 그르고 이롭고 해되는 점을 구체적으로 의견을 사뢰어 부모의 허락을 기다렸다가 허락을 받은 연후에 고치고, 만일 허락하지 않더라도 진실로 일에 큰 해가 없는 것이거든 또한 마땅히 자신의 의사를 굽혀서 따라야 할 것이니, 만일 부모의 명령으로써 그르다고 하여 바로 자기의 뜻대로 실행한다면 비록 집행하는 바가 다 옳다고 하더라도 오히려 불순(不順)한 아들이 될 것이니 하물며 아직 반드시 자신의 의견이 옳지 않을 경우에 있어서랴!

〔增註〕 備陳是非利害之兩端 而稟白之 欲父母自喩也.

【註解】 是非와 利害의 兩端을 갖추어 진술하여 아룀은 부모에게 스스로 깨우치도록 하고자 함이다.

○橫渠先生이 曰 舜之事親에 有不悅者는 爲父頑母嚚하여 不近人情이니 若中人之性이 其愛惡若無害理어든 必姑順之니라. (嚚＝은)

〖解說〗 횡거(橫渠)선생이 말하기를 「순(舜)이 도리를 다하여 부모를 섬겼는데 부모가 기뻐하지 않은 것이 있었던 것은 아버지는 완악(頑惡)

하고 어머니는 어리석어서 사람의 심정에 가깝지 않았기 때문이니 만일 부모가 중인(中人→보통 사람)의 성품을 지닌 사람으로서 그의 사랑하고 미워함이 만일 사리(事理)에 해롭지 않거든 반드시 잠시 그대로 순종할 것이다.」

〖集解〗 舜 盡事親之道 宜得親之悅矣, 而親 猶不悅者 爲其頑嚚 不近人情也 然 舜 克諧以孝 終至瞽瞍底豫 況中人之性者 人子 可不姑順從以悅其心乎. (瞽＝고, 瞍＝수)

**【註解】** 순(舜)이 부모를 극진히 섬긴 도리는 마땅히 부모의 기쁨을 얻었어야 할 것이다. 그러나 부모가 오히려 기뻐하지 않은 것은 부모가 완악하고 어리석어서 사람의 心情에 가깝지 않았기 때문이다. 그러나 순은 능히 효도로써 화합하여 마침내 아버지 瞽瞍도 기뻐하기에 도달하였으니 하물며 中人의 성품을 가진 사람의 자식으로 잠시 순종하지 않을 수 있다면 이로써 그 마음이 기쁘겠는가? ○ 中人之性은 上品인 聖賢도 아니고, 下品인 下愚도 아닌 中品 정도의 人品을 지닌 사람. 보통사람.

| 若親之故舊所喜를 當極力招致하며 賓客之奉을 當極力營辦하여 務以悅親爲事오 不可計家之有無니라 然이나 又須使之不知其勉强勞苦니 苟使見其爲而不易 則亦不安矣리라. |
|---|

〖解說〗「만일 부모가 옛친구를 좋아하는 이를 마땅히 극력(極力) 초청(招請)하며 빈객을 받들을 주효(酒肴) 따위를 마땅히 극력 마련하여 힘써 부모를 기쁘게 함으로써 일을 삼고 집에 있고 없고를 계산하여서는 안되니라. 그러나 또 모름지기 부모로 하여금 그 힘써 수고함을 알지 못하게 해야 하나니, 진실로 부모로 하여금 아들의 하는 일이 쉽지 않다는 것을 보게 만들면 또한 편안하지 않을 것이다.」 하였다.

〖集解〗 故舊所喜 謂親之故舊中所喜者 賓客之奉 謂酒殽之類.

**【註解】** 故舊所喜는 부모의 옛 친구 중에 좋아하셨던 사람을 말한다. 賓客之奉은 술과 안주 따위를 말한다. ○ 營辨은 마련함. 장만함. ○ 勉强은 무리하는 것. 억지로 애써서 하는 것.

| ○羅仲素論瞽瞍底豫而天下之爲父子者定하여 云 只爲天下에 無不是底父母라 하여늘. (底＝지) |
|---|

〖解說〗 나중소(羅仲素)가 「고수(瞽瞍)가 기뻐하기에 이르니 천하의 아버지와 아들된 자가 각기 자기의 마땅한 도리에 안정하게 되었다.」한 맹자의 말을 논평하여 이르기를 「다만 천하에 옳지 않은 부모는 없기 때문이다.」 하거늘.

〔集說〕 陳氏曰 仲素 名從彦 豫章人 底 致也 豫 悦樂也, 定者 子孝父慈 各止其所 而無不安其位之意也 孟子 嘗曰 舜 盡事親之道 而瞽瞍底豫 瞽瞍底豫而天下之爲父子者 定 羅氏讀之而謂 云只爲天下 無不是底父母 蓋孝子之心 與親爲一 凡親之過 皆己之進 自不見父母 有不是處.

**【註解】** 진씨(陳氏) 이르기를 「仲素의 이름은 종언이며 豫章사람이다. 底는 이르름이다. 豫는 기뻐함이다. 定이란 것은 자식이 효도하고 부모가 자애하여 각각 제자리에 머물러 그 위치에 편안하지 않음이 없는 뜻이다.」孟子는 일찍이 말하기를 「순은 부모 섬기는 도리를 극진히 하여 瞽瞍가 기뻐함에 이르렀고 瞽瞍가 기뻐함에 이르자 天下에 아버지와 아들된 사람들이 안정되었다.」 하였다. 羅氏는 이를 읽고 이르기를 「다만 天下에 옳지 않은 부모가 없기 때문이다.」고 이르고「대개 효자의 마음은 부모와 하나가 된다. 무릇 부모의 과실이 다 자기의 과실이니 스스로 부모에게 옳지 않은 곳이 있음을 드러내지 않는다.」 하였다.

| 了翁이 聞而善之曰唯如此而後에야 天下之爲父子者定이니 |
|---|

| 彼臣弑其君하며 子弑其父는 常始於見其有不是處耳니라. |
|---|

〖解說〗 요옹(了翁)이 말을 듣고 옳게 여겨 말하기를「오직 이와 같이 한 후에야 천하의 아버지와 아들된 자가 마땅한 도리가 정하여 질 것이니 저 신하가 임금을 시해(弑害)하며, 자식이 그의 아버지를 시해하는 패륜(悖倫)한 일은 항상 그 옳지 않은 곳이 있음을 보는 데에서부터 비롯될 뿐이니라.」하였다.

〔集說〕 陳氏曰 了翁 陳忠肅公也 了翁 聞羅氏言 又推其極而言之 蓋臣子弑逆 常起於一念之差 以君父所爲 不是也 若知天下 無不是底君父 惡有弑逆之事哉 眞氏曰 罪己而不非其親者 仁人孝子之心也 怨親而不反諸己者 亂臣賊子之心也.

【註解】 진씨(陳氏) 이르기를「了翁은 陳忠肅公이다. 了翁은 羅氏의 말을 듣고 또한 그 극단(極端)을 미루어 말했다. 대개 신하와 자식이 임금이나 아버지를 시해하거나 반역함은 항상 한 생각의 차이에서 기인하니 임금이나 아버지로써 하는 바를 옳지 않게 생각하기 때문이다. 만약 천하 사람들이 옳지 않은 임금이나 아버지가 없음을 안다면 어찌 시해나 반역을 하는 일이 있겠는가?」하였다. 진씨(眞氏) 이르기를「자기에게 罪를 돌리고 그 부모를 그릇되게 여기지 않음은 어진 사람과 효성스런 자식의 마음이니 부모를 원망하면서 자신을 반성하지 않는 것은 亂臣과 賊子의 마음이다.」하였다.

| ○伊川先生이 曰 病臥於床하여 委之庸醫를 比之不慈不孝니 事親者亦不可不知醫니라. |
|---|

〖解說〗 이천(伊川)선생이 말하기를「병들어 자리에 누워서 용렬한 의사에게 맡겨두는 것을 비유하자면 부모가 자식을 자애하지 않는 것같고, 자식이 부모에게 효도하지 않는 것과 같나니 부모를 섬기는 자는 또한 의술(醫術)을 알지 않을 수 없을 것이다.」하였다.

〔集說〕 陳氏曰 委 猶付託也 夫病 死生所係 而委之庸醫 未有不致害者也 故 子 有疾而委之庸醫 比之不慈 親 有疾而委之庸醫 比之不孝 子能知醫 則可以養親 故 曰 事親者 亦不可不知醫.

【註解】 진씨(陳氏) 이르기를 「委는 付託하는 것과 같은 것이다. 대저 병은 죽고 사는 바에 관계되는데 의술이 용렬한 의원에게 맡기어 지금껏 해를 입지 않은 사람이 없다. 그러므로 자식이 병이 있는데 의술이 용렬한 의원에게 부탁한다는 것은 비유하면 부모가 자식을 慈愛하지 않는 것과 같고, 부모가 병이 있는데 의술이 용렬한 의원에게 부탁한다는 것은 비유하면 자식이 부모에게 효도하지 않는 것과 같다. 자식이 의술을 잘 안다면 이로써 부모를 봉양할 수 있을 것이다.」 그러므로 말하기를 「부모를 섬기는 자는 또한 의술도 알지 않을 수 없다.」 고 하였다.

| ○橫渠先生이 嘗曰 事親奉祭를 豈可使人爲之리오. |
|---|

〖解說〗 횡거(橫渠)선생이 일찍이 말하기를 「부모를 섬기고 제사를 받드는 것을 어찌 남에게 시켜 이를 할 수 있겠는가?」 하였다.

〔集說〕 陳氏曰 事父母 奉祭祀 皆當親爲之 葉氏曰 使人代爲 孝敬之心安在哉.

【註解】 진씨(陳氏) 이르기를 「부모를 섬기는 것과 제사를 받드는 것은 다 몸소 해야 할 것이다.」 하였다.

섭씨(葉氏) 이르기를 「남에게 대신 하게 하면 효성과 공경하는 마음이 어찌 있겠는가?」 하였다.

| ○伊川先生이 曰 冠昏喪祭는 禮之大者어늘 今人이 都不理會하나니 豺獺이 皆知報本이어늘 今士大夫家多忽此하여 厚於奉 |
|---|

養而薄於先祖하니 甚不可也니라. ((豺=시, 獺=달)

〖解說〗 이천(伊川)선생이 말하기를 「가관(加冠)과 혼인(婚姻)과 상사(喪事)와 제사(祭祀)는 예도(禮度)의 큰 것이어늘 지금 사람들이 도무지 이해하지 못하나니. 늦가을에 승냥이가 짐승으로 제사지내고 이른 봄에 수달이 물고기로 제사지내는 것이 다 그들도 근본을 보답하는 것을 알아서 그런 것이어늘 지금에 사대부의 집이 많이 이를 경홀(輕忽)히 하여 부모의 봉양에는 후(厚)하게 하면서 선조의 제사에는 박(薄)하게 하니 몹시 옳지 않은 일이니라.」

〖集說〗 陳氏曰 冠以責成人 昏以承宗事 喪以愼終 祭以追遠 理會 謂講而行之 孟春 獺祭魚 季秋 豺祭獸 皆有報本之意 可以人而不知獸乎 此字指報本言奉養 謂奉養其親.

【註解】 진씨(陳氏) 이르기를 「冠禮로써 成人의 책임을 지고, 婚禮로써 宗事를 承繼하고, 喪禮로써 臨終을 謹愼하고, 祭禮로써 조상을 생각하고 제사지낸다. 理會는 강구하여 실행함을 말한다. 孟春에는 수달도 물고기에게 지내는 달제어가 있고, 季秋에는 승냥이가 사냥하기에 앞서 짐승에게 지내는 시제수가 있어 짐승도 다 근본에 보답하는 뜻이 있거늘 사람으로써 짐승과 같지 않을 수가 있겠는가? 此字는 報本을 가리키는 말이고, 奉養은 그 부모를 봉양함을 말한다.」 하였다.

某嘗修六禮大略하되 家必有廟하고 廟必有主하여 月朔에 必薦新하며 時祭를 用仲月하며 冬至에 祭始祖하며 立春에 祭先祖하며 季秋에 祭禰하며 忌日에 遷主하여 祭於正寢이니 凡事死之禮를 當厚於奉生者니라. (禰=니)

〖解說〗 내가 일찍이 육례(六禮)의 대강을 수습(修習)하였는데, 집에는 반드시 사당이 있어야 하고 사당에는 반드시 신주(神主)가 있어서 매월

초하루에 반드시 새로운 재물을 올리며, 시제는 그 계절의 가운데 달을 쓰며, 동지에 시조에게 제사지내며, 입춘에 선조에게 제사지내며, 늦가을에 아버지 사당에 제사지내며, 기일(忌日)에는 신주(神主)를 옮겨서 정당(正當)에서 제사지내나니. 모든 죽은이 섬기는 예를 마땅히 산 사람을 봉양하는 것보다 후하게 할 것이다.

〔集說〕 陳氏曰 六禮 冠, 昏, 喪, 祭, 鄕飮酒 士相見之禮也 主 木主所以依神也, 新 謂新物也 禰 父廟也 遷 徙也 正寢 猶正堂也 月朔 一月之始 四時 天道之變 冬至 陽生之始 立春 物生之始 季秋 物成之始 忌日 親之死日 君子於此 必有悽愴怵惕之心 故 因之而行追遠之禮 此言祭禮之大略, 司馬溫公曰 國家 時祭, 用孟月 私家 不敢用故 當仲月 朱子曰 始祖之祭 似國家之禘 先祖之祭 似祫 古無此 伊川 以義起 某當初也 祭 後來覺得僭 今不敢祭也.

**【註解】** 진씨(陳氏) 이르기를 「六禮는 冠·昏·喪·祭·鄕飮酒·士相見의 禮이다. 主는 나무로 만든 神主로 神이 의지하는 것이다. 新은 새물건을 말하는 것이며, 禰는 아버지의 사당이고, 遷은 옮기는 것이며, 正寢은 正堂과 같은 것이다.

月朔은 한 달의 처음 곧 초하룻날이고, 四時는 天道의 變遷이며, 冬至는 陽生의 시초이고, 立春은 物生의 시초이며, 季秋는 만물이 익는 시초이다. 忌日은 부모가 돌아가신 날이므로 군자는 이날에 반드시 애통하고 두려운 마음이 있다. 그러므로 이로써 부모의 제사지내는 禮道를 행한다. 이는 祭禮의 大略이다.」 하였다.

사마온공(司馬溫公)이 이르기를 「국가는 시제를 지내는데 그 계절의 첫달로써 한다.

私家는 감히 첫달을 쓸 수 없기 때문에 마땅히 가운데 달을 쓴다. 하고 주자(朱子) 이르기를 「시조의 제사는 국가의 시조를 하늘에 配享하는 大祭인 禘祭와 흡사한 것이고, 先祖의 제사는 조상의 신주를 遷廟에 함께 모셔 제사지내는 祫祭와 흡사한데 옛날에는 이것이 없었다. 伊川이 義로써 일으켰고, 내가 처음 당한 것이다. 제사는 뒤에 오나 참람된 것이라 깨달아졌었는데 지금은 감히 금하지 못하게 되었다.」고 하였다.

人家能存得此等事數件하면 雖幼者라도 可使漸知禮義니라.

〖解說〗 사람의 집에 능히 이런 등류(等類)의 일 두어가지를 오래도록 존속하여 행한다면 비록 어린이라도 점차로 예의를 알게 할 수 있을 것이다.」 하였다.

〔增註〕 存 謂行之久而不廢也.

【註解】 存은 실행을 하여 오래도록 廢하지 않는 것을 말하는 것이다.

○司馬溫公이 曰 冠者는 成人之道也니 成人者는 將責爲人子며 爲人弟며 爲人臣이며 爲人少者之行也니 將責四者之行於人이어니 其禮를 可不重與아.

〖解說〗 사마온공(司馬溫公)이 말하기를 「관례(冠禮)라는 것은 성인(成人)이 되는 길이니 성인(成人)이라는 것은 장차 남의 아들이 되며, 남의 아우가 되며, 남의 신하가 되며, 남의 젊은이 될 행실을 책임(責任) 지우려는 것이다. 장차 이 네 가지 것의 행실을 젊은 사람에게 책임 지우려는 것이니, 그 관례(冠禮)를 중히 여기지 않을 수 있겠는가?」

〔集解〕 所謂成人者 非謂膚革 異於童穉也 將責以孝悌忠順之行也 豈不重乎哉.

【註解】 이른바 성인이란 것은 살갗이 어린이와 다름을 말하는 것이 아니다. 장차 효도·공경·충성·순종의 행실을 책임 지우려는 것이니 어찌 중하지 않겠는가?

冠禮之廢久矣니 近世以來로 人情이 尤爲輕薄하여 生子猶飮亂에 已加巾帽하고 有官者는 或爲之製公服而弄之라 過

十歲猶總角者蓋鮮矣니 彼責以四者之行인들 豈能知之리오 故로 往往에 自幼至長이 愚騃如一하니 由不知成人之道故也니라.

〖解說〗 관례(冠禮)가 폐지된 것이 오래되었으니 근세(近世)이래로 인정(人情)이 더욱 경박(輕薄)하게 되어 아들을 낳으면 오히려 젖먹을 적에 이미 건(巾)과 모(帽)를 씌우고 벼슬에 있는 이는 혹은 공복(公服)을 만들어 입혀서 희롱거리로 삼고 있다. 나이 열 살이 지나도 아직 총각차림으로 하고 있는 자는 거의 없을 것이니, 그러한 어린이에게 네 가지 행실로써 책임지운들 어찌 알 수 있겠는가? 그런 까닭에 이따금 어린 때로부터 어른이 된 때에 이르기까지 어리석고 미련하기가 한결같으니 성인(成人)의 도리를 알지 못하기 때문인 것이니라.

〔集解〕 巾帽 士庶所服者 有官 謂宋世 因父祖任朝官 或郊祀 覃恩 或遺表恩澤, 子孫 雖在襁褓 得授以官 故 製公服而戲而弄之也 鮮 少也 騃 癡也.

【註解】 巾帽는 士庶人에 所用되는 服飾인 것이다. 有官은 宋나라 적에 아버지나 할아버지가 조정 관직에 임명되어 있거나 혹 천지의 제사로 은혜를 깊이 이루었거나 혹은 죽을 임시에 작성한 表文의 恩澤으로 자손이 비록 襁褓에 있을지라도 벼슬을 제수(除授)받는다. 그러므로 公服을 지어 입혀서 희롱하는 것이다. 鮮은 적은 것이다. 騃은 어리석은 것이다.

古禮에 雖稱二十而冠하나 然이나 世俗之弊를 不可猝變이니 若敦厚好古之君子俟其子年十五以上이 能通孝經論語하여 粗知禮義之方然後에 冠之면 斯其美矣리라.

〖解說〗 고례(古禮)에 비록 二十세에 관례(冠禮)한다고 말하고 있으나 그러나 세속의 폐습(弊習)을 갑자기 변경할 수 없는 것이니 만일 돈후

(敦厚)하고 고례(古禮)를 좋아하는 군자가 그 아들의 나이 十五세 이상이 되기를 기다려서 그가 〈효경(孝經)〉과 〈논어(論語)〉에 능통(能通)하게 되어 대략 예의의 방향을 알게 된 연후에 관례(冠禮)를 한다면 그것은 참으로 아름다우리라.

〖集解〗 猝 急也 温公 以古禮 急難盡復 若子弟 年十五以上 能通孝經·論語 略知禮義然後 冠之 可也.

**【註解】** 猝은 급한 것이다. 사마온공은「古禮를 갑자기 다 회복하기는 어려우니 만약 子弟가 十五세 이상이 되어서 〈孝經〉과 〈論語〉에 能通하여 예의를 간략히라도 알게 한 然後에 冠禮를 거행하는 것이 옳다.」고 하였다.

| ○古者에 父母之喪엔 既殯하고 食粥하며 齋衰엔 疏食水飮하고 不食菜果하며. (齋=자, 衰=최, 食=사) |
|---|

〖解說〗 옛날에 부모의 상사(喪事)에는 원래 빈소(殯所)를 모시고 죽을 먹으며, 재최(齋衰)에는 빈소를 모시고 거친 밥을 먹고 물만 마시고 채소(菜蔬)와 과실을 먹지 않았으며.

〖增註〗 衰 喪服也 緝其旁及下際 曰 齋衰 言父母之喪 既殯 始食粥 若齋衰之喪 既殯 得疏食水飮 異於父母之喪也. 〔集解〕 疏食 謂以麤米爲飯 水飮 謂不食漿酪也.

**【註解】** 衰는 喪服이다. 그 가장자리 및 아랫단을 꿰맨 것을 일러서 齋衰라 한다. 부모의 喪에는 빈소를 모신 뒤에야 비로소 죽을 먹고, 만약 齋衰의 喪이면 빈소를 모신 뒤 거친밥에 물만 마신다 하니 부모의 喪과 다름을 말한 것이다. (集解)에 疏食는 거친 쌀로 만든 밥을 말한다. 水飮은 미음이나 우유도 먹지 않음을 말한 것이다.

| 父母之喪엔 旣虞卒哭하여는 疏食水飮하며 不食菜果하며 期而小祥하고 食菜果 又期而大祥하고 食醯醬하며. (醯＝혜, 醬＝장) |
|---|

〖解說〗 부모의 상사(喪事)에는 우제(虞祭)와 졸곡(卒哭)을 마치고는 거친 밥을 먹고 물만 마시며, 채소와 과실을 먹지 않으며, 기년(期年)이 되어서 소상(小祥)을 지내고 채소와 과실을 먹었으며, 또 기년(期年)이 되어서 대상(大祥)을 지내고 초와 장을 먹었으며.

〔集說〕 吳氏曰 虞 祭名 葬之日 日中而虞, 遇柔日 再虞 遇剛日 三虞 虞之爲言 安也 以魂氣無所不之故 三祭以安之 三虞後 遇剛日 曰 卒哭 自是 哀至不哭, 猶朝夕哭也 期 周年也 祥 吉也 自喪至此 凡十三月 爲初忌日也 又期而大祥, 自喪至此 凡二十五月 爲弟二忌日也 醯 醋也.

【註解】 오씨(吳氏) 이르기를「虞는 제사이름이다. 장사하는 날 대낮에 虞祭를 지내고 柔日을 만나서 두 번 째 虞祭를 지내고 剛日을 만나서 세 번 째 虞祭를 지낸다. 虞祭라 하는 말은 혼을 안정하는 것이다. 혼의 기운은 가지 않는 곳이 없음으로 세 번 虞祭를 지냄으로써 혼이 안정한다. 三虞祭를 지낸 뒤에 剛日을 만나서 지내는 제사를 일러 卒哭이라 한다. 이로 부터 슬픔에 이르러서 哭하지 않으나 아직은 아침 저녁으로 곡을 한다. 期는 一주년이고, 祥은 吉한 것이다. 初喪으로 부터 이에 이르기 까지는 무릇 十三개월로서 첫 忌日이 되는 것이며, 또 一주년이면 大祥이다. 초상으로 부터 이에 이르기 까지 무릇 二十五개월로서 두 번째 차례의 忌日이 되는 것이다. 醯는 식초이다.」하였다.

| 中月而禫하고 禫而飮醴酒하나니 始飮酒者先飮醴酒하고 始食肉者先食乾肉이니 古人이 居喪에 無敢公然食肉飮酒者하니라. |
|---|

〖解說〗 대상이 지난 뒤 한 달을 사이에 두고 담제(禫祭)를 지내고, 담제를 지내고서 단술을 마시나니 처음 술을 마시는 사람은 먼저 단

술을 마시고, 처음 고기를 먹는 사람은 먼저 말린고기를 먹는다. 옛 사람들은 상중(喪中)에 있으면서 감히 공공연(公公然)히 고기를 먹고 술을 마시는 자가 없었더니라.

〔集說〕 陳氏曰 中月 間一月也 禫 祭名 大祥之後 間一月而禫 禫者 澹澹然平安之意 自喪至此 凡二十七月 酒一宿熟曰醴 醴酒 味薄 乾肉 味澁也 始飮酒食肉而先飮醴酒 食乾肉者 以人子之心 哀情未盡 不忍遽御醇厚之味也.

【註解】 진씨(陳氏) 이르기를「中月은 한 달을 사이에 둠이다. 禫은 제사 이름인데 대상이 지난 뒤 한 달을 사이에 두고 담제를 지낸다. 禫은 담담하고 평안한 뜻이다. 초상으로 부터 담제에 이르기까지는 모두 二十七개월이다. 술을 한 번 재워서 익힌 것을 醴라 한다. 醴酒는 맛이 싱겁고 乾肉은 맛이 쩝질하다.

처음 술을 마시고 고기를 먹는데에 먼저 醴酒를 마시고 乾肉을 먹는 것은 사람의 자식된 마음으로써 슬픈 감정을 다하지 못하고 차마 갑자기 진하고 좋은 맛에 나아가지 못하는 것이다.」

○ 大祥은 초상을 치른 뒤 2년이 되는 날이고, 小祥으로부터는 꼭 1년 뒤이다.

○ 禫祭는 초상으로 부터 二十七개월인데 이 때 상주는 吉服을 입는다.

漢昌邑王이 奔昭帝之喪할새 居道上하여 不素食이어늘 霍光이 數其罪而廢之하니라.

〖解說〗 한(漢)나라의 창읍왕(昌邑王)이 소제(昭帝)의 상사(喪事)에 분상(奔喪)하였는데 도중(道中)에 있어서 고기나 생선 반찬이 없는 음식으로 하지 아니하거늘 곽광(霍光)이 그의 죄를 책하여 태후에 아뢰어 창읍왕(昌邑王)을 폐하여 해혼후(海昏侯)로 삼았니라.

〔集說〕 吳氏曰 昌邑王 名賀 霍光 字子孟 昭帝崩 無子 賀 嗣位 淫昏

無度 光 時爲大將軍 奏太后 廢賀爲海昏侯.

【註解】 오씨(吳氏) 이르기를 「昌邑王의 이름은 賀이고, 霍光의 字는 子孟이다. 昭帝가 죽고 자식이 없어 賀가 제위를 이었으나 음란하고 사리에 어두워 법도가 없었다. 光은 당시에 大將軍이 되었는데 太后에게 아뢰어 賀를 폐하여 海昏侯로 삼았다.」 하였다.

○ 素食은 蔬食과 같다. 즉 고기반찬이 없는 검소한 음식이다. ○ 數는 꾸짖다. 따지다.

| 晋阮籍이 負才放誕하여 居喪無禮어늘 何曾이 面質籍於文帝坐曰 卿은 敗俗之人이라 不可長也라 하고 因言於帝曰 公이 方以孝治天下而聽阮籍이 以重哀로 飮酒食肉於公座하니 宜擯四裔하여 無令汚染華夏라 하니라. (曾＝증) |
|---|

〖解說〗 진(晉)나라의 완적(阮籍)이 재주를 믿고 방탕(放蕩)하고 부탄(浮誕)하여 거상(居喪)하는데 무례(無禮)하거늘 하증(何曾)이 문제(文帝)가 앉았는 자리에서 완적(阮籍)을 면전에서 질책하여 말하기를 「경(卿)은 풍속을 해치는 사람이라 키울 수 없다.」하고 인하여 문제(文帝)에게 말하기를 「공(公)이 바야흐로 효도로써 천하를 다스리려 하는데 들으니 완적이 부모의 상중에 있는 몸으로 공석(公席)에서 술을 마시고 고기를 먹었다고 하니 마땅히 그를 사이(四夷)의 먼 지방에 내쫓아서 화하(華夏)를 더럽혀 물들이지 못하게 하여야 하겠습니다.」 하였니라.

〔集說〕 吳氏曰 阮籍 字嗣宗 何曾 字穎考 質 謂正言之 文帝 司馬昭也 時爲晉公 後其子武帝 立 始上尊號 卿 指籍 公 指昭也 聽 猶許也 重哀 謂親喪 擯斥也 四裔 四夷 華夏 中國也.

【註解】 오씨(吳氏) 이르기를 「阮籍의 字는 嗣宗이고, 何曾의 字는 穎考이다. 質은 바로 말함을 이른다. 文帝는 司馬昭이니 당시에 晉公이

었고, 뒤에 그 아들 武帝가 즉위하자 처음으로 尊號를 올렸다. 卿은 阮籍을 가리키고 公은 司馬昭를 가리킨다. 聽은 허용과 같다. 重哀는 부모의 喪中을 말한다. 擯은 물리침이다. 四裔는 사방의 오랑캐이고 華夏는 中國이다.」 하였다.

宋盧陵王義眞이 居武帝憂하여 使左右로 買魚肉珍羞하여 於齋內에 別立厨帳이러니 會長史劉湛이 入이어늘 因命臑酒炙車螯한대 湛이 正色曰 公이 當今에 不宜有此設이니라 義眞이 曰 旦甚寒하니 長史는 事同一家니 望不爲異하노라 酒至어늘 湛이 起曰 旣不能以禮自處하고 又不能以禮處人이라 하니라.

(湛＝침, 臑＝난, 炙＝적, 車＝거, 螯＝오)

〖解說〗 송(宋)나라 여릉왕(廬陵王) 의진(義眞)이 무제(武帝)의 상중(喪中)에 있으면서 좌우에서 모시는 자로 하여금 물고기와 육류(肉類) 진귀(珍貴)한 식품(食品)을 사오게 하여 재내(齋內)에 따로 주방(厨房)을 설치하였더니 마침 장사(長史) 유침(劉湛)이 들어오거늘 인하여 여릉왕(廬陵王)이 곧 술을 데우고 조개를 구워 오라고 명령하였는데 유침(劉湛)이 정색하여 말하기를 「공(公)이 지금에 이러한 마련이 있는 것은 옳지 못합니다.」 하였다. 의진(義眞)이 말하기를 「아침 날씨가 매우 차거우니 장사(長史)는 모든 일이 한 집안과 같은 사이니 이상하게 생각지 말기를 바란다.」고 하였다.

술이 들어오거늘 침(湛)이 일어나면서 말하기를 「공(公)은 벌써 예로써 자신을 처신치 못하고 또 예로써 남을 처신치 못하게 합니다.」 하였니라.

〔集解〕 陳氏曰 義眞 宋武帝 裕之子 居憂 即居喪 珍羞 美食 湛 字弘仁 吳氏曰 臑 當作㬉 古暖字 炙 燒也 車螯 海蛤也.

**【註解】** 진씨(陳氏) 이르기를 「義眞은 宋나라 武帝 裕의 아들이다. 居憂는 즉 居喪이다. 珍羞는 아름다운 음식이다. 湛의 字는 弘仁이다.」

하였다.

오씨(吳氏) 이르기를 「臑은 마땅히 㬉으로 해야 하니, 暖의 옛 글자이다. 炙은 굽는 것이다. 車螯는 바다 조개이다.」 하였다.

隋煬帝爲太子에 居文獻皇后喪할새 每朝에 令進二溢米 而私令外로 取肥肉脯鮓하여 置竹筒中하여 以蠟閉口하고 衣襆으로 裹而納之하더라. (煬=양, 溢=일, 鮓=자, 蠟=랍, 襆=복, 裹=과)

〖解說〗 수(隋)나라 양제(煬帝)가 태자(太子)로 되어 있을 적에 문헌황후(文獻皇后)의 상중(喪中)에 있었는데, 겉으로는 매일 아침에 두 줌의 쌀을 올리게 하고 그리고 사사로이 외부(外部)로 하여금 기름진 육류(肉類)와 포(脯)와 젓을 가져오게 하여 대나무 통 속에 넣어서 밀초로 통의 입을 밀폐(密閉)하고 옷보로 싸서 들여오게 하더라.

〔集解〕 煬帝 名廣 文獻皇后 文帝后 獨孤氏也 溢 二十四分升之一也衣襆 即今之袱也. 〔增註〕 溢 一手所握也.

【註解】 煬帝의 이름은 廣이다. 文獻皇后는 文帝의 后이니 獨孤씨이다. 溢은 一되의 二十四분의 一이다. 衣襆은 즉 오늘날의 보자기이다. 〔增註〕에 溢은 한 손에 쥐는 것이다. ○ 鮓는 절인 생선이니 자반인 것이다.

湖南楚王馬希聲이 葬其父武穆王之日에 猶食鷄臛이어늘 其官屬潘起譏之曰 昔에 阮籍이 居喪에 食蒸肫하더니 何代無賢이리오 하더라. (臛=학, 肫=돈)

〖解說〗 호남(湖南)의 초왕(楚王) 마희성(馬希聲)이 그의 아버지 무목왕(武穆王)을 장사지내는 날에 오히려 닭국을 먹거늘 그의 관속(官屬)인 반기(潘起)가 조롱하여 말하기를 「옛날에 완적(阮籍)이 상중(喪中)

에 있으면서 찐 돼지고기를 먹었다더니 어느 시대에 어진 사람이 없겠는가?」하더라.

〔集說〕 吳氏曰 五代 馬殷 據湖南長沙之地 武穆王 即 殷也 雞臛 雞肉羹也 蒸肫 蒸熟猪也 何代無賢 反辭以譏之也.

【註解】 오씨(吳氏) 이르기를「五代때 馬殷은 湖南의 長沙땅에 웅거했었다. 武穆王은 즉 殷이다. 雞臛은 닭고기국이다. 蒸肫은 쪄서 익힌 돼지고기다. 何代無賢은 말을 반문하여 조롱하는 것이다.」

| 然則五代之時에 居喪食肉者를 人이 猶以爲異事하니 是流俗之弊其來甚近也니라 今之士大夫居喪에 食肉飮酒를 無異平日하고 又相從宴集하여 靦然無愧어든 人亦恬不爲恠하나니 禮俗之壞習以爲常하니 悲夫라. (靦＝전) |
|---|

〖解說〗 그러니 오대(五代)의 시대만 하여도 상중(喪中)에 있으면서 고기를 먹는 자를 사람들이 오히려 괴이한 일로 생각하였으니 이것은 전해 내려온 풍속의 폐단이 그 유래(由來)가 매우 가까운 것이다. 지금에 사대부(士大夫)들이 상중(喪中)에 있으면서 고기먹고 술마시는 일을 평일과 다름이 없고, 또 서로 좇아 다니면서 연회를 열어 모이어 사람을 쳐다보고도 부끄러워하는 빛이 없거늘 남들도 또한 당연하게 여기고 괴이해 하는 일이 없다. 예속(禮俗)의 무너짐이 이로써 습속화(習俗化)하여 아주 당연한 일로 되어버리니 슬프다!

〔集說〕 陳氏曰 承上文潘起之譏而言, 五代 梁·唐·晋·漢·周也 靦面見人之貌, 恬 安也 恠 異也.

【註解】 진씨(陳氏) 이르기를「윗글에 潘起의 조롱을 이어서 말한 것이다. 五代는 梁·唐·晉·漢·周나라이다. 靦은 맞대놓고 사람을 보는 모습이다. 恬은 편안한 것이고, 恠는 이상함이다.」하였다.

乃至鄙野之人은 或初喪未斂에 親賓이 則齎酒饌往勞之어든 主人이 亦自備酒饌하여 相與飮啜하여 醉飽連日하고 及葬하여 亦如之하며 甚者는 初喪에 作樂以娛尸하고 及殯葬하여 則以樂導輀車而號泣隨之하며 亦有乘喪卽嫁娶者하니 噫라 習俗之難變과 愚夫之難曉乃至此乎여. (輀=이)

〚解說〛 이에 (사대부 이외의) 더욱 야비(野鄙)한 사람들에 이르러서는 혹은 초상(初喪)에 아직 염(斂←小斂·大斂)도 마치기 전에 친척(親戚)과 빈객(賓客)이 술과 안주를 가지고 가서 위로(慰勞)하면 주인도 또한 술과 안주를 마련하여 서로 함께 마시고 먹어서 취하고 배부르기를 연일(連日)하고 장사(葬事)때가 되면 또한 그와 같이 하며 심한 자는 초상(初喪)에 음악(音樂)을 연주(演奏)함으로써 시신(尸身)을 즐겁게 한다 하고 장사지낼 때에는 음악으로써 영이(靈輀)를 인도하여 소리내어 울면서 떠나가며 또한 상중(喪中)을 타서 곧 시집가고 장가드는 자가 있으니 슬프도다! 습속(習俗)의 변경하기 어려움과 우매(愚昧)한 사람을 깨우치기 어려움이 드디어 이에 이르게 되었는가.

〔集說〕 輀車 喪車也.

【註解】 輀車는 喪車(←상여)이다. ○ 鄙野之人은 야비한 사람들 즉 벼슬이 없는 일반 백성을 말한다.

凡居父母之喪者는 大祥之前에 皆未可飮酒食肉이니 若有疾이어든 暫須食飮하되 疾止어든 亦當復初니라 必若素食이 不能下咽하여 久而羸憊하여 恐成疾者는 可以肉汁及脯醢或肉少許로 助其滋味언정 不可恣食珍羞盛饌及與人燕樂이니 是則雖被衰麻나 其實은 不行喪也니라 唯五十以上에 血氣旣衰하여 必資酒肉扶養者則不必然耳니라. (咽=인, 羸=이, 憊=비, 樂=락, 衰=최)

〖解說〗 대체로 부모의 상중(喪中)에 있는 자는 대상의 전에 다 아직 술을 마시고 육류를 먹을 수 없나니, 만일 병이 있으면 잠시 모름지기 술을 마시고 육류를 먹되 병이 나으면 또한 마땅히 도로 처음대로 하여야 할 것이다. 반드시 만일 소식(素食)이 목구멍을 넘어가지 않아서 오래되어 파리하게 되고 고달퍼서 병들까 두려운 자는 고기 국물과 육포(肉脯)와 젓갈과 또는 고기를 조금씩 먹음으로써 그 자양(滋養)과 입맛을 돕게 할 수 있을 지언정 방자(放恣)하게 진수성찬(珍羞盛饌)을 차려서 먹거나 사람들과 더불어 잔치를 열어 즐겨서는 안되나니 이렇게 하면 비록 최마(衰麻)의 상복(喪服)을 입었을지라도 그 실은 상례(喪禮)를 행(行)치 않는 것이다. 오직 五十세 이상된 사람으로 혈기(血氣)가 벌써 쇠약(衰弱)하여 반드시 술과 고기의 도움으로 부양(扶養)되는 자라면 반드시 그렇지 않을 따름이니라.

〔集解〕 羸 瘦也 憊 疲也 有病瘦憊 恐致傷生故 權食肉汁 及乾脯肉醬 以助滋補 若肆意饗食珍美殽饌 及預宴席 則與無喪之人 何異哉

【註解】 羸는 파리하게 여윔이고, 憊는 피곤함이다. 병이 있어 여위고 피곤하면 생명을 상함에 이를까 두렵기 때문에 임시변통으로 고기국물 및 말린 고기 장조림을 먹어 입맛을 도와 자양(滋養)을 보충한다. 만약 제멋대로 진기하고 아름다운 고기반찬을 먹는다든지 잔치하는 자리에서 즐거워 한다면 상중(喪中)이 아닌 사람과 무엇이 다르랴?

| 其居喪에 聽樂及嫁娶者는 國有正法이라 此不復論하노라. |
|---|

〖解說〗 그 상중(喪中)에 있으면서 음악을 듣고 시집가고 장가드는 사람에 대한 나라의 바른 법률이 있는지라 여기서는 다시 거론하지 않노라.

〔增註〕 法 謂法律.

【註解】 法은 법률을 말한다.

○父母之喪에 中門外에 擇樸陋之室하고 爲丈夫喪次하고 斬衰寢苫하며 枕塊하며 不脫絰帶하며 不與人坐焉하고 婦人은 次於中門之內別室하여 撤去帷帳衾褥華麗之物이니라.
(樸=박, 丈=장, 衰=최)

〖解說〗 부모의 상중(喪中)에는 중문(中門) 밖의 꾸미지 않고, 좁으며 누추한 방을 가려서 남자의 상차(喪次)로 하고 아버지의 상(喪)인 때에는 거적자리에 자며, 흙덩이를 베며, 수질(首絰)과 띠를 벗지 아니하며, 남과 함께 상차(喪次)에 앉지 않고, 부인은 중문안의 별실에 거처하며, 휘장과 이불과 요와 같은 화려한 물건들은 철거 할 것이니라.

〔集解〕 樸 樸素 陋 隘陋 斬衰 以極麤麻布 爲之 下邊 不緝也 苫 藁薦 塊 土墼. 〔增註〕 麻在首曰 絰 在腰曰帶 撤 亦去也 皆哀痛之至 有所不安而然.

【註解】 樸은 소박이고, 陋는 좁은 것이다. 斬衰는 극히 거친 삼베로 만들고, 옷의 아랫단을 호지 않는다. 苫은 짚자리이고, 塊는 土墼이다. 〔增註〕에 머리에 쓰는 삼테를 絰이라 하고, 허리에 두르고 있는 테를 帶라 한다. 撤은 또한 제거하는 것이다. 모두 애통함이 지극하여 편안하지 못한 바가 있어서 그렇게 한다.

男子無故어든 不入中門하며 婦人이 不得輒至男子喪次니라.

〖解說〗 남자는 일이 없거든 중문안에 들어오지 아니하며, 부인은 문득 남자의 상차(喪次)에 오지 못할 것이니라.

〔增註〕 居喪 內外之辨 當然也.

【註解】 居喪中에 內外의 분별은 당연한 것이다.

晉陳壽遭父喪하여 有疾이어늘 使婢丸藥하더니 客이 往見하고 鄕黨이 以爲貶議하니 坐是沈滯하여 坎坷終身하니 嫌疑之際는 不可不愼이니라.

〖解說〗 진(晉)나라의 진수(陳壽)가 아버지의 상사(喪事)를 당하여 병이 있어서 계집종을 시켜 환약(丸藥)을 비비게 하였더니 손(客)이 가서 보고 향당(鄕黨)이 이로써 진수를 깎아서 의논하니 이로 좌죄(坐罪)되어 출세(出世)하지 못하고 침체하여져서 불우(不遇)하게 일생(一生)을 마치었다. 혐의(嫌疑)로울 즈음에는 조심하지 않을 수 없느니라.

〔集解〕 陳壽 字承祚 巴西人 貶議 謂貶抑而論議也 沈滯 淹滯也 坎坷 不遇也.

【註解】 陳壽의 字는 承祚이니 巴西사람이다. 貶議는 깎아서 억눌러 논의하는 것을 말한다. 沈滯는 머물러 막힘이고 坎坷는 불우한 것이다.

○父母之喪에 不當出이니 若爲喪事及有故하여 不得已而出則乘樸馬하고 布裹鞍轡니라. (鞍=안, 轡=비)

〖解說〗 부모의 거상중(居喪中)에는 마땅히 외출(外出)하지 않아야 하나니 만일에 상사(喪事)와 사고(事故)가 있어서 부득이 외출해야 할 적이면 소박한 말을 타고 안장과 고삐를 베로 싸야 하니라.

〔集解〕 樸馬 樸素之馬.

【註解】 樸馬는 素樸한 말이다.

○世俗이 信浮屠誑誘하여 凡有喪事에 無不供佛飯僧하여 云爲

死者하여 滅罪資福하여 使生天堂하여 受諸快樂이니 不爲者는 必入地獄하여 剉燒舂磨하여 受諸苦楚라 하나니 殊不知死者形旣朽滅하고 神亦飄散하니 雖有剉燒舂磨라도 且無所施니라 又況佛法이 未入中國之前에 人固有死而復生者하니 何故로 都無一人이 誤入地獄하여 見所謂十王者耶오 此其無有而不足信也明矣니라. (誑=광, 樂=락, 剉=좌, 復=복)

〚解說〛 세속(世俗)에서는 불가(佛家)의 속이고 유혹(誘惑)하는 말을 믿어서 대체로 상사(喪事)가 있을 적에 부처에게 공양(供養)하고 중에게 밥을 먹이지 않는 이가 없어서 이르기를 「죽은 이를 위하여 죄를 없애고 복을 도와서 천당(天堂)에 왕생(往生)하여 모든 쾌락(快樂)을 받게 하나니. 이렇게 않는 이는 반드시 지옥에 들어가서 몸이 도막쳐지고 불태워지고 방아찧어지고 갈아져서 모든 고초를 받는다.」고 하나니 특히 죽은 사람은 형체는 이미 썩어 없어지고 혼백(魂魄)도 또한 날아 흩어지니 비록 도막치고 불태우고 방아찧고 갈려고 할지라도 또 베풀 곳이 없는 것을 알지 못한다. 또 하물며 불법(佛法)이 아직 중국(中國)에 들어오기 전에 사람이 진실로 죽었다가 다시 살아난 자들이 있었으니 어째서 도무지 한 사람도 잘못 지옥에 들어가서 이른바 시왕(十王)을 보았다는 이가 없는가? 이것은 그런 것이 있지 않아서 족히 믿을 만한 것이 못된다는 게 분명(分明)한 것이니라.

〖集解〗 浮屠 釋氏也 刀剉 火燒 碓舂 磑磨 極言其苦之甚也. 〔增註〕 形 形體 神 神魂 佛法 入中國 始於漢明帝 前此之時 人死而復生者 固有矣 未嘗聞有入地獄 見十王者 以未有佛法惑人 本無天堂地獄故也 後世 有死而復生 云入地獄 見十王者 乃佛法所惑耳.

【註解】 浮屠는 釋氏이다. 도막쳐지고, 불태워지고 방아찧어지고 갈아짐은 극히 그 고통이 심한 것을 말한 것이다.

〔增註〕에 形은 형체이고, 神은 혼신이며, 불법이 중국에 들어오기는 처음 漢나라 明帝때이고, 이 때 이전에 사람이 죽었다가 다시 살아난

사람이 진실로 있었다. 그러나 아직 일찍이 지옥에 들어가서 시왕을 보았다는 사람이 있음을 들은 적이 없었다. 이로써 아직 불법을 가지고 사람을 미혹시키지 못한 것은 본래 천당이나 지옥이 없기 때문이다. 후세에 죽었다가 다시 살아난 이 있어 이르기를「지옥에 들어가 시왕을 보았다.」하여 드디어 佛法이 사람을 미혹케 하였을 뿐이다.

○顔氏家訓에 曰 吾家巫覡符章을 絶於言議는 汝曹所見이니 勿爲妖妄하라. (覡＝격)

〖解說〗 안씨가훈(顔氏家訓)에 말하기를「우리 집에서는 무당과 박수와 부적 따위를 말하는 일도 논의하는 일도 없는 것은 너희들이 보는 바와 같나니. 너희들도 그와 같이 요괴스럽고 망녕된 짓 하지 말아라.」하였다.

〔集說〕 陳氏曰 顔氏 名之推 北朝人 作家訓 巫 女巫 覡 男巫 符章 即書符拜章之術 皆妖怪妄誕之事也.

【註解】 진씨(陳氏) 이르기를「顔씨의 이름은 之推이고, 北朝때 사람이니, 家訓을 지었다. 巫는 여자무당이고, 覡은 남자무당이고, 符章은 곧 부적을 써서 그 글에 절하는 주술이니 모두 요사하고 괴이하고 망령되고 허탄한 일이다.」

○伊川先生이 曰 人無父母면 生日에 當倍悲痛이니 更安忍置酒張樂하여 以爲樂이리오 若具慶者는 可矣니라. (樂＝악·락)

〖解說〗 이천(伊川)선생이 말하기를「사람이 부모가 없으면 생일(生日)에 당연히 비통(悲痛)해 하는 마음이 배나 더할 것이니 어찌 차마 술자리를 벌이고 음악을 연주하여 써 즐기려 하겠는가? 만일 부모가 다 생존하여 계신다면 그러한 사람은 자신의 생일에 그렇게 하여도

좋을 것이다.」 하였다.

〔集解〕 人子生日 思念父母鞠育之劬勞 益增悲痛 又安忍宴樂哉 具慶謂二親俱存也.

【註解】 사람의 자식이 되어 생일(生日)에는 부모가 길러 주신 노고를 생각하는 마음이 있어 한층 더 비통(悲痛)하다. 그런데 또 어찌 차마 잔치를 벌이고 음악을 연주하겠는가? 具慶은 두 분 어버이가 모두 생존해 계심을 말한다.

○ 呂氏童蒙訓에 曰 事君如事親하며 事官長如事兄하며 與同僚如家人하며 待羣吏如奴僕하며 愛百姓如妻子하며 處官事如家事然後에야 能盡吾之心이니 如有毫末不至면 皆吾心이 有所未盡也니라.

〖解說〗 여씨 동몽훈(呂氏童蒙訓)에 말하기를 「임금 섬기기를 부모 섬기듯이 하며, 관장(官長)을 섬기기를 형을 섬기듯이 하며, 동료와 함께 하기를 집안 사람처럼 하며, 여러 아전들을 대우하기를 자기집 노복(奴僕)과 같이 하며, 백성을 사랑하기를 처자(妻子)처럼 하며, 관청의 일 처리하기를 자기집 일처럼 한 뒤에야 능히 내 마음을 다했다고 할 수 있을 것이니, 만일 털끝만큼이라도 관리로써 부족한 데가 있다면 다 나의 마음이 다하지 못한 바가 있기 때문이니라.」 하였다.

〔集說〕 陳氏曰 呂氏 名本中 字居仁 宋正獻公之曾孫 作童蒙訓 盡吾之心 致其誠而已.

【註解】 진씨(陳氏) 이르기를 「呂씨의 이름은 本中이고, 字는 居仁이며, 宋나라 正獻公의 曾孫이니 〈童蒙訓〉을 지었다. 盡吾之心은 그 정성을 다할 뿐이다.」 하였다.

○或이 問簿는 佐令者也니 簿所欲爲를 令이 或不從이어든 奈何오 伊川先生이 曰 當以誠意로 動之니 今에 令與簿不和는 只是爭私意니라.

〖解說〗 어떤 사람이 묻기를 「부(簿)는 현령(縣令)을 보좌(輔佐)하는 자이니, 부(簿)가 하고자 하는 것을 현령(縣令)이 듣지 않으면 어떻게 해야 합니까?」 하였다. 이천(伊川)선생이 말하기를 「마땅히 성의(誠意)로써 현령을 감동시켜야 한다. 지금에 현령과 부가 불화(不和)하는 것은 다만 이는 사사로운 뜻으로 다투는 것이니라.」

〔集解〕 簿者 縣之佐 令者 縣之長 誠意動之者 盡誠以感之也.

【註解】 簿라는 것은 현령의 보좌관이고, 令이라는 것은 현의 우두머리이다. 誠意動之라는 것은 성실함을 다하여 감동시키는 것이다.

令은 是邑之長이니 若能以事父兄之道로 事之하여 過則歸己하고 善則惟恐不歸於令하여 積此誠意하면 豈有不動得人이리오.

〖解說〗「현령은 한 고을의 어른이니, 만일 능히 부(簿)가 그를 부형(父兄)섬기는 도리로써 섬기어 허물은 자기에게 돌리고, 좋은 일은 오직 현령에게 돌아가지 않을까 두려워하여 이러한 성의를 쌓아간다면 어찌 감동시키지 못할 사람이 있으리오?」 하였다.

〔集解〕 推事親事兄之道 以事之 又能引過於己 推功歸之 積誠之久 彼豈有不感動者乎. 〔集成〕 葉氏曰 過則歸己 善則歸令 非曰姑爲此以悅人 蓋事長之道 當如是也.

【註解】 부모를 섬기고 형을 섬기는 도리를 미루어 이로써 현령을 섬겨야 하며, 또 능히 과실을 자기에게 이끌고 功을 밀어 현령에게 돌

아가게 하여 정성을 쌓음이 오래 되면 그가 어찌 감동하지 않는 것이 있겠는가? 〔集成〕에 섭씨(葉氏) 이르기를「허물이 있으면 자신에게 돌리고 좋은 일이 있으면 현령에게 돌린다는 것은 잠시 이렇게 하여 남을 기쁘게 하라는 것이 아니다. 대개 어른을 섬기는 도리는 마땅히 이와 같아야 한다는 것이다.」하였다.

○明道先生이 曰 一命之士苟存心於愛物이면 於人에 必有所濟니라.

〖解說〗 명도(明道)선생이 말하기를「제구품(第九品)의 낮은 벼슬에 있는 조정의 선비가 진실로 물건을 사랑하는데, 마음을 두면 사람에게 반드시 혜택(惠澤)을 미치게 하는 것이 있을 것이니라.」하였다.

〔集解〕 熊氏曰 周禮 一命受職 即今之第九品也 一命 雖小 誠能以愛物爲心 則惠利 亦有以及人矣. 〔增註〕 一命 猶然 況居大位者乎.

【註解】 웅씨(熊氏) 이르기를「주(周)나라 禮에는 一命에 직책을 받는다고 하니 곧 지금에 第九品이다. 一命은 비록 작으나 진실로 능히 물건을 사랑하는 마음으로써 마음가짐을 삼는다면 은택의 이로움을 또한 이로써 사람에게 미칠 수 있을 것이다.」하였다.
〔增註〕 一命도 오히려 그런데, 하물며 대단한 지위에 있는 자이랴.

○劉安禮問臨民한대 明道先生이 曰 使民으로 各得輸其情이니라. 問御吏한데 曰 正己以格物이니라.

〖解說〗 유안례(劉安禮)가 백성 다스리는 법을 물었는데 정명도(程明道)선생이 말하기를「백성으로 하여금 각각 자신의 심정을 창달(暢達)하게 하여야 하니라」하였다. 아전들을 통솔하는 방법을 물었는데 말

하기를「자신의 몸가짐을 바르게 함으로써 남을 바로잡아야 하니라.」하였다.

〔集說〕陳氏曰 安禮 字立之 明道 弟子 輸 猶盡也 平易近民 使下情各得上達 則所以處之者 自無不當矣 御 治也 格 正也 范氏曰 未有己不正 而能正人者.

【註解】진씨(陳氏) 이르기를「安體의 字는 立之이니 明道의 제자이다. 輸는 다하는 것과 같은 것이다. 평소에 쉽게 백성들을 가까이 하여 아랫 사람들로 하여금 뜻을 각기 상달할 수 있게 하면 처신하는 바가 스스로 부당(不當)함이 없어야 한다는 것이다.」하였다. 御는 다스리는 것이고, 格은 바른 것이다. 범씨(范氏) 이르기를「자신이 바르지 않으면서 남을 바르게 할 수 있는 사람은 있지 않다.」하였다.

○伊川先生이 曰 居是邦하여 不非其大夫此理最好하니라.

〖解說〗이천(伊川)선생이 말하기를「이나라에 살면서 그 대부를 비난하지 않는 것. 이 도리가 가장 좋으니라.」하였다.

〔集說〕朱氏曰 下訕上則無忠敬之心. 不非之者 謂不議其過惡也.

【註解】주씨(朱氏) 이르기를「아랫사람이 웃사람을 헐뜯으면 충성하고 공경하는 마음이 없는 것이다. 비방하지 않는다는 것은 그 허물과 나쁨을 논의하지 않는 것을 말한다.」하였다.

○童蒙訓에 曰 當官之法이 唯有三事니 曰淸曰愼曰勤이니 知此三者則知所以持身矣리라.

〖解說〗동몽훈(童蒙訓)에 말하기를「관리가 되어서 지켜야 할 법에

오직 세 가지 일이 있으니, 그것은 청렴(淸廉)할 것, 신중(愼重)할 것, 근면(勤勉)할 것이다. 이 세 가지를 알면 관리로써의 몸가짐에 관한 바를 알 것이니라.」 하였다.

〔集解〕 淸 謂淸廉不汚 愼 謂謹守禮法 勤 謂勤於職業 能是三者 則能修己而可以治人矣.

【註解】 淸은 청렴하여 더럽지 않음을 말한다. 愼은 예법을 조심하여 지킴을 말한다. 勤은 직업에 부지런함을 말한다. 능히 이 세가지 것은 곧 자신을 닦을 수 있으면서 남을 다스릴 수 있는 것이다.

○當官者凡異色人을 皆不宜與之相接이니 巫祝尼媼之類를 尤宜疎絶이니 要以淸心省事로 爲本이니라. (媼＝오)

〖解說〗 관원이 된 자는 모든 정상적인 업무에 힘쓰지 않는 사람들과는 모두 마땅히 그들과 함께 서로 접촉하지 않는다. 무당과 박수와 여자중과 여자 소개쟁이 따위는 더욱 마땅히 멀리하여 끊어버려야 할 것이니, 요컨대 마음을 맑게 하고 무익한 일을 덜어버리는 것으로써 근본을 삼을 것이니라.

〔集說〕 陳氏曰 異色人 謂不務常業之人 巫祝 皆事鬼神者 尼 僧女 媼 牙婆也. 〔增註〕 此輩 一接之 內則伺意以納賄 外則誑人以行私 善敗事害政 故 當一切禁絶 淸心 謂不以物欲累心 省事 謂不作無益之事.

【註解】 진씨(陳氏) 이르기를 「異色人은 정상적인 업무에 힘쓰지 않는 사람을 말한다. 巫祝은 모두 귀신을 섬기는 자다. 尼는 여자중이고, 媼은 아파(牙婆←여자 소개쟁이)이다. 〔增註〕에 이러한 무리를 한 번 접촉하면 안으로는 뜻을 살펴 뇌물을 들여오고, 밖으로는 사람을 속여 사욕을 행한다. 일을 망치고 정사를 해치기를 잘하기 때문에 마땅히 일체를 금하고 끊어버려야 한다. 淸心은 물욕으로 마음에 누를 끼치지

않음을 말하고, 省事는 이익이 없는 일을 만들지 않음을 말한다.」

○後生少年이 乍到官守하여 多爲猾吏所餌하여 不自省察하여 所得이 毫末이라도 而一任之間에 不復敢擧動하나니 大抵作官嗜利所得이 甚少而吏人所盜不貲矣니 以此被重譴하니 良可惜也니라. (猾＝활, 餌＝이, 省＝성, 復＝부, 貲＝자)

〚解說〛 경험이 없는 젊은 사람이 갑자기 지방관의 직책을 맡게 되면 교활한 아전들의 미끼에 걸리는 것을 스스로 살피지 못하여 터럭끝만큼의 작은 이득이라도 없으면 그가 재임하는 한 동안은 다시는 감히 몸을 움직일 수 없게 된다. 대체로 관원이 되어 이득을 즐겨 하면 소득은 매우 적고 아전들이 그를 팔아 도둑질하는 것은 헤아릴 수 없나니. 이로써 무거운 견책을 입게 된다. 진실로 애석한 일이니라.

〔集說〕 陳氏曰 猾 狡猾 餌 釣餌 不敢擧動 爲吏所制也 不貲 不可量也 譴 罪責也.

【註解】 진씨(陳氏) 이르기를 「猾은 교활이고, 餌는 낚시의 미끼이다. 不敢擧動은 아전의 제동에 마음대로 하지 못하는 것이다. 不貲는 헤아릴 수 없는 것이다. 譴은 죄에 대한 문책이다.」 하였다. ○ 後生은 후배(後輩), ○ 一任之間은 재임기간, ○ 良은 진실로이다.

○當官者先以暴怒爲戒하여 事有不可어든 當詳處之니 必無不中하리라. 若先暴怒면 只能自害니 豈能害人이리오.

〚解說〛 관직(官職)에 있는 자는 먼저 폭노(暴怒)하는 일로써 경계를 삼아 일에 옳지 않은 것이 있거든 마땅히 자세히 살펴서 처리할 것이다. 반드시 이치에 맞지 않는 일은 없을 것이다. 만일 먼저 폭노한다면 그것은 다만 스스로 자신을 해칠 뿐이니, 어찌 남을 해칠 수 있으리오?

〔增註〕 暴怒 怒之暴也 中 中理也.

【註解】 暴怒는 성내기를 갑자기 하는 것이다. 中은 이치에 맞는 것이다.

○當官處事에 但務著實이니 如塗擦文字하며 追改日月하며 重易押字萬一敗露면 得罪反重이요, 亦非所以養誠心事君不欺之道也니라. (著=착, 塗=도, 擦=체)

〖解說〗 관직(官職)에서 일을 처리함에 다만 착실하게 힘쓸 것이니, 공문서의 글자를 뭉개버리거나 깎아내거나 월일(月日)을 추후하여 고치거나, 서명을 여러 번 고치는 것과 같은 속임수를 하였다가 만일 실패하여 일이 탄로나게 되면 죄를 짓는 것이 도리어 더욱 무거울 것이고, 또한 성심으로 임금을 섬겨 속이지 않는 도리를 기르는 일이 아닐 것이니라.

〔集解〕 著實 謂不作僞 擦挑取也 塗擦文字 謂塗挑舊字也 追改日月 謂去舊判而換之也 重易押字 謂去舊署而改之也 非惟得罪 實且欺心 豈事上之道哉.

【註解】 著實은 거짓을 짓지 않는 것을 말한다. 擦은 깎아내는 것이다. 塗擦文字는 옛 글자를 뭉개고 깎아냄을 말한다. 追改日月은 과거의 결재를 없애서 바꾸는 것이다. 重易押字는 과거의 서명을 없애서 고치는 것이다. 오직 죄를 얻을 뿐만아니라 실로 또한 마음을 속임이니 어찌 웃사람을 섬기는 도리이겠는가? ○ 敗露는 탄로(綻露)나는 것. 실패하여 일이 드러나는 것이다. ○ 押은 花押이라고도 하는데 지금의 사인이다.

○王吉上疏에 曰 夫婦는 人倫大綱이요, 夭壽之萌也니 世俗이 嫁娶太蚤하여 未知爲人父母之道而有子라 是以로 敎化不

明而民多夭하나니라.

〚解說〛 왕길(王吉)의 상소(上疏)에 말하기를 「부부(夫婦)는 인륜의 큰 근본이고 장수하고 요절하는 시초이니, 세상의 풍속이 시집가고 장가드는 것이 매우 일러서 아직 남의 부모되는 도리도 모르면서 자식을 두게 됩니다. 이런 까닭에 교화(敎化)가 밝지 못하여 백성은 요절하는 자가 많습니다.」 하니라.

〔集說〕 陳氏曰 吉 字子陽 瑯邪人 夭壽 命之短長也 萌 芽也 古者 二十而嫁 三十而娶 後世 反是 嫁娶太蚤故 民多夭 未知爲人父母 之道而有子 故 敎化不明.

【註解】 진씨(陳氏) 이르기를 「王吉의 字는 子陽이니, 瑯邪사람이다. 夭壽는 命의 짧고 긴 것이다. 萌은 싹이다. 옛날에는 二十에 시집가고 三十에 장가들었는데 후세에는 이와 반대로 시집가고 장가들음을 너무 일찍하기 때문에 많은 백성들이 일찍 죽는다. 사람의 부모되는 도리를 아직 알지도 못하면서 자식을 두기때문에 교화가 밝아지지 아니한다.」
○ 上疏는 임금에게 올리는 글. 表라고도 했다.(※ 諸葛武侯의 出師表) ○ 綱은 그물의 벼리인데, 轉意하여 근본, 법도로 쓰인다. ○ 萌은 萌芽 싹이다. 전의하여 징조의 시초다. ○ 太蚤는 매우 이른것. 蚤는 早와 같다.

○文中子曰 婚娶而論財는 夷虜之道也라 君子不入其鄕하나니 古者에 男女之族이 各擇德焉이요, 不以財爲禮하더니라.

〚解說〛 문중자(文中子)가 말하기를 「혼인에 재물을 논의하는 것은 오랑캐의 도리이다. 군자는 그러한 풍속이 있는 마을에 들어가 살지 않는다. 옛날에는 남자나 여자의 종족이 각기 상대편의 덕성(德性)을 보고 가렸고, 재물로써 예(禮)를 삼지는 않았었더니라.」 하였다.

〔集說〕陳氏曰 文中子 姓王 名通 字仲淹 隋之大儒也 門人 私謚曰 文中子 東方曰夷 北方曰虜 不入其鄕 不與之共處也 德 謂男女之性行 財 謂男之聘財 女之資裝.

【註解】진씨(陳氏) 이르기를「文中子의 姓은 王이고 이름은 通이며, 字는 仲淹으로 隋나라의 대유학자이니, 문하생들이 사사로이 시호를 올려 文中子라고 했다. 동쪽 오랑캐를 夷라 하고 북쪽 오랑캐를 虜라 한다. 不入其鄕은 그들과 더불어 함께 살지 않는 것이다. 德은 남녀의 성품과 행실을 말한다. 財는 남자가 예물로 보내는 재물과 여자가 시집가려고 장만한 치장품을 말한다.」하였다.

○早婚少聘은 教人以偷요, 妾媵無數는 教人以亂이니 且貴賤이 有等하니 一夫一婦는 庶人之職也니라.

〖解說〗조혼(早婚)으로 어려서 아내를 맞이함은 사람을 경박한 것으로써 가르치고 무수한 잉첩(媵妾)이 있는 것은 사람을 음란한 것으로써 가르치는 것이니, 또 귀한 사람과 천한 사람의 등급에 따라 잉첩(媵妾)의 수에 등차가 있나니. 한 남편에 한 아내는 서민의 직분이니라.

〔集說〕陳氏曰 偸 薄也 媵 從嫁者 亂 眞氏 謂內或陷子弟於惡 外或生僮僕之變 是也 等 謂妾媵之等數.

【註解】진씨(陳氏) 이르기를「偸는 박한 것이다. 媵은 시집올 때 따라온 사람이다. 亂은 진씨가 말한 안으로 혹 자제를 악에 빠뜨리고, 밖으로 혹 사내종들의 변란을 일으킨다는 것이 그것이다. 等은 妾이나 媵妾의 차등 숫자를 말하는 것이다.」하였다. ○ 聘은 結納을 극진히 하여 결혼함이다. 정식으로 혼인하는 예를 말한다.

○司馬溫公이 曰 凡議婚姻에 當先察其婿與婦之性行과 及家

法何如오, 勿苟慕其富貴니라.

〖解說〗 사마온공(司馬溫公)이 말하기를 「대체로 혼인을 의논 할 때에는 마땅히 먼저 그 사위될 사람과 또 며느리될 사람의 품성과 행실과 집안의 법도가 어떠한가 살펴야 하고, 구차스럽게 그 집의 부유함이나 존귀함을 흠모(欽慕)하지 말아야 하니라.」

〔增註〕 婦家曰婚 婿家曰姻 苟 但也. 〔集解〕 婚姻之道 不但擇婿婦之德 尤須審其父祖以來之家法也.

【註解】 며느리의 집에서는 婚이라 하고, 사위의 집에서는 姻이라 한다. 苟는 다만이다. 〔集解〕에 婚姻의 도리는 다만 사위될 사람이나 며느리될 사람의 德만을 가릴 것이 아니라 더욱 모름지기 그 父祖이래로 가문의 법도를 살펴야 하는 것이다.

婿苟賢矣면 今雖貧賤이나 安知異時에 不富貴乎리오. 苟爲不肖면 今雖富盛이나 安知異時에 不貧賤乎리오.

〖解說〗 사위될 사람이 진실로 어질다면 지금은 비록 가난하고 신분이 낮을 것이나 어찌 후일에 부귀하지 않을 것이라고 알겠는가? 사위될 사람이 진실로 불초(不肖)하다면 지금은 비록 부성(富盛)할 것이나 어찌 다른 때에 빈천(貧賤)하지 않을 것이라고 알겠는가?

〔增註〕 此 言婿之性行 當察也 苟 誠也.

【註解】 이는 사위될 사람의 성품과 행실을 마땅히 살펴야 하는 것을 말한 것이다. 苟는 진실로이다.

○ 不肖는 조상을 닮지 못한 어리석은 자식을 말함. 轉하여 어리석음이다.

| 婦者는 家之所由盛衰也니 苟慕一時之富貴而娶之하면 彼挾其富貴하여 鮮有不輕其夫而傲其舅姑하여 養成驕妬之性이니 異日에 爲患이 庸有極乎리오. (衰＝쇠) |
|---|

〖解說〗 며느리라는 것은 한 집안의 성쇠(盛衰)가 그에게 연유(緣由)하는 것이니, 다만 한 때의 부귀(富貴)를 흠모(欽慕)하여 며느리를 맞는다면 그는 그의 부귀한 것에 교만하여 자기의 남편을 가볍게 여기고 자기의 시부모에게 오만하게 굴지 않는 자가 드물어서 교만하고 질투하는 성질이 길러지게 되나니. 후일에 근심 됨이 어찌 끝이 있으리오?

〔增註〕 此言婦之性行 當察也 婦賢則家道盛 不賢則家道衰 故 曰所由盛衰.

【註解】 이는 며느리될 사람의 천품(天品)과 행실을 마땅히 살펴야 함을 말한 것이다. 며느리가 어질면 家道가 盛하고 어질지 못하면 家道가 衰하기 때문에 盛衰가 緣由하는 것이라 했다.

| 借使因婦財以致富하며 依婦勢以取貴라도 苟有丈夫之志氣者면 能無愧乎아. |
|---|

〖解說〗「가령 아내의 재산으로 인하여 써 부자가 되며, 아내의 세(勢)에 의지함으로써 귀함을 갖게 될지라도 진실로 대장부의 지조(志操)와 기개(氣慨)가 있는 자라면 부끄럽지 않을 수 있겠는가?」하였다.

〔集說〕 陳氏曰 富貴有命 不可必得 假使因依於婦而得之 豈丈夫之所爲乎.

【註解】 진씨(陳氏) 이르기를「富貴는 命이 있어 반드시 얻을 수는

없으나 가령 아내에게 의지하고, 인하여 부귀를 얻을 수 있다 하더라도 어찌 장부가 그렇게 할 것이겠는가?」 ○ 借使는 假使, 가령의 뜻.

○安定胡先生이 曰 嫁女를 必須勝吾家者니 勝吾家則女之事人이 必欽必戒니라. 娶婦를 必須不若吾家者니 不若吾家則婦之事舅姑必執婦道니라.

〖解說〗 안정 호선생이 말하기를「딸을 시집 보내는 데를 반드시 내 집보다 나은 집으로 보내야 하나니. 내집보다 나으면 딸이 그집 사람들을 섬기는 것이 반드시 공경하고 반드시 조심할 것이다. 며느리 맞아들이기를 반드시 내집보다 못한 집 사람을 데려와야 하나니. 내 집보다 못하면 며느리의 시부모 섬기는 일이 반드시 며느리의 도리를 지킬 것이니라.」

〔集說〕 陳氏曰 安定 地名 先生名瑗 字翼之 泰州人 欽 欽敬 戒 戒謹 吳氏曰 女婦之性 大率畏慕富盛 而厭薄貧賤.

【註解】 진씨(陳氏) 이르기를「安定은 지명이다. 선생의 이름은 瑗이고, 字는 翼之이니 泰州사람이다. 欽은 공경함이고, 戒는 조심함이다.」하였다. 오씨(吳氏) 이르기를「婦女의 天性은 大率의 가정과 富盛을 두려워 공경하고 흠모하며 가난하고 천한 것을 싫어하여 박대한다.」하였다.

○或이 問 孀婦를 於理에 似不可取니 如何오 伊川先生이 曰 然하다 凡取는 以配身也니 若取失節者하여 以配身하면 是는 己失節也니라.

〖解說〗 어떤 사람이 묻기를「과부를 이치에 있어서 취(娶)할 수 없는 것같으니 어떻습니까?」하였다. 이천(伊川)선생이 말하기를「그렇다.

대체로 장가든다는 것은 자신의 짝을 짓기 위한 것이니 만일 절개를 잃는 자를 얻어서 자신의 짝을 짓는다면 이는 자기 자신이 절개를 잃는 것이 되니라.」 하였다.

〔集解〕 娶婦 共承宗廟 以傳嗣續 若娶失節者, 爲配則與己之失節 同矣.

【註解】 아내를 맞이함은 함께 宗廟를 받들어 후사에게 계속되도록 전하는 것으로써 만약 절개를 잃은 사람을 맞이하여 짝을 삼는다면 자기도 더불어 절개를 잃는 것과 한가지다. ○ 配身은 자신의 배필로 삼는 것이다. ○ 失節은 절개를 잃음이다. 과부가 고쳐 시집가는 것은 節操를 잃는 행위라는 것이다. 〈禮記〉에 一與之齊하면 終身不改하나니 故로 夫死不嫁니라 한 것이다.

又問或有孤孀이 貧窮無託者어든 可再嫁否아 曰只是後世에 怕寒餓死故로 有是說하니 然이나 餓死事는 極小하고 失節事는 極大하니라.

〖解說〗 또 묻기를 「혹 외로운 과부가 빈궁하고 의탁할 곳이 없는 사람이거든 개가를 해도 좋습니까 아니됩니까?」 하였다. 대답하기를 「다만 이것은 후세(後世)에 추위나 굶주림으로 죽음을 겁내기 때문에 이러한 말이 있는 것이니, 그러나 굶어 죽는 일은 지극히 작은 일이고, 절개를 잃어 버리는 일은 지극히 큰 일인 것이니라.」 하였다.

〔集解〕 餓死極小 謂人誰不死 欲求守節有甚於求生也 失節極大 謂失身再嫁中心羞愧, 無以自立於天地之間 雖生 何益哉.

【註解】 餓死極小는 사람이 누가 죽지 않으랴마는 절개를 지키기를 구하려함이 삶을 구하는 것보다 심함이 있음을 말한 것이다. 失節極大는 몸을 망쳐 개가하면 속 마음에 부끄러워 스스로 하늘과 땅사이에 설 수 없을 것이니, 비록 살더라도 무슨 이익이 있겠는가를 말한 것이다.

○顔氏家訓에 曰 婦는 主中饋라 唯事酒食衣服之禮耳니 國不可使預政이며 家不可使幹蠱니 如有聰明才智識達古今이라도 正當輔佐君子하여 勸其不足이니 必無牝鷄晨鳴하여 以致禍也니라. (食=사, 蠱=고, 牝=빈)

〚解說〛 안씨가훈(顔氏家訓)에 말하기를 「부인은 집안에서 음식공궤(飮食供饋)를 주관(主營)하는지라 오직 술・밥・의복의 예도를 일삼을 뿐이니, 나라에서는 정치에 간여시키지 말아야 하며 집안에서는 집일을 주장하게 말아야 한다. 만일 총명하고 재지(才智)가 있으며 식견(識見)이 고금(古今)에 통달한 부인이라도 마땅히 남편을 보좌(輔佐)하여 남편의 부족한 점을 보충하도록 권유할 뿐이니 반드시 암탉이 새벽에 우는 것처럼 여자가 자기의 직분을 초월하여 화난(禍難)을 초래(招來)하는 일이 없게 할 것이니라.」 하였다.

〔增註〕 進食曰饋 居中饋食 婦人主之 幹 猶主也 蠱 事也 牝鷄晨鳴 婦人預政 幹蠱之諭也 婦人 預政幹蠱 則有敗亡之禍矣.

【註解】 음식을 올림을 饋라 하고 집안에서 음식을 올림은 부인이 주관한다. 幹은 주관과 같은 것이다. 蠱는 일이다. 牝鷄晨鳴은 부인이 정치에 참여하고 주관하는 일의 비유이다. 부인이 정치에 참여하거나 일을 주관하면 패망하는 화가 있다는 것이다.

○江東婦女는 略無交遊하여 其婚姻之家或十數年間에 未相識者요, 唯以信命贈遺로 致慇懃焉하나니라.

〚解說〛 강동(江東) 땅의 부녀자들은 거의 서로 사귀어 노는 일이 없어 그들이 혼인한 집안까지도 혹은 십 몇 년 사이에 아직 서로 얼굴을 알지 못하고 오직 서신과 선물을 보내는 것으로써 은근한 뜻을 통하고 있는 이도 있나니라.

〔增註〕 略無交遊 絶不與外人往還也 信命以言 贈遺以物 皆所以通慇懃之意.

【註解】 略無交遊는 절대로 外人과 왕래하지 않는 것이다. 말을 편지나 구두로 전하고 물건을 보냄은 모두 이로써 은근한 뜻을 통하는 것이다. ○ 信命은 書信과 傳命으로 압축하여 信命이다.

| 鄴下風俗은 專以婦持門户하여 爭訟曲直하며 造請逢迎하며 代子求官하며 爲夫訴屈하나니 此乃恒代之遺風乎인저. |
|---|

〖解說〗 업하(鄴下)지방의 풍속은 오로지 주부가 집안을 맡아 부지(扶持)하여 옳고 그름을 다투어 소송을 하며 밖에 나가서 남을 만나고 집안에서 손님을 맞아들이며, 아들을 대신하여 벼슬을 구하며, 남편을 위하여 억울한 일을 호소(呼訴)하나니 이것은 곧 항대(恒代)지방의 옛 풍속인 것이다.

〔集說〕 陳氏曰 鄴下 古之相州 造請 謁人於外 逢迎 謂迎客於家 恒代燕趙之間 地名. 〔集成〕 陳氏曰 千里不同風 其氣有剛柔 百里不同俗 其習有善惡.

【註解】 진씨(陳氏) 이르기를「鄴下는 옛날의 相州이다. 造請은 사람을 밖에서 배알함이고, 逢迎은 손님을 집에서 맞이함을 말한다. 恒代는 燕나라와 趙나라 사이에 있는 지명이다.」(恒지방과 代지방이다.)〔集成〕에 진씨(陳氏) 이르기를「千里가 相距되면 풍속이 같지 않고, 그 사람들의 기개(氣慨)에도 강유(剛柔)가 다른 데가 있다. 百里가 相距되면 습속(習俗)이 같지 않고 그 사람들의 습관에도 선악(善惡)이 다른 데가 있다.」 하였다. ○ 婦持門戶에서 門戶는 一家 한 집안이라는 뜻이다. 주부가 한 집안을 부지해간다는 말.

| ○夫有人民而後에 有夫婦하고 有夫婦而後에 有父子하고 有父 |
|---|

子而後에 有兄弟하니 一家之親은 此三者而已矣니 自玆以往으로 至于九族이 皆本於三親焉하니 故로 於人倫에 爲重也니 不可不篤이니라.

〖解說〗 대저 사람이 있은 후에 부부가 있고, 부부가 있은 후에 부자가 있고, 부자가 있은 후에 형제가 있나니, 일가(一家)에 친한이는 이 세가지 뿐이다. 이로부터 시작하여 구족(九族)에 이르기까지 다 세 가지 지친(至親)에 근본하는 것이다. 그러므로 인륜(人倫)에 있어서 소중(所重)하게 여기는 것이니, 두텁게 하지 않을 수 없다.

〔集說〕 陳氏曰 三親 夫婦・父子・兄弟也, 九族 高・曾・祖・父・己身・子・孫・曾,・玄, 九者 及旁親也 篤 厚也 三親 於人倫爲重 不厚則無所不薄矣.

【註解】 진씨(陳氏) 이르기를「三親은 부부・부자・형제이다. 九族은 고조・증조・조부・부・자신 자식 손자・증손・현손의 九가지 및 방계친속이다. 篤은 두터움이다. 三親이 人倫에 있어 귀중함을 삼으니 두터이 하지 않으면 야박하지 않은 것이 없다.」하였다. ○ 九族은 同高祖八寸이라 하여 同姓(←同性)八寸 以內의 一家 전체가 九族이 된다.

兄弟者는 分形連氣之人也니 方其幼也에 父母左提右挈하며 前襟後裾하여 食則同案하며 衣則傳服하며 學則連業하며 遊則共方하니 雖有悖亂之人이라도 不能不相愛也니라.

〖解說〗 형제라는 것은 형체(形體)는 나뉘어 있으나 기운은 연속되어 있는 사람이다. 그 어린 시절에 있어서는 부모가 왼쪽에 형의 손을 이끌고 오른쪽에 아우를 안으며, 형은 앞에서 부모의 옷깃을 끌고 아우는 뒤에서 부모의 옷깃을 당기면서 함께 데리고 다니어 밥먹을

때에는 밥상을 같이 하며, 옷은 형에게서 전해 내려 아우에게 물려가며 입으며, 학업을 할 때에는 같은 과업(課業)을 형에게서 아우에게로 차례로 이어주며, 타향에 유학(遊學)할 때에는 같은 방향을 가려서 간다. 비록 도리에 벗어나고 행실에 어지러운 사람이 있어도 그러한 사람이라도 형제간에는 서로 사랑하지 않을 수 없나니라.

〔集解〕 兄弟 同出於父母 故 形分而氣同.

**【註解】** 兄弟는 같은 부모에게서 출생했기 때문에 형체는 나뉘어도 기운은 같은 것이다.

及其壯也하얀 各妻其妻하며 各子其子라 雖有篤厚之人이라도 不能不少衰也니라.

〖解說〗 그들이 장년이 되어서는 각자(各自) 자기의 처(妻)를 처로 하며 각자 자기의 자식을 자식으로 하여 그 방향으로 애정이 옮겨간다. 그러므로 비록 정애가 두터운 사람일지라도 형제의 애정이 약간 쇠하여지지 않을 수 없나니라.

〔集說〕 吳氏曰 及其有室家也 則各妻其妻 有嗣息也 則各子其子 物我相形 偏私漸起 雖有純篤謹厚之人 而親愛之情 不能不衰替也.

**【註解】** 오씨(吳氏) 이르기를 「그 아내와 가정을 둠에 미쳐서는 각각 그 아내를 아내로 사랑하고, 계승할 자식을 둠에 미쳐서는 각자 그 자식을 자식으로 사랑한다. 사물과 내가 서로 분립(分立)된 형태로 편벽된 사욕이 점차 일어나 비록 순수하고, 돈독하고, 근신하고, 온후한 사람이 있더라도 형제를 친애하는 정은 쇠퇴하지 않을 수 없는 것이다.」 하였다.

| 娣姒之比兄弟則疎薄矣니 今使疎薄之人而節量親厚之恩이면 猶方底而圓蓋라 必不合矣니 唯友悌深至하여 不爲傍人之所移者라야 免夫인저. (娣=弟, 姒=似) |
|---|

〖解說〗 원래 여자 동서끼리는 형제에 비하면 그 사이는 소원하고 정애는 박(薄)한 것이다. 지금 그러한 사이가 소원하고 정애가 박한 사람으로 하여금 친밀하고 후한 사람들 사이의 은정(恩情)을 조절하고 헤아리게 한다면 그것은 마치 모난 그릇에 둥근 뚜껑과 같은 것이다. 반드시 꼭 맞을 까닭이 없을 것이니, 오직 형제간의 우정(우애)이 깊고 지극하여서 보통 아내에게 마음을 옮기지 않는 자는 형제의 정이 쇠하는 것을 벗어날 수 있을 것이다.

〔集說〕 吳氏曰 娣姒 謂兄弟之妻 長婦曰姒 幼婦曰娣 節量 謂節制量度也 傍人 則娣姒也.

【註解】 오씨(吳氏) 이르기를「娣姒는 형제의 아내를 말한다. 큰 부인을 姒라 하고 어린 부인을 娣라 한다. 節量은 절제하여 헤아림이다. 傍人은 곧 제수와 형수이다.」

| ○柳開仲塗曰 皇考治家하시되 孝且嚴이러시니 朝望에 弟婦等이 拜堂下畢하고 即上手低面하여 聽我皇考訓誡하더니 曰 人家兄弟無不義者언마는 盡因娶婦入門하여 異姓이 相娶하여 爭長競短하여 漸漬日聞하며 偏愛私藏하여 以致背戾하여 分門割户하여 患若賊讎하나니 皆汝婦人所作이니라. 男子剛腸者幾人이能不爲婦人言의 所惑고 吾見이 多矣니 若等은 寧有是耶리오 하여시든 退則惴惴하여 不敢出一語爲不孝事하니 開輩抵此賴之하여 得全其家云이로다. (漬=지) |
|---|

〖解說〗 유개중도(柳開仲塗)가 말하기를「돌아가신 아버지께서 집안을

다스리셨는데 효도를 존중하셨고, 또 집안 사람에게 엄격하시더니, 매월 초하루와 보름날에는 자제와 며느리들이 마루 아래서 절하고나서 곧 손을 들고 얼굴을 나직히 하여 우리 아버지의 훈계를 들었다. 말씀하시기를 「사람의 집의 형제들은 본래 의롭지 않은 자가 없건만 다 장가들어 아내가 집안에 들어오게 됨으로 인하여 다른 성을 가진 사람들이 서로 모여서 장단(長短)을 다투어 부인의 참언(讒言)이 점점 물이 젖어들듯 날마다 귀에 들려지며, 자기의 처자(妻子)만 사랑하고 재물을 사사로이 축적하여 이로써 형제의 도리에 어그러지게 하여 분가하여 별거하고, 재산을 갈라 소유를 달리하여 서로 미워하기를 도둑과 원수같이 한다. 이런 일은 다 너희들 부인이 만드는 것이다. 남자 몇 사람이나 굳센 의지를 지녀 능히 부인의 말에 미혹되지 않는 자가 있겠는가? 나는 이러한 좋지 못하다는 것을 본 일이 많다. 너희들은 어찌 이런 일이 있겠느냐? 라고 하셨는데 물러 나와서는 두려워하여 감히 한 마디의 말도 불효된 일을 하지 않는다. 우리 집안은 지금에 이르기까지 그 교훈에 힘입어 우리 집을 보전할 수 있었다.」 하였다.

〔集說〕 陳氏曰 開 字仲塗 大名人 父没 稱皇考 朝 謂朔朝 上手 擧手也, 漸漬 謂譖言 如水之浸潤不驟也 偏愛 各有所厚也 私藏 各有所蓄也 若 汝也, 惴惴 恐懼之貌 抵此 猶言至今, 云 語 辭.

【註解】 진씨(陳氏) 이르기를 「開의 字는 仲塗이니 大名사람이다. 아버지가 돌아가시자 皇考라 일컬었다. 朝는 朔朝를 말한다. 上手는 손을 드는 것이다. 漸漬는 참소하는 말을 이르나니. 물이 젖어 들기를 갑자기 하지 않는 것과 같다. 偏愛는 각자 두터이 하는 바가 있음이다. 私藏은 각자 사사로이 축적하는 바가 있음이다. 若은 너이다. 惴惴는 두려워하는 모습이다. 抵此는 오늘에 이르도록 이란 말과 같다. 云은 어조사이다.」 하였다.

○伊川先生이 曰 今人이 多不知兄弟之愛로다. 且如閭閻小人

이 得一食하면 必先以食父母하나니 夫何故오 以父母之 口重於己之口也오 得一衣하면 必先以父母하나니 夫何故오 以父母之體重於己之體也라 至於犬馬하여도 亦然하니 待父母之犬馬를 必異乎己之犬馬也로되 獨愛父母之子를 却輕於己之子하여 甚者는 至若仇敵하여 擧世皆如此하니 惑之甚矣니라.
(食=似)

〖解說〗 이천(伊川)선생이 말하기를 「지금에 사람들은 많이 형제를 사랑할 줄 모른다. 가령 거리의 무지한 사람이라도 자그마한 음식물을 얻으면 반드시 먼저 부모에게 먹게 하나니. 대저 무슨 까닭인가? 부모의 입이 자기의 입보다 소중하기 때문이다. 한 가지의 옷을 얻으면 반드시 먼저 부모에게 입게 하나니. 대저 무슨 까닭인가? 부모의 몸이 자신의 몸보다 소중하기 때문이다. 개와 말에 이르러서도 또한 그러하니 부모의 개나 말을 대우하는 것을 반드시 자기의 개나 말보다 다르게 하되 홀로 부모의 아들을 사랑하기를 도리어 자신의 아들보다 가볍게 여기어 심한 자는 원수같이 미워하는 자까지 있어서 온 세상이 다 이와 같으니 매우 미혹(迷惑)된 일이니라.」 하였다.

〔增註〕 夫愛父母之口體 犬馬 重於己之口體, 犬馬者 天理之明也 愛父母之子 輕於己之子者 人欲之蔽也 推其所明 而達之於其所蔽 則盡道矣.

【註解】 대저 부모의 口體와 犬馬를 사랑하기를 자기의 口體와 犬馬보다 소중하게 여기는 것은 天理의 밝음이다. 부모의 아들을 사랑함이 자기의 아들보다 가볍게 여기는 것은 사람의 욕심의 가리움이다. 그 밝은 것으로 미루어서 그 가리운 것에 통하게 하면 도리에 극진할 것이다.

○橫渠先生이 曰 斯干詩에 言兄及弟矣式相好矣오 無相猶矣로다 하니 言兄弟宜相好요 不要相學이니 猶는 似也라 人情이

> 大抵한대 患在施之不見報則輟이라 故로 恩不能終하나니 不要相學이오 己施之而已니라.

〖解說〗 횡거(橫渠)선생이 말하기를「사간시(斯干詩)에 말하기를 "형과 아우가 서로 사랑해야 하고 서로 같음이 없어야 한다."하니 그것은 형제는 마땅히 서로 사랑하고 화합해야 하고 서로 좋지 못한 것을 배울 필요는 없다. 같다(猶)함은 닮았다(似)는 말과 같은 것이다.

사람의 감정은 대체로 결점이 남에게 무엇인가 시여(施與)하고 갚는 것을 보지 못하면 그쳐버리는 일이 있다. 그러므로 은혜를 끝까지 지속하지 못하나니. 서로 그 좋지 못한 것을 배울 필요는 없고 자신은 베풀 뿐이니라.」하였다.

〔集解〕 斯干 小雅 篇名也 斯 此也 干 水涯也 好 愛也 和也 輟 止也 朱子曰 此 築室旣成 宴飮以落之 因歌其事也 不要相學 言 不要相學其不好處也 如兄能友其弟 弟却不恭其兄 兄豈可學弟之不恭 而遂忘其友 但當盡其友而已 如弟能恭其兄 兄却不友其弟 弟豈可學兄之不友 而遂忘其恭 但當盡其恭而已. 〔增註〕 式 語辭.

【註解】 斯干은 詩傳의 小雅의 篇이름이다. 斯는 '이'이고, 干은 '물가'이다. 好는 사랑함과 화합함이다. 輟은 그침이다.

주자(朱子) 이르기를「이 시(詩)는 선왕(宣王)이 궁실 짓기를 이미 완성하고 잔치를 열어 술마시면서 그 일의 낙성(落成)을 읊은 노래이다. 不要相學이란 형제간에 서로 상대방의 좋지 못한 점을 배울 필요가 없다는 말이다. 가령 형은 그 아우를 우애하되 아우는 도리어 그 형을 공경하지 않는다고 하여 형이 어찌 아우의 공경하지 않는 것을 배워 결국은 그 우애를 잊을 수 있겠는가? 다만 마땅히 그 우애를 다할 뿐이다. 가령 아우가 형을 공경하되 형은 도리어 그 아우를 우애하지 않는다고 해서 아우가 어찌 형의 우애하지 않는 것을 배워 결국 그 공경을 잊을 수 있겠는가? 다만 마땅히 그 공경을 다할 뿐이다.」하였다. 〔增註〕에 式은 어조사이다. ○ 不要相學은 서로 배울 필요가 없다. 곧 형제 사이에는 좋지 못한 점을 서로 배울 필요가 없다.

○伊川先生이 曰 近世淺薄하여 以相歡狎으로 爲相與하며 以無圭角으로 爲相歡愛하나니 如此者安能久리오 若要久인대 須是恭敬이니 君臣朋友皆當以敬爲主也니라.

〖解說〗 이천(伊川)선생이 말하기를 「요사이 세상 사람들이 천박(淺薄)하여서 서로 즐겨하고, 무관하게 지냄으로써 서로 마음을 허여(許與)하며 규각(圭角)없는 것으로써 서로 좋아하고 사랑한다고 하나니. 이와 같은 우정(友情)이 어찌 오래갈 수 있겠는가? 만일 우정을 오래도록 지속하려 할진대 모름지기 바로 공경해야 할 것이다. 임금과 신하 사이도 벗사이도 다 마땅히 공경함으로써 주(主)로 삼아 할 것이니라.」 하였다.

〔增註〕 歡狎 謂歡好而褻狎也 無圭角 謂去方而爲圓也.

【註解】 歡狎은 기뻐하고 좋아하며 지나치게 친함을 말한다. 無圭角은 모난 것을 버리고 둥글게 하는 것을 말한다.

○ 若要久에서 要는 바라다, 원하다로 해석한다.

○橫渠先生이 曰 今之朋友擇其善柔以相與하여 拍肩執袂하며 以爲氣合하고 一言不合이어든 怒氣相加하나니 朋友之際는 欲其相下不倦이라 故로 於朋友之間에 主其敬者라야 日相親與하여 得效最速하나니라.

〖解說〗 횡거(橫渠)선생이 말하기를 「지금 세상에서는 붕우(朋友)는 부드러운 태도로 잘 아첨하는 자를 가리어 이로써 서로 더불어 교제(交際)하여 어깨를 치고 소매를 잡아당기며 무척 화합한 태도로써 의기상합(意氣相合)하고, 그로써 서로 뜻이 맞는 것으로 생각하고 있다.

따라서 한마디 말이라도 맞지 않으면 성낸 기운으로 서로 대하게 된다. 붕우(朋友)사이는 서로 자신을 낮추기를 게을리 말아야 한다. 그러므로 붕우 사이에 있어서는 공경을 주로 하는 사람이라야 날마다 서로 친교(親交)를 더하여 교우(交友)의 효익(效益)을 얻는 일이 가장 빠를 것이니라.」 하였다.

〔增註〕 善柔 謂善爲柔媚 氣合 謂意氣相合 相下 謂彼此相讓 效 即忠告善道之益也.

【註解】 善柔는 부드럽게 아첨을 잘하는 것을 말한다. 氣合은 意氣相合함을 말한다. 相下는 피차가 서로 사양함을 말한다. 效는 곧 서로 충고하고 선도하는 이익이다.

○童蒙訓에 曰 同僚之契와 交承之分이 有兄弟之義하니 至其子孫하여 亦世講之하니 前輩는 專以此爲務하더니 今人은 知之者蓋少矣니라 又如舊擧將과 及嘗爲舊任按察官者를 後에 己官이 雖在上이나 前輩皆辭避하여 坐下坐하더니 風俗이 如此면 安得不厚乎리오.

〖解說〗 동몽훈(童蒙訓)에 말하기를 「벼슬길에서 동관(同官)끼리 계합(契合)한 일이나 전임 후임으로 서로 교대한 사이는 형제같은 분의(分義 : 정당한 도리)가 있는 것이니, 그들의 자손에 이르러서도 또한 대대로 강구(講究)하여야 한다. 전배(前輩)들은 오로지 이 일로써 힘쓰더니 지금 세상의 사람들은 그런 것을 아는 자가 대체로 적다. 또 자기를 추천하여 준 옛 거주(擧主)와 일찍이 구임(舊任)의 안찰관(按察官)이었던 이에게 뒤에 자신의 벼슬이 비록 그들보다 위에 있더라도 한 좌석에 앉을 때에는 전배(前輩)들은 다 자리를 사양하고 피하여 아랫자리에 앉았었다. 풍속(風俗)이 이와 같으면 어찌 순후(醇厚)하지 않을 수 있겠는가?」 하였다.

〔集解〕 契 合也 交承 新舊交代也, 分 際也 擧將 擧主也.

【註解】 契는 합치는 것이다. 交承은 전임자와 후임자가 서로 교대 하는 것이다. 分은 '사이'이다. 擧將은 자기를 처음 벼슬에 추천해 준 사람. 擧主. ○ 按察官은 檢察을 맡은 官員. 監督官을 뜻함.

○ 范文正公이 爲參知政事時에 告諸子曰 吾貧時에 與汝母로 養吾親할새 汝母躬執爨而吾親甘旨未嘗充也러니 今而得厚祿하니 欲以養親이나 親不在矣오 汝母亦已早世하니 吾所最恨者라 忍令若曹로 享富貴之樂也아. (爨=찬)

〖解說〗 범문정공(范文正公)이 참지정사(參知政事)가 되어 있을 때에 여러 아들에게 고하여 말하기를「내가 가난하였을 때에 너의 어머니로 더불어 나의 어버이를 봉양하였는데, 너의 어머니가 몸소 음식을 장만하는 일을 하였으나 내 어버이에게 드릴 맛좋은 음식은 아직 일찍이 충분한 때가 없었다. 이제 내가 많은 녹봉(祿俸)을 받으니 이로써 어버이를 봉양하고 싶으나 어버이는 계시지 않고, 너의 어머니도 또한 이미 일찍 죽었으니 내가 가장 한스럽게 여기는 것이다. 차마 너희들로 하여금 부귀(富貴)의 즐거움을 누리게 할 수 있겠느냐?」

〔集說〕 陳氏曰 公 名 仲淹 字希文 蘇州吳縣人 公 二歲而孤 親 謂母也, 爨 炊爨也 甘旨 美味也 早世 早沒也 若曹 汝輩也.

【註解】 진씨(陳氏) 이르기를「公의 이름은 仲淹, 字는 希文이니, 소주오현 사람이다. 公은 두 살 때에 아버지를 여의었다. 親은 어머니를 말한다. 爨는 불때어 밥짓는 것이다. 甘旨는 맛좋은 음식이다. 早世는 일찍 죽음이다. 若曹는 너희 무리이다.」하였다.

吾吳中宗族이 甚衆하니 於吾에 固有親疎어니와 然吾祖宗이

視之則均是子孫이라 固無親疎也니 苟祖宗之意에 無親疎則饑寒者를 吾安得不恤也리오. 自祖宗來로 積德百餘年而始發於吾하여 得至大官하니 若獨享富貴而不恤宗族이면 異日에 何以見祖宗於地下며 今何顏入家廟乎리오. 於是에 恩例俸賜를 常均於族人하고 幷置義田宅云하니라. (幷＝병)

〖解說〗 우리 오현(吳縣)안에 사는 종족(宗族)이 매우 많으니 내게 있어서 그들은 진실로 친근한 이와 소원한 이가 있거니와, 그러나 우리 조종(祖宗)이 본다면 그들은 모두가 균등한 그의 자손들이다. 본래로 친소(親疎)가 없는 것이니, 진실로 조종(祖宗)의 뜻에 친소(親疎)가 없다면 그들 중 굶주리고 추워하는 자를 내가 어찌 구휼(救恤)하지 않을 수 있겠느냐?

조종(祖宗)으로 부터 덕을 쌓기 백여년(百餘年)에 응보(應報)가 비로소 나에게 나타나서 대관(大官)을 얻기에 이르니,「만일 홀로 부귀를 누리고 종족을 구휼하지 않는다면 다른 날에 어찌 이로써 조종을 지하에서 뵈올 수 있으며, 지금은 무슨 면목으로 가묘(家廟)에 들어갈 수 있겠느냐?」하고 이에 있어 특별한 은례(恩例)로 받은 봉급(俸給)과 하사품(下賜品)을 항상 족인(族人)들에게 균등(均等)하게 나누어 주고 그와 함께 의전택(義田宅)을 설치하였다고 하니라.

〔增註〕 恩例 異數也 俸賜 常典也. 〔集解〕 范氏義莊 人日食米一升 歲衣縑一匹 嫁娶 喪葬 皆有給.

【註解】 恩例는 보통이 아니고 남다른 예우이다. 俸賜는 규정된 하사품(←常典)이다. 〔集解〕에 범씨의 義莊에서는 한사람당 하루먹는 쌀이 한 되이고, 한 해 옷감으로 합사로 짠 비단 한 필과 시집가고 장가들고, 喪葬때에 모두 급여(給與)가 있었다. ○ 親疎 : 가깝고 소원(疎遠)함. 宗族관계의 친하고 멀음. 우리 나라의 寸數로 따지는 것. 예를 들면 從兄과 再從兄을 비교하면 從兄은 親이고, 再從兄은 疎이다. ※ 疎와 疏는 相通字이나 字源에 있어서는 크게 다르다. 疎는 성글다가 되고,

疏는 멀어지다가 된다.

○司馬溫公이 曰 凡爲家長은 必謹守禮法하여 以御羣子弟及家衆이니 分之以職하며 授之以事而責其成功하며 制財用之節하여 量入以爲出하며 稱家之有無하여 以給上下之衣食과及吉凶之費하되 皆有品節而莫不均一하며 裁省冗費하며 禁止奢華하여 常須稍存贏餘하여 以備不虞니라. (贏=영)

〖解說〗 사마온공(司馬溫公)이 말하기를「무릇 집안의 어른이 되는 자는 반드시 삼가 예법(禮法)을 지켜서, 이로써 여러 자제와 집안의 여러 사람을 통솔할 것이니, 그들에게 분담하되 소임(所任)으로써 하며, 그들에게 주되 일로 써 하여 그 성공을 책임지게 하며, 재물 사용의 절차를 제정하여 수입을 헤아려서 이로써 지출을 삼으며, 집안의 있고 없음을 알맞게 참량하여 이로써 웃사람과 아랫사람들의 의식과 길사(吉事)와 흉사(凶事)의 비용(費用)을 주되 다 규정을 두어서 균일(均一)하지 않음이 없게 하며, 재량(裁量)하여 쓸데 없는 비용을 덜며, 사치하고 화려한 것을 금지하여 항상 반드시 조금의 여유를 두어서 이로써 뜻밖의 일에 대비(對備)하게 해야 하니라.」하였다.

〖集說〗 陳氏曰 禮 先王之禮 法 國家之法 御 統也 家衆 婢僕輩也 職如主庖廩 掌田園之類, 事 如治產業 給征役之類 量入以出 入多則出多入少則出少也 稱家以給 有則豐 無則儉也 吉凶 謂冠婚喪祭之事 品節言其當 均一 言其平 冗 雜也 贏 剩也, 備 防也, 不虞 謂不可虞度之事 成水火盜賊之類 此皆制財用之節也.

【註解】 진씨(陳氏) 이르기를「禮는 先王의 禮이고, 法은 國家의 法이다. 御는 통솔하는 것이다. 家衆은 계집종과 사내종의 무리이다. 職은 부엌과 창고를 주관하고 전지와 과원을 관장하는 따위다. 事는 產業을 다스리고 征役의 일을 주는 것과 같은 類이다. 수입을 헤아림으로써 그 범위 안에서 지출하고 수입이 많으면 지출을 많게 하고, 수입이

적으면 지출도 적게 하는 것이다. 집안을 헤아림으로써 급여(給與)함은, 있으면 풍족하게 하고 없으면 검소하게 하는 것이다. 吉凶은 관례·婚禮·喪禮·祭禮의 일이다. 品節은 그 마땅함을 말하고, 均一은 그 공평함을 말한다. 冗은 잡됨이다. 贏은 剩餘이다. 備는 방비하는 것이다. 不虞는 미처 헤아릴 수 없는 일을 말하니 수화재(水火災)나 도적맞는 일같은 類이다. 이는 모두 재물 사용의 절차를 제정하는 것이다.」

○ 上은 廣明倫이라.

○ 위는 明倫篇의 넓힘이다.

**廣敬身** ( 1장～36장)

董仲舒曰 仁人者는 正其誼不謀其利하며 明其道不計其功이니라.

〖解說〗 동중서(董仲舒)가 말하기를 「어진 사람은 그 의(義)를 바르게 하고 그 이(利)를 도모(圖謀)하려 하지 않으며, 그 도(道)를 밝히고 그 공(功)을 계산하지 아니하니라.」 하였다.

〔集解〕 仲舒 廣川人 仁者 心之德, 仁人者 心無私欲 而有其德者也 義者 心之制 事之宜 道者 事物當然之理也. 〔增註〕 朱子曰 道是太綱說 義是就一事上說 正誼 未嘗不利 明道 豈必無功 但不先以功利爲心耳.

【註解】 仲舒는 廣川사람이다. 仁이란 것은 마음의 德이다. 어진 사람은 마음에 사사로운 욕심이 없고 그 德이 있는 사람이다. 義라는 것은 마음속으로 일을 제어하는 마땅함이다. 道라는 것은 사물의 당연한 이치이다. 〔增註〕에 주자(朱子) 이르기를 「道는 옳은 큰 근본을 말하고, 義는 하나의 일 위에 옳게 나아가는 것을 말하니, 誼를 바로 함이 일찍이 이롭지 않은 적이 없고, 도리를 밝힘이 어찌 반드시 공적이 없기만 하랴? 다만 우선 이로써 공적과 이익을 마음에 생각하지 않을 뿐이다.」 하였다.

○孫思邈이 曰 膽欲大而心欲小하며 知圓而行欲方이니라.

〖解說〗 손사막(孫思邈)이 말하기를 「담(膽)은 커야 하고, 마음은 작아야 하며, 지혜는 둥글어야 하고, 행동은 모나야 하니라.」 하였다.

〖集解〗 思邈 京兆人 朱子曰 膽大 是千萬人 吾往之意 心小 只是畏敬蓋 志不大則卑陋 心不小則狂妄 圓而不方 則流於譎詐 方而不圓 則執而不通矣 葉氏曰 膽大則敢於有爲 心小則密於察理 知圓則通而不滯 行方則正而不流也.

【註解】 孫思邈은 京兆사람이다. 주자(朱子) 이르기를 「담이 크면 비록 천만 사람이 방해할지라도 내가 옳다고 여기면 결행하고, 마음이 작으면 삼가고 조심하며, 대개 뜻이 크지 못하면 비루하고, 마음이 작지 않으면 미친듯 망녕되고, 둥글고 모나지 않으면 거짓에 흐르고, 모나고서 둥글지 않으면 고집불통(固執不通)이다.」 했다. 섭씨(葉氏) 이르기를 「담이 크면 행동에 있어 과감(果敢)하고, 마음이 작으면 도리를 살피는데 있어 세밀하며, 지혜가 둥글면 통하여 막히지 않고, 행동이 모나면 바르기 때문에 흐르지 않는다.」 하였다.

○古語에 云 從善은 如登이오 從惡은 如崩이라 하니라.

〖解說〗 옛말에 이르기를 「선(善)을 따르는 것은 높은 데로 오르는 것같고, 악(惡)을 따르는 것은 낮은 데로 무너지는 것같다.」 하였다.

〖集說〗 陳氏曰 古語 國語 升高曰登 墜下曰崩 朱子曰 善者 天命所賦之本然, 惡者 物欲所生之邪穢 眞氏曰 從善如登 善難進也 從惡如崩 惡易陷也 進於善 則爲聖爲賢 而日趨於高明 陷於惡 則爲愚 爲不肖 而日淪於汚下矣.

【註解】 진씨(陳氏) 이르기를 「古語는 國語이다. 높은 데로 오르는 것은

登이라 하고, 낮은 데로 떨어짐은 崩이라 한다.」했다.

주자(朱子) 이르기를「善은 天命으로 부여된 바의 本然이고, 惡은 物欲으로 생기는 邪穢이다.」진씨(眞氏) 이르기를「善을 따르는 것은 높은 데로 오르는 것처럼 善에 나아가기는 어렵고, 惡을 따른다는 것은 낮은 데로 떨어지는 것처럼 惡에 빠지기는 쉬운 것이니, 善에 나아가면 聖人과 賢人이 되어서 날로 높고 밝은 데로 치닫고, 惡에 빠지면 어리석고 미련하여져서 더러운 데 빠지게 된다.」하였다.

○孝友先生朱仁軌隱居養親하더니 嘗誨子弟曰 終身讓路하여도 不枉百步하며 終身讓畔하여도 不失一段이니라.

〖解說〗 효우(孝友)선생 주인궤(朱仁軌)가 은퇴하여 살면서 부모를 봉양하더니 일찍이 자제들에게 훈계하여 말하기를,「일평생 남에게 길을 비켜서 양보하여도 백보(百步)를 굽히지 않을 것이며, 일평생 밭의 경계를 남에게 사양하여도 일단(一段)을 잃지는 않을 것이니라.」하였다.

〔集解〕 仁軌 字德容 亳州人 路 行路 畔 田界也 言 人終身讓路 而終無百步之枉, 終身讓畔 而終無一段之失也. 〔集成〕 李氏曰 不枉 不失 盖引而進之之論 非計功謀利之謂也.

【註解】 仁軌의 字는 德容이니 박주사람이다. 路는 다니는 길이고, 畔은 밭의 경계이다. 사람이 종신토록 길을 양보하여도 끝내 百步의 굽힘이 없고, 종신토록 밭경계를 사양하여도 끝내 一段의 잃음이 없는 것을 말한 것이다. 〔集成〕에 이씨(李氏) 이르기를「굽히지 않는다거나 잃지 않는다는 것은 대개 인도하여 나아감에 관한 깨우침이니 공(功)을 계산하고 이(利)를 도모하지 않는다는 것을 이른 것이다.」하였다.

○ 은거(隱居) : 은퇴하여 삶. 세상을 등지고 숨어서 삶. 벼슬을 하지 않고 피하여 숨어서 삶.

| ○濂溪周先生이 曰 聖希天이오 賢希聖이오 士希賢이니. |
|---|

〖解說〗 염계(濂溪) 주선생(周先生)이 말하기를 「성인(聖人)은 하늘과 같기를 바라고, 현인(賢人)은 성인과 같기를 바라고, 선비는 현인과 같기를 바란다.」

〔集說〕 吳氏曰 濂溪 地名 先生 名敦頤 字茂叔 道州人 朱子曰 希 望也.

**【註解】** 오씨(吳氏) 이르기를 「濂溪는 지명이다. 선생의 이름은 敦頤이고, 字는 茂叔이니 道州사람이다.」주자(朱子) 이르기를 「希는 바라는 것이다.」 했다.

| 伊尹顔淵은 大賢也라 伊尹은 耻其君不爲堯舜이며 一夫不得其所하되 若撻于市하고 顔淵은 不遷怒하며 不貳過하며 三月不違仁하니라. |
|---|

〖解說〗 이윤(伊尹)과 안연(顔淵)은 대현인(大賢人)이다. 이윤은 그의 임금을 요순과 같게 하지 못하며, 한 사람의 백성이라도 그가 안주(安住)할 곳을 얻지 못하였음을 부끄럽게 여기되 마치 자신이 시장의 많은 사람 앞에서 매맞는 것처럼 여겼고, 안연(顔淵)은 성냄을 옮기지 않으며, 같은 허물은 두 번 되풀이 하지 않으며, 석 달 동안을 계속하여 인(仁)을 어기는 일을 하지 아니하였니라.

〔集解〕 伊 姓 尹 字也 名摯 相湯伐桀 若撻于市 言 耻之甚也, 朱子曰 遷 移也 貳復也 三月 言其久 仁者 心之德 不違仁者 無私欲而 有其德也 此皆賢人之事也.

**【註解】** 伊는 성이고, 尹은 字이며, 이름은 摯이니, 湯을 도와 桀을 쳤다.

若撻于市는 부끄러움의 심함을 말한 것이다. 주자(朱子) 이르기를 「遷은 옮기는 것이다. 貳는 거듭하는 것이다. 三月은 그 오램을 말한다. 仁은 마음의 德이다. 仁을 어기지 않는 것은 사사로운 욕심이 없고, 그 德이 있는 것이다. 이것은 다 현인의 일인 것이다.」 하였다.

| 志伊尹之所志하며 學顔淵之所學하면. |
|---|

〖解說〗 뜻은 이윤(伊尹)이 뜻한 바로 하며, 학문은 안연(顔淵)의 배운 바로 한다면.

〔集解〕 朱子曰 此言 士 希賢也.

【註解】 주자(朱子) 이르기를 「이 말은 선비는 賢人과 같기를 바라는 것이다.」 하였다.

| 過則聖이요 及則賢이요 不及則亦不失於令名하리라. |
|---|

〖解說〗「(이윤(伊尹)이나 안연(顔淵)보다) 나으면 성인(聖人)이 될 것이고, 그들과 같게 되면 현인(賢人)이 될 것이고, 미치지 못하여도 또한 어진 이름을 잃지 아니하리라.」 하였다.

〔集成〕 朱子曰 三者 隨其用力之淺深, 以爲所至之遠近 不失令名 以其有爲善之實也.

【註解】 주자(朱子) 이르기를 「세 가지는 그 힘을 쓰는 얕고 깊음에 따라 써 다다르는 곳의 멀고 가까움이 된다. 아름다운 이름을 잃지 않음은 그것으로써 善을 실행하는 신실함이 있기 때문인 것이다.」 하였다. ○ 令名은 아름다운 이름. 명성. 훌륭한 이름. 어질다는 명성.

○聖人之道는 入乎耳存乎心하여 蘊之爲德行이요 行之爲事業이니 彼以文辭而耳者는 陋矣니라.

〖解說〗 성인(聖人)의 도(道)는 귀로 들어와 마음에 남아 있어서 쌓여서는 덕행(德行)이 되고, 실행해서는 사업이 되나니 저 문장만으로써 말 뿐인 자는 비루(卑陋)하니라.

〔集解〕 蘊 積也 聖人之道 入耳 存心積於中 爲德行者 道之體也 發於外 爲事業者 道之用也 若夫 文所以載道 苟徒騁葩藻 以爲文辭 則其卑陋 甚矣.

【註解】 蘊은 쌓이는 것이다. 성인(聖人)의 道는 귀로 들어와 마음속에 있으며 마음 속에 쌓이어 덕행이 되는 것은 道의 본체이고, 밖으로 피어나서 사업이 되는 것은 道의 作用이다. 만일 대체로 글이란 것에 道를 실으므로써 다만 부질없이 아름답게만 꾸며서 이로써 文辭를 삼는다면 그 문장은 비루하기가 심하다는 것이다.

○仲由는 喜聞過라 令名無窮焉하더니 今人은 有過어든 不喜人規하나니 如護疾而忌醫하여 寧滅其身而無悟也하니 噫라.

〖解說〗 중유는 자신의 허물 듣기를 기뻐했다. 훌륭한 이름이 끝이 없더니, 지금에 사람들은 허물이 있으면 남의 규간(規諫)을 기뻐하지 아니하나니 마치 병을 덮어 가지고 의원을 꺼려하여 차라리 그 몸을 멸(滅)할지언정 깨달음이 없으니 슬프도다!

〔集說〕 朱子曰 喜其得聞而改之 陳氏曰 規 規諫 悟 悔悟 噫 傷痛聲.

【註解】 주자(註子) 이르기를「喜는 자신의 허물을 얻어 듣고 고치는 것이다.」하였다. 진씨(陳氏)는 이르기를「規는 경계하여 간언함이다.

悟는 뉘우쳐 깨닫는 것이다. 噫는 상심하여 통탄하는 소리이다.」(아아! 하는 슬픔의 감탄사)

○ 明道先生이 曰 聖賢千言萬語只是欲人이 將已放之心約之하여 使反復入身來니 自能向上去하여 下學而上達也니라.

〖解說〗 명도(明道)선생이 말하기를 「성현(聖賢)의 천만(千萬)마디의 말씀은 다만 이는 사람이 문득 이미 놓아버린 마음을 거두어들여서 자기의 몸 속으로 되돌아 들어오도록 하고자 할 뿐이니, 그렇게 하면 사람은 스스로 향상하여서 아래로 인사(人事)를 배워서 위로 천리(天里)에 통달(通達)할 수 있을 것이니라.」 하였다.

〔集說〕 陳氏曰 約 猶收也 下學而上達 下學人事而上達天理也 朱子曰 所謂 反復入身來 不是將已縱出底收拾轉來 只是知求則心便在 便是反復入身來 又曰 能求放心則志氣清明 義理昭著 而可以上達. 〔集成〕 朱子曰 求放心 乃爲學根本田地 能如此向上 更做窮理工夫 方見所存之心所具之理 不是兩事 隨應自然中節 方是儒者事業.

【註解】 진씨(陳氏) 이르기를 「約은 거두어 들인다는 것과 같고, 下學而上達은 아래로 사람의 일을 배워서 그 이치를 깨달으면 위로 天理를 通達한다는 것이다.」 하였다.

주자(朱子) 이르기를 「이른바 反復立身來)라는 것은 문득 이미 속에서 나가버린 것이 거두어 굴러들어오지 않는 것을 다만 곧 깨닫기를 구하였을 때 마음 속에 있으면 바로 그것이 反復立身來라는 것이다.」 하였다. 또 이르기를 「놓아버린 마음을 구할 수 있으면 지기(志氣)가 맑아 밝아지고 의리가 밝게 드러나서 이로써 위에 通達할 수 있다.」 하였다. 〔集成〕에 주자(朱子) 이르기를 「놓아 버린 마음을 구한다는 것은 결국 근본 지점에서부터 배워야 하기 때문이다. 능히 이와 같이 위로 향하여 더욱 배우고 궁리하고 공부하며 곧, 가진 바의 마음과 갖춘 바의 이치를 나타낼 수 있다면 이 두 가지 일이 옳지 않을지라도

自然에 隨應하고 中節하는 것이 곧 바로 儒者의 事業이다.」 하였다.

○心은 要在腔子裏니라.

〖解說〗 마음은 모름지기 강자(腔子) 속에 있어야 할 것이니라.

〖集說〗 朱子曰 心之爲物 至虛 至靈 神妙不測 常爲一身之主 以提萬事之綱 而不可有頃刻之不存者也 一不自覺 而馳騖飛揚 以徇物欲於軀殼之外 則一身無主 萬事無綱 雖其俯仰顧眄之間 蓋己不自覺其身之所在矣 又曰 心 便在腔子裏.

【註解】 주자(朱子) 이르기를 「마음의 물건 됨은 至虛하고 至靈하며 神妙하여 헤아릴 수 없으며, 항상 한 몸의 주인으로 모든 일의 紀綱을 이끌어서 잠깐 동안이라도 없을 수 없는 것이다. 한 번 스스로 깨닫지 못하여 달리고 드날려 軀殼의 밖에 物欲을 따르면 일신의 주인도 없고 만사의 기강도 없으며, 비록 굽어보고 우러러보고 돌아보고 흘겨보는 사이라도 대개 자기 몸의 소재를 깨닫지 못한다.」 하였고, 또 말하기를 「마음이란 있어야 할 腔子속에 있어야 한다.」 하였다.

○伊川先生이 曰 只整齊嚴肅則心便一이니 一則自無非辟之干이니라.

〖解說〗 이천(伊川)선생이 말하기를 「다만 정제(整齊)하고 엄숙하면 마음이 전일(專一)하게 되나니. 마음이 전일하면 저절로 부정(不正)하고 사벽(邪辟)한 것이 간범(干犯)하지 못하니라.」 하였다.

〖集解〗 整齊嚴肅 如正衣冠 尊瞻視之類 一 專一也. 〔增註〕 盧氏曰 外面 整齊嚴肅 則內面便一 內面一則 外面 便無非辟之干.

【註解】 整齊嚴肅은 衣冠을 바르게 하고 瞻視를 높이는 따위와 같은

것이다. 一은 專一한 것이다. 〔增註〕에 노씨(盧氏) 이르기를「外面이 整齊되어 嚴肅하면 內面이 專一하게 되고, 內面이 專一하게 되면 外面에 不正과 邪辟이 干犯치 못한다.」하였다. ○ 非는 不正한 것. 辟은 사특한 것. 干은 干犯이다.

○伊川先生이 甚愛表記에 君子莊敬日彊하고 安肆日偸之語하더시니 蓋常人之情이 纔放肆則日就曠蕩하고 自檢束則日就規矩니라. (纔＝재)

〖解說〗 이천(伊川)선생이 〈예기(禮記)〉의 표기편(表記篇)에「군자가 씩씩하고 공경하면 날로 굳세어지고 편안하고, 방종하면 날로 게을러진다.」고 한 말을 좋아하시더니, 대개 보통 사람의 심정은 방사(放肆)하기 시작하면 날로 광탕(曠蕩)하게 되고, 스스로 검속(檢束)하면 날로 법도가 있게 되니라.

〔集解〕 表記 禮記篇名 偸 惰也 周氏曰, 莊敬 可以言君子 安肆 亦言君子者 盖謂 雖爲君子 果莊敬 則日入於彊 或安肆則日入於偸矣.

【註解】 表記는 禮記의 篇이름이다. 偸는 게으른 것이다. 주씨(周氏) 이르기를「씩씩하고 공경함에 君子라는 말을 할 수 있으나, 안일하고 방자함에도 또한 君子라는 말을 한 것은 대개 이르기를 비록 君子라 하더라도 과연 씩씩하고 공경해야만 날로 강함에 들어가고, 혹 안일하거나 방자하면 날로 게으름에 빠져든다.」하였다. ○ 曠蕩의 曠은 空虛다. 蕩은 放蕩이다.

○人於外物奉身者에 事事要好하되 只有自家一箇身與心을 却不要好하나니 苟得外物好時면 却不知道自家身與心이 已自先不好了也니라.

〚解說〛 사람이 외물(外物)로 자신을 받들어 주는 것에 일마다 다 좋기를 요구하되 다만 자기의 한낱 몸과 마음은 좋을 것을 바라지 않는다. 진실로 외물(外物)을 좋은 것을 얻었을 때면 도리어 자신의 몸과 마음은 이미 저절로 먼저 좋지 못한 것이 되어 버린다는 것을 알지 못하니라.

〔集說〕 陳氏曰 外物之奉身者 如飮食衣服宮室之類 身不好 謂身不檢 心不好 謂心不收.

【註解】 진씨(陳氏) 이르기를 「外物로 자신을 받들어 준다는 것은 飮食·衣服·宮室, 같은 類이고, 몸으로 좋아하지 않는다는 것은 몸을 檢束하지 않는 것을 말하고, 마음으로 좋아하지 않는다는 것은 마음으로 거두어들이지 않는다는 것을 말하는 것이다.」 하였다. ○ 自家는 自身의 뜻이고, 知道는 알다의 뜻이다.

○伊川先生이 曰 顔淵이 問克己復禮之目한대 孔子曰 非禮勿視하며 非禮勿聽하며 非禮勿言하며 非禮勿動이라 하시니.

〚解說〛 이천(伊川)선생이 말하기를 「안연(顔淵)이 사욕(私欲)을 이기고 예(禮)에 돌아갈 수 있는 조목(條目)을 물었는데, 공자께서 말씀하시기를 「예(禮)가 아니거든 보지 말며, 예가 아니거든 듣지 말며, 예가 아니거든 말하지 말며, 예가 아니거든 움직이지 말라.」고 하셨으니.

〔集說〕 朱子曰 克 勝也, 己 謂身之私欲也, 復 反也, 禮者 天理之節文也, 目 條件也 非禮者 己之私也 勿者 禁止之辭 是人心之所以爲主而勝私復禮之機也.

【註解】 주자(朱子) 이르기를 「克은 이기는 것이다. 己는 자신의 私欲을 말한다. 復은 되돌아가는 것이다. 禮는 天理의 節文이다. 目은 조건이다. 非禮는 자기의 사사로운 것이다. 勿은 금지하는 말이다. 이는 사람의

마음이 주(主)가 되는 것으로써 사욕(私欲)을 이기고 禮로 돌아가는 기틀이다.」 하였다.

| 四者는 身之用也라 由乎中而應乎外하나니 制乎外는 所以養其中也라 顔淵이 事斯語하니 所以進於聖人이니 後人學聖人者는 宜服膺而勿失也니라 因箴以自警하노라. |
|---|

〖解說〗「(보고·듣고·말하고·움직이는) 이 네 가지는 몸의 작용(作用)이니 속마음으로 말미암아 밖에 응(應)하는 것이며, 이 네 가지 작용에 제약(制約)을 가(加)하는 것은 그 마음을 바르게 기르기 위한 까닭이다. 안연(顔淵)이 이 말씀의 실천을 일삼았으니 이런 까닭에 성인(聖人)의 경지에 나아갈 수 있었던 것이다. 후세에 성인(聖人)의 도(道)를 배우는 사람은 마땅히 가슴에 담아서 잃지 말아야 할 것이다. 인(因)하여 잠(箴)을 지어서 이로써 스스로 경계하노라.」 하였다.

〔增註〕 視, 聽, 言, 動, 皆身之用, 由心而出者也, 非禮勿視聽言動 所以制外而養心也, 事 從事也 服 著也 膺 胸也 奉持而著之心胸 之間也 朱子曰 由中應外 泛言其理, 如此耳 制外養中 方是說做工夫處.
〔集解〕 進於聖人 進步幾及之意.

**【註解】** 보고, 듣고, 말하고, 움직임은 모두 몸의 작용이니, 마음으로 말미암아 나오는 것이다. 禮가 아니면 보고, 듣고, 말하고, 움직이지 않음은 외부 작용에 제약(制約)을 가해서 마음을 기르려는 까닭이다.

事는 따르는 일이다. 服은 붙이는 것이고, 膺은 가슴이니 받들어 가져서 가슴의 사이 마음에 붙이는 것이다.

주자(朱子) 이르기를「속마음으로 말미암아 외부에 응함은 널리 그 이치가 이와 같음을 말한 것 뿐이고, 밖을 제약하여 속마음을 기르는 것은 바야흐로 곧 공부할 곳을 설명한 것이다.」 하였다.

〔集解〕에 進於聖人은 進步해서 聖人의 경지에 거의 미쳐 간다는 뜻이다. ○ 箴은 漢文에서 文體의 一種으로 그 내용은 警戒하는 뜻을

서술하고, 韻을 갖춘 글이다.

其視箴에 曰 心兮本虛하니 應物無迹이라 操之有要하니 視爲之則이라 蔽交於前하면 其中則遷이니 制之於外하여 以安其內니라 克己復禮하면 久而誠矣리라. (則＝칙)

〖解說〗 그 시잠(視箴)에 말하기를 「마음이란 본래 빈 것이니, 외물(外物)에 응(應)함에 자취가 없다. 이것을 조종하는 요점(要點)이 있으니 보는 것으로 법을 삼을 것이다. 물욕의 가리우는 것이 눈앞을 교차하면 그 마음은 곧 비례(非禮)한 데로 옮기게 되나니. 밖의 자극에 제약을 가하여 그로써 그 마음을 안정케 할 것이다. 그리하여 사욕(私欲)을 이기고 마음이 예(禮)에 돌아가게 하면 오래 지속되는 데 따라서 성실해지리라.」 하였다.

〔增註〕 心之體 本自虛明 而其用則隨物而應 無有形迹 操而存之之要 以視爲則而已 蓋物欲之蔽 交接於前 則心隨之以遷 此 非禮之視 所以當制也 誠者 從容不勉者也, 朱子曰 人之視聽言動 視最在先 爲操心之準則.

**【註解】** 마음의 형체는 본래 마음 그 자체가 虛明해서 그 작용은 곧 외물(外物)에 따라서 應하는데 형(形)이나 흔적이 없다. 이것의 존재를 조종하는 요점은 보는 것으로써 법을 삼을 뿐이다. 대개 物欲의 가리움이 눈앞에 교차하여 접하면 마음이 따라서 이로써 옮겨진다. 이는 禮가 아닌 것을 보는 것이니, 이런 까닭에 마땅히 바깥 작용에 제약을 가하는 것이다. 誠은 從容하여 억지로 힘쓰지 않는 것이다.

주자(朱子) 이르기를 「사람의 보고, 듣고, 말하고, 움직이는 이 네 가지 것 중에서 보는 것이 가장 먼저있는 것은 마음을 조종하는 준칙(準則)이 되기 때문이다.」 하였다.

其聽箴에 曰 人有秉彝는 本乎天性하니 知誘物化하여 遂亡

其正하나니라 卓彼先覺은 知止有定이라 閑邪存誠하여 非禮勿聽하나니라.

〖解說〗 그 청잠(聽箴)에 말하기를「사람이 떳떳한 도리를 지키고 있는 것은 천성(天性)에 근본한 것이니, 예(禮)가 아닌 말을 들으면 마음의 지성(知性)은 물욕(物欲)의 이끌리는 것에 동화(同化)되어 결국은 그 바른 도리를 잃는다. 우뚝히 뛰어난 저 선각자(先覺者)들은 그칠 데를 알아서 정함이 있었다. 밖으로 그 사악(邪惡)한 것을 막고 안으로 그 성실된 마음을 두어서 자연 예가 아니거든 듣지 말 것이니라.」하였다.

〔增註〕 性 即理也 人之秉彝 乃得於天之正理也 聽非禮則心之知 爲物所引誘 與之俱化而正理遂亡矣 惟彼先覺之人 卓然自立 知其所當止 而志有定向故 能防閑其邪妄於外 而存其實理於內 自然非禮勿聽也.

【註解】 性은 곧 이치이니, 사람이 떳떳한 도리를 지키는 것은 바로 하늘의 바른 이치에서 얻어진 것이다. 예가 아닌 것을 들으면 마음의 지성이 외물의 유혹에 이끌리게 되는 바 그와 함께 모두 同化되어져 바른 도리를 결국 잃게 되는 것이다. 뛰어난 선각자들은 自立하여 마땅히 그 그칠 바를 알아서 뜻이 일정한 방향이 있다. 그러므로 그 사악하고 망녕됨을 밖에서 잘 막아 그 성실한 이치를 마음에 두어서 자연 예가 아니면 듣지 않는 것이다. ○ 閑은 막다이다.

其言箴에 曰 人心之動이 因言以宣하나니 發禁躁妄이라사 內斯靜專하나니라 矧是樞機라 興戎出好하나니 吉凶榮辱이 惟其所召니라 傷易則誕이오 傷煩則支하며 己肆物忤하고 出悖來違하나니 非法不道하여 欽哉訓辭하라.

〖解說〗 그 언잠(言箴)에 말하기를「사람의 마음의 움직임이 말에 의함으로써 표현되나니. 발언할 때에는 조급하고 망녕됨을 금지하여서

안으로 이에 마음이 안정(安靜)되고 전일(專一)할 것이다. 하물며 말이라는 것은 가장 긴요한 것이다. 말 한 마디로 전쟁을 일으킬 수도 있고, 우호(友好)를 초래(招來)해 낼 수도 있나니, 길(吉)한 것도 흉(凶)한 것도 영광도 치욕도 오직 말이 불러오는 바이다. 말을 쉽게 하는 흠이 있으면 망탄(妄誕)하고, 말이 번거로운 흠이 있으면 지리(支離)하고, 내 말이 방자하면 남에게 거슬리게 되고, 나가는 말이 패려(悖戾)하면 오는 말이 어그러지나니 선왕(先王)의 법언(法言)이 아니거든 감히 말하지 말라는 옛사람의 가르친 말씀을 공경하라.」하였다.

〔增註〕 宣 布也 人心 有動於內 因言以宣於外 所謂言者 心之聲也 發 發言也 言不煩躁 則心安靜 言不妄誕 則心專一 矧 況也 樞機 喩言 說見范魯公詩 戎 兵也 好 善也, 謂言能興戎出好 且召吉凶榮辱也 傷於輕易則妄誕 傷於煩多則支離 己放肆則忤於人 出者逆則來者違 四者 言之病也.

【註解】 宣은 펴는 것이다. 사람의 마음은 안에서 움직임이 있으면 말에 의함으로써 밖에 펴진다. 이른바 말은 마음의 소리이다. 發은 發言하는 것이다. 말이 번거롭고 조급하지 않으면 마음이 安靜되고, 말이 망녕되고 허탄하지 않으면 마음이 專一하게 된다. 矧은 하물며이다. 樞機는 비유하는 말이니, 范魯公의 詩에 설명을 보였다. 戎은 전쟁이다. 好는 좋은 것이다. 말은 능히 전쟁을 일으키고 우호를 이끌어 내기도 하며, 또한 길・흉・영・욕을 부른다는 것을 말한 것이다. 말을 가볍고 쉽게 하는 흠이 있으면 그 말은 망녕되고 허탄하며, 말이 煩多한 흠이 있으면 支離하고 자기가 하는 말이 방자하면 남에게 거슬리고 나가는 말이 거슬리면 오는 말이 어그러진다. 이 네 가지 것은 말의 병이다.

○ 樞機의 樞는 문의 지도리이고, 機는 쇠뇌를 당기는 쇠이다. 이 둘의 뜻을 합쳐 轉하여 사물의 가장 중요한 또는 가장 요긴한의 뜻이다.

其動箴에 曰 哲人은 知幾하여 誠之於思하고 志士는 勵行이라

守之於爲하나니 順理則裕요 從欲惟危니 造次克念하여 戰兢自持하라 習與性成하면 聖賢同歸하리라.

〖解說〗 그 동잠(動箴)에 말하기를 「명철(明哲)한 사람은 마음의 움직이는 기미를 알아서 생각하는데 있어 정성되게 하고, 지사(志士)는 실행하는 것을 힘쓴다. 행위에서 사악(邪惡)한 데로 흐르지 않도록 자신을 지키나니, 바른 이치에 순종하면 여유가 있고, 욕심에 쫓아 행동하면 오직 위태로울 뿐이니, 잠깐 사이에도 잘 생각하여 겁내고 조심하는 마음으로 자신을 지켜라.

습관(習慣)이 천성(天性)과 함께 성장하면 성현(聖賢)과 같은 경지에 돌아 갈 수 있으리라.」고 하였다.

〔增註〕 思者 動於心也 惟知幾之哲人, 能誠之 爲者 動於身也 惟勵行之志士 能守之 二者 雖不同 然 皆順理則安裕 從欲則危險也. 〔集解〕 朱子曰 程子之箴 發明親切 學者 尤宜深玩.

【註解】 생각은 마음을 움직임이니, 오직 기미를 아는 명철한 사람이라야 성실할 수 있다. 행위는 몸을 움직임이니, 오직 힘써 실행하는 뜻 있는 선비라야만 지킬 수 있다. 이 두가지가 비록 같지 않으나, 그러나 이치에 순종하면 편안한 여유가 있고, 욕심을 따르면 위험해 진다. 〔集解〕에 주자(朱子) 이르기를 「정자(程子)의 箴은 밝게 밝힌 것이 친절하다. 배우는 사람은 더욱 마땅히 깊이 익혀야 한다.」 하였다.

○伊川先生이 言人有三不幸하니 少年登高科一不幸이요 席父兄之勢하여 爲美官이 二不幸이요 有高才能文章이 三不幸也니라.

〖解說〗 이천(伊川)선생이 말하기를 「사람에게 세 가지 불행한 일이 있나니, 소년으로서 높은 과거(科擧)에 오르는 것이 첫째의 불행이고, 부형의 권세(權勢)에 힘입어 좋은 벼슬에 오른 것이 둘째의 불행이고,

뛰어난 재주와 문장에 능함이 있는 것이 셋째의 불행이니라.」하였다.

〔增註〕 幸 猶慶也 少年登高科者 學未優, 藉勢爲美官者 人不稱 有高才能文章者 恒無德以將之 此三者 皆不足以致遠 故 謂之不幸.

【註解】 幸은 경사와 같은 것이다.
소년으로서 높은 과거에 합격하는 것은 학문이 아직 넉넉지 못할 것이고, 부형의 세력을 의지하여 좋은 벼슬을 하는 것은 사람들이 칭찬하지 않을 것이고, 뛰어난 재주와 문장에 능한 것은 항상 덕이 없이 이로써 나아가니 이 세 가지는 다 궁극의 심원(深遠)한데 이르기는 부족하기 때문에 불행하다고 말한 것이다. ○ 席은 의뢰하다. 힘입음. 자세(藉勢)함. 藉와 같은 뜻이다.

○橫渠先生이 曰 學者捨禮義則飽食終日하여 無所猷爲하여 與下民一致라 所事不踰衣食之間과 燕遊之樂耳니라. (猷=유)

〖解說〗 횡거 선생이 말하기를「학문하는 사람이 예의(禮義)를 버리면 배부르게 먹고는 온종일 아무런 하는 일이 없어서 하급(下級)의 백성들과 같은 데로 돌아간다. 그 하는 일은 입고 먹는 것과 술마시고 잔치하고 노는 즐거움을 넘지 못하는 것이 될뿐이니라.」하였다.

〔集說〕 陳氏曰 捨 棄也 猷爲 謀猷作爲也 一致 猶言同歸 踰 過也.

【註解】 진씨(陳氏) 이르기를「捨는 버리는 것이다. 猷爲는 作爲를 謀計하는 것이다. 一致는 같은데로 돌아간다는 말과 같다. 踰는 넘는 것이다.」

○范忠宣公이 戒子弟曰 人雖至愚라도 責人則明하고 雖有聰明이라도 恕己則昏하나니 爾曹는 但常以責人之心으로 責己하고 恕

己之心으로 恕人이면 不患不到聖賢地位也리라.

〚解說〛 범충선공(范忠宣公)이 자제(子弟)들을 훈계하여 말하기를「사람은 지극히 어리석은 자라도 남을 꾸짖을 때에는 마음이 밝게 움직이게 되고, 비록 총명한 두뇌를 가졌다 할지라도 자기를 용서하고 있을 때에는 마음이 어두워 움직이지 아니하니 너희들은 다만 늘 남을 꾸짖는 밝은 마음으로 자신을 꾸짖고 자신을 용서하는 어두운 마음으로 남을 용서 한다면 성현의 지위에 도달하지 못한다는 근심은 없으리라.」하였다.

〔集說〕 陳氏曰 公 名純仁 字堯夫 忠宣 諡也 文正公之子 朱子曰 恕 是推去的於己 不當下恕字 若欲脩潤其語 當曰以愛己之心 愛人 吳氏曰 恕字之義 范公 盖以寬恕爲言也.

【註解】 진씨(陳氏) 이르기를「公의 이름은 純仁이고, 字는 堯夫이고, 忠宣은 시호이니, 文正公의 아들이다.」하였다.

주자(朱子) 이르기를「恕는 미루어 가는 것인데, 자신에게 '恕'字를 놓음은 부당하다. 만약 그 말을 수정해서 윤색 하고자 한다면 마땅히 "자기를 사랑하는 마음으로 남을 사랑한다"라고 말해야 한다. 오씨(吳氏) 이르기를「'恕'란 글자의 뜻은 范公이 아마 "관대히 용서하다."로써 말을 했을 것이다.」○ 恕는 자기를 미루어 남을 생각함이다.

○呂滎公이 嘗言後生初學이 且須理會氣象이니 氣象好時엔 百事是當하나니 氣象者는 辭令容止輕重疾徐에 足以見之矣니 不惟君子小人이 於此焉分이라 亦貴賤壽夭之所由定也니라.

〚解說〛 여형공(呂滎公)이 일찍이 말하기를「후배로 처음 학문을 하는 자는 또 모름지기 기상(氣象)을 살펴서 바로 잡아야 한다. 기상이 좋은 때에는 온갖 일이 이에 마땅하게 되는 것이다. 기상이라는 것은 말씨와 몸가짐의 경솔하고 중후하고 빠르고 느린 것에서 넉넉히 이로써 볼

수 있을 것이니, 오직 군자와 소인이 이에서 구분 될 뿐 아니라, 또한 신분이 귀하게 되고 천하게 되는, 일과 장수(長壽)하고, 단명(短命)하게 되는 것도 이것에 연유(緣由)하여 정(定)하여 지는 것이니라.」 하였다.

〔增註〕 理會 謂省察矯揉之 辭令 出諸口 容止 見諸身 乃德之符也 故端重安徐者 爲君子 爲貴 爲壽 輕浮躁 疾者 爲小人 爲賤 爲夭.

【註解】 理會는 살펴서 바로잡아 가는 것을 말한다. 말은 모두 입에서 나오고, 행동거지는 모두 몸에 나타나니 곧, 덕성의 증거이다. 그러므로 말과 행동이 단정하고 중후하고 안정되고 서서히 하는 자는 군자가 되어 귀하게 되고 장수하게 되며, 말과 행동이 경솔하고 들뜨고 조급하고 빠른 자는 소인이 되어 천하게 되고 단명하게 된다. ○ 氣象은 사람이 타고 난 마음씨와 겉으로 드러난 몸 가짐을 말하는 것이다. 이 氣象은 辭令容止輕重疾徐에 드러나고 小人과 君子가 구분되며, 貴賤壽夭가 定해지는 것이 氣象으로 말미암는다는 것이다.

○攻其惡이요 無攻人之惡이니 蓋自攻其惡이면 日夜에 且自點檢하여 絲毫不盡이라도 則慊於心矣니 豈有工夫點檢他人耶리오. (慊＝겸)

〚解說〛 자기의 악(惡)을 다스리고 남의 악을 다스리지 말 것이다. 대체로 스스로 자기의 악을 다스리려면 낮이나 밤이나 또 스스로 점검하여 실이나 터럭만큼이라도 다하지 못한다면 마음에 불만족하게 생각할 것이니, 어찌 다른 사람을 점검할 겨를이 있겠는가?

〔集說〕 陳氏曰 攻 專治也 攻其惡 無攻人之惡 孔子之言 蓋 發語辭 士之檢身 一念之惡 未盡去 即有愧於心矣 何暇責人哉.

【註解】 진씨(陳氏) 이르기를 「攻은 오로지 다스리는 것이다. 攻其惡 無攻人之惡은 공자의 말씀이다. 蓋는 발어사이다.

선비가 몸을 단속함에 한 생각의 악이라도 다 제거하지 못하면 곧 마음에 부끄러움이 남아 있는 것이다. 어느 여가에 남을 꾸짖겠는가?」 하였다. ○ 慊 : 불만족하게 생각할 겸. ○ 工夫 : 틈. 여가.

| ○大要한대 前輩作事는 多周詳하고 後輩作事는 多闕略하니라. |
|---|

〖解說〗 대체로 요약해 말하건대 선배들의 하는 일은 주밀하며 자세하고, 후배들의 하는 일은 궐루(闕漏)가 많고, 조략(粗略)한 것이 많다는 것이니라.

〔集解〕 大要 猶言大抵. 〔增註〕 周則無闕 詳則不略 用心勤密 則作事多周詳 用心疎怠 則作事多闕略.

【註解】 大要는 대저라는 말과 같다. 〔增註〕에 주밀하면 궐루가 없고, 자세하면 조략하지 않다. 마음을 쓰는 것이 근면하고 정밀하면 하는 일에 주밀하고 자세함이 많고, 마음을 쓰는 것이 소루하고 나태하면 하는 일에 궐루하고 조략함이 많다.

| ○恩讎分明此四字는 非有道者之言也오 無好人三字는 非有德者之言也니 後生은 戒之하라. |
|---|

〖解說〗「은혜와 원수를 분명히 하라.」는 말이 있다. 恩·讐·分·明의 네 글자는 도가 있는 사람의 말은 아니다.「좋은 사람이 없다.」는 말이 있다. 無·好·人의 세 글자는 덕이 있는 사람의 말이 아니니, 후생들은 이러한 말을 경계해야 할 것이다.

〔集解〕 孔子曰 以德報德 以直報怨 若有怨 必思報復 豈有道者哉 孟子云 人性皆善 人皆可以爲堯舜 若鄙薄當世 以爲無好人 豈有德者哉 此後生小子 所當戒也.

【註解】 공자(孔子)께서 말씀하시기를 「德으로써 德을 보답하고, 至公無私한 直道로써 원한에 보답한다.」고 하셨다. 만일에 있어 원수는 반드시 보복하기를 생각한다면 어찌 道가 있는 사람이라고 할 수 있겠는가? 맹자(孟子)께서 말씀하시기를 「사람의 天性은 다 善한 것이어서 사람은 다 堯舜처럼 될 수 있다.」고 하셨다. 만일 當世를 더럽고 薄한 것으로 비평하여 세상에 좋은 사람이 없다고 말한다면 어찌 德이 있는 사람의 말이라고 할 수 있겠는가? 이것은 後生・小生들이 마땅히 경계해야 할 것이다.

○張思叔의 座右銘에 曰 凡語를 必忠信하며 凡行을 必篤敬하며 飮食을 必愼節하며 字畫을 必楷正하며,

〖解說〗 장사숙(張思叔)의 좌우명(座右銘)에 말하기를 「대저 말은 반드시 성실하고 믿음성이 있어야 하며, 대저 행동은 반드시 독실(篤實)하고 경건(敬虔)해야 하며, 음식은 반드시 삼가고 절제(節制)가 있어야 하며, 글씨는 반드시 해서(楷書)로 바르게 써야 하며.」

〔集說〕 陳氏曰 思叔 名繹 河南人 伊川弟子 銘者 自警之辭 愼 謂不苟食, 節 謂不恣食 楷 謂不草率 正 謂不偏邪.

【註解】 진씨(陳氏) 이르기를 「思叔의 이름은 繹이니, 河南사람으로 伊川의 제자이다. 銘은 스스로 경계하는 말이다. 愼은 구차히 먹지 않는 것을 말하고, 節은 욕심껏 먹지 않음을 말하고, 楷는 草率하지 않는 것을 말하고, 正은 偏邪하지 않는 것을 말한다.」 하였다.

○ 座右銘←자리의 오른 쪽에 두고 항상 몸을 경계하는 金言이다. 漢나라 崔瑗에게서 시작되었다. ○ 楷正←楷는 書體의 하나. 正은 글씨를 바르게 쓰는 것이다. 흔히 말하는 '정자(正字)'가 楷書體 字이다. 書體는 크게 나누어 楷・隸・行・草・篆이 있다.

容貌를 必端莊하며 衣冠을 必肅整하며 步履를 必安詳하며 居

處를 必正靜하며,

〚解說〛 얼굴의 모습은 반드시 단정하고 장엄해야 하며, 의관(衣冠)은 반드시 엄숙하고 정제(整齊)해야 하며, 발걸음은 반드시 침착하고 조용해야 하며, 집에 있을 때에는 반드시 자세를 바르게 하고 고요하게 하며.

〔集解〕 容貌 擧一身而言 端莊 端正莊嚴也 衣冠 所以正容儀 肅整者 嚴肅齊整也 足容重故 當貴乎安詳 居處恭故 必在乎正靜也.

【註解】 容貌는 온 몸을 들어 말했다. 端莊은 단정하고 장엄한 것이다. 衣冠은 용모의 거동을 바르게 하는 것이다. 肅正은 엄숙하게 정제하는 것이다. 발의 거동은 무거워야 하기때문에 마땅히 침착하고 조용한 것을 귀하게 여겨야 한다. 거처함에는 공손해야 하기 때문에 반드시 바르게 하고 고요하게 있어야 한다.

作事를 必謀始하며 出言을 必顧行하며 常德을 必固持하며 然諾을 必重應하며 見善如己出하며 見惡如己病이니.

〚解說〛 무슨 일을 할 때에는 반드시 계획을 세워서 시작해야 하며 말을 할 때에는 반드시 자신의 행동을 돌아 보아야 하며, 일반적인 덕(德)은 반드시 굳게 지켜야 하며, 그렇다 하고 승낙할 때에는 반드시 신중(愼重)히 대답해야 하며, 선한 것을 보았을 때에는 그것이 자신에게서 나간 것처럼 기뻐하며, 악한 것을 보았을 때에는 자신의 병처럼 여기나니라.

〔集說〕 陳氏曰 事謀於始則無後悔, 言顧其行則非空言 常德 平常之德 持之固則不失, 然諾 皆應辭 應之重則思踐 如己出 冀己亦有是善也 如己病 恐己亦有是惡也.

**【註解】** 진씨(陳氏) 이르기를 「일을 시작할 때에는 계획을 세워서 한다면 후회하는 일이 없을 것이고, 말을 할 때에는 그 자신의 행동을 돌아보고 한다면 빈 말은 안할 것이며, 常德은 평상시의 德이니 지키기를 굳게 한다면 잃지는 않는다. 然·諾은 모두 대답하는 말이니, 응답을 신중히 해야 하는 것은 곧 실천할 것을 생각해서이다. 如己出은 자신에게도 또한 이러한 善이 족히 있기를 바람이고, 如己病은 자신에게도 또한 이러한 惡이 있을 것을 염려하는 것이다.」 하였다.

凡此十四者를 我皆未深省이라 書此當坐隅하여 朝夕視爲警하노라.

**〖解說〗** 모두 이 열네 가지를 나는 다 아직 깊이 살피지 못하였다. 그래서 이것을 써서 앉은 구석에 두어두고서 아침 저녁으로 보고 경계를 삼노라.」 하였다.

**〔集解〕** 熊氏曰 座右銘 凡十四言 不過即其日用言動之間 出入起居之際 大要 以敬爲主 曰愼節 曰楷正 曰端莊 曰肅整 曰安詳 曰正靜 曰固持 曰重應 非敬 其能然乎 作事謀始 一動不忘敬也 出言顧行 一語不望敬也 程門教人 以敬爲先 思叔此銘 學者 所當佩服而深省也.

**【註解】** 웅씨(熊氏) 이르기를 「좌우명(座右銘)의 모두 十四마디의 말은 즉 날로 쓰는 言動의 사이와 출입하고, 起居하는 경우에 不過하다. 大要는 공경으로써 主를 삼는다. 愼節·楷正·端莊·肅整·安詳·正靜·固持·重應은 공경이 아니면 그렇게 할 수 있겠는가? 일을 하는 데는 처음에 잘 계획을 세워서 한 번의 움직임에도 공경을 잊지 않으며, 발언할 때에는 반드시 자신의 행동을 돌아보고 한 마디의 말에도 공경을 잊지 않아야 한다. 명도(明道) 이천(伊川)의 門中에서 사람을 가르치는 데는 공경으로써 최선을 삼았기 때문에 張思叔의 이 銘은 배우는 사람에게 있어서는 마땅히 佩服하여 깊이 살펴야 할 것이다.」 하였다.

○胡文定公이 曰人이 須是一切世味에 淡薄이라야 方好하니 不要有富貴相이니라. 孟子謂堂高數仞과 食前方丈과 侍妾數百人을 我得志不爲라 하시니 學者 須先除去此等이오 常自激昻하여야 便不到得墜墮니라.

〖解說〗 호문정공(胡文定公)이 말하기를 「사람이 모름지기 이 모든 세상 맛에 담박(淡薄)하여야 바야흐로 좋으니 생활에 부귀(富貴)의 양상(樣相)이 있기를 요구(要求)하지 않을 것이다. 맹자(孟子)께서 말씀하시기를 집의 높이가 두어 길이나 되고, 음식이 앞에 일장사방(一丈四方)에 가득하게 늘어놓이며, 시첩(侍妾) 수백인(數百人)이 되는 그러한 부귀의 양상은 내가 그렇게 할 수 있게 뜻을 얻었을 지라도 나는 하지 않을 것이다.」 하셨으니 배우는 사람은 모름지기 먼저 이러한 부귀의 양상을 제거하여야 하고, 항상 스스로 격려하고 분발하여야 문득 배우는 자로서 더럽고 낮은 데로 추락하지 않을 것이니라.

〔集解〕 世味 如飮食衣服居室之類 淡薄 謂食取充服 衣取蔽形 居室取蔽風雨也 富貴相 即所謂 當高數仞 食前方丈 侍妾數百人之類 八尺曰仞 方丈 謂食饌列於前者 方一丈也 除去此等 即富貴相也. 〔增註〕 激昻 即奮發也 墜·墮 皆落也 不以富貴爲事 常自激昻而爲善 則不淪於汚下矣. (奮＝분)

【註解】 世味는 음식과 의복과 거실같은 따위이다. 淡薄은, 음식은 배를 채우도록만 취하고, 옷은 몸을 가리우도록만 취하고, 居室은 風雨를 가리도록만 취하는 것을 말한다. 富貴相은 곧 이른바 집의 높이가 몇 길 되는 것과 음식이 앞에 사방 한 길 되는 것과 侍妾 수백명 따위이다. 八尺을 仞이라 한다. 方丈은 음식과 반찬을 앞에 늘어 놓은 것이 사방 한 길이나 되는 것을 말한다. 이러한 것들을 제거한다는 것은 곧 부귀 양상을 제거하는 것이다. 〔增註〕에 激昻은 곧 분발하는 것이다. 墜·墮는 모두 떨어지는 것이다. 富貴를 일삼지 않고 항상 스스로 분발하여 善을 실행하면 더러운 데로 빠지지 않는다.

嘗愛 諸葛孔明이 當漢末하여 躬耕南陽하여 不求聞達하더니 後來에 雖慶劉先主之聘하나 宰割山河하여 三分天下하여 身都將相하여 手握重兵하니 亦何求不得이면 何欲不遂리오마는 乃與後主言하되 成都에 有桑八百株와 薄田十五頃하니 子孫衣食이 自有餘饒요 臣身在外하여 別無調度라 不別治生하여 以長尺寸하노니 若死之日에 不使廩有餘財하며 庫有餘財하여 以負陛下라 하더니 及卒에 果如其言하니 如此輩人은 眞可謂大丈夫矣로다.

〖解說〗「나는 일찍이 사랑하건대 제갈공명(諸葛孔明)이 한말(漢末)을 당하여 몸소 남양(南陽)에서 농사지으면서 이름이 알려져 현달(顯達)하기를 바라지 않았다. 후에 비록 유선주(劉先主)의 초빙(招聘)을 응낙(應諾)하였으나, 산하(山河)를 분할하여 천하(天下)를 셋으로 나누어서 몸은 장수와 정승으로 있으면서 손에 중요한 병마권(兵馬權)을 관장(管掌)하였으니, 또한 무엇을 구하여 얻지 못하며 무엇을 하고자 한들 되지 않는 것이 있으리오만은 그가 후주(後主)에게 올린 표문(表文)에 말하였으되「신(臣)은 성도(成都)에 뽕나무 八百 그루와 박토(薄土) 十五경(頃)이 있으니 자손들의 의식(衣食)이 스스로 여유(餘有)가 있습니다.

또,신(臣)은 몸이 밖에 나와 있어서 특별히 재물을 위하여 영계(營計)하는 일이 없습니다. 따로 생계를 위한 일을 영위(營爲)하여 한 자 한 치의 재산이라도 늘이는 일은 하지 않았습니다. 신(臣)이 만일 죽는 날에 곡식 창고에 곡식이 있으며, 재물 창고에 재물이 있어서 이로써 폐하를 저버리게 하지는 않겠습니다.」하더니 그가 죽음에 미치어 과연 그의 말과 같았다 한다.

이와 같은 무리의 사람은 참으로 대장부라고 말할 수 있을 것이로다.」하였다.

〔集說〕陳氏曰 南陽 地名 先主 漢昭烈 嘗三顧武侯於草廬之中 宰 宰制 割 分割 三分天下 謂昭烈居蜀 曹操居中原 孫權居江南 分天下爲三國也 都 猶居也 握 猶掌也 成都 郡名 百畝 爲頃 饒 亦餘也 躬耕南陽

若將終身 及爲將相 志惟興漢 孟子 稱大丈夫 貧賤不能移 富貴不能淫 武候有之矣. 〔集解〕調度 營計也.

【註解】 진씨(陳氏) 이르기를 「南陽은 地名이다. 先主는 漢나라 昭烈 황제이니, 일찍이 초막안에 제갈무후를 세 번 찾아 보았다. 宰는 맡아 다스림이다. 割은 분할이다. 三分天下는 昭烈이 蜀에 있고, 曹操가 中原에 있고 孫權이 江南에 있어 天下가 나뉘어져서 세 나라가 된 것을 말한다. 都는 居와 같은 것이다. 握은 掌과 같은 것이다. 成都는 군이름이다. 百畝가 頃이 된다. 饒는 역시 여유이다.

몸소 남양에서 농사지으며 일생을 마칠 것같더니 장수가 되고 정승에 미쳐서는 뜻이 오직 漢나라를 일으키려 했다.」

孟子께서 대장부를 일컬어서 「貧賤이 장부의 절개를 옮기지 못하고 富貴가 장부의 마음을 음란하게 할 수 없다.」 고 했는데 제갈무후에게 그것이 있었다.

〔集解〕에 調度는 경영하고, 계획하는 것이다. ○ 嘗은 常과 通하는 字이다. 聘은 禮를 갖추어서 招聘하는 것이고, 廩은 곡식창고 庫는 재화의 창고다.

○范益謙의 座右戒에 曰 一은 不言朝廷利害와 邊報差除요 二는 不言州縣官員長短得失이오 三은 不言衆人所作過惡之事이오 四는 不言仕進官職趨時附勢오 五는 不言財利多少厭貧求富요 六은 不言淫媟戲慢評論女色이오 七은 不言求人覓物干索酒食이라.

〖解說〗 범익겸(范益謙)의 좌우계(座右戒)에 말하기를 「一은 조정에서 하는 일의 유리(有利)한 것과 유해(有害)한 것과 국경에서 들어오는 보고와 국경에의 차사(差使) 임명(任命)등을 말하지 않는다. 二는 주현(州縣) 관원(官員)의 장단점과 잘한 것과 못한 것을 말하지 않는다. 三은 여러사람이 지은 과오(過誤)와 악한 일을 말하지 않는다. 四는 벼슬에 나아가는 일이나 시세에 붙좇고 권세가 있는 이에게 아부하는

일을 말하지 않는다. 五는 재리(財利)의 다소(多少)와 가난한 것을 싫어하고, 부자가 되는 것을 바라는 말을 하지 않는다. 六은 음란하고 외설하며, 희롱하고 업신여기며, 여색의 잘나고 못난 것을 말하지 않는다. 七은 남의 물건을 찾아서 요구하거나 술과 음식을 청하여 달라고 말하지 않는다.」하였다.

〔**集說**〕陳氏曰 益謙 名冲 利害 謂 事有利有害也 邊報 邊境之報也 差 差使 除 除官 無心失理爲過 有心悖理爲惡 媟 狎也 淫媟 戲慢 皆邪僻之事 覓·干·索, 皆求也.

【**註解**】진씨(陳氏) 이르기를「益謙의 이름은 冲이다. 利害는 일에 이익이 있고, 손해가 있는 것을 말하는 것이다.

邊報는 변경(邊境)의 보고이다. 差는 差使이다. 除는 관원을 임명함이다. 마음에 두지 않아 도리를 잃는 것을 과실이라 하고, 마음에 두면서 도리를 어기는 것을 사악이라 한다. 媟은 친압하는 것이다. 淫媟·戲慢은 모두 邪僻한 일이다. 覓·干·索은 모두 求하는 것이다.」하였다.

| 又曰 一은 人附書信이어든 不可開坼沈滯며, |
|---|

〖**解說**〗또 말하기를「一은 남이 서신을 맡겨 부탁하거든 뜯어 보거나 묵혀두는 일은 아니할 것이며.」

〔**集解**〕熊氏曰 發人私書 坼 人信物 甚者 至爲仇怨 凡人所附書物 當爲附至 及人託往 問訊 干求 若或悖理 或己力不及 則當至誠辭之 苟已諾其言 則須與達之也. 〔**增註**〕開坼則干人之私 沈滯則誤人之託.

【**註解**】웅씨(熊氏)가 이르기를「남의 개인적 서신을 열어보거나 남의 서신을 뜯어 보면 심한 경우에는 원수가 됨에 이른다. 무릇 남이 나에게 맡긴 바의 서신은 마땅히 맡아 이르게 해야 한다. 사람의 청탁 문안

요구에 이르러서는 만약 혹 도리에 어긋나거나 혹 자신의 힘으로 미칠 수 없다면 마땅히 지성으로 사절하고, 진실로 이미 그 말을 승낙했다면 모름지기 관여하여 달성해야 한다.」 하였다. 〔增註〕에 뜯어서 열어보면 남의 사사로움을 干犯하고, 묵혀두면 남의 부탁을 그르치게 된다.

| 二는 與人並坐에 不可窺人私書며, |
|---|

〖解說〗 二는 남과 나란히 앉았을 때에 남의 사신(私信)을 엿보지 아니할 것이며.

〔增註〕 窺 竊視也. 〔集解〕 熊氏曰 凡見人得私書 切不可往觀 乃注目竊視 若幷坐 目力可及 則移身以避 或置几案 亦不當取觀 若其人 令看 方可一視 書中之事 亦不可於他處 說之. (竊＝절)

**【註解】** 窺는 훔쳐보는 것이다. 〔集解〕에 웅씨(熊氏) 이르기를「무릇 남이 사서(私書)를 받아 보거든 절대로 가서 본다거나 또는 주목하여 몰래 훔쳐 보아서는 안된다. 만약 나란히 앉아서 시력이 미치게 되면 자신을 옮겨서 피한다. 혹 책상에 두었어도 또한 취하여 봄은 부당하다. 만약 그 사람이 보라고 하면 비로소 한 번 읽어 볼 수 있으나 서신 내용의 일은 또한 다른 곳에서 말해서는 안 될 것이다.」

| 三은 凡入人家에 不可看人文字며, |
|---|

〖解說〗 三은 무릇 남의 집에 들어가서 남의 文字를 보지 아니할 것이며.

〔集解〕 熊氏曰 文字 如書簡 及記事 錢穀·簿冊之類 凡入人家 切不可翻看也.

**【註解】** 웅씨(熊氏) 이르기를「文字는 편지및 기사·출납장부 같은 문서 따위. 무릇 남의 집에 들어가서는 절대로 두리번거리며 보아서는

아니될 것이다.」

| 四는 凡借人物에 不可損壞不還이며, |
|---|

〚解說〛 四는 무릇 남의 물건을 빌려 왔을 때에 손괴(損壞)하여 돌려주지 않는 일을 아니할 것이며.

〔集解〕 陳氏曰 凡借人書冊・器用, 當須愛護 過於己物 畢即歸還 切不可損壞 及沈沒也.

【註解】 진씨(陳氏) 이르기를「무릇 남의 書冊 이나 用器를 빌렸을 때에는 마땅히 모름지기 아끼고 보호하기를 자기의 물건 보다 과해야 하고 사용이 끝나면 곧바로 돌려주되 절대로 損壞하거나, 沈沒시켜서는 아니될 것이다.」

| 五는 凡喫飮食에 不可揀擇去取며, |
|---|

〚解說〛 五는 무릇 음식을 먹을 때에 가려내고 버리지 아니할 것이며.

〔增註〕 謂 揀擇以去其不可意者 而取其可意者. 〔集解〕 熊氏曰 凡飮食 若非生硬臭惡 與犯己宿疾之物 皆可食也 豈有不可食而揀擇哉.

【註解】 말하되 揀擇함으로써 그 뜻에 마땅하지 않은 것은 버리고 그 뜻에 마땅한 것을 취함이다. 〔集解〕에 웅씨(熊氏) 이르기를「대체로 음식이 만약 낯설거나 나쁜 냄새가 나거나 자신의 오랜 병에 침범치 않는 음식물이면 모두 먹을 수 있는 것이다. 어찌 먹기에 마땅치 않다 하여 가릴 수 있겠는가?」하였다.

| 六은 與人同處에 不可自擇便利며, |
|---|

〚解說〛 六은 남과 같이 있을 때에 스스로의 편리만 택하지 아니할 것이며.

〔集解〕 熊氏曰 凡與人同處 夏則先擇凉處 冬則先擇暖處 及共飮食 多取 先取 皆無德之一端也.

【註解】 웅씨(熊氏) 이르기를 「무릇 남과 같이 있을 때에 여름이면 먼저 서늘한 곳을 택하고, 겨울이면 먼저 따뜻한 곳을 택하고, 또 공동의 음식을 많이 가지고 먼저 가지는 것은 모두 德이 없는 一端이다.」

| 七은 見人富貴하고 不可歎羨詆毁니. (詆=저) |
|---|

〚解說〛 七은 남의 부귀(富貴)한 것을 보고 탄식하여 부러워 하거나 비방하며 헐뜯지 아니할 것이니.

〔集解〕 見人富貴 若生歎羨則有貪欲之心 若加詆毁 則有妬嫉之意 皆非君子之爲也.

【註解】 남의 富貴를 보고서 만약 감탄하여 부러움이 생기면 貪欲의 마음이 있고, 만약 비방하고 헐뜯고 싶으면 질투의 뜻이 있음이니 다 君子의 행위가 아닌 것이다.

| 凡此數事를 有犯之者면 足以見用意之不肖니 於存心修身에 大有所害라 因書以自警하노라. |
|---|

〚解說〛「무릇 이 몇 가지 일을 범하는 자가 있으면 족히 이로써 그 사람의 마음씨가 어질지 못함을 알 것이니, 그러한 일은 본심을 보존하고 몸을 수양하는 데에 있어 크게 손해되는 바가 있다. 그래서 글로 써서 이로써 스스로 경계하노라.」 하였다.

〔集說〕 吳氏曰 以上數者 雖若細事 然 於存心修身 甚有所害 故書之以爲戒也.

【註解】 오씨(吳氏) 이르기를 「이상의 몇 가지는 비록 작은 일 같으나, 그러나 본심을 보존하고 몸을 닦음에 매우 해로운 바가 있다. 그러므로 글로 써서 이로써 경계를 삼는 것이다.」고 하였다.

○ 胡子曰 今之儒者移學文藝干仕進之心하여 以收其放心而美其身 則何古人之不可及哉리오 父兄이 以文藝로 令其子弟하고 朋友以仕進으로 相招하여 往而不返則心始荒而不治하여 萬事之成이 咸不逮古先矣니라.

〚解說〛 호자(胡子)가 말하기를 「지금 세상의 선비된 사람들이 문예(文藝)를 배우고 벼슬에 나가기를 구하는 마음을 옮겨서 이로써 그들의 방기(放棄)한 마음을 거두어 들이고, 그 몸을 아름답게 수양한다면, 어찌 옛 사람에게 미칠 수 없겠는가? 부형은 문예를 배우는 것으로써 그의 자제에게 명령하고 붕우는 벼슬에 나아가는 일로써 서로 부르곤 하여 사람이 그 방면으로 가고 돌아 오지 아니하면 마음이 거칠어지기 시작하여도 다스리지 못하여 모든 일의 성취가 다 옛사람들을 따라가지 못하느니라.」 하였다.

〔集解〕 胡子 名宏 字仁仲. 〔增註〕 言 今之儒者 學文藝而干仕進 其用心最勤 能移此心 以存心修身 雖古人 亦可及也往而不返 謂 心馳逐於文藝仕進 而不知返也. 心者 萬事之本 心旣荒故 萬事之成 皆不及古之人矣.

【註解】 胡子의 이름은 宏이고, 字는 仁中이다. 〔增註〕에 말하되 지금 세상의 선비된 사람들이 문예를 배우고 벼슬에 나가기를 바라 그 마음을 쓰는 것이 가장 부지런하여 이 마음을 옮길 수 있다면 이로써 마음은 몸을 닦는데 두어서 비록 古人일지라도 또한 미칠 수 있을

것이다. 가고서 돌아오지 않는다는 것은 마음이 문예와 벼슬에 나가기를 달리고 좇아서 돌아갈 줄을 모르고 있음을 말한다. 마음이라는 것은 萬事의 근본으로 마음이 이미 거칠기 때문에 만사의 성취가 다 옛 사람들에게 미치지 못한다는 것이다.

○顏氏家訓에 曰 夫所以讀書學問은 本欲開心明目하여 利於行耳니라.

〖解說〗 안씨 가훈(顏氏家訓)에 말하기를 「대저 글을 읽고 학문하는 까닭은 본래 폐색(閉塞)된 마음을 열고 사물을 관찰하는 안목(眼目)을 밝혀서 실행(實行)에 이로웁게 하고자 한 것이니라.」

〔集解〕 熊氏曰 夫 學在乎知行 二者而已 能知而不能行 與不學 同然 欲行之 必先知之也 故必讀書學問 開心明目 而後 可利於行耳.

【註解】 웅씨(熊氏)가 말하기를 「대저 배워서 알아 실행하는데 있다는 두 가지 뿐이다. 잘 알면서 잘 실행하지 못한다는 것은 배우지 못한 것과 같은 것이다. 실행하려면 반드시 먼저 알아야 하기 때문에 반드시 독서와 학문을 하여 心田을 開發하고 사물을 바로 볼 수 있는 眼目을 밝힌 후에 실행하는 데에 이익이 있을 뿐이다.」 하였다.

未知養親者는 欲其觀古人之先意承顏하며 怡聲下氣하며 不憚劬勞하여 以致甘腝하고 惕然慙懼하여 起而行之也니라.

〖解說〗 아직 부모를 봉양할 줄 모르는 자는 그 옛사람이 먼저 부모의 뜻을 살피고 얼굴빛을 순히 하여 받들며, 말소리를 즐겁게 하고 기운을 나직이 하며, 힘들고 수고로운 것을 싫어하지 않으며, 이로써 맛좋고 연한 음식을 올리고 척연(惕然)히 부끄러워 하고, 두려워 하며, 분발하여 일어나서 실행하려고 (독서하고 학문을) 하는 것이니라.

〔集解〕 人子 養親 先意而承順顔色 怡聲而低下其氣 所謂養志也 不憚己之疲勞, 以營奉甘軟之飮食 所謂養口體也 此皆古人之所行者 今因讀書學問而知之 故必惕然慙懼 興起而必欲行之也.

**【註解】** 사람의 자식된 자는 부모를 봉양하는 데 먼저 뜻을 살피고 얼굴빛을 화순(和順)히 하여 받들되 말소리를 기쁘게 하고 어기(語氣)를 낮게 낮추어 이른바 뜻을 기를 것이다. 자신의 피로한 노고(勞苦)를 싫어하지 않음으로써 영위(營爲)하여 맛이 좋고 연(軟)한 음식으로 만들어서 이른바 입과 몸을 기를 것이다. 이것은 다 옛사람들의 행한 것으로 이제 독서를 하고 학문을 함으로써 이것을 알기 때문에 반드시 惕然히 부끄러워 하고 두려워하며, 感奮興起하여 꼭 실행하려는 것이다.

> 未知事君者는 欲其觀古人之守職無侵하며 見危授命하며 不忘誠諫하여 以利社稷하고 惻然自念하여 思欲効之也니라.

〖解說〗 아직 임금 섬기는 도리를 알지 못하는 자는 그 옛사람이 각기 자기의 직분을 지키는 것을 살피고 침노하는 일이 없으며, 위급한 경우를 보면 임금을 위하여 목숨을 바치며, 정성을 다하여 간(諫)하는 것을 잊지 아니하여, 이로써 사직(社稷)에 유익하게 하고 측연(惻然)히 스스로 헤아려서 이를 본받게 하려고 독서하는 것이니라.

〔增註〕 守職, 有官守者 修其職 有言責者 盡其忠也 見危授命 知有君而不知有身也.

**【註解】** 守職은 벼슬에 있는 사람이 직분을 지키는 것이고, 그 직분을 닦고 말에 책임이 있는 사람이 그 충성을 다하는 것이다. 위태함을 보고 목숨을 바침은 임금이 있음을 알면서 자신이 있음을 모른다는 것이다.

> 素驕奢者는 欲其觀古人之恭儉節用하며 卑以自牧하며 禮爲

教本하며 敬者身基하고 瞿然自失하며 斂容抑志也니라.

〖解說〗 평소에 교만하고 사치스러운 자는 그 옛사람이 공순하고 검소한 것을 살펴서 재물을 절용(節用)하며, 겸허함으로써 자처(自處)하며, 예(禮)는 모든 가르침의 근본이 되며, 공경한다는 것은 몸가짐의 기초인 것을 보고 구연(瞿然)히 자신을 잃으며 얼굴빛을 가다듬고 교사(驕奢)한 뜻을 억제하려고 독서하는 것이니라.

〔增註〕 自牧 自處也 禮以律人 敬以立己 瞿然 自失貌 收斂其容 抑下其志 則下驕奢矣.

【註解】 自牧은 自處하는 것이다. 禮로써 남을 규율하고 공경으로써 자신을 세운다. 瞿然은 자기를 잃은 모양이다.

그 용모를 거두어 단속하고, 그 뜻을 억눌러 낮추면 교만하거나 사치하지 않게 된다.

素鄙悋者는 欲其觀古人之貴義輕財하며 少私寡欲하며 忌盈惡滿하며 賙窮卹匱하고 赧然悔恥하여 積而能散也니라.
(悋＝린, 惡＝오, 賙＝주, 卹＝휼, 赧＝난)

〖解說〗 평소에 비루하고 인색한 자는 그 옛사람이 의(義)를 소중히 여기는 것을 살펴서 재물을 가볍게 여기며, 사심(私心)이 적고 욕심이 적으며, 찬 이를 꺼려 하고 가득한 이를 싫어하며, 궁(窮)한 이를 구하고, 가난한 이를 구휼하고, 난연(赧然)히 후회하고 부끄러워 하며, 재물을 축적하여 선용(善用)케 하려고 독서하는 것이니라.

〔集說〕 陳氏曰 盈則溢 故可忌 滿則覆故可惡 匱 乏也 赧然 慚而面赤之貌 積財而能散施 則不鄙悋矣.

〖解說〗 진씨(陳氏) 이르기를 「차면 넘치기 때문에 꺼리는 것이 옳고,

가득하면 엎어지기 때문에 미워하는 것이 옳다. 匱는 궁핍한 것이다. 赧然은 부끄러워 얼굴이 붉어지는 모습이며, 재물을 쌓아서 잘 흩어서 베푼다면 더럽고 인색하지 않다.」

素暴悍者는 欲其觀古人之小心黜己하며 齒敝舌存하며 含垢藏疾하며 尊賢容衆하고 苶然沮喪하여 若不勝衣也니라.
(悍＝한, 苶＝날)

〖解說〗 평소에 사납고 거센 자는 그 옛사람이 조심하는 것을 살펴서 자신을 억제하며, 강한 이(齒)는 빠져도 부드러운 혀(舌)는 남는 이치를 생각하며, 남의 오점을 감싸 주고 남의 과실을 감추어 숨겨주며, 어진이를 존중하고 대중을 포용하는 것을 보고 날연(苶然)히 기운을 잃어 마치 몸의 옷을 이겨낼 기운도 없는 것처럼 하려고 독서를 하는 것이니라.

〖集說〗 陳氏曰 暴 猛暴也 悍 強悍也 黜己 自退抑也 齒敝舌存 喩強死而弱生也 含垢 謂包含人之垢穢 藏疾 謂藏隱人之過惡 苶然 沮喪貌 謂自沮喪其暴悍之氣也.

【註解】 진씨(陳氏) 이르기를「暴은 사나운 것이고, 悍은 굳센 것이다. 黜己는 스스로 물러나 억제하는 것이다. 齒敝舌存은 강한 것이 먼저 죽고 약한 것이 살아 남는 것의 비유함이다. 含垢는 남의 더러운 것을 허물로 삼지 않고 포용한다는 말이다.

藏疾은 남의 過惡를 감추어주고 숨겨주는 것이며, 苶然은 기가 꺾인 모양(意氣沮喪貌)으로 스스로 그의 사납고 흉포한 기가 꺾이는 것을 말하는 것이다.」

素怯懦者는 欲其觀古人之達生委命하며 强毅正直하며 立言必信하며 求福不回하고 勃然奮厲하여 不可恐懼也니라.

〖解說〗 평소에 나약하고 비겁한 자는 그 옛사람이 생사의 떳떳한 이치에 통달한 것을 살피어 천명에 맡기며, 정신은 굳세고 하는 일은 바르고 곧으며, 자기 주장을 세울 때는 반드시 신념을 가지며, 복을 구하는데 있어 간사하지 않음을 보고 발연(勃然)히 분발하고 가다듬어 겁내고 두려워 할 것이 없는 것을 깨닫게 하려고 독서하는 것이니라.

〔集說〕 陳氏曰 怯 畏怯也 懦 懦弱也 達生委命 謂通達生死之常理 而付之於命也 毅 強忍也 不回 不爲回邪之行也 勃然 奮厲貌 謂奮發振厲以去其怯懦也.

【註解】 진씨(陳氏) 이르기를「怯은 두렵고 겁나는 것이다. 懦는 나약한 것이다. 達生委命은 죽고 사는 떳떳한 이치를 깨달아 天命에 맡기는 것을 말한다. 毅는 강인한 것이다. 不回는 간사한 행동을 않는 것이다. 勃然은 떨쳐 힘쓰는 모습이니, 분발하고 振厲함으로써 그 두렵고 나약함을 없애는 것을 말하는 것이다.」

> 歷茲以往으로 百行이 皆然하니 雖不能淳이나 去泰去甚하면 學之所知施無不達하리라. 世人이 讀書하되 但能言之하고 不能行之하나니 武人俗吏의 所共嗤詆良由是耳니라. (嗤＝치)

〖解說〗 (위의) 이러한 일을 거쳐 감으로써 온갖 행실이 다 그러한 것이니, 비록 능히 완전한 선(善)에 이르지 못할지라도 기습(氣習)의 지나치거나 심한 것을 제거하면 배워서 아는 것을 시행하여 이룹지 않은 것은 없을 것이다. 세상 사람들은 글을 읽되 다만 말할 수는 있어도 실행하지는 못하나니. 무인(武人)과 용속(庸俗)한 관원들에게 비웃음과 헐뜯음을 당하게 되는 것은 진실로 이에 말미암을 뿐이니라.

〔增註〕 茲 指上文六者而言 皆然 謂皆如此 取法古人也 人能勇於力行 雖或未至盡善 而氣習之偏駁泰甚者 亦必克而去之 學之所知者 能力行之 自無不達也 達 即周子所謂 行之利也.

**【註解】** 玆는 上文의 여섯 가지를 가리켜서 말하는 것이고, 皆然은 다 이와 같이 古人의 法을 취한다는 말이다. 사람이 능히 힘써 행하는데 용감하다면 비록 혹 아직 最善을 다하지 못하였을 지라도 氣習의 치우침이 몹시 심한 것은 또한 반드시 이겨서 제거한다면 배워서 알게 된 것을 능히 힘써 행하여 스스로 이루지 못함이 없을 것이다. 達은 곧 周子의 이른바 실행의 有利함이다.

又有讀數十卷書하고 便自高大하여 凌忽長者하며 輕慢同列하여 人이 疾之如讎敵하며 惡之如鴟梟하나니 如此면 以學求益이어늘 今反自損하니 不如無學也니라. (鴟=치, 梟=효)

〖解說〗 또「세상에는 수십권의 책을 읽는 것을 가지고 문득 스스로 높은 척하여 어른들을 업신여기고 홀대(忽待)하며, 동배며 동료들을 가볍게 여기고 업신여기어 사람들이 그를 미워하기를 원수같이 하며, 수알치와 올빼미처럼 싫어하나니. 이렇게 되면 학문으로써 유익함을 구하는 것이거늘 이제 도리어 자신을 손상하게 하였다. 이는 학문을 하지 않는 것만 같지 못한 것이니라.」 하였다.

〖集解〗 熊氏曰 此 言借讀書爲名 而矜己傲人者 夫不能使人親愛 而使人疾惡 是學本求益 今反自損也 鴟梟 惡鳥也.

**【註解】** 웅씨(熊氏) 이르기를「此는 讀書를 빌어서 공명을 삼고 자신을 자랑하며, 남에게 오만한 자는 대체로 남을 친애(親愛)하게 할 수 없고, 남을 미워하고 싫어하게 하여, 바로 學의 근본이 이익을 구하는 것인데 지금 도리어 스스로 손상하게 한다는 것을 말한 것이다. 鴟梟는 나쁜 새이다.」○ 忽待 : 경홀히 여기어 푸대접하는 것이다.

○伊川先生이 曰 大學은 孔氏之遺書而初學入德之門也니 於今에 可見古人의 爲學次第者獨賴此篇之存而其他 則未有如

論孟者하니 故로 學者必由是而學焉則庶乎其不差矣리라.

〖解說〗 이천(伊川)선생이 말하기를 「〈대학(大學)〉은 공씨(孔氏)가 남긴 책으로 초학자(初學者)가 덕(德)에 들어가는 문(門)이다. 오늘에 있어서 고인(古人)이 학문을 한 차례를 볼 수 있는 것은 다만 홀로 이 책이 세상에 있는 데 힘입는 것이다. 그리고 그 밖의 것으로는 〈논어〉와 〈맹자〉만한 것이 없다. 그러므로 학문을 하는 사람이 반드시 이에 의해서 배운다면 거의 수학(修學)의 길이 어긋나지는 않으리라.」 하였다.

〖集說〗 陳氏曰 大學之書 古人之大學 所以教人之法 孔子誦而傳之 以詔後世而初學入德之門也 爲學次弟 謂 格物 致知誠意 正心 修身 齊家 治國平天下 先後之序也 是 指大學而言 朱子曰 先讀大學 去讀他經 方見得此是格物致知事 此是誠意正心事 此是修身事 此是齊家 治國平天下事也.

【註解】 진씨(陳氏) 이르기를 「〈대학〉이라는 책은 옛날 대학에서 사람들을 가르치던 법으로 공자께서 외워서 구전(口傳)한 것이다. 후세에 왕명으로써 초학자가 덕에 들어가는 입문의 서로 한 것이다. 학문을 하는 차서 즉 격물(格物), 치지(致知), 성의(誠意), 정심(正心), 수신(修身), 제가(齊家), 치국(治國), 평천하(平天下)는 선후(先後)의 순서이다. 是는 〈대학〉을 가리키어서 한 말이다.」 하였다. 주자(朱子) 이르기를 「먼저 〈대학〉을 읽어야 하고, 다른 경서를 읽어가면 바야흐로 이에 바로 격물, 치지하는 일과 이에 바로 성의 정심 하는 일과 이에 바로 수신 하는 일과 이에 바로 제가, 치국, 평천하의 일을 볼 수 있을 것이다.」 하였다. ←※ 方見得此是……에서 見得은 다음에 나오는 말 전부를 받는다.

○凡看語孟에 且須熟讀玩味하여 將聖人之言語하여 切己오 不

可只作一場話說이니 看得此二書하여 切己하면 終身儘多也리라.

〖解說〗 무릇 〈논어〉와 〈맹자〉를 읽을 때에는 우선 모름지기 숙독(熟讀)하고 그 뜻을 완미(玩味)하여 장차 성인의 말씀을 가져다가 자기에게 절실한 문제로 삼아서 다만 한바탕 성인(聖人)의 이야기로만 삼지 않아야 하나니. 이 두 가지 책을 읽어 자신에게 절실하게 한다면 일생 동안 얻는 바가 많을 것이니라.

〖集解〗 朱子曰 論語一書 無所不包 而其示人者 莫非操存涵養之要 孟子七篇 無所不究 而其示人者 類多體驗擴充之端, 須熟讀玩味 以身體之 方是切實也 輔氏曰 讀書者 能將聖賢言語 切己則不枉費工夫 而終身行之有餘矣.

【註解】 주자(朱子) 이르기를「〈논어〉의 한 책은 包容하지 않는 것이 없고, 그의 사람에게 교시(教示)하는 것에는 操存과 涵養에 요긴하지 않은 것이 없다. 〈맹자〉의 七篇은 연구하지 않은 것이 없고, 그의 사람에게 교시하는 것에는 體驗을 擴充시킬 端緖가 되는 유형이 많나니 모름지기 익숙하도록 읽고 의미를 잘 吟味함으로써 자신에게 體得하는 것이 바야흐로 이에 절실한 것이다.」하였다.

보씨(輔氏) 이르기를「독서라는 것은 능히 장차 聖賢의 言語를 가져다가 자기의 자신에게 절실한 문제로 다루려면 굽히지 않고 품성(品性)의 수양에 힘을 다하여 평생토록 실행하여도 남음이 있는 것이다.」고 하였다.

○ 讀論語者但將弟子問處하여 便作己問하며 將聖人答處하여 便作今日耳聞하면 自然有得하리니 若能於論孟中에 深求玩味하여 將來涵養하면 成甚生氣質하리라.

〖解說〗「논어(論語)」를 읽는 사람은 다만 제자들이 물은 것을 가져다가

곧 자기의 물음으로 삼으며, 성인(聖人)의 대답한 것을 가져다가 곧 지금 자신의 귀가 공자에게서 직접 듣는 것으로 삼는다면 자연히 얻는 것이 있을 것이니 만약 능히 〈논어〉와 〈맹자〉 가운데서 깊이 탐구(探究)하고, 그 뜻을 음미(吟味)하여 함양(涵養)함을 가져온다면 비상(非常)한 기질(氣質)을 이룰 것이니라.

〔集解〕 朱子曰 孔門 問答 曾子聞得之言 顔子未必與聞 顔子聞得之語 子貢未必與聞, 今都聚在論語 後世學者 豈不大幸也 輔氏曰 若能 將弟子聞處 作自 己問 聖人答處 作己所聞 則不徒誦其言 必將求其意 不徒求其意 必將見於行 其進於聖賢也 不難矣. ○ 葉氏曰 甚生 猶非常也.

**【註解】** 주자(朱子) 이르기를 「孔門의 問答은 曾子가 얻어 들은 말을 안자도 아직 반드시 같이 듣지 못하였고, 안자가 얻어 들은 말을 子貢이 아직 반드시 같이 듣지 못하였으며, 이것을 지금은 모두 모아 〈논어〉에 있으니 후세의 배우는 자는 어찌 크게 다행하지 않겠는가?」 하였다. 보씨(輔氏) 이르기를 「만약 능히 제자가 물은 것을 가져다가 스스로 자기의 물은 것으로 삼고, 聖賢의 답한 것을 자신이 들은 것으로 삼는다면 헛되이 그 말을 외우지 않고, 반드시 그 뜻을 구해야 하고, 헛되이 그 뜻을 구하지 않고, 반드시 실행을 보아야 하나니, 그렇게 하면 聖賢의 경지에 나아가기는 어렵지 않은 것이다.」 하였다.

○ 섭씨(葉氏) 이르기를 「甚生은 非常함과 같은 것이다.

○橫渠先生이 曰 中庸文字輩는 直須句句理會過하여 使其言으로 互相發明이니라.

〖解說〗 횡거(橫渠)선생이 말하기를 「〈중용(中庸)〉에 나오는 글들은 곧 모름지기 그 한 구(句) 한 구(句)의 말 뜻을 알고 지나가서 그 한 글귀 한 글귀의 말로 하여금 서로 드러내 밝혀서 글 전체의 뜻을 알도록 해야 하니라.」 하였다.

〔集解〕 朱子曰 張子此言 眞讀書之要法 不但可施於中庸也 熊氏曰 一句 有一句之義 其初須是逐句理會 然 一書前後之言 皆互相發 又必參互考之 方見大指也.

【註解】 주자(朱子) 이르기를 「장횡거(張橫渠)의 이 말은 참으로 독서의 요긴한 법으로 다만 〈중용〉에만 실시할 것이 아니다.」 하였다. 웅씨(熊氏) 이르기를 「일구(一句)에는 일구(一句)의 뜻이 있다. 그 처음에는 모름지기 이에 句를 좇아 뜻을 알아야 한다. 그러면 한 책의 앞 뒤의 말이 다 서로 드러난다. 또 반드시 서로 참고하고 고찰(考察)하면 비로소 큰 뜻(大指←大旨)을 볼 수 있을 것이다.」 하였다.

○六經을 須循環理會니 儘無窮하니 待自家長得一格則又見得이 別하리라.

〖解說〗 육경(六經)을 모름지기 돌려가면서 이해해야 한다. 그렇게 한다면 극히 그 뜻은 무궁할 것이다. 자기가 한층 높은 격으로 성장하는 것을 얻기를 기다리면 또, 여러 가지를 보아서 얻는 것이 각별하리라.

〔集解〕 六經 易·詩·書·周禮·禮記·春秋也, 循環 謂周而復始也 儘無窮 謂義理無窮盡也. 〔增註〕 長一格 謂學有進也 學進則所見益高矣.

【註解】 六經은 역경·시경·서경·주례·예기·춘추이다. 循環은 두루 한 바퀴 돌고 다시 시작하는 것을 말한다. 儘無窮은 육경의 뜻과 이치가 무궁한 것이라는 말이다. 〔增註〕에 長一格은 배움에 나아감이 있음을 말한 것이다. 배움이 나아가면 所見이 더욱 높아진다.

○呂舍人이 曰 大抵한대 後生이 爲學하되 失須理會所以爲學者何事오 하여 一行一住一語一嘿을 須要盡合道理니라.

〖解說〗 여사인(呂舍人)이 말하기를 「대체로 말하건대 후배가 학문을 하되, 먼저 모름지기 학문을 하는 까닭은 무엇인가 깨달아야 한 번 가고, 한 번 머무르며, 한 번 말하고, 한 번 침묵하는 것을 반드시 다 도리에 맞기를 요구할 것이리라.」 하였다.

〔集說〕 陳氏曰 舍人 呂本中也 嘗爲中書舍人 理會者 猶言識得也 蓋學所以爲道也 如下文行往語默 須要盡合道理 及求古聖賢用心 竭力從之 是 己非爲作文章 取官祿計也 後生爲學 先須識得此意然後 志定而德業 可成矣.

【註解】 진씨(陳氏) 이르기를 「舍人은 呂本中이니, 일찍이 中書舍人이 되었다. 理會라는 것은 깨달아 아는 것을 말하는 것과 같다. 대개 學은 도리를 배우는 것이며, 下文의 行·往·語·默 등과 같은 것은 꼭 다 道理에 合當해야 하고, 옛 聖賢의 마음 쓰는 방법을 요구하여, 힘을 다하고 그것에 따르도록 노력하는 것이다. 이에 文章을 짓는 일을 하지 않으면 官祿을 받을 것을 꾀한다. 후배가 학문을 하는 것은 먼저 모름지기 이 뜻을 깨달아 안 연후에 뜻이 정해지면 德業을 이룰 수 있다.」 하였다.

學業則須是嚴立課程이오 不可一日放慢이니 每日에 須讀一般經書一般子書하되 不須多오 只要精熟이니 須靜室危坐하여 讀取二三百遍하여 字字句句를 須要分明이니라. 又每日에 須連前三五授하여 通讀五七十遍하여 須令成誦이오 不可一字放過也니라 史書는 每日에 須讀取一卷或半卷以上이라 始見功이니 須是從人授讀하여 疑難處를 便質問하여 求古聖賢用心하여 竭力從之니라.

〖解說〗 학업(學業)은 모름지기 이에 엄중하게 과정(課程)을 정해야 하고, 하루라도 그대로 넘기거나 게을리 할 수 없나니. 날마다 반드시 한 가지 경서(經書)와 한 가지 자서(子書)를 읽어야 하되, 꼭 많이

읽을 필요는 없고, 다만 정독(精讀)하고 숙독(熟讀)하게 하는 것을 필요로 한다. 모름지기 조용한 방에 단정히 앉아서 二三백 번을 읽어서 한 글자 한 어구라도 반드시 분명히 할 것을 요구해야 할 것이다. 또, 날마다 꼭 앞서 三일, 五일 동안 배운 것을 연결(連結)하여 五十번, 七十번을 통독(通讀)하여, 꼭 암송할 수 있게 하여야 하고 한 글자라도 모르고 넘어가서는 안된다. 사서(史書)는 날마다 꼭 한 권 혹은 반 권 이상을 읽어야 비로소 공을 볼 것이니, 모름지기 이에 남에게서 글을 수업받아 의심나고 어려운 곳을 문득 질문하여, 옛날 성현들의 마음 쓴 것을 찾아서 힘을 다하여 자신도 그와 같이 하도록 따라야 하니라.

〔增註〕 經書 聖人之書, 子書 賢人之書 史書 紀事之書 質 正也 經書 子書 必讀之精熟, 反覆玩味 然後 文義可通 史書 必讀一卷半卷 以上 然後 事之本末可見 皆必從師友授而讀之 有疑難則取正審問 乃不差也 如是以求古聖賢所以用心而盡力 從之 道將爲我有矣.

【註解】 經書는 聖人의 글이고, 子書는 賢人의 글이며, 史書는 紀事를 적은 글이고, 質은 바른 것이다. 경서와 자서는 반드시 정독하고, 숙독하고, 반복하여 그 뜻을 음미한 연후에 글의 뜻에 통할 수 있다. 史書는 반드시 한 권 또는 반 권 이상 읽은 연후에 일의 本末을 볼 수 있는 것이다. 다 반드시 스승과 벗을 따라 지도를 받아서 읽을 것이며, 의심나고 어려운 곳이 있을 때에는 바른 것을 가지고 자세히 조사하여 물어보면 이에 틀림이 없을 것이다.

이와 같이 옛 聖賢의 마음 쓰는 방법을 요구하면서 힘을 다하여 聖賢을 따르도록 한다면, 道는 장차 나를 위하여 있을 것이다.

> 夫指引者는 師之功也오 行有不至어든 從容規戒者는 朋友之任也나 決意而往은 則須用己力이니 難仰他人矣니라.

〖解說〗 대저 지도하여 인도(引導)하는 것은 스승의 은공인 것이다.

실행하는 데에 이르지 못한 것이 있는 것을 종용하고 바로잡아 경계하는 것은 벗의 임무이나, 뜻을 결정하고 용왕정진(勇往精進)하는 것은 모름지기 자신이 힘을 써야 할 일이니, 남에게 의뢰할 수 없는 것이니라.」 하였다.

〔集解〕 仰 恃也 指導汲引則在於師 切磋勤勉則在於友 若夫 勇往精進 自強不息則在於自己 而難倚恃師友矣. 〔增註〕 高彦先云 修學 須是出於本心 不待父母先生督責 造次不忘 寢食在念 然後 可成功.

**【註解】** 仰은 믿는 것이다. 스승에게 있어서는 지도하고 이끌고, 벗에게 있어서는 切磋勤勉하고, 그러나 勇往精進하고 自强不息함은 자기 자신에게 있으니 어려운 것은 스승과 벗을 믿고 의지할 것이다.〔增註〕에 高彦先은 말하기를「학업을 닦는다는 것은 모름지기 바로 본심에서 우러나오는 것이니, 부모나 스승의 독려를 기다리지 않고 잠깐사이라도 잊지 않도록 스스로 責하며 잠잘 때에나 밥먹을 때에도 생각이 있은 연후에야 성공할 수 있다.」 하였다.

○呂童蒙訓에 曰 今日에 記一事하고 明日에 記一事하면 久則自然貫穿하며 今日에 辨一理하고 明日에 辨一理하면 久則自然浹洽하며,

〖解說〗 여씨 동몽훈(呂氏童蒙訓)에 말하기를 오늘에 한 가지 일을 기억하고, 내일에 한 가지 일을 기억하여서 오래 계속하였을 때에는 저절로 일관된 사리에 통하며, 오늘에 한 가지 사리의 시비를 분별하고, 내일에 한 가지 사리의 시비를 분별하면 오래 계속하였을 때에는 저절로 도리가 마음 속에 스며들 것이며,

〔增註〕 久 謂日日如此 無間斷也 貫穿 通透也 理 即事中之理 辨 謂辨其是非 浹洽則心與理 相涵矣. 〔集解〕 此 致知之事也.

【註解】 久는 날이면 날마다 이와 같이 하여 끊어짐이 잠시사이도 없는 것을 말하는 것이다. 貫穿은 투명하게 통달함이다.(사물의 이치를 꿰뚫어 아는 것이다.) 理는 곧 일의 이치이다. 辨은 그 옳고 그름을 분별함을 말한다. 浹洽은 즉 마음이 이치와 함께 서로 젖어 드는 것이다. 〔集解〕에 이는 앎을 이루는 일이다.

| 今日에 行一難事하고 明日에 行一難事하면 久則自然堅固니라. |
|---|

〖解說〗 오늘에 한 가지 어려운 일을 실행하고, 내일에 한 가지 어려운 일을 실행하면 오래 계속되었을 때에는 자연히 견고(堅固)하게 되나니라.

〔增註〕 堅固 則身與事相安矣. 〔集解〕 此 力行之事也.

【註解】 堅固는 몸과 일이 서로 편안한 것이다. 〔集解〕에 이는 일을 힘써 실행해 가는 것이다.

| 渙然冰釋하며 怡然理順은 久自得之라 非偶然也니라. |
|---|

〖解說〗 의심나고 어려운 문제들이 봄날에 얼음 풀리듯 풀어지며, 기뻐하는 모양으로 이치에 맞는 것은 오래 계속하였을 때에는 저절로 얻어지는 것이고, 우연히 되는 것은 아니니라.

〔集說〕 陳氏曰釋 消也 林氏曰 渙然解散 如冰春之釋 怡然喜悅 而衆理皆順.

【註解】 진씨(陳氏) 이르기를 「釋은 풀림이다.」 하였다. 임씨(林氏) 이르기를 「渙然은 풀려 흩어짐이 봄날에 얼음이 풀리듯 함이다. 怡然은 기뻐하고 즐거워서 모든 이치가 다 순종함이다.」 하였다.

○前輩嘗說後生이 才性過人者는 不足畏요 惟讀書尋思 推究者爲可畏耳라 하고 又云讀書는 只怕尋思라 하니 蓋義理精深이라 惟尋思用意라야 爲可以得之니 鹵莽厭煩者는 決無有成之理니라.

〖解說〗 선배가 일찍이 말하기를 「후배들 중에 타고난 재주가 남보다 뛰어난 자는 두려울 것이 없고, 오직 책을 읽을 때에 깊이 생각하고, 이치를 따지어 연구하는 자가 두려운 것이다.」 하였고 또 이르기를 「독서하는 데 있어서 깊이 생각하는 이가 가장 두렵다. 하니 대체로 성현(聖賢)의 말씀은 뜻과 이치가 정미(精微)하고 깊다. 오직 사리(事理)를 따지어 깊이 생각하는 일에 마음을 써야 이로써 얻게 될 수 있을 것이니, 조잡하고 소략(疎略)하여 번거로움을 싫어하는 자는 결코 성취할 까닭이 없다는 것이니라.」 하였다.

〔集解〕 鹵莽 輕脫苟且之謂 熊氏曰 人有才 貴乎有學 非學 無以充其才 有學 貴乎有思 非思無以充其學 故後生可畏者 非以其才之難 旣能學而又能思者 爲難也 夫義理 散在簡冊之中 聖賢之言 不可以粗看 不可以淺窺 若鹵莽厭煩 則何由知聖賢用心 而窮其義理乎.

【註解】 鹵莽은 경솔하게 벗어나는 구차함을 말한다.

웅씨(熊氏) 이르기를 「사람에게 재주가 있다는 것보다는 배움이 있다는 것이 더 귀중한 것이다. 학문이 아니면 그 재주를 충실히 할 수 없다. 배움이 있다는 것보다 생각이 있다는 것이 더 귀중한 것이다. 생각이 아니면 배운 것을 충실히 할 수 없기 때문이다. 그러므로 후배들이 두렵다는 것은 그 재주가 있다는 것으로 어렵다는 것이 아니라 이미 잘 배워서 또 잘 생각하는 자가 어렵다는 것이다. 대체로 뜻과 이치는 서책 속에 흩어져 있으니, 聖賢의 말은 대강대강 볼 수 없고 얕게 살필 수 없으며, 만약 가벼이 벗어나 구차하여 번거로움을 싫어하면 어떻게 해서 聖賢의 마음 쓰는 것을 알겠으며, 그 뜻과 이치를 다할 수 있겠는가?」 하였다.

| ○顔氏家訓에 曰 借人典籍에 皆須愛護하여 先有缺壞어든 就爲補治니 此亦士大夫百行之一也니라. |
|---|

〖解說〗 안씨가훈(顔氏家訓)에 말하기를 「남의 전적(曲籍 : 책)을 빌려오거든 다 모름지기 아끼고 보호하여, 먼저 이지러지고 파괴된 데가 있거든 즉시 완전하게 보수(補修)해야 하나니, 이것도 또한 사대부(士大夫)가 지켜야 할 여러 가지 행실 중의 하나이니라.」

〔集解〕 借人器物 皆須保護 況書籍乎 或先損壞 即爲修補完好 實士君子之一行也.

【註解】 남의 기물을 빌려오면 다 모름지기 보호해야 하나니 하물며 書籍에 있어서랴. 혹 먼저 손상되고 파괴된 것이 있으면 곧 보수하여 완전하게 좋게 함은 실로 선비나 군자의 한 가지 행실인 것이다.

| 濟陽江祿이 讀書未竟에 雖有急速이라도 必待卷束整齊 然後에 得起故로 無損敗하니 人不厭其求假焉하더라. |
|---|

〖解說〗 제양(濟陽)의 강록(江祿)이 책을 읽다가 도중에 비록 급한 일을 만나더라도 반드시 말아 묶어 잘 정돈하는 것을 기다린 연후에 능히 일어났으므로 책이 손상(損傷)하는 일이 없었으니 사람들은 그가 책 빌리기를 요구해도 싫어하지 않더라.

〔集解〕 濟陽 縣名 讀書 雖遇急事 必整束而起 此亦 可見其處事 敬謹宜乎人 不厭其求借也.

【註解】 濟陽은 縣의 이름이다. 책을 읽다가 비록 급한 일을 만났을지라도 반드시 정리하고 묶어놓고 일어날 것이다. 이것은 또한 그 처사가 공경하고 삼가는 것을 볼 수 있는 것이니 마땅하도다. 사람들이

그의 책 빌려 주기를 요구하였을 때 싫어하지 않음이여!

| 或有狼籍几案하며 分散部秩하여 多爲童幼婢妾의 所點汚하며 風雨虫鼠의 所毁傷하니 實爲累德이라 吾每讀聖人書에 未嘗不肅敬對之하며 其故紙有五經詞義와 及聖賢姓名이어든 不敢他用也하노라. |
|---|

〖解說〗「어떤 사람은 책을 책상 위에 어수선하게 흩어 놓으며 부(部)와 질(秩)을 뒤섞어 흩어 놓아서 많은 어린 아이나 비첩들의 더럽히는 바가 되며, 바람과 비와 벌레와 쥐의 훼상하는 바가 되니 참으로 덕을 더럽히는 행위이다. 나는 늘 성인(聖人)의 글을 읽을 때마다 아직 일찍이 공경하는 마음으로 대하지 않은 일이 없으며, 그리고 헌 종이에 오경(五經)의 말이나 뜻이 씌어 있거나 성현의 성명(姓名)이 적혀 있는 것이거든 감히 다른 곳에 쓰지 않나니라.」하였다.

〔集解〕 狼 藉草而臥 去則穢亂 物之散亂 曰狼藉 部秩 書冊卷帙也 汚毁經書, 實累大德 故顔氏書以爲世戒 且云 舊紙有經書之文 聖賢之姓名 皆不敢別用 所以廣敬也.

【註解】 狼은 풀을 깔고 누웠다가 일어나면 더럽고 어지러워지는 것이고, 물건이 흩어지고 어지러운 것을 狼藉라고 한다. 部秩은 書冊의 卷과 秩이다. 經書를 더럽히고 훼손하는 것은 실로 큰 덕을 더럽히는 것이다. 그러므로 顔氏가 써서 이로써 대대의 경계로 삼은 것이다.

또 말한 헌 종이에 경서에 대한 글이 있거나 聖賢의 姓名이 있으면 다 감히 딴 데 쓰지 않았다는 것은 넓게 공경한 까닭이다. ○ 未嘗不은 …하지 않은 적이 없다.

| ○明道先生이 曰 君子教人有序라 先傳以小者近者而後教以大者遠者니 非是先傳以近小而後不教以遠大也니라. |
|---|

〖解說〗 명도(明道)선생이 말하기를「군자가 사람을 가르치는 데에는 순서(順序)가 있다. 먼저 작고 가까운 것으로써 가르치고 뒤에 크고 먼 것으로써 가르치나니. 이것은 먼저 가깝고 작은 것으로써 가르치고 뒤에 멀고 큰 것으로써 가르치지 않는다는 것은 아니니라.」하였다.

〔增註〕 小者・近者 謂灑掃應對之事 大者・遠者 謂明德新民之事.

【註解】 小者・近者는 물뿌리고 쓸며, 청소하고 대답하기의 절도를 말한다.

大者・遠者는 德을 밝히고 백성을 새롭게 하는 것을 말한다. ○ 小者・近者는 小學이고, 小學의 道는 쇄소(灑掃), 응대(應對), 진퇴(進退)의 예절과 애친(愛親), 경장(敬長), 융사(隆師), 친우(親友)이다.……이것과. ○ 大者・遠者는 大學이고, 大學의 道는 재명명덕(在明明德), 재친민(在親民), 재지어지선(在止於至善)이다.←이것이 군자가 사람을 가르치는데 차례가 있다고 말한 것이다.

○明道先生이 曰 道之不明은 異端이 害之也니 昔之害는 近而易知러니 今之害는 深而難辨이로다. 昔之惑人也는 乘其迷暗이러니 今之入人也는 因其高明이로다.

〖解說〗 명도(明道)선생이 말하기를「성인(聖人)의 도(道)가 밝혀지지 않는 것은 이단(異端)이 방해(妨害)하기 때문이다. 옛날의 이단(異端)인 양주(楊朱)와 묵적(墨翟)의 도(道) 성인(聖人)의 도(道)를 방해(妨害)하는 것은 가까워서 알기 쉽더니, 지금의 이단인 불교(佛教)는 그 교리(教理)가 심오(深奧)하여 그 옳고 그른 것을 분별하기 어렵다. 옛날의 이단은 우매(愚昧)하여 사리(事理)에 어두운 사람의 약점을 노려서 미혹(迷惑)하게 하더니, 오늘 날의 이단은 사람의 고명(高明)한 소질(素質)을 역용(逆用)하여 도리어 그 속에 빠지게 하는구나.」

〔集解〕 道者 聖人之道也 異端 非聖人之道, 而別爲一端 如楊墨老佛

是也 葉氏曰 昔之害 謂楊墨 今之害 謂佛氏 淺近故迷暗者 爲所惑 深微故高明者 反陷其中.

【註解】 道라는 것은 聖人의 道이고, 異端은 聖人의 道가 아니며, 특별히 一端으로 하고 있는 것은 楊子·墨子·老子·莊子·佛教의 학설이 이것이다. 섭씨(葉氏) 이르기를 「옛날의 異端이 聖賢의 道를 해친다는 것은 楊子와 墨子를 말하는 것이고, 지금의 異端이 聖賢의 道를 해친다는 것은 佛氏(←佛教)를 말하는 것이다. 옛날의 楊墨의 학설은 淺近하여 알기 쉽기 때문에 어리석고 어두운 사람을 미혹(迷惑)시키고, 지금의 佛教의 학설은 深奧하고 微妙하기 때문에 사람의 素質이 高明한 사람일수록 도리어 그 가운데 빠진다는 것이다.」 ○ 道는 여기서는 聖賢의 가르침을 가리키는 말이다. ○ 異端은 여기서는 聖賢의 道가 아닌 학설 즉 儒教이외의 모든 학설을 말함.

| 自謂之窮神知化而不足以開物成務하며 言爲無不周徧하되 實則外於倫理하며 窮深極微而不可以入堯舜之道니 天下之學이 非淺陋固滯則必入於此니라. |
|---|

〖解說〗 (이단인 불교는) 스스로 신묘한 이치를 궁극하게 파악하고 만물의 변화하는 법칙을 알고 있다고 말하면서 족히 이로써 사람을 열어내고 일을 이루지 못하며, 말이며 하는 일이 주편(周徧)치 아니함이 없다고 하되, 실은 인륜이나 천리에 벗어나며 깊은 데를 궁구(窮究)하고 미묘(微妙)한 데를 극진하였다 하면서 이로써 요순(堯舜)의 도(道)에 들어갈 수 없을 것이니, 천하(天下)의 학문하는 사람들이 천박(淺薄)하고 좁으며, 고집하고 침체한 데 빠져있는 사람이 아니면 반드시 이 이단에 들어가는 것이다.

〔集說〕 陳氏曰 言爲 夏氏以爲 所言所爲也 佛氏 自謂通神明之德 知變化之道 語大包法界 語小入微塵 或陳説道德 指陳心性 皆朱子 所謂彌近理而大亂眞者也 開物 謂人所未知者 開發之 成務 謂人之欲爲者 成

全之 如 三皇五帝 造書契 教稼穡 制衣裳 宮室之類 是也 倫理 謂 父子, 君臣, 夫婦, 長幼, 朋友之倫 有, 親, 義, 別, 序, 信之理也 堯舜之道 即倫理也 淺陋固滯 如刑罰術數之說 記誦詞章之習 皆是道不明 故天下之學 不入於淺陋固滯 必入於佛氏之空寂.

**【註解】** 진씨(陳氏) 이르기를「言爲는 夏氏(禹임금)의 행위로써 그가 말하고 행한 바이고, 佛氏는 스스로 神明의 道理에 通하여 變化의 道理를 알며 크게는 法界를 포용하는 것을 말하고, 작게는 썩 작은 데 들어간다는 것을 말한다. 혹 내가 道德을 설명하고, 내가 指向하는 心性은 다 朱子의 이른바 설명하는 바가 점점 道理에 合하고, 실은 크게 진리를 어지럽히어 사람을 그르치게 하는 것이다. 開物은 사람이 아직 모르는 것을 開發하는 것을 말하고, 成務는 사람이 하고 싶어 하는 것을 완전히 이루는 것이다. 가령 三皇五帝가 書契를 만들고, 農事짓는 법을 가르치고, 옷을 짓고, 宮室을 짓는 따위가 그것이다.

倫理는 父子, 君臣, 夫婦, 長幼, 朋友의 倫과 親, 義, 別, 序, 信의 理가 있는 것을 말한다. 堯舜의 道는 곧 倫理인 것이다. 淺陋固滯는 刑罰과 術數의 說로 詞章을 기억하여 외우는 습관은 다 이것이 도리에 밝지 못하기 때문에 천하에 학문하는 사람이 淺陋固滯에 빠지지 않고 반드시 불교의 우주의 만물이 그 실체가 모두 空虛하다는 데 빠지는 것이다.」하였다.

自道之不明也로 邪誕妖妄之說이 競起하여 塗生民之耳目하며 溺天下於汚濁하니 雖高才明智라도 膠於見聞하여 醉生夢死하여 不自覺也니라.

**〖解說〗** 성인(聖人)의 도(道)가 밝혀지지 않게 된 때로부터 사탄(邪誕)하고 요망(妖妄)한 설(說)이 다투어 일어나서 백성들의 귀와 눈을 막아버리며, 천하를 더럽고 흐린 것에 빠지게 하니, 비록 뛰어난 재주와 총명한 지혜라도 보고 듣는 것에 교착(膠着)되어서 술취한 것처럼 이단에 살다가 꿈꾸듯 죽어서 스스로 깨닫지 못할 것이니라.

〔增註〕 楊·墨·老·佛 皆邪誕妖妄之說也 塗 猶塞也 溺猶陷也 膠猶泥也 覺悟也 言其迷溺之深 如醉 如夢 自生至死而不悟也.

【註解】 楊子·墨子·老子·佛教는 다 바르지 않고 虛誕하고 妖怪하고 망녕된 학설이다. 塗는 막아버리는 것과 같다. 溺은 빠짐과 같은 것이다. 膠는 풀로 붙인다는 것이며, 覺은 깨닫는 것이다. 이단의 학설에 미혹되고, 빠지는 것이 깊으면 술에 취한듯 꿈을 꾸는 듯 生으로부터 死에 이르러도 깨닫지 못한다는 것이다.

是皆正路之蓁蕪며 聖門之蔽塞이라. 闢之而後에야 可以入道니라.

〖解說〗「이것은 다 聖賢의 바른 길에는 잡초(雜草)가 우거지며 성인(聖人)의 도(道)에 들어가는 문은 가리우고 막혔기 때문이다. 그 길과 그 문을 열어 놓은 뒤라야 성현(聖賢)의 도(道)에 들어갈 수 있을 것이니라.」 하였다.

〔集說〕 吳氏曰 正路 喻聖道 蓁 草盛貌 蕪 荒也 闢 開也 言 學者欲由聖道 入聖門 必除其蓁蕪 開其蔽塞 則大道廓如 而人可得而行也.

【註解】 오씨(吳氏) 이르기를「정로(正路)는 성인(聖人)의 도(道)이고, 蓁은 풀이 茂盛한 모양이며, 蕪는 거치른 것이고, 闢은 열리는 것이다. 배우는 사람이 聖人의 道에 의하고자 하여 聖人의 道에 들어가려면 반드시 먼저 그 풀이 우거져 막힌 것을 제거해야 한다. 그러면 큰 길이 환하게 트여서 사람들이 갈 수 있게 된다.」 하였다.

○ 上은 廣敬身이라.
○ 위는 敬身을 넓힌것이다.

## 原本小學 卷之六

# 善行第六(八十一章)

〖集說〗 此篇 紀漢以來 賢者所行之善行 以實立教 明倫 敬身也 凡八十一章.

【註解】 이 편은 漢나라 이후 賢人들이 행한 善行을 기록서술 함으로써 立教·明倫·敬身의 본론을 實證한 것으로 모두 八十一章으로 되어 있다.

**實立教**(1장~8장)

| 呂滎公의 名은 希哲이요, 字는 原明이니 申國正獻公之長子라 正獻公이 居家에 簡重寡黙하여 不以事物로 經心하고 而申國夫人이 性嚴有法度하여 雖甚愛公하나 然이 教公하되 事事를 循蹈規矩하더라. |
|---|

〖解說〗 여형공(呂滎公)의 이름은 희철(希哲)이고, 자(字)는 원명(原明)이니 신국정헌공(申國正獻公)의 맏아들이다. 정헌공이 집에 있을 때에 대범(大凡)하고 무겁고 일을 덜고 말을 조심하여 대체로 세속적인 일을 다 마음에 경영하지 않고 신국부인(申國夫人)은 성질이 엄격하고 법도가 있어서 비록 몹씨 공(公)을 사랑했으나 그러나 공(公)을 가르치되 매사를 일정한 법도를 따라 실천(實踐)하게 하더라.

〖集解〗 正獻公 名公著 字晦叔 相宋 封申國公 寡 謂省事 默 謂愼言也 不以事物經心者 謂 凡世俗之事 皆不以經營於心也 夫人 公著之妻 魯參政 宗道之女 蹈 踐也 規矩 法度之器 所以爲方圓者也.

【註解】 正獻公의 이름은 公著, 字는 晦叔이니 宋나라에 정승이 되어 申國公에 봉해졌다. 寡는 일을 생략함을 말하고, 默은 말을 삼가하는 것을 말하는 것이다. 不以事物經心은 모든 세속의 일을 다 마음에

경영하지 않는 것을 말한다. 夫人은 公著의 아내이니 魯 參政 宗道의 딸이다. 蹈는 실천하는 것이다. 規矩는 法度가 되는 기구이니 모난 것과 원을 만드는 것이다.

> 甫十歲에 祁寒暑雨라도 侍立終日하여 不命之坐어든 不敢坐也하더라 日必冠帶하여 以見長者하며 平居에 雖甚熱하나 在父母長者之側하여 不得去巾襪縛袴하여 衣服唯謹하더라.

【解說】 겨우 十세에 큰 추위와 덥고 비오는 때에도 온 종일 모시고 서서 명(命令)하여 앉으라고 아니하거든 감히 앉지 아니하였다. 날마다 반드시 갓쓰고 띠띤 의관을 정제한 차림으로써 어른에게 뵈이며 평상시에 비록 몹시 더울지라도 부모나 어른의 곁에 있어서는 건(巾)이나 버선이나 행전을 벗지 못하며 의복을 오직 삼가 정제하더라.

〔集解〕 甫 始也 祁 大也 縛 繞也 縛袴 即內則所謂 偪 今人謂之行縢 束脛至膝 纏繞袴管故 曰縛袴也 熊氏曰 大寒 大暑 若可以自便矣 然猶執禮如常時 而不敢怠也.

【註解】 甫는 '비로소'이다. 祁는 '크다'이다. 縛은 '두르는' 것이다. 縛袴는 곧 예기「禮記」의 내칙에서 말하는 것의 '행전'이다. 지금에 사람들은 '行縢'이라고 말하는데 정강이를 묶어 무릎에 이르도록 바지통을 감아 두르기 때문에 縛袴라고 말한 것이다. 웅씨(熊氏)이기를 「큰 추위나 큰 더위에는 스스로 편하게 할 수 있을것 같지만 그러나 오히려 禮를 지니기를 평상시와 같이 하여 감히 게을리 하지 않았다.」

> 行步出入에 無得入茶肆酒肆하며 市井里巷之語와 鄭衛之音을 未嘗一經於耳하며 不正之書와 非禮之色을 未嘗一接於目하더라.

【解說】 걸어서 출입(出入)할 때에 찻집이나 술집에 들어가지 않으며,

시정(市井)이나 이항(里巷)의 비천(卑賤)한 말과 정(鄭)나라나 위(衛)나라의 음악과 같이 음란한 음악을 아직 일찍이 귀에 들리게 한 일이 없으며, 바르지 못한 글과 예에 맞지 않는 빛을 아직 일찍이 한번도 눈에 접한 일이 없었더라.

〔增註〕 鄭·衛 二國名 其音淫 熊氏曰 足不妄行 耳不妄聽 目不妄視也.

【註解】 鄭·衛는 두 나라의 이름이니 그 나라의 음악은 음탕하다. 웅씨(熊氏) 이르기를 「발은 망녕되이 걷지 않았고, 귀는 망녕되이 듣지 않았고, 눈은 망녕되이 보지 않았다.」 하였다. ○ 未嘗←한적이 없었다. 嘗은 과거시제를 나타낸다. ○ 不正之書←바르지 못한 글. 즉 聖人의 道에 어긋나는 글. ○ 茶肆←찻집.

正獻公이 通判穎州에 歐陽公이 適知州事러니 焦先生千之伯强이 客文忠公所하여 嚴毅方正이어늘 正獻公이 招延之하여 使敎諸子하더니 諸生이 小有過差어든 先生이 端坐하여 召與相對하여 終日竟夕하되 不與之語라가 諸生이 恐懼畏伏이에야 先生이 方略降辭色하더라.

〘解說〙 정헌공(正獻公)이 영주(穎州) 통판(通判)으로 있을 때 구양공(歐陽公)이 마침 주(州)의 지사(知事)가 되더니 초선생(焦先生) 천지백강(千之伯强)이 구양문충공(歐陽文忠公)의 처소에 손(客)으로 있으면서 엄숙하고 의젓하고 품행(品行)이 방정(方正)하거늘 정헌공(正獻公)이 그를 자기 집으로 초빙하여 끌어들여서 여러 자제를 가르치게 시켰더니 여러 자제들이 조금이라도 허물이나 어그러진 일이 있으면 선생이 단정(端正)하게 앉아서 그 학생을 불러서 마주 대하여 앉게 하여 날이 저물거나 밤이 새거나 말을 같이 아니하다가 여러 생도들이 두려워 하며 엎드려 죄를 빌어야 선생이 비로소 말소리와 얼굴빛을 조금 부드럽게 하더라.

〔集說〕 吳氏曰 歐陽公 名脩 字永叔 廬陵人 謚文忠 焦先生 名千之 字伯強 時寓歐陽公家 正獻 延之 俾教滎公及諸弟也 端 正也 降 猶舒也.

【註解】 오씨(吳氏) 이르기를 「歐陽公은 이름이 脩이고 字는 永叔이니 廬陵사람으로 시호는 文忠이다. 焦先生은 이름이 千之이고 字는 伯强이니 당시에 歐陽公의 집에 우거했는데 正獻公이 맞이하여 滎公 및 여러 아우를 가르치게 했다. 端은 바른 것이다. 降은 '펴다'와 같은 것이다.」 ○ 穎州는 地名이고, 通判은 벼슬 이름인데 知州事의 아래 자리로서 州의 政治를 감독했다. 宋나라 太祖때에 설치함.

知州事는 州의 長官, 州의 知事(←뜻 : 州의 일을 주장하다), 知는 '主'의 뜻이다. 終日竟夕은 해가 다하고 밤이 다하도록이다.

時에 公이 方十餘歲러니 內則正獻公與申國夫人教訓이 如此之嚴하고 外則焦先生化導如此之篤하니 故로 公이 德器成就하여 大異衆人하니라 公이 嘗言人生에 內無賢父兄하며 外無嚴師友오 而能成者少矣라 하더라.

〖解說〗 때에 公의 나이 十여세였으니 안으로는 정헌공(正獻公)과 신국부인(申國夫人)의 교훈이 이와 같이 엄격하고 밖으로는 초선생(焦先生)의 교화(教化)와 지도가 이와 같이 독실(篤實)하니 그로 해서 공의 덕행(德行)과 기국(器局)이 이루어져서 뭇사람들보다 크게 뛰어나게 되었다. 공이 일찍이 말하기를 「사람이 나서 집안에 어진 부형이 없으며, 밖에 엄한 스승과 벗이 없고, 그러면서도 성취할 수 있는 자는 적으니라.」 하더라.

〔集解〕 人性本善而氣質不同 苟無父兄 教訓於內 師友 導化於外 則安能有成也哉 程子曰 天下英材 不爲少矣 特以道學不明故 不得有所成就也.

【註解】 사람의 天性은 본래 착하지만 기질은 같지 않다. 진실로 부형이

안에서 가르치고 스승과 벗이 밖에서 教化하고 引導함이 없으면 어찌 성공할 수 있겠는가? 정자(程子) 이르기를 「天下에 英才가 적지 않은데도 다만 道로써 학문을 밝히지 않기 때문에 성취해야 할 바를 얻지 못하는 것이다.」 하였다.

○呂滎公의 張夫人은 待制諱昷之之幼女也라 最鍾愛하니 然이나 居常에 至微細事히 教之必有法度하더니 如飮食之類에도 飯羹으란 許更益하고 魚肉으란 不更進也하나 時에 張公이 已爲待制河北都轉運使矣러라. (昷=온)

〖解說〗 여형공(呂滎公)의 부인 장씨는 대제(待制) 장온지(張昷之)의 어린 딸이었다. 부모의 사랑을 가장 모으고 있었으나 그러나 평상시에 미세(微細)한 일에 이르기까지 가르치되 반드시 법도(法度)가 있게 하였다. 음식과 같은 類에도 밥과 국은 다시 더 먹는 것을 허락하고 생선과 고기는 다시 더 주지 않았다. 그 때에 장공(張公)이 이미 대제(待制)로 하북도전운사(河北都轉運使)가 되었더라.

〔增註〕 夫人 滎公之妻 諱即名也 生曰名 死曰諱 鍾 聚也 張公已貴顯矣 而示女子以儉約 如此 非特教子者 所當法 亦守官者 所當法也.

【註解】 夫人은 滎公의 아내이다. 諱는 곧 이름이니 살아 있을 때에는 名이라 하고 죽었을 때는 諱라 한다. 鍾은 모으는 것이다.「장공(張公)은 이미 신분이 貴하게 되고, 顯達하였어도 女子에게 儉約으로 교시(教示)하였다. 이와 같이 특별한 것이 아니라 자식을 가르치는 자는 법에 합당한 바로써 하고, 또한 官職을 지키는 자도 법에 합당한 바로 할 것이다.」

及夫人이 嫁呂氏하여는 夫人之母는 申國夫人姊也라 一日에 來視女하더니 見舍後에 有鍋釜之類하고 大不樂하여 謂申國夫人

曰 豈可使小兒輩로 私作飮食하여 壞家法耶리오 하니 其嚴이 如此하더라.

〖解說〗 그리고 부인(夫人)이 여씨(呂氏)에게 시집갔는데 부인의 어머니는 신국부인(申國夫人)의 맏누이였다.

하루는 딸을 보러 왔다가 집 뒤에 남비와 가마 따위가 있는 것을 보고 크게 언짢아 하면서 신국부인에게 일러 말하기를「어찌 어린 아이들로 하여금 사사로이 음식을 만들 수 있게 하여 가법(家法)을 파괴(破壞)한단 말인가?」하였다. 그 엄격함이 이와 같더라.

〖集解〗 張待制 呂正獻公 皆魯參政 宗道之婿 張女 嫁滎公 熊氏曰 呂氏 家法固美矣 而張待制 魯參政家 其閫範 又嚴正如此, 可見當時士大夫家 禮義成習 豈後世之可及乎.

**【註解】** 張待制와 呂正獻公은 모두 魯參政 宗道의 사위인데 張公의 딸이 滎公에게 시집갔다. 熊氏는 이르기를「呂氏의 家法은 진실로 아름다웠다. 그리고 張待制와 魯參政의 집안에 閫範이 또 嚴正하기가 이와 같았으니 당시 士大夫집의 禮義가 풍습을 이룬 것을 볼 수 있으니 어찌 그것은 뒷세상에 미칠 수 있겠는가?」하였다. ○ 私作飮食은 온가족을 위한 규정된 食事이외에 사사로이 먹기 위해 음식을 만듦. ○ 閫範은 부녀자가 규문안에서 지켜야 할 예의범절.

○唐陽城이 爲國子司業하여 引諸生告之曰 凡學者는 所以學爲忠與孝也니 諸生이 有久不省親者乎아 하니 明日에 謁城還養者二十輩러니 有三年不歸侍者어늘 斥之하니라.

〖解說〗 당(唐)나라의 양성(陽城)이 국자사업(國子司業)이 되어서 여러 학생들을 인견(引見)하고 고(告)하여 말하기를「모든 배우는 사람들이 학문을 하는 것은 충성(忠誠)과 효도(孝道)하기를 배우는 바이다. 제군

(諸君)들 중에 오래도록 부모를 귀성(歸省)하지 않은 사람이 있는가?」하니 이튿날에 학생들이 성(城)에게 뵈옵고 돌아가 부모를 봉양(奉養)하기를 청하는 자가 二十여명이나 되었다. 三년 동안을 돌아가 부모를 모시지 않은 자가 있었으므로 내쫓아 버리니라.

〖集說〗 吳氏曰 城 字元宗 定州人 謁 告也 斥 擯斥之也.

【註解】 오씨(吳氏) 이르기를「城의 字는 元宗이니 定州사람이다. 謁은 알림이다. 斥은 내쫓아버리는 것이다.」

○ 國子司業－國子는 國子學으로 國立大學에 해당하고 國子監이라고도 함. 司業은 벼슬 이름으로 수석 교수에 해당함→陽城 國子司業에 관한 것은 唐書 卷一百九十四 卓行列傳陽城편에 자세함.

○安定先生胡瑗의 字는 翼之니 患隋唐以來에 仕進이 尚文辭而遺經業하여 苟趨祿利하더니 及爲蘇湖二州敎授하여는 嚴條約하여 以身先之하여 雖大暑라도 必公服終日하여 以見諸生하여 嚴師弟子之禮하며 解經에 至有要義하여는 懇懇爲諸生하여 言其所以治己而後治乎人者하더라. 學徒千數러니 日月刮劘하여 爲文章하되 皆傳經義하여 必以理勝하며 信其師說하여 敦尚行實하더니 後爲太學하여는 四方이 歸之하니 庠舍不能容하더라.

〖解說〗 안정(安定)선생 호원(胡瑗)의 자는 익지(翼之)다. 그는 수(隋)나라와 당(唐)나라 이래로 벼슬에 나아가려는 사람이(과거 시험 과목에 치중하기 때문) 시부(詩賦), 잡문(雜文)등 글짓는 것만 숭상(崇尚)하고 경서(經書)의 수업(修業)을 버리어 구차하게 봉록(俸祿)과 이익(利益)에만 마음이 쏠려 향하는 것을 근심하더니, 자신이 소주(蘇州)와 호주(湖州)의 두 고을의 교수(敎授)를 함께 하여서는 교조(敎條)와 약속을 엄중하게 하여 몸소 먼저 실행함으로써 그들을 거느리어 비록 대서

(大暑)라도 반드시 공복(公服)으로 날을 마치어서 이로써 모든 생도를 대하여 스승과 제자의 예절을 엄격히 하며, 경서(經書)를 해석하다가 중요한 뜻이 있는 곳에 이르면 간곡하게 여러 생도들을 위하여 자기 자신을 다스린 후에 남을 다스릴 수 있다는 그 까닭을 설명하곤 하였다. 배우는 무리가 천(千)으로 헤아리더니 그들은 날로 달로 마음의 때를 닦아내고 몸을 닦아 윤이 나게 하여 문장을 짓되 다 경서의 뜻에 의하여서 반드시 문장의 수식보다 사물의 도리를 밝히는 것으로써 주로 하며, 스승의 말을 믿어서 행실을 두텁게 숭상하더니 선생이 뒤에 국자감(國子監) 직강(直講)으로 태학(太學)의 교수가 되어서는 사방의 배우는 사람들이 모여 와서 교사(校舍)에 다 수용(收容)할 수 없더라.

〔集說〕 陳氏曰 條 教條 約 約束 以身先之 謂躬行以率之 要義 即治己治人之道 懇懇 切到之意 治己而後治人 明體 適用之學也 刮劘 刮垢劘光也 傳 依也 必以理勝 不尚辭也 信 尊信也 安定 後爲國子直講 四方學者 歸之 故庠舍不能容.

**【註解】** 진씨(陳氏) 이르기를「條는 教條이고, 約은 約束이며, 以身先之는 몸소 실행함으로써 솔선수범하는 것을 말한다. 要義는 곧 자신을 다스리고 남을 다스리는 道이다. 懇懇은 切實하고 周到한 뜻으로 자신을 다스린 뒤에 남을 다스리어 몸을 밝히는데 적용되는 학문이다. 刮劘는 刮垢劘光으로 곧 때를 닦아서 윤을 낸다는 뜻. 傳는 의지하는 것이다. 必以理勝은 반드시 문장의 수식보다 사물의 이치를 낫게 여기고 문장의 수식을 숭상하지 않는 것이다. 信은 믿음을 존중하는 것이다. 安定은 胡瑗으로 뒤에 國子監의 直講이 되었다. 사방에서 배우는 사람이 그에게 돌아왔기 때문에 校舍가 비좁아 수용할 수 없었다.」하였다.

其在湖學에 置經義齋治事齋하니 經義齋者는 擇疏通有器局者하여 居之하고 治事齋者는 人各治一事하며 又兼一事하니 如治民治兵水利算數之類라 其在太學에 亦然하더라.

〖解說〗 그가 호주(湖州)의 주학(州學)으로 있을 때에 경의재(經義齋)와 치사재(治事齋)를 설치하였다. 경의재라는 것은 기질(氣質)이 통창(通暢)하고 현명하며 국량(局量)이 있는 사람을 선택하여 있게 하고, 치사재라는 것은 사람마다 각기 한 가지 일을 다스리며 또, 한 가지 일을 겸하게 하였으니 백성을 다스리는 일, 군사(軍事)를 처리(處理)하는 일, 수리에 관한 일, 산수(算數)따위와 같은 것이다. 그가 태학(太學)에 있을 때에도 또한 그렇게 하더라.

〔集解〕 疏通 謂氣質開明 有器局 謂局量寬廣 朱子曰胡氏 開治事齋 亦非獨只理會此 如所謂頭容直 足容重 手容恭 許多說話 都是本原.

【註解】 疏通은 氣質을 밝게 열어 주는 것을 말하고 有器局은 局量이 너그럽고 넓은 것을 말한다. 주자(朱子) 이르기를 「胡氏)가 治事齋를 개설한 것도 또한 홀로 단지 이에 理會하려는 것뿐만이 아니라 이른바 머리가 곧은 사람을 수용(收容)하고 발이 무거운 사람을 수용하며, 손이 공손한 사람을 수용하여 許多한 說話가 모두 이에 本源한다는 것과 같은 것이다.」 하였다.

> 其弟子散在四方에 隨其人賢愚하여 皆循循雅飭하니 其言談擧止遇之에 不問可知爲先生弟子오 其學者相語에 稱先生이어든 不問可知爲胡公也러라.

〖解說〗 그의 제자들이 사방에 흩어져 있었는데 그 사람의 어질고 어리석음에 따라서 다 질서가 있고, 예도(禮度)에 따라서 단아(端雅)하고 근신(謹愼)하니 그들의 말과 행동은 그것만 보고 그를 만나는 사람들은 그가 안정선생의 제자가 된다는 것을 묻지 않아도 알 수가 있었고, 학자들이 서로 말할 때에 「선생」이라고 말하면 묻지 않아도 호공(胡公)을 가리키는 것으로 알 수 있었다더라.

〔集解〕 循循 有次序而不越禮度也 雅飭雅素而謹飭也 辭氣異乎常人故

不問知其爲先生弟子 四方從學者衆故 稱先生 必知其爲安定也.

【註解】 循循은 차례가 있어서 禮度를 넘지 않는 것이고, 雅飭은 평소에 단아하게 근신하고 신칙하는 것이다. 말씨가 보통사람보다 다르기 때문에 묻지 않더라도 그가 호안정(胡安定)선생의 제자임을 알고 사방에서 배우는 사람이 따라왔기 때문에 선생이라 일컬으면 반드시 그것을 胡安定선생을 가리키는 말인 줄 알았다고 한다.

○明道先生이 言於朝曰 治天下하되 以正風俗得賢才로 爲本이니라.

〖解說〗 명도(明道)선생이 조정(朝廷)에 진언(進言)하여 말하기를「천하(天下)를 다스리되 풍속을 바르게 하고 어진 인재를 얻는 것으로써 근본을 삼을 것이니라.

〔集說〕 方氏曰 君上所化 謂之風 民下所習 謂之俗, 陳氏曰 賢 有德者 才 有能者, 吳氏曰 治天下 固以是二者 爲本 然 得賢才則可以正風俗 是則得賢才 又爲正風俗之本也.

【註解】 방씨(方氏) 이르기를「임금이 위에서 교화시키는 것은 '風'이라 말하고, 백성이 밑에서 익히는 것을 '俗'이라 말한다.」하고, 진씨(陳氏) 이르기를「賢은 德이 있는 사람이고 才는 능력이 있는 사람이다.」했다. 오씨(吳氏) 이르기를「天下를 다스리는 데는 진실로 유덕한 사람과 유능한 사람으로써 근본을 삼는다. 그래서 유덕한 사람과 유능한 사람을 얻으면 이로써 風俗은 바로잡을 수 있다. 그러면 유덕한 사람과 유능한 사람을 다시 얻게 되어서 또 풍속을 바로 잡는 근본으로 삼을 수 있다.」하였다.

宣先禮命近侍賢儒及百執事하여 悉心推訪하여 有德業充備足爲師表者하며 其次는 有篤志好學材良行脩者어든 延聘敦遣

하여 萃於京師하여 俾朝夕에 相與講明正學이니라.

〖解說〗 마땅히 먼저 가까이 모시고 있는 어진 선비와 모든 관원들에게 예(禮)를 갖추어 명령하시어 성심을 다하여 찾아내게 하시어 천하의 덕행과 학업이 완비하여 넉넉히 남의 사표(師表)가 될 만한 자를 찾게 하시며, 그 다음은 뜻이 독실하고 학문하기를 좋아하며, 자질(資質)이 선량(善良)하고 행동이 잘 수정(修整)된 자가 있거든 조정에 예(禮)로써 맞이하고 예로써 보내어 서울에 모두어 아침 저녁에 서로 더불어 바른 학문을 강론(講論)하고 밝히게 할 것이니라.

〖增註〗 延聘 謂迎之以禮 敦遣 謂送之以禮 京 大也 師 衆也 天子之都曰京師.

【註解】 延聘은 禮로써 맞이함을 말한다. 敦遣은 禮로써 보냄을 말한다. 京은 큰것이다. 師는 많은 것이다. 天子의 도읍을 京師라고 한다.

其道는 必本於人倫하여 明乎物理하고 其教는 自小學灑掃應對以往으로 脩其孝悌忠信하며 周旋禮樂이니 其所以 誘掖激勵漸摩成就之道皆有節序하니 其要在於擇善脩身하여 至於化成天下하며 自鄉人而可至於聖人之道니라.

〖解說〗 그 도(道)는 반드시 인륜(人倫)에 근본을 두어서 사물(事物)의 이치를 밝히고, 그 가르침은 〈소학〉의 물뿌리고 쓸며 사람을 응대(應對)함으로부터 시작하여 감으로써 그 효도와 공경과 충성과 믿음을 닦으며 예(禮)와 악(樂)에 맞게 기거동작(起居動作)을 해야 하나니. 그를 말로써 가르쳐 유도(誘導)하고, 손으로써 붙잡아주며 격려하고, 물이 스며들듯 옥을 다듬듯이 성취(成就)하게 하는 과정(過程)은 다 절차와 순서가 있어야 합니다. 그 요긴한 점은 선(善)을 골라서 행하고 자신을 수양하여 천하에 교화(教化)가 이루어지는 데에 이르며 한낱 시골

사람으로부터 성인(聖人)의 도(道)에 이를 수 있는 데에 있음이니라.

〔集說〕 吳氏曰 物理 事物之理也 灑掃應對 至於周旋禮樂 皆小學之教也 以言教引曰誘 以手扶持曰掖 激 謂激作 勵 謂勉勵 漸 如水之浸物 磨 如石之攻玉 成就, 謂成就其材器也 擇善脩身 至於化成天下 皆大學之教也 鄉人 鄉里之常人也.

【註解】 오씨(吳氏) 이르기를 「物理는 사물의 이치이다. 灑掃應對로부터 周旋禮樂에 이르기까지는 모두 〈소학〉의 가르침이다. 말로써 가르쳐 이끌음을 誘라 하고, 손으로써 붙들어줌을 掖이라 한다. 激은 격려하는 것을 말하고, 勵는 힘써서 노력하는 것을 말한다. 漸은 물이 사물에 스며드는 것같은 것이다.」 하였다.

磨는 돌로 옥을 다듬는 것같은 것이다. 成就는 그 자질과 기량을 이루어 나아가는 것을 말한다. 擇善脩身, 至於化成天下는 모두 大學의 가르침이다. 鄉人은 鄉里의 일반 사람들이다.

其學行이 皆中於是者爲成德이니 取材識明達可進於善者하여 使日受其業하여 擇其學明德尊者하여 爲太學之師하고 次以分教天下之學이니라.

〖解說〗 그 학문과 행실이 다 여기에 맞는 자라야 덕행(德行)이 완성(完成)된 자이니, 재능(才能)과 식견(識見)이 밝고 통달하여서 선(善)에 나아갈 수 있는 자를 뽑아서 날마다 그 스승의 수업을 받게 시키어 그 중에 학문이 고명(高明)하고 덕이 높은 자를 골라서 태학(太學)의 스승을 삼고, 그 다음 인물로써 나누어 천하의 학교에서 가르치게 해야 하나니라.

〔增註〕 中於是 謂合於小學大學之教者 以成德者 爲師 取材識之 明達者 受其教 上者 使教國學 其次 以分教州縣之學也.

【註解】中於是는 소학과 대학의 敎理에 맞는 사람을 말하며, 成德한 사람으로써 스승을 삼되 자질과 학식이 고명하게 밝게 통달한 사람을 뽑아 그의 가르침을 받게 한다. 상등자는 국학에서 가르치게 하고, 그 다음은 나누어 주와 현의 학교에서 가르치게 한다.

| 擇士入學하되 縣이 升之州어든 州賓興於太學이어든 太學이 聚而敎之하여 歲論其賢者能者於朝니라. |
|---|

〖解說〗 선비를 뽑아서 주학(州學)에 입학시키되, 현학(縣學)이 주학(州學)에 추천하여 올리거든 주학(州學)이 향음주례에서 귀빈으로 접대하고, 태학(太學)에 천거하거든 태학(太學)이 그들을 모아서 교육하여 해마다 그들의 어진 자와 유능한 자를 조정에서 논의하여 벼슬을 시키도록 해야 하니라.

〔增註〕 縣 謂縣學 州 謂州學 王制 曰論定然後 官之.

【註解】縣은 縣學을 말하고, 州는 州學을 말한다. 王制에 말하기를 「도덕성과 예의를 의논하여 결정한 뒤에 벼슬시킨다.」했다. ○ 賓興은 향음주례에서 귀빈으로 접대하고 태학에 천거하는 것.

| 凡選士之法은 皆以性行端潔하여 居家孝悌하며 有廉恥禮讓하며 通明學業하며 曉達治道者니라. |
|---|

〖解說〗「무릇 선비를 선택하는 방법은 다 그의 성품과 행실이 단정하고 결백하여, 집에 있어서는 효도하고 공경하며, 염치(廉恥)와 예양(禮讓)의 마음이 있으며, 학업(學業)에 통달하여 밝으며, 백성을 다스리는 도리를 알고 있는 자를 뽑아야 할 것이니라.」하였다.

〔集註〕 朱子曰 明道 論學制 最爲本 讀之 未嘗不慨然發嘆.

**【註解】** 주자(朱子) 이르기를 「明道의 이 學制를 論하여 가장 근본이 되는 것이며, 이것을 읽고 일찍이 개연(慨然)히 감탄을 발하지 않을 수 없다.」고 하였다. ○ 曉達은 잘 알다. 밝게 통하다. 깨달아 통달함.

○伊川先生이 看詳學制하시니 大槪는 以爲學校는 禮義相先之地어늘 而月使之爭이 殊非教養之道니 請改試爲課하여 有所未至則學官이 召而教之하고 更不考定高下하며.

**〖解說〗** 이천(伊川)선생이 학제(學制)를 자세히 살펴보니 대개는 생각건대 학교라는 것은 예의로 서로 먼저 할 곳이거늘 달마다 시험을 가져서 이로써 그들의 고하(高下)를 비교하여 바로 다투게 하는 것이 결코 교양(教養)의 도리가 아니다. 청컨대 달마다 시험제도를 고쳐서 과정(課程)을 부과하여 이르지 못하는 것이 있으면 학관(學官)이 그를 불러다가 가르쳐 주게하고 다시는 성적의 높고 낮음을 고정(考定)하지 말아야 하며.

〖集說〗 陳氏曰 伊川 嘗充崇政殿說書, 同孫覺等 看詳國子監條制 月使之爭 謂月有試 以較其高下 是使之爭競也.

**【註解】** 진씨(陳氏) 이르기를 「伊川선생이 일찍이 崇政殿說書로 있을 때 동료인 孫覺 등과 같이 國子監條制를 자세히 살펴 보았다. 月使之爭은 달마다 시험을 두어 성적의 높고 낮음을 비교하니 이것은 그들로 하여금 경쟁케 함을 말한다.」 하였다.

制尊賢堂하여 以延天下道德之士하며 鐫解額하며 以去利誘하며 省繁文하여 以專委任하며 勵行檢하여 以厚風教하고 及置待賓吏師齋하며 立觀光法하니 如是者亦數十條러라.

**〖解說〗** 존현당(尊賢堂)을 지어서 이로써 천하의 도덕이 높은 선비를

이끌어 맞이하며, 주현(州縣)의 공거(貢擧)로써 입학하는 국학생의 정원을 줄여서 이로써 이(利)로 유인하는 종래의 폐단을 버려야 하며, 교관에게는 번잡한 사무상의 문서를 생략하여 이로써 교관으로써 맡은 임무에 전념(專念)하게 하며, 행검(行檢)을 힘써서 풍속과 교화를 순후하게 하고, 그리고 대빈재(待賓齋)와 이사재(吏使齋)를 설치하며, 천하의 선비들이 와서 태학(太學)을 견학할 수 있도록 관광법(觀光法)을 세워야 하나니. 이와 같은 것이 또한 수십조(數十條)이러라.

〖集解〗 制 造也 道明德立之士 制堂以延待之 使多士之有矜式也 鐫 刻也 解額 謂秋闈鄕試之額也 宋 元豐中 國學解額 增至五百人 來者奔湊 故 欲鐫減其額 均於外郡 使士人 各安鄕土 絶奔競也 省繁文末節 以專委任之道 勵行誼名檢 以厚風化之源 復置齋舍 以待行能可賓敬 及通治道 可爲吏之師法者 至於天下之士 有來游學者 亦立觀光法 以處之 凡是者 通數十條.

**【註解】** 制는 지음이다. 道에 밝고 德이 확립된 선비를 존현당(尊賢堂)을 지어서 이로써 이끌어 들이어 맞이하여 많은 선비들로 하여금 공경하여 본받음이 있게 한 것이다. 鐫은 깎는 것이다. 解額은 가을 과거의 향시의 정원수를 말한다. 송(宋)나라 元豐 연간(年間)에는 國學의 합격增員數가 늘어 五百명에 이르렀다. 오는 사람이 분주하였기 때문에 그 增員數를 깎아 減하고 고루 外郡에서 士人으로 하여금 각각 鄕土에서 安居시켜 奔湊하는 경쟁을 끊었다는 것이다. 번잡한 문서와 작은 일을 생략하여 맡은 임무의 도리에 전념케 함으로써 의를 힘써 실행하고, 말과 행동을 檢束함으로써 풍습과 교화를 순후하게 하는 근원으로 하며, 待賓齋와 吏師齋를 설치하여 덕행과 재능이 있어서 賓으로 공경할 만한 선비 및 다스리는 도리에 통달한 자와 官理의 師表가 될만한 자를 대우한다. 천하의 선비에 이르러서는 와서 유학하는 사람이 있으면 또한 관광법을 확립하여 이로써 대처한다. 무릇 이러한 것이 수십조(←많은 조항)에 달한다. ○ 尊賢堂은 德과 才能을 겸한 선비를 맞아 들이어 그 어짐을 존대하는 집. ○ 解額은 당나라의 제도에 鄕試에서 합격시키는 정원을 말하는 것인데 여기서는 향시에 합격된 자로써 국학에

입학하는 定員을 뜻함. ○ 行檢은 말과 행실을 바르게 하는 것. 몸가짐을 바르게 하는 것. ○ 待賓吏師齋는 대빈재와 이사재인데, 대빈재는 덕행과 재능이 뛰어나서 賓으로 대우할만한 이를 맞아들이는 집. 이사재는 백성을 다스리는데 밝아서 官吏의 師表가 될만한 이를 맞아들이는 집. ○ 觀光法은 문물제도와 풍습을 보고 그 잘된 점을 공부하는 것이 觀光의 뜻인데, 여기서는 太學의 좋은 면을 천하의 선비들이 견학할 수 있도록 하라는 제도를 말함.

**○藍田呂氏鄕約**에 **曰 凡同約者**는 **德業相勸**하며,

【解說】 남전여씨(藍田呂氏)의 향약(鄕約)에 말하기를 「모두 같이 향약을 맺은 사람들은 덕행과 사업을 서로 권하여 힘쓰게 하며,」

〔集解〕 藍田 縣名 在今西安府 呂氏 兄弟四人 長大忠 次大防 大鈞 大臨, 鄕約 與鄕人約誓也 勸 勉也 本註 德 謂見善必行 聞過必改 能治其身 能治其家 能事父兄 能敎子弟 能御僮僕 能事長上能睦親故 能擇交游 能守廉介 能廣施惠 能受寄託 能求患難 能規過失 能爲人謀 能爲衆集事 能解鬪爭 能決是非 能興利除害 能居官擧職 業 謂居家則事父兄 敎子弟 待妻妾 在外則事長上 接朋友 敎後生御僮僕 至於讀書 治田營家 濟物 如禮樂射御書數之類 皆可爲之 非此之類 皆爲無益.

【註解】 藍田은 縣의 이름이며 지금의 西安府에 있다. 呂氏의 형제는 네 사람인데 맏이가 大忠이고 다음이 大防이며 다음은 大鈞, 다음은 大臨이다. 鄕約은 마을 사람들과 誓約한 것이다. 勸은 힘쓰는 것이다. 鄕約 본래의 註에 「'德'은 善한 것을 보면 반드시 실행하며, 허물을 들거든 반드시 고치며, 자기 몸을 잘 다스리며, 자기의 집을 잘 다스리며, 父兄을 잘 섬기며, 子弟를 잘 가르치며, 僮僕을 잘 거느리며, 웃어른을 잘 섬기며, 친구와 잘 화목해야 하기 때문에 잘 가려서(←선택) 사귀며, 淸廉과 節介를 잘 지키며, 널리 은혜를 잘 베풀며, 寄託을 잘 받으며, 患難을 잘 구제하며, 過失을 잘 規制하며, 남과 잘 도모하며, 여럿을

모으는 일을 잘 하며, 싸움을 잘 화해하며, 옳고 그른 것을 잘 판결하며, 이로운 것을 일으키고 손해되는 것을 잘 제거하며, 官에 있으면 직무를 잘 거행함을 말하고, '業'은 집에 있을 때에는 부형을 섬기며, 子弟를 가르치며, 처첩을 대우하며, 밖에 있을 때에는 어른을 섬기며, 벗과 사귀며, 후배를 가르치며, 僮僕을 거느리며, 讀書에 지극하며, 전답을 다스리며, 가정을 경영하며, 사물을 성취하며, 禮·樂·射·御·書·數 따위와 같은 것을 다 해야 하고, 이러한 따위가 아니면 다 무익하다.」고 했다.

| 過失相規하며, |
|---|

〖解說〗 허물과 잘못을 서로 규제(規制)하며,

〔集解〕 規 猶戒也 本註 犯義之過, 六, 一曰 酗愽鬪訟, 二曰 行止踰違, 三曰行不恭遜, 四曰 言不忠信, 五曰, 造言誣毁, 六曰 營私太甚, 不脩之過, 五, 一曰交非其人, 二曰遊戲怠惰, 三曰動作無儀, 四曰臨事不恪, 五曰用度不節.

**【註解】** 規는 경계함과 같은 것이다.

향약 본래의 註에 「義를 犯하는 過失은 여섯이다. 첫째, 술 취하고 도박하고 싸우고 송사함이며, 둘째, 行動擧止의 어그러짐이 지나치며, 셋째, 행실이 공손치 못하며, 넷째, 말이 성실하고 신의가 없으며, 다섯째, 말을 만들어서 남을 물고 헐뜯으며, 여섯째 사사로움을 경영하기가 너무 심한 것을 말함이다. 닦지 않은 허물에 다섯 가지가 있는데, 첫째는 그른 사람과 사귀며, 둘째는 놀아나 게으르고 태만하며, 셋째는 동작에 예의가 없으며, 넷째는 일에 당하여 삼가지 않으며, 다섯째는 쓰는 정도에 절약하지 않는 것이다.」

| 禮俗相交하며, |
|---|

〖解說〗 예사스러운 풍속으로 서로 사귀며.

〔集解〕 本註 謂姻婚, 喪葬, 祭祀, 往還書問, 慶吊之類.

【註解】 향약, 본래의 註에 「혼인·초상의 장례·제사·왕래·편지 문안·경조사 따위를 말한다.」 했다.

| 患難相恤이니라. |
|---|

〖解說〗 근심과 어려운 일은 서로 규휼하니라.

〔集解〕 本註 一曰 水火 二曰盜賊, 三曰疾病, 四曰死喪 五曰孤弱, 六曰誣枉 七曰貧乏.

【註解】 향약, 본래의 註에 「첫째 수재와 화재, 둘째 도적, 셋째 질병, 넷째 초상, 다섯째 어린 고아, 여섯째, 남을 억지로 죄에 빠뜨림이고, 일곱째, 가난하여 궁핍함이라.」 했다.

| 有善則書于籍하고 有過若違約者를 亦書之하여 三犯而行罰하되 不悛者란 絶之니라. (悛＝전) |
|---|

〖解說〗 착한 일이 있으면 장부에 기록하고, 허물이 있거나 약속을 어기는 자가 있으면 또한 장부에 기록하여 세 번 향을 범하면 벌을 주되 고치지 않는 자라면 관계를 끊는 것이니라.

〔集解〕 若 及也 悛 改也 絶之 使不與約也.

【註解】 若은 及과 같은 뜻이다. 悛 고치는 것이다. 絶之는 향약에 참여시키지 않는 것이다.

○明道先生이 教人하시되 自致知로 至於知止하며 誠意로 至於平天下하며 灑掃應對로 至於窮理盡性하사 循循有序하더시니.

〖解說〗 명도(明道)선생이 사람을 가르치는데 이미 아는 것으로 이치를 미루어 지식을 더욱 밝힘으로 지선(至善)에 이르러 그칠 줄 알며, 뜻을 정성되게 함으로 천하를 태평하게 하는 도리에 이르며, 쇄소응대(灑掃應對)의 소학(小學)의 도(道)로부터 궁리진성(窮理盡性)하는 대학(大學)의 도(道)에 이르게 하여서 순서와 차례가 있게 하니.

〖集說〗 朱子曰 致知 推極吾之知識 欲其所知 無不盡也 知止云者 物格知至而於天下之事, 皆有以知其至善之所在, 是則吾所當止之地也 誠意者 實其心之所發 欲其必自慊而無自欺也 意不自欺 則心之本體 物不能動 而無不正矣 心得其正 則身之所處, 不至陷於所偏 而無不修矣 身無不修 則推之家國天下 亦擧而措之耳 此 大學之序也, 吳氏曰 灑掃應對 小學之教也 窮理盡性 大學之教也 窮理 即致知 至於知止之謂 盡性 即誠意 至於平天下之謂 循循 有次序貌 謂先習之於小學 而後進之於大學 而大學之教 又自有其序也.

【註解】 주자(朱子) 이르기를 「致知는 나의 궁극의 지식으로 그 알고 싶어 하는 지식을 미루어 다하지 않음이 없는 것이다.

知止라고 말한 것은 사물을 바로 잡고 至善을 알아서 天下의 일에 있어 다 그 至善의 所在를 알면 이것은 곧 내가 마땅히 머물러야 할 바의 땅이다. 誠意는 그 마음이 實하게 일어나는 바 그것을 반드시 스스로 만족하게 생각하여 스스로 속임이 없고자 하는 것이다. 뜻을 스스로 속이지 않으면 마음의 본체를 사물이 움직일 수 없어서 바르지 않은 것이 없다. 마음이 그 바름을 얻었으면 몸의 처하는 바가 偏僻된 곳에 빠짐에 이르지 않아서 닦지 않음이 없는 것이다. 몸을 닦지 않음이 없으면 미루어 가정이나 국가 天下에 또한 배워둘 뿐이다. 이는 大學의 순서이다.」 하였다.

오씨(吳氏) 이르기를 「灑掃應對는 소학의 가르침이고, 窮理盡性은 대학의 가르침이다.」 窮理는 곧 致知이니 머무를 곳을 아는 데에 이름을 말한다. 盡性은 곧 誠意이니 平天下에 이름을 말한다.

循循은 次序가 있는 모습이니 먼저 소학을 익히게 한 뒤에 대학에 나아가게 하면 대학의 가르침도 또한 스스로 그 순서가 있다는 것을 말한 것이다.

病世之學者捨近而趨遠하며 處下而闚高라 所以輕自大而卒無得也시니라.

〖解說〗 세속의 배우는 사람들이 가까운 것을 버리고 먼 것에 달려가며, 낮은 데 있으면서 높은 데를 엿본다. 경솔하게 스스로 대단한 체하기 때문에 마침내 아무것도 얻음이 없는 것을 병폐(病弊)로 여기니라.

〔集解〕 病 患也.

【註解】 病은 걱정하는 것이다.

○ 上은 實立教라. ○ 위는 立教를 실증한 것이다.

**實明倫(1장~45장)**

○江革이 少失父하고 獨與母居러니 遭天下亂하여 盜賊이 並起어늘 革이 負母逃難하여 備經險阻하여 常採拾以爲養하더니 數遇賊하여 或劫欲將去어든 革이 輒涕泣求哀하여 言有老母라 하여 辭氣愿款하여 有足感動人者라 賊이 以是不忍犯之하며 或乃指避兵之方하니 遂得俱全於難하니라. (數＝삭)

〖解說〗 강혁(江革)이 젊어서 아버지를 여의고 홀로 어머니와 함께 살더니, 천하에 병란(兵亂)을 만나서 도적이 아울러 일어나거늘 革이 어머니를 업고 환난을 도피(逃避)하여 갖은 험난하고 위태한 길을 지나서 항상 초목의 먹을 수 있는 것을 채취하여 이것으로써 어머니를 봉양하더니, 길에서 자주 도둑을 만나서 어떤 때는 위협하여 혁을

잡아가려고 하였는데 혁이 문득 눈물을 흘리고 울면서 애걸하여 늙은 어머니가 있다는 것을 말하여 그 말과 기색이 성실하고 간곡하여 넉넉히 사람을 감동시키는 것이 있었다.

도둑이 이로써 차마 범하지 못하며 어떤 자는 곧 병란을 피할 수 있는 곳을 가리켜 주니 드디어 모자(母子)가 모두 난리 속에서 목숨을 보전(保全)할 수가 있었나니라.

〔集說〕 陳氏曰 革 字次翁 臨淄人 備經險阻 謂偏歷道路之艱危, 採拾 謂採取草木之可食者 數 頻也 劫欲將去 欲脅革以去也 愿款 誠慤也 俱全 母子 皆保全也.

**【註解】** 진씨(陳氏) 이르기를 「革의 字는 次翁이니 臨淄사람이다. 備經險阻는 갖은 험난하고 위태한 길을 지나감을 말한다. 採拾은 草木의 먹을 수 있는 것을 採取하는 것을 말한다. 數은 '자주'이다. 劫欲將去는 革을 위협하여 데리고 가려 함이다. 愿慤은 성실하고 간곡한 것이다. 俱全은 어머니와 아들이 모두 생명을 保全함이다.」하였다.

| 轉客下邳하여는 貧窮裸跣하여 行傭以供母하되 便身之物이 莫不畢給이러라. (裸＝나, 跣＝선) |
|---|

〖解說〗 옮겨다니는 하비(下邳) 땅의 유랑객(流浪客)이 되어서는 가난하고 곤궁하여 헐벗은 몸과 맨발을 하고서 고용을 다님으로써 어머니를 공양하였는데, 어머니의 몸에 편안한 물건은 다 넉넉하지 않은 것이 없더라.

〔集說〕 陳氏曰 轉客 猶飄泊 下邳郡名 今邳州 裸 露身 跣 露足 行傭 爲雇工也 便身之物, 謂母身所便安之物 畢猶皆也 給 猶足也.

**【註解】** 진씨(陳氏) 이르기를 「轉客은 표류하며 숙박하는 것과 같다. 下邳는 郡이름이며 오늘에 邳州이다. 裸는 몸을 노출함이다. 跣은 발을

노출함이다. 行傭은 품파는 일은 하는 것이다. 便身之物은 어머니의 몸에 편안한 바의 물건을 말한다. 畢은 皆와 같은 것이다. 給은 넉넉함과 같은 것이다.」 하였다.

○ 薛包好學篤行하더니 父娶後妻而憎包하여 分出之어늘 包日夜號泣不能去러니 至被毆杖하여는 不得已廬于舍外하여 旦入而灑掃어늘 父怒하여 又逐之한대 乃廬於里門하여 晨昏不廢하더니 積歲餘에 父母慚而還之하다 後에 服喪過哀하니라.

〖解說〗 설포(薛包)는 학문을 좋아하고 행실이 독실(篤實)하였다. 아버지가 후처를 얻고 포(包)를 미워하여, 분가(分家)하여 내보내거늘 포가 밤낮으로 울부짖으며 차마 가지 못하니 몽둥이로 구타(毆打)하기에 이르러 부득이 집 밖에 초막(草幕)을 지어 아침에 들어와 집안을 물뿌리고 쓸거늘 아버지가 성을 내어 또 쫓아내었는데, 이에 마을 입구에 초막을 짓고 살면서 새벽과 저녁의 문안을 그치지 아니하였다. 여러 해를 지난 뒤에 부모가 부끄럽게 여겨 돌아오게 하였다. 뒤에 거상(居喪)함에 애통함이 지나쳤다고 하니라.

〔集說〕 陳氏曰 包字孟嘗 汝南人 不能 猶不忍 里門 巷門也 不廢定省之禮.

【註解】 진씨(陳氏) 이르기를「包의 字는 맹상이며 여남 사람이다. 불능은 '차마 못하다'와 같다. 里門은 마을의 문이다. 不廢는 昏定省晨의 禮를 폐하지 않는 것을 말한다.」 하였다.

既而弟子求分財異居어늘 包不能止하여 乃中分其財할새 奴婢를 引其老者曰 與我共事久라 若이 不能使也라 하며 田廬를 取其荒頓者曰 吾少時所理라 意所戀也라 하며 器物을 取其朽敗者曰 我素所服食이라 身口所安也라 하더니 弟子數破其產이어늘 輒復賑給하더라.

〖解說〗 이윽고 아우의 아들이 재산을 나누어서 따로 살기를 요구하거늘 포(包)가 차마 말리지 못하여 드디어 그 재산을 반분(半分)하게 되었는데, 노비(奴婢)를 나눌 때에는 그중에 늙은 이를 끌면서 말하기를 「나와 함께 일해 온 지가 오래되었다. 그래서 너는 부릴 수 없을 것이다.」하고, 전지(田地)와 농막(農幕)은 그 중에서 거칠어진 밭과 기울어진 농막을 가지면서 말하기를 「내가 젊었을때에 다스리던 것이었다. 마음에 그리는 바가 있다.」하며, 기물(器物)을 그 중에서 썩고 해어진 것을 가지며 말하기를 「내가 평소에 그것으로 먹고 그 물품을 사용하였다. 몸과 입에 편안하다.」하였다. 아우의 아들이 자주 그 재산을 없애버리거늘 그 때마다 곧 다시 넉넉하게 구제하여 주더라.

〔集說〕 陳氏曰 若 汝也 荒 謂田畝荒蕪 頓 謂廬舍傾頓 服 用也.

【註解】 진씨(陳氏) 이르기를 「若은 '너'이다. 荒은 밭이랑이 황폐함을 말하고, 頓은 농막이 기울어짐을 말한다. 服은 '쓰는' 것이다.」하였다.

○王祥이 性孝하더니 蚤喪親하고 繼母朱氏不慈하여 數譖之하니 由是失愛於父하여 每使掃除牛下어든 祥이 愈恭謹하며 父母有疾이어든 衣不解帶하며 湯藥必親嘗하더라. 母嘗欲生魚러니 時에 天寒冰凍이어늘 祥이 解衣하고 將剖冰求之러니 冰忽自解하여 雙鯉躍出이어늘 持之而歸하니라. 母又思黃雀炙러니 復有雀十이 飛入其幕이어늘 復以供母하니 鄉里驚嘆하여 以爲孝感所致라 하더라. 有丹柰結實이어늘 母命守之한대 每風雨에 祥이 輒抱樹而泣하여 其篤孝純至如此하더라. (數=삭, 炙=자)

〖解說〗 왕상(王祥)이 천성(天性)이 효성스러웠다. 일찍이 어머니를 여의고 계모(繼母) 주씨(朱氏)가 사랑하지 않아서 자주 그를 참소(譖訴)하니 이로 말미암아 아버지의 사랑을 잃어서 늘 쇠똥을 소제시켰는데, 상(祥)이 더욱 공손하고 삼가하였으며, 부모가 질병이 있어서는 옷의 띠를 풀지 않으며, 약을 달이면 반드시 자신이 친히 먼저 맛보더라. 어머니가 일찍이 생어(生魚)를 먹고 싶다고 하였는데 그 때는

천기(天氣)가 차고 얼음이 얼었거늘 상(祥)이 옷을 벗고 막 얼음을 깨고 들어가 물고기를 잡으려고 하였더니 얼음이 갑자기 꺼지고 저절로 깨지면서 잉어 두 마리가 튀어나오거늘 그것을 가지고 돌아왔다. 어머니가 또, 참새구이를 먹고 싶어하니 다시 참새 수 십 마리가 그의 집에 날아들어 오거늘 또 이것으로써 어머니에게 공궤(供饋)하였다. 향리에서 놀라고 감탄하여 생각하기를 효성(孝誠)에 감동되어 그렇게 한 것이다 하더라. 단내(丹柰)가 열매를 맺은 것이 있거늘 어머니가 명령하여 상(祥)에게 지키라고 하였는데, 바람이 불고 비가 올 때마다 상(祥)이 문득 나무를 안고 울었다. 그의 독실(篤實)한 효성이 순수하고 지극함이 이와 같았다 하더라.

〖集說〗 陳氏曰 祥 字休徵 琅琊人 親母也 失愛於父 不得父之愛也 牛下 牛糞 柰 果名 每風雨 抱樹而泣者 恐傷柰實 有咈親之心也.

**【註解】** 진씨(陳氏) 이르기를「祥의 字는 休徵이니 琅琊사람이다. 親은 어머니이다. 失愛於父는 아버지의 사랑을 얻지 못함이다.

牛下는 쇠똥이다. 柰는 과일 이름이다. 바람이 불고 비가 올 때마다 나무를 안고 운 것은 벗의 열매가 상하여 부모의 마음에 어기게 됨이 있음을 두려워 한 것이다.」 ○ 黃雀炙는 참새구이. 黃雀은 참새의 일종으로 부리와 다리가 황색이다.

丹柰는 능금의 일종. 붉은 능금, 朱柰라고도 함. 蚤는 早의 뜻이다.

> ○王裒의 字는 偉元이니 父儀爲魏安東將軍司馬昭의 司馬러니 東關之敗에 昭問於衆曰 近日之事를 誰任其咎오 儀對曰 責在元帥하니이다. 昭怒曰 司馬欲委罪於孤耶아 하고 遂引出斬之하다. (裒=부)

〖解說〗 왕부(王裒)의 자는 위원(偉元)이다. 아버지 의(儀)가 위(魏)나라 안동장군(安東將軍) 사마소(司馬昭)의 사마(司馬)가 되더니, 동관(東關)의 싸움에서 오(吳)나라 제갈각(諸葛恪)에게 패함에 소(昭)가 여러 사람에게 물어 말하기를「요사이의 일을 누구에게 그 허물을

맡기겠는가?」라고 하니 의(儀) 대답하여 말하기를 「책임이 원수(元帥)에게 있습니다.」 하였다. 사마소가 성내어 말하기를 「사마는 나에게 죄를 씌우려 하는가?」하고 드디어 끌어내어 베어 죽였다.

〖集說〗 陳氏曰 上司馬 覆姓 下司馬 官名 東關之敗 魏 嘉平四年 吳諸葛恪 敗魏師于東關 是也 元帥 謂 昭 孤 昭 自稱也.

**【註解】** 진씨(陳氏) 이르기를 「위의 司馬는 복성이고, 아래의 司馬는 官名이다. 동관의 패배는 魏나라 가평 4년에 吳나라 諸葛恪이 위나라 군사를 동관에서 패배시킴이 그것이다. 元帥는 昭를 말한다. 孤는 昭의 자칭이다.」 하였다.

> 哀痛父非命하여 於是에 隱居教授하여 三徵七辟에 皆不就하고 廬于墓側하여 旦夕에 常至墓所하여 拜跪하고 攀栢悲號하여 涕淚著樹하니 樹爲之枯하니라. 讀詩에 至哀哀父母生我劬勞하여는 未嘗不三復流涕하니 門人受業者並廢蓼莪之篇하니라.
> (復=복, 蓼=륙)

〖解說〗 부(裒)가 비명(非命)에 죽은 아버지를 애통(哀痛)하여 이에 세상에서 숨어 살며 제자들에게 글을 가르치며 살면서 조정에서 세 번 부르고, 군국(郡國)에서 일곱 번 천거 하였으나 다 취임(就任)하지 않고 아버지의 묘 옆에 여막(廬幕)을 짓고 살면서 아침 저녁으로 항상 묘소 앞에 이르러 절하고 꿇어 앉아 측백나무를 붙잡고 슬피 소리내어 울면서 눈물이 나무에 묻으니 나무가 이 때문에 말라 죽었느니라. 〈시경(詩經)〉을 읽다가 「슬프고 슬프도다. 부모님이 나를 낳으심에 수고로우셨도다.」라고 하는 구절(句節)에 이르러서는 일찍이 세 번 거듭 읽고 눈물 흘리지 않은 때가 없으니 문인(門人)으로 수업(修業)을 받은 사람들이 모두 육아편(蓼莪篇)을 빼버리고 읽지 않기로 하였느니라.

〖集說〗 陳氏曰 朝廷召曰徵 郡國擧曰辟 哀哀父母 生我劬勞 蓼莪詩之辭 三復 謂再三反覆誦之 廢蓼莪篇者 恐其師哀感故 舍之而不誦也.

**【註解】** 진씨(陳氏) 이르기를 「朝廷에서 부르는 것을 徵이라 하고, 郡國에서 천거함을 辟이라 한다. 哀哀父母 生我劬勞는 蓼莪詩의 辭이다. 三復은 두 번 세 번 반복하여 암송함을 말한다. 蓼莪篇을 폐기했다는 것은 그들의 스승의 슬픈 감정을 두려워했기 때문에 빼버리고 읽지 않은 것이다.」 하였다.

家貧躬耕하여 計口而田하며 度身而蠶하더니 或有密助之者어든 裒皆不聽하더라. 及司馬氏簒魏하여 裒終身未嘗西向而坐하여 以示不臣于晋하더라. (簒=찬, 度=탁)

〖解說〗 집이 가난하여 몸소 농사를 지었는데, 식구 수를 계산하여 밭을 경작하며, 옷입을 사람의 몸을 헤아려서 누에를 치더니 간혹 남몰래 돕는 이가 있어도 부(裒)가 다 듣지 않았다. 사마씨가 위(魏)나라를 찬탈(簒奪)하여 부(裒)가 죽을 때까지 일찍이 서쪽을 향하여 앉지 않아서 이로써 사마씨가 진(晉)나라의 신하가 아니라는 뜻을 보이더라.

〖增註〗 逆而奪取之曰簒 衣食 不求豐裕 而坐不面闕 皆痛父非命 不忍故爾.

**【註解】** 반역하여 빼앗는 것을 簒이라 한다. 衣食에 풍족함과 여유를 구하지 않고 앉을 때 대궐을 향하지 않음은 다 아버지의 비명을 원통히 여겨 차마 하지 못하기 때문이다.

○晋西河人王延이 事親色養하더니 夏則扇枕席하고 冬則以身溫被하며 隆冬盛寒에 體常無全衣而親極滋味하더라.

〖解說〗 진(晉)나라 서하(西河)사람 왕연(王延)이 부모를 섬기되 화순하고 기쁜 얼굴빛으로 봉양하였는데, 여름이면 베개와 자리를 부채질하고 겨울이면 자신의 몸으로써 이불을 따뜻하게 하며, 한겨울 몹시 추울 때에 자신은 항상 몸에 완전한 옷이 없었으나 부모에게 맛좋은

음식(飮食)을 극진(極盡)하게 공궤(供饋)하였다.

〖集解〗 西河 縣名 延 字延元. 〔增註〕 色養 以和悅之顔色而奉養也 全 完也.

【註解】 西河는 縣의 이름이다. 延의 字는 延元이다. 〔增註〕에 色養은 화순하고 기쁜 얼굴빛으로써 봉양하는 것이다. 全은 완전한 것이다.

○柳玭이 曰 崔山南의 昆弟子孫之盛이 鄕族이 罕比러니 山南의 曾祖王母長孫夫人이 年高無齒어늘 祖母唐夫人이 事姑孝하여 每旦에 櫛縰笄하여 拜於階下하고 即升堂하여 乳其姑하니 長孫夫人이 不粒食數年而康寧하더라.
(玭=변, 罕=한, 縰=사, 笄=계)

〖解說〗 유변(柳玭)이 말하기를 「최산남(崔山南)의 형제와 자손의 번성(繁盛)함이 향리의 겨레에 견줄만한 이가 드물었다. 산남(山南)의 증조모(曾祖母) 장손부인(長孫夫人)이 나이가 많아서 이(齒)가 없거늘 산남의 조모 당부인(唐夫人)이 시어머니를 효도로 섬기어 매일 아침에 머리빗고 검정비단으로 머리를 묶고 비녀를 꽂고 나서 시어머니 계시는 곳에 가 섬돌 아래에서 절하고 즉시 마루에 올라가서 그 시어머니에게 젖을 먹이었으니 장손부인(長孫夫人)이 밥알을 수 년 동안 먹지 않고도 건강하고 편안하였더라.」 하였다.

〖集解〗 山南 名琯 博陵人 爲山南西道節度使 故稱山南. 〔增註〕 王 大也 曾祖王母 即曾祖母也 不粒食而康寧 由飮乳也.

【註解】 山南의 이름은 琯이고, 博陵사람이니 山南西道節度使가 되었으므로 산남이라고 일컬었다. 〔增註〕에 王은 '크다'이다. 曾祖王母는 곧 증조모이다. 밥알을 먹지 않아도 건강함은 젖을 마신 때문이다. ○ 櫛은 머리를 빗는 것이고, 縰은 검정비단으로 머리를 싸서 묶는 것이고, 笄은 비녀를 꽂는 것. 비녀를 지르는 것이다. 罕比는 견줄만한 이가 드물다는 말이다.

一日에 疾病이어늘 長幼咸萃러니 宣言無以報新婦恩이로소니 願新婦는 有子有孫이 皆得如新婦의 孝敬則崔之門이 安得不昌大乎리오 하니라.

〖解說〗 하루는 장손부인이 병환(病患)이 위중하거늘 어른과 어린이가 모두 모였는데, 장손부인이 선언하기를 「며느리의 은혜를 갚을 길이 없으니 원컨대 며느리에게는 아들에 있어서나 손자에 있어서나 다 며느리가 나에게 효도하고 공경한 것과 같이 할 수 있다면 최씨(崔氏)의 가문(家門)이 어찌 번창하고 크지 않을 수 있겠는가?」라고 하니라.

〔集解〕 疾甚曰病 萃 聚也 長孫夫人 臨沒 聚長幼 稱其子婦之孝 願後子孫 皆克似之 孝子錫類 其族屬隆盛 可知也.

【註解】 아픔이 심함을 病이라 한다. 萃는 모이는 것이다. 장손부인은 임종에 어른과 어린이가 모였을 때 그 며느리의 효도를 칭찬하고 바라건대 뒤의 자손들도 모두 능히 그를 닮게 되면 효자에게 착한 이 '효자'를 주는 것이니 그 족속의 융성을 알 수 있는 것이다.

○南齊庾黔婁爲孱陵令하여 到縣未旬에 父易在家遘疾이러니 黔婁忽心驚하여 擧身流汗이어늘 即日棄官歸家하니 家人이 悉驚其忽至하더라. (易=이)

〖解說〗 남제(南齊)의 유검루(庾黔婁)가 잔릉현(孱陵縣)의 수령(守令)이 되어서 고을에 도착한 지 열흘이 못되었을 때에 검루(黔婁)의 아버지 이(易)가 본가(本家)에서 병에 들었다. 검루가 갑자기 마음이 놀라면서 온 몸에 땀이 흐르거늘 그 날로 벼슬을 버리고 본가로 돌아가니 집안 사람들이 모두 그가 갑자기 온 것을 놀라더라.

〔集解〕 南齊 蕭齊也 黔婁 字子貞 孱陵, 縣名 遘 遇也 父子 一體而分

父疾而子 心驚汗出 自然之理也 黔婁 即棄官而歸故 家人 驚其至之速也.

【註解】南齊는 蕭齊이다. 黔婁의 字는 子貞이다. 孱陵은 縣의 이름이다. 遘는 만나는 것이다. 父子라는 것은 한 몸뚱이의 分身이다. 아버지가 병이 나면 아들이 놀라고 땀흘리는 것은 자연의 이치이다. 黔婁가 곧 벼슬을 버리고 돌아갔기 때문에 집안 사람들이 그가 돌아옴이 빠른데 놀란 것이다.

○ 出典…南史卷五十 庾黔婁列傳, 南齊는 南朝의 하나 蕭道成이 創業했으므로(←宋나라를 멸하고 세운 나라……後에 梁나라에 망함) 蕭齊라고 한 것이다. 北朝의 高齊와 구별한다. 擧身은 온몸, 遘疾은 병을 만남이다. 병에 걸림. 未旬은 아직 열흘이 못됨.

時에 易疾이 始二日이러니 醫云欲知差劇인데 但嘗糞甜苦이라 하야늘 易泄利어든 黔婁輒取嘗之하니 味轉甜滑이어늘 心愈憂苦하여 至夕에 每稽顙北辰하여 求以身代하더라.

〖解說〗그때에 이(易)가 병든 지 비로소 이틀만이었는데 의원이 말하기를「병이 낫는지 위독한지를 알려면 다만 환자의 똥이 단가 쓴가를 맛보아야 한다.」하니까 이(易)가 설사하였는데 검루(黔婁)가 곧 가져다 맛을 보니 맛볼수록 맛이 더욱 달고 미끄럽거늘 검루(黔婁)가 마음으로 더욱 근심스럽고 괴로워 밤이 되면 늘 북두칠성에게 머리를 조아려 절하면서 자신의 몸으로써 아버지를 대신하여 죽게 해달라고 빌었다고 하더라.

〔集說〕陳氏曰 病愈曰差 病甚曰劇 醫 蓋以糞甜則病甚 糞苦則病愈也 稽顙 叩頭也 北辰 北極也. 〔集解〕或 問黔婁 父病 稽顙 北辰 求以身代 數日而愈 果有此應之理否, 朱子曰 禱是正理 自合有應 不可謂知其無是 而姑爲之也 愚按禮 疾病 行禱五祀 蓋臣子 切迫之至情 子朱子所謂禱是正理 是也 孝誠感格 孰謂無其應乎 黔婁之禱北辰 求以身代

其孝誠爲如何哉 後世 罔知禮義 崇信妖巫淫覡 不務迎醫合藥 而專禱淫昏之鬼 正吾夫子所謂淫祀無福 又安有其應哉 讀者不可不察.

**【註解】** 진씨(陳氏) 이르기를 「病이 나아짐을 差라 하고 病이 심해짐을 劇이라 한다. 치료함에 대개 똥이 달면 병이 심해짐이고, 똥이 쓰면 병이 나아짐이다.」 하였다.

稽顙은 머리를 조아리는 것이다. 北辰은 북극성이다. 〔集解〕에 어떤 사람이 묻기를 「黔婁가 아버지의 병에 머리를 땅에 닿을 정도로 엎드려 북두칠성에게 절을 하고 자신의 몸으로 아버지 대신 죽게 해달라고 기구(祈求)하였는데 數日만에 나았다니 과연 이러한 응보(應報)의 이치가 있습니까 없습니까?」 하였다. 이에 주자(朱子) 이르기를 「祈禱라는 것은 바로 바른 이치이니 스스로가 合하면 應報가 있나니. 그 옳지 못함을 알면서 구차스럽게 하라고 말할 수 없을 것이다. 내가 禮를 살펴보건대 질병에 기도하고 五祀를 행하는 것은 대체로 臣子된 도리로 절박하고 지극한 마음일 것이다.」하고 朱子의 이른바 바로 바른 이치라는 것은 옳은 것이다. 효성이 감동되면 누구에게인들 그 응보가 없겠는가? 검루의 북두칠성에 기도하여 몸으로써 아버지의 죽음에 대신해 줄 것을 祈求한 그 효성을 어떻다 할 것인가? 후세에 禮義를 알지 못하고 요괴스러운 무당과 음탕한 박수를 숭상하고 믿으며, 의원을 맞아 合藥에 힘쓰지 않고 오로지 淫昏한 귀신에게 빌고, 바로 우리 선생이 이른바 淫祀에는 복이 없다 하니 또 어찌 그 응보가 있겠는가? 하였다. 독자들은 살피지 않을 수 없을 것이다.

○海虞令何子平이 母喪에 去官하고 哀毁踰禮하여 每哭踊에 頓絶方蘇하더라. 屬大明末에 東土饑荒하고 繼以師旅하니 八年을 不得營葬하여 晝夜號哭하되 常如袒括之日하여 冬不衣絮하고 夏不就清凉하며 一日에 以米數合으로 爲粥하고 不進鹽菜하더라. 所居屋敗하여 不蔽風日이어늘 兄子伯興이 欲爲葺理한대 子平이 不肯曰我情事를 未申하니 天地一罪人耳라 屋何宜覆리오. (袒＝단, 覆＝부)

**〖解說〗** 해우현(海虞縣)의 수령(守令) 하자평(何子平)이 어머니의 상(喪)을 당하여 벼슬을 버리고 애통하여 몸을 손상(損傷)함이 예(禮)의 한계를 넘어서 늘 통곡하고 몸부림치어 갑자기 기절하였다가 겨우 소생하였다. 때는 대명말년(大明末年)이었는데 동쪽 지방에 흉년이 들고 전란으로써 계속되니 八年 동안을 어머니의 장사를 지낼 수가 없어서 낮이나 밤이나 소리내어 통곡하되 항상 초상 당하던 날처럼 하여 겨울에는 솜둔 옷을 입지 않고, 여름에는 시원한 곳에 나가지 않았으며, 하루에 쌀 두어 홉으로써 죽을 쑤어 먹고, 소금에 절인 채소도 먹지 않았다. 거처하고 있는 집이 무너져서 바람과 햇볕을 가리지 못하거늘 형의 아들 백홍(伯興)이 지붕을 덮고 수리하려고 하였는데 자평(子平)이 듣지 않고 말하기를 「내가 마음 속에 있는 일을 이루지 못하고 있으니 천지 사이에 한 죄인일 뿐이다. 집을 어떻게 마땅히 덮으리오?」 하였다.

〔集說〕 陳氏曰 海虞 縣名 子平 會稽人 蘇 猶醒也 屬 猶會也 大明 劉宋 孝武帝 年號也 東土 即會稽 二千五百人爲師 五百人 爲旅 營 謀爲也 袒 露臂 括 括髮 人子初喪之禮也 葺 脩補也 情事未申 謂親未葬也.

**【註解】** 진씨(陳氏) 이르기를 「海虞는 縣이름이다. 子平은 會稽사람이다. 蘇는 깨어나는 것과 같은 것이다. 屬은 '마침'과 같다. 大明은 劉宋의 孝武帝연호이다. 東土는 곧 會稽이다. 군사 二千五百명이 師가 되고, 五百명이 旅가 된다. 營은 꾀하여 실행하는 것이다. 袒은 팔을 드러냄이고, 括은 머리를 묶음이니 사람에 자식의 初喪의 禮이다. 葺은 보수하는 것이다. 情事未申은 부모를 아직 장사하지 못함을 말한다.」 하였다.

| 蔡興宗이 爲會稽太守하여 甚加矜賞하여 爲營塚壙하니라. |
|---|

**〖解說〗** 채흥종(蔡興宗)이 회계태수(會稽太守)가 되어서 하자평(何子平)의 일을 듣고 매우 민망히 여기고, 그 효행을 아름답게 여겨서 그의

어머니의 무덤을 만들어 장사를 거행케 하니라.

〔增註〕 矜者 憫其苦 賞者 嘉其孝.

【註解】 矜은 그 괴로워함을 민망히 여김이고, 賞은 그 효도를 가상히 여김이다. ○ 塚은 높은 墳墓이고, 壙은 묘의 구덩이다.

○ 朱壽昌이 生七歲에 父守雍이러니 出其母劉氏하여 嫁民間하니 母子不相知者五十年이러니 壽昌이 行四方하여 求之不已하여 飮食에 罕御酒肉하고 與人言에 輒流涕하더라.

〖解說〗 주수창(朱壽昌)이 태어난 지 일곱 살 때에 아버지가 옹(雍)의 수령(守令)으로 있었는데 수창(壽昌)의 어머니 유씨(劉氏)를 내보내어 민간(民間) 사람에게 시집가게 하였다. 그리하여, 모자(母子)간에 서로 소식을 모른 것이 五十년이나 되었더니, 수창(壽昌)이 사방을 다니면서 어머니 찾기를 그치지 않았으나 찾지 못하여 음식에 술과 고기를 먹는 일이 드물었고, 사람과 더불어 말을 하다가 갑자기 눈물을 흘리곤 하더라.

〔集解〕 壽昌 字康叔 楊州天長縣人 雍 即今西安府 壽昌 年七歲 父巽 爲雍州守 出其生母 嫁之民間.

【註解】 壽昌의 字는 康叔이니 楊州의 天長縣사람이다. 雍은 곧 지금의 西安府이다. 壽昌의 나이 일곱 살에 아버지 巽은 雍州의 守令이 되었고, 수창의 생모를 내보내어 민간 사람에게 시집가게 했다.

熙寧初에 棄官入秦할새 與家人訣하되 誓不見母하면 不復還이라 하더니 行次同州하여 得焉하니 劉氏時年七十餘矣러라. 雍守錢

明逸이 以事聞한대 詔壽昌還就官하시니 繇是로 天下皆知其孝하니라.

〚解說〛 희령(熙寧) 초기에 벼슬을 버리고 진(秦)나라로 들어가면서 집안 사람들에게 하직하되 「맹세코 어머니를 보지 못하면 다시 집에 돌아오지 않겠다.」하더니 가다가 동주(同州)의 여관에 투숙(投宿)하였을 적에 어머니를 만나게 되었다. 어머니 유씨는 그 때에 연세 七十여 세였다. 옹(雍)의 수령(守令) 전명일(錢明逸)이 이 일로써 조정에 아뢰었더니 수창(壽昌)에게 조서(詔書)를 내리어 돌아와 벼슬에 나가라고 하니 이 일로 말미암아 천하가 다 그의 효도를 알게 되니라.

〔集解〕 熙寧 宋神宗 年號 秦 即古雍州地也 訣 別也 同州 郡名.

【註解】 熙寧은 宋나라 神宗의 연호이다. 秦은 곧 옛 雍州땅이다. 訣은 이별하는 것이다. 同州는 郡이름이다.

壽昌이 再爲郡守러니 至是하여 以母故 通判河中府하여 迎其同母弟妹以歸러니 居數歲에 母卒커늘 涕泣幾喪明이러라. 拊其弟妹益篤하여 爲買田宅居之하고 其於宗族에 尤盡恩意하여 嫁兄弟之孤女二人하며 葬其不能葬者十餘喪하니 蓋其天性이 如此하더라.

〚解說〛 수창(壽昌)이 다시 군수(郡守)가 되더니 이 때에 이르러 어머니가 동주(同州)에 있었으므로써 그로 해서 동주에 가까운 하중부(河中府)의 동판이 되어서 그와 같은 어머니의 소생인 아우와 누이동생을 데리고 같이 돌아왔다. 수 년을 같이 살다가 어머니가 돌아가시거늘 눈물을 흘리어서 거의 시력을 상실할 뻔하였다. 그 아우와 누이동생을 사랑하여 돌봄이 더욱 두터워서 농토와 집을 사서 살게 하고, 그가 종족(宗族)에게 더욱 은의(恩意)를 다하여 형과 아우의 아버지 여읜 딸 두 사람을 시집보내 주었으며, 종족 중에서 장사지낼

수 없는 사람 십여인(十餘人)의 장사를 지내주기도 하니 대체로 그의 천성이 이와 같더라.

〔集說〕 陳氏曰 河中府 今蒲州也 近同州 壽昌 嘗爲閬州 廣德 二郡守 至是 以便於養母之故 乃辭郡守而爲河中府通判也 拊 安慰也 宗族 壽昌父族也.

【註解】 진씨(陳氏) 이르기를「河中府는 지금에 蒲州이니 同州와 가깝다. 壽昌은 일찍이 閬州와 廣德 두 군의 수령이 되었다. 이 때에 이르러 어머니를 봉양하기가 편리하기 때문에 이에 군수를 사직하고 河中府의 通判이 되었다. 拊는 '위안'이다. 宗族은 壽昌 아버지의 親族이다.」

○伊川先生家治喪에 不用浮屠하시니 在洛에 亦有一二人家化之하니라.

〖解說〗 이천(伊川)선생이 집의 상사(喪事)를 다스리는데 불교(佛教)의 의식(儀式)을 쓰지 않으시니 낙양(洛陽)에 있는 집에서 또한 한 두 사람의 집이 이에 감화(感化) 됨이 있었더니라.

〔集說〕 陳氏曰 浮屠 佛氏也 洛 水名 在河南 或問治喪 不用浮屠 親在而親意 欲用之 不知 當如何 朱子曰 且以委曲開釋 爲先 如不可回 則又不可咈親意也.

【註解】 진씨(陳氏) 이르기를「浮屠는 佛氏이다. 洛은 물이름이니 河南에 있다.」 어떤 사람이 물었다.「상사(喪事)를 다스림에 불교의 의식을 쓰지 않으나 부모가 계셔서 부모의 뜻에 쓰려고 한다면 알지 못하겠다. 마땅히 어찌 해야 할까?」하니 주자(朱子)가 말하기를「또한 委曲을 열어 풀음으로써 우선을 삼을 것이나 돌이킬 수 없을 것같으면 또한 부모의 뜻을 어길 수는 없는 것이다.」 하였다. ○ 浮屠는 부처, 불법, 여기서는 불교에 의한 의식.

○霍光이 出入禁闥二十餘年에 小心謹愼하여 未嘗有過하더라. 爲人이 沈靜詳審하여 每出入下殿門에 進止有常處하더니 郎僕射竊識視之하니 不失尺寸하더라. (射＝야, 識＝지)

〖解說〗 곽광(霍光)이 궁궐(宮闕)에 출입한 지 二十年이 되었는데 조심하고 삼가하여 아직 일찍이 과실(過失)이 없었다. 사람됨이 침착하고 조용하며, 자세하고 살핌으로써 늘 궁궐을 출입할 적에 전문(殿門)에서 수레를 내리는데 나아가고 머무름이 일정한 곳이 있었다. 낭(郎)과 복야(僕射)가 몰래 그 위치를 표지하여 두고 보니 한 자 한 치도 틀리지 않았다더라.

〔集解〕 光 字子孟 平陽人 官至大將軍禁闥 宮中小門也 沈靜 謂不浮躁也 詳審謂不麤率也 郎 僕射 皆官名 不失尺寸 言其步履有常而不易也.

【註解】 光의 字는 子孟이고 平陽사람이니 관직은 大將軍에 이르렀다. 禁闥은 궁중의 작은 문이다. 沈靜은 들뜨고 조급하지 않은 것을 말하고, 詳審은 거칠거나 경솔하지 않는 것을 말한다. 郎과 僕射는 모두 官名이다. 不失尺寸은 그 발걸음에 일정함이 있어서 바뀌지 않는 것을 말한다.

○汲黯이 景帝時에 爲太子洗馬하여 以嚴見憚이러니 武帝即位하사 召爲主爵都尉하시니 以數直諫으로 不得久居位하니라. 是時에 太后弟武安侯田蚡이 爲丞相이라 中二千石이 拜謁이어든 蚡이 弗爲禮하더니 黯은 見蚡에 未嘗拜하고 揖之하더라. (洗＝선, 蚡＝분)

〖解說〗 급암(汲黯)이 한(漢)나라 경제(景帝)때에 태자선마(太子洗馬)라는 벼슬에 있었는데 엄격함으로써 꺼림을 보았더니 무제(武帝)가 즉위(即位)하여 소명(召命)하여다가 주작도위(主爵都尉)를 삼았다.

자주 직간(直諫)함으로써 오래 그 지위에 있을 수 없었다. 이 때에 태후의 아우 무안후(武安侯) 전분(田蚡)이 승상(丞相)이 되어 있었다. 중이천석(中二千石)이 절하고 뵈어도 분(蚡)이 그에게 답례(答禮)를 하지 않더니 암(黯)은 분(蚡)을 보았을 때에 아직 일찍이 절을 하지 않고 손을 모아 읍을 하더라.

〔集說〕 陳氏曰 黯 字長孺 濮陽人 太子洗馬 官名 以嚴見憚 以正直 爲景帝 所敬憚也 主爵都慰 亦官名 中 滿也 中二千石 謂九卿之官 歲俸滿二千石也 蚡 負貴而驕人 黯 獨不爲之屈 但揖之而已.

**【註解】** 진씨(陳氏) 이르기를 「黯의 字는 長孺이니 濮陽사람이다. 太子洗馬는 官名이다.

以嚴見憚은 정직으로써 景帝를 위하고 공경하는 바 꺼리는 것이다. 主爵都慰는 역시 官名이다. 中은 채움이다. 中二千石은 九卿의 官員을 말하는 것이니 한 해의 녹봉이 二千石에 차는 것이다. 蚡이 존귀함을 믿고 사람들에게 교만하자 黯은 홀로 그에게 굽히지 않고 다만 읍을 할 뿐이다.」 하였다.

上이 方招文學儒者러시니 上이 曰 吾欲云云하노라. 黯이 對曰 陛下 內多欲而外施仁義하시니 奈何欲效唐虞之治乎잇가 上이 怒變色而罷朝하시니 公卿이 皆爲黯懼하더니 上이 退謂人曰 甚矣라 汲黯之戇也여. (懼＝구, 戇＝당)

〖解說〗 임금이 바야흐로 글을 하는 선비를 부르더니 임금이 말하기를 「내가 앞으로 이러이러하게 하려 한다.」하니 급암이 대답하여 말하기를 「폐하가 마음 속에는 욕심이 많으면서 겉으로 인의(仁義)의 정치를 베푸시니 어찌 옛날 당우(唐虞) 때의 정치를 본받으려 하십니까?」 하였다. 임금이 성내어 얼굴빛을 변하면서 조회(朝會)를 중지(中止)하시니 참렬(參列)하였던 삼공(三公)과 구경(九卿)들이 다 급암을 위하여 두려워하였다. 임금이 물러나와 사람들에게 일러 말하기를

「심하다 급암의 우직(愚直) 함이여.」 하였다.

〔集解〕 云云 猶言如此如此也 戇 愚也黯 直言 公卿·皆恐獲罪 帝不之罪 而止以爲愚 然則武帝之賢 豈當時公卿 所能知哉.

【註解】 云云은 이와 같이 라는 말과 같은 것이다. 戇은 어리석음이다. 黯이 바른 말을 하자 公卿은 모두 죄를 얻을까 두려워 했으나 임금은 그에게 죄를 주지 않고서 우직하다고 함으로써 그쳤다. 그렇다면 武帝의 어짐을 어찌 당시의 공경들이 알 수 있을 것이랴? ○ 唐虞之治는 唐은 堯의 號이고, 虞는 舜의 號이다. 治는 '다스려짐'. '다스려진 효과' 즉 '治績'이다.

| 羣臣이 或數黯한데 黯曰 天子置公卿輔弼之臣은 寧令從諛承意하여 陷主於不義乎리오. 且已在其位하니 縱愛身이나 奈辱朝廷에 何오. |
|---|

〚解說〛 여러 신하들이 혹 급암을 책(責)하였는데 급암이 말하기를 「천자가 삼공(三公)과 구경(九卿)의 보필(輔弼)하는 신하를 두는 것은 어찌 순종(順從)하고 아첨하여 임금의 뜻을 받아서 임금을 불의(不義)에 빠지게 하려고 함이겠는가? 또, 이미 그 직위(職位)에 있으니 비록 몸을 아낄 것이나 어찌 조정(朝廷)을 욕되게 버려 둘 수 있겠는가?」 하였다.

〔集說〕 陳氏曰數 責也 輔弼 輔德而弼違也 從諛承意 順從阿諛 以奉承上意也 已 旣也.

【註解】 진씨(陳氏) 이르기를 「數는 꾸짖는 것이다. 輔弼은 德을 돕고 어긋나지 않도록 도우는 것이다. 從諛承意는 순종하며 아첨하여 윗사람의 뜻을 받듬이다. 已는 '이미'이다.」 하였다.

○ 奈辱朝廷何는 辱朝廷奈何가 변형된 것이다. 따라서 '奈……何'는

'어찌~할까 ? 로 해석한다.

黯이 多病하여 病且滿三月이어늘 上이 常賜告者數하되 終不瘉러니 最後에 嚴助爲請告한대 上이 曰 汲黯은 何如人也오 曰 使黯으로 任職居官하면 亡以瘉人이어니와 然이나 至其輔少 主守成하면 雖自謂賁育이라도 弗能奪也리이다. 上이 曰 然하다 古有社稷之臣이러니 至如汲黯하면 近之矣로다. (數=삭, 瘉=유, 亡=무, 賁=분)

〖解說〗 급암(汲黯)이 병이 많아서 병으로 휴가함이 석달이 차거늘 임금이 항상 휴가를 주심이 자주 있었으되 마침내 낫지 않으니 최후에 엄조(嚴助)가 그를 위하여 휴가를 주청(奏請)하였는데, 임금이 말하기를 「급암은 어떤 사람인가 ?」라고 하였다. 대답하기를 「급암으로 하여금 직무(職務)를 맡겨 벼슬에 있게 하면 다른 사람보다 나을 까닭이 없을 것이지만, 그러나 그가 어린 임금을 보좌(輔佐)하여 선왕(先王)의 업(業)을 지켜 이루게 하는데 이르러서는 비록 맹분(孟賁)과 하육(夏育)이라 자처할지라도 그의 뜻과 절조(節操)를 빼앗을 수는 없을 것입니다.」 하였다. 임금이 말하기를 「그렇다. 옛날에 사직지신(社稷之臣)이 있다고 하더니 급암같은 사람이라면 그것에 가깝도다.」 하였다.

〔集說〕 陳氏曰 漢法 病滿三月 當免官 告 休暇也 瘉 通作愈 病瘳也 嚴助 人姓名 時爲侍中 瘉 當作愈 過也 孟賁 夏育 皆古之有力者 言 黯之正直 若託之擁輔幼君 以保守成業 雖自謂有賁育之勇者 亦不能奪其大節也 然 是其言也 社稷臣 能安社稷者也.

【註解】 진씨(陳氏) 이르기를「漢나라 法에 病이 석달이 차면 마땅히 官직을 벗어야 한다. 告는 휴가이다. 瘉는 愈와 通해 쓰니 병이 나음이다. 嚴助는 사람의 성명이니 당시 侍中이었었다. 瘉는 마땅히 愈로 써야 하니 잘못인 것이다. 孟賁과 夏育은 모두 옛날에 힘이 있었던 사람

들이다. 黯의 正直은 만일 어린 임금을 옹립하고 보필하여 이룩된 선왕(先王)의 업(業)을 보전하고 지키도록 써 부탁한다면 비록 스스로 孟賁과 夏育의 勇猛이 있는 사람이라고 하더라도 또한 그의 大節을 빼앗을 수 없는 것을 말한 것이다. 然은 그의 말이 옳다는 것이다. 社稷臣은 능히 社稷을 편안히 하는 자이다.」 하였다.

大將軍靑이 侍中에 上이 踞厠視之하시고 丞相弘이 宴見이어든 上이 或時不冠하시되 至如見黯하사는 不冠不見也러시다. 上이 嘗坐武帳이어시늘 黯이 前奏事러니 上이 不冠이라가 望見黯하시고 避帷中하여 使人可其奏하시니 其見敬禮如此하더라.

【解說】「대장군(大將軍) 위청(衛靑)이 궁중에서 임금을 모실 적에 임금이 평상(平床)가에 걸터 앉아서 그를 보았고, 승상(丞相) 공손홍(公孫弘)이 한가할 적에 임금이 어떤 때에는 갓을 쓰지 않은채 있기도 하였는데, 급암(汲黯)을 보는 것과 같음에 이르러서는 갓을 쓰지 않고서는 보지 않았다. 임금이 일찍이 무장(武帳)에 앉았는데 급암이 앞에 나아가 국사(國事)를 아뢰게 되었다. 임금이 관을 쓰지 않고 있다가 급암을 바라보고 장막 안으로 피하여 사람을 시켜서 그의 주사(奏事)를 재가(裁可)하였다고 하니, 그가 임금에게 존경과 예우(禮遇)를 받는 것을 봄이 이와 같더라.」 하였다.

〔集說〕 陳氏曰 靑 衛靑 侍中 侍於禁中也, 踞 蹲坐也 厠 牀邊側 弘 公孫弘 宴見 宴閑時進見也, 嘗 曾也 武帳 帳中置兵衛者 可 猶是也 從其奏則稱制曰可.

【註解】 진씨(陳氏) 이르기를 「靑은 衛靑이다. 侍中은 궁중에서 모시는 것이다. 踞는 걸터앉는 것이다. 厠은 평상의 가장자리다. 弘은 公孫弘이다. 宴見은 한가할 때 나아가 알현함이다. 嘗은 '일찍이'이다. 武帳은 휘장안에 衛兵을 두는 것이다. 可는 옳음과 같은 것이니 그 아룀에 따르면 임금의 결재를 일컬어 可라 한다.」 하였다.

○初에 魏遼東公翟黑子有寵於太武하더니 奉使幷州하여 受布千疋이러니 事覺이어늘 黑子謀於著作郎高允曰 主上이 問我어시든 當以實告아 爲當諱之아 允이 曰 公은 帷幄寵臣이니 有罪首實이면 庶或見原이어니와 不可重爲欺罔也니라.中書侍郎崔鑑公孫質이 曰 若首實이면 罪不可測이니 不如姑諱之니라. 黑子怨允曰 君은 奈何로 誘人就死地오 하고 入見帝하여 不以實對한대 帝怒하여 殺之하다.

〖解說〗 처음에 위(魏)나라의 요동공(遼東公) 적흑자(翟黑子)는 태무(太武)에게 총애를 받았다. 그가 병주(幷州)에 봉명사신(奉命使臣)으로 가서 베 천 필을 뇌물로 받았더니 일이 발각되었거늘 적흑자(翟黑子)가 저작랑(著作郎) 고윤(高允)에게 상의하여 말하기를 「임금이 나에게 물으시거든 마땅히 사실로써 아뢰어야 되겠는가, 마땅히 속여야 되겠는가?」 하였다. 윤(允)이 말하기를 「공(公)은 유악총신(帷幄寵臣)이니 죄가 있을 때에 사실대로 자수(自首)하면 혹은 아마 용서를 받을 수 있겠거니와 임금을 거듭 속여서는 안될 것입니다.」 하였다. 중서시랑(中書侍郎) 최감(崔鑑)과 공손질(公孫質)은 말하기를 「만약(萬若) 사실대로 자수하면 예측할 수 없으니 잠시 숨기는 것만 못합니다.」 하였다. 흑자(黑子)가 윤(允)을 원망하여 말하기를 「그대는 어찌하여 남을 사지(死地)에 가도록 유인(誘引)하는가?」하고 들어가서 임금에게 알현하고서 사실대로 대답하지 않았는데 임금이 성을 내어 죽여 버렸다.

〔集說〕 陳氏曰 魏 元魏 太武 魏帝 幷州 今太原府 允 字 伯恭 宥罪曰原 重, 再也 言 己受賄 若更隱諱 是 再造欺罔之罪也.

**【註解】** 진씨(陳氏) 이르기를 「魏는 元魏이다. 太武는 魏나라 임금이다. 幷州는 지금의 太原府이다. 允의 字는 伯恭이다. 罪를 용서함을 原이라 한다. 重은 '거듭'이다. 이미 뇌물을 받고 만약 다시 숨긴다면 이는 거듭 속이는 죄를 짓는 것을 말한다.」 하였다. ○ 魏는 元魏로 拓跋魏를

말한다. 魏는 본래 拓跋氏였는데 後에 元으로 氏를 고쳤다. 따라서 元魏라고도 부르게 되었다. 北朝의 魏로서 北魏·後魏·元魏라고도 부른다. ○ 帷幄之臣은 임금 곁에서 책략을 아뢰는 신하 帷와 幄은 모두 '휘장'이다. 특히 병영의 휘장 안에서 임금을 모심은 가장 중요한 일이다. 그러한 임무를 맡은 신하가 帷幄之臣이다. 임금의 사랑을 받는 신하들이다.

| 帝使允으로 授太子經하더니 及崔浩以事被收하연 太子謂允曰 入見至尊하여 吾自導卿하리니 脫至尊이 有問이어시든 但依吾語하라. |
|---|

〖解說〗 임금이 고윤(高允)으로 하여금 태자에게 경서(經書)를 교수하게 하였더니 최호(崔浩)가 국사(國史)의 필화사건(筆禍事件)으로써 잡히게 되었음에 미치어는 태자가 윤에게 말하기를「들어가 지존(至尊)을 알현하여 내가 스스로 경(卿)을 유도(誘導)하겠으니 만일 지존(至尊)이 묻는 말이 있거든 다만 내 말에 따르라.」하였다.

〔集解〕 太子 太武長子晃也 崔浩 位司徒 與允等 脩國書 刻石以彰直筆 太武 怒其暴揚國惡 收浩誅之 將及於允故 太子 教允入對 欲指導其生路也 脫儻也. ○按此段 太子 欲欺君而脫高允 允 必諫止 而無一言 恐史氏 記錄之誤也.

【註解】 太子는 太武의 맏아들 晃이다. 崔浩는 벼슬이 司徒였는데 允 등과 함께 국가에 대한 글을 정리하여 돌에 새겨 올바른 집필을 드러냈다. 태무는 그가 나라의 단점을 나타내 들춤을 성내어 崔浩를 잡아 목베었다. 장차 允에게도 미치려 했으므로 태자가 允으로 하여금 들어가 지존이 묻는 말에 대답케 하여 그 살길을 인도하려 했다. 脫은 '만약'이다. ○ 이 단락을 살피건대 高允이 한마디도 없었으니 아마 사관의 기록이 잘못이리라. ○ 至尊은 임금. 天子. ○ 脫已는 만일. 혹시나.

太子見帝言하되 高允은 小心愼密하고 且微賤이라 制由崔浩하니 請赦其死하소서. 帝召允하여 問曰 國書皆浩所爲乎아 對曰 臣與浩共爲之하니 然이나 浩는 所領事多라 總裁而已어니와 至於著述하연 臣多於浩호이다. 帝怒曰 允罪甚於浩로소니 何以得生이리오. 太子懼曰 天威嚴重하시니 允은 小臣이라 迷亂失次耳로소이다. 臣이 嚮問하니 皆云浩所爲라 하더이다. 帝問允하되 信如東宮所言乎아 對曰 臣이 罪當滅族이라 不敢虛妄이니이다. 殿下以臣이 侍講日久라 哀臣하사 欲丐其生耳언정 實不問臣하시며 臣亦無此言하니 不敢迷亂이로소이다. (丐=개)

〖解說〗 태자(太子)가 임금을 알현하고 말하기를 「고윤(高允)은 소심(小心)하여 삼가고 치밀하고 또, 지위가 미천(微賤)한지라 저작(著作)은 최호(崔浩)로 말미암은 것이니 청컨대 그의 죽을 죄를 사(赦)하여 주소서.」하니 임금이 윤(允)을 불러 물어 말하기를 「국서(國書)는 다 최호(崔浩)가 한 것인가?」 하였다. 고윤(高允)이 대답하여 말하기를 「신과 호(浩)가 함께 하였습니다. 그러나 호(浩)는 거느리는 일이 많은지라 총괄적으로 결재만 했을 뿐이어니와 저술(著述)에 이르러서는 신이 호(浩)보다 많이 하였습니다.」 하였다. 임금이 성을 내어 말하기를 「윤(允)의 죄가 호(浩)보다 더 심한데 어떻게 살릴 수 있단 말이냐?」 하니 태자가 두려워하며 말하기를 「임금의 위엄은 엄중하시니 윤(允)은 조그만 신하입니다. 정신이 아득하고 혼란하여져서 말을 제대로 하지 못할 뿐입니다. 신이 전번에 물으니 다 호(浩)가 한 것이라고 말하였습니다.」 하였다. 임금이 윤(允)에게 묻기를 「정말 동궁이 말한 것과 같으냐?」하니 윤(允)이 대답하여 말하기를 「신의 죄는 마땅히 멸족(滅族)의 형(刑)을 받아야 할 것인지라 감히 거짓말로 기만할 수는 없습니다. 동궁 전하는 신이 써 모시고 강의(講義)한 것이 시일이 오래되었는지라 신을 가엾게 여기어 살려 주시기를 빌고자 하는 것일지언정 실은 신에게 묻지도 않았으며 신 또한 그러한 말을 한 일이 없사오니 감히 아득하고 혼란하여서 말을 잘못한 것이 아닙니다.」 하였다.

〔集說〕 陳氏曰 微賤 言其職之卑, 制 著述也 總裁 謂總其大綱而裁正之 紀事曰著 纂言曰述 失次 謂所對失其次序 曏 猶昔也 東宮 太子之宮.

【註解】 진씨(陳氏) 이르기를「微賤은 그 직위의 낮은 것을 말한다. 制는 著述하는 것이다. 總裁는 그 대강을 총괄하고 결재하여 바루는 것을 말한다. 일을 기록한 것을 著라 하고 말을 편찬한 것을 述이라 한다. 失次는 대답한 것이 그 순서를 잃음을 말한다.」하였다.

曏은 '먼저'와 같은 것이다. 東宮은 太子의 宮이다. ○ 請赦其死에서 請은 一人稱에 대하여는 '…하겠습니다.'이고, 二人稱에 대하여는 '…하십시오.' 이다. ○ 至於著述 臣多於浩에서 먼저의 於는 '…에'이고 나중의 於는 '…보다' 이다.

帝顧謂太子曰 直哉라 此人情所難이어늘 而允이 能爲之하니 臨死不易辭는 信也오 爲臣不欺君은 貞也니 宜特除其罪하여 以旌之라 하고 遂赦之하다.

〖解說〗 임금이 태자(太子)를 돌아보면서 일러 말하기를「정직하구나. 이런 일은 사람의 심정으로는 하기 어려운 일이거늘 윤(允)이 능히 하였다. 죽음에 다다라서 말을 바꾸지 않는 것은 믿음이고, 신하가 되어 임금을 속이지 않는 것은 곧음이니 마땅히 특별히 그의 죄를 면제하여서 정표(旌表)해야 할 것이다.」하고 드디어 그를 사(赦)하였다.

〔增註〕 直哉 贊其直也 旌之 表其善也.

【註解】 直哉는 그 정직을 칭찬함이고, 旌之는 그 善함을 表하는 것이다.

他日에 太子讓允曰 吾欲爲卿脫死어늘 而卿이 不從은 何也오 允이 曰 臣이 與崔浩로 實同史事하니 死生榮辱에 義無獨

殊니 誠荷殿下再造之慈어니와 違心苟免은 非臣所願也니이다. 太子動容稱嘆하더라.

〖解說〗 다른 날에 태자(太子)가 윤(允)을 꾸짖어 말하기를 「내가 경(卿)을 위하여 죽음에서 벗어나게 해 주려고 하였거늘 경이 따르지 않은 것은 무엇 때문이오?」하니 윤(允)이 말하기를 「신(臣)이 최호(崔浩)와 함께 실로 국사 편술의 일을 같이 하였으니 죽거나 살거나 영화에나 굴욕에나 의리상 나 홀로 다를 수는 없는 것이니 진실로 전하의 다시 살려 주시려는 자비(慈悲)를 입었거니와 양심을 어기고 구차하게 죽음을 면함은 신이 원하는 바가 아닙니다.」하였다. 태자가 얼굴에 감동한 기색을 보이며 칭찬하고 감탄하더라.

〔集說〕 陳氏曰 言當與浩同之 再造 猶言再生.

【註解】 진씨(陳氏) 이르기를 「마땅히 崔浩와 똑같이 해야 함을 말한 것이다. 再造는 '다시 살려주는 것'과 같은 말이다.」하였다.

允이 退謂人曰 我不奉東宮指導者는 恐負翟黑子故也니라.

〖解說〗 윤(允)이 물러나와 다른 사람에게 일러 말하기를 「내가 동궁(東宮)의 유도(誘導)에 따르지 않은 것은 적흑자(翟黑子)에게 (속이지 말라고 말해주었던 내가 한 말을 나 자신이) 저버릴까 두려워하였기 때문이니라.」 하였다.

〔正誤〕 致當胡氏曰 高允 不欺之君子也 與崔浩 同爲國史 浩旣被罪 允義不可苟免 自陳於君父之前 內不欺其心 外不欺其友 上不欺其君 若高允 可謂仁矣.

【註解】 치당호씨(致當胡氏) 이르기를 「高允은 속이지 않는 군자이다. 崔浩와 한가지로 國史를 정리하다가 浩가 이미 죄를 입었음에 允은

의리상 구차히 벗어날 수 없다. 스스로 君父의 앞에서 말했으니 안으로는 그 마음을 속이지 않았고, 밖으로는 그 벗을 속이지 않았고, 위로는 그 임금을 속이지 않았다. 高允 같은 사람은 어질다고 말할만하다.」 ○ 속이는 자와 속일 줄을 모르는 자의 갈림길은 눈으로 볼 수 없으나 있는 것이다.

○李君行先生의 名은 潛이니 虔州人이라 入京師할새 至泗州하여 留止러니 其子弟請先往이어늘 君行이 問其故한대 曰 科場이 近하니 欲先至京師하여 貫開封户籍하여 取應하노이다. 君行이 不許曰 汝虔州人而貫開封户籍하면 欲求事君而先君欺이니 可乎아 寧遲緩數年이언정 不可行也니라.

〚解說〛 이군행(李君行)선생의 이름은 잠(潛)으로 건주(虔州)사람이다. 경사(京師)에 들어가다가 사주(泗州)에 이르러서 머물러 있었더니 그의 자제가 먼저 자기를 청하거늘 군행(君行)이 그 까닭을 물었는데 말하기를「과거볼 날이 가까왔으니 먼저 서울에 당도하여 개봉(開封)의 호적(戶籍)에 이름을 넣어서 응시(應試)를 갖고자 합니다.」하였다. 군행(君行)이 허락(許諾)하지 않고 말하기를「너는 건주(虔州)사람인데 개봉(開封)의 호적에 넣는다면 임금을 섬기기를 바라면서 먼저 임금을 속이고자 하는 것이니 옳은 일이냐? 차라리 수년이 늦어질지언정 그런 일을 해서는 안되니라.」하였다.

〖集說〗 陳氏曰 君行 字 虔州 今贛州府 泗 郡名, 宋之京師 在開封府 貫 猶係也 冒籍以應擧 是欺君矣.

【註解】 진씨(陳氏) 이르기를「君行은 字이다. 虔州는 지금의 贛州府이다. 泗는 郡이름이다. 宋의 京師는 開封府에 있다. 貫은 '매다'와 같다. 호적을 거짓 꾸며 과거에 응시하면 이는 임금을 속이는 것이다.」

○ 科場은 科擧의 試驗場인데 '과거 시험 보는 날'로 轉用되었다. 科場은 과거일이 가까워지면 임시로 설치한다. ○ 貫開封戶籍은 開封

府에 戶籍을 編入시키다인데 과거에는 身元이 확실해야 응시할 수 있었고 出身地도 해당된다. 本文에서 출신地를 僞造하여 응시하려는 한 사례를 보인 것이다. 京師는 서울이다.

○崔玄暐의 母盧氏嘗誡玄暐曰 吾見姨兄屯田郎中辛玄馭하니 曰 兒子從宦者를 有人이 來云貧乏不能存이라 하면 此는 是好消息이어니와 若聞貲貨充足하며 衣馬輕肥라 하면 此는 惡消息이라 하니 吾嘗以爲確論이라 하노라. (貲＝자)

〖解說〗 최현위(崔玄暐)의 어머니 노씨(盧氏)가 일찍이 현위를 훈계하여 말하기를「내가 이종형 둔전낭중(屯田郎中) 신현어(辛玄馭)를 보니 그가 말하기를「자식이 벼슬에 종사하고 있는 자를 누가 와서 말하기를, '그 사람은 가난하고 궁핍하여서 견디어 갈 수 없더라' 하면 이것은 바로 호소식(好消息)이어니와 만일 '재물이 충족(充足)하며 의복이나 거마(車馬)가 경쾌하고 살졌다' 하면 이것은 악소식(惡消息)이다.」하니 나는 항상 생각하기를 확실한 의론이라 하노라.」

〔集說〕 陳氏曰 玄暐 名曄 博陵人 仕至宰相, 姨兄 姨之子 長於我者也 貧必廉故 曰 好消息 富必貪故 曰 惡消息.

【註解】 진씨(陳氏) 이르기를「玄暐의 이름은 曄이니 博陵人으로 벼슬이 재상에 이르렀다. 姨兄은 姨母의 자식으로서 나보다 연장(年長)되는 사람이다. 가난하면 반드시 청렴하므로 好消息이라 하고 부유하면 반드시 탐욕스러우므로 惡消息이라 한다.」하였다.

比見親表中에 仕宦者將錢物하여 上其父母어든 父母但知喜悅하고 竟不問此物이 從何而來하나니 必是祿俸餘資인댄 誠亦善事어니와 如其非理所得이면 此與盜賊何別이리오. 縱無大咎나 獨不內愧於心가한대 玄暐遵奉敎誡하여 以淸謹으로 見稱하니라.

〖解說〗「요사이 보니 내외(內外)의 친족 중에 벼슬한 자가 곧 돈이나 물품을 가져와서 그 부모에게 올리었으면 부모는 다만 기뻐할 줄만 알고 끝내 그 물건이 어디로부터 왔느냐고 묻지 않나니. 반드시 그것이 자기의 녹봉(祿俸)을 절약한 나머지라면 정말 또한 좋은 일이어니와 만일 그것이 도리에 어그러지는 소득(所得)이라면 그것은 도둑과 무엇이 다르겠느냐? 비록 큰 허물을 모면할 수 있을지라도 홀로 내심에 부끄럽지 않겠는가?」라고 하였는데 현위(玄暐)가 가르쳐 훈계함을 받들어 준수하니 청렴하고 조심한다는 것으로 세상의 칭찬을 받았나니라.

〔集說〕 陳氏曰 比 近也 親 同姓 表 外姓 非理所得 如竊官物 剝民財 皆是 咎 罪也 言 罪雖幸免 心實有愧矣.

【註解】 진씨(陳氏) 이르기를「比는 가까운 것이다. 親은 같은 姓이고, 表는 外姓이다. 非理所得은 관청의 물건을 훔치거나 백성의 재물을 박탈함과 같은 것이 다 그것이다. 咎는 罪이다. 罪는 비록 다행히 벗어나더라도 마음에는 진실로 부끄러움이 있다는 것이다.」하였다.

○ 將은 '가져옴'이고, 錢物은 '돈'이나 '물품'이다. 誠亦善事는 '정말 또한 좋은 일이겠지만'이다. 如는 若과 같은 뜻으로 '만일'이다.

○ 劉器之待制初登科하여 與二同年으로 謁張觀參政이러니 三人이 同起身하면 請教한대 張이 曰 某自守官以來로 常持四字하노니 勤謹和緩이니라. 中間一後生이 應聲曰 勤謹和는 既聞命矣어니와 緩之一字는 某所未聞이로소이다. 張이 正色作氣曰 何嘗教賢緩不及事리오. 且道世間甚事不因忙後錯了오.
(甚＝삼)

〖解說〗 대제(待制) 유기지(劉器之)가 처음 과거에 급제하여 두 사람의 동년과 함께 참정(參政) 장관(張觀)을 가서 뵈었다. 세 사람이 몸을 같이 일으키어 가르침을 청(請)하였는데 장관(張觀)이 말하기를「나는

벼슬을 지킴으로부터 이후로 항상 네 글자를 마음에 지니고 있었는데 그것은 부지런함(勤), 삼가함(謹), 온화함(和), 느즈러짐(緩)이다.」라고 하였다. 그중 중간의 한 후배가 소리를 응(應)하여 말하기를「勤, 謹, 和는 이미 명령을 잘 들었거니와 '緩'의 한 글자는 저는 아직 듣지 못한 바입니다.」하니 장관(張觀)이 얼굴빛을 바로잡고 엄숙하게 하고 말소리를 높여 말하기를「어찌 몸소 겪고서 어진 선비들에게 이완(弛緩)하여서 일을 제때에 처리하지 못하게 가르치겠는가? 또 말하거니와 세상의 무슨 일인들 바쁘게 처리한 뒤에 착오(錯誤)되지 않는 것이 있던가.」하였다.

〚集解〛 器之 名安世 大名府人 世稱元城先生 勤 謂勤於從政 謹 謂謹於持身 和 謂和以待人 緩 謂緩以處事 然 緩非迂緩 蓋欲遇事 從容而詳審也.

**【註解】** 器之의 이름은 安世이니 大名府人으로 세상에서는 元城선생이라 부른다. 勤은 정사에 종사함에 부지런함을 말한다.

謹은 몸가짐에 삼가함을 말한다. 和는 온화함으로써 남을 대함을 말한다. 緩은 완만으로써 일에 대처함을 말한다. 그러나 緩은 꾸물거리고 느린 것이 아니고 대개 일을 만남에 침착하고 자세히 살피는 것이다. ○ 同年은 같은 해에 같이 등과한 사람. 參政은 벼슬 이름. 參知政事의 줄인말. 某는 나의 겸칭. 守官은 '관리가 되어서'이다. 甚事는 무슨 일. 甚麼(삼마)와 같은 말. 甚의 音은 '삼'이다.

○伊川先生이 曰 安定之門人이 往往에 知稽古愛民矣니 則於爲政也에 何有리오.

〚解說〛 이천(伊川) 선생이 말하기를「호안정(胡安定)의 문인이 이따금 옛일을 상고(祥考)하는 것과 백성을 사랑하는 사리를 안다. 그러니 정사(政事)를 하는 데에 무엇이 어려움이 있겠는가?」하였다.

〔增註〕門人 如劉彝, 錢藻, 孫覺, 范純仁, 錢公輔 是也 何有 言不難也.

【註解】門人은 유리, 전조, 손각, 범순인, 전공보 같은 이가 그들이다. 何有는 '어렵지 않다'는 말이다.(←何難之有의 줄인 말이다. '무슨 어려움이 있겠는가?'이다.)

○呂滎公이 自少로 官守處에 未嘗干人擧薦하더니 其子舜從이 守官會稽에 人或譏其不求知者어늘 舜從이 對曰 勤於職事하고 其他를 不敢不愼하노라. 乃所以求知也니라.

〖解說〗여형공(呂滎公)은 소시(少時)로부터 벼슬 자리에 아직 일찍이 남에게 천거해 주기를 간구(干求)한 일이 없었다. 그의 둘째 아들 순종(舜從)이 회계(會稽)에 봉직(奉職)하고 있을 때에 어떤 사람이 혹 그를 기롱(譏弄)하여 자기를 알아 주는 사람을 구하지 않는다고 하거늘 순종(舜從)이 대답하여 말하기를「자기의 직무에 부지런히 하고 그 밖의 것을 감히 조심하지 않는 것이 없으니 이것이 곧 알아주는 이를 찾는 것이니라.」하였다.

〔集解〕舜從 滎公 第二子 名 疑問 舜從 字也 滎公 生平 未嘗求擧於人 故 舜從 克紹父志 嘗曰職事 不敢不勤 他事 不敢不愼 此雖不求知而人必自知也 孔子曰 不患莫己知 求爲可知也 舜從 似之.

【註解】舜從은 滎公의 둘째 아들이니 이름은 의문이고, 舜從은 字이다. 형공은 평생토록 아직 일찍이 남에게 천거를 구한 적이 없다. 그러므로 순종이 능히 아버지의 뜻을 이었다. 일찍이 말하기를「직무의 일에 감히 부지런하지 않음이 없고 다른 일에 감히 신중하지 않음이 없으면, 이것이 비록 알아줌을 구함은 아니더라도 남이 반드시 스스로 알게 되는 것이다.」하였다. 공자(孔子)께서 말씀하시기를「나를 알아 주지 않는다고 근심하지 말고 알려질만 하게 되기를 구하라.」했는데 순종이

비슷하다.

○ 干人擧薦은 남에게 자기를 추천해 주기를 간구(干求)하는 것이다. 譏는 譏弄함이다.

○漢陳孝婦年이 十六而嫁하여 未有子러니 其夫當行戍하여 且行時에 屬孝婦曰 我生死를 未可知니 幸有老母요 無他兄弟備養하니 吾不還이라도 汝肯養吾母乎아 婦應曰 諾다.

〖解說〗 한(漢)나라 진현(陳縣)의 효부(孝婦)는 나이 열여섯 살에 시집가서 아직 자식을 두지 못하였는데 그의 남편이 국경의 수비병(守備兵)으로 감에 당하여 막 떠날 때에 남편이 효부에게 부탁하여 말하기를 「내가 살고 죽는 것을 알지 못할 것이다. 다행히 늙은 어머니가 계시고 다른 형제가 공양을 갖출리 없으니 내가 돌아오지 않을지라도 네가 내 어머니를 봉양하겠는가?」라고 하였다. 아내가 응답하여 말하기를 「그렇게 하겠습니다.」 하였다.

〔集解〕 孝婦 後漢時人, 守邊曰戍, 屬, 付託也.

【註解】 孝婦는 後漢때 사람이다. 변방을 지킴을 戍라 한다. 屬은 부탁하는 것이다.

夫果死不還이어늘 婦養姑不衰하여 慈愛愈固하여 紡績織紝하여 以爲家業하고 終無嫁意하더라.

〖解說〗 남편이 과연 죽고 돌아오지 않거늘 며느리가 시어머니 봉양하기를 전과 같이 쇠하지 아니하여 시어머니가 며느리에 대한 자애와 며느리의 시어머니를 사랑함이 더욱 견고하여 길쌈하고 베짜서 이로써 집안의 생업(生業)을 삼고 끝내 시집갈 뜻이 없었다더라.

〔集解〕 慈愛愈固 謂姑慈 婦愛 愈牢固也 紡績織紝 謂治絲 枲而織布帛也.

【註解】 慈愛愈固는 시어머니의 慈愛와 며느리의 사랑이 더욱 굳음을 말한다. 紡績織紝은 생사와 마사를 다스려 베와 비단을 짜는 것을 말한다.

| 居喪三年하야늘 其父母哀其少無子而早寡也하여 將取嫁之하더니 孝婦曰 夫去時에 屬妾以供養老母어늘 妾이 旣許諾之하니 夫養人老母而不能卒하며 許人以諾而不能信하면 將何以立於世리오 하고 欲自殺한대 其父母懼而不敢嫁也하여 遂使養其姑하니 二十八年에 姑八十餘라 以天年으로 終커늘 盡賣其田宅財物하여 以葬之하고 終奉祭祀하니라. |
|---|

〖解說〗 三年을 거상(居喪)하거늘 그의 친정 부모가 그가 젊고 자식이 없으면서 일찍 과부된 것을 가엾게 여겨 장차 데려다 시집보내려 하였더니 효부가 말하기를「남편이 갈 때에 저에게 부탁함으로써 늙은 어머니를 공양케 하였거늘 제가 이미 허락하였사오니 저 남의 늙은 어머니를 봉양하다가 그 일을 마치지 못하며, 남에게 그렇게 하겠다고 허락하여 놓고 신의(信義)를 지키지 못한다면 장차 어떻게 세상에 낯을 들고 설 수 있겠습니까?」하고 자살(自殺)하려고 하였는데 그의 친정 부모가 두려워서 감히 시집보내지 못하여 드디어 그의 시어머니를 봉양케 하니 二十八년만에 시어머니가 八十여 세인지라 천명(天命)으로써 마치거늘 그의 전지(田地)와 주택(住宅)과 재물을 다 팔아서 이로써 장사를 지내고 끝까지 제사를 받들었느니라.

〔增註〕 卒 終也 夫死不嫁 節也, 養姑而生事葬祭 必盡力 孝也.

【註解】 卒은 끝마치는 것이다. 남편이 죽어도 시집가지 않는 것은 절개이고, 시어머니를 봉양하되 생전에 섬김과 장례와 제례에 반드시 힘을

다함은 효도이다. ○ 天年은 天命. 天壽. 타고난 수명.

淮陽太守以聞한대 聞使使者하여 賜黃金四十斤하시고 復之하여 終身無所與하니 號曰孝婦라 하더라. (使=시, 復=복)

〖解說〗 회양태수(淮陽太守)가 이 사실로써 조정(朝廷)에 아뢰었는데, 이를 듣고 임금이 사신을 시켜 황금(黃金) 四十근(斤)을 하사하고 복호(復戶)를 하여 일생동안 부역(賦役)에 참여할 것을 없게 하니 이름하여 말하기를 「효부(孝婦)라」 하더라.

〔集解〕 淮陽 卽今陳州 太守 以孝婦 聞之於朝 因遣使賜金 且復除其家之戶役 終孝婦之身 無所干與 號曰孝婦云.

【註解】 淮陽은 곧 지금의 陳州이다. 太守가 孝婦를 朝廷에 보고하자 그 일로 인하여 사신을 보내 금을 하사하고, 또한 그 집의 호구의 부역을 면제하여 孝婦의 몸을 마치도록 부역에 간여하는 바가 없게 하니 이름하기를 '효부'라고 했다. ○ 聞은 신하가 조정에 보고 하다. 正字通에 「聞 凡人 臣奏事于朝 亦曰聞」이라 했다. ○ 使使者는 '사시자'로 읽고 뜻은 '사신을 시킴'이다. ○ 復之는 復戶함이다. 復戶는 또 그 집의 戶役을 면제하여 줌이다.

○ 漢鮑宣의 妻桓氏의 字는 少君이라 宣이 嘗就少君父學 하더니 父奇其淸苦하여 故로 以女妻之하니 裝送資賄甚盛이어늘 宣이 不悅하여 謂妻曰少君이 生富驕하여 習美飾하니 而吾實貧賤이라 不敢當禮로다. 妻曰 大人이 以先生이 脩德守約故로 使賤妾으로 侍執巾櫛하시니 旣奉承君子란대 惟命是從하리이다. 宣이 笑曰 能如是면 是吾志也로다. 妻乃悉歸侍御服飾하고 更著短布裳하여 與宣으로 共挽鹿車하여 歸鄕里하여 拜姑禮畢하고 提甕出汲하여 脩行婦道하니 鄕邦이 稱之하더라.

(哽＝경, 著＝착)

〖解說〗 한(漢)나라 포선(鮑宣)의 아내 환씨(桓氏)의 자는 소군(少君)이다. 선(宣)이 일찍이 소군의 아버지에게 나아가 그에게 글을 배우더니 소군의 아버지가 선(宣)의 맑고 고로(苦勞)함을 기특(奇特)하게 여기었기 때문에 자기의 딸로써 그의 아내로 시집을 보내었다. 그런데 시집가는데 보내는 재물이 매우 풍성(豐盛)하거늘 선(宣)이 기뻐하지 않으면서 그의 아내에게 타일러 말하기를「소군이 부유(富裕)하고 교만(驕慢)하게 생장(生長)하여 아름답게 꾸미는 것을 익혔으니 나는 진실로 가난하고 미천한지라 감히 그러한 예절을 감당할 수 없노라.」하니 아내가 말하기를「아버지께서 말씀하시되 선생이 덕을 닦고 검약을 지킨다고 하였기 때문에 천첩(賤妾)으로 하여금 아내가 되게 하였으니 이미 군자를 받들게 되었는데 오직 명령대로 이에 따르겠습니다.」하였다. 선(宣)이 웃으며 말하기를「능히 그렇다면 그것은 바로 내 뜻에 맞는 것이오.」하였다. 아내가 이에 시녀(侍女)와 하인과 복식(服飾)을 죄다 돌려보내고 짧은 베치마로 갈아 입고서 선(宣)으로 더불어 같이 녹거(鹿車)를 끌고서 선(宣)의 향리(鄉里)로 돌아가서 시어머니에게 뵙는 예를 마치고, 곧 동이를 들고 나가서 물을 길어 며느리의 도리를 닦아 행하니 향리와 나라가 그를 칭찬하더라.

〖集說〗 陳氏曰 宣 字子都 渤海人, 吳氏曰 大人 稱其父 先生 稱其夫, 約 儉約也. 〔增註〕 引車曰挽 鹿車 小車 可容一鹿者.

【註解】 진씨(陳氏) 이르기를「宣의 字는 子都이니 渤海사람이다.」하였다. 오씨(吳氏) 이르기를「大人은 그의 아버지를 일컬음이고, 先生은 그의 남편을 일컬음이다. 約은 검소하여 절약하는 것이다.」하였다. 〔增註〕에 끄는 수레를 挽이라 한다. 鹿車는 작은 수레, 한 마리의 사슴을 수용할 만한 것이다.

○ 裝送은 차려 보내는 물품 즉 婚需品.

○ 侍御는 下人이다. 侍는 左右에서 모시는 사람이고, 御는 수레를

끄는 사람이다.

○曹爽의 從弟文叔의 妻는 譙郡夏侯文寧之女니 名은 令女라 文叔이 蚤死커늘 服闋하고 自以年少無子하니 恐家必嫁己하여 乃斷髮爲信이러니 其後에 家果欲嫁之어늘 令女聞하고 即復以刀로 截兩耳하고 居止를 常依爽하더니 及爽이 被誅하여 曹氏盡死커늘 令女叔父上書하야 與曹氏絶婚하고 彊迎令女歸하니라.

〖解說〗 조상(曹爽)의 종제(從弟) 문숙(文叔)의 아내는 초군하후(譙郡夏侯) 문녕(文寧)의 딸이니 이름은 영녀(令女)이다. 문숙(文叔)이 일찍 죽거늘 복상(服喪)을 마치고, 자신이 나이가 젊고 자식이 없으니 아마 친가에서 반드시 자기를 시집보낼 것이라 하여 이에 머리털을 잘라서 맹세하였다. 그 뒤에 친가에서 과연 시집보내려고 하거늘 영녀(令女)가 듣고, 곧 다시 칼로 두 귀를 베어버리고 생활하는 것을 항상 조상(曹爽)에게 의지하더니, 조상이 반역의 죄로 사형을 당하게 되어 조씨의 일문(一門)이 다 죽음을 당하기에 이르거늘, 영녀의 숙부가 조정에 상서(上書)하여 조씨와의 혼인(婚姻) 관계를 끊고 강제로 영녀를 친정으로 맞아 돌아오게 하니라.

〔集說〕 吳氏曰 曹爽 魏宗室 從弟 同祖之弟 譙郡 今亳縣 夏侯 覆姓 文寧名也.

【註解】 오씨(吳氏) 이르기를 「曹爽은 魏나라의 宗室이다. 從弟는 할아버지를 같이 한 동생이다. 譙郡은 지금의 亳縣이다. 夏侯는 覆姓이고 文寧은 이름이다.」○ 蚤死는 일찍 죽음. 蚤는 早와 같다.
服闋은 服喪기간이 끝남. 被誅는 베임을 당함. 死刑을 당함.

時에 文寧이 爲梁相이러니 憐其少執義하고 又曹氏無遺類라 冀其意阻하여 乃微使人風之한대 令女嘆且泣曰 吾亦惟之하니

許之是也라 하여늘 家以爲信하여 防之少懈한대 令女於是에 竊入寢室하여 以刀斷鼻하고 蒙被而臥하여 其母呼與語하되 不應이어늘 發被視之하니 血流滿床席이어늘 擧家驚惶하여 往視之하고 莫不酸鼻하더라.

〖解說〗 그 때 문영(文寧)이 양주(梁州)의 관원으로 있었는데, 그의 젊은 나이에 수절하는 것을 가엾게 여기고 또, 조씨는 살아 남은 사람이 없는지라 그의 수절하는 마음이 그치기를 바라면서 이에 은미(隱微)하게 사람을 시켜서 그의 마음을 움직여보게 하였더니 영녀가 탄식하여 울면서 말하기를 「나도 또한 생각하여 보니 허락하는 것이 옳겠다.」 하였다. 집안에서는 이로써 믿고서 감시하는 것을 조금 게을리하였는데 영녀가 이에 있어 몰래 침실로 들어가 칼로 자기의 코를 베어버리고 이불을 쓰고 누워 있어 그의 어머니가 부르면서 말을 하였으나 대답이 없거늘 이불을 열고 보니 피가 흘러 침상과 자리에 가득하거늘 온 집안이 놀라서 가보고 눈물을 흘리지 않는 이가 없더라.

〔集說〕 陳氏曰 無遺類 盡死也 冀其意阻, 幸其阻守義之意而攻適也, 風謂以言動之 惟之 思之也.

【註解】 진씨(陳氏) 이르기를 「無遺類는 다 죽은 것이다. 冀其意阻는 행여나 그 절의를 지키려는 뜻을 막아 개가 시키려 하는 것이다. 風은 말로써 마음을 움직이게 함을 말한다. 惟之는 그것을 생각하는 것이다.」 ○ 風은 諷과 같다. 다른 일에 의탁해서 품은 뜻을 말하는 방법이다. 대개 比喩로 이루어 진다. 酸鼻는 '코가 시큰하다.' 인데 轉하여 '눈물을 흘리다.'의 뜻.

或이 謂之曰 人生世間이 如輕塵棲弱草耳니 何幸苦乃爾오 且夫家夷滅已盡하니 守此欲誰爲哉오 令女曰 聞仁者는 不以盛衰로 改節하고 義者는 不以存亡으로 易心하나니 曹氏全盛之時라도 尙欲保終이어든 況今衰亡하니 何忍棄之리오 禽獸之行을

吾豈爲乎리오.

【解說】 어떤 사람이 그에게 일러 말하기를「사람이 세상에 산다는 것이 가벼운 먼지가 약한 풀에 붙은 것같을 뿐이니 어찌 그렇게 고생을 하겠는가? 또 남편의 집은 이미 멸망하여 다 죽고 없으니 이는 누구를 위하여 수절을 하려는 것인가?」라고 하니 영녀가 말하기를「내가 들으니 인자(仁者)는 성쇠(盛衰)로써 절개를 고치지 아니하고, 의자(義者)는 존망(存亡)으로써 마음을 바꾸지 않는다고 한다. 조씨가 한창 왕성할 때라도 오히려 끝까지 지조를 지키려고 하였거든 하물며 지금 그들이 쇠망(衰亡)하였으니 어찌 차마 버릴 수 있겠는가? 금수와 같은 행위를 내가 어찌 하리오?」라고 하였다.

〔集說〕 熊氏曰 輕塵 易散 弱草 難依非有纒固也, 吳氏曰 人之所以異於禽獸者 以其有仁義也 若以盛衰存亡, 而改節易心 則不仁不義 禽獸之行也 令女之所以不爲者 其有見於此也 夫魏晋之際 廉恥道喪 背君父而事仇讎者 比肩接跡 聞令女之言 觀令女之行 寧不愧乎 後 司馬懿聞而嘉之 聽令女養子 爲曹氏後.

【註解】 웅씨(熊氏) 이르기를「가벼운 티끌은 쉽게 흩어지고 허약한 풀은 의지하기 어려워서 단단히 얽혀 있지 못한다.」하였다. 오씨(吳氏) 이르기를「사람이 禽獸와 다르다는 까닭은 그 仁義가 있기 때문이다. 만약 왕성하거나 衰微하거나 생존하였다거나 사망하였으므로써 절개를 고친다거나 마음을 바꾼다면 불인(不仁)하고 불의(不義)하여 禽獸와 같은 행위이다. 영녀가 再嫁하지 않은 까닭은 그가 이 말을 보았기 때문이다. 대체로 魏晉때에는 廉恥의 도를 잃는다는 것과 임금과 아버지를 배반하고 원수를 섬기는 것과는 그 사적을 살펴보건대 비슷한 것이다. 영녀의 말을 듣고 영녀의 행위를 보고 어찌 부끄럽지 않은가. 뒤에 사마의가 듣고서 가상히 여겼다. 듣건대 令女는 양자를 하여 曹氏의 후사를 삼았다.」고 하였다.

○ 何辛苦乃爾는 어찌 고생이 이와 같을까? 인데 辛苦는 맵고 쓴

맛. 轉하여 '고생'이고, 乃爾는 대개 乃爾乎로 쓰는데 곧 '이와 같을까' 이다.

○ 唐鄭義宗의 妻盧氏略涉書史하고 事舅姑하되 甚得婦道하더니 嘗夜에 有强盜數十이 持杖鼓噪하여 踰垣而入하니 家人이 悉奔竄하고 唯有姑自在室이어늘 盧冒白刄하여 往至姑側하여 爲賊捶擊하여 幾死러라.

〖解說〗 당(唐)나라의 정의종(鄭義宗)의 처(妻) 노씨(盧氏)는 경서(經書)와 사기(史記)를 대략 섭렵(涉獵)하고 시아버지와 시어머니를 섬기되 매우 며느리의 도리를 마땅하게 하더니 일찍이 밤에 강도 수십 명이 몽둥이를 가지고 기세를 올려 떠들썩하면서 담을 넘어서 들어오고 있었다. 집안 사람들이 죄다 달아나 숨고 오직 시어머니만이 남아있어 스스로 방에 있거늘 노씨가 칼날을 무릅쓰면서 가 시어머니 곁에 이르렀는데 도둑에게 매를 맞아 거의 죽게 되었더라.

〔集解〕 鼓噪 鼓舞呼噪也 奔竄 奔竄匿也 姑 老不能出避 盧 冒白刄而往者 義欲救姑 不顧其身也 幾 近也.

【註解】 鼓噪는 요동쳐 춤추고 소리쳐 떠드는 것이다. 奔竄은 달아나 숨는 것이다.

시어머니가 늙어서 능히 나가 피할 수 없어 노씨가 번득이는 칼날을 무릅쓰고 간 것은 의리상 시어머니를 구제하고자 하여 그 자신을 돌아보지 않은 것이다. 幾는 가까운 것이다. ○ 自在室 : 자연히 방에 남게 되다(←도망할 수가 없기 때문에)

賊去後에 家人이 問何獨不懼오 盧氏曰 人所以異於禽獸者는 以其有仁義也니 鄰里有急이라도 尙相赴救온 況在於姑而可委棄乎아 若萬一危禍면 豈宜獨生이리오. (懼=구)

〖解說〗 도둑이 물러간 뒤에 집안 사람들이 묻기를 「어찌 혼자 겁내지 않았는가?」하니 노씨가 말하기를 「사람이 금수와 다른 바는 사람에게 인의(仁義)가 있기 때문이다. 이웃에 급한 일이 있을지라도 오히려 서로 달려가 구해야 할 것이어든 하물며 시어머니에게 있어서랴, 내버려 둘 수 있겠는가? 행여 만의 하나라도 시어머니에게 위화(危禍)가 있었다면 어찌 마땅히 나만이 홀로 살 수 있으리오?」라고 하였다.

〖集解〗 仁義者 人性之所固有 其所以異乎禽獸者 此也 盧氏 惟其知之明 見之審 於是 捐生以赴而不顧其身 誦其言 千載之下 凜然猶有生氣 嗚呼 天理民彝之在人心 終古而不泯滅者 於此可見矣.

【註解】 仁義라는 것은 사람의 성질로 본디부터 가지고 있는 것이고, 그 禽獸와 다른 바가 이것이다. 노씨는 오직 그것을 밝히 알고 자세히 보아서 이에 있어 생명을 버리고 달려감으로써 그 몸을 돌보지 않았다. 그 말을 읽고 천년의 후에도 늠연(凜然)히 아직도 생생한 기품이 있는 것 같았다. 아! 天地自然의 이치와 사람이 지켜야 할 떳떳한 도리를 사람의 마음에 두어서 영원히 없어지지 않는 것을 여기에서 볼 수 있을 것이다. ○ 捶擊은 몽둥이로 침. 隣里는 마을의 이웃. 赴救는 달려가서 구함. 委棄는 내버림. 若萬一은 행여 만에 하나라도.

○唐奉天竇氏二女生長草野하되 幼有志操러니 永泰中에 羣盜數千人이 剽掠村落한대 二女皆有容色하여 長者는 年十九요 幼者는 年十六이러니 匿巖穴間이어늘 曳出之하여 驅迫以前할새 臨壑谷深數百尺하여 其姨先曰 吾寧就死언정 義不受辱이라하고 即投崖下而死커늘 盜方驚駭하더니 其娣繼之自投하여 折足破面流血이어늘 羣盜乃捨之而去하니라.

〖解說〗 당(唐)나라의 봉천 두씨(奉天竇氏)의 두 딸은 시골에서 생장(生長)하였으되 어릴 때부터 지조가 있었다. 영태(永泰) 연간(年間)에 떼도둑 수천 명이 그 촌락을 협박하여 빼앗았는데 두 딸은 다 얼굴이

예쁘며, 맏이는 나이가 열아홉 살이고, 다음은 나이가 열여섯 살이었더니 바위 굴에 숨어 있거늘 도둑이 끌어내어 앞세우고 협박하여 몰고 가니 계곡의 깊이가 수백척(數百尺)이나 되는 곳에 이르러 그 중 맏이가 먼저 말하기를 「내 차라리 죽음에 나갈지언정 의리에 욕을 당하지 않을 것이다.」하고 곧 벼랑 아래로 몸을 던져서 죽거늘 도둑이 바야흐로 놀라고 있었더니 그의 동생이 이어 스스로 몸을 던져서 발이 부러지고 얼굴이 깨져 피가 흐르거늘 떼도둑들이 드디어 버리고 가니라.

〔集解〕 奉天 縣名 永泰 代宗 年號.

【註解】 奉天은 현이름이다. 永泰는 代宗의 年號이다.

京兆尹第五琦嘉其貞烈하여 奏之한대 詔旌表其門閭하시고 永蠲其家丁役하시다.

〖解說〗 경조윤(京兆尹) 제오기(第五琦)가 그들의 정렬(貞烈)을 가상(嘉賞)하게 여기어 이것을 조정에 아뢰었는데 임금이 조서(詔書)를 내려 그 동리의 거리에 정문(旌門)을 세워 표창(表彰)하고 영구히 그 집의 부역(賦役)을 면제(免除)하시었다.

〔集解〕 京兆 郡名 今西安府 尹 官也 第五 覆姓 琦 名 蠲 除也.

【註解】 京兆는 郡이름이니 지금의 西安府이다. 尹은 벼슬이다. 第五는 복성이고, 琦는 이름이다. 蠲은 면제하는 것이다. ○ 旌表는 善行을 드러내어 밝히다. 이를 위해 紅箭門(홍살문)을 세운다. ○ 丁役은 壯丁의 徭役.

○繆彤이 少孤하여 兄弟四人이 皆同財業하더니 及各取妻하여 諸婦遂求分異하고 又數有鬪爭之言이어늘 彤이 深懷忿嘆하여 乃

掩户自撾曰 繆肜아 汝修身謹行하여 學聖人之法은 將以齊整風俗이니 柰何로 不能正其家乎오한대 弟及諸婦聞之하고 悉叩頭謝罪하여 遂更爲敦睦之行하더라.
(繆＝목, 肜＝容, 數＝삭, 更＝경, 行＝행)

〖解說〗 목용(繆肜)이 어려서 아버지를 여의고 형제 네 사람이 다 재산(財產)과 생업(生業)을 함께 하더니 각각 아내를 맞이한 뒤에는 여러 부인들이 드디어 재산을 나누고 살림을 따로 하기를 요구하고 또, 자주 싸우고 다투는 말이 있거늘 용(肜)이 깊이 분하고 한탄스러움을 품고서 드디어 문을 닫고 스스로 자신을 매질하여 말하기를「繆肜아 네가 몸을 닦고 행동을 삼가하여 성인(聖人)의 법을 배우는 것은 장차 나라의 풍속을 정제(整齊)하려고 하는 것이다. 어째서 제 집안도 바로잡을 수 없느냐?」고 하였다. 아우와 여러 부인들이 듣고 모두 머리를 조아리며 사죄(謝罪)하여 드디어 돈독하고 화목한 행동을 하게 되었다고 하더라.

〖集說〗 吳氏曰 漢 繆肜 字豫公 幼而無父曰孤 撾 擊也 肜 怒諸弟求分財異居 乃閉戶 自責 於是 諸弟諸婦 聞之 悉俯地擊首 以謝 遂改爲敦睦之行 嗚呼 肜之德 固有以感動諸弟 而諸弟 亦可謂善改過者矣.

【註解】 오씨(吳氏) 이르기를「漢나라 繆肜의 字는 豫公이다. 어려서 아버지가 없음을 孤라 한다. 撾는 치는 것이다. 肜은 여러 아우들이 재산을 나누어 따로 살기를 요구함에 분노하여 이에 문을 닫고 스스로 꾸짖었다. 이에 여러 아우와 여러 제수들이 듣고 모두 땅에 엎드려 머리를 부딪쳐서 사죄하니 드디어 고쳐서 돈독하고 화목한 행실을 하였다. 아아! 肜의 德은 진실로 여러 아우들을 감동시킬 수 있었고 여러 아우들 또한 과실을 잘 고치는 사람들이라고 말할 만하다.」

○ 少孤는 어려서 아버지를 여읨. 掩戶는 문을 닫는 것이다. 自撾는 스스로 자신을 때리는 것이다. 叩頭謝罪는 머리가 땅에 닿도록 절하며 죄를 사과하는 것이다.

○蘇瓊이 除南清河太守하니 有百姓乙普明兄弟爭田하여 積年不斷하여 各相援據하니 乃至百人이러니 瓊이 召普明兄弟하여 諭之曰 天下에 難得者는 兄弟오 易求者는 田地니 假令得田地라도 失兄弟心하면 如何오 하고 因而下淚한대 諸證人이 莫不灑泣하더니 普明兄弟叩頭하여 乞外更思하여 分異十年에 遂還同住하니라.

〖解說〗 소경(蘇瓊)이 남청하태수(南淸河太守)가 되었는데 관내(管內)의 백성에 을보명(乙普明)의 형제가 있어 형제간에 전지(田地)를 가지고 다투어 여러 해를 소송(訴訟)이 끊어지지 않고 있어 각각 서로 증거인을 끌어대니 이에 증인이 백 명에 이르렀다. 경(瓊)이 보명(普明) 형제를 불러서 타일러 말하기를 「하늘 아래에서 얻기 어려운 것이 형제이고, 구하기 쉬운 것이 전지(田地)니 가령 전지를 얻었더라도 형제의 마음을 잃는다면 어떻겠는가?」하고 이어 눈물을 흘렸는데, 여러 증인이 눈물을 뿌리지 않은 자가 없었다. 보명 형제가 머리를 조아리어 밖에 나가 다시 생각하겠다고 빌면서 분가하여 따로 산지 십 년만에 드디어 도로 같이 살았다고 하니라.

〖集說〗 陳氏曰 瓊 字 珍之 北朝人(北齊人) 南淸河 郡名 乙 姓 普明 名也 援據 攀援他人 爲證據也 諭 曉也 太守下淚 而諸證人灑泣 普明兄弟悔過 可以見人心之天矣.

【註解】 진씨(陳氏) 이르기를 「瓊의 字는 珍之이니 북조사람이다.(北齊사람) 南淸河는 郡이름이다. 乙은 姓이고 普明은 이름이다. 援據는 다른 사람을 끌어다 증거로 삼는 것이다. 諭는 깨우치는 것이다.

太守가 눈물을 흘리자 여러 증인들도 눈물을 뿌려 울었고, 보명 형제도 잘못을 뉘우쳤으니 사람의 마음의 천성(天性)을 볼 수 있도다.」

○王祥의 弟覽의 母朱氏遇祥無道러니 覽이 年數歲에 見祥의

被楚撻하고 輒涕泣抱持하더니 至于成童하여 每諫其母하니 其母少止凶虐하니라. 朱屢以非理로 使祥이어든 覽이 與祥俱하고 又虐使祥妻어든 覽妻亦趨而共之하니 朱患之하여 乃止하니라.

〖解說〗 왕상(王祥)의 아우 남(覽)의 어머니 주씨(朱氏)가 상(祥)을 대우하는 것이 무도(無道)하더니 남이 나이 두어살 때에 상이 매맞는 것을 보고 문득 껴안고 울었다. 성동(成童)에 이르러서는 늘 자기의 어머니에게 간(諫)하니 그 어머니가 조금 흉학(凶虐)함을 그치었다. 주씨가 자주 무리(無理)한 일로써 상에게 시키면 남(覽)이 상(祥)과 더불어 하고 또, 상(祥)의 아내를 학대하여 부리면 남(覽)의 아내가 또한 달려가서 함께 하니 주씨가 그것을 근심하여 드디어 그치었다고 하니라.

〔集解〕 王覧 字 玄通 覧 年幼 見兄被楚撻 抱持泣諫 其友愛 出於天性 至於祥妻受虐 覧妻 亦趨共之 則非得於觀感之深者 其能然乎 由是 其母 亦止凶虐也.

【註解】 王覽의 字는 玄通이다. 覽은 나이가 어린데도 형의 종아리 맞는 걸 보고서 껴안고 울며 간하였으니 그 우애가 天性에 타고났다. 祥의 아내가 학대를 받음에 이르러 覽의 아내도 또한 달려가 함께 하는 데에 이르러서는 보는 감정이 깊은 사람이 아니면 그렇게 할 수 있는가? 이로 말미암아 그 어머니도 역시 凶虐을 그친 것이다.

○ 楚撻은 회초리로 때림. 곧 종아리를 때리는 것이다. 涕泣抱持는 울면서 껴안는 것이다. 凶虐은 凶惡하고 暴虐함. 虐使는 학대하여 시키는 것이다.

○晋右僕射鄧攸永嘉末에 沒于石勒하여 過泗水할새 攸以牛馬負妻子而逃하다가 又遇賊하여 掠其牛馬하고 步走하여 擔其兒及其弟子綏리니 度不能兩全하고 乃謂其妻曰 吾弟早亡하고 唯有一息하니 理不可絶이라 止應自棄我兒耳로다. 幸而得存하

면 我는 後當有子라고 하니 妻泣而從之어늘 乃棄其子而去之러니 卒以無嗣하니라. (射=야, 度=탁, )

〖解說〗 진(晉)나라의 우복야(右僕射) 등유(鄧攸)가 영가(永嘉)말기에 석륵(石勒)에게 포로가 되어 사수(泗水)를 지나갔는데 유(攸)가 우마(牛馬)로써 처자(妻子)를 업고 도망하다가 또 도둑을 만나서 그 소와 말을 약탈당하고 걸어서 도주하는데 그의 아이와 그의 아우의 수(綏)를 짊어졌다. 두 아이를 보전(保全)할 수 없는 것을 생각하고 드디어 그의 아내에게 타일러 말하기를 「내 아우가 일찍 죽고 오직 자식 하나가 있을 뿐이니 도리상 후사(後嗣)를 끊을 수 없소. 다만 마땅히 스스로 내 아이를 버릴 수밖에 없소. 다행히 생존하게 되면 우리는 뒤에 마땅히 자식이 있을 것이오.」라고 하니 아내가 울면서 따르거늘 드디어 그 자식을 버리고 가더니 마침내 이로써 후사(後嗣)가 없었다 하니라.

〔集解〕 僕射 官名 攸 字伯道 平陽人 永嘉 懷帝 年號 石勒 胡人 僭據自立 爲後趙 泗水 在淮南 熊氏曰 旣不能兩全 則寧棄己之兒 毋絶亡弟後 卒以無子 命也.

【註解】 僕射는 벼슬이름이다. 攸의 字는 伯道이니 平陽사람이다. 永嘉는 懷帝의 年號이다. 石勒은 胡사람으로 참람히 항거하여 스스로 서서 後趙라 하였다. 泗水는 淮南에 있다. 웅씨(熊氏) 이르기를 「이미 둘을 보전할 수 없다면 차라리 자기의 아이를 버릴지언정 아우의 후사를 끊지 않았다. 끝내 자식이 없었으니 천명이다.」 하였다.

時人이 義而哀之하여 爲之語曰 天道無知하여 使鄧伯道로 無兒로다. 弟子綏服攸喪三年하니라.

〖解說〗 그 때 사람들이 그를 의(義)롭게 여기고 가엾게 여겨서 그를 위하여 말하기를 「천도(天道)가 아는 것이 없어 등백도(鄧伯道)로

하여금 자식이 없게 하였다.」라고 하였다. 아우의 아들 수(綏)가 유(攸)의 상(喪)을 아버지의 상과 같이 삼년을 복상(服喪)하니라.

〔增註〕 義者 義其能存姪也 服喪三年 如喪父也.

【註解】 義는 그가 능히 조카를 보존함을 의롭게 여기는 것이니, 服喪三年을 아버지의 喪과 같이 한 것이다.

○晋咸寧中에 大疫이러니 庾袞의 二兄이 俱亡하고 次兄毗復危殆하여 厲氣方熾어늘 父母諸弟皆出次于外하되 袞이 獨留不去어늘 諸父兄이 强之한대 乃曰 袞이 性不畏病이라 하고 遂親自扶持하여 晝夜不眠하며 其間에 復撫柩하여 哀臨不輟하더니 如此十有餘旬에 疫勢旣歇이어늘 家人이 乃反하니 毗病이 得差하고 袞亦無恙하니라.

〚解說〛 진(晉)나라 함녕(咸寧) 중에 크게 역질(疫疾)이 돌더니 유곤(庾袞)의 두 형제가 함께 죽고, 그 다음 형 비(毘)가 다시 위태하여 역질의 기세가 한창 치열(熾烈)하거늘 부모와 여러 아우가 다 집에서 나가 밖에서 거처(居處)하였는데, 곤(袞)이 홀로 머무르고 나가지 않거늘 여러 부형들이 나가라고 강권하였는데 이에 말하기를「곤(袞)이 천성이 병을 두려워하지 않는다.」하고 드디어 친히 환자를 붙들어 간호하여 밤낮으로 자지 않으며 그 사이에 다시 두 형의 관(棺)을 어루만지며 슬피 울기를 그치지 않더니, 이와 같이 하기를 십여순(十餘旬)이나 되어서 역질의 기세가 이미 그치거늘 집사람들이 드디어 돌아오니 비(毘)의 병이 차도(差度)가 있고 곤(袞) 또한 아무일 없었느니라.

〔集解〕 咸寧 武帝 年號 袞 字叔褒 毗 次兄名 次 舍也 間 空隙也.

【註解】 咸寧은 武帝의 年號이다. 袞의 字는 叔褒이다. 毘는 다음 형의 이름이다. 次는 거처하는 것이다. 間은 '빈틈'이다.

哀臨은 '슬피 울다'인데 臨의 義는 '哭也'다. 無恙은 아무 이상이 없음이다.

父老咸曰 異哉라 此子여 守人所不能守하며 行人所不能行하니 歲寒然後에야 知松栢之後凋니 始知疫癘之不能相染也라하니라.

〖解說〗 부로(父老)들이 다 말하기를 「기이(奇異)하다. 이 아이는 다른 사람이 지킬 수 없는 바를 지키며 다른 사람이 행할 수 없는 바를 행하니 해(歲)가 추워진 연후에야 소나무와 측백나무의 잎이 뒤에 지는 것을 안다더니 비로소 역질(疫疾)이 서로 전염하지 않는다는 것을 알았다.」라 하니라.

〔增註〕 父老 鄕之高年者 異哉 稱其所守 所行 異於人也 後凋 謂後於衆木之凋.

【註解】 父老는 마을의 나이 높은 사람이다. 異哉는 그 지키는 바와 실행하는 바가 남과 다름을 칭찬함이다. 後凋는 여러 나무들의 시들음보다 뒤에 시드는 것을 말한다.

○楊播의 家世純厚하여 並敦義讓하여 昆季相事하되 有如父子하더니 椿津이 恭謙하여 兄弟旦則聚於廳堂하여 終日相對하여 未嘗入內하며 有一美味어든 不集不食하더라. 廳堂間에 往往에 幃幔隔障하여 爲寢息之所하여 時就休偃하고 還共談笑하더라.

〖解說〗 양파(楊播)의 집안은 대대로 순후(純厚)하여 다 예의와 겸양(謙讓)을 두터이 하여 형제가 서로 섬기기를 아버지와 아들 사이와 같이 하였다. 춘(椿)과 진(津)이 온공(溫恭)하고 겸손(謙遜)하여 형제가 아침이 되면 대청 마루에 모이어 온 종일 서로 마주 대하여 일찍이

안에 들어가지 아니하며, 한 가지 맛좋은 것이 있으면 형제가 같이 모이지 않으면 먹지 않았다. 대청마루 사이에 가끔 장막으로 막아 잠자고 쉬는 곳으로 만들어 때때로 나아가 쉬고 돌아와 함께 이야기하고 웃더라.

〔集說〕 陳氏曰 播 字延慶 北朝人 昆季 兄弟也 椿 字延壽 津 字羅漢 偃 猶臥也.

【註解】 진씨(陳氏) 이르기를「播의 字는 延慶이니 北朝사람이다. 昆季는 형과 아우이다. 椿의 字는 延壽이고 津의 字는 羅漢이다. 偃은 누움과 같은 것이다.」

| 椿이 年老하여 曾他處醉歸어늘 津이 扶持還室하여 假寢閤前하여 承候安否하더라. |
|---|

〖解說〗 춘(椿)이 늙어서 일찍이 다른 곳에서 술에 취하여 돌아오거늘 진(津)이 붙들고 부축하여 방에 돌아와서 뉘게 한 후에 자신은 방문 앞에서 수잠을 자면서 형의 안부를 살피더라.

〔增註〕 假寢 不脫衣冠而寢也 閤 謂室之門也.

【註解】 假寢은 의관을 벗지 않고 자는 것이다. 閤은 방의 문을 말하는 것이다.

| 椿津이 年過六十하여 並登台鼎而津이 常旦暮參問이어든 子姪이 羅列階下러니 椿이 不命坐어든 津이 不敢坐하더라. |
|---|

〖解說〗 춘(椿)과 진(津)이 나이 六十세가 넘어서 모두 삼공(三公)의 지위에 올랐으되 진(津)이 항상 아침 저녁으로 뵙고 문안하면 자질

(子姪)들이 섬돌 아래에 벌려 섰었는데 춘(椿)이 앉으라고 명령이 없으면 진(津)이 감히 앉지 않더라.

〔增註〕 台鼎 三公之稱 如星之有三台 鼎之有三足也 椿 爲司徒 津 爲司空 故 曰 並登台鼎.

**【註解】** 台鼎은 三公을 일컬음이니 별에 三台星이 있고, 솥에 세 다리가 있음이다. 椿은 司徒가 되었고, 津은 司空이 되었다. 그러므로 말하기를 아울러 台鼎에 올랐다 하였다. ○ 參問 : 參은 謁見이고, 問은 問安이다.

| 椿이 每近出하여 或日斜不至어든 津이 不先飯하여 椿이 還然後에 共食하더니 食則津이 親授匙箸하며 味皆先嘗하고 椿이 命食然後에 食하더라. 津이 爲肆州에 椿이 在京宅이러니 每有四時嘉味어든 輒因使次하여 附之하고 若或未寄면 不先入口하더라. 一家之內에 男女百口러니 緦服이 同爨하되 庭無間言하더라. |
|---|

〖解說〗 춘(椿)이 항상 가까운 곳에 외출하여 혹 해가 기울 때까지 돌아오지 않으면 진(津)이 먼저 밥을 먹지 않으면서 춘(椿)이 돌아온 연후에 함께 먹었다. 밥을 먹을 때에는 진(津)이 친히 수저를 춘에게 올리며 음식의 맛을 다 먼저 맛보고, 춘이 먹으라고 명령한 연후에 먹었다. 진이 사주자사(肆州刺史)가 되었을 때에 춘이 서울의 자택에 있었다. 늘 사철의 맛 좋은 것이 있을 때에는 곧 공용(公用)의 사자(使者)편에 부쳐 보내었고, 만일 혹여 아직 부치지 못했으면 그것을 먼저 입에 넣지 않았다. 한 집안에 남녀의 식구 수가 백명이나 되었는데 시복지친(緦服之親)이 한 집에서 생계(生計)를 같이 하였으되 가정에는 이간(離間)하는 말이 없더라.

〔增註〕 京宅 宅在京也 嘉味 美味也 未寄于兄 則不先食 緦麻之服 同炊爨 四世不分異也.

**【註解】** 京宅은 집이 서울에 있는 것이다. 嘉味는 맛좋은 것이다. 형에게 보내지 않으면 먼저 먹지 않았다. 緦麻의 服이 함께 취사함은 四世代가 재산을 나누어 따로 살지 않는 것이다.

○ 緦服은 緦麻之服이다. 緦는 실올이 가늘고 고운 베로 지은 상복인데 三개월간 입는 복이며 三從(←八촌)에 대한 복이다. 高祖를 같이 하는 자손이 입는다.

同爨은 炊事를 같이 하는 것이다. 爲肆州에서 爲는 '다스리다' 이다.

> ○隋吏部尚書牛弘의 弟弼이 好酒而酗하더니 嘗醉하여 射殺弘의 駕車牛한대 弘이 還宅이어늘 其妻迎謂弘曰 叔이 射殺牛라 하여늘 弘이 聞하고 無所恠問이오 直答曰 作脯하라 坐定커늘 其妻又曰 叔이 射殺牛하니 大是異事로다. 弘이 曰 已知라 하고 顔色이 自若하여 讀書不輟하더라.

**〖解說〗** 수(隋)나라 이부상서(吏部尚書) 우홍(牛弘)의 아우 필(弼)이 술을 좋아하고 술주정이 심했다. 일찍이 술에 취하여 홍(弘)의 수레를 끄는 소를 쏘아 죽이었는데, 홍(弘)이 집으로 돌아왔거늘 그의 아내가 맞이 하면서 홍에게 말하기를 「시숙이 소를 쏘아 죽였습니다.」하거늘 홍(弘)이 듣고 괴이하게 여겨 묻는 바 없고 곧, 대답하여 말하기를 「포(脯)를 뜨게 하라.」 하였다. 홍(弘)이 앉음을 정하거늘 그 아내가 또 말하기를 「시숙이 소를 쏴 죽였으니 매우 이것은 괴이(怪異)한 일입니다.」 하였다. 홍(弘)이 말하기를 「이미 알았소.」하고 안색이 태연(泰然)하여 글 읽기를 그치지 않았다고 하더라.

〔集說〕 陳氏曰 弘 字里仁 安定人 以酒爲凶曰酗 直 猶但也.

**【註解】** 진씨(陳氏) 이르기를 「弘의 字는 里仁이니 安定사람이다. 술로써 흉포함을 酗라고 한다. 直은 다만과 같은 것이다.」 하였다.

○唐英公李勣이 貴爲僕射로되 其姊病이어든 必親爲然火煑粥하더니 火焚其鬚어늘 姊曰 僕妾이 多矣니 何爲自若如此오 勣이 曰 豈爲無人耶리오 顧今에 姊年老하고 勣이 亦老하니 雖欲數爲姊煑粥인들 復可得乎아. (勣=적, 射=야, 鬚=사, 復=부)

〖解說〗 당(唐)나라의 영공(英公) 이적(李勣)은 벼슬이 귀하여 복야(僕射)가 되었으되 그의 누님이 병이 들면 반드시 친히 불을 때서 죽을 끓이더니 불에 그 수염을 태웠거늘 누님이 말하기를「종과 시녀가 많은데 어째서 스스로 괴롭게 이와 같이 한단 말이오?」하니, 적(勣)이 말하기를「어찌 사람이 없어서 그렇게 하겠습니까? 지금 돌아보건대 누님의 나이 늙었고 적이 또한 늙었으니 비록 자주 누님을 위하여 죽을 쑤고자한들 다시 할 수 있겠습니까.」하였다.

〖集說〗 吳氏曰 勣 本姓 徐 爲唐相 封英公 賜姓 李 字懋功 曹州人 顧猶念也.

【註解】 오씨(吳氏) 이르기를「勣의 본래 姓은 徐이었다. 唐나라 相이 되어 英公에 封해지고 하사받은 姓이 李이다. 字는 懋功이고 曹州사람이다. 顧는 생각하는 것과 같은 것이다.」

○司馬溫公이 與其兄伯康으로 友愛尤篤이러니 伯康이 年將八十이라 公이 奉之如嚴父하며 保之如嬰兒하여 每食少頃則 問曰 得無饑乎아 하며 天이 少冷則拊其背曰 衣得無薄乎아 하더라.

〖解說〗 사마온공(司馬溫公)이 그의 형 백강(伯康)으로 더불어 우애(友愛)가 더욱 깊더니 백강의 나이 장차 八十세가 되었다. 사마온공이 그를 받들기를 아버지와 같이 하며, 그를 보호하기를 어린애를 보호하듯 하며, 매양 밥먹은 뒤에 조금 있으면 물어 말하기를「배고프지 않습

니까?」하며 천기가 조금 차가우면 그의 등을 어루만지며 말하기를 「옷이 엷지 않습니까?」 하더라.

〖集解〗 公 兄名 旦 字 伯康 奉之如嚴父 敬之至也 保之如嬰兒 愛之至也, 老人腸胃弱 易飽易饑 氣體虛 易寒易熱 故 公撫問之勤 如此.

**【註解】** 公의 兄이름은 旦이고 字가 伯康이다. 받들기를 엄한 아버지 같이 하였다는 것은 공경이 지극하였다는 것이고, 보호하기를 어린 아이 같이 하였다는 것은 우애가 지극한 것이다. 노인은 胃腸이 약하여 쉽게 배부르고 쉽게 배고프며 기체(氣體)가 허약하여 쉽게 추워하고, 쉽게 열을 내기 때문에 사마온공이 어루만지며 묻기를 부지런히 함이 이와 같았다. ○ 小頃 : 잠시. 잠시 뒤에. 조금의 시간. 伯康은 溫公의 再從兄. 拊는 어루만짐. 만져보는 것.

○ 近世故家惟晁氏因以道의 申戒子弟하여 皆有法度하니 羣居相呼에 外姓尊長이란 必曰某姓第幾叔若兄이라 하며 諸姑尊姑之夫란 必曰某姓姑夫某姓尊姑夫라 하고 未嘗敢呼字也 하며 其言父黨交游에 必曰某姓幾丈이라 하고 亦未嘗敢呼字也 하니 當時故家舊族이 皆不能若是하더라.

〖解說〗 근세의 고가(故家)들 중에는 오직 조씨(晁氏)의 집안이 이도(以道)의 자제들에 대한 거듭 훈계로 인하여 행동이 다 법도가 있으니 여러 집이 모여 살면서 서로 부를 때에 외성(外姓)의 존장(尊長)이라면 반드시 말하기를 「무슨 성(姓) 제 몇째 아저씨 또는 제 몇째 형이다.」 하며 여러 고모·존고모의 남편이면 반드시 말하기를 「무슨 성 고모부, 무슨 성 존고모부라.」하고 일찍이 감히 자(字)를 부르지 않으며, 그가 아버지의 친구를 말할 때에는 반드시 말하기를 「무슨 성 몇째 어른이라.」하고 또한 일찍이 감히 자(字)를 부르지 아니하나니. 그 때의 고가(故家) 구족(舊族)이 다 이와 같이 할 수 없었다 하더라.

〔集說〕 陳氏曰 故家 舊家 惟 獨也 以道 名 說之 澶淵人 若 及也 尊者曰 某姓第幾叔 長者曰 某姓第幾兄 姑 父之姊妹也 尊姑　祖之姊妹也 父黨交遊 父之友也 稱姓 稱行 稱位 而不呼字 皆謙厚之道.

【註解】 진씨(陳氏)가 이르기를 「故家는 오래된 가문이다. 惟는 홀로이다. 以道의 이름은 說之이니 澶淵사람이다. 若은 '및'이다. 높은 사람은 「무슨 성 몇째 아저씨」라 하고 어른은 「무슨 성 제 몇째 형」이라 한다.」

姑는 아버지의 자매이고, 尊姑는 할아버지의 자매이다. 父黨交遊는 아버지의 친구이다. 姓을 일컫고 항렬을 일컫고, 지위를 일컬어서 字를 부르지 않는 것은 다 겸손하고 후대하는 도리이다. ○ 尊姑母 王姑母가 尊姑이다. 冠禮를 한 뒤, 字를 일컬어 서로 존중한다. 이는 名을 높이기 때문에 다른 호칭을 만들어 쓰는 것이다. ※三黨(父·母·妻)의 가계 칭호 및 일반 사회 호칭에 소홀할 수 없다.

○包孝肅公이 尹京時에 民有自言하되 以白金百兩으로 寄我者死矣어늘 予其子하니 不肯受하나니 願召其子하여 予之하소서 尹이 召其子한대 辭曰亡父未嘗以白金으로 委人也라 하고 兩人이 相讓久之하더라.

〚解說〛 포효숙공(包孝肅公)이 서울의 윤(尹)으로 있을 때에 한 백성이 와서 스스로 말하는 이 있었는데 「백금(白金) 백냥(百兩)으로써 나에게 맡겨 온 자가 죽었거늘, 그의 아들에게 돌려주니 즐겨 받으려 하지 않고, 원컨대 그의 아들을 불러서 돌려 주십시오.」 하였다. 부윤(府尹)이 그의 아들을 불렀는데 사양하여 말하기를 「죽은 아버지가 일찍이 백금(白金)으로써 남에게 맡길 일이 없습니다.」하고 두 사람이 서로 사양하기를 오래 하더라.

〔集說〕 吳氏曰 公 名拯 字希仁 孝肅 諡也 廬州人 尹京 時爲京尹之時也 委寄於人也.

**【註解】** 오씨(吳氏) 이르기를 「公의 이름은 拯이고, 字는 希仁이며, 孝肅은 시호이니, 廬州사람이다. 尹京時는 서울의 尹이 되었을 때이다. 委는 남에게 기탁하는 것이다.」 하였다.

| 呂滎公이 聞之하고 曰 世人이 喜言無好人三字者는 可謂自賊者矣로다. 古人이 言人皆可以爲堯舜이라 하니 蓋觀於此而知之로다. |
|---|

**〖解說〗** 여형공(呂滎公)이 이것을 듣고 말하기를 「세상 사람들이 무호인(無好人)이라.」는 석 자(字)를 즐겨 말하는 자는 스스로를 해치고 있는 이라고 하였으나 옛 사람이 말하기를 「사람이 다 이로써 요순(堯舜)이 될 수 있다.」고 하더니 대개 이에서 보면 그렇다는 것을 알 수 있겠다. 함이로다.

〖集解〗 賊 害也.

**【註解】** 賊은 해치는 것이다.

○ 人皆可以爲堯舜은 孟子 告子下에 나오는 말이다.

| ○萬石君石奮이 歸老于家하더니 過宮門闕할새 必下車趨하며 見路馬하고 必軾焉하더라. 子孫이 爲小吏來歸謁이어든 萬石君이 必朝服見之하고 不名하더라. 子孫이 有過失이어든 不誚讓하고 爲便坐하여 對案不食이어든 然後에야 諸子相責하여 因長老하여 肉袒하고 固謝罪改之하여야 乃許하더라. |
|---|

**〖解說〗** 만석군(萬石君) 석분(石奮)이 늙어서 벼슬을 그만두고 집에 돌아와 있는데, 궁궐의 문을 지날 적에 반드시 수레에서 내려 빠른 걸음으로 걸어가며 노마(路馬)를 보고는 반드시 식(軾)하여 경의를 표하였다. 자손이 작은 관리가 되어 돌아와 뵈면 만석군은 반드시 조복

(朝服)을 입고서 보았고 이름은 부르지 않았다. 자손이 과실이 있을 때에는 꾸짖지 아니하고, 한편 가에 앉아서 밥상을 대하여도 먹지 않으며 그런 후에야 여러 자식들이 서로 허물을 꾸짖어서 족친 중의 나이 많은 어른을 통하여 육단(肉袒)하여 몇 번씩 사죄(謝罪)하고 허물을 고쳐야 비로소 용허(容許)하더라.

〖集解〗 漢 石奮 四子 長建, 次甲 次乙, 次慶, 奮與四子, 皆官至二千石故 號萬石君 歸老 致仕也 路馬 駕路車之馬也, 下君門 式路馬 敬之至也 子孫歸謁 必朝服以見, 禮以接下也 誚 以言責之也 便坐謂坐於便側之處也 對案不食 謂飮食設於案 對之而不食也 長老 族之高年者 肉袒 袒衣露肉也 固 再三也.

**【註解】** 漢나라 石奮의 네 아들은 맏이가 建이고, 다음이 甲이고, 다음이 乙이며, 다음이 慶이다. 奮과 네 아들이 모두 官祿이 二千石에 이르렀으므로 만석꾼이라고 불렀다. 歸路는 벼슬을 돌려 드림이다. 路馬는 임금의 수레를 멍에한 말이다. 궁궐문에서는 말에서 내리고, 임금의 수레를 멍에한 말에 軾을 함은 공경의 지극함이다. 자손이 돌아와 알현함에 반드시 관복을 입고 만남은 禮로써 아랫사람을 대접함이다. 誚는 말로써 꾸짖음이다. 便坐는 한 편 옆의 처소에 앉음을 말한다. 對案不食은 음식을 상에 차려 놓아도 대하기만 하고 먹지 않는 것이다. 長老는 일족의 나이 많은 사람이다. 肉袒은 웃옷의 소매를 걷고 어깨의 살을 드러냄이다. 固는 두세 번이다.

| 子孫勝冠者在側이어든 雖燕이나 必冠하여 申申如也하며 僮僕엔 訢訢如也하되 唯謹하더라. (勝=승, 訢訢=은은) |
|---|

〖解說〗 자손 중에 성년이 되어 갓을 쓴 자가 곁에 있으면 비록 일없이 있는 평상시일지라도 반드시 갓을 써 화순(和順)한 모양으로 있었으며, 동복(僮僕)에게는 부드럽고 기쁜 모습으로 대하였으되 오직 삼가하더라.

〔增註〕 勝冠 謂年及冠者 燕 謂燕居也 申申 和順也 訢訢 和悅也.

【註解】 勝冠은 나이가 갓을 쓰기에 이르른 사람을 말한다. 申申은 和順한 것이다. 燕은 한가히 있는 것을 말한다. 訢訢은 和悅한 것이다.

○ 申申如也는 論語 述而에 있는 말이다. 訢訢은 誾誾과 같다.

> 上이 時賜食於家어시든 必稽首俯伏而食하여 如在上前하며 其執喪에 哀戚이 甚하니 子孫이 遵教하여 亦如之하더라. 萬石君家以孝謹으로 聞乎郡國이라 雖齊魯諸儒라도 質行은 皆自以爲不及也라 하더라.

〖解說〗 임금이 때로는 집으로 음식을 내려주시면 반드시 머리를 조아려 엎드려서 먹으면서 임금의 앞에 있는 것같이 하며, 그가 거상(居喪)할 적에 슬퍼서 서러워하는 것이 심하더니, 자손들이 그의 가르침을 준수하여 또한 그와 같게 하였다. 만석꾼의 집안이 효도하고 삼가하는 것으로써 군(郡)과 나라에 소문이 났다. 비록 제(齊)나라나 노(魯)나라의 선비일지라도 질박(質朴)한 행실은 다 스스로 미치지 못한다고 생각하였다 하더라.

〔集解〕 質行 質朴行實也.

【註解】 質行은 質朴한 行實이다.

○ 齊魯는 春秋時代의 두 國名으로 孔孟의 誕生國이다. 이 곳은 文教가 興盛한 곳이었으므로 後世에 禮教의 밝음을 나타내는 말로 쓰였다.

> 長子建은 爲郎中令이오 少子慶은 爲內史러니 建이 老白首하되 萬石君이 尚無恙하더라. 每五日洗沐에 歸謁하고 親入子舍하여 竊問侍者하여 取親中帬厠牏하여 身自浣滌하여 每與侍者言 하되

不敢令萬石君知之하여 以爲常하더라. (帬＝군, 牏＝투)

〖解說〗 맏아들 건(建)은 낭중령(郎中令)이 되었고, 작은 아들 경(慶)은 내사(內史)가 되었더니, 건(建)이 늙어서 백발(白髮)이 되었으나 만석군이 오히려 아무 이상이 없었다. 건(建)이 매양 五일마다의 세목(洗沐) 휴가에 돌아와 아버지에게 뵙고 친히 자사(子舍)에 들어가서 모시는 자에게 몰래 물어서 아버지의 아랫내의와 속적삼을 가져다가 자신이 몸소 세탁을 하여 늘 모시는 자에게 주면서 말하되, 감히 만석군에게 알게 하지 말라 하면서 그렇게 하는 것을 상사(常事)로 삼더라.

〔集解〕 郎中令 內史 皆官名 恙 病也漢法 在官五日 則休假 一日以洗身沐首 子舍 寢室邊小房也 躬自洗濯 而不欲親知者 盡己之心 而又欲親心安也. 〔集成〕 中帬 今中衣也 厠牏者 近身之小衫 若今汗衫也.

【註解】 郎中令과 內史는 모두 벼슬 이름이다. 恙은 병이다. 漢나라 法에는 관직에 있으면 五日마다 하루를 쉬어 몸을 씻고 머리를 감았다. 子舍는 침실옆의 작은 방이다. 몸소 스스로 세탁하면서 부모가 알지 않게 하려는 것은 자기의 마음을 다하고 또 부모의 마음을 편안하게 하려고 한 것이다. 〔集成〕에 中帬은 지금의 속옷이다. 厠牏는 몸에 가까이 하는 작은 적삼으로 지금의 땀받이 적삼과 같은 것이다. ○ 竊問은 몰래 물어 보는 것이다. 浣滌은 세탁하는 것이다.

內史慶이 醉歸하여 入外門하여 不下車한대 萬石君이 聞之하여 萬石君이 聞之하고 不食이어늘 慶이 恐하여 肉袒謝罪한대 不許어늘 擧宗及兄建이 肉袒한대 萬石君이 讓曰內史는 貴人이라 入閭里어든 里中長老皆走匿이어늘 而內史坐車中自如하니 固當이로다 하고 乃謝罷慶하니 慶乃諸子入里門하여 趨至家하더라.

〖解說〗 내사(內史) 경(慶)이 술에 취하여 돌아올적에 바깥 문을 들어오면서 수레에서 내리지 않았는데, 만석꾼이 듣고 밥을 먹지 않거늘 경이 두려워서 웃옷 소매를 걷고 살을 드러내고 사죄하였는데 허용(許容)하지 않거늘, 온 문중(門中) 및 형 건(建)이 육단(肉袒)하였는데 만석꾼이 꾸짖어 말하기를 「내사(內史)는 귀한 사람이다. 마을에 들어오면 마을 안의 어른들과 늙은이들이 다 달아나 숨을 것이어늘 내사(內史)께서 수레안에 의젓이 앉아 있으니 본래부터 당연한 일이로다.」 하고 비로소 경(慶)을 나가라고 하니 경(慶) 및 여러 아들들이 마을 입구에 들어서면 수레에서 내려 빠른 걸음으로 집에 이르렀다 하더라.

〔集說〕 陳氏曰 外門 家之外門 擧宗 猶言闔族 讓 責也 固當者 反辭以深責之也 謝罷 顔師古曰告令去也 里門 即巷門 言自是以後 入巷則下車也.

【註解】 진씨(陳氏) 이르기를 「外門은 집의 바깥 문이다. 擧宗은 온 가족이란 말과 같다. 讓은 꾸짖는 것이다. 固當은 반대로 말함으로써 심하게 꾸짖는 것이다.」 하였다.

謝罷는 顔師古가 말하기를 「타일러 그로 하여금 가게 함이다.」라 했다. 里門은 곧 마을 입구의 문이다. 이로부터 이후로는 마을 문에 들어오면은 수레에서 내렸음을 말한 것이다. ○ 長老는 學德이 있는 年老者의 尊稱이다. 自如는 泰然, 自若이다.

○疏廣이 爲太子太傅러니 上疏乞骸骨한대 加賜黃金二十斤하시고 太子贈五十斤이어시늘 歸鄕里하여 日令家로 供具設酒食하여 請族人故舊賓客하여 相與娛樂하며 數問其家하되 金餘尙有幾斤고 趣賣以共具하라 하더라. (趣=촉)

〖解說〗 소광(疏廣)이 태자태부(太子太傅)가 되더니 상소(上疏)하여 늙었으니 치사(致仕)해 줄 것을 빌었는데 임금이 노퇴(老退)하는 소광(疏廣)에게 황금 二十근을 특별히 더 하사하고 태자가 五十근을 증여

(贈與)하거늘 향리(鄕里)에 돌아와서 매일 집 사람으로 하여금 여러 가지를 갖추어 공궤(供饋)하고 술과 음식을 진설(陳說)하여 족인(族人)과 친구와 빈객을 청하여 서로 함께 즐기었으며, 자주 그의 집 사람에게 묻되「금이 남은 것이 아직 몇 근이나 있느냐? 빨리 팔아서 이로써 술과 음식을 갖추어 공궤(供饋)하라」하더라.

〔集說〕陳氏曰 廣 字仲翁 東海蘭陵人 太傅 官名 上疏乞骸骨 猶今之告老也 娛 歡也 趣 與促同 供 與共同 言 促賣餘金 以供酒食之具也.

【註解】진씨(陳氏) 이르기를「廣의 字는 仲翁이니 東海蘭陵사람이다. 太傅는 벼슬이름이다. 上疏乞骸骨은 지금에 은퇴를 아룀과 같은 것이다. 娛는 기뻐하는 것이다. 趣은 재촉하는 것과 같고, 共은 함께와 같은 것이니 빨리 남은 금을 팔아서 이로써 술과 음식을 갖추어 올리라는 말을 한 것이다.」하였다.

○ 乞骸骨은 몸을 귀향하여 매장토록 청함. 骸骨은 '몸' 小學集註增解에「乞骸骨 請骸骨歸葬也」라 했다.

居歲餘에 廣의 子孫이 竊謂其昆弟老人廣所信愛者하여 曰 子孫이 冀及君時하여 頗立產業基址하더니 今日에 飮食費且盡하니 宜從丈人所하여 勸說君하여 置田宅하라. 老人이 即以閒暇時로 爲廣言 此計한대. (說=세)

〖解說〗그렇게 살기 일년 남짓 되었을 적에 소광(疏廣)의 자손들이 몰래 그의 형제 항렬인 노인에게 소광이 평소에 믿고 사랑하는 이에게 말하기를「자손들은 가군(家君)이 계실 때에 조금 살림의 밑천을 세우려고 하였더니 오늘에 음식비용으로 황금도 다 없어져 갑니다. 마땅히 어른께서 기회를 따라 가군(家君)께 권하고 달래어서 전지(田地)와 주택(住宅)을 설치케 하여 달라.」고 하였다. 노인이 즉시 한가한 때로서 광(廣)을 위하여 이 계획을 말하였는데.

〔增註〕 冀 欲也 丈人 即廣 所愛信之高年兄弟也. 〔集解〕 君 謂疏廣所處也 說 誘也.

【註解】 冀는 하고자 하는 것이다. 丈人은 곧 광의 사랑하고 믿는 바의 나이 많은 형제이다. 〔集解〕에 君은 소광이 거처 하는 곳을 말한다. 說는 달래는 것이다.

> 廣이 曰 吾豈老悖하여 不念子孫哉리오. 顧自有舊田廬하니 令子孫勤力其中하면 足以共衣食하여 與凡人齊하리니 今復增益之하여 以爲贏餘면 但教子孫怠惰耳니라. (復＝부)

〖解說〗 광(廣)이 말하기를「내 어찌 노망(老亡)하여서 자손을 생각하지 않겠는가? 돌아보건대 스스로 옛날의 전지(田地)와 초막이 있으니 자손들로 하여금 거기에서 부지런히 힘쓰면 이로써 입고 먹는 것을 공급(供給)하기에는 넉넉하여 일반인으로 더불어 가지런할 것이다. 이제 다시 보태어 주어서 이로써 여유가 있게 한다면 다만 자손들에게 게으름을 가르칠 뿐이니라.」

〔集解〕 老悖 年老而乖悖也 贏 亦餘也 衣食有餘 則子孫 倚之而怠惰矣.

【註解】 老悖는 나이가 많아(←늙어서)서 행동이 도리에 어그러지는 것이다. 贏은 역시 여유이다. 衣食이 여유가 있으면 자손이 이를 의지하여 게으르게 되는 것이다. ○ 增益之는 더욱 더함. 더 보태줌.

> 賢而多財則損其志하고 愚而多財則益其過하나니 且夫富者는 衆之怨也니 吾旣無以教化子孫이라 不欲益其過而生怨하노라. 又此金者는 聖主所以惠養老臣也니 故로 樂與鄉黨宗族으로 共享其賜하여 以盡吾養日하노니 不亦可乎아. (樂＝낙)

〖解說〗 어진 사람이 재물이 많으면 그의 뜻을 손상하고, 어리석은 사람이 재물이 많으면 그의 허물을 더하는 것이다. 또 대체로 부(富)라는 것은 여러 사람들이 원망하는 것이니, 내가 이미 자손들에게 교화(教化)로써 못하였다. 그러니 재물을 더하여 그들에게 허물을 더하게 하고 원망이 생기게 하고 싶지는 않다. 또 이 황금은 착하신 임금께서 늙은 신하를 은혜로 기르신 바니 그러므로 향당과 종족으로 더불어 그 하사하신 은혜를 함께 누리어 이로써 나의 남은 날을 다하려 하는 것이니 또한 옳지 않은가? 하였다.

〖集解〗 熊氏曰 世之人 但知營私較計 增益田宅 以貽子孫 而不知教之德義 以爲長世之道 則其多貲 徒以重其淫侈 長其愚騃 所謂田宅貲財者卒亦不可保也 疏廣此言 豈非爲人父祖之鑑乎.

【註解】 웅씨(熊氏) 이르기를「세상 사람들은 다만 사사로운 일을 경영하고 따져 계획하여 전지와 주택을 늘려서 자손에게 물려준다는 것을 알면서도 德義를 가르칠 줄은 모르고, 이로써 長世의 道로 삼나니 그 재물이 많은 것은 한갖 그 음란하고 사치함을 소중히 여겨 그 어리석음을 기르는 것이다. 이른바 田地나 住宅이나 재물이라는 것은 끝내는 또한 보전할 수 없는 것이다. 소광의 이 말은 어찌 사람의 父祖된 자의 거울이 아니겠는가?」 하였다. ○ 餘日은 餘生이다.

○龐公이 未嘗入城府하고 夫妻相敬如賓하더니 劉表候之하니 龐公이 釋耕於壠上하고 而妻子耘於前이어늘 表指而問曰先生이 若居畎畝而不肯官祿하나니 後世에 何以遺子孫乎오. 龐公이 曰 世人은 皆遺之以危어늘 今獨遺之以安하나니 雖所遺不同하나 未爲無所遺也라 한대 表嘆息而하다.

〖解說〗 방공(龐公)이 아직 일찍이 성부(城府)에 들어간 일이 없었고, 부부(夫婦)가 서로 공경하기를 귀빈(貴賓)을 대하듯 하더니 유표(劉表)가 찾아가니 방공이 둔덕 위에서 밭갈던 일을 멈추고 처자(妻子)는

그 앞에서 김을 매거늘 표(表)가 그 처자들을 가리키면서 물어 말하기를 「선생이 고생스럽게 견묘(畎畝)에 살면서 관록(官祿)을 즐기지 않으니 후세에 무엇으로써 자손에게 남겨 주려고 하십니까?」하니 방공이 말하기를 「세상 사람들은 다 위태(危殆)한 것으로써 남겨 주거늘 이제 나는 홀로 편안한 것으로써 남겨주려고 하나니 비록 남겨 주는 바가 같지는 않으나 남겨주는 바가 없는 것이 아닙니다.」하였는데 표(表)가 탄식하고 돌아갔다.

〔集解〕 龐公 龐德公 襄陽人 劉表 漢宗室 爲荊州刺史. 遺之以危 謂富貴 多危機也 遺之以安 謂自食其力 而無後患也. 〔增註〕 候 猶訪也 壠田間高處也 畎田間水道也.

【註解】 龐公은 龐德公이고 襄陽사람이다.

劉表는 漢나라 宗室로써 荊州刺史가 되었다. 遺之以危는 富貴에는 危機가 많은 것을 말하고, 遺之以安은 그의 스스로의 힘으로 먹으면 後患이 없는 것을 말한다. 〔增註〕에 候는 방문하는 것과 같은 것이다. 壠은 밭사이의 높은 곳이고, 畎은 밭사이의 水道이다. ○ 畎畝는 시골. 田園. 農園.

○ 陶淵明이 爲彭澤令하여 不以家累로 自隨러니 送一力하여 給其子하고 書曰 汝旦夕之費에 自給이 爲難할새 今遣此力하여 助汝薪水之勞하노니 此亦人子也니 可善遇之니라.

〖解說〗 도연명(陶淵明)이 팽택령(彭澤令)이 되어서 가족으로서 스스로 따라가지 않았더니 한 종을 보내어 그의 아들에게 주고 편지에 말하기를 「네가 날마다의 생활비에 있어서 자력으로 공급하기가 어려울 것이어서 이제 이 종을 보내어 너의 땔나무하고 물긷는 괴로움을 돕게 한다. 이 종도 또한 사람의 자식이니 잘 대우하여라.」 하니라.

〔集解〕 淵明 字元亮 家累 妻子也 力 僕也.

**【註解】** 淵明의 字는 元亮이니, 家累는 아내와 자식이다. 力은 종이다. ○ 薪水는 採薪汲水이다. 可善遇之에서 可는 命令을 나타내고 뜻은 잘 대우하여라. 이다. 淵明의 曾祖가 晉의 宰相이었으므로 몸을 屈하여 벼슬하는 것을 부끄럽게 여겼음.

清節先生이라 존칭하여 高趣·博學하여 글을 잘 하여 歸去來辭 等 많은 글을 남기고 일찍이 五柳先生傳을 지어서 스스로를 비유함.

| ○崔孝芬兄弟孝義慈厚하더니 弟孝暐等이 奉孝芬하되 盡恭順之禮하여 坐食進退에 孝芬이 不命則不敢也하며 鷄鳴而起하여 且溫顏色하며 一錢尺帛을 不入私房하고 吉凶有須에 聚對分給하더니 諸婦亦相親愛하여 有無를 共之하더라. |
|---|

〖解說〗 최효분(崔孝芬)의 형제는 효도하고 의롭고 자애하고 순후하더니, 아우 효위(孝暐)등이 효분(孝芬)을 받들어 공순한 예도를 다하여 앉는 것, 밥먹는 것, 앞으로 나아가고 뒤로 물러서는 것에 효분이 명령하지 않으면 감히 자의로 하지 않았으며, 첫닭이 울면 일어나서 또 얼굴빛을 온순하게 하며, 한 잎의 돈과 한 자의 명주를 자기들의 사사로운 방에 들여가는 일이 없고, 길흉사(吉凶事)때 꼭 필요한 것이 있으면 모여 앉아서 나누어 주었더니 여러 부인들도 또한 서로 친애하면서 있고 없는 것을 함께 하더라.

〔集說〕 陳氏曰 孝芬 北朝 博陵人(孝芬元 魏時人).

**【註解】** 진씨(陳氏) 이르기를 「孝芬은 北朝의 博陵사람이다.」(孝芬은 元魏나라 때 사람이다.) 하였다.

| 孝芬의 叔振이 旣亡後에 孝芬 등이 承奉叔母李氏하되 若事所生하여 旦夕溫凊하며 出入啓覲하며 家事巨細를 一以咨決하며 每兄弟出行에 有獲則尺寸以上을 皆入李之庫하고 四時分賚를 |
|---|

李氏自裁之하더니 如此二十餘歲러라.

〖解說〗 효분(孝芬)의 숙부(叔父) 진(振)이 이미 죽은 뒤에 효분등이 숙모(叔母) 이씨(李氏)를 승봉(承奉)함을 마치 섬기기를 친어머니 같이 하여 아침 저녁으로 문안을 드려 겨울에는 따뜻한가 여름에는 서늘한가를 물으며 나갈 때에는 나간다고 아뢰고, 돌아와서는 가 뵈이며, 집안 일의 크고 작은 것을 한결같이 모두 물어서 결정하며, 매양 형제가 나다닐 때에 얻은 것이 있으면 한자 한치 이상의 것을 다 이씨(李氏)의 고방(庫方)에 넣고 사계절(四季節)의 의복감을 나누어 줄 때에는 이씨가 스스로 결정하였다. 이와 같이 한 것이 二十여년이러라.

〔增註〕 温 謂冬温 凊 謂夏凊, 賫 與也. 〔集解〕 啓 謂出必告 覲 謂反必面.

【註解】 溫은 겨울에 따뜻하게 함을 말하고, 凊은 여름에 시원하게 함을 말한다. 賫는 주는 것이다. 〔集解〕에, 啓는 나갈 때 반드시 아뢰는 것이고, 覲은 돌아오면 반드시 뵙는 것을 말한다. ○ 所生은 父母로, 낳아준 사람 ― 若事所生 : 친어머니를 섬기는 것처럼.

○王凝이 常居에 慄如也하더니 子弟非公服이면 不見하며 閨門之内若朝廷焉하더라. (慄=율)

〖解說〗 왕응(王凝)은 평상시에 있을 때에도 엄숙하였다. 자제들이 공복(公服)이 아니면 감히 뵙지 못하며 가정안에 있는 것이 조정에 있는 것처럼 엄숙하였다.

〔集解〕 凝 字叔恬 文中子之弟 慄 嚴謹貌 子弟 非公服不敢見 處閨門如處朝廷 其嚴謹 可知矣.

【註解】 凝의 字는 叔恬이니 文中子의 아우이다. 慄은 근엄한 모습이다.

子弟들은 公服이 아니면 감히 뵙지 못했고, 집 안에 거처해서도 마치 朝廷에 거처하듯 했으니 그 근엄함을 알만 한 것이다.

| 御家以四教하니 勤儉恭恕오 正家以四禮하니 冠昏喪祭러라. |
|---|

〖解說〗 집안을 다스리는 데 네 가지의 가르침으로써 하니 부지런하고, 검소하고, 공순하고, 관서(寬恕)하는 것이요, 집안을 바로잡기를 네 가지 예(禮)로써 하니, 관례(冠禮), 혼례(婚禮), 상례(喪禮), 제례(祭禮)이라.

〔增註〕 於 治也.

**【註解】** 御는 다스리는 것이다. ○ 恕는 如心曰恕 또는 推己之謂恕라 했다. 자기를 미루어 남을 생각하는 것.

| 聖人之書와 及公服禮器를 不假하며 垣屋什物을 必堅朴하야 曰 無苟費也라 하며 門巷果木을 必方列하여 曰 無苟亂也라 하더라. |
|---|

〖解說〗 성인(聖人)의 서적과 공복(公服)과 예기(禮器)를 남에게서 빌어오지 않으며, 담장과 가옥과 기물은 반드시 견고하고 소박하게 하여 말하기를 「쓸데없는 비용을 없게 해야 한다.」고 하며, 문호(門戶)와 과목(果木)의 식재(植栽)를 반드시 방정(方正)하게 배치하여 말하기를 「구차스럽고 어지럽게 함이 없게 해야 한다.」 하더라.

〔增註〕 假 借也 不假 阮氏曰皆自足也 營築垣屋 造設什物 必渾堅朴素 經畫門巷 種植果木 必方整成列 蓋其爲人 不苟故 每事 亦不苟如此.

**【註解】** 假는 빌리는 것이다. 빌리지 않음은 阮氏가 말하기를 「모두

스스로 충분함이다.」라 했다. 垣屋을 營築하고 什物을 만들어 설치함에 반드시 완전하고 견고하여 질박하고 검소하였다. 門巷을 계획대로 다스림에 과일 나무를 반드시 방정하게 정리하여 열을 지어 심었다.

대체로 그 사람됨이 구차하지 않았기 때문에 매사에 또한 구차하지 않은 것이 이와 같더라. ○什物은 日用의 器具·什器·家庭의 常用器物은 하나가 아니므로 十으로 세어 '什物'이라 한다.(←史記 五帝紀 舜作什器於壽丘 注에 「什器 十 數也 蓋人家常用之器非一 故以十爲數 猶今云 什物也」라 하였다.)

○張公藝九世同居하더니 北齊隋唐이 皆旌表其門하니라. 麟德中에 高宗이 封泰山하고 幸其宅하여 召見公藝하여 問其所以能睦族之道한대 公藝請紙筆以對하되 乃書忍字百餘하여 以進하니 其意以爲宗族所以不協은 由尊長衣食이 或有不均하며 卑幼禮節이 或有不備어든 更相責望하여 遂爲乖爭하나니 苟能相與忍之則家道雍睦矣라 하니라.

〖解說〗 장공예(張公藝)는 구대(九代)가 함께 살았는데 북제(北齊)와 수(隋)와 당(唐)이 다 그 집에 정문(旌門)을 세워 표창(表彰)하였다. 당나라 인덕(麟德) 연간(年間)에 고종(高宗)이 태산에 봉선(封禪)하고 장공예(張公藝)의 집에 행행(行幸)하여 공예를 불러 보고서 그가 종족 사이를 화목(和睦)하게 할 수 있었던 도리를 물었더니 공예가 지필(紙筆)을 청하여 글씨를 써서 이로써 대답하였는데, 이에 참을 인(忍)자(字)를 백여 글자를 써 올리었다. 그 뜻은 생각컨대 종족이 화협(和協)하지 않은 까닭은 존장(尊長)에게 대한 의복과 음식이 혹시나 고르지 못함이 있고, 항렬이 낮고 나이어린 사람들이 지켜야 할 예절이 혹시 불비(不備)한 점이 있거든 번갈아 서로 책망함으로 말미암아 드디어 사이가 벌어져 다투게 되는 것이다. 진실로 능히 서로 더불어 참는다면 집안의 도리는 화목하게 된다고 하니라.

〔集說〕 陳氏曰 公藝 東平人 北齊 比朝 高齊也. 〔增註〕 封 謂封土爲

壇以祭也泰山山名 天子所至曰幸 忍 耐也 協和也 卑幼 責望尊長之不均 尊長 責望卑幼之不備 是 更相責望也 乖 戾也 雍 和也.

**【註解】** 진씨(陳氏) 이르기를 「公藝는 東平사람이다. 北齊는 北朝의 高齊(←始祖가 高洋)이다. 〔增註〕에 封은 흙을 쌓아 단을 만들어 이로써 제사지내는 것을 말한다. 泰山은 山이름이다. 天子가 이르르는 것을 幸이라 한다. 忍은 견디어 내는 것이다.

協은 和合하는 것이다. 항렬이 낮고 나이 어린 사람들이 尊長의 衣食이 고르지 못함을 책망하고 尊長이 항렬이 낮고 나이어린 사람들이 예의를 갖추지 않는 것을 책망하면 이는 번갈아 서로 책망함이다. 乖는 어긋남이다. 雍은 화합하는 것이다.」하였다.

○韓文公이 作董生行曰 淮水出桐栢山하여 東馳遙遙하여 千里不能休어든 淝水出其側하여 不能千里하여 百里入淮流로다. 壽州屬縣有安豐하니 唐貞元年時에 縣人董生召南이 隱居行義於其中이로다. 刺史不能薦하니 天子不聞名聲이라 爵祿不及門이오 門外에 惟有吏日來徵租更索錢이로다.

**〖解說〗** 한문공(韓文公)이 동생행(董生行)을 지어 말하기를 「회수(淮水)가 동백산(桐栢山)에서 출원(出源)하여 동쪽으로 멀리멀리 흘러서 천리를 쉬지 못하거든 비수(淝水)가 그 곁에서 출원(出源)하여 천리를 흐르지 못하여 백리에서 회수(淮水)로 들어가 흐르는구나. 수주(壽州)의 속현(屬縣)에 안풍(安豐)이 있으니 당(唐)나라 정원(貞元) 때에 고을 사람 동소남(董召南)이 그 속에 숨어 살면서 의(義)를 행하였도다. 자사(刺史)가 능히 천거하지 못하였으니 천자(天子)가 그의 명성(名聲)을 듣지 못하였다. 벼슬과 봉록이 그의 집 문에 이르지 않고 문밖에 오직 아전이 날마다 와 조세(租稅)를 물리며 또, 돈을 내라 하는구나.」

〖集說〗 陳氏曰 公 名愈 字 退之 謚文 昌黎人 董生 名召南 行歌類 桐栢山 在 唐縣 淝水 在合淝縣 安豐 縣名 貞元 德宗 年號 董生 隱居行

義於淮淝之間 時之人 不能與儔 韓子 爲作此詩 蓋賦而興也.

**【註解】** 진씨(陳氏)가 이르기를 「公의 이름은 愈이고, 字는 退之이며 시호는 文이니 昌黎사람이다. 董生의 이름은 召南이다. 行은 노래의 종류이다. 桐栢山은 唐縣에 있고 淝水는 合淝縣에 있다. 安豐은 縣名이다. 貞元은 德宗의 年號이다. 董生이 淮水와 淝水사이에 隱居하여 살면서 義를 行하니 당시 사람들이 그와 필적할 이 없었다. 韓子는 董生을 위해 이 詩를 지었는데 대체로 시경의 賦이면서 興이다. (←賦·興은 文體를 말한다.)」 하였다. ○ 董生 : 董氏儒生, 生은 '선비'이다. 索의 義는 '요구함'이다.

| 嗟哉董生이여 朝出耕하고 夜歸讀古人書로다. 盡不得息하여 或山而樵하며 或水而漁로다. 入厨具甘旨하고 上當問起居하니 父母不感感하며 妻子不咨咨로다. |
|---|

**〖解說〗** 슬프다 동생(董生)이여, 아침에 나가서는 밭을 갈고 밤에 돌아와서는 옛사람의 글을 읽네. 온 종일 쉬지 못한 채 혹은 산에 가서 땔나무를 하며, 혹은 물에 가서 물고기를 잡누나. 부엌에 들어가서 맛좋은 음식을 마련하고 마루에 올라가서 부모의 안부를 물으니, 부모는 근심하고 슬퍼하지 않으며 처자는 탄식하고 원망하지 않네.

〔集解〕 朝耕 暮讀 山樵 水漁 言其固窮守道 以養父母而育妻子也 慼慼 憂愁也 咨咨 嗟怨也 父母安其孝故 不憂 妻子樂其慈故 不怨.

**【註解】** 아침이면 밭갈고 저녁이면 글읽고 산에서 땔나무하고 물에서 물고기 잡음은 그가 진실로 가난한데도 도를 지켜 이로써 부모를 봉양하며 妻子를 양육함을 말한 것이다. 慼慼은 근심하는 것이고, 咨咨는 슬피 원망하는 것이다. 부모는 그의 효도함이 편했기 때문에 근심하지 않았고, 妻子는 그의 慈愛가 즐거웠기 때문에 원망하지 않았다.

| 嗟哉董生이여 孝且慈를 人不識하고 唯有天翁知하여 生祥下瑞無時期로다. 家有狗乳出求食이어늘 鷄來哺其兒하되 啄啄庭中拾蟲蟻하여 哺之不食鳴聲悲하여 彷徨躑躅久不去하고 以翼來覆待狗歸로다. |
|---|

〖解說〗 슬프다 동생이여, 효도하고 또 인자함을 사람들은 알지 못하고 오직 하늘만은 알고 있어 성서를 내고 내리기를 시기없이 하였네. 집에 새끼 낳은 개가 있어 나가 먹을 것을 구하거늘 닭이 와서 그 새끼에게 먹이되 뜰에서 쪼아다 벌레와 개미를 주어서 먹이나 먹지 않으니 우는 소리 슬퍼서 차마 가지 못하고 그 주변에서 머뭇거리며 서성거리고 날개로써 와 덮어주면서 어미개 오기를 기다렸다네.

〔集解〕 乳 生子也 此 言董生孝慈之行 人雖不知 而天知之故 祥瑞 見於異類如此.

【註解】 乳는 자식을 낳은 것이니, 이는 董生의 효도하고 인자한 행위를 사람들은 비록 알지 못하나 하늘이 알기때문에 상서가 다른 類에 나타냄이 이와 같았음을 말한 것이다. ○ 天翁은 唐나라 때 설화상에 나오는 天神, 啄啄은 부리로 먹이를 쪼는 소리.

| 嗟哉董生이여 誰將與儔오 時之人은 夫妻相虐하며 兄弟爲讎하여 食君之祿而令父母愁하나니 亦獨何心고 嗟哉董生이여 無與儔로다. |
|---|

〖解說〗 슬프다 동생이여, 뉘와 장차 더불어 짝하리오. 시속(時俗)의 사람들은 부부가 서로 보채이며, 형제가 원수가 되어 임금의 봉록을 먹으면서 부모를 근심케 하나니. 또한 홀로 무슨 마음일까, 슬프다 동생이여, 더불어 짝할 사람이 없구나.

〔集說〕 陳氏曰 儔 匹也 朱子曰 上句 誰將與儔 疑而問之之辭也 下句 無與儔 答而決之之辭也.

【註解】 진씨(陳氏) 이르기를 「儔는 '짝'이다.」 하였다. 주자(朱子) 이르기를 「윗구의 誰將與儔는 의심하여 물은 말이고, 아랫구의 無與儔는 답하여 결정지은 말이다.」

○唐河東節度使柳公綽이 在公卿間하여 最名有家法하더라.

〖解說〗 당(唐)나라 하동절도사(河東節度使) 유공작(柳公綽)이 공경(公卿)들 사이에 있어서 가장 집안에 법도 있다고 이름이 났더라.

〔集解〕 公綽 字子寬.

【註解】 公綽의 字는 子寬이다. ○ 在와 有에 있어, 在는 '…에 있다'이고, 有는 '…이 있다.'이다.

中門東에 有小齋러니 自非朝謁之日이면 每平旦에 輒出至小齋하고 諸子仲郢이 皆束帶하여 最省於中門之北하더라. 公綽이 決私事하며 接賓客하고 與弟公權及羣從弟로 再會食하여 自朝至莫히 不離小齋하고 燭至則命一人子弟하여 執經史하여 躬讀一過訖하고 乃講議居官治家法하며 或論文하며 或聽琴하다가 至人定鍾然後에 歸寢이어든 諸子復昏定於中門之北하더니 凡二十餘年에 未嘗一日變易하더라. (莫=모)

〖解說〗 중문(中門) 동쪽에 작은 집이 있었다. 스스로 조회하는 날이 아니면 언제나 이른 아침에 문득 작은 집에 나가고, 모든 아들들과 중영(仲郢) 등이 의관을 정제(整齊)하고서 중문의 북쪽에서 새벽

문안을 드리었다. 공작이 사사(私事)를 결재하며 빈객을 접대하고 아우 공권(公權)과 여러 종제(從弟)와 함께 두번 회식(會食)하여 아침부터 저녁까지 이 작은 집을 떠나지 않고, 촛불이 들어오면 자제(子弟)한 사람에게 명하여 경서(經書)나 사서(史書)를 가져오게 하여 자신이 한 번 훑어 읽기를 마치고 비로소 벼슬사는 도리, 집을 다스리는 법을 강론(講論)하며 혹은 문학을 논하며 혹은 거문고를 듣다가 인정(人定)의 종소리가 들린 연후에 침실로 돌아가면 모든 아이들이 또 중문의 북쪽에서 저녁 문안을 드리었다. 무릇 二十여년에 아직 일찍이 하루도 고치지 아니 하더라.

〔集說〕 陳氏曰 仲郢 節度之子 字諭蒙 公權 節度之弟 字誠懸.

**【註解】** 진씨(陳氏) 이르기를「仲郢은 節度使의 아들이니, 字는 諭蒙이다. 公權은 節度使의 아우이니, 字는 誠懸이다.」 ○ 小齊는 작은 방. 書齊. 平旦 새벽. 莫는 暮와 같다. 人定은 사람들이 잠자리에 안정되는 시각, 이 때는 종이나 북을 친다. 公權은 書에 巧妙함이 있어 帝가 일찍이 用筆法을 물었는데, 마음이 바르면 붓이 바르다(心正則筆正)고 대답하여 帝가 그 붓에 假託하여 諫하는 것을 깨달음. 公權의 書는 歐法을 따라 嚴正함으로 오늘날에도 法本으로 널리 애용된다.

| 其遇飢歲則諸子皆蔬食하더니 曰 昔吾兄弟侍先君爲丹州刺史에 以學業未成으로 不聽食肉하시더니 吾不敢忘也하노라. (食=사) |
|---|

〖解說〗 그 흉년을 만나면 모든 아들들은 다 나물 음식을 먹게하였는데 말하기를「옛날 우리 형제가 선군을 모실 때에 선군께서 단주자사(丹州刺史)로 계셨을 적에 우리들의 학업이 이루지 못하였으므로써 고기 먹는 것을 허락하지 않으셨는데 내 그 일을 감히 잊지 못하노라.」고 하였다.

〔增註〕 曰 節度言也 聽 猶許也.

【註解】 曰은 節徒使의 말이다. 聽은 허락하는 것과 같다. ○ 蔬食는 音이 '소사'이고 뜻은 '채식'이다. 轉하여 변변찮은 음식. 거친 음식을 뜻한다. 先君은 先考와 같은 말로 죽은 아버지이다. 여기서는 유공작의 아버지를 가리키는 것이다.

| 姑姊妹姪이 有孤嫠者어든 雖疎遠이라도 必爲擇婿嫁之하되 皆用刻木粧奩하며 纈文絹으로 爲資裝하더니 常言必待資粧豐備론 何如嫁不失時오 하더라. |
|---|

〖解說〗 고모나 자매나 질녀 중에 아버지가 없거나 남편이 없으면 비록 촌수가 멀지라도 반드시 사윗감을 가려서 시집보내되 다 나무에 조각한 화장대를 썼으며, 묶어서 물들인 무늬 있는 비단으로 자장(資粧)하였다. 항상 말하기를 「반드시 자장(資粧)이 풍부하게 갖추기를 기다리기보다는 시집갈 시기를 잃지 않는 것이 어떠냐.」라고 하더라.

〔集說〕 陳氏曰 姪 謂兄弟之女 孤 無父者 嫠 無夫者 奩 鏡臺也 纈文絹 繫絹染爲文者.

【註解】 진씨(陳氏) 이르기를 「姪은 兄弟의 딸을 말한다. 孤는 아버지가 없는 것이고, 嫠는 남편이 없는 것이다. 奩은 경대이다. 纈文絹은 깁을 매어 물들여 무늬를 만든 것이다.」

○ 資粧은 資裝. 혼수 물품. 치장품.

| 及公綽이 卒하여는 仲郢이 一遵其法하여 事公權하되 如事公綽하여 非甚病이어든 見公權에 未嘗不束帶 爲京兆尹鹽鐵使하여 出遇公權於通衢에 必下馬端笏立하여 候公權過하여 乃上馬하며 公權이 莫歸어든 必束帶迎候於馬首하더니 公權이 屢以爲言하되 中郢이 終不以官達로 有小改하더라. (莫＝모) |
|---|

〚解說〛 공작(公綽)이 죽음에 이르러서는 중영(仲郢)이 한결같이 공작의 법을 준수하여 공권(公權)을 섬기되 공작을 섬기는 것같이 하여 심한 병이 아니면 공권을 뵐 때에 아직 일찍이 의관을 정제하지 않은 일이 없었다. 중영이 경조윤(京兆尹) 염철사(鹽鐵使)가 되어서 나가 공권을 거리에서 만남에 반드시 말에서 내려 단정히 홀을 갖고서서 공권이 지나가는 것을 기다려 비로소 말을 타며, 공권이 저물게 돌아오면 반드시 의관을 정제하고 말머리에 맞이하며 기다리니 공권이 여러 번 이로써 말하였으되 중영이 끝끝내 자신이 벼슬의 현달로써 조금도 고치는 것이 없었다 하더라.

〔增註〕 其 指節度使也 已上 言家法之在外者.

【註解】 其는 節度使를 가리키는 것이다. 已上은 가문의 법도가 밖에서도 있는 것을 말한다. ○ 通衢는 사방으로 통하는 큰 길. ○ 鹽鐵使는 벼슬 이름. 당나라 중기에 설치함. 소금과 쇠에 관한 세금을 관장. ○ 迎候는 기다려서 맞이함.

公綽의 妻韓氏는 相國休之曾孫이니 家法이 嚴肅儉約하여 爲搢紳家楷範이러니 歸柳氏三年에 無少長히 未嘗見其啓齒하며 常衣絹素하고 不用綾羅錦繡하며 每歸覲에 不乘金碧輿하고 祇乘竹兜子하여 二青衣步屣以隨하더라. 常命粉苦蔘黃連熊膽하여 和爲丸하여 賜諸子하여 每永夜習學에 含之 以資勤苦하더라.
(楷＝해, 兜＝두)

〚解說〛 공작(公綽)의 아내 한씨(韓氏)는 상국(相國) 한휴(韓休)의 증손녀이다. 그 집의 법도가 엄숙하고 검약하여 사대부(士大夫)집들의 모범이 되더니 유씨(柳氏)가 시집간 뒤 三년에 어린애나 어른 할것없이 아직 일찍이 그가 이(齒)를 드러내어 웃는 것을 보지 못하였으며, 항상 무늬없는 깁옷을 입었고 능라금수(綾羅錦繡)를 사용하지 않았

으며, 친정에 근친(覲親)하러 갈 때마다 황금과 백옥으로 꾸민 가마를 타지 않았고 오직 죽교자(竹轎子)를 타고서 두 사람의 하인이 걸어서 이로써 따르게 하였다. 항상 고삼(苦蔘)과 황련(黃連)과 웅담(熊膽)을 가루로 만들어 섞어서 환(丸)을 만들게 명하여 모든 아들에게 주어 오래 밤에 공부할 때마다 입에 머금게 하여 이로써 근고(勤苦)하는데 도움이 되게 하더라.

〔集說〕 陳氏曰 搢紳 搢笏垂紳也 楷範猶言法式 婦人謂嫁曰歸 啓齒 笑也 歸覲 歸寧父母也 金碧輿 唐時 命婦所乘者 竹兜子 竹轎也 資 助也 此 言家法之在內者.

【註解】 진씨(陳氏) 이르기를「진신은 홀을 꽂고 띠를 드리우는 것이다. 楷範은 법식이란 말과 같다. 婦人이 시집가는 것을 말하여 歸라 한다. 啓齒는 웃는 것이다. 歸覲은 돌아가 부모에게 문안을 드리는 것이다. 金碧輿는 당나라 때 작명을 받은 부인이 타던 것이다. 竹兜子는 대교자이다. 資는 도우는 것이다. 此는 가문의 법도가 안에 있는 것을 말한 것이다.」 ○ 相國은 당초 丞相의 위에 있었으나 뒤에 丞相을 相國이라 일컬었고 드디어 宰相의 通稱이 되었다. 綾羅錦繡는 綾은 여러 무늬를 짜낸 비단, 羅는 紗와 같은 얇은 비단, 錦은 몇 가지 색실로 각종 무늬를 짜낸 두꺼운 비단. 繡는 바느질 하여 무늬를 놓은 비단. 능나금수는 고급비단의 총칭을 뜻한다.

青衣는 下女, 婢女, 青은 下人의 服色이다.

苦蔘은 약초이름. 黃連도 약초이름. 熊膽은 곰의 쓸개로 모두 맛이 쓰다. 和爲丸은 섞어서 丸으로 만듦. 和는 섞다, 조합하다. 이다.

○江州陳氏宗族이 七百口러니 每食에 設廣席하고 長幼以次坐而共食之하더라 有畜이 犬百餘하되 共一牢食하더니 一犬이 不至면 諸犬이 爲之不食하더라.

〖解說〗 강주진씨(江州陳氏)는 종족(宗族) 七백 여 명이 한 집에 살

았는데 식사(食事) 때마다 넓은 자리를 마련하고 어른과 아이들이 차례로써 앉아 함께 먹었다. 그 집에 기르는 개 백여 마리가 있으되 함께 한 우리 안에서 먹이었는데 한 마리 개라도 오지 않으면 모든 개들이 이로해서 먹지 않았다.

〔集說〕 陳氏曰 江州 今九江府 陳氏 名褒 南唐人 十世同居 犬知愛其類 和順之所感也.

【註解】 진씨(陳氏) 이르기를 「江州는 지금의 九江府이다. 陳氏의 이름은 褒이니 南唐사람이다. 十世가족이 함께 살아 개도 그 붙이를 사랑할 줄 알았으니 和順에 感化된 것이다.」 ○ 宗族은 同姓同本의 일가. 一牢食은 한 우리에서 먹음. 爲之는 '이로 해서' 이다.

> ○溫公이 曰 國朝公卿이 能守先法하여 久而不衰者는 唯故李相家니 子孫이 數世에 至二百餘口로되 猶同居共爨하여 田園邸舍所收와 及有官者俸祿을 皆聚之一庫하여 計口日給餉하며 婚姻喪葬所費皆有常數하여 分命子弟하여 掌其事하니 其規模大抵出於翰林學士宗諤所制也니라. (諤=악)

〖解說〗 온공(溫公)이 말하기를 「우리 나라의 공경이 능히 선대(先代)의 예법을 지켜서 오래도록 쇠퇴(衰退)하지 않는 이는 오직 죽은 이상국(李相國)의 집안 뿐이다. 자손이 수대에 二백여 명에 이르렀으되 오히려 한 집에서 살며 함께 취사(炊事)하면서 전지(田地)와 집세의 수입과 관직에 있는 자의 봉록을 다 한 창고에 모아서 식구의 수로 계산하여 날마다 식량을 지급하며, 혼인과 장사의 소요(所要)비용은 다 일정한 액수가 있어서 일을 나누어서 자제들에게 명령하여 그 일을 관장하게 하니 그 법이 대개가 한림학사(翰林學士) 종악(宗諤)이 제정(制定)한 것이다.」 하니라.

〔集說〕 陳氏曰 國朝 溫公 自謂當朝也 李相 名昉 字明遠 滁州人 爲宰

相 故稱 李相 邸舍 客店也 宗諤 李相之子 字昌武.

【註解】 진씨(陳氏) 이르기를「國朝는 溫公이 스스로 당면한 조정을 말하는 것이다. 李相의 이름은 昉이고 字는 明遠으로 滁州사람이다. 宰相이 되었기 때문에 李相이라 일컫는다. 邸舍는 나그네가 머무는 가게이다. 宗諤은 李相의 아들이니 字는 昌武이다.」하였다.

○ 給餉은 식량을 내어 줌. 常數는 일정한 액수. ○ 翰林學士는 唐代의 官名으로 詔書를 起草하는 것을 맡았던 벼슬. 先法은 先人의 法度. 規模는 法度이다.

○ 上은 實明倫이라.

○ 위는 明倫을 실증한 것이다.

**實敬身**(1장~28장)

○或이 問第五倫曰 公이 有私乎아 對曰 昔에 人이 有與吾千里馬者어늘 吾雖不受하나 每三公이 有所選擧에 心不能忘하되 而亦終不用也하며 吾兄子嘗病이어늘 一夜十往하되 退而安寢하고 吾子有疾이어늘 雖不省視하나 而竟夕不眠하니 若是者豈可謂無私乎리오.

〖解說〗 어떤 사람이 제오륜(第五倫)에게 물어 말하기를「공(公)은 사심(私心)이 있습니까?」하니 대답하여 말하기를「옛날에 어떤 사람이 나에게 천리마(千里馬)를 주는 자가 있거늘 내 비록 받지는 않았으나 늘 삼공(三公)의 한 사람으로서 사람을 천거하는 일이 있을 적에 마음속에 그 사람을 잊을 수가 없었는데, 그러나 끝끝내 등용하지 않았으며, 내 형님의 아들이 일찍이 병이 들었거늘 나는 하룻밤에 열번 가보았는데 돌아와서 편안히 잠을 자고, 내 아들이 병들어 있거늘 비록 살펴보지는 않았으나 밤을 마치도록 자지 못하였으니, 이와 같이 한 것이 어찌 사심(私心)이 없다고 말할 수 있겠는가?」하였다.

〔集說〕 陳氏曰 第五 姓 倫 名 字伯魚 京兆人 爲司空 以公正稱 周 以

太師太傅 太保 爲三公 東漢 以太尉 司徒 司空 爲三公 朱子曰 不薦 自是好 然 於心不忘 便是喫他取擧意思不過 這便是私意 又曰 如十起與不起 便是私 這便是避嫌 只是他 見得這意思 已是大段做工夫 大段會省察也.

【註解】 진씨(陳氏) 이르기를「第五는 姓이다. 倫은 이름이고 字는 伯魚이니 京兆사람으로 司空이 되어 公正함으로써 일컬었다. 周나라에서는 太師·太傅·太保로써 三公을 삼았고. 東漢에서는 太慰·司徒·司空으로써 三公을 삼았다.」하였다. 주자(朱子) 이르기를「천거하지 않음은 그대로 좋은 것이다. 그러나 마음에 잊지 못하는 것은 곧 바로 그 사람을 천거하려는 마음을 먹었음에 지나지 않는 것이니 이것이 곧 바로 사사로운 뜻이다.」하고 또 말하기를「열 번 일어남과 일어나지 않는 것같은 것이 곧 사심이다.」이는 곧 혐의를 피하기 위함이었다. 다만 곧 그가 이 뜻을 보았던 것은 이미 곧 대단하게 공부를 했음이고 대단하게 살필 줄 알았음에서이다 하였다. ○ 竟夕不民은 밤새도록 잠을 못잠. ○ 一夜十往은 하룻밤에 열번 감.

○ 劉寬이 雖居倉卒하나 未嘗疾言遽色하더니 夫人이 欲試寬令恚하여 伺當朝會하여 裝嚴已訖이어늘 使侍婢로 奉肉羹하여 翻汚朝服하고 婢遽收之러니 寬이 神色不異하여 乃徐言曰 羹爛汝手乎아 하니 其性度如此하더라.

〚解說〛 유관(劉寬)은 비록 갑작스런 경우를 당할지라도 아직 일찍이 빠른 말소리와 급히 서두르는 얼굴빛을 짓는 일이 없었다. 부인이 시험으로 관(寬)을 성내게 하려고 하여 조회(朝會)에 나갈 때를 당하여 의관정제(衣冠整齊)를 이미 마치기를 기다렸다가 시비(侍婢)를 시켜 고깃국을 올리게 하여 조복(朝服)에 엎질러 더럽히게 하고, 계집 종이 급히 그것을 거두니, 관(寬)이 얼굴빛을 변하지 않고서 비로소 천천히 일러 말하기를「국에 네 손을 데었겠구나?」하였다. 그의 성품과 도량이 이와 같았다.

〔集解〕 寬字文饒 弘農人 恚 怒也 裝嚴 猶言裝飾也.

【註解】 寬의 字는 文饒이니 弘農사람이다. 恚는 성내는 것이다. 裝嚴은 장식이란 말과 같다. ○ 倉卒은 갑자기이다. 翻汚는 엎어 더럽히다. 神色은 精神과 顔色. 모습. 性度는 性品과 度量. ※ 寬의 仁恕談은 後漢書 卷二十五 劉寬列傳.

○ 張湛이 矜嚴好禮하여 動止有則하여 居處幽室하되 必自修整하며 雖遇妻子라도 若嚴君焉하더니 及在鄕黨하여 詳言正色하니 三輔以爲儀表하더라.

〖解說〗 장담(張湛)이 긍장(矜莊)하고 엄려(嚴厲)하며 예절을 좋아하여 행동거지(行動擧止)에 일정한 법칙이 있어서 아무도 보지 않는 그윽한 방에 있되 반드시 스스로 몸가짐을 닦아 정제(整齊)하며, 비록 처자(妻子)를 대할지라도 존엄한 어른처럼 하였다. 향당(鄕黨)에 있음에 이르러서는 말을 자세히 하고 얼굴빛을 바르게 하니 삼보(三輔)들 사이에서는 이로써 모범을 삼았다 하더라.

〔集說〕 陳氏曰 湛字子孝 平陵人 矜嚴矜莊而嚴厲也 嚴君 卽易 所謂家人有嚴君焉 朱子曰 所尊嚴之君長也 漢 以京兆尹左馮翊 右扶風 爲三輔 共治長安城中 儀 範也 表 率也.

【註解】 진씨(陳氏) 이르기를 「湛의 字는 子孝이니 平陵사람이다. 矜嚴은 矜莊하면서 엄격함이다. 嚴君은 곧 '주역'에 이른바 「집안 사람에게 엄한 어른이 있다.」라는 것이다. 주자(朱子) 이르기를 「尊嚴한바 어른이다.」라고 했다. 漢나라 때는 京兆尹·左馮翊·右扶風으로써 三輔를 삼아 장안의 성안을 함께 다스리게 했다. 儀는 모범이고, 表는 본보기이다.

建武初에 爲左馮翊이러니 告歸平陵하여 望寺門而步한대 主簿進曰 明府는 位尊德重하니 不宜自輕이니이다. 湛이 曰 禮에 下公門하며 軾路馬하고 孔子於鄕黨에 恂恂如也하시니 父母之國엔 所宜盡禮니 何謂輕哉오. (寺=시)

〖解說〗 건무(建武) 초기에 좌빙익(左馮翊)이 되었는데 휴가로 평릉(平陵)에 돌아와 평릉 고을의 관부(官府)의 문을 바라보고서 말에서 내려 걸어가니 주부(主簿)가 앞에 나와 말하기를 「명부(明府)께서는 벼슬이 높고 덕망이 무거운 분이시니 스스로 가볍게 여기시는 것은 옳지 않습니다.」 하였다. 담(湛)이 말하기를 「예(禮)에 공문(公門)에서는 수레에서 내리며 노마(路馬)를 보면 수레의 횡목을 잡고 허리를 굽혀 머리를 숙이라고 하였고, 공자께서는 향당에 있으셔서는 신실(信實)한 모습으로 계셨다 하니, 부모가 살고 있는 고을에서는 마땅히 예를 극진히 할 것이다. 어찌 가볍게 한다고 말하겠는가?」 하였다.

〖集解〗 建武 光武年號 寺 官吏所止之處 盖湛 鄕郡官府之居 主簿 湛屬吏也. 〖增註〗 恂恂 信實之貌.

【註解】 建武는 光武의 年號이다. 寺는 官吏가 머무는 곳의 處所이다. 대개 湛의 鄕郡에 官府가 있는 곳이다. 主簿는 湛에게 소속된 관리이다. 〔增註〕에 恂恂은 信實한 모습이다. ○ 軾은 수레 앞에 댄 橫木에 몸을 기대어 머리를 숙이며, 경의를 표하는 것이다. 즉 말을 멘 수레를 타고 가면서 경례하는 것이다. ○ 告는 휴가이다. 明府는 明府君으로 수령의 존칭이다.

○ 楊震의 所擧荊州茂才王密이 爲昌邑令이라 謁見할새 懷金十斤하여 以遺震한대 震이 曰 故人은 知君이어늘 君不知故人은 何也오 密이 曰 莫夜라 無知者니라. 震이 曰 天知神知我子知니 何謂無知오 密이 愧而去하니라. (莫=모)

〖解說〗 양진(楊震)이 천거한 형주(荊州)의 수재(秀才) 왕밀(王密)이 창읍(昌邑)의 현령(縣令)이 되었다. 양진(楊震)을 청하여 뵈었는데 황금 열근(十斤)을 품고 와서 이것을 진(震)에게 주었다. 진이 말하기를 「나는 그대를 알고 있거늘 그대는 나를 알지 못하는 것은 어찌된 까닭인가?」 하였다. 밀(密)이 말하기를 「어두운 밤이라 아는 이가 없습니다.」하니 진(震)이 말하기를 「하늘이 알고 신(神)이 알고 내가 알고 그대가 아니 어찌 아는 이가 없다고 말하는가?」 하였다. 그러니 밀(密)이 부끄러워서 물러갔더니라.

〔集說〕 陳氏曰 震字伯起 弘農人 嘗爲荊州刺史 故人 震 自謂 君 謂密也 熊氏曰 君子 明不欺天 幽不欺神 內不欺心 心外不欺人.

【註解】 진씨(陳氏) 이르기를 「震의 字는 伯起이니 弘農사람으로 일찍이 荊州刺史를 했다. 故人은 震이 자신을 이름이요. 君은 密을 말하는 것이다.」 하였다.

웅씨(熊氏) 이르기를 「君子는 밝은 하늘을 속이지 않고, 그윽한 神을 속이지 않고, 안으로 자신의 마음을 속이지 않고, 밖으로 남의 마음을 속이지 않는다.」 했다.

○ 茂才는 秀才와 같다. 茂才나 秀才는 漢代에 人材 登用의 試驗科目이다. 원래 '秀才'라고 부르던 것을 光武帝의 이름 秀를 피해 茂才라고 바뀌었다.

○茅容이 與等輩로 避雨樹下할새 衆皆夷踞相對하되 容이 獨危坐愈恭이어늘 郭林宗이 行見之而奇其異하여 遂與共言하고 因請寓宿하더니 旦日에 容이 殺雞爲饌이어늘 林宗이 謂爲己設이러니 旣而以供其母하고 自以草蔬로 與客同飯한대 林宗이 起하여 拜之曰卿이 賢乎哉인저 하고 因勸令學하여 卒以成德하니라.

〖解說〗 모용(茅容)이 같은 연배(年輩)들과 함께 나무 밑에서 비를

피하고 쉬었는데, 여러 사람들은 다 쭈그리고 앉아서 서로 마주보고 있되 용(容)은 홀로 단정히 앉아서 더욱 공순하거늘 곽임종(郭林宗)이 지나다가 보고서 그의 특이(特異)함을 기특하게 여겨 드디어 더불어 함께 말하고 인하여 청해서 기숙(寄宿)하더니 다음 날 아침에 용이 닭을 잡아 반찬을 장만하거늘 임종이 자기를 위하여 반찬을 마련하는 것이라고 여겼더니, 이윽고 그것을 그의 어머니에게 드리고 스스로는 나물 반찬으로써 손님과 더불어 같이 밥을 먹었는데 임종이 일어나서 절하며 말하기를 「선생은 어지십니다.」하고 인하여 권해서 글을 배우게 하여 마침내 이로써 덕망이 있는 사람이 되었다고 하니라.

〖集解〗 容字季偉 陳留人 夷踞 蹲踞也 危坐 以尻著蹠而坐也 林宗 名泰 太原人. 〔增註〕 異 謂異於衆.

【註解】 容의 字는 季偉이니, 陳留사람이다. 夷踞는 쭈그려 앉는 것이다. 危坐는 볼기를 발바닥에 붙이고 앉는 것이다. 林宗의 이름은 泰이니, 太原사람이다. 〔增註〕에 異는 여러 사람과 다름을 말한다.

○ 旦日은 다음날. 明朝. 明日. 翌日. 謂는 생각하다. 既而는 조금뒤. 이윽고. 그 동안에. 草蔬는 채소. 소채. 나물. 成德은 덕망있는 사람.

○陶侃이 爲廣州刺史하여 在州無事어든 輒朝運百甓於齋外하고 莫運於齋內하더니 人이 問其故한대 答曰 吾方致力中原하나니 過爾優逸이면 恐不堪事라 하니 其勵志勤力이 皆此類也러라.

〖解說〗 도간(陶侃)이 광주자사(廣州刺史)가 되어서 고을에 있으면서 일이 없으면 문득 아침에 벽돌 백 개를 집 밖에 옮기고 저녁이면 집 안으로 옮겼다. 어떤 사람이 그 까닭을 물었는데 대답하여 말하기를 「내가 곧 중원(中原)을 회복하는데 힘을 바치고자 하나니 너무 편안하게 하면 일을 견디어 내지 못할까 두려움에서다.」하니 그가 뜻을 면려하여 힘을 부지런히 함이다. 이와 같은 유(類)더라.

〔集說〕 陳氏曰 侃字士行 鄱陽人 仕至太尉 甓 甎也 時 中原之地 爲劉石所據 侃欲致力興復故 朝夕運甓 以習勞也.

【註解】 진씨(陳氏) 이르기를 「侃의 字는 士行이니, 鄱陽사람으로 벼슬이 太尉에 이르렀다. 甓은 벽돌이다. 당시에 中原의 땅은 劉石에게 점거됐었다. 侃이 힘을 바쳐서 복구하려 했으므로 아침 저녁으로 벽돌을 운반해서 노고를 익힌 것이다.」 하였다.

| 後爲荊州刺史하니 侃性이 聰敏하여 勤於吏職하며 共而近禮하며 愛好人倫하더라. 終日斂膝危坐하여 閫外多事하여 千緖萬端이로되 罔有遺漏하며 遠近書疏를 莫不手答하되 筆翰如流하여 未嘗壅滯하며 引接疏遠하되 門無停客하더라. |
|---|

〖解說〗 뒤에 자사(荊州刺史)가 되더니 간(侃)은 천성이 총명하고 민첩하여 관리로서의 직무에 부지런하였으며 태도가 공순하면서 예(禮)에 가까왔으며 인륜(人倫)을 지키기를 좋아하였다. 온종일 무릎을 모으고 단정히 앉아서 도독(都督)의 일이 많아서 천 가지 만 가지로되 유루(遺漏)됨이 없으며 멀고 가까운 데서 온 서한(書翰)을 손수 답장을 쓰지 않는 것이 없었으나 글쓰는 붓이 물흐르듯 흘러서 아직 일찍이 막혀 머무르는 일이 없었으며, 소원한 사람도 모두 인견하여 문밖에 정체(停滯)하는 손님이 없더라.

〔增註〕 愛好人倫 尙名教也. 〔集解〕 閫 門限也 古者 人君　命將之辭 閫以外 將軍制之 時 侃 都督荊州故 曰閫外也.

【註解】 愛好人倫은 명분을 가르치는 교훈을 숭상하는 것이다. 〔集解〕에 閫은 문의 한계(←문지방)이다. 옛날에 임금이 장군을 임명하는 말에 「문지방 밖은 장군이 다스려라.」라고 했다. 당시에 侃이 荊州를 모두 감독했으므로 문지방 밖이라고 말했다.

常語人曰 大禹는 聖人이시되 乃惜寸陰하시니 至於衆人하여는 當惜分陰이니 豈可逸遊荒醉하여 生無益於時하며 死無聞於後리오 是自棄也니라. 諸參佐或以談戲廢事者어든 乃命取其酒器蒱博之具하여 悉投之于江하며 吏將則加鞭扑하고 樗蒲者는 牧猪奴戲耳오 老莊浮華는 非先王之法言이니 不可行也 君子는 當正其衣冠하며 攝其威儀니 何有亂頭養望하여 自謂弘達耶리오.

〖解說〗 항상 사람들에게 말하기를「우(禹)임금은 성인(聖人)이셨지만 곧 일촌(一寸)만한 광음(光陰)을 아꼈다.

우리 보통 사람에 이르러서는 마땅히 일분(一分)만한 광음이라도 아껴야 할 것이니, 어찌 편안하게 놀고 거칠게 술에 취하여 살아서는 시세(時世)에 이익이 없으며 죽어서는 후세에 이름을 전함이 없게 할 수 있겠는가? 그것은 자신을 버리는 것이다.」하였다. 여러 막료(幕僚)들이 간혹 잡담(雜談)과 유희로 일을 하지 않는 자가 있으면 곧 그 술그릇・저포(樗蒲)・장기・바둑 등의 기구를 가져오게 하여 죄다 강물에 던져버리며, 그런 유희를 한 사람이 관리나 장교(將校)였으면 채찍과 매로 치고 말하기를「도박이라는 것은 돼지를 치는 하인들의 유희일뿐이다. 노장(老莊)의 설과 같은 부화(浮華)한 헛된 말은 선왕(先王)이 남긴 법도 있는 말이 아니니 해서는 안된다. 군자는 마땅히 그 의관을 정제하며, 그 위의(威儀)를 검속(檢束)할 것이니, 어찌 머리털을 어지럽게 풀어 흩어가지고서 도량이 넓고 인생을 달관(達觀)한다는 명망을 기다리면서 스스로 마음이 넓고 달관하는 사람인체 허세를 부린다는 말이오.」하였다.

〔集說〕 陳氏曰 蒱 樗蒲也 博 局戲也浮華 謂老聃莊周之言 虛而無實也 攝 檢束也 亂頭養望 吳氏 謂蓬頭放肆 養其虛望也 逸遊荒醉 談戲廢事 亂頭養望 皆老莊 尙玄虛 棄禮法之流弊也.

【註解】 진씨(陳氏) 이르기를「蒱는 樗蒲이다. 博은 局面놀이다. 浮華는 老聃・莊周의 말이 비어 實이 없는 것이다. 攝은 檢束한 것이다.」亂

頭養望은 오씨가 이르기를 「쑥대 머리로 방자히 하고 헛된 망상을 기르는 것이다.」라고 했다. 逸遊荒醉·談戲廢事·亂頭養望은 모두 老子·莊子의 玄虛를 숭상하고 禮法을 버리는데 휩쓸린 폐단이다. ○ 逸遊荒醉는 마음을 놓고 편안히 놀고 거칠게 술에 취함.

談戲廢事는 잡담과 유희로 직무를 폐지함. 亂頭養望은 머리털을 어지럽게 풀어 흩트린 채 방사(放肆)한 행동을 하여 달관한 사람이라는 헛된 이름을 바라는 행위. 玄虛는 玄妙虛無의 준말.

○王勃楊炯盧照鄰駱賓王이 皆有文名이라 謂之四傑이라 하더니 裴行儉이 曰 士之致遠은 先器識而後文藝니 勃等이 雖有文才而浮躁淺露하니 豈享爵祿之器耶리오 楊子는 沈靜하니 應得令長이어니와 餘得令終이 爲幸이라 하더니 其後에 勃은 溺南海하고 照鄰은 投穎水하고 賓王은 被誅하고 炯은 終盈川令하니 皆如儉之言하니라.

〖解說〗 왕발(王勃), 양형(楊炯), 노조린(盧照鄰), 낙빈왕(駱賓王)은 다 글 잘한다는 이름이 있어서 사걸(四傑)이라고 이르더니 배행검(裴行儉)이 말하기를 「선비가 원대한 희망을 이루는 데에는 먼저 사람의 기국(器局)과 식견(識見)이 있은 뒤에 글과 재주가 있어야 한다. 왕발 등이 비록 글재주가 있을지라도 부경(浮輕)하고 조급(躁急)하며 얕고 드러나니 어찌 작록(爵祿)을 누릴 그릇이겠는가? 양자(楊子)는 침착하고 고요하니 응당 영(令)이나 장(長)을 얻으려니와 나머지 사람들은 몸을 잘 마칠 수 있음을 얻는 것이 다행한 것이다.」 하더니 그 뒤에 왕발(王勃)은 남해(南海)에서 익사(溺死)하고 노조린(盧照鄰)은 영수(穎水)에 투신(投身)하고, 낙빈왕(駱賓王)은 주살(誅殺)되고, 양형(楊炯)은 영천령(盈川令)으로 마쳤으니 다 행검(行儉)의 말과 같았다.

〖集解〗 行儉字守約 絳州人 器識 器局識量也 令終 善終也.

**【註解】** 行儉의 字는 守約이니, 絳州사람이다. 器識은 器局과 識量이다.

令終은 잘 끝마치는 것이다.(←잘 죽는 것이다.)

○孔戡이 於爲義에는 若嗜慾하여 不顧前後하고 於利與祿則畏避退怯하여 如懦夫然하더라.

〖解說〗 공감(孔戡)이 옳은 일을 하는 데에는 마치 욕심을 즐겨하는 것처럼 앞뒤를 돌아보지 않았고, 이득(利得)과 작록(爵祿)에 있어서는 두려워 하여 회피(回避)하고 겁내어 뒤로 물러서기를 마치 나약한 사나이같이 하더라.

〔集解〕 戡 字君勝 孔子 三十八世孫. 〔增註〕 懦 柔弱也 言其勇於爲義而怯於趍利祿也.

【註解】 戡의 字는 君勝이니, 孔子의 三十八世孫이다. 〔增註〕에 懦는 柔弱한 것이다. 그가 義를 실행함에는 용감했고 利와 祿을 향함에 겁냈음을 말하는 것이다.

○ 옛 사람이 말하기를 「용감한 사람은 겁장이 같고, 지혜로운 사람은 어리석은 것같다.」했다. ←勇如怯. 智若愚也.→또 智·仁·勇 三者 知者一也 達德也.

○柳公綽이 居外藩할새 其子每入境에 郡邑이 未嘗知하고 既至하여 每出入에 常於戟門外에 下馬하며 呼幕賓爲丈하여 皆許納拜하고 未嘗笑語款洽하더라.

〖解說〗 유공작(柳公綽)이 외번(外藩)에 있을 때 그 아들이 그의 관내(管內)에 들어올 때마다 군읍(郡邑)이 아직 일찍이 알지 못하였고, 이미 관부(官府)에 이르러 출입할 때마다 항상 영문(營門) 밖에서 말을 내리게 하였으며, 막객(幕客)에게는 어른이라 부르게 하여 다 그의 절을 받게 하고, 아직 일찍이 그들과 웃으며 이야기하여 벗사이처럼 무간하게

하지 않았다 하더라.

〔集說〕 陳氏曰 外藩 謂節度使 取屛蔽之義也 其門 得列戟故 曰戟門 納 受也.

**【註解】** 진씨(陳氏) 이르기를「外藩은 節度使를 말하니 병풍으로 둘러 싸듯 가리는 뜻을 취한 것이다. 그 門에 창을 잡은 관원이 늘어서 있기 때문에 戟門이라 한 것이다. 納은 받는 것이다.」 ○ 幕賓은 入幕之賓의 준말. 幕客으로 직임(職任)을 위촉한 사람. 빈객으로 예우를 받으며 비밀 모임에 참석하여 기획을 모의할 수 있는 사람.

○柳仲郢이 以禮律身하여 居家에 無事라도 亦端坐拱手하며 出內齊에 未嘗不束帶하더라. 三爲大鎭하되 廐無良馬하며 衣不薰香하고 公退에 必讀書하여 手不釋卷하더라.

〚解說〛 유중영(柳仲郢)이 예로써 몸을 다스리어 집에 있음에 일이 없을 때라도 또한 단정하게 앉아서 손을 앞으로 모아 잡으며, 중문 안의 서재에 나갈 때에는 아직 일찍이 띠를 묶지 않은 때가 없었다. 세 번이나 대진(大鎭)의 절도가 되었으나 외양간에는 좋은 말이 없으며, 옷에는 향내를 풍기게 하지 않았고, 공청(公廳)에서 물러나와서는 반드시 글을 읽어 손에서 책을 놓지 아니하더라.

〔集解〕 仲郢 嘗爲山南, 劒南, 天平 三道節度使故 曰 三爲大鎭.

**【註解】** 仲郢은 일찍이 山南, 劒南, 天平, 三道의 節度使를 하였기 때문에 三爲大鎭이라 한다. ○ 內齊는 中門안에 있는 書齋, 柳仲郢의 집안에서는 출근하지 않는 날이면 어른이 中門 안의 서재에 있었다. 廐는 마굿간. 薰香은 향내를 풍기다.

家法에 在官하여 不奏祥瑞하며 不度僧道하며 不貸贓吏法하며

凡理藩府에 急於濟貧卹孤하며 有水旱이어든 必先期假貸하며 廩軍食하되 必精豐하며 逋租를 必貰免하며 館傳을 必增飾하며 宴賓犒軍을 必華盛하고 而交代之際에 食儲帑藏이 必盈溢 於始至하며 境內에 有孤貧衣纓家女及笄者어든 皆爲選婿하여 出俸金爲資裝하여 嫁之하더라.

【解說】 유씨의 가법(家法)에 「관직에 있으면서 상서(祥瑞)가 있다고 임금에게 아뢰지 않았으며, 승려(僧侶)나 도사(道士)에게 도첩(度牒)을 내려 주는 짓을 안했으며, 장죄(臟罪)를 범한 관리를 처벌하는 일을 관대(寬大)하게 하지 않았으며, 번진(藩鎭)의 모든 정치는 가난한 사람을 구제하고 고아(孤兒)를 구휼하는 일을 급히 했으며, 수해(水害)나 한재(旱災)가 있으면 반드시 조기(早期)에 양곡(糧穀)을 대여(貸與)했으며, 군(軍)의 식량을 주되 반드시 정선(精選)한 양곡으로 넉넉하게 하며, 미납된 조세(租稅)는 반드시 면제하여 주며, 관사(館舍)와 역사(驛舍)를 반드시 증축(增築)하며, 빈객을 위한 잔치와 군사들을 호궤(犒饋)하는 일은 반드시 화려하고 성대하였고, 벼슬의 임기가 차서 후임자와 교대할 때에는 창고에 저축한 식량과 관탕(管帑)에 감춰 둔 돈과 명주가 반드시 자신이 처음 부임하였을 때에 비교하여 더 가득 차고 넘치도록 하였으며, 관내(管内)에 아버지 없고 가난한 조관(朝官)의 집 딸로서 시집갈 나이가 된 자가 있으면 다 그를 위하여 사윗감을 골라서 자신의 봉급(俸給)에서 비용을 내어 시집가는 차림을 마련하여 시집을 보내준다.」고 하더라.

〔集說〕 陳氏曰 假貸 謂以錢穀借之也 逋 負次也 貰 除也 館 館舍 傳 驛遞也 犒 勞也 儲 蓄也 帑 藏 皆庫名 所以貯金帛者 衣纓 猶簪纓也 及笄 年十五者也 吳氏曰 不奏祥瑞 恐獻諛於上也 不度僧道 恐異端惑世也 不貸贓吏 恐貽害於民也 食儲帑藏 盈溢於始至者 出納有稽 用無所私而致也.

【註解】 진씨(陳氏) 이르기를 「假貸는 錢穀으로써 빌려주는 것을 말

하는 것이다. 逋는 갚기를 지체하는 것이다. 蠲는 면제하는 것이다. 舘은 舘舍이고, 傳은 역말을 갈아 타는 곳이다. 犒는 위로함이다. 儲는 비축하는 것이다. 帑·藏은 모두 창고의 이름이니, 금품·비단을 저장하는 곳이다. 衣纓은 비녀·갓끈과 같다. 及笄는 나이 15세 된 사람이다.」

오씨(吳氏) 이르기를「상서로움을 아뢰지 않음은 윗사람에게 아첨을 드릴까 두려워서이고, 승려나 도사에게 도첩을 발부하지 않음은 이단이 세상을 미혹 시킬까 두려워서이고, 장죄를 지은 관리를 용서하지 않음은 백성에게 해를 끼칠까 두려워서이고, 곡식을 저축하는 창고가 처음 이르렀을 때보다 차고 넘침은 출납에 헤아림이 있고 쓰임에 사사로이 하는 바가 없는 소치이다.」 하였다.

○ 衣纓은 朝衣와 갓끈 轉하여 公卿·朝臣을 말한다. 廩은 주다(給也). 藩府는 변방의 관부. 지방 관청.

○柳玭이 曰 王相國涯方居相位하여 掌利權이러니 竇氏女歸하여 請曰 玉工이 貨一釵하니 奇巧라 須七十萬錢이러이다. 王曰 七十萬錢은 我一月俸金耳니 豈於女惜이리오. 但一釵七十萬이니 此妖物也라 必與禍相隨라 한대 女子不復敢言하니라.

(玭=변, 女=汝)

〖解說〗 유변(柳玭)이 말하기를「상국(相國) 왕애(王涯)가 바야흐로 정승의 자리에 앉아서 이권을 장악하고 있었다. 두씨(竇氏)에게 시집간 딸이 돌아와서 청하여 말하기를「옥공(玉工)에게 비녀 한 개를 팔라고 하였는데, 기이(奇異)하고 교묘(巧妙)한지라 칠십만전(七十萬錢)을 요구하고 있습니다.」 하였다. 왕애가 말하기를「칠십만전은 나의 한 달 봉급일 뿐이니 어찌 너에게 그것을 아끼겠는가? 다만 비녀 한 개에 칠십만전이니 이것이 요물이다. 반드시 화가 더불어 서로 따를 것이다.」 하였는데 딸이 다시는 감히 말하지 못하였다 하니라.」

〔集解〕 涯字廣津 唐文宗朝 拜相 掌利權 謂居相位 又兼度支 鹽鐵 榷茶等使也 竇氏女 涯女 嫁竇訓 爲妻也 歸 謂歸寧 熊氏曰 妖物 必與禍

隨 名言也 盖妖巧之物 人必貪競 固有召禍之道也.

【註解】 涯의 字는 廣津이니 唐나라 文宗朝에 정승을 제수 받았다. 掌利權은 정승 자리에 있으면서 또한 度支·鹽鐵·榷茶 등의 度使를 겸직함을 말한다. 竇氏女는 涯의 딸이며, 竇訓에게 시집가 아내가 되었다. 歸는 친정에 돌아와 문안함을 말한다. 웅씨(熊氏) 이르기를 「요사스런 물건에는 반드시 더불어 화가 따른다고 함은 명언이다. 대개 妖巧한 물건은 사람이 반드시 탐내어 다투니 진실로 재앙을 부른다는 말이 있다.」 하였다.

數月에 女自婚姻會로 歸하여 告王曰 前時釵爲馮外郎 妻首飾矣라 하니 乃馮球也라 王이 嘆曰 馮이 爲郎吏하여 妻之首飾이 有七十萬錢하니 其可久乎아 馮이 爲賈相餗의 門人이라 最密하더니 賈有蒼頭頗張威福이어늘 馮이 召而勗之러니 未浹旬에 馮이 晨謁賈어늘 有二青衣俸地黃酒하여 出飮之한대 食頃而終하니 賈爲出涕하되 竟不知其由하니라. (餗＝속)

〖解說〗 두어 달 뒤에 딸이 어느 혼인의 모임으로부터 돌아와 왕애(王涯)에게 고하여 말하기를 「먼젓번 그 비녀가 풍외랑(馮外郎)의 아내의 머리 꾸미개가 되었답니다.」 하였다. 그는 곧 풍구(馮球)였다. 왕애가 탄식하여 말하기를 「풍(馮)이 낭리(郎吏)가 되어서 아내의 머리 꾸미개에 칠십만전을 쓴 것이 있으니 그가 오래 갈 수 있겠는가?」 하였다. 풍구(馮球)는 가속(賈餗)에게 한 하인(下人)이 있어 자못 주인의 세력을 믿고 형벌을 주고 복을 주는 것을 제멋대로 하거늘 풍이 그를 불러다 타일렀더니 열흘이 못되어서 풍이 새벽에 가속을 뵈러 갔었을 적에 두 하녀가 지황주(地黃酒)를 들고 와서 그에게 마시게 하였는데 한참 뒤에 풍이 죽었다. 가속(賈餗)이 그를 위하여 눈물을 흘렸으나 마침내 그 이유를 알지 못하였다 하니라.

〖集說〗 陳氏曰 馮外郎 員外郎球也 賈餗 亦宰相 密 親密也 奴僕 以

蒼爲巾 故曰蒼頭 勗 勉也 浹 周也 十日爲旬 球 以奴 張威福 恐爲主累 故 戒之 奴恐球告主故 毒殺之也. ○置毒於地黃酒也.

**【註解】** 진씨(陳氏) 이르기를「馮外郎은 球이다. 賈餗도 또한 宰相이다. 密은 親密한 것이다. 奴僕은 푸른것으로 巾을 만들었으므로 蒼頭라 말한다. 勗은 힘쓰는 것이다. 浹은 일주하는 것이다. 十日은 旬이 된다. 球는 종으로써 위엄과 복록을 주장하여 주인에게 누가 됨을 염려했으므로 경계하였고, 종은 球가 주인에게 알리는 것을 염려했으므로 독살하였다.」○ 毒을 地黃酒에 넣었다. ○ 威福은 作威作福. 위력을 떨치고 은혜를 베푸는 일. 食頃은 밥먹을 정도의 시간. 잠시. 곧. 금새. 작은 시간. 青衣는 賤人. 婢女.

又明年에 王賈皆遘禍하니 噫라 王이 以珍玩奇貨로 爲物之妖하니 信知言矣어니와 徒知物之妖而不知恩權隆赫之妖甚於物耶아 馮이 以卑位貪寶貨하여 已不能正其家하고 盡忠所事而不能保其身하니 斯亦不足言矣로다. 賈之臧獲이 害門客于牆廡之間而不知하니 欲終始富貴인들 其可得乎아 此雖一事나 戒臧數端이로다. (遘=구, 廡=무)

**〚解說〛** 또 다음 해에 왕애(王涯)와 가속(賈餗)이 다 화를 입었다. 아아! 왕애가 진기한 완호물(玩好物)로써 요물이라고 하더니 진실로 사리를 아는 말이어니와 한갓 물건의 요괴한 것은 알면서 임금의 은총과 벼슬의 권세가 높고 빛나는 것의 요괴함이 물건보다 더 심하다는 것을 몰랐던가? 풍(馮)이 낮은 지위로 보물을 탐내어서 이미 자기의 집안을 바로잡지 못하였고, 주인을 섬기는데 충성을 다하였으면서 자기의 몸을 보전할 수 없었으니, 이 또한 말할 가치가 없다. 가속의 노비(奴婢)가 문객(門客)을 담과 집기슭 사이에서 살해하였어도 알지 못하였으니 이런 사람이 오래 부귀를 누리고자 한들 될 수 있겠는가? 이것은 비록 하나의 일이지만 우리에게 주는 경계는 여러 가지로다. 하였다.

〔集說〕 陳氏曰 遘 遇也 涯 餗 皆爲宦者 仇士良 所殺 恩權之隆赫 禍機所伏也 故 謂之妖 盡忠所事 謂盡心於餗也 奴曰臧 婢曰獲 指蒼頭 門客 指馮球. 〔集說〕 熊氏曰 珍玩奇貨 不可貪 一戒也 恩權隆赫 不可恃 二戒也 溺愛而不能正家 三戒也 失言而不能保身 四戒也 嬖臧獲 張威福 害門客而不知 五戒也.

**【註解】** 진씨(陳氏) 이르기를 「遘는 만나는 것이다. 涯·餗은 모두 환관인 仇士良에게 죽임을 당했다. 은총과 권세가 높고 빛남은 禍機의 所伏이다. 그러므로 요사하다고 말했다. 盡忠所事는 餗에게 마음을 다하는 것을 말한다. 남자 종을 臧이라 하고, 여자 종을 獲이라 하니, 蒼頭를 가리킨다. 門客은 馮球를 가리킨다.」〔集說〕: 웅씨(熊氏) 이르기를 「진귀한 애완물과 기이한 보화를 탐내지 말아야 함이 첫째 경계이고, 은총과 권세의 높고 빛남을 의지하지 말아야 함이 둘째 경계이고, 사랑에 빠져 집안을 바르게 하지 못함이 셋째 경계이고, 말에 실수하여 몸을 보전하지 못함이 넷째 경계이고, 노비를 총애하여 위엄과 복록을 주장케 하여 손(客)을 살해 했는데도 알지 못함이 다섯째 경계이다.」 하였다. ○ 戒臧數端은 여러 가지 훈계를 줌.

○王文正公이 發解南省廷試에 皆爲首冠이러니 或이 戲之曰 狀元試三場하니 一生喫著이 不盡이로다. 公이 正色曰 曾의 平生之志不在溫飽니라. (省＝성, 著＝착)

〖解說〗 왕문정공(王文正公)이 향시(鄕試)와 성시(省試)와 정시(廷試)에서 다 수석(首席)으로 합격(合格)을 하니 어떤 사람이 농담으로 말하기를 「세 과장(科場)에서 모두 장원(狀元)을 하였으니, 한 평생 먹고 입을 것이 다할 수 없겠습니다.」하니 공(公)이 정색(正色)하여 말하기를 「증(曾)의 평생의 뜻이 따뜻하게 입고 배불리 먹는 데 있지 않습니다.」 하니라.

〖集解〗 公 名曾 字孝先 青州人 宋 眞宗朝 鄕試 省試 廷試 皆第一 劉

子儀 學士 戲之 公 答之以此 後 仕至宰相 卒謚文正 石氏曰士之 積道德 富仁義於厥身 盖假權位 以布諸行事 利於天下也 豈屑屑然 謀於衣食歟.

【註解】 公의 이름은 曾이고, 字는 孝先이니, 靑州사람이다. 宋나라 眞宗朝에 鄕試·省試·廷試에 모두 제 一등을 했다. 劉子儀 學士가 희롱하자 공이 대답을 이것으로써 했다. 뒤에 벼슬이 宰相에 이르렀고 죽으니 시호가 文正이다.

석씨(石氏) 이르기를 「선비가 그 몸에 道德을 쌓고 仁義를 풍부히 함은 대개 권세의 자리를 빌려 행사에 펴서 천하를 이롭게 하기 위함이다. 어찌 잘디 잘게 衣食을 도모하겠는가?」 하였다. ○ 發解는 州縣에서 실시한 시험에 優等者가 있을 때 그 지방관청으로부터 解라는 공문서를 中央에 발송하고, 다시 그 사람들을 京師에서 시험 보게 하는 일이다. 明淸代에는 鄕試에 合格함을 곧바로 發解라고 일컬었다. 南省은 尙書省의 別稱. 尙書省은 宮의 남쪽에 있었으므로 南省이라 일컬었다. 尙書省에서 보는 과거를 省試라고 한다. 省試는 地方의 시험에서 합격한 자를 대상으로 실시했다. 뒷 날의 會試에 해당한다. 廷試는 朝廷에서 시행하는 시험 즉 殿試·朝考를 말한다. 首冠은 首席, 一等.

○ 范文正公이 少有大節하여 其於貴貧賤毁譽歡戚에 不一動其心而慨然有志於天下하더니 嘗自誦曰 士當先天下之憂而憂하고 後天下之樂而樂也라 하더라.

〖解說〗 범문정공(范文正公)이 젊어서부터 큰 마음의 절의(節義)가 있어서 그는 부귀라든가 빈천이라든가 남이 헐뜯는다든가 기린다든가 기쁘다든가 슬프다든가에 한 번도 그 마음이 움직이지 않고 개연(慨然)히 천하를 위하여 다한다는 당당한 뜻을 품고 있더니, 일찍이 스스로 입으로 외우며 말하기를 「선비는 마땅히 천하의 근심에 앞서서 근심하고 천하의 즐거움에 뒤져서 즐거워하여야 할 것이다.」 하더라.

〔增註〕 不一動其心 謂富貴不慕 貧賤不厭 毁之不怒 譽之不喜 得而不歡 失而不戚也 天下 未憂而先憂 天下已樂而後樂.

【註解】 한 번도 그 마음을 움직이지 않음은 富貴를 사모하지 않고, 貧賤을 싫어하지 않고, 헐뜯는 것을 노여워하지 않고, 기리는 것을 즐거워하지 않고, 잃어도 슬퍼하지 않음을 말한다. 천하가 근심하지 않아도 앞서서 근심하고 천하가 이미 즐거워한 뒤에야 즐거워했다.

其事上遇人에 一以自信하여 不擇利害爲趨捨하고 其有所爲에 必盡其方하여 曰 爲之自我者는 當如是니 其成與否는 有不在我者라 雖聖賢이셔도 不能必이시니 吾豈苟哉리오 하더라.

〖解說〗 그가 윗사람을 섬기고 남을 대우하는데 한결같이 자신의 신념으로써 하여 이해(利害)를 가려서 달려가고 버리고 하는 일이 없었고, 그가 하는 바가 있음에 반드시 그 방법을 다하여 말하기를 「스스로 내가 할 수 있는 것은 마땅히 이렇게 해야 하나니. 그것이 성공되거나 못되는 것은 내게 있는 것이 아니다. 비록 성현이라도 기필(期必)할 수 없는 것이니 내 어찌 구차하게 하겠는가?」 하더라.

〔增註〕 自信 守其正也.

【註解】 自信은 그 바름을 지키는 것이다.(※ 自信은 자기가 옳다고 믿는 것이다.)

○司馬溫公이 嘗言吾無過人者어니와 但平生所爲未嘗有不可對人言者耳로라.

〖解說〗 사마온공(司馬溫公)이 일찍이 말하기를「나는 남보다 나을 것이 없거니와 다만 내 평생에 한 바가 아직 일찍이 부끄러워서 남에게 말할

수 없는 것은 없을 뿐이다.」 하였다.

〔集解〕 公 平生 誠實不欺故 不可對人言者則不爲也.

**【註解】** 公은 평생토록 誠實하여 속이지 않았기 때문에 남을 대하여 말할 수 없는 것은 곧 하지 않았던 것이다. ○ 吾無過人者 : 나는 남보다 뛰어난 것이 없다.

○ **管寧**이 **嘗坐一木榻**하더니 **積五十餘年**이로다. **未嘗箕股**하니 **其榻上當膝處皆穿**하니라. (榻＝탑, 股＝古)

〚解說〛 관영(管寧)이 일찍이 한 나무 평상에 앉았기를 五十여 년이나 오래 되었는데 아직 일찍이 다리를 키모양으로 벌려 뻗치는 일이 없었다. 그래서 그 평상 위의 무릎닿는 곳이 다 뚫어졌다고 한다.

〔集解〕 寧 字幼安 漢末避亂 依公孫度於遼東 日講詩書 所居成邑 民化其德 魏文帝 立, 召, 寧, 浮海以還 文帝 明帝 皆召之 使仕 寧 陳情不仕而終.

**【註解】** 寧의 字는 幼安이니, 漢나라 말기에 난리를 피하여 遼東의 公孫度에게 의지했다. 날마다 詩書를 講論하자, 사는 곳이 邑을 이루었고 백성들은 그의 덕에 감화되었다. 魏나라 文帝가 서자, 불렀으나 寧은 바다를 건너 돌아갔다. 文帝・明帝가 다 그를 불러 벼슬시키려 했으나 寧은 뜻을 진술하여 벼슬하지 않고 생을 마쳤다. ○ 榻은 평상. 사람이 앉거나 눕거나 하는 평상. 箕股는 두 다리를 키(箕)모양으로 벌려 뻗치는 것. 積은 久也. 오래됨. 穿은 뚫는 것.

○ **呂正獻公**이 **自少**로 **講學**하되 **即以治心養性**으로 **爲本**하여 **寡嗜慾**하며 **薄滋味**하며 **無疾言遽色**하며 **無窘步**하며 **無惰容**하며

凡嬉笑俚近之語를 未嘗出諸口하며 於世利紛華聲伎游宴과 以至於博奕奇玩히 淡然無所好하더라. (俚＝리)

〖解說〗 여정헌공(呂正獻公)이 젊었을 때부터 학문을 강구(講究)하였는데, 곧 치심(治心)과 양성(養性)하는 것으로써 근본을 삼아서 기호(嗜好)와 욕심(慾心)을 적게 하며, 맛좋고 기름진 음식을 적게 먹으며, 빠른 말과 급히 서두르는 얼굴빛을 짓지 않으며, 촉박(促迫)한 걸음걸이를 않으며, 게으른 용모를 짓지 않으며, 무릇 희롱해 웃는 웃음과 비속한 말을 아직 일찍이 입 밖에 내는 일이 없었으며, 세상의 이득(利得)에 관계된 일과 어지럽고 화려한 일, 노래와 교묘한 유희와 노름놀이와 연희와 내지(乃至) 장기, 바둑, 진기한 구경거리에 이르기까지 시들하게 여겨 좋아하는 것이 없었다 하더라.

〔集說〕 吳氏曰 治心 收其放心也 養性 養其德性也 自寡嗜慾以下 皆治心養性之事 遽 急遽也 窘 迫促也 俚 鄙俗也 聲伎 歌樂巧戲也.

【註解】 오씨(吳氏) 이르기를「治心은 그의 해이한 마음을 거두는 것이다. 養性은 그 도덕적 성품을 기르는 것이다. 寡嗜慾으로부터 以下 모두는 마음을 다스리고 덕성을 기르는 일이다. 遽는 급한 것이고, 窘은 促迫한 것이다. 俚는 비속한 것이다. 聲伎는 노래와 음악의 교묘한 놀이이다.」○ 疾言遽色은 빠른 말과 서두르는 얼굴 빛. 淡然無所好는 '淡然' 담담한 모양, 담담하여 좋아하는 것이 없음. 시들하여 좋은 것이 없음. 奇玩은 진기한 장난감.

○明道先生이 終日端坐에 如泥塑人이러시니 及至接人하연 則渾是一團和氣러시다.

〖解說〗 명도(明道)선생은 온 종일 단정히 앉아 있음이 마치 진흙으로 빚어 만든 인형(人形)과 같았다. 그러나 사람을 접견하게 되어서는 전혀 사람 전체가 한 덩어리 화기(和氣)와 같으시다.

〔正誤〕 終日端坐如泥塑人 敬也. 〔集解〕 所謂望之儼然 即之溫也.

**【註解】** 終日端과 如泥塑人은 공경함이다. 〔集解〕에 이른바 바라봄에 엄격한 듯하고, 나아감에 온화하다는 것이다. ○ 渾是는 도시(都是). 전혀. 온통.

○明道先生이 作字時에 甚敬하더시니 嘗謂人曰非欲字好라 即此是學이니라.

〚解說〛 명도(明道)선생이 글씨를 쓸 때에 매우 조심하더니 일찍이 어떤 사람에게 일러 말하기를 「글씨를 쓸 때에 조심하는 것은 글씨를 좋게 하려고 하는 것이 아니다. 즉 이것이 곧 배우는 것이기 때문이다.」고 하였다.

〔集說〕 朱子曰 此亦可以收放心.

**【註解】** 주자(朱子) 이르기를 「이 또한 해이한 마음을 거둘 수 있다.」 하였다.

○劉忠定公이 見溫公하여 問盡心行己之要可以終身行之者한대 公이 曰 其誠乎인저. 劉公이 問行之何先이니잇고 公이 曰 自不妄語始니라.

〚解說〛 유충정공(劉忠定公)이 사마온공(司馬溫公)을 보고서 묻기를 「본심을 다하고 자신의 몸가짐을 바르게 하는 데 중요한 것으로써 일생 동안 실행해야 할 것이 무엇입니까?」 하였는데 사마온공이 말하기를 「그것은 성실(誠實)함이겠지.」 하였다. 유충정공이 묻기를 「성실을 실행함에 무엇을 먼저 해야 합니까?」하니 사마온공이 말하기를 「거짓 말하지 않는 것부터 시작해야 할 것이다.」 하였다.

〔集說〕 陳氏曰 忠定 元城先生 諡也 朱子曰 温公 所謂誠 即大學 所謂誠其意者 指人之實其心而不自欺也.

【註解】 진씨(陳氏) 이르기를「忠定은 元城先生의 시호이다.」하였다. 주자(朱子) 이르기를「溫公의 이른바 誠은 곧 大學에 이른바「그 뜻을 성실하게 한다.」는 것이니 사람이 그 마음을 진실되게 하여 스스로 속이지 않음을 가리킨다.」하였다.

劉公이 初甚易之러니 及退而自檃栝日之所行과 與凡所言하니 自相掣肘矛盾者多矣러니 力行七年以後에 成하니 自此로 言行이 一致라 表裏相應하여 遇事坦然하여 常有餘裕러라.
(掣＝철, 肘＝주)

〖解說〗 유충정공(劉忠正公)이 (그 말을 듣고) 처음에는 아주 쉽게 여겼다. 그러나 물러나와서 스스로 날마다 실행한 것과 모든 말한 것을 은괄(檃栝)하여 보니 스스로 서로 견제(牽制)되고 모순(矛盾)되는 것이 많았다. 힘써 실행한지 七년이 된 뒤에 성취하게 되니 이로부터 언행이 일치(一致)하게 되었다. 겉과 속이 서로 호응(互應)하게 되어 일을 당하여도 마음이 평탄하여 항상 여유가 있었다고 하였다.

〔集說〕 陳氏曰 易之 以不妄語 爲易也揉曲者曰檃 正方者曰栝 皆制木之器也 自相掣肘矛盾 喩言行相違也 吳氏曰 掣 挽也 肘臂節也 掣肘謂肘欲運動而人挽之 不能運也 矛 有鉤之兵 盾 即今傍牌也, 矛盾 謂矛欲傷人而盾蔽之 不能傷也.

【註解】 진씨(陳氏) 이르기를「易之는 망령된 말 안하기를 쉽게 여김이다. 굽음을 곧게 하는 것을 檃이라 하고, 방향을 바로 하는 것을 栝이라 하는데, 모두 나무를 바로 잡는 기구이다. 自相掣肘矛盾은 행위가 서로 어긋남을 비유하여 말한 것이다. 오씨(吳氏) 이르기를「掣은 끌음이고, 肘는 팔의 관절이니, 掣肘는 팔꿈치를 움직이려고 하되, 남이 잡아 당겨

움직일 수 없음을 말한다. 矛는 갈고리가 있는 병기이고, 盾은 즉 오늘날의 방패이니, 矛盾은 창으로 사람을 상하게 하고자 하되, 방패가 막아서 상할 수 없음을 말한다.」 하였다. ○ 檃栝은 도지개, 轉하여 '바로잡다' 坦然은 마음이 편안한 것.

○劉公이 見賓客에 談論踰時하되 體無欹側하여 肩背竦直하며 身不少動하여 至手足에도 亦不移하더라.

〖解說〗 유공(劉公)이 손님과 만나 시간이 지나도록 이야기할 때에도 몸을 옆으로 기울이는 일이 없어서 어깨와 등이 높고 곧으며, 몸을 조금도 움직이지 아니하여, 손과 발까지도 또한 옮기는 일이 없었다 하더라.

〖集說〗 吳氏曰 劉公 即忠定公也 心爲一身之主 百體皆聽命 劉公 心於一誠故 見於外者 如此.

【註解】 오씨(吳氏) 이르기를 「劉公은 곧 忠正公이다. 마음이 한 몸의 주인이 되면 모든 몸체가 다 명령을 듣는다. 유공은 마음이 誠에 한결같았기 때문에 밖에 나타나는 것이 이와 같았다.」 하였다. ○ 踰時는 一時를 넘기다. 時는 一日의 十二分之一, 즉 一時는 현재의 二時間이다.

○徐積仲車初從安定胡先生學하더니 潛心力行하여 不復仕進하고 其學이 以至誠爲本하여 事母至孝하더라. 自言初見 安定先生하고 退에 頭容이 少偏이러니 安定이 忽厲聲云頭容直이라 하여늘 某因自思不 獨頭容이 直이라 心亦要直也라 하여 自此로 不敢有邪心하라 하더라. 卒커늘 謚節孝先生이라 하니라.

〖解說〗 서적(徐積) 중거(仲車)가 처음에 안정호(安定胡)선생을 좇아 배우더니 마음을 학문에 침잠(沈潛)시켜 힘써 실행하여 다시 벼슬에

나가지 않았고, 그의 학문은 지성으로써 근본을 삼아서 어머니를 섬기기를 지극히 효도스럽게 하였다. 스스로 말하기를「처음에 안정선생을 뵙고 물러나오는데 머리 모양이 조금 한편으로 기울었더니 안정선생이 갑자기 큰 소리로 이르기를 '머리모양을 곧게 하라.' 하시거늘 나는 이로써 스스로 생각하기를 '홀로 머리모양만을 바르게 가질 것이 아니라 마음도 또한 바르게 가져야 할 것이다.' 하여 그 때부터 감히 사악한 마음을 갖지 않았다.」고 하였다. 죽은 뒤에 시호를 절효선생(節孝先生)이라고 하니라.

〖集解〗 仲車 旣冠 徒步往從安定學 時 門人 千數 獨以別室 處之 父羅城君 早棄家 不知所終 盡孝於母 朱子曰 這樣人 都是資質 所以一撥便轉 終身不爲惡也.

【註解】 仲車(徐積의 字) 이미 관례(冠禮)를 올린 성인이었다. 도보(徒步)로 안정선생(安定先生)문하에 왕래하며 글을 배웠는데, 그 때에 門人이 수천 명이었으며, 仲車는 홀로 딴 방에 있었다. 仲車의 아버지 나성군(羅城君)은 일찍이 집을 버리었으므로 生死를 몰랐고, 어머니에게 극진히 효도하였다. 주자(朱子)가 말하기를「이와 같은 사람은 도시 천품(天稟)이 한 번 퉁겨 주면 곧 굴리어 잘 알기 때문에 한 평생 나쁜 일을 하지 않았다.」고 하였다. ○ 潛心은 마음을 가라앉혀 깊이 생각함. 力行은 힘써 실천함. 頭容直은 머리 모양을 곧게 가짐. 邪心은 邪惡한 마음. 不復仕進은 楊州司戶參軍을 역임한 적이 있었기 때문에 '復'을 썼다.

○ 文中子之服이 儉以絜하고 無長物焉하더니 綺羅錦繡를 不入于室하여 曰 君子는 非黃白不御요 婦人則有靑碧이라 하니라. (絜＝결)

〚解說〛 문중자(文中子)의 의복은 검소함으로써 깨끗하고 여벌의 옷이 없었다. 화려하고 무늬가 많은 사치스러운 비단을 집에 들여오지 아

니하며 말하기를「군자는 누른빛과 흰빛의 옷이 아니면 사용하지 않고, 부인이면 푸른빛과 청록색의 옷을 가져야 한다.」하니라.

〔集解〕 儉 謂不侈 潔 謂不汚 無長物 謂 稱用而已 無多餘者也.〔正誤〕長 剩也.

【註解】 儉은 사치하지 않는 것을 말하고, 潔은 더럽지 않는 것을 말한다. 無長物은 사용하는 것 뿐이고 많이 남는 것이 없음을 말한다. (正誤)에 長은 남는 것이다. ○ 綺羅錦繡는 모두 각각 비단의 이름으로 화려하고 무늬가 많은 사치스러운 비단. 御는 사용함.

○柳玭이 曰 高侍郞兄弟三人이 俱居淸列하되 非速客이어든 不二羹胾하며 夕食엔 齕蔔匏己러라. (胾＝자, 齕＝흘, 蔔＝복, 匏＝포)

〖解說〗 유변(柳玭)이 말하기를「고시랑(高侍郞)의 형제 세 사람이 모두 청현(淸顯)한 벼슬의 지위에 있었으나 손님을 초청한 때가 아니면 고깃국과 고기 산적의 두 가지를 반찬으로 쓰지 않으며 저녁 밥에는 무와 막나물을 반찬으로 먹을 뿐이었다.」고 하였다.

〔集解〕 高氏兄弟 唐人 長釴 翰林學士 次銖 給事中 次鍇 禮部侍郞 速 召也 不貳 無兼味也 胾 切肉也 蔔 匏 菜名.

【註解】 高氏형제는 唐나라 사람이니, 맏이는 釴으로 翰林學士이고, 다음은 銖로써 給事中이었고, 다음은 鍇로서 禮部侍郞이었다. 速은 부르는 것이다. 不貳는 맛을 겸하는 것이 없는 것이다. 蔔, 匏는 나물 이름이다. ○ 淸列은 淸職, 즉 中央의 요직을 말한다. 齕은 '씹는' 것이다. 轉하여 '먹음'이다.

○李文靖公이 治居第於封丘門外하되 廳事前이 僅容旋馬러

니 或言其太隘한대 公이 笑曰居第는 當傳子孫이니 此爲宰輔廳事엔 誠隘어니와 爲太祝奉禮廳事則已寬矣니라.

〖解說〗 이문정공(李文靖公)이 살 집을 봉구문(封丘門)밖에 짓는데, 대청앞 뜰이 겨우 말 한 필을 돌리는 것을 포용(包容)할 정도였다. 어떤 사람이 말하기를 「뜰이 너무 좁습니다.」하였는데 공이 웃으며 말하기를 「살림집은 마땅히 자손에게 전해 주어야 할 것이니! 이것이 재상의 대청으로서는 진실로 좁다 하겠지만 태축(太祝)이나 봉례(奉禮)의 대청으로는 너무 넓은 것이다.」 하니라.

〖集說〗 陳氏曰 公 名沆 字太初 位宰相 謚文靖 洛州人 封丘 宋都門名 廳 所以治事 故曰廳事 太祝 奉禮 皆典祭祀者 已 太也.

【註解】 진씨(陳氏) 이르기를 「公의 이름은 沆이고 字는 太初이며 벼슬은 宰相에 이르고 시호는 文靖이니 洛州사람이다. 封丘는 宋나라 도읍의 門이름이다. 廳은 일을 다스리는 곳이므로 廳事라고 말했다. 太祝·奉禮는 모두 祭祀를 맡는 것이다. 已는 '너무'이다.」

○ 太祝奉禮廳事→太祝·奉禮는 宰相의 子弟가 蔭輔로 받는 벼슬. 李文靖公은 宰相이므로 자신의 子弟가 太祝·奉禮를 제수 받게 된다. 따라서 본문의 말은 집을 자제에게 물려 주면 자제의 낮은 벼슬로서는 너무 큰 규모의 집이 된다는 의미다.(※앞 두 章과 본 章은 차례로 衣·食·住에 대한 말이다. 사람이 살아가는 데 갖추어야할 기초필수 요건이다. 過하게 욕심 낼것 없는 것이다.)

○張文節公이 爲相하여 自奉이 如河陽掌書記時러니 所親이 或規之曰 今公이 受俸不少而自奉이 若此하니 雖自信清約이라도 外人이 頗有公孫布被之譏하니 公이 宜少從衆하라. 公이 嘆曰 吾今日之俸이 雖擧家錦衣玉食인들 何患不能이리오. 顧人之常情이 由儉入奢는 易하고 由奢入儉은 難하니 吾今日之俸

이 豈能常有며 身豈能常存이리오. 一旦에 異於今日이면 家人이 習奢己久라 不能頓儉하여 必至失所하리니 豈若吾居位身存身亡이 如一日乎리오.

〖解說〗 장문절공(張文節公)이 재상이 되어 스스로 봉양함이 하양장서기(河陽掌書記)때와 같이 검소하게 하였더니 친한 사람이 충고하여 말하기를「지금, 공(公)이 받는 봉록이 적지 않으면서 스스로 봉양함이 이와 같으니 비록 스스로 청렴하고 간략함을 믿을지라도 바깥 사람들이 자못 옛날 공손홍(公孫弘)의 베이불처럼 거짓 속이는 것이라고 하여 헐뜯어 비난함이 있을 것이니, 공(公)은 마땅히 조금 여러 사람을 따라야 할 것입니다.」하였다. 공이 탄식하여 말하기를「나의 오늘의 봉록이 비록 온 집안이 비단 옷을 입고 흰 쌀밥을 먹은들 어찌 할 수 없음을 근심하겠는가? 그러나 돌아보건대 사람의 상정(常情)이 검소로부터 사치에 들어가기는 쉽고, 사치로부터 검소에 들어가기는 어려운 것이니, 내 오늘의 봉록이 어찌 항상 있을 수 있으며, 이 몸이 어찌 항상 생존할 수 있겠는가? 하루 아침에 오늘과 달라지면 집안 사람들이 사치를 익힌 것이 이미 오래인지라 갑자기 검소할 수 없어서 반드시 어찌할 바를 모르게 될 것이니, 어찌 내가 벼슬에 있거나 벼슬을 그만두거나 몸에 생존할 때나 몸이 사망한 때나 하루같이 살아갈 수 없게 하는 것만 하겠는가?」라고 하였다.

〔集說〕 陳氏曰 公名 知白 字用晦 滄州人 謚文節 漢 承相 公孫弘 爲布被 汲黯曰弘 俸祿多而爲布被 此 詐也 或人 見文節之儉約 亦疑其詐 故引是以譏之.

【註解】 진씨(陳氏) 이르기를「公의 이름은 知白이요, 字는 用晦이며, 滄州사람으로 시호는 文節이다. 漢나라 승상 公孫弘이 베이불을 만들자 汲黯은 말하기를 '弘이 俸祿이 많으면서도 베이불을 만들었으니 이는 속이는 것이다.'라고 했다. 어떤 사람이 文節의 儉約을 보고 또한 그것이 속임수인지를 의심했으므로 이를 인용하여 비난했다.」고 하였다. ○

故規之는 충고함이다. 規는 諫也. 淸約은 청렴하고 검약한 것이다. 玉食은 美食, 珍需盛饌. 一旦은 하루 아침. 갑자기. 頓은 '갑자기'이다.

豈若……如一日乎←어찌……하루같이 살아갈 수 있게 하는 것만 하겠는가?

○溫公이 曰 先公이 爲羣牧判官에 客至어든 未嘗不置酒하시더니 或三行하며 或五行하여 不過七行하되 酒沽於市하고 果止梨栗棗柿요 肴止脯醢菜羹이오. 器用甆漆하더니 當時士大夫皆然이라 人不相非也하니 會數而禮勤하며 物薄而情厚하더니라. (數＝삭)

〖解說〗 온공(溫公)이 말하기를 「선고(先考)께서 군목판관(군牧判官)으로 계실 적에 손님이 오면 아직까지 일찍이 주석(酒席)을 설치(設置)하지 않은 일이 없으셨는데 어떤 때는 세 순배, 어떤 때는 다섯 순배를 하며 일곱 순배를 넘지 않으셨지만 술은 저자에서 사오고 과일은 배·밤·대추·감에 그쳤고, 안주는 육포(肉脯)와 젓갈(醢)과 나물국에 그치었고, 그릇은 사기그릇과 옷칠한 나무그릇을 사용하였다. 그러나 당시의 사대부(士大夫)들은 다 그렇게 하였다. 그래서 사람들이 서로 비난하는 이 없으니 모임을 자주하여서 예도(禮度)를 부지런히 하였으며, 물건은 박하였지만 정(情)은 두터웠다 하더니라.」

〔集解〕 温公父 名池 字和中. 〔增註〕 行 猶巡也.

**【註解】** 溫公의 아버지 이름은 池이고 字는 和中이다. 〔增註〕에 行은 '돌다'와 같은 것이다.(※ 술을 차례로 돌리는 순배(巡盃).)

○ 先公은 先考, 亡父, 先君, 돌아가신 아버지. 群牧判官은 地方官名이다. 置酒는 술자리를 베풀다. 酒宴을 베풀다. 沽는 사오는 것이다. 酒沽는 술을 사오는 것이다. 數은 '자주'이다. 會數은 자주 모이는 것이다. 非는 비난(非難)이다.

近日士大夫家는 酒非內法이며 果非遠方珍異며 食非多品이며 器皿이 非滿案이어든 不敢會賓友하여 常數日營聚然後에야 敢發書하나니 苟或不然이면 人爭非之하여 以爲鄙吝하니 故로 不隨俗奢靡者鮮矣니라. 嗟乎라 風俗頹弊如是하니 居位者雖不能禁이니 忍助之乎아.

〖解說〗 요사이 사대부(士大夫)의 집에서는 술을 궁내(宮內)의 술빚는 법에 따라 빚은 것이 아니거나, 과일은 먼 지방의 진기(珍奇)하고 특이(特異)한 것이 아니거나, 그릇이 상에 가득하게 차리지 않으면 감히 손님과 벗을 모으지 못하게 되어 항상 여러 날에 걸치어서 경영하고 음식을 모은 연후라야 감히 편지를 낼 수 있다. 적어도 혹시나 그렇게 하지 않으면 사람들이 다투어 비난하여 이로써 더럽고 인색하다 하나니. 그러므로 시속을 따라 지나치게 사치하지 않는 사람이 드무니라. 슬프도다! 풍속의 퇴폐가 이와 같으니 벼슬자리에 있는 이들이 비록 금할 수는 없을 지라도 차마 이를 조장(助長)하여서야 되겠는가? 하였다.

〔正誤〕 內法 謂宮造酒之法 書 謂召客之書. 〔集說〕 熊氏曰 溫公 時已爲相 蓋欲以淸約 爲天下先也.

【註解】 內法은 宮內에서 술을 만드는 法을 말한다. 書는 손님을 부르는 書信을 말한다. 〔集說〕: 웅씨(熊氏) 이르기를 「溫公은 당시에 이미 宰相이 되었다. 대개 청렴과 검약으로써 天下를 위해 솔선하고자 함이다.」고 하였다. ○ 奢靡는 身分不相應한 사치, 지나친 사치. 嗟乎는 영탄사. 슬프구나. 슬프도다. 아.

○溫公이 曰 吾家本寒族이라 世以淸白相承하고 吾性이 不喜華靡하여 自爲乳兒時로 長者加以金銀華美之服이어든 輒羞赧棄去之하더니 年二十에 忝科名하여 聞喜宴에 獨不戴花하니

同年이 曰 君賜라 不可違也라 하여늘 乃簪一花하라. 平生에 衣取蔽寒하며 食取充腹하고 亦不敢服垢弊하여 以矯俗干名이오 但順吾性而已로라. (赧=난)

〖解說〗 온공(溫公)이 말하기를「우리 집은 본래 가난한 집안이라 대대로 청백(清白)한 것으로써 서로 계승(繼承)하여 왔고, 내 성질이 화려하고 사치한 것을 좋아하지 않아 유아(乳兒)때로부터 어른들이 나에게 금빛 은빛의 화려하고 아름답게 꾸민 옷으로써 입혀 주면 문득 부끄럽게 여겨 버리곤 하였다. 나이 二十세에 과거에 합격하여 문희연(聞喜宴)에 홀로 머리에 꽃을 꽂지 않았더니 동년(同年)이 말하기를 '임금이 주신 것이다. 어길 수 없다.'하거늘 비로소 하나의 꽃을 꽂았었다. 평생에 옷은 추위를 막을만치만 취하며, 음식은 배를 채울만치만 취하고, 또한 감히 때묻고 떨어진 옷을 입어서 세속에 다른 짓을 함으로써 이름을 간구(干求)하지도 않았고 다만 내 성질대로 따랐을 뿐이로다.」하였다.

〖正誤〗 忝 叨也 垢 汚也. 弊 壞也 矯 拂也 干 求也. 〔集解〕 聞喜 宋進士 宴名也.

【註解】 忝은 외람되는 것이다. 垢는 더러운 것이다. 弊는 해지는(떨어지는) 것이다. 矯는 거스리는 것이다. 干은 구하는 것이다. 〔集解〕에 聞喜는 宋나라 때에 進士에게 베푸는 잔치 이름이다. ○ 華靡는 화려하고 사치함. 羞赧은 부끄러워 얼굴이 붉어짐. 忝科名은 科擧의 이름을 욕되게 함.(←사마온공이 자신이 進士甲科에 합격한 것을 겸양으로 한 말.) 同年은 及第同期生. 簪은 꽂다. 衣取蔽寒, 食取充服은 衣食을 필요한만치만 취한다 하여 지나치지 않고 검소함을 구체적으로 말한 것이다.

○汪信民이 嘗言人이 常咬得菜根則百事를 可做라 하여늘 胡康侯聞之하고 擊節嘆賞하더라.

〚解說〛 왕신민(汪信民)이 일찍이 말하기를 「사람이 항상 나물 뿌리를 씹는다면(←가난을 견딜 수 있는 사람) 어떤 일도 이룰 수 있을 것이다.」 하였다. 호강후(胡康侯)가 이를 듣고 무릎을 치며 감탄하더라.

〔集說〕 陳氏曰 信民 名革 臨川人 康侯 文定公 字也 人能甘淡泊 而不以外物 動心 則可以有爲矣 擊節 一說 擊手指節 一說 擊器物 爲節 皆通 嘆 嗟嘆 賞 稱賞 朱子曰 學者 須常以志士 不忘在溝壑爲念 則道義重而計較死生之心 輕矣 況衣食外物 至微末事 不得 未必便死 亦何用義犯 犯分 役心 役志 營營以求之耶 某觀今人 因不能咬菜根 而至於違其心者 衆矣 可不戒哉.

【註解】 진씨(陳氏) 이르기를 「信民의 이름은 革이니 臨川사람이다. 康侯는 文正公의 字이다. 사람이 능히 淡泊을 달게 여겨 外部의 物慾에 마음을 움직이지 않으면 업적을 둘만하다. 擊節은 一說에 '손가락 마디를 친다.'하고 일설에는 '기물을 치는 것을 節이라 한다.'고 하니 모두 통한다. 嘆은 감탄함이고, 賞은 칭찬하는 것이다. 주자(朱子) 이르기를 '배우는 사람은 모름지기 항상 뜻 있는 선비는 도랑이나 골짜기에 버려져 있게 됨을 잊지 않는다.'는 것으로 생각을 하면 道義가 중해져서 죽음·삶을 따지는 마음이 가벼워진다. 하물며 衣食은 外部의 사물로써 지극히 미미하고 말단적인 일이므로 얻지 못해도 반드시 곧 죽지는 않는다. 또한 어찌 義를 범하고 분수를 범하며 마음을 수고롭게 하고 뜻을 수고롭게 하며 분주히 왕래하여 구하겠는가? 내가 보건대 지금 사람들은 능히 나물 뿌리를 씹지 못함에 기인하여 그 마음을 어김에 이르는 사람이 많다. 가히 경계하지 않겠는가?」 하였다. ○ 呂氏師友雜錄에 있는 말이다. 胡康侯는 宋나라 崇安사람. 이름은 安國. 字는 康侯. 號는 武夷先生.

○ 上은 實敬身이라.
○ 위는 敬身을 實證함이라.

# 小學集註跋

古者 小學 始教七歲之蒙 想其爲言易知而其爲教易入也 三代之盛 其法必備 規模條制 列於職官 而秦火之餘 其書不傳 晦庵夫子 憫人道之不立 嘆爲學之無本 遂以聖人立教之遺意 蒐輯經史 編爲小學之書 由是 小學之教 復明於天下 誠垂世之大訓也 第次輯之書 出入古今 其精深簡奥之言 必有訓釋然後 其義可明 此集註之說 不得不作於後也 夫子以後 註家相踵 各有成書 然讀之者 咸病其不盡合於經意也 吾友德水李侯叔獻 謝事而歸 講道海山之陽 造士之規 悉擧成法 揭是書 爲入德之門 而且憂註說多門 莫歸于正 乃取諸家 刪繁稡要 集長去短 一以不反乎經旨 明白平實 而或詳或略 又以相發焉 可謂執群言之兩端 而善於折衷者矣 間送于 一二執友 與之詳訂 雖以渾之愚 亦得以反復焉 嗚呼 聖賢之書 何莫非服膺踐實之要 而小學之教 加之幼穉之初 發良知而示趍向正蒙養 而培本原 先諸事爲 無非家庭日用之常 童子受一日之教 擧足之始 已立於循蹈之地 非如大學之方 兼有玩索之功 業廣而思深也 然則讀是書者 不難於解其義 而專於習其事 不貴於說話鋪排 而主於深體力行 要使明倫敬身之意 浹洽於中 淪肌浹髓 日用之間 事親從兄 即見孝悌之當然 如着衣啗飯 無待於外求 則所謂涵養純熟 根其深厚者 可得而言也 童子固宜服事純實 如是 至於過時而學 失序追補者 尤不可以不知此意也 渾晩暮收拾 根本不立 竊有感於夫子妙敬無窮之旨 每以嘗試責勉之工程 自訟於心者 久矣 叔獻書來 徵跋文於余 旣不敢辭 則書其說 以諗之云 昌寧成渾 跋.

**〖解說〗** 소학집주 발

옛날 소학에서는 비로소 七세의 어린이를 가르쳤다. 생각하건대 그 말이란 알기 쉬웠고, 그 가르침이란 받아들이기 쉬웠을 것이다. 三代(夏・殷・周)의 융성에 그 법이 반드시 갖추어져, 규모며 조례・법도가 관직에 나열되었다. 그러나 진(秦)나라가 불사른 여파로 그 때의 책이 전해지지 못했다. 회암(晦庵)선생은 사람의 도리가 확립되지 못함을 안타까이 여기고 학문에 근본이 없음을 탄식하여 드디어 성인께서 가르침을 세우려 남기신 뜻을 가지고 경서·사서에서 찾아 모아 편집하여 소학책을 만들었다. 이로 말미암아 소학의 가르침이 다시 천하에 밝아졌으니 진실로 세상에 드리운 큰 가르침이다. 그러나 차례로 편집한 글을 고금을 넘나들어 그 정밀·깊음·간결·오묘한 말은 반드시 훈석이 있은 뒤에야 그 뜻을 밝힐 수 있었다. 이것이 집주의 학설이 뒤에 일어나지 않을 수 없었던 것이다. 선생 이후로 주해한 학자가 서로 잇따라 각각 완성된 책이 있었으나 읽은 사람은 모두 그것이 경전의 뜻에 다 합치 되지 못함을 병으로 여겼다. 내 친구 덕수 이후 숙헌은 관직을 떠나 은퇴하여 해주의 양지쪽에서 도를 강구하면서 선비를 만드는 규범을 모두 들어 법으로 만들며 이 책을 들어 도덕에 들어가는 문으로 삼았다. 그러나 또한 근심은 주해한 학설이 종류가 많아 바름으로 귀착할 수 없음이었다. 이에 여러 학자들의 학설을 가져와 번잡함을 깎고 요점을 모으며 장점을 수집하고 단점을 제거하되 한결같이 경전의 뜻에 위반되지 않게 했다. 명백·평이 충실하면서도 혹은 자세히 하며 혹은 간략히 하기도 했고, 또한 (이말과 저말이) 서로를 드러내기도 했으니. 여러 말의 양쪽 끝을 잡아 절충을 잘한 것이라고 말할만 하다. 간간이 한 두 친우에게 보내어 그들과 함께 자세히 정정하기도 했는데 비록 나의 어리석음으로 서로 또한 주고 받을 수 있었다. 아! 성인·현인의 책은 어느 것이든지 가슴에 간직하여 실천할 요점이 아닌 것이 없다. 그리하여 소학의 가르침을 어린 초기에 더하여 양지를 계발하고 지향할 방향을 보이며, 어린이의 양육을 바르게 하면서 근본을 배양함을 모든 일·행위에 앞세우니 가정에 날로 쓰는 떳떳함이 아닌 것이 없다. 동자(童子)가 하루의 가르침을 받으면 발을 떼어 옮기는 처음에 벌써 따라 밟을 땅에 서게 되어 대학의 방법과 같이 겸하여 완미·사색하는 공과 사업을 넓히고 생각을 깊이 해야 하는 것은 아니다. 그렇다면 이 책을 읽는 사람은 그 뜻을 이해하는 데에 어렵지 않아서 그 일을 익히는 데에 전적으로 해야 할 것이며, 말을 늘어 놓는 데에 귀중하지 않아 깊이 체득하며 힘써 실행함을 주로 해야 한다. 요컨대 명륜편과 경신편의 뜻을 마음에 푹 젖어 들게 하여 살갗에 젖고 뼈속에 스며들게 하면 날로 쓰는 가운데 부모를 섬기고 형을 따르는 데에서 곧 효도·공경의 마땅함을 보게 됨이 마치 옷을 입고 밥을 먹음과 같아져서 밖에 구함을 기다림이 없을 것이니, 곧 이른바 함양이 순수하게 익숙하고 근본이 깊고 두터운 사람이라고 말할 수 있을 것이다. 동자들은 진실로 마땅히 순수·성실을 일삼기를 이와 같아야 할 것이며, 때를 지나서 배우거나 순서를 잃어 추가로 보충하는 사람에 이르러서는 더욱 이 뜻을 알지 않을 수 없는 것이다. 나는(←渾) 늦게야 주워 모아 근본이 서지 못하였는데 부자(夫子)에 대해 묘한 공경과 무궁한 취지(趣旨)에 모름지기 느끼는 것이 있어 매양 이로써 일찍이 자책(自責)하고 힘써 공부의 과정을 시도하려고, 스스로 마음에 다짐함이 오래였다. 숙헌이 글을 보내 나에게 발문을 요구하여 이미 감히 사양하지 못하게 되었으니, 곧 이 말을 써서 고한다. 창녕(昌寧) 성혼(成渾)은 발문을 쓴다.

○ 跋은 文體의 이름 책의 끝에 그와 관련된 일을 간략히 적은 글. 秦火는 秦나라 때 焚書한 일. 晦庵은 朱子의 號. 德水李侯 叔獻은 本貫이 德水인 李珥이다. 叔獻은 字이며, 號는 栗谷이다. 海山之陽은 海州의 栗谷이 교육하던 곳을 가리킨다. 揭是書 爲入德之門은 栗谷이 擊蒙要訣 讀書章에 「先讀小學」이라 하여 小學을 첫 번 째로 학습해야 한다고 했다. 兩端은 두끝. 전체적으로 최선을 다한다는 것을 이와 같이 나타낸다. 執友는 친구. 良知는 본래부터 가진 지능. 선천적 지능. 成渾은 우리 나라 十賢에 드는 대학자.

# 小學跋

成化間 有淳安程氏者 治河于濟 濟南多名士彬彬 有伏生之遺風焉 因與其徒 日講小學 辨質訂正 爲註疏六卷 以畀東使之聘上國者 東人始得欣覩焉 其後 河呉陳氏之説稍稍出海外 而學子 局於井觀 猶守株先入 崇信程說 殊不知諸家語有長短 理或抹摋 余嘗病之 妄欲參根會趣 以便考閱一日 金鐵原長生見訪 因語及之 金言栗谷 己先宰割 子何重勞 遂以其所藏一帙 見示 余甲管曰 不亦善乎 儘師逸 而功倍矣 因繼史纂入梓以壽其傳 都提調 推忠奮義平難忠勤貞亮竭誠效節協策扈聖功臣 大匡輔國崇祿大夫 議政府 左議政 兼領 經筵事 監春秋舘事 世子傅 鰲城府院君 李恒福 謹跋.

〚解說〛 소학발

성화 연간 순안(淳安)에 정씨라는 사람이 있어 황하를 제수에서 다스렸는데, 제남에 명사들이 많아 찬란히도 복생이 남긴 학풍이 있었다. 인하여 그 무리와 날로 소학을 강론하여 변정·질정하여 주소(註疏) 육권(六卷)을 만들어 동국의 사신으로 중국에 방문을 왔던 사람에게 주었다. 동국 사람들은 비로소 얻어 기쁘게 읽었다. 그 뒤 하·오·진씨의 학설이 점점 해외로 나갔지만 배우는 사람들은 우물에서 보는 데에 국한 되어 선입설에 수주대토와 같이 정씨의 학설을 높여 믿고 조금도 여러 학자들의 말에 장점·단점이 있으며 이치가 혹 말살되었음을 알지 못했다. 내가 일찍이 이를 병되게 여겨 망령스럽게도 참고하여 교열하고 뜻을 모아 상고하며 보는데 편리하게 하고자 했다. 하루는 김철원, 장생이 방문했는데 인하여 그것에 말이 이르렀다. 김은 말하기를 「율곡이 이미 과거에 일한 것을 그대는 어찌 거듭 수고하려는가?」라 하고 드디어 그가 소장한 한 질을 보였다. 나는 붓을 놓고 말했다.「또한 좋지 않은가? 참으로 선생은 편안하면서도 공은 배이다.」 인하여 사찬을 인쇄하는 데 이어 그 전승을 오래도록 한다.

도제조 추충분의평난충근정량갈성효절협책호성공신 대광보국숭록대부 의정부 좌의정 겸영경연사 감춘추관사 세자부 오성부원군 이항복은 삼가 발문을 쓴다.

○ 成化는 明나라 憲宗의 年號. 淳安程氏 : 淳安은 居住地 程氏는 程愈를 말한다. 治河于齊는 未詳. 伏生은 伏勝을 말함. 漢 齊南人 字는 子賤 秦의 博士. 文帝 때에 尙書 전공자를 찾음에 伏生을 얻었으나 나이가 九十이 넘어 갈 수 없었다. 文帝는 鼂錯을 보내 尙書를 전수케 하여 二十九篇을 얻었다. 이것이 今文尙書이다. 河吳陳氏는 河士信. 吳納. 陳祚 陳選. 井觀은 坐井觀天. 우물 안에 앉아서 하늘을 본다. 소견이 좁음을 나타내는 말. 속담에 '우물 안에 개구리'라는 말이 있다. 守株는 守株待兎. 밭갈던 사람이 토끼가 그루터기에 걸려 죽은 것을 보고서 농사를 전폐하고 토끼가 다시 걸려 죽기를 기다린 고사. 옛것만 따라 변통의 식견이 없는 것에 대한 비유. 金鐵原長生 : 金長生은 鐵原府使를 역임했다. 栗谷의 嫡傳으로 일컬어진다. 宰割은 주재하여 관할함. 전담하여 처리함. 甲管은 閣筆. 붓을 놓다. 史纂은 司馬遷의 史記를 抄錄하여 엮은 책.

# 東洋 古典 百選

1 菜根譚
洪自誠 / 趙洙翼 譯解

2 論　語
金榮洙 譯解

3 大學・中庸
朱熹 / 金榮洙 譯解

4 孟　子
金文海 譯解

5 老　子
權五鉉 譯解

6 莊　子
石仁海 譯解

7 韓非子
許文純 譯解

8 諸子百家
金榮洙 譯解

9 史記列傳 I
司馬遷 / 權五鉉 譯解

10 史記列傳 II
司馬遷 / 權五鉉 譯解

11 栗谷의 思想
金榮洙 譯解

12 內　訓
昭惠王后 / 李民樹 譯解

13 千字文
周興祠 / 朴昞大 譯解

14 孫子兵法
孫　武 / 孟恩彬 譯解

15 明心寶鑑 365日
秋　適 / 趙洙翼 譯解

16 漢文總論
朴昞大 編著

17 小　學
朱熹 / 朴昞大 譯解

18 牧民心書
丁若鏞 / 趙洙翼 譯解

19 孝　經
朴昞大 譯解

20 周　易
朴昞大 譯解

*계속 간행합니다.

東洋古典百選 · 17

# 小　學

著　者：朱　　　　熹
譯解者：朴　昞　大
發行者：南　　　　溶
發行所：一信書籍出版社

주소：121－110
서울 마포구 신수동 177－3
등록：1969. 9. 12. NO. 10－70
전화：영업부/703－3001～6
편집부/703－3007～8
FAX/703－3009


ISBN 89-366-0567-4

값 14,000원